21 世纪法学通用教材

实用法律基础

A Handbook on Fundamentals of Law

| 第二版 |

主 编 | 张建飞 俞 丹

法律出版社
始创于1954年

www. lawpress. com. cn
好书，同好老师和好学生分享

第二版前言

培养和增强大学生的法制观念和法律素养，是建设社会主义法治国家的必然要求。为了普及法律知识，提高学生分析和解决实际法律问题的能力，我们编写了《实用法律基础》这本教材。本教材自2010年8月第一版出版以来，受到了广大师生和其他使用者的欢迎和喜爱，在此表示衷心的感谢！这两年，我国先后出台和修改了一些基本法律，比如2010年10月28日通过了《涉外民事法律关系适用法》（2011年4月1日起施行），2011年2月25日通过了《刑法修正案八》（2011年5月1日起施行），2011年6月30日通过了《行政强制法》（2012年1月1日起施行），2012年3月14日第二次修正了《刑事诉讼法》（2013年1月1日起施行），2012年8月31日第二次修正了《民事诉讼法》（2013年1月1日起施行）等，本教材在第二版中都作出了相应的修改。

本教材重在阐述基础法学理论和各部门法的基本概念和基础知识，力求系统性、基础性、实用性和生动性的统一。

在此，对本教材特作如下说明：

1. 在适用对象上，本教材主要供非法律专业的学生使用，特别适合有一定自主学习能力的学生使用。它也可以作为法学入门读物，供普通读者使用。

2. 在体例上，本教材在每章的开篇都设置了案例思考题，希望以此引起学生的学习兴趣，了解本章的主要问题。在每小节前，设置“学习提示”栏，以设问的形式引导学生了解该节的具体学习目标。在系统学习部分，特意穿插了“相关知识”和“相关案例”，以拓展学生的知识面，并激发其学习的兴趣。在系统学习之后，列出了每节的“知识框架图”，以便学生系统地掌握每节的内容。最后，学生可以通过“阅读和思考”与“自我测试”两个栏目对自己的学习效果进行检验。我们希望这样的体例安排能够满足学生自主学习的需要，并提高学生的实践运用能力。

3. 在内容上，本教材共分七章：第一章法学导论，主要讲述法的概念、发展、分类等基础法律知识以及法的价值、法的创制和法的适用问题；第二章宪法，主要讲述宪法的概念特征、法治的涵义和要求、以及我国现行宪法规定的公民的基本权利和义务；第三章行政法，主要讲述行政法的基本原则、行政主体等基础知识以及我国关于行政处罚、行政许可等具体行政行为和行政复议、行政诉讼等行政救济手段的基本规定；第四章刑事法，主要讲述刑事法学的涵义、刑事法治的意义以及我国刑法和刑事诉讼法的基本规定；第五章民事法，主要讲述民法基本原则、民事主体、民事权利等基础法律知识以及我国物权法、侵权责任法、合同法、公司法、婚姻法、继承法、民事诉讼法的基本规定;第六章经济法,主要讲述经济法的范畴、经济法的基本原则以及我国关于反垄断法、反不正当竞争法、产品质量法、消费者权益保护法、劳动法等基本规定;第七章国际法,主要讲述国际公法、国际私法和国际经济法的基本原则以及其他基础法律知识。

本教材的编写,虽然编者付出了很大的努力,但是由于水平有限,书中难免有疏漏或不当之处,敬请学界同仁和读者批评指正。

《实用法律基础》教材在编写的过程中,借鉴了一些专家和学者的研究成果,也得到了浙江广播电视大学文法学院法律教研室各位老师的大力帮助,在此向他们表示衷心的感谢。

编者

2012 年 11 月

目　录

第一章　法学导论

“人吃人,法律怎么办?”

一个由四人组成的探险小组正在一个山洞里考察,洞口突然崩塌。所幸的是探险小组还可以用手机和外面联系,于是,救援队、地质专家和生理专家都赶来了。经过测量和研究,地质专家告诉被困在洞内的探险人员,打开洞口需要十天的时间。探险人员问外面的生理专家,说他们没有带任何食物,能够活多少天?生理专家说:最多七天。洞里的人又问:如果杀死其中的一个人,其他三个人吃死者的肉,能够活到洞口被打开吗?生理专家极不情愿地说:是。这以后,洞里的人就再也没有和外面联系了。第十天,洞口被打开了,有三个人还活着,原来,这四个人在洞内进行了抓阄,三个幸运者将抽到“死签”的那个人杀死并把他的肉给吃了。

如何评价和处理这三位吃了人的幸存者?法律能够做什么?法律应该体现一种怎样的正义?现代国家会作怎样的制度规定?具体的司法处理又将面临怎样的困境和出路?本章将为你作相关的解读。

第一节　概　　述

学习提示:

1. 什么是法?什么是法律?
2. 法律具有哪些特征?
3. 法有哪些历史类型?分别具有什么特点?
4. 什么是英美法系和大陆法系?两者有什么差异?
5. 法律发展的具体途径有哪些?
6. 根据不同标准,法有哪些分类?什么是公法、私法和社会法?什么是实体法和程序法?什么是根本法和普通法?什么是一般法和特殊法?什么是国内法和国际法?

7. 什么是法律关系？它由哪三大要素构成？

8. 什么是法律责任？其构成要件包括哪些？

9. 法律责任有哪些分类？什么是民事责任、刑事责任、行政责任、诉讼责任和违宪责任？

一、法的概念

(一)法及法律的含义

关于"什么是法和法律"这一问题,古今中外,众说纷纭。在一般的使用中,法与法律这两个概念并没有严格区分,是可以相互替代的。

相关知识:

从语源上讲,汉字"法"古体为"灋"。据我国《说文解字》的说法:"灋,刑也,平之如水,从水;廌,所以触不直而去,从去。"一般的理解是:"水"象征着公平,"廌"(zhì)为一种秉性公正的独角兽,"去"意为惩罚,所以,"灋"的基本含义是公平和正义。但也有学者认为此种解释是受西方法学的影响,其中的"水"并非象征公平,而是指将罪者置于水上,随流漂去而驱逐,中文的法在语源上具有文化上的独特性,它主要是指禁止和命令,从实现的手段上讲它主要是指刑罚。在中国古代文献中,"刑"、"法"、"律"三个字在核心语义上是一致的,也就是刑罚的刑,只是从我国古代法来看,在夏商周时期称为"刑",在春秋战国时期称为"法",秦汉以后则称为"律"。而从西语语源来看,法的基本含义主要分成两部分,一是指抽象的正义原则和道德律令,它们是永恒的和普遍有效的;二是指由国家制定和颁布的具体规则,其义明确、具体、技术性强。

"法"的概念是法学的起始范畴,古今中外,学者对法的定义主要有三类:一是基于法的本体,着重以简化或抽象化的形式揭示法是什么。其代表性的定义有:(1)规则说,认为法即规则;(2)命令说,认为法是国家的命令、主权者的命令;(3)判决说,认为法即判决。二是基于法的本源,着重说明法的基础和法的来源。其代表性的定义有:(1)神意论,认为法即神的意志,这种观点多流传于古代、中世纪社会以及宗教法系国家;(2)理性论,认为法即理性;(3)公意论,认为法是公共意志或共同意志;(4)权力论,认为法是权力的表现或派生物。三是基于法的作用和功能,着重说明法的工具性。代表性的定义有:(1)正义论,认为法是正义的工具,如梁启超所言:"法者,天下之公器也。"(2)社会控制说,认为法是社会控制的形式,其代表人物是庞德;(3)事业说,其代表人物是富勒,认为法是使人们的行为服从规则治理的事业。

要给法(或法律)下一个准确的定义,是一件非常困难的事情,但几乎所有的阐释都是从应然的价值角度和实然的事实角度来展开的。从应然的价值角度来把握法的概念,重在分析法与自由、公平、秩序、道德等价值的互动关系,探求的是"法应当是怎样的"问题;而从实然的事实角度来把握法的概念,重在分析法的具体存在形态、运行规律以及在社会生活中的实际作用和地位,观察的是"法实际上是怎样的"问题。所以,应然层面的法通常指的是抽象的正义原则和道德律令;实然层面的法通常指的是国家制定和颁布的具体规范。

马克思主义的创始人从唯物史观出发,对法的概念的阐释主要是从实然的层面来把握的,这也就是我国目前主流的观点:法是指由国家制定、认可并依靠国家强制力保证实施的,以权利和义务为调整机制、以人的行为及行为关系为调整对象,反映由特定物质生活条件所决定的统治阶级或人民意志,以确认、保护和发展统治阶级或人民所期望的社会关系和价值目标为目的的行为规范体系。

准确地来讲,法的概念涵盖了法律的概念,法律是法中最为明晰的组成部分,是法在现实制度层面上的表现。但即使仅仅是在制度层面上,法律的含义也有广义和狭义之分。广义的法律,也就是我国目前关于法概念的主流定义,泛指包括宪法、法律、行政法规、地方性法规、行政规章、民族自治地方的自治条例和单行条例,特别行政区的法律、国际条约等在内的一切规范性法律文件。而狭义的法律则是指全国人大制定的基本法律以及全国人大常委会制定的除基本法律以外的法律。比如由全国人大制定的《刑法》、《合同法》、《行政诉讼法》等是基本法律,由全国人大常委会制定的《未成年人保护法》、《消费者权益保护法》、《治安管理处罚法》等是基本法律之外的法律,以上几部法律都属于狭义的法律;而由国务院制定的《行政机关公务员处分条例》、《政府信息公开条例》、《公安机关组织管理条例》等就不是狭义的法律,而是广义的法律。

(二)法律的特征

法律是法的制度或规则层面,是体现国家意志的现实社会规范,认识和分析法律的特征有利于我们更好地理解法的概念。根据我国目前对法的主流定义,我们把法律的一般特征归纳为以下五个方面:

1. 法律是调整行为关系的规范

法律作为一种社会规范,同道德、宗教、政治等其他社会规范一样,当然是以规范的形式来调整社会关系的。规范具有抽象性和概括性,一般不针对具体的人和事,是可以反复适用的。法律也不例外,但除此以外,法律的规范性具有比其他社会规范更为严密的逻辑结构,一般都包括行为模式和法律后果。社会关系的调整可以通过多种中介进行,比如道德规范通过思想控制来调整和控制社会关系,政治规范通过组织控制或舆论控制来完成社会调整,而法律是针对行为而设立的规则,它首先调整的是社会关系中最为直观和重要的行为关系。当然,在人类历史上,也出现过法律直接对思想的控制,比如我国古代的"腹诽罪",欧洲中世纪时期的思想定罪。但现代法律规范都把调整对象限定在行为关系上,由此,法律也作为最为明确和有效的社会规范得以广泛使用。

2. 法律由国家专门机关创制

法律需要在全国范围内实施,就要求以国家的名义制定和颁布,这是国家权力的体现。广义上的法律的创制主要有三种形式,即制定、认可和解释。法律的制定是指国家机关通过立法活动产生新的规范。法律的认可是指国家对既存的行为规则予以承认,赋予法律效力,最为常见的就是国家赋予社会上早已存在的习惯、道德、经验等以法律的效力,以及由特定国家机关对具体案件的裁决作出概括产生规则或原则,并赋予其法律的效力。法律解释是指有权的国家专门机关依照法定权限和程序,根据一定的标准和原则对法律的字义与目的所进行的阐释,并形成规范,这是法律被制定或认可之后的再创造的过程。具体到我国,广义的法律不仅包括全国人大及其常委会制定的法律、省级人大及其常委会制定的地方性法规,还包括国务院制定的行政法规、国务院各部委和省级人民政府制定的行政规章、国家承认和批准签订的国际条约、最高人民法院和最高人民检察院所作的司法解释等。

3. 法律的内容体现国家意志性

由于法律是由国家专门机关制定、认可和解释,以国家名义颁布和实施的,一般来讲,任何法律都是国家意志的反映。这种国家意志性主要表现为法律是掌握国家政权的阶级或社会集团的意志和利益的体现,也就是说法律具有鲜明的阶级性。但法律的这种阶级性并不能否认其共同性,法律作为阶级统治和社会管理的手段,是阶级性和共同性的统一。共同性即某些法律内容、形式和作用效果并不以阶级为界限,而具有相同或相似性,比如不同性质的国家、同一国家在不同的历史阶段所制定的某些法律都具有一定的相同或相似性,统治阶级制定的法律对被统治阶级也同样有利。随着国家在环境保护、交通安全、医疗健康等社会共同事务管理方面职能的强化和国际交往的日益频繁,法律的这种共同性将越来越明显。

4. 法律以权利义务双向规定为调整机制

法律和权利、义务的概念是密不可分的。几乎所有的法律规范都是以授权、禁止和命令的形式来规定权利和义务的,常见的用词主要有“可以”、“能够”、“不得”、“不能”、“应该”、“必须”等,而法律规范中的法律后果则是对权利和义务的再分配。法律的内容主要就是权利和义务,它明确地告诉人们可以怎样行为、不该怎样行为以及必须怎样行为,人们能够根据法律预见到行为的后果、了解法律的态度。权利和义务本身是相互排斥的对立面,法律上只要规定了权利就必须规定或意味着相应的义务。权利以其特有的利益导向和激励机制作用于人的行为,使利己的动机转化为合法的行为并产生有利于社会的后果,比如王海基于获得双倍赔偿金(利己动机)行使索赔权(合法行为)从而产生打假效果(合理结果)。而义务则是以其特有的约束机制和强制机制作用于人的行为,促使人们不做法律禁止并且最终不利于自己的事。法律就是通过对权利和义务的双向规定来分配社会利益,影响人们的动机和行为,从而调整社会关系的。

5. 法律通过程序以国家强制力保证实施

法律对社会生活的调控,对人们行为的规范都必须有国家强制力作为保证,这是法律规范区别于其他社会规范的又一重要特征。法律规范必须通过国家强制力的保证,对违反法律的行为予以制裁,才能使法所体现的国家意志得以实现和贯彻,法律才能获得统一性和权威性。所谓国家强制力,是指国家的军队、警察、法庭、监狱等有组织的国家暴力。但法律的强制力并不等于纯粹的暴力,它是由专门的国家机关依照法定权限和程序来实施的,也就是说法律还具有程序性,即使是古代法也不例外。否则,统治阶级也无须用法律的形式来进行治理,而只需要有刑场和行刑队这种暴力工具就可以了。程序是法律形式理性的体现,近现代法律对程序的正当化标准提出了更高的要求,这也是法律发展的必然趋势。此外,法律的强制力还具有潜在性和间接性,只有当法律规范遭到破坏的时候才会导致国家强制力发生作用;而且,法律实施的保证力量也并不是只有国家强制力,经济、文化、法律意识等都是影响法律实施的因素。

二、法的发展

(一)法的产生

法并不是从来就有的,它是一个社会历史范畴,是人类社会发展到一定历史阶段的产物。法是随着生产力的发展、私有制的出现、阶级的形成和国家的产生而产生,并经历了由习惯到习惯法再到成文法的漫长过程。

相关知识:

在人类早期的原始社会,调整人们行为的规范主要是氏族成员在共同生活中自发形成的氏族习惯,这种习惯既是氏族成员共同遵守的行为规则,也带有很强的宗教色彩,同时也是道德和礼仪上的要求。在原始社会末期,随着社会生产力的发展,特别是生产工具的改进,出现了剩余产品,这使产品交换和剥削他人成为可能。社会分工的出现和发展,使经常性的交换成为可能和必要,也促使了婚姻形态的变化,氏族公有制逐渐被家庭私有制所取代。氏族社会内部也分化为奴隶主和奴隶两大阶级,阶级矛盾的不可调和和对抗促使氏族管理机关中产生了诸如军队、法庭、监狱等暴力机构,于是,国家产生。随着国家的不断成熟和发展,开始由国家机关来认可一些行为习惯并由国家强制力保证实施,从而使氏族习惯逐渐转变为习惯法。当习惯法不足以调整日益发展的社会关系时,由国家机构有针对性地制定新的具有普遍性的规则就成为必要,成文法由此而生。世界上早期的成文法主要有公元前18世纪两河流域的古巴比伦国刻于石柱上的《汉穆拉比法典》、公元前5世纪古罗马的《十二铜表法》、我国古代战国时期魏国执政李悝的《法经》等。

(二)法的历史类型

法的历史类型是按历史上法的阶级本质和其所依赖的经济基础对法所进行的基本分类。迄今为止,人类历史上依次有四种类型的法律制度:奴隶制法、封建制法、资本主义法、社会主义法。

1. 奴隶制法

是人类历史上最早出现的剥削阶级类型的法。著名的奴隶制法有:古巴比伦的《汉穆拉比法典》、古罗马的《十二铜表法》和《查士丁尼法典》等。奴隶制法的特点主要表现为:(1)确认和维护奴隶主对生产资料和奴隶的人身占有,奴隶是奴隶主的私有财产;(2)惩罚手段极其野蛮、残酷且具有任意性;(3)公开确认和维护自由民内部的不平等,比如不同等级的人不许通婚;(4)长期保留了某些原始社会行为规范的痕迹,比如刑法中的同态复仇等。

2. 封建制法

是建立在封建经济基础上,体现封建地主阶级利益和意志的法。著名的封建制法有:中国的《唐律》、阿拉伯帝国的《古兰经》、法兰西王国的《诺曼底大习惯法》等。封建制法的特点主要表现为:(1)确认和维护农民或农奴对封建主阶级的人身依附关系;(2)公开维护封建等级特权制度,比如我国封建社会首先维护的是皇权和皇族的利益;(3)确认和维护封建地主阶级残暴的统治,比如形形色色的死刑和肉刑执行方式等。

3. 资本主义法

是指由资本主义国家机关制定或认可的法律规范的总称。它是在封建时代的后期孕育、萌发,通过资产阶级革命而最终确立的。资本主义法律制度以资本主义私有制关系为基础,体现的国家意志来源于占社会少数的资本家阶级。资本主义法的一个总体特征就是按资本主义市场经济和民主政治的本质要求建立的资本主义的法治国家。确立的原则主要有:(1)私有财产神圣不可侵犯原则;(2)契约自由原则;(3)法律面前人人平等原则。资本主义法律制度除了这三项原则外,还有人民主权、法律至上、有限政府、分权制衡等重要原则。

4. 社会主义法

是指建立在社会主义经济基础之上,反映工人阶级领导的全国人民共同意志的法。它具有根本不同于一切剥削阶级法的三个基本特征:(1)阶级性与人民性的统一;(2)国家意志性与高度科学性的统一;(3)强制实施与自觉遵守的统一。

(三)法的传统差异

法的历史传统是指经过历史沉淀并沿传至今的关于法律的社会态度、信仰、习惯和制度。人类文明本来就是借鉴、积累和渐进的产物,法的发展也不可能脱离历史传统而横空出世。法的历史传统不仅仅是过去,也是对现在和未来都能够产生影响的精神因素。

1. 中西法律传统的差异

我国和西方国家在法律传统方面存在着诸多差异，比如法律哲学和法律精神方面、法律结构和法律文化方面、司法体制和司法程序方面、法律形式和司法技术方面、法律民族性和国际性、封闭性和开放性方面以及法的学术方面等，这些法的传统差异直接影响着中西方法的现状和发展趋势及路径。

相关知识：

中国法律的现代化发展面临一个重要问题，即法律移植与本土化。在借鉴西方国家先进的法律制度时，必须考虑我国的法律传统和现实背景，中西方法的传统差异是显著的，在法律改革过程中，必须正视这种种差异。(1)在法律哲学和法律精神方面：中国法的发展长期受儒家哲学的影响，主张"性善论"，重视伦理道德的教化，法是政权威慑的工具，是专制制度下人治的法；而西方法的精神则与"性恶论"的哲学倾向和"原罪观"的宗教传统紧密相关，重视法律的独立性，官吏应服从法律，主张法治。(2)在法律结构和法律文化方面：中国法律结构以刑法为主，法律文化以公法文化为核心，"诸法合一，民刑不分"，法即是刑，国家可使用强力来干涉一切私人事务；西方法律结构以民商法为主，以私法文化为核心，法即权利。(3)在司法体制和司法程序方面：中国的司法依附于行政，两者合二为一，没有独立的法院系统，司法程序也表现为行政化；而西方的司法与行政是分权制约的，法院组织出现较早，不同性质的案件由不同的法院审理，同时还规定了许多关于诉讼的专门原则和程序，比如"公开审判"、"不告不理"等。(4)在法律形式和司法技术方面：中国法过分依赖成文法典，司法技术相对落后，很少借助司法的手段来弥补成文法的不足，而是对成文法进行不厌其烦的注释；而西方法是成文法与不成文法并存，司法技术比较发达，能够借助于判例法、法律原则和法理学说来弥补成文法的不足。(5)法律民族性和国际性、封闭性和开放性方面：中国法的发展追求民族化，在封闭排外的前提下自我生成、发展和更新，具有保守的特点；而西方法比较重视在对外交流和融合中不断实现法律的自我更新，比如古罗马能够在"市民法"之外发展起"万民法"。(6)在法的学术方面：中国传统律学向来缺乏独立性，它是依据儒家经典对制定法进行讲习、注释的学问，关注的是刑罚的宽与严、肉刑的存与废、儒家礼教与刑的关系等；而西方法被认为是"善良和公正的艺术"，是"关于正义与非正义的科学"，重点探讨的是法的本质、法的价值等问题。（摘自孙笑侠、夏立安主编：《法理学导论》）

2. 两大法系及其差异

比较研究各国在法的历史传统方面的共性和差异，西方法学家首先提出了"法系"这个概念。法系是指根据若干国家和地区基于法的历史传统原因在法律意识和法律实践等方面所具有的共性而进行的法律分类，它是这些具有共性或共同历史传统的法律的总称。目前世界上公认的法系主要是大陆法系和英美法系。

大陆法系是指以罗马法为历史渊源和基础,以《法国民法典》和《德国民法典》为主要标志或与其有继受关系并因之具有某些相似性、不变性的各国家和各地区法律的总称。大陆法系又因它是在罗马法基础上发展而来,所以被称为罗马法系;因以民法为主要标志而被称为民法法系;因具有法典化特征而被称为法典法系;因融合了日耳曼法的内容而被称为罗马—日耳曼法系。大陆法系起源于古代罗马法,经过中世纪罗马法的复兴,近代法典化运动和欧洲大陆国家的殖民扩张,最终发展成为主要以欧洲大陆为中心,包括拉丁美洲、亚洲和非洲的许多国家和地区为范围的世界性法系。我国清末法律改革,主要借鉴的也是大陆法系国家的法律制度,一般来讲,我国也属于大陆法系国家。

英美法系通常是指以英国中世纪以来的普通法为基础、以判例法为主要标志并与其存在继受关系因之具有某些相似性、不变性的各国家和各地区的法律的总称。英美法系又因以英国的普通法为基础被称为英国法系或普通法法系;因以判例法为主要的法律渊源而被称为判例法法系。11 世纪,诺曼人入侵英国后开始逐步形成一套由严格的令状制度和诉讼程序组成的规则体系,这种法律被称为"普通法"。14 世纪后,为了克服普通法的僵化和刻板,英国的大法官或衡平法院按照法律良心、自然正义或道德戒律通过判例形成了一种新的法律形式,即"衡平法"。随着英国殖民地的扩张,到 19 世纪,英美法系发展成又一世界性法系,目前主要存在英国法和美国法两大支流,它们在法律分类、宪法形式、法院权力等方面存在着一定的差异。

大陆法系和英美法系在法的价值与精神上具有相同或相似之处,所确认和保障的经济、政治和社会制度也基本一致,两大法系的相互借鉴和融合也成为当今世界法律发展的一个总趋势。但在可预见的未来,两大法系的一些重要差异不可能完全消失,这些差异主要表现在:

(1)从法律渊源传统来看,大陆法系具有制定法的传统,制定法为其主要的法律渊源,判例一般不作为正式法律渊源,对法院审判也无约束力;而英美法系具有判例法传统,判例法为其正式法律渊源,即上级法院的判例对下级法院在审理类似案件时有约束力。

(2)从法典编纂传统来看,大陆法系的基本法律一般采用系统的法典形式,逻辑严谨;而英美法系一般不倾向法典形式,其制定法一般是单行的法律和法规,它强调根据具体经验解决具体问题,针对性和灵活性强。

(3)从法律结构传统来看,大陆法系的基本结构是在公法和私法的分类基础上建立的,传统意义上的公法指宪法、行政法、刑法以及诉讼法,私法主要指民法和商法;而英美法系的基本结构是在普通法与衡平法的分类基础上建立的。从历史上看,普通法代表立法机关(议会)的法律;衡平法主要代表审判机关(法官)的"法律”(判例法),衡平法是对普通法的补充规则。

(4)从法律适用传统来看,大陆法系的法官在确定事实以后首先考虑制定法的规定,而且十分重视法律解释,以求制定法的完整性和适应性;英美法系法官在确定事实之后,首先考虑的是以往类似案件的判例,将本案与判例加以比较,从中找到可以适用于本案的法律规则或原则。

(5)从诉讼程序传统来看,两大法系也存在一些传统的差别。如大陆法系倾向于职权主义,即法官在诉讼中起积极主动的作用;英美法系则倾向于当事人主义,即控辩双方对抗式辩论,法官的作用是消极中立的。

(四)法的发展规律及具体途径

总体来讲,法的发展同其产生一样,都是由社会物质生活条件所决定的,法律的历史也是一个从低级向高级不断进化的过程。法律不断进步的规律表现在它从自然经济的法向商品经济的法、从义务本位的法向权利本位的法、从专制的法向民主的法发展。换言之,它从野蛮、愚昧发展到文明、科学,从摧残人发展到尊重人,从不平等发展到平等,从身份的法律给人以束缚发展到契约的法律使人得以解放,从“神权”的法律迷信发展到“人权”的法律科学等,这是不以任何人的意志为转移的。

法的发展途径主要是法律继承、法律移植和法制改革三种。

1. 法律继承

它是指不同历史类型的法之间的延续、继受,一般表现为旧法对新法的影响和新法对旧法的承接和继受。在法律的发展过程中,每一种新的法律制度都是以先前的法律制度为起点和阶梯的,这就决定了法律继承必然是法的发展的基本形式和途径。法律继承实际上是一种批判的、有选择的继承,即在否定旧法固有阶级本质和整体效力的前提下,吸收旧法中某些依然可用的因素,赋予其新的阶级内容和社会功能,使之成为新法体系的有机组成部分。在我国的法制现代化建设中,正确对待法律传统至关重要,既不能全盘否定,也不能顽固保守,而应“取其精华、弃其糟粕”地进行扬弃。比如,我国法律传统中“和为贵”的精神对现代法律纠纷解决机制的影响问题:在当今这个“诉讼爆炸”的时代,如何改革和完善传统的调解制度以适应司法公正和效率的要求,令人深思。

2. 法律移植

它是指一国现行法律制度的部分或者大部分都是从另一国法律制度或其他“法律集团”中输入的一种法律发展的方法,主要包括法律规则、法律术语和法律技术等的借鉴、吸收和移植。但是,为了促进法律的健康发展,法律移植时还必须考虑到国外法(供体)和本国法(受体)之间的同构性和兼容性,应对受体进行必要的机理调整,以防止法律移植之后产生法律制度的实质变异。我国的法制现代化起步较晚,借鉴西方发达国家先进的法律制度成为推进我国法制快速发展的重要途径,但在法律移植的同时,本土化问题也至关重要。若不顾我国实际,盲目照搬照抄则只会与我们的初衷背离,出现“四不像”的尴尬,比如在西方国家运行良好的陪审制度,我国若要建立并使其良性发展就必须进行本土化整合和改造才行。

3. 法制改革

法律继承和法律移植在法律发展中必不可少,但法律发展仅靠继承和移植还远远不够。继承是“古为今用”,依赖的是前人经验的借鉴;移植是“洋为中用”,依赖的是别人经验的启示,而我们今天所面临的法律问题,有许多是古人和洋人都未曾遇到过的,这就需要制度创新,需要变法。法制改革能使法律制度在一定程度上适应迅速变化的社会需要,历史也早已证明了变法的可行性及其对社会发展的积极作用。比如20世纪初清末修律是在西方冲击下的一次被迫变法,却成为中国传统法律向现代法律过渡的转折点。

三、法的分类

(一)公法与私法

公法和私法的划分是由罗马法学家最先提出,在近代资本主义国家得以完整确立,并只在大陆法系国家得到明确肯定的一种法律分类。这种分类不仅在标准上众说纷纭,就是在其分类意义上也颇多争议,但主流的观点还是充分肯定了这种法律分类的意义,尤其是在具有浓厚公法文化传统进行法制现代化建设的我国,公私法的划分具有重大的理论价值和现实意义。

现代公法的本质在于限制权力,是宪政的产物。一般认为,现代公法在内容上包括宪法、行政法、刑法以及诉讼法等法律部门。从调整对象上看,公法调整国家与公民、法人以及其他市场主体之间的关系,尤其是国家机构相互之间的关系。从调整方法上看,公法主要在于合理组织公共权力,强行性调节社会关系。

现代私法的本质在于保护权利,特别强调当事人的意思自治。私法主要调整市场主体及个人相互之间的关系。在内容上,私法以民商法为主,还包括公司法、票据法、合同法、继承法、证券交易法等。市场经济是在市场主体局部利益的驱动下运行的,市场主体追逐自身利益的行为需要得到国家和社会的认可及保障,私法的职能即在于此。也因此,民商法被称为市场经济的基本法。

(二)实体法与程序法

根据法律的内容及其功能不同,可以将法分为实体法和程序法。

实体法是规定法律关系主体在实体上享有什么权利、承担什么义务以及相应的法律后果的法律。在一国法律体系中,刑法、民法、行政法、商法、经济法、社会保障法等都是实体法。比如,民法规定的是平等主体在民事关系中的诸如财产权、人身权等一系列权利和相应的义务,一旦这些权利受到侵犯或者相应的义务没有履行,就会产生相应的民事法律责任。

程序法,一般认为是规定如何实现实体法律规定内容的步骤、方法与手续的法律。对程序法概念的理解应特别注意两个问题:其一,不能把程序法等同于诉讼法,程序法的概念及其外延要远大于诉讼法的概念,从一定意义上讲,任何一种法律行为都要按一定的程序进行,都会涉及程序法。比如,立法机关制定法律要按照立法程序法的要求进行,行政机关的行政执法活动也必须按照行政程序法的要求进行,权利救济程序除了诉讼程序之外,还包括仲裁程序、调解程序、行政复议程序等。实体法和程序法的分类是相对而非绝对的,在实体法的法律文件中也会有一些程序法的规范存在。比如在民法中,也存在签订履行合同程序、法人设立变更撤销程序等许多程序法规范。所以,刑事诉讼法、民事诉讼法和行政诉讼法只是程序法中重要的组成部分而已。其二,从程序法和实体法的关系上看,可以认为程序法是规定如何实现实体权利义务的方法和手段的法律,但并不等于说程序法的内容不规定权利和义务。任何法律规范都以权利和义务为核心内容,程序法规定的是法律关系主体的程序性权利和义务。比如,刑事诉讼法规定了犯罪嫌疑人、被告人有知晓被指控罪名的权利、辩护的权利、提起上诉等一系列程序性权利。这些程序性权利本身对权利主体同样具有关键性的意义,程序法本身也因此具有独立于实体法的价值。

实体法和程序法是一国法律体系中不可缺少的两个组成部分,两者相互联系和依存,不可偏废。实体法是程序法存在的前提,是程序法设立的目的;实体法规定的权利和义务也只有通过程序法这一桥梁,才能得以最终实现。从这一意义上讲,法律的实施过程就是实体法和程序法的统一过程。而我国向来有"重实体,轻程序"的传统,正确认识两者的关系,特别是重视程序法的价值,在我国的法制建设中显得尤为重要。

(三)根本法与普通法

根据法的地位、内容、效力以及制定和修改程序的不同,可以将法分为根本法和普通法。

根本法即宪法,也称为根本大法,它规定国家制度和社会制度的基本原则,具有最高的法律效力,其制定和修改通常需要经过较为严格的程序。世界各国宪法在存在形式上有成文宪法和不成文宪法之分。根本法和普通法的分类对于成文宪法的国家至关重要,对于不成文宪法的国家却不那么重要,例如在英国,英国实行"议会至上"原则,议会制定的法律被认为是最高的。但总体而言,宪法作为一国根本法的地位和效力是宪法的一个基本特征。

普通法,是指宪法以外的其他法律,它以根本法为根据并服从于根本法,其内容主要是对宪法规定事项进行具体化,其效力低于宪法。就一国法律体系而言,在宪法统领之下的所有法律部类、法律部门都是普通法。特别需要注意的是,"普通法"这个概念通常还在其他两个地方出现:一是在英国法中与"衡平法"相对,是由法官依据严格的令状制度和程序规则通过判决形式逐渐形成的适用于全英格兰的一种判例法;二是与“特别法”相对,实际上指的是一般法。

(四)一般法与特别法

以法律的效力范围为标准,可以把法分为一般法和特别法。此种分类的最大意义在于为我国提供了一种法律适用原则,即“特别法优于一般法”。

一般法是指在一个国家的任何地方、对任何人、任何事项都适用的法律。而特别法是指在一个国家内对特定的区域、特定的人、特定的事项有效的法律。具体来讲,有三种情况:一是根据地域标准划分的一般法和特别法,比如我国《刑法》适用于全国领域,为一般法;而少数民族区域自治地方就某方面的犯罪问题实施的单行条例就是特别法。二是根据对人的效力标准划分的一般法和特别法,比如我国刑法适用于全国所有公民,为一般法;而《惩治军人违反职责罪条例》只能适用于军人违反职责的犯罪行为,为特别法。三是根据对事项的效力范围划分的一般法和特别法,比如我国《民法通则》在民事法律领域是一般法,而《合同法》、《婚姻法》等均为特别法。

必须指出,一般法与特别法的划分是相对的,一个法相对于此法是特别法,而相对于彼法又可能是一般法。比如《合同法》相对于《民法通则》是特别法,但相对于租赁等特殊合同规范来讲又是一般法。

(五)国内法和国际法

以法的适用主体和适用范围为标准,法可分为国内法和国际法。

国内法是国家制定的,用以调整国内法律关系的,在该国领域内生效的法律规范的总和。比如我国的宪法、民法、行政法、刑法等都是我国的国内法,需要特别说明的是主要也由国家制定的国际私法和国际经济法的性质问题。国际私法是以涉外民事法律关系为调整对象,以如何适用法律为核心,包括冲突规范、统一实体规范、当事人的民事法律地位规范和国际民事诉讼及国际商事仲裁规范的独立的法律部门。一般认为,国际私法兼具国际法和国内法性质、实体法和程序法性质、公法和私法的性质。而国际经济法是调整国家、国际组织、不同国家的法人与个人间经济关系的国际法规范和国内法规范的总称,一般也认为具有国内法和国际法的双重性质。

国际法是在国际交往过程中形成的,用以调整国际关系的(主要是国家间关系)有法律约束力的原则、规则和制度的总称。严格来讲,与国内法相对应的国际法指的是国际公法,其实施一般是以国家集体的公信力和国际舆论的强制力作为保证的。国际法主要表现为国际条约和国际惯例,国际条约对于缔约国都有约束力,国际惯例是被各国接受为法律的通例。

关于国际法和国内法的关系,主要有三种学说:国内法优先说、国际法优先说、国内法和国际法平行说。从我国的实践来看,其一,我国缔结或参加的国际条约,除声明保留的条款外,在我国都具有法律的效力;其二,在我国缔结或参加的国际条约与我国国内法规定不一致时,国际条约在国内适用中具有优先地位;其三,国际惯例在我国具有法律效力,但只有在缺乏法律或条约规定的情况下,才可以在国内适用。

四、法律关系

(一)法律关系的含义

法律关系是法律规范调整人们行为形成的,以权利和义务为内容的特殊的社会关系。这种权利义务关系是基于法律规范而形成的,因而也受国家强制力的保障。也就是说,法律关系实际上是法律所保护的一种强制性法律秩序,法律不允许随意对这种秩序进行破坏。

社会关系形形色色、林林总总,法律关系是一种特殊的社会关系。如果法律对某些领域的社会关系不进行调整,那么人们之间也就不能形成法律上的权利和义务关系。比如,恋爱中的情感关系是一种社会关系,恋爱双方因为彼此自认的情感权利和情感义务而存在着种种爱恨情仇,但法律一般不调整这种社会关系,恋爱双方也就不能因为彼此的情感问题而得到法律的救济。但双方一旦缔结婚约,那么法律就要对婚姻关系进行调整,从而夫妻双方之间也就形成了一系列法律上的权利和义务关系。也就是说,恋爱中的情感关系和婚姻关系都是社会关系,但只有婚姻关系因为受法律的调整而成为一种法律关系。

(二)法律关系的要素

法律关系的构成要素主要包括:法律关系的主体、法律关系的内容、法律关系的客体。

1. 法律关系的主体

法律关系的主体是指法律关系的参加者,即在法律关系中权利的享有者和义务的承担者,通常称为权利主体和义务主体。权利主体和义务主体也就是由法律对其行为加以调整的人。法律上所使用的"人"的概念主要包括自然人和法人,还可以是不具备法人资格的其他组织。在特殊情况下,国家也可以成为法律关系主体。

自然人是指有生命并具有法律人格的个人,是权利主体或义务主体最基本的形态,包括公民、外国人和无国籍人。自然人是一个法律概念,以有生命且具有法律人格为充分必要条件。

法人是自然人的对称,指具有法律人格,能够以自己的名义独立享有权利或承担义务的团体。法人是由自然人组成的团体,但是,它在法律上不同于任何团体成员。法人有时又被称为拟制主体,即由法律赋予人格并将其视同自然人一样有独立的意志和利益的社会组织体。

主体参加任何法律关系都必须具有权利能力,参加某些特定类型的法律关系,除了要具有权利能力之外,还必须具有行为能力。

(1)权利能力,是指由法律所确认的享有权利或承担义务的资格,是参加任何法律关系都必须具备的前提条件。它本身是一种资格,是实际取得权利、承担义务的先决条件,不是权利本身。权利能力是法律人格的同义语,哪些人可以具有法律人格完全是由法律予以确认的,因而不同时代的不同法律制度对具备权利能力的主体的界定会有很大的不同,比如奴隶制时代,奴隶是财产,只有自由民才具有完全的权利能力;在封建农奴制时代,农奴只有部分权利能力,在法律上不被视为完全意义上的人。

在自然人的权利能力问题上,一般把公民的权利能力分为一般权利能力和特殊权利能力两类。一般权利能力为所有公民普遍享有,始于出生,终于死亡,如人身不受侵犯的权利能力、继承遗产的权利能力等。特殊的权利能力以一定的法律事实出现为条件才能享有,如参加选举的权利能力须以达到法定年龄为条件。

法人的权利能力始于法人依法成立,终于法律失效或撤销。法人权利能力的内容和范围与法人成立的目的直接相关,并由有关法律和法人组织的章程加以规定。

(2)行为能力,是指法律所承认的,由法律关系主体通过自己的行为行使权利和履行义务的能力。具有行为能力,意味着法律允许权利主体和义务主体独立地以自己的名义参加法律关系,行使自己的权利或履行自己的义务。换言之,行为能力也就是法律所承认的行为人对自己行为及其后果的正常识别能力。这种能力主要取决于年龄和健康状况两种因素。

根据主体的年龄和健康状况一般将自然人的行为能力分为三类:一类为完全行为能力人,他们可以独立地处分自己的一切权利和义务;第二类是限制行为能力人,他们只能独立处分与其能力相适应的权利和义务;第三类为无行为能力人,他们自行处分自己权利和义务的行为,在法律上均为无效。未达到法定年龄的人和精神病患者都不具有完全的行为能力,他们的权利享有和义务承担要由其监护人来代为进行。

与行为能力直接相关的是责任能力,责任能力即对自己的行为承担法律责任的能力。完全行为能力人即完全责任能力人,限制行为能力人即限制责任能力人,而无行为能力人即无责任能力人。

特别要注意的是,在民事和刑事领域,我国法律对自然人行为能力的年龄划分是不一样的。我国《民法通则》规定:年满 18 周岁或者年满 16 周岁并以自己的收入为主要生活来源的人是完全民事行为能力人。10 周岁以下的人是无民事行为能力人。年满 10 周岁不满 18 周岁(或 16 周岁)的人是限制民事行为能力人。我国《刑法》规定:完全有刑事行为(责任)能力的年龄是 16 周岁以上,限制刑事行为(责任)能力的年龄是年满 14 周岁不满 16 周岁,无刑事行为(责任)能力的年龄是 14 周岁以下。

法人自成立到终止,始终具有完全行为能力,其行为能力与权利能力是一致的。但是任何法人的权利能力和行为能力都是有限的,对于企业法人来说,它的经营权要受其法定的经营范围的限制。

2. 法律关系的内容

任何法律关系都是在法律关系主体间形成的权利和义务关系,因此,权利和义务就构成了法律关系的内容。权利和义务不仅体现了现代法律的特征、法律精神和价值,而且还是整个法律运行过程关注的重心所在。

关于法律权利和义务的概念,理论界学说林立,莫衷一是。但一般认为,法律权利是法律规范规定或确认的,可以进行要求的利益;法律义务则是法律规定或确认的,必须予以承担的负担。

相关知识:

由于权利和义务是一组相对的概念,因此大多数法学家都把目光集中在权利之上,只要确立了权利的概念,义务的概念也就自然可以界定了。在西方的权利理论中,主要存在着"自由说"、"利益说"、"要求说"、"资格说"、"法力说"等学说主张。权利的"自由说"认为,权利是法律范围内的自由,在法律的范围内权利主体可以按照个人的意志行使或放弃权利而不受外来干预;如果权利是一种自由,那么义务就是一种法律的束缚或法律上的不自由。权利的"利益说"主张权利就是法律所保障的利益;义务就是法律上要求承担的不利和负担。权利的"要求说"认为权利就是法律上正当有效的主张和要求;义务就是必须接受这种主张和要求。权利的"资格说"认为权利就是去做、去要、去享有、去占据、去完成的一种资格,法律权利就是意味着根据法律"可以",而义务意味着根据法律"不可以"。权利的"法力说"主张权利是法律赋予权利主体的一种用以享有或维护特定利益的力量;义务则是对这种力量的服从。这些学说都从不同侧面揭示了权利所具有的不同属性,但又都不能完全解释权利的所有现象。有学者也试图将权利的所有属性都放到定义中去,认为权利是为道德、法律或习俗所认定为正当的利益、主张、资格、力量或自由。

法律权利与法律义务是一种对立统一的关系,两者相互依存,没有无义务的权利,也没有无权利的义务。但权利和义务何者为主要或主导方面,在不同的历史时期,法律的价值取向是不同的,古代法律以义务为本位,而现代法律是或应当是以权利为本位。所谓以权利为本位至少具有以下法律特征:其一,社会成员皆为法律上平等的权利主体,在基本权利的分配上不得因为性别、种族、信仰等因素而被歧视。其二,在权利和义务的关系上,权利是目的,义务是手段,法律设定义务的目的在于保障权利的实现,权利是义务存在的依据和意义。其三,在法律没有明确禁止或强制的情况下,可以作出权利推定,即推定为公民有权利(自由)去作为或不作为。其四,权利主体在行使其权利的过程中,只受法律所规定的限制,即法律的力量仅限于禁止每一个人损害别人的权利,而不能禁止他行使自己的权利。

3. 法律关系的客体

法律关系的客体是法律关系主体的权利和义务所共同指向的对象,又称权利客体和义务客体。在我国,法律关系的客体一般包括以下四种:(1)物,即可为人们所控制和利用的一切物质财富,物是一种最基本的客体。(2)行为,即法律关系主体意思表示的客观形态,分为作为和不作为,又称积极行为和消极行为。(3)智力成果,即人们在智力活动中所创造的精神财富,它是知识产权所指向的对象,比如著作、商标、专利、商业秘密等。(4)人身利益,包括人格利益和身份利益,是人格权和身份权的客体。特别要注意的是,在现代法治社会,人是法律关系的主体而非客体。这里的"人"是指作为整体的人而言,人的活动和人身利益都可以称为法律关系的客体,"人才市场"交易的也不是人本身,而是人的特殊技能或劳动力。

(三)法律关系的产生、变更和消灭

法律关系是法对社会关系加以确认和保障的结果,因此,它具有相对稳定性。然而,由于社会生活本身是不断变化的,具体的法律关系就不能不具有某种流动性,从而表现为一个产生、变更与消灭的过程。引起法律关系产生、变更和消灭的直接原因就是法律规范所规定的法律事实的出现。

所谓法律事实是由法律规定的,能够引起法律关系形成、变更或消灭的各种事实的总称。法律事实与一般意义上的事实的根本区别,就在于法律事实是法律规定的。法律之所以对某些事实加以规定,是因为这些事实具有一定的法律意义,也就是说,这些事实对于明确人们在法律上的权利、义务及其界限是至关重要的。比如签约行为是一个法律事实,因为法律规定合同一旦签约成立,双方当事人就产生了合同法上的债权债务关系,但签约时当事人的微笑、握手等动作,法律并没有作出相关规定,因此也就不是法律事实。

法律事实是多种多样的,按照是否以当事人的意志为转移,法律事实基本上可以分为事件和行为两大类。

(1)事件,又称法律事件,是指法律规定的,与当事人意志无关的,能够引起法律关系产生、变更和消灭的事实。它的特征是不以当事人主观意志为转移,不是由当事人的行为所引发。法律事件又可分为自然事件和人为事件。自然事件是指不依人的意志为转移而出现的客观事实,如人的出生、死亡、地震、洪灾等;人为事件是指当事人以外的人所引起的事件,如战争、社会革命等。

(2)行为,又称法律行为,是指由法律规定或调整的,与当事人意志有关的,能够引起法律关系产生、变更和消灭的作为和不作为。行为一旦作出,也是一种事实,它与事件的不同之处在于当事人的主观因素成为引发此种事实的原因,比如故意杀人、订立合同、交通违章等。对于法律行为,还可以按是否合法而进一步划分为合法行为与非法行为。

在某些情况下,有些法律关系的产生、变更或消灭必须同时具有两个或两个以上的法律事实,在这些法律事实之间就形成了一个法律事实的综合,法律上称为事实构成。例如,房屋的买卖,除了双方当事人签订的房屋买卖合同以外,还须到房管部门办理过户登记手续。

五、法律责任

(一)法律责任的含义

“责任”一词包含两层含义:一是责任关系,二是责任方式。换言之,责任既表示某种关系,又表示某种方式。法律责任也包含两层含义,即法律责任关系和法律责任方式。通常意义上,法律责任可定义为:因损害法律上的义务关系所产生的对于相关主体所应当承担的法定强制的不利后果。具体可从以下几方面来理解:

(1)法律责任首先表示一种因违反法律上的义务关系而形成的责任关系,即主体甲对主体乙的责任关系。这种责任关系派生于法律上规定的义务关系,即因为违反法律上的义务规定才导致责任关系的产生。法律上的义务不仅包括法律直接规定的法定义务,还包括法律予以保护的当事人契约上的约定义务。

(2)法律责任还表示一种责任方式,即承担或追究否定性、不利性后果。法律责任方式是由法律规定的,它通常有两种,即补偿与制裁。比如民事责任的方式包括赔偿、修理、重作、返还等;行政责任方式包括拘留、罚款、降级等;刑事责任方式包括有期徒刑、无期徒刑等。

(3)法律责任的追究和执行是国家强制力实施或者潜在保证的。强制实施追究和执行,是指由有关国家机关依法定职权和程序采取直接强制手段予以实施。但不等于说一切法律责任的实现均由国家强制力直接介入,比如民事责任可以由当事人自行协商和承担。如果责任人未承担民事责任,才出现国家强制力保证实施责任的追究和执行,即体现为国家强制力的潜在保证。

(二)法律责任的构成要件

法律责任的构成要件是指要求行为人承担法律责任时应该予以考虑的具体因素。通常认为法律责任的构成要件包括主体、过错、违法行为、损害事实和因果关系五个因素。值得注意的是,在不同的法律领域,法律对不同法律责任的构成可能具有不同的要求。

1. 主体

法律责任的主体必须是具有行为能力或责任能力的自然人或法人。就自然人而言,法律责任的主体必须是达到责任年龄和具备正常精神状态的人。我国法律对自然人的民事责任年龄和刑事责任年龄作了不同的规定。对于不能判断和控制自己行为的精神病人不能让其自己承担法律责任,但是间歇性的精神病人在不发病期间的违法行为也要承担法律责任。特别要注意的是,法律责任主体与违法主体是两个概念,违法主体是指违反法律义务的人,他不受年龄和精神状态的限制。比如一个8岁的孩子故意打碎了邻居家的玻璃是违法行为,但赔偿损失的法律责任主体是他的监护人。因为对于无行为能力人或者限制行为能力人的违法行为,现代法律通常要求其监护人承担民事责任。

2. 过错

法律通常要求违法者有一定的主观恶性,对于没有过错和不以人的意志为转移的不可抗力或意外事件,法律一般不要求人们承担法律责任。在刑事领域,法律对违法者的主观恶性尤为看重,把主观罪过分为故意和过失两种,相对于同一种犯罪情形,主观恶性越大,刑事责任也就越大。我国刑法规定,"故意犯罪,应当负刑事责任;过失犯罪,法律有规定的才负刑事责任"。在民事领域,过错责任是主要的法律责任形式,但某些民事责任的形式也不以行为人是否有过错为前提,我国《民法通则》规定,"没有过错,但法律规定应当承担民事责任的,应当承担民事责任。"比如关于环境污染,即使行为人没有过错,也要对环境污染的损害事实承担赔偿责任。

3. 违法行为

法律责任一般以存在违法行为(包括违约行为)为前提,没有违法行为一般就没有法律责任。在刑事领域,犯罪行为是承担刑事责任的必备要件,而犯罪行为是严重的违法行为。但在民事领域,公平责任的法律责任形式并不以违法行为为构成要件,比如我国《民法通则》规定,"因紧急避险造成损害的,由引起险情发生的人承担民事责任。如果危险是由自然原因引起的,紧急避险人不承担民事责任或承担适当的民事责任。"也就是说,如果危险是由自然原因引起,并且紧急避险人又是受益人的,对于因紧急避险而给他人带来的损失,紧急避险虽然是法律上的合法行为,但紧急避险人也可以承担适当的民事责任。

4. 损害事实

法律责任的承担一般应当以具有损害的事实为限,因为如果一个行为没有发生任何损害事实,那么行为就几乎没有社会危害性,对这种行为进行惩罚的意义也就不是很大。这种损害事实可以是人身性的、财产性的,也可以是精神性的。损害事实必须客观存在,但需要注意的是损害的事实不同于损害的结果。在刑事领域,故意犯罪的停止形态有犯罪既遂、犯罪未遂、犯罪中止和犯罪预备四种,后三种形态都没有发生行为人希望的损害结果,即使是犯罪既遂也存在危险犯的情形,比如甲在公用的水井中投毒,但被及时发现,没有人被毒死,行为人希望发生的损害结果并没有发生,但投毒这种行为本身就对社会公共安全造成了危害或损害,故损害事实还是存在的。而在民事领域,人们对某一违法行为是否造成了实际损害的理解可能会不一致,比如在是否造成精神损害这一点上人们经常会发生争议。

5. 因果关系

法律责任的承担仅有违法行为和损害事实还不够,还要求在违法行为和损害事实之间必须存在确定的因果关系。这一点主要是基于现实生活中行为和损害事实之间存在多种复杂的关系形态,比如甲同时受到多人伤害,其中一个人的伤害行为是致命的,这个时候确定哪个人实施了这个伤害行为就非常重要,因为这直接关系到每个侵害人责任的大小问题。在实践中这种因果关系的判断往往会比较困难,但法律只能让责任人为其自己行为造成的损害后果承担相应的责任。

(三)法律责任的分类

根据不同的标准,法律责任可以划分为不同的种类,比如根据责任是由自己承担还是由其所代表或代理的组织或个人承担,可以分为个人责任和职务责任。根据责任承担的内容是财产还是非财产可分为财产责任和非财产责任。根据主观过错在法律责任中的地位,可以把法律责任分为过错责任、无过错责任和公平责任,这通常是民事法律中对不同民事责任的分类。根据违法行为所违反的法律规范的性质不同,可以分为民事责任、行政责任、刑事责任、诉讼责任和违宪责任(或宪法责任)。这里我们重点介绍最后一种分类:

1. 民事责任

民事责任是指因违约、违反民事法律义务而应承担的不利后果。民事责任主要的功能在于救济当事人的权利、赔偿或补偿当事人的损失,在少数情况下也惩罚违约人的违约行为,比如支付违约金,即在一方违约后,不管是否造成对方损害都应当根据约定或法律的规定支付给对方一定数量的违约金。而民事责任的主要表现形式,即民事补偿或赔偿,具体包括停止侵害、排除妨害、消除危险、返还财产、恢复原状、赔偿损失、消除影响、恢复名誉和赔礼道歉等。此外,民事责任还体现为民事行为的效力否定,比如公民从事民事行为时负有不得恶意串通,损害国家、集体或第三人利益的义务,如果违反了就会导致民事法律行为的无效。

2. 行政责任

行政责任是指因违反行政法上的义务而应当承担的不利后果,它包括行政主体及其工作人员的行政责任和行政相对人的行政责任。行政责任主要体现为行政惩罚、行政赔偿和补偿、以及行政行为效力否定。行政惩罚主要包括行政处罚、行政处分和行政强制。行政处罚是指行政机关依法对违反行政管理秩序的公民、法人或其他组织给予制裁的行政行为,主要表现为警告、罚款、没收违法所得和非法财物、责令停产停业、暂扣或吊销许可证和执照、行政拘留、劳动教养等惩罚性措施;行政处分是指对于违法失职的公务员或其他所属人员实施的惩罚性措施,包括警告、记过、降级、撤职和开除等惩罚性措施;行政强制主要是行政机关采用强制性的手段强迫违法者履行义务,强制包括对人身的强制(如强制治疗、强制戒毒、拘传)和对财产的强制(如强制划拨、强制扣缴、强制拆除、强制拍卖等)。因行政主体的违法行政行为造成行政相对人损害的,应进行行政赔偿;因行政主体的合法行政行为(如征用土地或其他财产)造成相对人损害的应进行相应的行政补偿。另外,行政机关在行使行政权时负有不得滥用职权、正确适用法律、遵守法定程序的义务,否则就可能被上级行政机关或人民法院撤销或要求重新作出行政行为。

3. 刑事责任

刑事责任是指因违反刑事法律而应当承担的不利后果,它是一种惩罚性的责任,是最严厉的一种法律责任。刑事责任最主要的体现就是刑罚,是对犯罪人自由、生命、资格和财产的剥夺。我国的刑罚包括死刑、无期徒刑、有期徒刑、拘役、管制五种主刑和剥夺政治权利、罚金、没收财产、驱逐出境四种附加刑。

4. 诉讼责任

诉讼责任是指诉讼关系主体在各类诉讼活动中违反诉讼法而引起的不利后果。诉讼责任主要体现为诉讼惩罚、诉讼补偿和诉讼行为效力的否认。诉讼惩罚是指依照诉讼法对违反诉讼法的行为所实施的惩罚性措施,包括拘传、训诫、责令退出法庭、罚款、拘留以及民事、行政和刑事诉讼中的强制措施等。诉讼补偿是指行使侦查、检察、审判和监狱管理职权的机关及其工作人员在行使职权时对公民的人身和财产权利所造成的侵害进行物质上的赔偿,又称司法赔偿或刑事赔偿。司法赔偿和行政赔偿合称为国家赔偿,实质上是国家对受其侵害的公民所进行的民事赔偿。另外,诉讼责任还体现为诉讼行为效力的否认,比如有举证义务的一方如果不能提供确实充分的证据就会被法院宣布为败诉;人民法院在行使审判权审理案件时负有正确适用法律和遵守法定程序的义务,否则就可能被上级法院改变判决或发回重审。

5. 违宪责任

违宪责任,又称宪法责任,是指有关国家机关由于所制定的某种规范性法律文件或者所作出的具体权力行为与宪法相抵触,从而应当承担的法律责任。宪法是一国的根本大法,所有与宪法相违背的行为和规范性文件都为无效。

特别需要注意的两个问题:其一,一种行为可能产生多种法律责任,所以任何一个规范性文件都可能规定多种性质的法律责任。比如《道路交通安全法》就交通肇事问题就作了多种法律责任的规定,交通肇事可能产生赔偿损失的民事责任,也可能产生吊销驾驶执照、罚款等行政责任,如果情节或后果严重,还可能构成犯罪,负相应的刑事责任。其二,不同种类的法律责任所采用的具体责任方式可能是相同的,比如罚款既可能是一种行政责任的方式,也可能是一种诉讼法上的责任方式,而同样是支付一定数量的惩罚性金钱的罚金却是一种刑事责任方式。

本节知识框架图：

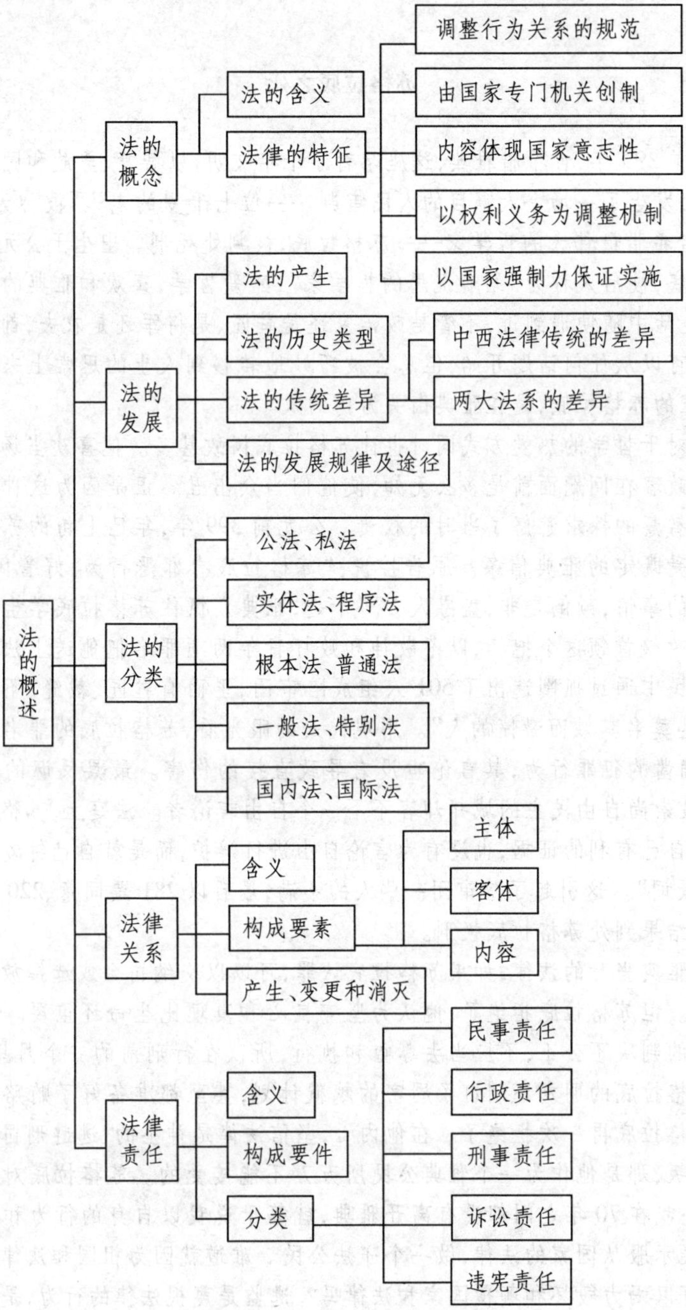
法的概述
法的概念
法的含义
法律的特征
调整行为关系的规范
由国家专门机关创制
内容体现国家意志性
以权利义务为调整机制
以国家强制力保证实施
法的发展
法的产生
法的历史类型
法的传统差异
中西法律传统的差异
两大法系的差异
法的发展规律及途径
法的分类
公法、私法
实体法、程序法
根本法、普通法
一般法、特别法
国内法、国际法
法律关系
含义
构成要素
主体
客体
内容
产生、变更和消灭
法律责任
含义
构成要件
分类
民事责任
行政责任
刑事责任
诉讼责任
违宪责任

阅读与思考:

苏格拉底之死

公元前399年,古希腊雅典,这座孕育了千年文明,以智慧、勇敢和民主体制著称的城邦,发生了一场令人瞩目的人民审判。一位七十岁的老人,被称为“西方的孔子”的古希腊最伟大的哲学家——苏格拉底,被判处死刑。出生于公元前469年的苏格拉底,被后人称为“站着沉思的哲学家”,酷爱哲学,喜欢和雅典的公民进行争论,在生活中随便遇到谁,不管是政治家还是鞋匠、是将军还是农夫,都会与之交谈。谈话可以从任何话题开始,但总会被巧妙地转移到人生的思索上来。所以有人说,真正的苏格拉底,是在雅典街头游荡的人。

这种对于哲学的热爱方式同时也让苏格拉底树敌甚多。他喜欢当场揭穿自命有智慧的政客在问题面前是多么无知,使他们当众出丑。正是因为这种在广场上对真理和智慧的探求惹怒了当时的权贵。公元前399年,年已七旬的苏格拉底被指控不接受既定的雅典信条。原告控说:“苏格拉底有邪恶行为,好管闲事,寻求天上地下的事情,颠倒是非,蛊惑人心。”于是,雅典人抓住苏格拉底学生克里底亚成为傀儡政权首领这个把柄,以不敬神和败坏青年两项罪名把他送上法庭。法庭从希腊市民中通过抓阄选出了501人组成陪审团,里面有鞋匠、裁缝、不识字的游民和“一些莫名其妙而激愤的人”。用现代人的眼光看,苏格拉底的罪名是莫须有的,没有确凿的犯罪行为,其言论也没有导致直接的伤害。最具反讽的一点恰在这:一个最崇尚自由民主的城邦却容不下一个自由言论者。法庭上,苏格拉底并没有选择对自己有利的证据,也没有为言论自由进行辩护,而是就自己钟爱的哲学话题“大放厥词”。这引起了陪审团一些人的不满,最后以281票同意、220票反对的民主表决结果判处苏格拉底极刑。

根据雅典当时的法律,如果苏格拉底认罪,可以以交纳罚金或选择放逐的方式代替死刑。但苏格拉底拒绝了,他认为坚守良心和真理比生命还重要。弟子们都认为这样的判决不公正,不应当去尊重和执行,所以在行刑前的一个月里,劝老师越狱。苏格拉底的朋友还制订了周密的越狱计划,甚至都准备好了贿赂看守的钱财。但苏格拉底再一次拒绝了。在他内心,坚信法律是神圣的,逃避刑罚是对这种神圣的背叛,那是他作为一个雅典公民所万万不能接受的。苏格拉底对设法营救他的人说:我在70年之间都没有离开雅典,就等于说我以自身的行为和国家签订了契约,表示服从国家的法律,做一个守法公民。难道就因为祖国和法律判处我死刑,我就可以竭力毁坏和颠覆国家和法律吗?逃监是蔑视法律的行为,是践踏自己曾经立下的契约,是最下贱的奴才干的勾当。如果我含冤而死,这不是法律的原因,而是由于恶人的蓄意。如果我无耻逃亡,以错还错、以恶报恶,毁伤的不仅是法律,而且是我自己、我的朋友和我的国家。

两千多年后,历史学家这样评价这场审判:在西方文明史上,除了对耶稣的审判和处死之外,再也没有任何的审判和处死,给人留下如此深刻的印象了。由此我们不难理解苏格拉底之死对于西方法治文明的重大意义:也许法律会一时枉正错直,也许我们会说恶法非法,但在世俗之城里只有一部人人必须遵守的法律,只有在每个苏格拉底都服从法律的基础上,雅典人民才有法治的保障。在这个意义上说,苏格拉底必须死,因为雅典的法律需要生。所以苏格拉底毅然选择了留下,当药剂师将毒药配好后,苏格拉底静静地接过杯子,一饮而尽,如饮一杯美酒。(摘自傅达林:"'法律六进'与'苏格拉底之死'",《法学家茶座》2007 年第 1 期)

请思考:什么是法?苏格拉底之死给你怎样的启示?

自我测试

一、判断题

1. 广义的法律不仅包括宪法、法律、行政法规,还包括各级行政机关制定的各种规范性文件。( )

2. 现代法律既调整人们的行为,也调整人们的思想。( )

3. 法律通过程序以国家强制力保证实施,这种国家强制力很多时候是潜在的和间接的。( )

4. 法系即一个国家的法律体系。( )

5. 实体法和程序法是一国法律体系中不可缺少的两个组成部分,两者相互联系和依存,不可偏废。( )

6. 现代私法的本质在于限制权力。( )

7. 程序法即为诉讼法。( )

8. 法律权利与法律义务是一种对立统一的关系,两者相互依存,没有无义务的权利,也没有无权利的义务。( )

9. 违法主体即为法律责任主体。( )

10. 民事责任的功能仅在于救济当事人的权利、赔偿或补偿当事人的损失。( )

二、不定项选择题

1. 大陆法系的基本结构是在( )基础上建立的。

A. 公法和私法　　B. 普通法和衡平法

C. 根本法和普通法　　D. 普通法和判例法

2. 以下属于实体法的是:( )。

A. 刑法　　B. 民法　　C. 仲裁法　　D. 行政诉讼法

3. 从诉讼程序传统来看,英美法系更偏向于:(　　)。

A. 职权主义　　B. 当事人主义　　C. 超职权主义　　D. 超当事人主义

4. 法律事实包括:(　　)。

A. 事件　　B. 事实　　C. 行为　　D. 不可抗力

5. 法律关系的客体包括:(　　)。

A. 物　　B. 行为　　C. 智力成果　　D. 人身利益

6. 法律发展的途径有:(　　)。

A. 法律移植　　B. 法律继承　　C. 法制改革　　D. 法律混合

7. 行政责任主要体现为:(　　)。

A. 行政惩罚　　B. 行政赔偿　　C. 行政行为效力否定　　D. 行政补偿

8. 以下属于民事责任方式的有:(　　)。

A. 赔礼道歉　　B. 拘留　　C. 拘传　　D. 赔偿损失

第二节　法的价值

学习提示:

1. 法的价值有何意义?
2. 法具有哪些价值目标?
3. 如何解决法的价值冲突?
4. 法与道德有何区别?
5. 如何准确看待法与道德的冲突?

如前所述,法有应然和实然两个层面。应然的法也就是观念上的法,探讨的是"法应该是怎样的"的问题,主要也就是法的价值问题。观念的法是抽象而普遍的,社会大众可能不学习法律,但是只要生活在法律社会中,就会有对法的观念,心目中就有法的"定义",许多人尽管不能从理论上对法进行阐释,但是关于法的理解是客观存在的,而且影响着他们的行为。实然的法,阐述的是"法实际上怎样的"问题,具体又包括制度的法和现实的法两个方面。制度的法是明确、规范且严格的,它以立法的结果状态存在,明确地告诉人们可以做什么、不能做什么以及必须做什么。现实的法是生动而变化的,它存在于社会的现实之中,具体说来,存在于政府行政、检察活动、法官审判以及社会民众的社会生活之中,也就是法的具体适用状况。

自本节始,我们就从“观念的法”、“制度的法”和“现实的法”(也即“法的价值”、“法的创制”和“法的适用”)这三个层面来重点展开法学导论的学习。

一、法的价值含义及意义

(一)法的价值的含义

“价值”是一个很难定义的概念,在中国的使用主要有三种基本含义:一是在经济学意义上使用的价值概念,指体现在商品中的社会必要劳动,即商品的劳动价值;二是在日常生活和某些社会科学中运用的价值概念,指客观事物的有用性或具体的效用;三是在哲学意义上使用的价值概念,是就客体对主体的意义的概括。

受马克思主义政治经济学的影响,我国法学理论界目前较为典型的看法是,价值首先是一个“关系范畴”,反映了作为主体的人与作为客体的外界物之间的关系,揭示了人们实践活动的动机和目的;其次还是一个“属性范畴”,表示了事物所具有的对主体有意义的、可以满足主体需要的功能和属性。

法的价值在广义上可以指法对于人的一切意义,既包括法的目的性价值,也包括法的工具性价值。前者比如法的公平、自由、正义、秩序价值等;后者比如法在效益、民主与法治等方面的功能和作用。关于法的功能与作用是相对直观和公认的,我们这里重点要探讨的是法的目的性价值。

相关知识:

关于法的作用(或称功能),可以简单归纳为两个方面:一是法的规范作用,具体表现为:(1)指引作用:法为人们提供了一种行为模式;(2)评价作用:法提供了判断他人行为是否合法及违法性质和程度的尺度;(3)预测作用:人们可以依法估计应怎样行为、行为后果,并依次对自己的行为作出安排;(4)警示作用:法所包含的强制、责任性等信息给人们以威慑、教育和启示的作用;(5)制裁和保护作用:法通过为合法行为人提供诉权而保护合法行为不受侵犯,通过对违法行为人的违法行为给予相应的法律制裁而维护社会秩序。二是法的社会作用,具体表现为建立和维护统治阶级所认可的政治、经济和社会秩序并保障执行社会公共事务的功能和作用。

(二)法的价值的意义

1. 法的价值是法的创制的必需

法的价值是立法的思想先导,严格意义上的立法活动都是在一定法的价值观指导之下的国家行为。在法的制定中,立法者时常会因立法的目的而困惑,会因此法与彼法的难以协调而不解,会因某些条款的确立而争论,其实质都是法的制定中的价值认识问题、价值评价问题和价值选择问题。比如在我国物权法的制定过程中,如何对待私有财产的问题——私有财产的存在具有道德上的正当性,法律应当竭力保护?还是说私有财产制度是“万恶之源”,必须通过法律来消灭?这就是一个价值判断和选择问题。又比如在刑事诉讼中是否应该赋予犯罪嫌疑人和被告人沉默权,这涉及刑事诉讼法惩罚犯罪和保障人权的目的选择,其实质是法的自由和秩序两大价值的优先问题。

立法中追求的法的价值是什么？是保障自由还是剥夺自由,是保障平等还是制造特权和歧视,是维护正义还是保护邪恶等法的价值定位,将直接关系到制定的法是良法还是恶法。"有法可依"并不是真正的立法上的法制完备,如果制定出来的是恶法,那将比没有法更可怕。比如在第二次世界大战中,在法西斯主义的法律下,许多恶行得以合法地肆虐。从某种程度上说,恶法本身就是对法的价值的背离,而法的价值是对恶法予以校正的准则。纽伦堡审判和东京审判都充分运用了法的价值对恶法和恶法下的恶行的批判意义,并把平等、正义、人权等作为基本的法的价值准则来校正恶法,对恶法下的恶行予以制裁。

相关案例:

在第二次世界大战结束后,对法西斯战犯、间谍、告密者的惩办问题变得非常棘手,因为他们的恶行在当时的法律下都是合法的。按理,对他们的任何制裁都是不符合法治的形式要求的,然而,对他们却不能不予以制裁。这时,法的价值就发挥了不可取代的历史作用。比如:1944 年,德国的一妇女为了陷害当时正在服役的丈夫,便向纳粹当局告密其夫休假在家时曾讲过有损希特勒的话。结果,其夫被纳粹当局以 1934 年纳粹政府法令判处了死刑(未执行)。法西斯倒台后,该妇女在德国联邦法院被指控犯有 1874 年刑法典规定的非法剥夺他人自由的犯罪。联邦德国法院的终审判决是:被告犯有罪行,纵然其丈夫是按照纳粹政府的法令被判刑,该妇女是依照纳粹法律而告密,因该纳粹法令本身违反了一切正直人的正当良知和正义感,所以她必须接受法律制裁。

2. 法的价值是法的适用的必需

法的价值是法的适用的思想保障,法的适用离不开法的价值指导。所谓"徒法不足以自行",再好的法,离开法的执行机关及其执行人员良好的法的价值观,法的执行就不可能取得良好的效果。因为法的执行机关及其工作人员的法的价值观影响着他们对既定法律原意的理解,影响着他们所做的法律解释,影响着他们对合法行为的保护和对违法行为的制裁。比如关于职权和公民权的关系,在有的执法机关及其工作人员看来,其职权就一定要高于公民权,于是当两者发生冲突时,就会为了实现职权而牺牲公民权;而在有些执法机关及其工作人员看来,其职权应尊重公民权,于是当两者发生冲突时,就会以职权服从公民权。两种不同态度的重要思想根源就在于它们具有不同的法的价值观。又比如面对一个既有有罪证据,又有无罪证据,而有罪证据并不周延,无罪证据也不周延的犯罪嫌疑人,司法机关可能就有三种选择:一是认定为有罪,若以后确认为无罪,再予以纠正;二是认定为

“事出有因,查无实据”,拖延不决;三是认定为无罪,若以后确认为有罪,再予追究。这三种选择的冲突实际上就是法的价值的冲突,是优先保障公民的权利与自由,还是优先考虑国家的刑罚权来保证秩序?这直接取决于执法机关及其工作人员的法的价值观。

另外,法的价值也是法的遵守的思想条件。法在很大程度上都是被遵守的,法的实施如果仅靠强制,那是不可能长久维持的。法的价值对社会成员的守法意识和守法行为都具有极其重要的影响,作为社会成员,只有对现行法律具有价值认同和价值肯定,他才有可能自觉地去遵守法律。

二、法的价值目标

(一)法的正义价值

正义是法律追求的核心价值和目的,也是评价法律的重要标准之一。但是关于什么是正义,则是一个见仁见智的问题。

相关案例:

有一群小朋友在外面玩,那个地方有两条铁轨,一条还在使用,另一条已经废弃。只有一个小朋友在废弃的铁轨上玩,其他的小朋友全都在现用的铁轨上玩。很不巧,火车来了,在上面有很多小孩的现用的铁轨上行驶。当时火车刹车已来不及,扳道工人想到废弃的铁轨也还可用,就把铁轨切换到了废弃的铁轨上,因此救下了很多个孩子,但却让那名在废弃铁轨上的小朋友无辜牺牲了。扳道工人的行为是否符合正义?这引发了很多争议。你认为法律应该作出怎样的价值导向?

自古以来出现了形形色色的法律正义概念,最早可追溯到亚里士多德所说的合法正义,但在现代法律价值论中,法律正义的具体含义具有扩散的倾向,形成了实质正义、形式正义和程序正义等正义观念,大致意思如下:

(1)合法正义,指的是不问法的内容本身是否正确或是否属于良法,而加以忠实地遵守、适用意义上的正义。近代以后的法律实证主义倾向于只承认合法正义才是法律正义,如作为新分析法学派创始人的英国法学家凯尔森就认为,一条一般规则在根据其内容而应得到适用的所有场合中都予以严格适用,就是正义的。

(2)形式正义,体现为“同样情况同样对待”和“不同情况不同对待”的一种纯形式的要求。形式正义与法治紧密相连,美国政治哲学家罗尔斯甚至说,形式正义又可称为“作为规则性的正义”,也就是法治。

(3)实质正义,又称“具体正义”,指的是评价和判断法律是否正当的实质性的价值标准。具体又包括两种正义:一是分配正义,即涉及社会成员之间利益与负担的分配是否正当的正义;二是交换正义或矫正正义,即涉及社会成员之间得利与损失的调整(包括针对侵权的赔偿、救济与制裁)是否正当的正义。

(4)程序正义,相对于实质正义而言,是关于达到结果的程序过程的正当性,要求必须根据一种公正的程序对某种决定的利害关系人的各自要求予以公平对待。中西方的传统观念往往认为目的可使手段得到正当化,即认为程序正义是实质正义的手段,但现代人们一般认为程序正义具有独立的固有价值,不论某种决定的结果是否正当,在决定过程中,首先必须符合程序正义的要求,否则,结果就必然是不正义的。

(二)法的自由价值

自由也是法的一项基本价值,这早已为法学家们所认同。古罗马的西塞罗就有一句名言:“为了得到自由,我们才是法律的臣仆。”法律上的自由,正如孟德斯鸠所说,“就是做法律所许可的一切事情的权利”。从终极意义上说,自由的法律保障,其实就是尊重每一个人的个别性,保障他们各自可以自由地追求他们各自认为有意义的价值,为此,不仅要保障他们各自的意志决定自由,还要保障他们各自的行为自由,主要包括思想自由、表达自由、信仰自由、结社自由、参政自由、契约自由、财产自由,等等。在近代以后,这些自由均得到了法律的具体保障,甚至得到了宪法的确认,构成基本人权的核心内容。

自由是当代法的时代精神,法的最高价值是人的彻底解放,是人的全面发展,自由则是人类走向彻底解放和全面发展的动力、途径和始终相随的法律精神。而在当代中国,强调法的自由价值具有特别重要的时代意义。因为我国是一个在法律制度和社会生活中都缺乏自由传统的国家,历史上长期的专制统治严重压抑了人的自由,法律不仅应在制度建设上保障和追求自由,还应当在理念上引导社会生活中的自由状况与发展。此外,我国正在进行市场经济建设,而市场经济无疑是自由经济和法治经济。市场经济中的立法、执法和司法都应该体现自由的精神要求,必须保障市场经济主体的自由得以真正地实现。

(三)法的平等价值

平等也是法律的重要价值,关于平等价值的论述由来已久。平等不是平均,平等反对特权和歧视。一般来讲,平等包括机会的平等和实质的平等。机会的平等,旨在保障每个人在其各自人格的形成和实现过程中达到机会上的平等,这种平等的出发点仅仅在于废除封建身份制度和特权制度,要求人们参加自由的竞争,保障人们在各种社会活动的起点上的平等。但是如果自由竞争的人们在起点上不具有对等的实力,就很可能导致社会强者和弱者的两极分化,不可避免地催化现实上的不平等状况。为此,在现代法中,实质平等对形式上的机会平等进行了修正和补足。实质平等一般又称为条件的平等,主要指的是为了在一定程度上纠正由于保障形式上的平等所导致的事实上的不平等,依据每个人的不同属性分别采取不同的方式,对作为每个人的人格之形成和发展所必需的前提条件进行实质意义上的平等保障。

可见,法的平等价值是形式上的机会平等和实质上的条件平等的统一。“法律面前人人平等”是一项宪法原则,但是对某些特殊的群体,法律还予以其他各种形式的特殊保护。比如在民族平等问题上,我国宪法和法律都规定了少数民族聚居地区可以依法制定自治条例和单行条例,在司法中,少数民族有运用本民族的语言参加诉讼的权利。又比如在男女平等问题上,由于男女生理上的差别和漫长的男权社会的历史积淀等原因,唯有对妇女予以特殊的法律保护才能实现真正的法的平等。

相关案例:

在无任何证据证明其辖区存在“河南籍敲诈勒索团伙”的前提下,深圳市公安局龙岗分局龙新派出所在其辖区黄龙塘市场附近的大街上悬挂了“坚决打击河南籍敲诈勒索团伙”和“凡举报河南籍团伙敲诈勒索犯罪、破获案件的,奖励500元”字样的横幅。此事引起了河南籍人士的不满。2005年4月15日,河南籍郑州市民任诚宇和李东照以深圳市公安局龙岗分局的行为侵害了两人的名誉权为由,要求被告在国家级媒体上公开赔礼道歉。两名原告认为,被告下属机构龙新派出所对两原告家乡的地域歧视和对整个河南籍人群的否定性社会评价,不仅严重违背了《中华人民共和国宪法》第33条确立的“法律面前人人平等”的宪法基本原则,而且直接损害了两原告家乡及所有河南籍中国公民和河南籍侨民的声誉和名誉,伤害了两原告对家乡的感情及对家乡应有的荣誉感,因此被告的行为已侵害了两原告作为河南籍中国公民所应享有的名誉权和精神健康。故请求法院判令被告就其侵权行为对两原告公开赔礼道歉,并就道歉内容在一家人民法院认可的国家级新闻媒体上公开予以发表;判令被告承担本案的案件受理费。郑州市高新区人民法院正式受理这起全国首例地域歧视案。后经法院主持调解,双方当事人自愿达成如下协议:被告深圳市公安局龙岗区分局向原告、河南籍公民任诚宇、李东照赔礼道歉,原告任诚宇、李东照对被告深圳市公安局龙岗区分局表示谅解,原告自愿放弃其他诉讼请求。

(四)法的秩序价值

秩序是作为群体的人类所必需的,没有秩序就没有安全,也就没有真正的共同生活和发展。法与秩序有着天然的联系,在一定意义上说,法本身就是为建立和维护某种秩序才建立起来的。法的正义、平等、自由等价值的实现都必须以秩序价值为前提,可以说,法的秩序价值是法的基础价值。

秩序之所以是法的基础价值,首先是由法对于社会的意义所决定的。社会是人与人结合并相互作用而形成的统一整体,而法建立了最必要的人际秩序,使人与人能够共存,也只有在法等社会规范的作用下,社会才能得以维系和演进。在众多的维系人际秩序的规范中,只有法才是人们因受外在强制或受外在强制的压力而不得不遵行的准则。其次,秩序作为法的基础价值是由秩序本身的性质所决定的。

秩序是法存在的依据,也是法调整的结果,没有秩序就只有混乱,就只有混战和弱肉强食的虐杀。法一旦创立,首要追求的就是秩序,并在一定的秩序中发挥自己的作用,追求自己的其他价值。最后,秩序成为法的基础价值也是由法的其他价值所要求的。没有秩序,生存、安全、效益等就会受到威胁并缺乏保障,公平、正义、自由、平等、民主、法治等就只能是奢望和梦想。

法的秩序价值总体上是通过法的社会控制来实现的,而具体的实现方式则受制于历史时代。在奴隶制和封建制社会,作为统治者的奴隶主和封建主是采用暴力的方式来维持其秩序的;而现代社会的法的秩序必然也必须采用规范的方式来实现,否则就是对现代法和法治的反动。比如在刑事法律领域,国家刑罚权的存在和实现都是为了一种公共秩序和安全,但对犯罪的界定和整个追究犯罪的过程,都必须以规范的方式来进行,现代刑事法律一般都确立了罪刑法定和无罪推定等基本原则。

相关案例:

2003年4月,整个中国遭遇了一场事关国家、民族生死存亡的"非典风暴"。在"非典"期间,为了能够有效控制疫情,保护广大公民的生命财产安全,行政机关出台了一系列应急措施,这些措施包括:(1)非法定的行政即时强制措施,如对患者的强制隔离治疗、对疑似病例或接触者的隔离、对相关场所封锁和控制;(2)对不特定的公众科以非法定的义务,如要求公共场所的经营者对公共场所进行消毒、要求用工单位不得遣散员工并承担员工治疗费用、要求流动人口进行健康检查和登记;(3)颁布公共警告、控制人员流动;(4)简化防治"非典"药物的行政许可程序,如新药许可和进口药物许可;(5)对相关商品进行限价;(6)对特定人员科以非法定的义务,如要求国家工作人员不得离职,否则将重罚,等等。

法的价值是多元的,除了正义、自由、平等、秩序价值之外,法学家们还提出了生命价值、人权价值、人的全面发展价值等价值目标,在此不再一一详述。

三、法的价值冲突

(一)法的价值冲突的表现

法的价值是一个多元、多维、多层次的庞大体系,其中包含各种观念和准则。法的价值冲突集中体现在不同的法的价值观念和价值准则各自内部和相互之间的矛盾。

1.法的价值观念的冲突

法的价值观念的冲突是在多重意义上存在的。首先,从主体角度看,主体自身的价值观和主体之间的价值观都可能发生冲突。同一主体,因为处于复杂的社会背景和环境之下,从不同的角度出发,就可能产生不同的法的价值认识和法的价值期求。比如在严格的证据规则之下,司法官员就经常会在坚持法制与追求实体正义之间难以取舍。不同的主体,由于生活条件和自身状况等差异,也就可能具有不同的法的价值观念,正如人们对正义、自由等价值都有各自的理解和解释。其次,从时间角度看,历史的、现在的和未来的法的价值观都会发生冲突。比如我国现代的法的价值观与传统的法的价值观之间就不可避免地存在矛盾和冲突,传统的观念认为法是阶级统治的工具,现代的观念认为法是公民权利的保障;传统的法的价值观注重惩恶、注重仁与礼、注重等级、主张无讼;现代的法的价值观注重人权、平等和自由、注重程序正义等。最后,从空间角度看,文化的地域性决定了法的价值观的地域性。当代世界各国的许多法律冲突并不一定就是或者仅仅就是各自利益或意识形态的原因,也完全可能是由不同地域的价值观所导致的。

2. 法的价值准则的冲突

法的不同的价值准则和目标,诸如自由、平等、秩序、正义之间都可能发生冲突。不同的法律制度所追求或侧重的价值目标往往是不同的,比如市场竞争的法律制度首要保障的是自由、效率等价值的实现,保障市场秩序方面的法律制度首要追求的是秩序、安全等价值的实现,而社会保障的法律制度更侧重的是平等、公共幸福等价值。宪法上的公民权利规定往往侧重于保障公民权利及其实现,而行政法上的社会管理可能侧重于政府管理而对公民权利予以适度制约。又比如,当一个国家遭遇紧急状态时,政府往往需要牺牲部分自由来保障法律的秩序价值。我国在2003年遭遇"非典"时,政府为了有效遏制疫情的蔓延和维护社会秩序的稳定,就采取了严格的隔离措施来限制公民的部分自由。还比如,在某些国家,政府为了促进平等的价值,改善弱势群体的待遇,往往需要向富人群体多征收税款,但却使企业用于生产和扩大再生产的资金不足,导致国民经济发展缓慢甚至停滞,损害法律的自由、效率等价值。

(二)法的价值冲突的解决

1. 法的价值冲突的解决原则

中外历代法学家们曾提出了关于法的价值冲突的许许多多解决原则。比如"利害原则",主张在法的价值选择时应"两利相较取其大,两害相较取其轻"。也有学者希求建立某种固定的、可以高度量化、精确化的法的价值等级体系,但要对人们都需要的抽象的多元的价值进行统一量化是不可能的,至今还没有一个完善的法的价值等级体系在理论上建立起来。还有学者提出了"法的价值中心论",比如自由中心说、秩序中心说、平等中心说等,但事实上并没有一个绝对的中心可以适用于所有的价值冲突。

我们认为,法的价值冲突的首要的解决原则就是遵从法的基本价值,而这种基本价值是一个有机联系的整体,即秩序是人类生存的基本条件,人权是人类生存和发展的必需,公平和正义是人类社会得以维持的保证。其次,应该坚持法定价值。在法律设定有价值准则的时候,遵守既定的价值准则是最为必要的。在法律有明确规定时,遵守法律的既有规定也最符合形式法治的价值要求。最后,如果碰到法律上没有规定而又必须予以解决的价值冲突,或者法律上有规定,但进行何种解决都不违反法定价值准则的价值冲突时,不妨考虑适当成本和最佳效益的原则。

2. 法的价值冲突的解决方式

法的价值冲突的解决方式,最常见的主要有主体认同方式和外在统一方式、民主方式和专制方式。

主体认同的方式指的是通过主体自觉的意识或者被说服,使其对冲突着的法的价值产生共同的认识。这种方式无疑是最好的,但显然它不可能解决所有冲突,所以,外在统一的方式是必要的,其具体的途径可以是通过少数服从多数的方式解决,也可以是通过下级服从上级的方式解决,还可以是通过强权控制的方式解决。比如法院合议庭的审判,合议庭成员意见不一致是不可避免的,此时一般都通过少数服从多数的外在统一的方式来解决冲突。关键的问题是,外在统一的解决方式应该有相应的制度保障和程序保证,必须要有明确具体的操作手段和程序。

根据价值主体的地位和互动方式的不同,可以将法的价值冲突的解决分为民主的方式和专制的方式。民主的方式是一种良好的解决方式。虽然作为结果,它不是各个主体对于冲突的共知共识,它的解决内容也并不为所有的主体所认同,但从应然的意义上讲,它的实体内容是多数人所认可的,它的解决程序是所有人都认可的。而专制的解决方式,从急功近利的角度看远比用民主的方式解决更加简便快捷,也更能为统治者所随心所欲,但历史证明其危害却是巨大的,它可能破坏人类的整个价值体系,阻碍社会的文明发展。

四、法与道德的关系

关于什么是道德的问题,人们历来都有不同的解释。一般认为,道德是评价人们思想和行为的善与恶、美与丑、正义与非正义、公正与偏私等的观念、规范、原则和标准。法与道德有着密切的关系,从某种程度上讲,法的价值评价就是法的道德评价。因此,探讨法的价值问题,就不能回避法与道德的关系问题。

(一)法与道德的一致性

道德和法律都由特定的经济基础决定,反映着特定的社会关系,总是与特定的社会形态相适应的,两者在观念和规范上都存在一致性。

首先,道德观念和法律观念都是对客观事物及人们相互关系的看法和主观认识,都潜藏在人们的价值观念之中,人们对某种事物或行为作是非、善恶的价值判断时,两者往往是融为一体的。

其次,在规范层面上,道德规范和法律规范也常常是一致的,违法犯罪行为一般都是违反道德的,守法行为一般也都是符合道德的,道德所禁止或许可的,法律也是禁止和许可的。比如杀人、盗窃、违约、欺诈等行为是违反道德的,在法律上也是禁止的,而诚实信用、尊老爱幼等道德上许可的,法律上也是许可的。

（二）法与道德的差异性

道德和法一样，都是一种社会意识和社会规范，但两者有着根本的区别：

（1）两者产生的背景不同。道德是在原始规范的基础上产生的，最早表现为禁忌、习俗、礼仪等。随着生产力的发展，一些带有全局性的、牵涉到人们生活根本利益的社会关系就由从习俗和习惯中上升出来的道德进行调整。而法律却是在道德作为一种规范已经存在的基础上产生的，是社会矛盾尖锐化导致道德无力调整的结果。

（2）两者的表现形式不同。道德产生于社会观念中并存在于人们的信念里，是自发的；而法律却是由国家制定或认可的，并以特定的形式表现出来的。法律不管其成文与否，总是表现为一定的体系和制度化；而道德规范的产生虽然远比法律要早，但至今仍是一种非制度化、非系统化的形式。

（3）两者的内容不完全相同。一般来说，法律的内容比较具体明确，既规定人们的义务，也规定人们的权利，而且通常以权利和义务的一致性为条件；而道德规范更多强调的是义务和禁令。

（4）两者的实施方式不同。道德的实施主要是靠人们的自觉遵守，其次才靠舆论的强制、内心信念的约束等；而法律的实施除了要求人们自觉遵守之外，更主要的是凭借国家的强制力来保证的。

（5）两者的调整范围不同。法律从其产生之时就是从道德中分化出来的，道德所规范和调整的内容往往比法律要广泛得多，道德不仅调整人的现实行为，还调整和规范人们的思想、品格和动机等。但两者的调整范围在一定条件下是变化的，原本道德调整的某些问题，将来也可能由法律调整。

（三）法与道德的冲突

在社会生活中，法律与道德也时常发生冲突，最直观的体现就是法与情理的矛盾，主要表现为合法不合理和合理不合法两种情况。比如，老父亲大义灭亲杀死自己作恶多端的儿子，根据刑法规定，应该追究老父亲相应的刑事责任，但从道德上讲，老父亲的大义灭亲行为却为大多数人所认同。又比如安乐死的问题，从安乐死本身来说，它是符合人道主义的，但因为安乐死可操作性难等原因，我国法律对它仍持禁止态度。此外，还有见义勇为却触犯法律问题、“拾金不昧”之后要求失主给付酬金问题、医生收受医药回扣捐给希望工程仍属于商业受贿问题等都存在着道德与法律的碰撞。

相关案例：

1935 年的冬天，是美国经济最萧条的一段日子。这天，在纽约市一个穷人居住区内的法庭上，正开庭审理着一个案子。站在被告席上的是一个年近 6 旬的老太太。她衣衫破旧，满面愁容，愁苦中更多的是羞惭的神情。她因偷窃面包房里的面包而被面包房的老板告上了法庭。

法官审问道:“被告,你确实偷了面包房的面包吗?”老太太低着头,嗫嚅地回答:“是的,法官大人,我确实偷了。”法官又问:“你偷面包的动机是什么,是因为饥饿吗?”“是的。”老太太抬起头,两眼看着法官,说道:“我是饥饿,但我更需要面包来喂养我那三个失去父母的孙子,他们已经几天没吃东西了。我不能眼睁睁看着他们饿死。他们还是一些小孩子呀。”老太太说着,两行泪水从她那饱经风霜的脸颊上流过。

闻听老太太言,旁听席上响起唧唧喳喳的低声议论。法官敲了一下木槌,严肃地说道:“肃静。下面宣布判决。”说着,法官把脸转向老太太,“被告,我必须秉公办事,执行法律。你有两种选择,一种是处以10美元的罚金;或者是10天的拘役。”老太太一脸痛苦和悔过的表情,她面对法官,为难地说:“法官大人,我犯了法,愿接受处罚。如果我有10美元,我就不会去偷面包。我愿拘役10天,可我那三个小孙子谁来照顾呢?”

这时候,从旁听席上站起一个四十多岁的男人,他向老太太鞠了一躬,说道:“请你接受10美元罚金的判决。”说着,他转身面向旁听席上的其他人,掏出10美元,摘下帽子放进去,说:“各位,我是现任纽约市的市长拉瓜地亚,现在,请诸位每人交50美分的罚金,这是为我们的冷漠付费,以处罚我们生活在一个要老祖母去偷面包来喂养孙子的城市。”法庭上,所有的人都惊讶了,都瞪大了眼睛望着市长拉瓜地亚。法庭上顿时静得地上掉根针都能听到。片刻,所有的旁听者都默默地起立,每个人都认真地拿出了50美分,放到市长的帽子里,连法官也不例外。老太太看到这个场面,双手捂面,呜咽出声来。

法律是严肃的,法律也是无情的,执法者不被感情左右,是职责。而人与人之间的情感更是真挚的,相互间的关爱更是人性的本质。(原载《小小说选刊》2004年第4期)

法律与道德之所以会发生冲突,主要是由于道德和法律这两种社会规范本身的差异造成的,特别是道德与法律的发展有时候并不同步。一方面,法律不能朝令夕改,相对于社会生活的变化而言具有滞后性的特点。而道德的变化是自发的,不需要特定的程序,这种变化了的道德观念与不变的法律规定之间可能产生矛盾。比如,我国改革开放初期兴起的商品经济的道德观念与“投机倒把”等僵化的法律规定的冲突。另一方面,道德有时具有很长的时效性,历史的惯性使得道德不可能一下子随着社会形势的变化而改变。而在社会形势变化的情况下,法律的改变可能却相当剧烈。这样就出现了不变的道德观念与变化的法律在社会形势变化时期的冲突。例如,传统道德中“不孝有三,无后为大”的观念不可能一下子就从人们的思想意识中消除,从而出现了这种还没来得及退出历史舞台的道德与新生的计划生育法的冲突。

作为两种主要的社会规范,法律与道德对立统一,不可或缺。在我国法治建设的初期,情与法的矛盾更是不可避免的尴尬。国家制定法与传统的道德理念之间需要根据社会势态的发展进行不断地修正、衔接,一部良法必须要有符合时代要求的道德基础,否则只能是恶法而被历史唾弃。同时在法制宣传和建设过程中,应该对旧道德进行批判,使道德与法律尽量吻合。

本节知识框架图:

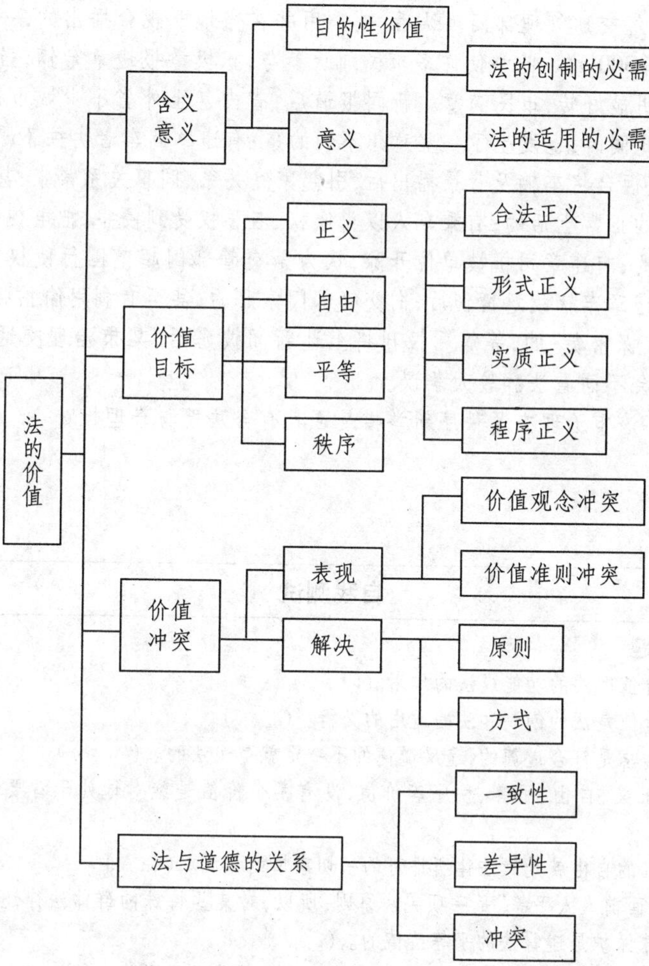

阅读与思考:

“有奖举报”惹争议

某市为加强道路交通管理,规范日益混乱的交通秩序,决定出台一项新举措,由交通管理部门向市民发布通告,凡自行摄录下机动车辆违章行驶、停放的照片、录像资料,送经交通管理部门确认后,被采用并在当地电视台播出的,一律奖励人民币200元~300元。此举使许多市民踊跃参与,积极举报违章车辆,当地的交通秩序一时间明显好转,市民满意。新闻报道后,省内甚至外省不少城市都来取经、学习。但与此同时,也发生了一些意想不到的事:有违章驾车者去往不愿被别人知道的地方,电视台将车辆及背景播出后,引起家庭关系、同事关系紧张,甚至影响了当事人此后的正常生活的;有乘车人以肖像权、名誉权受到侵害,把电视台、交管部门告上法庭的;有违章司机被单位开除,认为是交管部门超范围行使权力引起的;有抢拍者被违章车辆故意撞伤后,向交管部门索赔的;甚至有利用偷拍照片向驾车人索要高额“保密费”的,等等。报刊将上述新闻披露后,某市治理交通秩序的举措引起了社会不同看法和较大争议。

请思考:该市治理交通秩序新举措是否具有合法性与合理性?

自我测试

一、判断题

1. 法的价值即法的功能或法的作用。(　　)

2. 法的价值是法的创制和法的适用的必需。(　　)

3. 合法的总是符合道德的,违反道德的不一定就是违法的。(　　)

4. 法的正义、自由、平等、秩序等价值,没有哪个价值是绝对地处于首要和核心地位的。(　　)

5. 法律上的自由就是做法律所许可的一切事情的权利。(　　)

6. “法律面前人人平等”是一项宪法原则,所以,对某些特殊的群体法律还予以其他各种形式的特殊保护是违背法的平等价值的。.(　　)

7. 法律与道德之所以会发生冲突,是因为法律总是滞后于道德。(　　)

二、不定项选择题

1. 法的目的性价值包括:(　　)。

A. 正义　　B. 平等　　C. 自由　　D. 秩序

2. 法与道德的差异包括:(　　)。

A. 产生背景不同　　B. 表现形式不同　　C. 内容规定不同
D. 实施方式不同　　E. 调整范围不同

3. 解决法的价值冲突最常见的方式,主要有:(　　)。
A. 主体认同方式　　B. 外在统一方式　　C. 民主方式　　D. 专制方式

4. 实体正义包括:(　　)。
A. 分配正义　　B. 矫正正义　　C. 程序正义　　D. 形式正义

第三节 法的创制

学习提示:

1. 什么是立法? 立法具有哪些特征?
2. 我国的立法体制是怎样的? 哪些国家机关有立法权限?
3. 立法有哪些基本程序?
4. 我国目前的法律体系是怎样的?

一、立法的概念和特征

(一)立法的概念

立法主要是指创制法律规范的活动和过程,人们对立法的概念通常有广义和狭义的理解。广义的立法概念与法的创制、法的制定同义,是指有法律创制权的国家机关或经授权的国家机关在法律规定的职权范围内,依照法定程序,制定、修改、补充和废止法律和其他规范性法律文件以及认可法律的一项专门性活动。它不仅包括国家最高权力机关及其常设机关制定宪法和法律的活动,而且还包括有权的地方权力机关制定其他规范性法律文件的活动,还包括国务院和有权的地方政府机关制定行政法规和其他规范性法律文件的活动,以及授权立法的国家机关制定某些规范性法律文件的活动。而狭义的立法在我国仅指全国人大及其常委会认可、创制、修改和废止法律的活动。本节所指的立法同我国《立法法》中的"立法"同义,是广义上的理解。

相关知识:

现代社会存在立法、行政和司法的分类,但国家机关和国家权能并非一一对应。从广义的立法概念我们也可以看出,国务院和有权的地方政府行政机关也拥有一定的立法权限。行政立法已被普遍认同,但司法立法是一个颇具争议的理论和实践问题。在古典政治哲学和近代法学理论中,法院的传统职能是适用而非创制法律,法院只有"宣示"功能,其任务"不是公告新法律,而是维持及解释旧法律"。但现代法律界人士已愈来愈接受司法的立法功能,并且予以阐扬。尤其是以美国等判例法国家的司法实践来看,司法与立法的功能界限已越来越模糊。我国最高人民法院和最高人民检察院所作的司法解释也同样具有法律的效力。

(二)立法的特征

立法的特征是指立法这一事物区别于其他事物的本质属性。立法在本质上是把一定的统治阶级的意志上升为国家意志的活动,在形式上是有权的国家机关按照法定程序制定法律法规的过程。立法一般具有以下特征:

(1)立法是国家的一项专门活动,也是国家履行职能的主要方式。现代社会国家职能从权力结构分析主要有立法、行政和司法三项职能,而立法为其他两项国家职能的履行和实现提供了标准、根据。立法作为一项国家的专门活动,只能由有权制定法律或经授权的国家机关来行使,其他任何机关、社会组织、团体和个人都不能行使这项职权。

(2)立法不仅包括法律的制定,也包括法律的修改、补充、废止以及认可活动。立法是一个系统化的综合性的法律活动,因此,它不仅包括新的法律规范的创立活动,也包括对已有的法律规范进行补充、修改甚至废止的活动,而且它还包括对那些属于其他类型的社会规范进行法律认可,赋予其法的效力的活动。

(3)立法是一个行为过程,具有很强的程序性。立法的主体在立法活动中应当遵守预先设定的程序,这是保证法律创制活动合法性的基本条件之一。现代社会的法律创制是人民意志的表达、反映和集中过程,不经过一定的法定程序,立法或者不能准确地表达民意,或者会出现一些难以防止的技术性纰漏。因此,依照法定程序进行法律创制活动,符合现代立法的要求。

(4)立法的结果是产生具有普遍约束力的行为规范。这是区别于国家执法和司法活动的一个重要标志。具有普遍约束力的行为规范,是指作为行为规范的法律对一国全体成员的行为都具有约束力,任何组织和个人都没有超越法律之上的特权。

二、我国的立法体制

立法体制,即有关法的创制的权限划分所形成的制度和结构,它既包括中央和地方关于法的创制权限的划分制度和机构,也包括中央各国家机关之间及地方各国家机关之间关于法律创制权限的划分制度和结构。

一个国家的立法体制是同该国家的国家性质和国家结构形式密不可分的。国家性质决定了法律创制权在一国内的归属(统治阶级);国家结构形式则直接决定了中央和地方在法的创制问题上的分工。当然,一个国家的立法体制归根结底是受该国的经济状况制约的。

我国现行的立法体制，是一种“一元、两级、多层次”的立法体制。所谓“一元”，是指根据我国宪法规定，我国是一个单一制的统一的多民族国家，因此，我国的立法体制是统一的、一体化的，全国范围内只存在一个统一的立法体制，不存在两个或两个以上的立法体制。所谓“两级”，是指根据宪法规定，我国立法体制分为中央立法和地方立法两个立法权等级。所谓“多层次”，是指根据宪法规定，不论是中央级立法，还是地方级立法，都可以各自分成若干个层次。无论是哪个层次的立法，它们相互之间都存在一种制约关系，即“下位法服从上位法”，层次低的法不得同层次高的法相冲突、相抵触。

根据我国现行宪法和有关组织法的规定，我国现行立法体制具体地体现为如下权限划分制度和结构：

(1)全国人民代表大会修改宪法，制定和修改刑事、民事和其他的基本法律。全国人民代表大会常务委员会制定和修改除应当由全国人民代表大会制定的法律以外的其他法律；在全国人民代表大会闭会期间，对全国人民代表大会制定的法律进行部分补充和修改，但不得与该法律的基本原则相抵触。

(2)国务院根据宪法和法律，规定行政措施，制定行政法规，发布决定和命令。国务院的各部和各委员会根据法律和国务院的行政法规、决定、命令在本部门的权限内发布命令、指示和规章。

(3)省、自治区、直辖市的人民代表大会及其常务委员会，在不同宪法、法律、行政法规相抵触的前提下，可以制定地方性法规，报全国人民代表大会常务委员会备案。省、自治区人民政府所在地的市和经国务院批准的较大的市的人民代表大会及常务委员会，可以制定地方性法规，报省、自治区人民代表大会常务委员会批准后实行，并报全国人民代表大会常务委员会和国务院备案。

(4)省、自治区、直辖市以及省、自治区人民政府所在地的市和经国务院批准的较大的市的人民政府，可以根据法律和行政法规，制定规章。

(5)自治区人民代表大会有权制定自治条例和单行条例，报全国人民代表大会常务委员会批准后生效。自治州、自治县的人民代表大会常务委员会有权制定自治条例和单行条例，报省或自治区的人民代表大会常务委员会批准后生效，并报全国人民代表大会常务委员会备案。

(6)在我国现行立法体制中，还包括一种特殊类型的立法，即特别行政区立法。特别行政区立法在目前是指香港特别行政区立法和澳门特别行政区立法。在不与特别行政区基本法相抵触的前提下，这两个特别行政区享有独立的立法权。

三、我国的立法程序

(一)立法程序的概念

立法程序，即法律创制程序，是指有法律创制权的国家机关在制定、修改、补充或废止等法律的创制活动过程中的法定步骤和方法。

现代世界各国立法程序虽然有许多共同之处,但是由于各国国情不同,法的历史传统以及法律创制体制的不同,因而在立法程序方面,也存在许多不同之处。世界各国的立法程序,一般由专门的立法法或立法程序法作出规定,并且对于不同层级的法律创制有不同的立法程序。在我国,按照法律创制的种类,有两种类型的立法程序,即权力机关的立法程序和行政机关的立法程序。这两种类型的立法程序有共同之处,但由于性质不同,法律的规定和要求也有所不同,我们主要讨论权力机关的立法程序。

(二)我国的立法程序(权力机关的立法程序)

根据我国宪法和《全国人民代表大会组织法》、《全国人民代表大会议事规则》、《全国人民代表大会常务委员会议事规则》、《立法法》等有关规定以及我国的立法实践,我国的立法大致有以下几个基本程序,即法律议案的提出、法律草案的审议、法律议案的通过和法律的公布四个阶段。

(1)法律议案的提出,是立法程序的第一阶段。法律议案的提出是指依法享有专门权限的国家机关或个人向立法机关提出有关法律议案或关于制定、修改、补充、废止某项法律的建议。根据我国宪法的规定,全国人民代表大会代表、全国人民代表大会常务委员会、国务院等有关国家机关有提出法律议案的权利。

(2)法律草案的审议,是指立法机关对已列入立法日程的法律议案进行审查和讨论。法律草案的审议是立法程序中非常重要的阶段,它将决定是否将法律草案审议修改后提交表决通过,而且法律草案审议的工作程序是否民主、合法,直接影响立法的科学性和公正性。我国对法律草案的审议分为专门委员会的审议和立法机关全体会议的审议两个阶段。

(3)法律议案的通过,是指立法机关对于经过审议的法律议案进行表决,正式表示同意或不同意的活动。在整个立法活动中,法律议案的通过是最具有决定意义的一个步骤和阶段。法律议案的通过,各国一般采用多数同意原则。多数同意分为绝对多数同意和相对多数同意,比如,宪法性的法律议案以三分之二以上多数票通过,一般法律以过半数的多数票通过。我国法律规定,宪法修正案须有全国人民代表大会代表的三分之二以上多数同意,才能通过;一般法律议案只要有全国人民代表大会或者全国人民代表大会常务委员会代表的半数以上同意即可通过。

(4)法律的公布,是指立法机关将获得通过的法律依据法定形式公之于众(社会)的一个法定程序。这是法律创制的最后一个阶段,通过这个阶段,立法机关通过的法律才能正式生效。根据我国《宪法》第80条规定,中华人民共和国主席根据全国人民代表大会的决定和全国人民代表大会常务委员会的决定,公布法律。也就是说,我国法律的公布是由国家主席来行使的。此外,我国法律公布的法定书面形式是在全国人民代表大会常务委员会公报上全文公布,同时有关传媒也可转载。

四、我国的法律体系

(一)法律体系的概念

法律体系又称为“法的体系”或“法体系”,是指一国现行的全部法律规范按照一定的结构和层次组织起来的统一整体。法律体系主要有以下几个特点:

首先,法律体系是一国全部现行法律构成的整体。一个国家的法律体系是该国各个法律部门相互联系和协调统一的有机整体。它既不包括一国历史上的法律或者已经失效的法律,也不包括一国将要制定的法律或尚未生效的法律,只包括现行的国内法和被本国承认的国际法。法律体系是一国国家主权的象征和体现。

其次,法律体系是一个由法律部门分类组合而形成的呈体系化的有机整体。法律体系作为一个“体系”,它的内部构成要素是法律部门,并且法律部门也是按照一定的标准进行分类组合,呈现为一个体系化、系统化的相互联系的有机整体。这既是法律体系的客观构成,也是法律体系的一种理性化要求。

最后,法律体系是客观属性和主观属性的有机统一。从最终极的意义上讲,法律体系是经济关系的反映,它必须适应于总的经济状况,因此,法律体系的形成是由客观经济规律和经济关系决定的;但是从法律关系的形成过程来看,它也离不开人的意志、主观能动性、意识形态、文化传统等作用,由此使世界各国的法律体系呈现出不同的模式和形态。

(二)法律部门的概念及划分法律部门的标准

法律部门是指根据一定的标准和原则,按照法律调整社会关系的不同领域和不同方法等所划分的同类法律规范的总称。法律部门是法律体系的主干和基本成分,各个不同的法律部门的相互交叉、相互影响所结成的有机统一体,便成为一国的法律体系。对法律部门的划分具有一定的相对性,一个法律部门往往又是由若干个子部门组成的体系,比如民法部门由物权法、债权法、侵权责任法、知识产权法等部门构成。一般认为,划分法律部门的主要标准是法律规范的调整对象和调整方法:

(1)法律规范所调整的社会关系,即法律规范的调整对象。法律调整的一般对象是社会关系,包括经济关系、政治关系、人身关系、行政关系、文化关系等各个方面。这些不同种类的社会关系有其共同属性和一般特征,但是在性质、内容、结构和形式等方面也有很大的差异。法律部门就是以法所调整的社会关系的内容作为依据来划分一部法律属于哪一部门。如:调整平等主体之间的财产关系和人身关系的法律规范属于民法部门,而调整行政关系的法律规范属于行政法部门。

(2)法律规范的调整方法。法律规范所调整的社会关系与法律部门并非简单的对应关系,即并不是每一类社会关系都应当由一类法律规范或者只能由一类法律规范来调整。比如法律对经济关系的调整,不仅有民事法律规范,也有行政法律规范,还有刑事法律规范。可见,仅仅以法律规范调整的对象不同来划分法律部门是不够的,我们还需要将法律规范的调整方法作为划分法律部门的次要标准。法律调整的方法是指法律规范调整社会关系的手段和方式。比如凡是属于以刑罚制裁方法为特征的法律规范都可划归为刑法部门,以承担民事责任方式为特征的法律规范可划归为民法法律部门等。

(三)构成我国法律体系的主要法律部门

在当代中国,法律体系是由多层次的法律部门构成的。但我国的法律体系可以划分为多少个法律部门?划分为哪一些法律部门比较妥当?法学家们的看法并不一致。主要的分歧有两个:一是宪法是否为部门法?二是诉讼法是否为一独立的法律部门?我们认为,从严格意义上讲,不能称宪法为部门法,它是一切部门法的基础。行政诉讼法、刑事诉讼法和民事诉讼法尽管都是调整诉讼关系,有一些共同的概念、原则和规范,但三大诉讼法在调整对象上各自与三大实体法有着密切的联系,在调整方法上也因此有着很大的区别,故本书并未将诉讼法独立列出,而是分别归属于相应的实体法部门。

1. 宪法

宪法是国家的根本大法,它规定国家的各种根本制度、基本原则、方针,规定国家机关的组织和活动的基本原则,以及公民的基本权利和义务等。所以它在整个法律体系中占主导和中心地位。最基本的宪法规范集中在《中华人民共和国宪法》和1988年、1993年、1999年、2004年的《中华人民共和国宪法修正案》中。此外,宪法性规范还通过其他宪法性文件得以表现,如《立法法》、《选举法》、《国家机关组织法》、《国籍法》等。

2. 行政法

行政法是有关国家行政管理活动的法律规范的总和,旨在规范行政机关的行为,保障行政权力的合法、正当行使,维护相对人的合法权益。现代行政法的本质,在于控制和规范行政权力。由于国家行政管理活动的广泛性和复杂性,很难制定一部统一的行政法典,行政法部门由许多单行的法律、法规及规范性文件等构成。一般行政法主要包括行政主体和组织法、行政行为和程序法、行政救济和诉讼法,在我国具体体现为《公务员法》、《行政处罚法》、《行政许可法》、《行政复议法》、《行政诉讼法》等。专门行政法是调整各类专门行政职能部门管理活动的法律规范的总称,包括公安行政法、教育行政法、卫生行政法、工商行政法等,在我国具体体现为《治安管理处罚法》、《食品卫生法》、《药品管理法》等。

3. 刑法

刑法是关于犯罪、刑事责任和刑罚的法律规范的总和。作为一个独立的法律部门,刑法(或称刑事法)包括刑事实体法和刑事程序法。从调整对象上看,刑法涉及的领域相当广泛，它适用于具有严重社会危害性、触犯刑事法律规范并应受刑罚处罚的行为，它采用的调整方法是最严厉的法律制裁方法即刑罚的方法，刑法可以说是其他法律的最后保障法。我国目前的刑事实体法主要体现在《中华人民共和国刑法》及其6个修正案中。刑事程序法是关于追究犯罪者刑事责任以实现国家刑罚权的各种方法、步骤、规则的总称，主要体现在《中华人民共和国刑事诉讼法》及其相关解释之中。

4. 民法

广义的民法是调整一定范围内平等主体之间的民事法律关系和商事法律关系的法律规范的总和。随着市场经济的发展，商主体在从事以营利为目的的商行为时所形成的商事法律关系日益凸显，商法从民法中分离出来而成为相对独立的法律部门，但我国实行的还是民商合一的立法体例。作为一个独立的法律部门，民法包括民事实体法和民事程序法。民事实体法包括民法总则、物权法、债权法、侵权行为法、知识产权法、婚姻家庭继承法、公司法、票据法、保险法等；民事程序法主要包括民事诉讼法和仲裁法。由于我国现代民事法制起步较晚，民法所涉及的内容又极为广泛和复杂，至今我国的《民法典》尚未出台。我国现行的民法规范主要体现为《民法通则》、《合同法》、《物权法》、《婚姻法》、《继承法》、《商标法》、《专利法》、《著作权法》、《公司法》、《票据法》、《保险法》、《民事诉讼法》、《仲裁法》等。

5. 经济法

关于经济法的概念及其与社会保障法、环境资源法的关系，理论界一直存在争议，本教材认为经济法是国家从整体经济发展的角度，对具有社会公共性的经济活动进行干预、管理和调控的法律规范的总称。经济法的体系是由多层次的、门类齐全的经济法部门组成的有机联系的统一整体，包括市场管理法、宏观调控法和社会保障法。我国现行的经济法主要包括《反不正当竞争法》、《反垄断法》、《税法》、《商业银行法》、《消费者权益保护法》、《产品质量法》、《劳动法》、《劳动合同法》、《环境保护法》等。

6. 国际法

国际法是一个较为特殊的法律部门，与国内法相比，它具有以下明显的特征：首先，国际法的主体，主要是国家，在特定情况，类似国家的政治实体或由国家组建的国际组织也可以成为国际法的主体；其次，国际法的法律渊源主要是国际条约、协定、国际惯例等；最后，国际法的有关条约、协定、惯例等渊源要通过国家间的协议或国家的认可才能发生实际的效力。国际法作为一个法律部门，主要可分为国际公法、国际私法、国际经济法三类。

本节知识框架图：

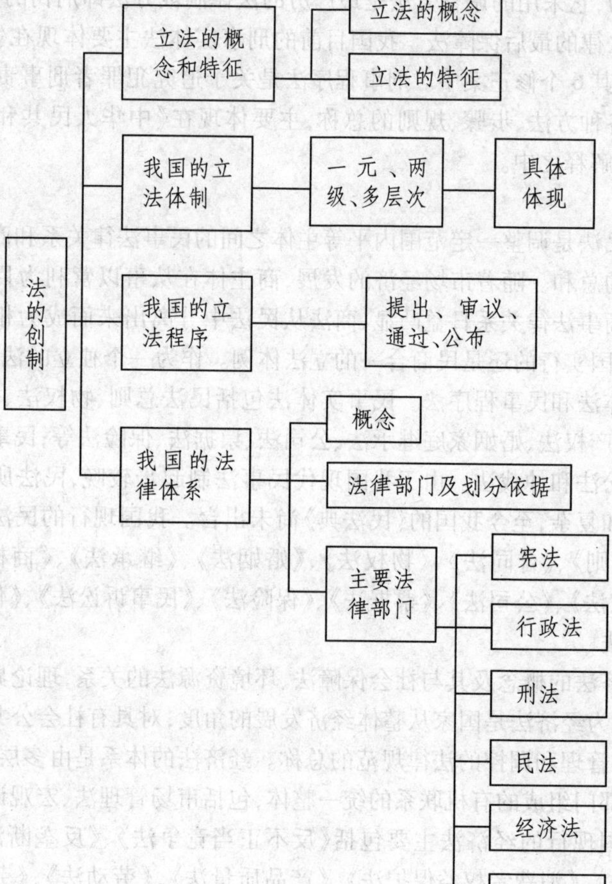

阅读与思考：

物权法的制定

《中华人民共和国物权法》于2007年3月16日十届人大五次会议,2888名人大代表以2799票赞成、52票反对、37票弃权的表决结果通过。自2007年10月1日起施行。物权法的起草工作始于1993年。全国人大常委会对制定物权法高度重视。2002年12月,九届全国人大常委会对民法草案的物权法进行了初次审议。2005年7月将物权法草案向社会全文公布,共收到人民群众提出的意见1万多件;

并先后召开100多次座谈会和几次论证会,还到一些地方进行专题调研,充分听取部分全国人大代表、基层群众、专家学者、中央有关部门等各方面的意见。在征求意见过程中,各方面提出了许多意见和建议。全国人大常委会高度重视各方面的意见,对草案共进行了八次审议,审议次数之多在我国立法史上是空前的。

从物权法制定过程中,有学者概括了如下几点启示:

1. 宪法原则是制定基本法的基本依据

中国正在建立和完善的社会主义市场经济,是从计划经济体制中改革演变而来的。在这种体制演变过程中,私有财产概念逐步从提出试点、鼓励发展到政策规范,尤其是2004年3月,十届全国人大二次会议通过宪法修正案,增加了"公民的合法的私有财产不受侵犯"的规定,使私有财产权上升为宪法权利,这是重大的制度变迁和制度创新。因此,宪法原则是制定基本法的基本依据,也是指导下位法的基本精神。

2. 立足于中国转型经济和转型法律

中国的经济中,有许多概念、制度在世界上是独一无二的,既是中国的创造,也是中国的特色。如集体经济、土地经营权承包制、农村宅基地制度、房产70年使用权制度,等等。物权法,既要体现基本经济制度,又要处理好老百姓的切身利益,要使物权法成为老百姓的护身符。脱离了中国这些特有概念、制度,物权法可能就不是中国的法律。现在的物权法,规范了转型经济中的实际问题,体现了中国特色。随着经济环境的变化,有些概念不存在了,有些制度改革了,届时再适时地修改物权法。

3. 民主立法表达人民意愿

在物权法的整个立法过程中,对有争议的热点问题,对涉及制度创新的重大问题,对事关老百姓切身利益的问题,采取了广泛征求意见、下基层调研、召开座谈会的形式,积极听取人大代表、专家学者、普通老百姓的意见。在此基础上,使有争议的问题逐步达成共识,对涉及重大制度的问题尽量慎之又慎。

4. 基于现状与发展来平衡各利益集团关系

物权法是各种利益集团相互妥协、相互平衡的结果。为保障中国社会的稳定发展,对一些制度改革,应通过试点、推广、总结经验,待经济条件和制度条件成熟时,通过立法程序上升为法律。物权法,在民主立法和技术设计上,可以说是一个立法标杆。

请思考:(1)法律的制定有哪些程序?

(2)一部"良法"的制定必须注意哪些因素?

自我测试

一、判断题

1. 我国现行的立法体制具有“一元、两级、多层次”的特点。( )
2. 严格意义上说,宪法不是一个法律部门。( )
3. 全国人大常委会有权制定基本法律。( )
4. 自治区人民代表大会和人民政府有权制定自治条例和单行条例。( )
5. 法律议案的通过,各国一般采用多数同意原则。( )
6. 法律一经公布即生效。( )
7. 法律规范所调整的社会关系与法律部门是一一对应的关系。( )

二、不定项选择题

1. 划分法律部门的依据主要是:( )。

A. 调整对象　B. 调整方法　C. 调整目标　D. 调整理念

2. 我国权力机关立法的基本程序包括:( )。

A. 法律议案的提出　B. 法律草案的审议　C. 法律议案的通过　D. 法律的公布

3. 具体的法律创制包括法律的:( )。

A. 制定　B. 修改　C. 补充　D. 废止　E. 认可

4. 国务院有权制定:( )。

A. 法律　B. 行政法规　C. 地方性法规　D. 地方规章

5. 以下属于行政法的是:( )。

A.《治安管理处罚法》　B.《行政处罚法》　C.《公务员法》　D.《反垄断法》

第四节　法的适用

学习提示:

1. 什么是司法权？相对于行政权和立法权,其具有什么特征？
2. 司法具有什么功能？
3. 现代司法的核心理念是什么？程序公正和实体公正的关系怎样？
4. 我国现行的具体司法制度是怎样的？

从最广泛的意义上讲,法的适用是指国家机关及其公职人员、社会团体和公民实现法律规范的活动,我国法学界一般称这种意义上的法的适用为法的实施。一般意义上的法的适用是指国家机关及其公职人员依照其职权范围把法律规范应用于具体事项的活动,除了司法机关处理案件的活动外,还包括法所授权的行政机关依照法定权限执行法律的活动，比如税务机关向纳税人征收税金和对偷税漏税及其他违反税法的人进行处罚的活动，民政机关依照《婚姻法》和《婚姻登记条例》对申请结婚的男女进行审查登记的活动等。但狭义的法的适用是特指拥有司法权的机关及司法人员依照法定方式把法律规范应用于具体案件的活动，即司法适用。本节所说的法的适用，亦即司法适用。

一、司法权的性质和特征

（一）司法权的性质

司法是历史的产物，人类社会有了法的同时也就有了司法。近现代意义上的司法基于宪政国家对国家权力的分立，一般是指国家专门机关依照法定职权和法定程序，以公正为价值目标，查明争端事实并将法律适用于争端事实，对权利主张或其他争议加以判断的一种专门化活动和过程。

关于司法及司法权区别于行政、立法等其他国家权力的性质，人们说法不一。但一般认为，司法权是一种判断权，法律非经解释不能适用，案件事实非经证据审查不能确定，现代司法是在充分尊重当事人程序参与的基础上，由法官通过法律解释明确立法意图，弥补法律漏洞，确定明晰的法律适用标准，按照一定的证据规则来审查认定证据，就案件事实作出结论的判断活动和过程。即司法权是法官依照法律原则和法律规则就案件当事人提出的事实问题主张和法律问题主张在是非、曲直、正误、真假等方面所具有的多种可能性之间进行的辨别、选择和断定。

（二）司法权的特征

司法权相对于行政权和立法权，至少具有以下特征：

（1）被动性。司法权以“不告不理”为原则，无论在司法程序的启动上，还是司法裁判的范围上，如果没有当事人的请求，司法不会作主动干预。这也是司法权区别于积极主动干预人们生活的行政权的最主要特征。

（2）中立性。法院以及法官只有在当事人之间保持不偏不倚的中立态度，不受政府、政党、媒体、个人等其他因素的干涉和影响，才能作出准确公正的判断，实现司法正义。

（3）专属性。立法和行政都可以授权进行，但司法权必须由特定机关的特定人员，即经过严格培训和国家任命的法官进行，这是司法的职业性要求。

（4）非服从性。司法权的判断性要求法官“唯法律是从”，按照既定的规则标准进行审理和裁判，而区别于以命令与服从为特征的行政权。

（5）终极性。作为正义的最后一道防线，司法是最终的判断权，这也是司法权威性的内在要求。

二、司法的功能和理念

（一）司法的功能

司法的功能包括基本功能和辅助功能，基本功能是指司法直接满足一定的主要目标所具有的功能,即排除法律运行中的障碍,以维护法律的价值。辅助功能是指为了实现司法的基本功能所需要的功能,即解决权利冲突与纠纷,实现权利的制度性配置。从司法的外部特征看,司法的功能在于解决纠纷,使社会秩序得到回复和稳定。社会纠纷的解决途径有很多,比如仲裁、解调、和解等,但司法区别于其他纠纷解决方式的最重要特征就在于司法以维护法律的价值为己任。法的诸如正义、秩序、平等、自由等价值只有在法的运行中才能实现从观念层面向现实层面的转变,而司法是法的运行中的重要环节,当部分社会成员的实然行为模式偏离法的价值,与法的价值所引导的应然行为模式不一致,导致社会成员之间出现权利冲突与纠纷时,司法权通过对案件的审理,排除法运行过程中的障碍,恢复按照法的价值所确立的权利与义务分配格局,维护法的价值的现实权威地位,这是司法最基本的功能。

(二)司法的理念

司法维护法律价值的基本功能决定了司法的核心理念,即公正,公正是司法的永恒主题。司法公正,实质上有两层含义,一是程序公正,二是实体公正,两者辩证统一,不可偏废。实体公正是司法公正的重要内容,不论刑事司法、民事司法还是行政司法,都要以追求案件的客观真实和公正处理为价值目标,如果司法不能揭示冲突和纠纷事实的真实情况,司法公正就失去了事实前提和基础,也就谈不上准确无误地适用法律。程序是实现实体的手段、步骤和方法。历史表明,司法程序模式的内容及其公正与否,与法律的实施效果密切相关,但程序公正又是一个历史范畴的概念,具有相对性,不同时期或不同阶段对程序公正有着不同理解和要求。我国历来有"重实体,轻程序"的传统,比如非法取得的证据问题,只要能够证明案件事实真相,一般都能够作为定案的依据予以采纳,这也是我国刑讯逼供现象久禁不绝的重要原因。又比如再审制度问题,只要发现原审案件确实存在事实认定错误问题,就可以漠视司法判决的既判力而启动再审程序。现代法治强调一种形式理性,现代司法也越来越凸显程序的价值和意义,基于我国的传统和现实,在实体正义和程序正义发生冲突时,程序正义更应该予以重视。

相关知识:

现代正义理论的集大成者罗尔斯在其《正义论》中提出并分析了程序正义制度的三种类型:纯粹的程序正义、完全的程序正义和不完全的程序正义。纯粹的程序正义并不把结果作为评价的对象,只要严格遵守其程序规则,得到什么样的结果都被视为合乎正义的。也就是说,只要这里的规则对于特定的参加者都是公平的,那么,是否合乎正义就只取决于程序(如是否遵守规则)而不取决于结果,比如赌博。完全的程序正义指的是在程序之外存在着决定结果是否合乎正义的某种标准,且同时也存在着使满足这个标准的结果得以实现的程序。比如在把蛋糕完全均等地分给数人的场合,达到均分的结果才合乎正义;但同时也存在实现均分的程序，这就是动手切蛋糕的人最后领取自己的一份。他为了使剩给自己的蛋糕尽可能多一些会尽最大努力来均分蛋糕，其结果则是均分结果的实现，所以这样的程序合乎正义。不完全的程序正义指的是虽然在程序之外存在着衡量什么是正义的外在标准，但是百分之百地使满足这个标准的结果得以实现的程序却不存在。例如，刑事诉讼中的真实就是程序之外的标准，而无论如何精巧设计的程序，认定无辜的人有罪或相反的结果总是难以避免的。在这三种类型的程序正义中，程序对于正义评价都有着极为重要的意义：在第一种类型中，程序正义就是正义的唯一评价标准；在第二种类型中，程序正义与实体正义完全等同，因而可以或者应当以外在的程序标准作为评价正义的形式标准；只有在第三种类型中，程序正义不能够作为评价正义的完全的标准。但是，谷口安平认为，在罗尔斯所说的第三种类型的程序正义，即不完全的程序正义中，虽然确实存在着某种绝对的正义标准，但是“除了万能的上帝，人类并不掌握任何时候都能满足绝对标准的认识手段”，因而实践中采取的评价正义与否的方法在实质上就与第二种类型并无多少区别，也就是说，即使是在第三种类型的程序正义中，也可以甚至只能以程序正义作为评价正义的完全标准。可见，正义理论将程序正义看作是评价制度正义的最基本的甚至是唯一的标准。当然，这一结论仅仅是从实现正义的角度得出的，事实上，制度规范的正义价值不仅独立于程序，而且更具有本源性和极终性，然而，任何规范所体现的正义不通过一定的程序便无法得以实现，甚至无法对其正义性加以实际的评价。

三、我国的司法制度

根据司法权的性质，真正的司法制度也就是法院的审判制度。在我国，司法同样有广义和狭义之分，广义的司法是指国家司法机关[负责侦查、检察、审判、执行的公安机关（含国家安全机关）、检察机关、审判机关、监狱机关]及司法组织（律师、公证、仲裁组织）在办理诉讼案件和非讼案件过程中的执法活动。而狭义的司法指国家司法机关在办理诉讼案件中的执法活动，我国的司法机关为人民法院和人民检察院，这里我们重点介绍我国的审判制度和检察制度。

（一）审判制度

审判制度就是法院制度，包括人民法院的设置、法官制度、审判组织和活动等方面的法律制度。

1. 人民法院的设置

根据现行宪法和人民法院组织法的规定，人民法院是国家审判机关，其组织体系包括地方各级人民法院、专门人民法院和最高人民法院。地方各级人民法院根据行政区划设置，分为基层人民法院、中级人民法院、高级人民法院。专门人民法院是指根据实际需要在特定部门设立的审理特定案件的法院，目前在我国设军事、海事、铁路运输法院等。最高人民法院设于首都北京，它是国家的最高审判机关，依法行使国家最高审判权，同时监督地方各级人民法院和专门人民法院的工作。

2. 法官制度

法官制度是审判制度的重要组成部分,是指关于法官的选任资格、选任方式、任职期限、奖励惩处、物质待遇等方面的规章制度的总称。法官是依法行使国家审判权的审判人员,包括各级法院的院长、副院长、审判委员会委员、庭长、副庭长、审判员和助理审判员。法官的职责是参加合议庭和独任审判案件。根据我国《法官法》的规定,我国法官分为十二个等级,最高人民法院院长为首席大法官,二至十二级法官分为大法官、高级法官、法官。

3. 审判组织

根据我国人民法院组织法和其他法律的规定,人民法院的审判组织目前有以下三种形式:(1)独任庭是由审判员一人审判简易案件的组织形式。(2)合议庭是由三名以上审判员或者审判员和人民陪审员集体审判案件的组织形式。人民法院对第一审刑事、民事和经济纠纷案件,除一部分简易案件实行独任审判外,其余的案件都由审判员三人组成合议庭进行审判;第一审行政案件一律由合议庭审判;第二审案件、再审案件和死刑复核案件全部由合议庭审判。(3)依照人民法院组织法的规定,各级人民法院设立审判委员会。审判委员会委员由法院院长提请同级人民代表大会常务委员会任免。审判委员会由院长主持,其任务主要有三项:讨论重大的或者疑难的案件;总结审判经验;讨论其他有关审判工作的问题。

4. 审判工作的基本制度

(1)公开审判制度。根据我国《宪法》第125条规定,人民法院审理案件,除法律规定的特殊情况外,一律公开进行。对依法不公开审理的案件也要一律公开宣判。所谓"公开",就是对社会公开,对于开庭审判的全过程,除合议庭评议外,都允许公民旁听,允许新闻记者采访和报道。对依法应予公开审理的案件,法院在开庭前要公布案由、当事人的姓名、开庭时间和地点。

(2)两审终审制度。即一个案件经过两级法院审判就宣告终结的制度。人民法院实行四级两审终审制,即设四级人民法院,两审终审。根据案件的性质和难易划分审级管辖。如果当事人对第一审案件的判决或裁定不服,可以在法定期限内向上一级人民法院提出上诉;如果人民检察院认为一审判决或裁定确有错误,可以在法定期限内向上一级人民法院提出抗诉。如果在上诉期限内,当事人不上诉,人民检察院不抗诉,该一审判决或裁定就是发生法律效力的判决和裁定。上级人民法院对上诉、抗诉案件,按照第二审程序进行审理后所作的判决或裁定就是终审的判决和裁定,除判处死刑的案件需要依法进行复核等特殊案件之外,其他就立即发生法律效力。

(3)合议制度。根据《人民法院组织法》第10条规定,人民法院审判案件实行合议制,除第一审的简单的民事案件和法律另有规定的案件外,都要组成合议庭进行。合议制度是指由3人以上审判员或3人以上审判员和人民陪审员组成合议庭审判案件的制度,又称合议制,它是与一个审判员独任审判相对而言的。合议庭组成人员必须是单数,一般为3人,实行少数服从多数的原则,可以保留少数人的意见,但须记入笔录。人民陪审员和审判员有同等的权利。

(4)回避制度。回避制度是指司法人员与其经办的案件或者案件的当事人有某种特殊的关系,可能影响案件的公正处理,因而不得参加处理这个案件的制度。

(5)审判监督制度。又称再审制度,是指人民法院对已经发生法律效力的判决和裁定依法重新审判的一种特别的审判工作制度。审判监督制度是实行两审终审制度的一个补救。

(二)检察制度

检察制度是指国家检察机关的性质、任务、组织体系、组织和活动原则以及工作制度的总称。根据宪法和人民检察院组织法规定,人民检察院是国家的法律监督机关,行使国家的检察权。我国设最高人民检察院、地方各级人民检察院和军事检察院等专门人民检察院。

最高人民检察院是国家最高检察机关,领导地方各级人民检察院和专门检察院的工作。地方各级人民检察院包括省、自治区、直辖市人民检察院;省、自治区、直辖市人民检察院分院,自治州和省辖市人民检察院;县、市、自治县和市辖区人民检察院。专门人民检察院主要包括军事检察院、铁路运输检察院。各级人民检察院都是与各级人民法院相对应而设置的,以便依照刑事诉讼法规定的程序办案。

具体的检察工作制度包括:

(1)侦查监督制度。侦查监督制度就是指人民检察院对公安机关(包括国家安全机关)的刑事侦查活动实行的监督制度。具体体现为审查批准逮捕、审查起诉和对侦查活动的监督。

(2)自侦制度。自侦制度是指人民检察院直接受理案件并立案侦查的制度。人民检察院内部设立反贪污贿赂局和反渎职侵权局,专门负责对国家工作人员职务犯罪的侦查。

(3)公诉制度。我国实行公诉为主、自诉为辅的刑事起诉制度,凡需公诉的案件,一律由人民检察院向有管辖权的人民法院提起公诉。

(4)审判监督制度。审判监督制度是指人民检察院对人民法院的民事、刑事、行政等审判活动进行监督的制度。例如在刑事审判活动中,检察官出庭既是为支持公诉,又是以国家法律监督者的身份出庭监督法庭的审判活动。同时检察院还有权对错误的刑事判决和裁定提出抗诉。

(5)对刑事判决的执行和监所的监督制度。主要包括:对执行死刑判决的监督、对监所执行刑罚的监督、对看守所和劳动教养的活动是否违法进行监督。

相关知识:

广义上的司法制度则是指司法机关及其他的司法性组织的性质、任务、组织体系、组织与活动的原则以及工作制度等方面规范的总称。我国的具体的司法制度除了审判制度和检察制度之外,还包括了侦查制度、监狱制度、仲裁制度、律师制度、人民调解制度、法律援助制度等。(1)侦查制度。公安机关是主要的侦查机关,是人民政府的重要组成部分,其性质是国家行政机关,它同时担负着刑事案件的侦查和治安行政管理等多种职能,对打击犯罪,维护社会安宁起着不可替代的作用。(2)监狱制度。1994年我国《监狱法》颁布实施,标志着中国监狱制度揭开了新的篇章。根据《监狱法》的规定,监狱对罪犯实行惩罚和改造相结合,教育和劳动相结合的原则,将罪犯改造成为守法公民。我国监狱的设置主要包括两种:一是监狱,即关押被人民法院判处有期徒刑、无期徒刑和死刑缓期两年执行罪犯的场所。监狱可以分设男犯监狱和女犯监狱,女犯监狱应当由女性监狱人民警察直接进行管理。根据罪犯的犯罪性质及刑期长短,监狱还可分为重犯监狱和轻犯监狱。二是未成年犯管教所,即关押被人民法院判处有期徒刑、无期徒刑和死刑缓期两年执行的未成年犯的场所。由于其关押的对象主要是不满18周岁的犯罪人,因此,未成年犯管教所也可以称作未成年犯监狱或少年监狱。我国对未成年人一贯给予特殊的保护,对犯了罪的未成年人同样如此。未成年犯管教所采用与其关押对象相适应的管教原则及方法。(3)仲裁制度。仲裁通常为行业性的民间活动,是一种由仲裁机构(仲裁委员会)进行的私人裁判行为,而非国家裁判行为,它与和解、调解、诉讼并列为解决民(商)事争议的方式。但仲裁依法受国家监督,国家通过法院对仲裁协议的效力、仲裁程序的制定以及仲裁裁决的执行和遇有当事人不自愿执行的情况时可按照审判地法律所规定的范围进行干预。因此,仲裁活动具有司法性,是中国司法制度的一个重要组成部分。特别需要注意的是,我国的劳动争议仲裁制度属于行政仲裁,不受我国《仲裁法》的调整。(4)律师制度。我国分别于2007年和2012年先后两次修订了《律师法》,根据修改后的律师法规定,律师的职业性质为“依法取得律师执业证书,接受委托或指定,为当事人提供法律服务的执业人员”,特别强调律师应当维护当事人合法权益,维护法律正确实施,维护社会公平和正义,律师执业必须遵守宪法和法律,恪守律师职业道德和执业纪律。新修改的律师法中专门列出了“律师的业务和权利、义务”一章,对中国律师在诉讼中的会见、阅卷、调查取证、辩护等权利专门作出了明确规定,与我国的《刑事诉讼法》相适应,2012年主要针对刑事辩护律师的权利做了相应的修改。(5)调解制度。调解是指经过第三者的排解疏导,说服教育,促使发生纠纷的双方当事人依法自愿达成协议,解决纠纷的一种活动。目前我国主要存在四种调解:一是人民调解,即民间调解,是人民调解委员会对民间纠纷的调解,属于诉讼外调解。二是法院调解,这是人民法院对受理的民事案件、经济纠纷案件和轻微刑事案件进行的调解,是诉讼内调解。对于婚姻案件,诉讼内调解是必经的程序。至于其他民事案件是否进行调解,取决于当事人的自愿,调解不是必经程序。法院调解书与判决书有同等效力。三是行政调解,包括基层人民政府,即乡、镇人民政府对一般民间纠纷的调解,以及国家行政机关依照法律规定对某些特定民事纠纷或经济纠纷或劳动纠纷等进行的调解,这些都是诉讼外调解。四是仲裁调解,即仲裁机构对受理的仲裁案件进行的调解,调解不成即行裁决,这也是诉讼外调解。(6)法律援助制度。也称法律救助,是为世界上许多国家所普遍采用的一种司法救济制度,其具体含义是:国家在司法制度运行的各个环节和各个层次上,对因经济困难及其他因素而难以通过通常意义上的法律救济手段保障自身基本社会权利的社会弱者,减免收费提供法律帮助的一项法律保障制度。它作为实现社会正义和司法公正,保障公民基本权利的国家行为,在一国的司法体系中占有十分重要的地位。我国法律援助的三个专业实施主体是律师、公证员、基层法律工作者。律师主要提供诉讼法律援助(包括刑事辩护、刑事代理和民事诉讼代理等)和非诉讼法律援助;公证员主要提供公证事项的法律援助;基层法律工作者主要提供法律咨询、代书、普通非诉讼事项的帮助等简易法律援助。我国法律援助有三个基本的资金来源:政府出资、社会捐赠及行业奉献(主要指义务办案)。

本节知识框架图:

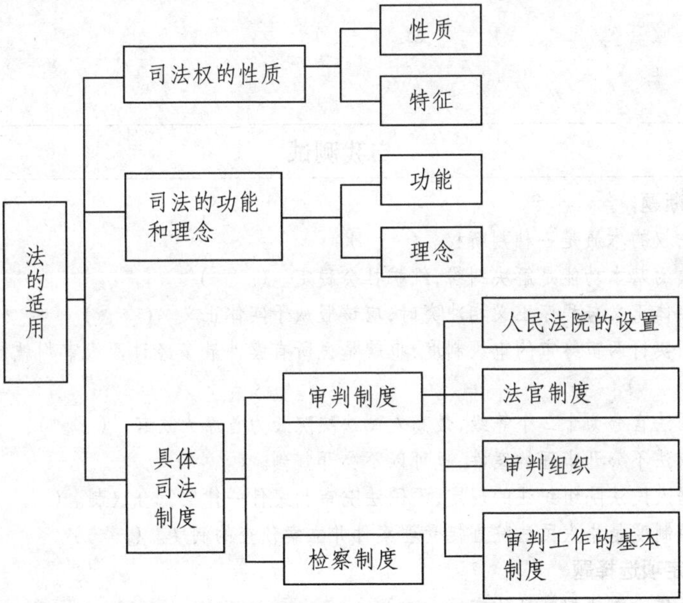

阅读与思考:

民政局诉李某人身损害赔偿案

2005年4月2日23时40分许,被告人李某驾驶三轮运输车由A县沿双望线从北向南行驶至4KM路段时,因被告人打瞌睡,而与相对方向在道路边步行的一名60至70岁的男子(无名氏)正面相撞,造成该男子头、胸部重伤经医院抢救无效后死亡,三轮运输车损坏的重大交通事故。经A县公安局交通警察大队交通事故认定书认定:被告人李某负事故全部责任。无名男性不负事故责任。事发后,同年4月4日,A县公安局交巡警大队在当地日报上刊登认尸启事,因无人认领,于4月21日将该无名男尸火化,骨灰暂由该县殡仪馆保管。被告人李某驾驶的三轮运输车在天立保险公司投保了第三者责任险,责任险额为5万元。该县民政局对无名男尸承担了善后处理的有关事宜,并于2006年3月10日向该县法院提起诉讼,分别以李某为第一被告,天立保险公司为第二被告,要求法院判令第二被告天立保险公司在第三者责任限额内向其支付5万元;判令第一被告人李某承担本案诉讼费用。

请思考:司法能否根据现实需要而突破现行的立法来审理和判决?结合本案,谈谈司法的功能、价值和特征。

自我测试

一、判断题

1. 司法权的本质是一种判断权。(　　)
2. 司法的基本功能是解决纠纷,维护社会稳定。(　　)
3. 当实体正义与程序正义相冲突时,应该服从于实体正义。(　　)
4. 我国实行两审终审的审级制度,也就是说所有案件最多经过两级审判就应该作出终审判决。(　　)
5. 我国法官分为十二个等级,最高人民法院院长为首席大法官。(　　)
6. 对依法不公开审理的案件,也可以不公开宣判。(　　)
7. 根据人民法院组织法的规定,人民法院审判案件一律实行合议制。(　　)
8. 自侦制度是指人民法院直接受理案件并立案侦查的制度。(　　)

二、不定项选择题

1. 以下属于司法权特征的有:(　　)。

A. 主动性　　B. 被动性　　C. 中立性　　D. 终极性

2. 我国的专门法院有:(　　)。

A. 军事法院　　B. 海事法院　　C. 铁路法院　　D. 公路法院

3. 我国人民检察院是:(　　)。

A. 法律监督机关　　B. 公诉机关　　C. 执行机关　　D. 职务犯罪的侦查机关

4. 我国的司法机关为:(　　)。

A. 人民法院　　B. 公安机关　　C. 人民检察院　　D. 监狱

5. 我国人民法院的审判组织形式有:(　　)。

A. 独任庭　　B. 合议庭　　C. 陪审庭　　D. 审判委员会

第二章　宪　法

孙志刚血祭收容制度

孙志刚，男，湖北人，2001 年毕业于武汉科技学院艺术设计专业，案前任职于广州达奇服装公司。2003 年 3 月 17 日晚上，孙志刚在前往网吧的路上，因未携带任何证件被广州市天河区黄村街派出所民警李耀辉带回派出所对其是否“三无”人员进行甄别。孙志刚被带回后，辩解自己有正当职业、固定住所和身份证，并打电话让成先生“带着身份证和钱”去保释他，于是，成先生和另一个同事立刻赶往黄村街派出所，到达时已接近晚 12 点。但出于某种现在还不为人所知的原因，成先生被警方告知“孙志刚有身份证也不能保释”。李耀辉未将情况向派出所值班领导报告，于是孙志刚被作为拟收容人员送至广州市公安局天河区公安分局待遣所。3 月 18 日晚孙志刚称有病被送往市卫生部门负责的收容人员救治站诊治。3 月 19 日晚至 3 月 20 日凌晨孙志刚在该救治站 206 房遭连续殴打致重伤，3 月 20 日，孙志刚死于这家收容人员救治站。医院在护理记录中认为，孙志刚是猝死，死因是脑血管意外，心脏病突发。而法医的尸检结果表明：孙志刚死亡的原因，是背部大面积的内伤。而当晚值班护士曾伟林、邹丽萍没有如实将孙志刚被调入 206 房及被殴打的情况报告值班医生和通报接班护士，邹丽萍甚至在值班护理记录上作了孙志刚“本班睡眠六小时”的虚假记录，导致孙志刚未能得到及时救治。

广州市中级人民法院于 2003 年 6 月 9 日对孙志刚被故意伤害致死案作出一审判决：以故意伤害罪，判处被告人乔燕琴死刑，李海婴死刑、缓期 2 年执行，钟辽国无期徒刑，其他 9 名被告人也分别被判处 3 年至 15 年有期徒刑。被告人不服提起上诉，2003 年 6 月 27 日上午，广东省高级人民法院对孙志刚被故意伤害致死案作出终审判决，驳回乔燕琴等 12 名犯故意伤害罪被告人的上诉，维持原判。

孙志刚之死经媒体披露后，三位青年法学博士以普通公民的名义上书全国人大常委会，要求全国人大常委会对国务院的《收容遣送办法》进行违宪审查，这是中国公民首次行使违宪审查建议权。此后，贺卫方等五位学者也以公民的名义再次联合上书全国人大常委会，就孙志刚案及收容遣送制度的实施状况提请启动特别调查程序,进一步明确提出了启动特别调查程序的程序性要求,以期推动违宪审查进入实质性的操作层面。2003 年 6 月 20 日,国务院决定废止旧的收容遣送办法,制定公布了新的救助管理办法,把强制性的收容遣送改为关爱性的救助管理,建立以自愿受助、无偿救助为原则的新型的社会救助制度。

什么是违宪审查? 国务院制定的《收容遣送办法》违反了宪法的规定,该如何处理? 在法治国家,宪法具有怎样的地位? 我国宪法赋予了公民哪些基本权利? 本章将为你解读相关问题。

第一节　概　述

学习提示:

1. 什么是宪法?
2. 宪法是怎么产生的?
3. 我国旧中国时期有哪些宪法? 新中国成立之后,我们又有哪些宪法?
4. 我国现行宪法规定了哪些内容?

一、宪法的概念

对于宪法的概念,我们可以从以下三个方面来理解:

(一)宪法是国家的根本大法

首先,宪法的内容具有根本性,它规定的是国家的基本制度、主要国家机构、公民的基本权利和义务等国家生活中最根本、最重要的问题。而普通法律是在宪法所作的原则性规定的基础上对特定领域的具体规范。由此,宪法通常被称为是“母法”、“最高法”,而普通法律被称为是“子法”、“普通法”。

其次,宪法的法律效力具有最高性。宪法是制定普通法律的依据,任何普通法律都不得与宪法相违背。一切公民和社会组织也都必须以宪法为根本的活动准则,任何组织和个人都不得有超越宪法的特权。

最后,宪法制定和修改的程序更具有严格性。许多国家对宪法的制定和修改都规定了不同于普通立法的特别程序。我国现行宪法规定,宪法的修改,由全国人民代表大会常务委员会或者 1/5 以上的全国人民代表大会代表提议,并由全国人民代表大会以全体代表的 2/3 以上的多数通过。而其他法律和议案,只需由全国人民代表大会以全体代表的过半数通过就可以。

(二)宪法是体现掌握国家政权的阶级或社会集团意志和利益的政治法

首先,宪法是掌握国家政权的阶级或者集团的意志和利益的集中体现。宪法是民主政治的产物,在阶级或社会集团斗争中取得胜利并掌握国家政权的阶级或社会集团制定宪法的重要目的都是为了巩固本阶级或社会集团统治需要的民主制度,宪法就是将这种民主制度以法律的形式固定下来的政治法。

其次,宪法是人类政治文明发展的产物。政治文明的要求:一是秩序与和平,反对混乱与暴力;二是权力得到规范与控制,反对专横与任意。近现代国家的政治生活被纳入了宪法轨道,宪法被认为是权力的唯一的合法来源,没有宪法依据的权力是非法的权力。宪政治理是人类到目前为止最优良的社会控制方式,人类社会政治文明的运行方式已步入了民主、人权、法治、宪政的历史轨道。

最后,阶级或社会集团力量对比关系的变化,必然会引起宪法内容的变化。掌握国家政权的统治阶级或社会集团与被统治阶级或社会集团之间力量对比关系不可能一成不变,宪法既然是掌握国家政权的阶级或者集团的意志和利益的集中体现,阶级或社会集团之间力量对比关系的这种变化,必然会在宪法的内容中得到反映。

(三)宪法是人权的根本保障法,是规定公民基本权利保障和配置并规范国家权力的法典

首先,从分权制衡的角度出发,宪法是规范和配置国家权力的总体方案。国家的一切权力都来自于人民,人民通过宪法的方式,将它拥有的权力授予国家政权。国家的立法、行政和司法机关都由宪法所设置,立法、行政和司法三种权力之间的关系以及中央和地方之间的关系也都由宪法明确规定,任何机关都应当遵循宪法设定的程序和方式来行使其权力。

其次,从保障人权的角度出发,宪法是人民权利的根本保障法。人权是制定宪法的根据,宪法是人权运动的产物。宪法最主要、最核心的价值就在于保障人权,比如我国宪法修正案规定,“国家尊重和保障人权”。宪法作为国家的根本大法,涉及国家生活的各个方面,宪法对人权的有效保障居于支配地位。

二、我国宪法的产生与发展

作为国家根本大法的宪法,最早出现于近代的资本主义社会,奴隶制社会和封建社会没有国家根本法意义上的宪法。旧中国时期,曾出现了三种不同的宪法,即从清政府到北洋军阀直到国民党所制定的封建地主和官僚买办资产阶级的宪法、反映民族资产阶级要求的资产阶级民主共和国的宪法、新民主主义时期革命根据地颁布的宪法性文件。

相关知识:

旧中国时期的三种宪法包括:(1)从清政府到北洋军阀直到国民党所制定的封建地主、官僚买办资产阶级的宪法。如清政府在1908年公布的《钦定宪法大纲》、1911年的《十九信条》。北洋军阀时期,袁世凯在1913年和1914年先后出台

了《中华民国宪法草案》(即“天坛宪草”)和《中华民国约法》(即“袁记约法”)。1923年曹锟包围国会,贿赂议员赶制了所谓《中华民国宪法》,即“贿选宪法”。国民党蒋介石统治时期,先后出台了三部宪法性文件,即1931年的《中华民国训政时期约法》、1936年的《中华民国宪法草案》(亦称“五·五宪草”)以及1946年的《中华民国宪法》。(2)反映民族资产阶级要求的资产阶级民主共和国的宪法。以孙中山为代表的资产阶级革命派,发动了辛亥革命,推翻了清政府,成立了中华民国,在1912年制定了《中华民国临时约法》,这是我国近代宪政史上唯一的一部资产阶级宪法性文件,在当时具有进步意义。(3)新民主主义时期革命根据地颁布的宪法性文件。具有代表性的有,1931年的《中华苏维埃共和国宪法大纲》,1941年的《陕甘宁边区施政纲领》和1946年的《陕甘宁边区宪法原则》等。这些宪法性文件标志着中国共产党领导下的新民主主义革命和宪政建设的发展,标志着我国社会主义类型宪法建设的萌芽。

新中国成立后,标志着我国宪法发展过程的宪法性文件有:

(一)《中华人民共和国共同纲领》——我国的临时宪法

1949年9月29日由中国人民政治协商会议第一届全体会议通过,全文由序言和七章组成,共60条。《共同纲领》确认了人民革命的胜利成果,体现了人民民主专政、人民民主统一战线、民主集中制的人民代表大会制和进行经济文化建设以及逐步过渡的思想,在新中国成立初期起着临时宪法的作用。

(二)1954年宪法——我国的第一部宪法

这是我国第一部社会主义类型的宪法。1954年第一届全国人民代表大会第一次全体会议通过了《中华人民共和国宪法》,全文由序言和四章组成,共106条。它以《共同纲领》为基础,同时又是《共同纲领》的继承和发展。它全面总结了我国革命和建设的经验,贯彻了人民民主原则和社会主义原则,明确规定了通过社会主义工业化和社会主义改造,保证逐步消灭剥削制度,建立社会主义这一目标。

(三)1975年宪法——我国的第二部宪法

1975年1月17日由第四届全国人民代表大会第一次会议通过。全文由序言和四章组成,共30条。由于它是在“文化大革命”中制定的,因此无论就指导思想和内容来说都渗透了极“左”思想,存在着许多问题,而且从立法技术上说,其规范也缺乏科学性和严肃性。

(四)1978年宪法——我国的第三部宪法

1978年3月5日由第五届全国人民代表大会第一次会议通过。全文由序言和四章构成,共60条。这部宪法是在“文化大革命”后制定的,开始纠正“左”的错误,部分地恢复了被1975年宪法所错误删去的、1954年宪法所确认的正确条款,使社会主义民主和法制有所恢复。但这部宪法在指导思想上仍坚持了“以阶级斗争为纲”的路线,而且在内容和条文的用语上,都明显带有极“左”的痕迹。

(五)1982 年宪法——我国的现行宪法

1982 年宪法是新中国成立以来最好的一部宪法。它于 1982 年 12 月 4 日由第五届全国人民代表大会第五次会议通过。全文分序言、总纲和四章构成,共 138 条。它继承和发展了 1954 年宪法的基本原则,总结和确认了我国社会主义发展的丰富经验,特别是新中国成立以来的社会主义革命和建设的经验,也注意吸取国际经验;既考虑当时的现实,又考虑到发展前景。

这部宪法的指导思想是坚持四项基本原则,不仅把四项基本原则载入宪法,而且把它作为立国之本,以此保证我国走向富强、民主、文明的社会主义现代化国家。

1982 年宪法的主要特点表现在以下四个方面:一是宪法在强调以经济建设为工作重点的同时,高度重视社会主义精神文明建设;二是发展社会主义民主,健全和加强社会主义法制;三是维护国家的统一和国内各民族的团结;四是指导和促进经济体制和政治体制改革。

总之,1982 年宪法从我国国情出发,是一部具有中国特色的、适应新的历史时期社会主义现代化建设需要的宪法,它的颁布与实施把社会主义民主宪政建设推向了一个新阶段和新高度。

相关知识:

宪法作为国家的根本大法,是资产阶级革命胜利的产物。17 世纪中期,英国资产阶级革命产生了第一部资产阶级宪法,但英国宪法并没有形成完整统一的法典化形式,而主要是由单行法律和习惯构成的不成文宪法。美国是世界上制定成文宪法最早的国家,1787 年,取得独立战争胜利的美国各个州的代表,在费城召开了一个制宪会议,制定了美国宪法,正是这部宪法在美国运行了两百多年。1791 年法国以其第一个宪法性的文件《人权宣言》作为序言,制定了第一部宪法,它是欧洲大陆最早的成文宪法。随着资产阶级革命的发展,以及经济、政治等条件的发展变化,资产阶级在许多国家建立了自己的统治,先后制定了本国的宪法,维护和发展了资本主义制度。世界上第一部社会主义类型的宪法是 1918 年苏俄宪法,从此也开始了两种不同类型宪法并存的时代。

三、我国现行宪法的结构体系

我国现行宪法全文除了序言,正文包括四章,共 138 条。为了保障宪法的稳定同时又能与时俱进,我国现行宪法至今已有四个修正案,共计 31 条,宪法修正案是宪法典的重要组成部分,是宪法典的结构要素。广义上的宪法,除了宪法典之外还包括一系列的宪法性文件。

(一)宪法序言

我国现行宪法序言有 1000 多字,主要涉及四个方面的内容:一是简述了国家的斗争历史和20世纪以来具有重大历史意义的四件大事;二是规定了社会主义初级阶段国家的根本任务;三是确认了四项基本原则和改革开放;四是强调了宪法的地位和作用。

(二)宪法正文

宪法正文是宪法典的主要部分,宪法正文一般涉及社会制度、国家制度的基本原则,公民的基本权利和义务,国家机关的组织与活动的基本原则,国旗、国徽和首都等国家标志以及宪法监督、修改程序等内容。

我国现行宪法的正文主要包括四章:

(1)总纲。

(2)公民的基本权利和义务。

(3)国家机构。

(4)国旗、国徽、首都。

(三)宪法修正案

宪法修正案是对宪法典进行补充和修正的法律形式,往往以单独的形式附于宪法典之后,或将其内容融入宪法典之中,而成为宪法典的组成部分。按照宪法的规定,全国人民代表大会对现行宪法已作了四次修改,分别是1988年修正案、1993年修正案、1999年修正案和2004年修正案。

相关知识:

1988年4月12日,第七届全国人民代表大会第一次会议通过了中华人民共和国宪法修正案,对现行宪法作了第一次修改与补充,对宪法第11条增加规定,"国家允许私营经济在法律规定的范围内存在和发展。私营经济是社会主义公有制经济的补充。国家保护私营经济的合法的权利和利益,对私营经济实行引导、监督和管理。"对第10条第4款作了修改,删去了其中不得出租土地的规定,增加规定"土地的使用权可以依照法律的规定转让"。

1993年3月29日第八届全国人民代表大会第一次会议通过了中华人民共和国宪法修正案,对现行宪法作了第二次修改,包括宪法序言在内,共有九项内容进行了修改与补充。主要内容包括:明确把"我国正处于社会主义初级阶段","建设有中国特色社会主义","坚持改革开放"写进宪法;把国家的奋斗目标修改为建设"富强、民主、文明的社会主义国家";增加了"中国共产党领导下的多党合作和政治协商制度将长期存在和发展";把家庭联产承包责任制作为农村集体经济组织的基本形式确定下来;将社会主义市场经济确定为国家的基本经济体制;把县级人大代表的任期由3年改为5年。

1999年3月15日第九届全国人民代表大会第二次会议通过了中华人民共和国宪法修正案,对现行宪法作了第三次修改,对宪法六项内容作了修改与补充。主要内容包括:明确把“我国将长期处于社会主义初级阶段”,“沿着建设有中国特色社会主义的道路”,在“邓小平理论指引下”,“发展社会主义市场经济”写进宪法;明确规定“中华人民共和国实行依法治国,建设社会主义法治国家”;规定“国家在社会主义初级阶段,坚持公有制为主体、多种分配方式并存的分配制度”;规定“农村集体经济组织实行家庭承包经营为基础、统分结合的双层经营体制”;将国家对个体经济和私营经济的基本政策合并修改为“在法律规定范围内的个体经济、私营经济等非公有制,是社会主义市场经济的重要组成部分”。“国家保护个体经济、私营经济的合法的权利和利益。国家对个体经济、私营经济实行引导、监督和管理”;将镇压“反革命的活动”修改为镇压“危害国家安全的犯罪活动”。

2004 年 3 月 14 日第十届全国人民代表大会第二次会议通过了中华人民共和国宪法修正案,对现行宪法作了第四次修改。此次通过的宪法修正案,共有十四条。根据修正案,“三个代表”重要思想在中国政治和社会生活中的指导地位得以确立;物质文明、政治文明和精神文明协调发展有了宪法保障;土地征用制度被完善;国家对发展非公有制经济的方针进一步明确;“公民的合法的私有财产不受侵犯”入宪;增加了建立健全社会保障制度的规定;进一步为尊重和保障人权提供了宪法保障;完善了全国人民代表大会组成的规定以及关于紧急状态、国家主席职权、国歌和修改乡镇政权任期的规定等。

(四)宪法性法律和宪法惯例

宪法性法律一般是指有宪法规范存在其中,但形式上又不具备最高法律效力以及严格制定和修改程序的法律文件。在我国,宪法性法律主要涉及国家组织、国家标志、公民基本权利等内容的法律文件,包括组织法、选举法、集会游行示威法、国旗法、国徽法、民族区域自治法、香港特别行政区基本法和澳门特别行政区基本法等。

宪法惯例是指国家长期政治生活实践中形成的,涉及有关国家根本问题,调整相应基本社会关系,并为公民普遍承认有一定约束力的习惯和传统的结合。

本节知识框架图：

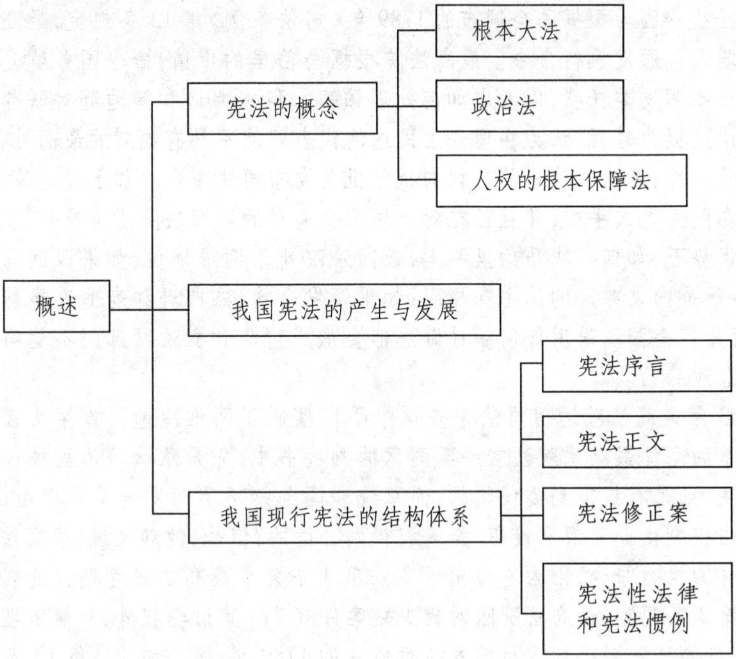

阅读与思考：

马伯里诉麦迪逊案件

1800 年共和党人杰弗逊当选美国总统,麦迪逊被任命为国务卿。前任总统亚当斯(联邦党人)为了使以后的联邦党人长期控制司法机关,以此牵制国会和行政,便在 1801 年 3 月 4 日杰弗逊正式接任以前采取了一系列紧急措施,先是任命他的国务卿约翰·马歇尔(John Marshall)为联邦最高法院首席法官,后又同控制国会多数议席的联邦党人议员密谋。在 2 月国会通过巡回法院法案时,成倍增加联邦法官人数,还通过构成法(Organic Act),授权在哥伦比亚地区任命 42 名治安法官。以上这些新增加和增设的法官人选,全由亚当斯总统提名,都是联邦党人。对这些人选,在 3 月 3 日参议院连夜批准后,亚当斯总统就连夜颁发由他签署、国务卿马歇尔盖印的委任状。但由于过于匆忙,有些委任状来不及送出去就到了第二天——3 月 4 日新总统上任了。新总统杰弗逊一上台便命令他的国务卿麦迪逊扣发这些委任状,以减少联邦党人对司法的控制。马伯里就是其中一个被任命为治安法官而又未拿到委任状的人。为此,马伯里与其他几个同样没有拿到委任状的人一起,请求联邦最高法院向执行部门颁发执行命令(Writ of Mandamus),要求发给委任状。因为根据国会颁布的1789年《司法条例》第13条规定,最高法院有权对公职人员颁发执行命令。最高法院根据马伯里的申请,命令国务卿麦迪逊说明为什么不颁发委任状,以考虑如何处理该案。但杰弗逊和麦迪逊对联邦党人控制下的法院极为轻视,认为在理论上民选的代表即使不具有绝对的最高性,也具有相对的独立性;否认司法机关有权向执行机关发布司法命令。加上经过改选,国会已控制在民主党人手中,并且正在对上届国会通过的巡回法院法案展开激烈辩论。在这种形势下,如何判决马伯里一案,最高法院处于两难地位,如果驳回马伯里的请求,显然是向杰弗逊的民主党屈服;如果颁发令状,杰弗逊和麦迪逊显然不会执行,从而贻笑全国。采用任何一种做法都会形成行政和立法两部门不受司法部门牵制的危险局面。

1803年最高法院运用司法审查这个手段摆脱了两难境地。首席法官马歇尔在他起草的全体最高法院法官一致同意的判决书中,先是承认马伯里被任命为法官是合法的,是有权得到委任状的,而总统和国务卿不予颁发是没有理由的,马伯里的正当权利由此而遭到侵犯,是有权得到补偿的;但是,他却又说,最高法院不能颁发这样的执行命令,因为它超出了宪法第3条关于最高法院管辖权的规定。根据宪法第3条规定,最高法院除对极少数案件有第一审管辖权外,只能审理上诉案件,责成最高法院对公职人员颁发执行命令的1789年《司法条例》第13条规定是同宪法相违背的。最后,他就联邦国会立法权的界线、宪法的最高法律地位、法院何以有审查法律的权力等问题作了长篇的论证,明确宣布"违宪的法律不是法律"、"阐明法律的意义是法院的职权"。从此,开创了美国联邦最高法院审查国会法律的先例。

请思考:马伯里诉麦迪逊案件在美国宪政史上有何重要意义?

自我测试

一、判断题

1. 宪法修正案不是宪法典的组成部分,但属于广义上的宪法。(　　)
2. 宪法的法律效力具有最高性。(　　)
3. 宪法最主要、最核心的价值就在于规范和配置国家权力。(　　)

二、不定项选择题

1. 宪法又称为:(　　)。

A. 母法　　B. 根本法　　C. 基本法　　D. 最高法

2. 宪法的修改,应由全国人民代表大会以全体代表的(　　)以上的多数通过。

A. 2/3　　B. 1/2　　C. 3/4　　D. 4/5

3. 我国现行宪法为：（　　）。

A. 1954 年宪法　　B. 1972 年宪法　　C. 1982 年宪法　　D. 1992 年宪法

4. 我国现行宪法至今为止有（　　）修正案。

A. 2 个　　B. 3 个　　C. 4 个　　D. 5 个

5. 我国现行宪法的结构体系包括：（　　）。

A. 序言　　B. 正文　　C. 宪法修正案　　D. 宪法性法律和宪法惯例

6. 以下属于宪法性法律的有：（　　）。

A. 香港特别行政区基本法　　B. 组织法

C. 选举法　　D. 国旗法

7. 我国现行宪法的正文主要包括：（　　）。

A. 总纲　　B. 公民的基本权利和义务

C. 国家机构　　D. 国旗、国徽、首都

第二节　依法治国

学习提示：

1. 法治的基本内涵是什么？
2. 法治在政治体制上有什么要求？
3. 法治对法律本身有什么要求？

党的十五大把"依法治国，建设社会主义法治国家"确定为党领导人民治理国家的基本方略，1999 年 3 月 15 日，九届全国人大二次会议通过的《中华人民共和国宪法修正案》，又把"中华人民共和国实行依法治国，建设社会主义法治国家"写入了宪法第五条。自此，依法治国不仅是一个重要的政治规范，而且上升为重要的宪法规范，使之获取了最高的法律效力，使中国的法治之路有了坚实的宪法基础和依据。

一、法治的含义

（一）法治首先是一种治国方略，与之相对的则是"人治"

治国方略有很多种，比如主要依靠道德治理、主要依靠宗教治理、主要依靠执政者的贤明治理、主要依靠政策治理，等等。而在现代社会，法治作为一种治国方略，是指一个国家在社会控制体系中选择以法律为主的手段进行控制。在古代中国的思想体系中，法治总是与"礼治"、"德治"、"人治"等治国方略相并列、相对应。

在西方法律思想体系中,法治也首先是被作为与人治相对应的一种治国方略,即“法律的统治”。法治与人治的界限不在于是否承认法律运行中人的因素,而在于从主体上法治是众人之治(民主政治),人治是一人(几人)之治(君主专制)或贵族统治,法治依据的是反映人民大众的法律,人治则依据领导人个人的意志。法治与人治的分界线是:当法律与当权者的个人意志发生冲突时,是法律高于个人意志,还是个人意志凌驾于法律之上,或者说是“人依法”,还是“法依人”。

相关知识:

关于《紧急状态法》的制定——所谓紧急状态,是指发生或者即将发生特别重大突发事件,需要国家机关行使紧急权力予以控制、消除其社会危害和威胁时,有关国家机关按照宪法、法律规定的权限决定并宣布局部地区或者全国实行的一种临时性的严重危急状态。传统意义上的紧急状态,通常包括战争、武装冲突、大规模群体性事件、恐怖袭击等,现代意义上的紧急状态通常包括严重自然灾害和内乱,恶性事故灾难、公共卫生事件、经济危机等。国家宣布进入紧急状态之后,国家权力呈现向行政机关集中的趋势,并主要由行政机关实行集中统一指挥和采取非常控制措施。为了维护、保全国家和社会整体利益,社会成员必将作出一些牺牲,法律赋予的一些权利将受到一定限制,个人的财产可能被征用。

我国在面临诸如非典、雪灾、地震,“3·14”事件等大的自然灾害和社会动荡的时候,无论是组织统一的指挥部,还是领导人亲自批示亲临指挥,共同的问题是缺乏规则,后果是处理危机的代价特别高。2003 年 SARS 危机初期信息不畅、协调不灵的情形至今历历在目。一事一办或者临机处置的经验型应付型办法,已经不能适应处理当代危机事件的需要,我们急需一个抗灾救灾最有效也最尊重权利的应急系统。《紧急状态法》的目的不是避免危机发生,而是避免紧急状态下出现法治危机,这个法是要解决非常态下如何使法治继续存在的问题。所以,它首先是保证在社会共同体遭受危险时如何有效地克服危机的法律,是确保政府紧急权得到正确运用的法律,是使公民权利受到最小限制和损失的法律。或者可以这样说,紧急状态法是给政府紧急权封顶的法律,是给公民权保下限的法律。

成熟的现代法治国家都制定有国家紧急状态法。应该明确规定在什么情况下可以宣布紧急状态,紧急状态下公民权利如何获得底线保障,紧急状态下公民得到救济的途径、方式和手段,政府采取的解决紧急问题的非常手段,政府应对紧急状态的组织架构和领导者任用问题,以及宣布进入紧急状态的范围、时间和解除紧急状态的程序等。

(二)法治更强调一种形式理性,表现为与实质主义相对应的形式主义法治

法治通常又被理解为“依法办事”原则,这种办事原则强调“既定规则被严格执行”,法治表现为一种与实质主义相对的形式理性。实质主义的法律理性往往

会从法律之外的道德、情感、宗教或政治因素中寻找立法、执法和判案的根据。而形式主义法治,是指法律体系内部包含或隐含了所有立法、执法和判案所需要的规则,而且这些规则能得到有效的、始终如一的遵守和运用。法律的实质正义需要自由宪政体制的保障,而法律一旦被制定出来,本身就是一种形式化的规则,这种规则的运用并不能保证每个个案都具有公正合理性,但如果法律轻易屈就于现实,它便失去了稳定性和权威性,这等于没有法律。所以,即使是在十分合理必要的情况下,考量法律之外的因素也是需要十分慎重的,尤其是在中国这样一个具有严重实质主义倾向的国度,法治的推进首先需要从培养形式主义法治的习惯开始。

相关案例:

1963年3月2日晚,美国亚利桑那州菲尼克斯大剧院十八岁的女营业员芭芭拉·约翰逊下班后正赶着搭乘公共汽车时,被一个男人猛地推进了他的小车里。这人捆绑了芭芭拉,把她劫持到城郊强奸了她。菲尼克斯警方根据芭芭拉的事后陈述,逮住了欧内斯脱·米兰达(一个劣迹斑斑的年轻人),问他是否愿意主动答复有关这一案件的问题——在警局的一批嫌疑犯中,米兰达被两名妇女指认出来。一名妇女确认他是1962年11月持刀抢劫她的那个人;芭芭拉·约翰逊则认为他就是那个强奸犯。当警局的官员告知米兰达他已被两名妇人指认后,米兰达在他亲笔写的供述中,陈述了所发生的事情,还特别提到他是主动交代,并且对自己所享有的权利有充分的了解。之后,米兰达被控犯有抢劫、绑架和强奸罪行。在对米兰达案的审判中,米兰达的律师对于警方的指控证据提出了程序上的质疑,即他们在询问米兰达之前,是否履行了告知米兰达宪法权利的义务,而警方自己所声称的告知没有形成文字记录,于是律师认为警方侵犯了米兰达的沉默权,他们从米兰达那里获得的证词不能作为证据。但是,律师的辩护被法官驳回,因为那时的法律规定,保持沉默的宪法权利不适用于重罪嫌疑人,陪审团进行了五个多小时的评议后,宣告米兰达有罪,米兰达面临四十到五十五年的监禁。米兰达向亚利桑那州最高法院提出上诉失败后诉至美国最高法院,1966年,美国联邦最高法院最终确定了米兰达规则,其内容如下:"宪法要求我告知你以下权利:(1)你有权保持沉默,你对任何一个警察所说的一切都将可能被作为法庭对你不利的证据。(2)你有权利在接受警察讯问之前委托律师,他(她)可以陪伴你接受讯问的全过程。(3)如果你付不起律师费,只要你愿意,在所有讯问之前将免费为你提供一名律师。(4)如果你不愿意回答问题,你在任何时间都可以终止谈话。"米兰达由此逃脱了惩罚。

审理米兰达案的沃伦大法官对于米兰达逃脱了惩罚的回应是:判处米兰达50年刑期,是不公正的程序产生了公正的实体,而释放米兰达,虽是实体的不公,但却维护了程序的公正。米兰达规则的真正精神实际上体现的是美国宪法第五修正案——"任何人不得因同一罪行而两次遭受生命或身体的危害;不得在任何刑事案件中被迫自证其罪;不经正当法律程序,不得被剥夺生命、自由或财产。”综观美国的法律,到处可见形式理性和程序正义相对于实质理性和实体正义的重要意义,现代法治突出表现为一种形式主义的法治。

(三)法治还是一种与专制相对的民主的法制,是一种理想的社会秩序

法治不同于法制,一般认为法制是静态的法律制度,是“rule by law”,即法律为执政统治的工具。作为一种社会制度,法制并不必然地排斥人治,法制既可以与法治相结合,也可以与人治相结合。当法制与人治相结合时,法律权威是第二位的,政府权威(在封建社会就是皇权)是第一位的,当法制与法治相结合时,法律权威是第一位的,是一种超越所有权威,包括政府权威、道德权威在内的社会权威,法律成了所有社会群体、社会个人的行为准则。而法治是动态的,是“rule of law”,即法律的治理,它包含了关于法律、权利和权力问题的价值观念体系和规则制度体系,是强调公众参与的民主的法制,它追求一种使国人能够共享的更有德性、品格和更令人满意生活的理想的社会结构和秩序。

相关知识:

我国改革开放三十年,经历了从人治到法制再到法治的发展历程。1978年随着解放思想和十一届三中全会的召开,无数的老干部在遭受了“文革”时期非法制的迫害之后,掀起了人治与法制的讨论热潮。从此,中国的法制改革可以说经历了三个阶段的转变。第一个转变是从1978年开始到1994年,这是从人治到“刀”制的法制的转变,也可以叫做非正式制度治理阶段。法律被看作是执政统治的工具,“一手抓建设、一手抓法制”,讲的更重要的是“抓”这个概念,是把法制作为保境安民的工具的性质。在这个阶段,我们很少看到法制对于社会生活、对于经济活动、对于国家制度文明、对于整个人类文明进展的制度价值。从1993、1994之后的差不多十年,是第二个发展阶段,可以说是政策之治阶段,这里的政策有一定的程序性、权威性和公开性,往往以文件、规范、规章等合法的形式表现出来。但是这种立法仅仅是政策层面的,因为它不考虑可诉性,不考虑可操作性,更带有一种宣示性。这种政策宣示性的立法在1993年到2003年出台得非常多。比如1993年的《公司法》,明显的是只照顾国有企业,排斥非国有企业,也没有可诉性。违反了《公司法》怎么办?公司的有限责任怎么实现?很多条文没有规定相应的诉讼条款。这个阶段弹性、原则性非常大的立法多,比如刑法中关于盗窃罪量刑的幅度很大,强奸罪量刑的幅度也很大,甚至许多新型的金融犯罪没有法律规定。第三个阶段是从2003、2004年开始的,从政策之治向法治之治的转型。这一阶段的立法,针对的是涉及中国改革这么多年一直没有解决的最深层的矛盾、最重大的利益冲突,出台的是老百姓最关心的、和百姓关系最直接的、利益最密切的一些法律。比如,2004年修改宪法,第一次把尊重保障人权写进去了,这是以前不可想象的;第一次把保

护私有财产及其权利写进去了。然后是《物权法》的制定、《破产法》的制定、《反垄断法》的制定,《公司法》的修改、《证券法》的修改,还有《劳动合同法》的制定,这都是涉及老百姓利益最密切的法律,涉及民生的问题,同时又涉及这么多年改革开放形成的利益集团、利益主体、利益群体等诸多利益方利益关系的调整的法律。不过,从人治到法治的转型,下一步的法治之路实际上还是面临很多问题。下一步我们重点要做的是科学立法与民主立法,完善社会主义法律体系。我们现在的立法很多不科学,很多立法打架。比如,《物权法》出台了,但只有这部法律提物权,《宪法》没有提物权,《公司法》没有提物权,很多市场经济法律没有一部法律提物权,都提的是财产。这使得法律的概念体系不一致或者很模糊。这是科学立法不够的问题。民主立法就更不用说,很多立法还都是政府部门在立法,其他的利益博弈体没有参与进来。比如涉及民营企业的,民营企业不知道;涉及国有企业的,国有企业参与不进来;涉及外资的,外资企业也参与不进来;涉及其他市场主体的,一般都参与不进来。可见,我国许多立法的公众参与度还较低,所以科学立法、民主立法需要制定出具体的参与规则来。

二、法治的基本要求

(一)法治的体制性要求

法治的实现首先需要通过立法、行政、司法的一套政治体制性的制度安排来保障,这种体制性的要求主要表现为立宪主义、法律高于政府和独立的司法三个方面。

1. 立宪主义

立宪主义是一种关于人类社会应如何组织其国家及其政治生活的规范性思想,其精髓在于以宪法和法律来规范政府的产生、更替及其权力的行使,借以防止人权受到政权的侵害,并进而确保政权的行使能符合人民的利益。宪法的存在是法治的一个基本要求,它既是人民普遍意志的体现,也是任何政府合法性的依据,它是国家权力和人们行为的基本准则。

2. 依法行政

行政权力的设立、行使、运用必须依据法律,符合法律要求,不能与法律相抵触。行政主体必须严格遵守行政法律规范,不得享有行政法律规范以外的特权。违法行政行为依法应予以追究,违法行政主体应承担相应的法律责任。

3. 司法独立

司法独立不仅是保证司法公正的前提,也是维护法律权威,实现法治的基本要求。真正独立的司法部门不仅要求一种司法对行政行为乃至对立法行为的审查,还要求在法官的任命、任期、工资、地位、培训和解职等方面保持形式和事实上的独立性。而司法独立性的前提是司法权的纯化,即司法必须保持其被动性和中立性,如果司法权具有类似于行政权的主动性和扩张性,那么强调司法独立只能带来更多的司法腐败问题。

相关案例:

2006年7月6日,新疆昌吉回族自治州中级人民法院开庭审理一桩史无前例的经济案件,乌鲁木齐铁路运输中级人民法院(以下简称"乌铁中院")因涉嫌非法索取、收受贿赂451万余元,被检察机关以单位受贿罪起诉,法院首次作为被告出现在法庭上并面临刑事处罚。本案中,作为"全国文明单位"、曾被自治区高级人民法院荣记集体二等功的乌铁中院一度是新疆法院系统执行业务的榜样,号称"执行铁军",就是这样一个"先进集体"恰恰借履行执行权之便,勾联拍卖和评估作价机构,以违法收取佣金和评估作价费、人为控制标的物价格等方式,侵害当事人利益,获取不正当收入,利用执行权与有关拍卖公司建立起隐秘的权钱交易关系,受托牟利收取贿赂。本案的意义已经超越了对涉案单位及个人的警戒和处罚,也不仅仅是纠正了个别的腐败行为,更多地在于警示我们:只有纯化司法权,剥离干扰司法权行使及其公信力的行政化权力,切断围绕在司法权周围的利益诱惑,保证法院在当事人中间的中立性,才能恢复和确立司法权威,避免由于倾向潜在利益而败坏了司法的本性。在中国特有的司法体制中,法院的司法审判权里融入了地位不明而广受争议的"执行权",居中裁决的被动职能附带着积极主动的强制力,在某种意义上可以被认为是造成法院受贿这一荒唐局面以及随之而来的司法权威受损这一恶性后果的根源。

(二)法治对法律的内在品性的要求

法治绝不是恶法之治,而是良法之治。如果一部法律是非正义的,那么不如没有法律,它最终也会被人们所唾弃。但不同时代和不同社会的人们对于良法和恶法的评价标准并不一致,一部法律在此时可能是"良好的",但在彼时,它也可能演化为"恶劣的"。比如,国务院颁布的收容条例,在特定历史时期发挥了应有的作用,但于现今高速发展的中国社会,已经显现出了巨大的不适应,最终因孙志刚事件引发全国的广泛声讨而终被废止。通常而言,良法应该具备形式合理性和实质合理性。

1. 法律的形式合理性

法律的形式合理性是指法律在形式上应当具备良好的品质,具体包括五个方面:一是法律的明确性。法律中的词语或句子的语义应当明确,而不能模棱两可,惟其如此人们才能正确认识和理解法律。二是法律的公开性。法律必须是"公布"的,这是法律可循的前提。历史经验已经表明,将法律藏于官府的做法只会导致权势者借助法律的"神秘感"行人治之实。三是法律的稳定性。这并不是否定法律应适应社会的发展和变动,及时地废、改、立,而是指法律在一定时期内不能频繁修改或不连续,否则容易丧失其权威性和可预期性。四是法律的协调性。即法律无内在矛盾,最低要求是法律条文本身不自相矛盾以及几个法律之间应该尽量避免相互冲突。对于后者,公认的解决之道有诸如“后法优于前法”、“特别法优于普通法”、“基本法优于派生法”等处理原则。五是法律不溯及既往。法律一般应适用于将来,而不适用于过去,我们不能用明天的规则来约束今天。法律可预期性是支撑法治价值的一个较为关键的要素,法律若溯及既往必然会打破已然事实的时空性,导致秩序的颠覆,这显然与法治相违背。

2. 法律的实质合理性

法律的实质合理性是指法要保护一切正当而必要的社会价值,如民主、自由、秩序、平等、人权等。具体而言主要体现为三个方面:一是充分保障人权。对权利和自由的确认和保障是法律的第一要义,剥夺和限制公民的自由和权利必须要有法律的明确规定。一个国家对权利的规定和切实的保障程度是衡量一国法律实质合理性的最重要和最明显的标志。二是维护社会公正。法律面前人人平等是社会公正的直接体现,而法律平等是形式平等和实质平等的统一,维护社会公正也要求法律为社会弱势群体提供特殊的保护。三是协调价值冲突。法律应以一定的标准去协调多元的社会价值之间的冲突,保障各种社会价值能在相应的范围内得到最大限度地实现。

本节知识框架图:

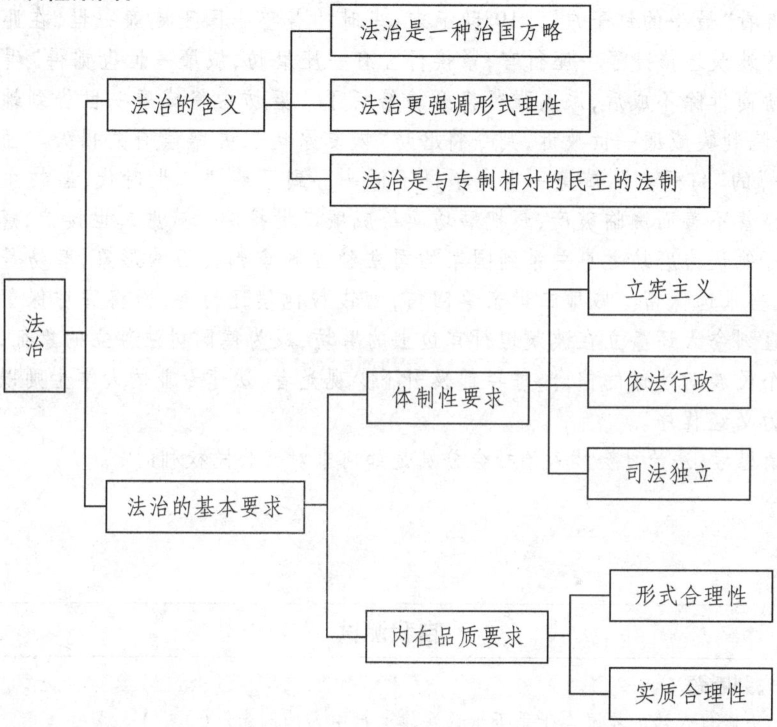

阅读与思考:

德国“最牛户”

在世界法治史上,德国曾出现了两个著名的“最牛户”被载入史册——“最牛的钉子户”和“最牛的拔钉户”,前者被广泛引用过,后者知道的人少一点。

先说“最牛的拔钉户”。他是谁?是希特勒,当然也包括他的助手。1938年,作为“元首秘书”和纳粹党办公厅主任的博尔曼,负责为希特勒兴建贝格霍夫别墅。一天希特勒在那里欣欣然欣赏风景时,发现视野远处有一户破旧民房,它与壮丽的阿尔卑斯山很不相称,希特勒耸了耸肩,脸上流露出不快。作为希特勒“肚子里蛔虫”的博尔曼,立刻闪电般行动起来,让破旧民居的主人立即搬家滚蛋。24小时后,希特勒再次往山坡下看,牛儿已在原来农舍的那一片地方吃草了。

一个没有法治、没有人权的地方,集权且极权的“元首”,为了自己观赏的“舒适”——不妨称这种舒适为一种“软利益”,他使用“无声的命令”,就能以最快的速度让“眼中钉”的民房“人间蒸发”,“拔你没商量”,这可真是“史上最牛的拔钉户”了。

再看“最牛的钉子户”。19世纪末,当时的普鲁士国王威廉一世,在距柏林不远的波茨坦修建了一座行宫,紧挨行宫有一座磨坊,威廉一世也觉得“碍眼”,多次协商拆除不成后,派人强行将磨坊给拆了。磨坊主将威廉一世告到地方法院,法院判决威廉一世败诉,判令将磨坊“恢复原状”,并赔偿有关损失。面对这样“牛”的“钉子户”,威廉一世也不得不低头。到了威廉二世时代,磨坊主的儿子因经营不善而濒临破产,想把磨坊卖给威廉二世拉倒。威廉二世接信,感慨万千。可他认为磨坊之事关系到国家的司法独立和审判公正的形象,磨坊是座丰碑,应当永远保留。威廉二世亲笔回信,赠钱帮他偿还债务,而将磨坊保留了下来。直到今天还矗立在波茨坦行宫边上的磨坊,成为德国司法独立的象征,代表了一个民族对法律的信念,每年都吸引不少观光者,法律专业的大学生则以观摩磨坊为必经程序。

请思考:法治社会和人治社会分别是如何来对待公民权利的?

自我测试

一、判断题

1. 法治与人治的界限在于是否承认法律运行中人的因素。(　　)

2. 形式主义的法律理性往往会从法律之外的道德、情感、宗教或政治因素中寻找立法、执法和判案的根据。( )

3. 作为一种社会制度,法制并不必然地排斥人治,所以,有法制未必就有法治。( )

4. 法治必然是良法之治。( )

二、不定项选择题

1. 在西方思想体系中,法治首先是被作为与( )相对应的一种治国方略。

A. 德治 B. 人治 C. 礼治 D. 法制

2. 法治的体制性要求有( )。

A. 立宪主义 B. 依法行政 C. 司法独立 D. 司法中立

3. 司法权的纯化指的是司法权的( )。

A. 中立性 B. 被动性 C. 主动性 D. 强制性

4. 法律的形式合理性体现为法律的( )。

A. 稳定性 B. 公开性 C. 明确性 D. 协调性 E. 不溯及既往

5. 法律的实质合理性体现为法律( )。

A. 保障人权 B. 维护社会公正 C. 协调价值冲突 D. 不溯及既往

第三节 我国公民的基本权利和义务

学习提示:

1. 我国宪法赋予了公民哪些基本权利?
2. 我国宪法规定了公民应该履行哪些基本义务?

宪法是人权的根本保障书,是为实现人民主权而规定公民基本权利保障及确定国家政权组织原则以规范和配置国家权力的法典。我国现行宪法规定了公民的一系列基本权利和义务。

一、我国公民的基本权利

(一)人格尊严

《宪法》第38条规定:"中华人民共和国公民的人格尊严不受侵犯。禁止用任何方法对公民进行侮辱、诽谤和诬告陷害。"明确规定了保护公民人格尊严的内容。

相关案例:

2006年11月24日开始,深圳福田区公安分局进行为期60天的大扫黄。11

月29日,该局挂出"福田公安分局打击整治涉黄违法犯罪公开处理大会"的横幅,将连日大扫黄中逮捕的167人押到色情场所集中的地区游街示众。这些人全部戴上口罩,面部几乎全部遮住,仅留一双眼睛。警方在众人围观下分别读出他们的姓名及籍贯,宣判各人行政拘留15天。此事一经报道,社会反响强烈,12月1日,上海普若律师事务所律师姚建国给全国人大写了一封公开信,称"这样的活动本身是违法的"。而且,"有必要对这种公开示众的做法以立法的形式予以明令禁止"。人格尊严是公民权利的基础,在现代宪法理论上,人格尊严是宪法价值的集中体现,是宪法权利的核心内容。

(二)政治权利和自由

政治权利和自由,就是公民管理国家、参加国家政治生活的权利和自由。我国宪法规定的公民政治权利和自由主要包括平等权、选举权、政治自由和申诉控告等方面的权利。

1. 平等权

《宪法》第3条第2款规定:"中华人民共和国公民在法律面前一律平等。"这是我国公民的一项基本权利,也是社会主义法治的一个基本原则。

相关案例:

2006年8月6日漳州市中考招生工作已接近尾声,但本该平静一段时间的福建省漳州市考生和家长,却不得不面对一场激烈的争论。2006年年初漳州市政府出台了《关于全面推进民营经济发展的若干意见》,这份《意见》共有40条针对民营企业的优惠政策。相关政策规定,自2006年起,凡是经市政府办审核公布的2005年度漳州市民营企业前100名的纳税大户,"其控股企业主的子女中考均可享受加20分的照顾。外商子女也参照执行。"后来经市长办公会研究,此政策调整为,只要纳税300万元以上,其子女中考就可以加20分。此举引起舆论一片哗然,我们认为,加分令完全违背了为考生提供平等受教育机会的升学政策制定原则。政府在享有裁量权时,尤应注意权力行使过程中对公民基本权利的维护,否则,不平等就会借公权之手被制度化,私权就被堂而皇之摆上了公权的祭坛。以"效率"和"示范"为幌子,以容易彰显的"政绩"和不便言说的"好处"为动力,相关决策者和执行者们的主要工作突出表现为"锦上添花"甚至"削贫济富"。这种情形的出现,一定程度上与权力执掌机关宪法基本权利保障意识的淡薄密切相关。

2. 选举权和被选举权

选举权是公民依法享有的选择代表机关代表和国家公职人员的权利,又称投票权;被选举权是公民依法享有的被选举为代表机关代表和国家公职人员的权利。我国《宪法》第34条规定:"中华人民共和国年满18周岁的公民,不分民族、种族、性别、职业、家庭出身、宗教信仰、教育程度、财产状况、居住期限,都有选举权和被选举权。但是依照法律被剥夺政治权利的人除外。”选举权和被选举权是人民最根本的权利。

相关知识:

根据我国宪法和选举法的规定,我国选举制度具有以下基本原则:一是普通选举权原则。普通选举权原则是指凡达到选举年龄的公民,除依法被剥夺政治权利者外,皆取得选举资格,有选举权和被选举权。普通选举权是限制选举权的对称,通常称为“普选制”。二是平等选举权原则。平等选举权又称“平等选举制”,是指享有选举权的公民,其选举权的效力是平等的,即每个选民在同一次选举中只有一个投票权;每个选民都在平等的基础上参加选举,不允许任何人享有特权,这就是所谓一人一票制,与之相对立的是复数选举权。三是直接选举与间接选举并用的原则。直接选举是指选民不通过任何中间人或中间组织而直接对被选举人进行选举的制度,我国在县级以下采用直接选举。间接选举是指选民首先选举选举人或选举团或其他代表机关,再由选举人或选举团或其他代表机关代表对被选举人进行选举的制度。直接选举与间接选举并用原则主要是根据国家的经济、政治与文化发展的实际情况确定的,符合我国的国情。四是秘密选举原则。秘密选举也称无记名选举,与公开选举相对称,是指在选举时在选票上只注明是否同意被选举人而不记自己的姓名,并亲自将所注选票投入票箱的选举方法。公开选举主要是通过鼓掌、口头、举手等形式表示是否选举某被选举人。秘密投票方法为民主选举提供了自由表达意愿的重要保障条件,使选民在不受外力的影响下能完全按照自己的意愿挑选他所信赖的人进入国家机关,代表人民行使国家权力。

3. 政治自由

自由从法律上说就是可以做法律所许可的一切事情的权利,或者说是可以做法律所不禁止的事情的权利。政治自由是公民作为国家政治生活主体所享有的进行政治活动所必需的自由。我国《宪法》第35条规定:“中华人民共和国公民有言论、出版、集会、结社、游行、示威的自由。”这些政治自由是公民关心国家大事,表达自己的意见和愿望,参加国家政治生活所不可缺少的。

相关案例:

2006年8月15日,重庆市彭水县教委人事科科员秦中飞在别人针对该县几个轰动的社会事件所填写的《虞美人》基础上,改编填写了一首名为《沁园春·彭水》的词,并用短信以及QQ将这首词转发给了他的10多位朋友。这首词的正文中有这样12个字:“马儿跑远,伟哥滋阴,华仔脓胞”。秦中飞此词经二传手、三传手转发,看到的有几十人,而据说熟知彭水官场的人,都能从此词中解读到对县政府某些领导的隐喻。同年8月下旬,彭水县公安局以秦中飞用“伟哥滋阴,华仔脓胞”的说法诽谤县委书记蓝先生、县长周先生(县委书记姓名的最后一个字是“华”,县长姓名的最后一个字是“伟”)、涉嫌诽谤罪为由对其立案侦查、传讯并予刑事拘留。9月11日,经县检察院批准,县公安局逮捕了秦中飞,交检察院审查起诉,9月28日又变更为取保候审。10月19日,此事经有关媒体报道后,引发了社会广泛关注,不仅国内人士,甚至国外和境外媒体也纷纷报道和评论。舆论对彭水地方当局十分不利。10月24日,彭水县公安局通知秦中飞,公安局已经撤销了其“取保候审”的决定,承认以涉嫌诽谤罪对其立案侦查和逮捕是错误的,对给秦造成的伤害表示道歉。同时,彭水县检察院也主动提出申请国家赔偿问题,秦中飞10月25日下午拿到了因被错误关押了29天而得到的2125元国家赔偿金。公民在日常生活的一般场合非议、嘲笑或怨骂包括政治人物在内的公众人物,那不过是民众劳累之余发泄情绪、自我放松的一种方式,属于宪法言论自由的具体表现形式。言论自由权是公民政治自由权利的最为集中的表现,国家公权力不得以诽谤、侮辱等各种借口来侵犯公民的言论自由权。

4. 思想和宗教信仰自由

思想自由是人们的内心信念和思考不受干涉的自由。宗教信仰自由是人们内心保有宗教观和进行宗教活动的自由。宪法规定公民有进行科学研究、文艺创作和从事其他文化事业的自由,可以说是间接地保障了公民的思想自由权利。《宪法》第36条规定:“中华人民共和国公民有宗教信仰的自由。”“任何国家机关、社会团体和个人不得强制公民信仰宗教或者不信仰宗教,不得歧视信仰宗教的公民和不信仰宗教的公民。”

相关知识:

2004年2月10日,法国国民大会以494票赞成,36票反对,31票弃权的压倒性优势,通过了政府提出的一个在国内引起广泛争论,甚至在国际引起争论的法案。这个法案的主要内容,是严禁在公共场所佩戴明显的宗教标志,包括伊斯兰的头巾、基督徒的大型十字架等,学生违反此法的,可能被学校开除。该法案现俗称“头巾法案”。这个法案颁布的背景是:2003年7月,针对法国社会不断发展的社团主义倾向,法国总统希拉克主持仪式,成立了一个组织,叫做“调查政教分离原则执行情况的思考委员会”,委员会由包括20名有身份和威望的专家学者组成。希拉克要求学者在年底前提交一份执行政教分离原则的报告,为更好地执行政教分离原则提出建议。希拉克在委员会的成立仪式上指出,政教分离原则是宪法规定的,这一原则的执行,在法国开始遇到困难。他强调法国社会承认宗教和文化的多元化,并把它视为实现民族团结的基础。任何其他所谓的原则,都必须服从共和国法律。这是法案制定前的一个情况。该法案涉及宗教信仰自由和平等权的冲突问题,涉及到宗教标志饰物所包含的政治含义,更大的问题是政教分离问题。法国很早就有法令禁止公立学校布道。法国人崇尚自由和平等,将平等、自由放在根本位置。他们认为,如果允许佩戴宗教标识的饰物,会对其他人的宗教平等权造成侵害。这个法案通过的前后,都引起了强烈的反响,反对抗议活动持续了很长时间。这个法案在整个世界范围内也引起了强烈的反响,反对浪潮是一浪接一浪,主要来自伊斯兰国家,如埃及等。直至2004年8月,一个伊拉克组织绑架了两名法国记者,要求法国政府在48小时内取消头巾法令,以此作为释放人质的条件。(见《光明日报》2004年2月20日)

政教分离原则与宗教平等权是对自由理念的最好诠释。对涉及宗教信仰等精神领域的问题,国家的任务是保证每一个公民的自由,防止用一种宗教信仰来统治所有人的宗教信仰,也防止用别人的宗教信仰来强迫其他人的宗教信仰。真正做到各种宗教信仰平等相处、平等对待,且严格地局限于个人生活领域。防止宗教信仰对公共生活造成干扰。这样才能创造一个自由的空间,才能使公民在一个真正的精神自由、心灵自由的生活环境中去追求和享受自己的精神生活。因为人的精神生活应该是自由的,是不应该受强制的和强迫的。宪法和法律中的宗教信仰自由是作为公民的基本权利和自由被确认和平等赋予的。它旨在保护每一个公民的宗教信仰自由,其中也包含着不信教的自由,并且享有平等的地位。

5. 公民的诉愿权

公民的诉愿权是对一类宪法权利的统称,即批评权、建议权、申诉权、控告权、检举权以及取得赔偿权。《宪法》第41条规定:“中华人民共和国公民对于任何国家机关和国家工作人员有提出批评和建议的权利;对于任何国家机关和国家工作人员的违法失职行为,有向有关国家机关提出申诉、控告或者检举的权利,但是不得捏造或者歪曲事实进行诬告陷害。”“由于国家机关和国家工作人员侵犯公民权利而受到损失的人,有依照法律规定取得赔偿的权利。”

(三)个人自由

1. 人身自由

公民的人身自由是公民参加社会活动、享受其他权利的前提。没有人身自由,也就没有其他权利可言。《宪法》第37条规定:“公民的人身自由不受侵犯。”“任何公民,非经人民检察院批准或者决定,或者经人民法院决定,并由公安机关执行,不受逮捕。”“禁止非法拘禁或以其他方法非法剥夺或者限制公民的人身自由,禁止非法搜查公民的身体。”

相关案例:

为实现债权,用非法拘禁手段强迫债务人还债,江苏省泗洪县人民法院以非法拘禁罪分别判处被告人陈志安、李爱华、付红忠、付巧军有期徒刑七个月至拘役四个月,缓刑六个月的不等刑罚。被害人李某某因欠被告人陈志安、李爱华夫妇钱款长期不还,2008年9月23日15时许,被告人陈志安、李爱华便纠集被告人付红忠、付巧军,强行将被害人李某某从宿迁市宿城区项王小区内带至泗洪县梅花镇进行看管,并采取恐吓、殴打的手段逼迫李某某还钱,后在李某某亲属向公安机关报案后,四被告人才于2008年9月26日10时许将李某某送到公安机关,非法限制李某某人身自由长达60余小时。法院认为,被告人陈志安、李爱华、付红忠、付巧军非法剥夺他人人身自由,其行为均已构成非法拘禁罪。鉴于四被告人归案后均能如实供述其犯罪事实,认罪态度较好,确有悔罪表现,均可酌情从轻处罚,遂作出上述判决。

2. 住宅不受侵犯

公民的住宅不受侵犯,是指任何机关、团体或者个人,非经法律许可,不得随意侵入、搜查或者查封公民的住宅。《宪法》第39条规定:"公民的住宅不受侵犯。禁止非法搜查或者非法侵入公民的住宅。"

相关案例:

2002年8月18日晚上10点左右,延安市宝塔区公安分局万花派出所民警接到群众电话举报,称张某两人在宝塔区万花村的一个诊所播放黄碟(诊所面对一条大街,紧邻着一排房屋,诊所有两个商业门面,其中一间放着一张床)。于是民警身着警服,但是未佩戴警衔,前去查看。民警从后面窗户上看见的确有人看黄碟,就敲门进去,在查处并扣压黄碟和电视机过程中发生了一些冲突。两天后,陕西《华商报》第一次报道了这一事件,题目非常中性,《家中看黄碟,民警上门查》,但马上引起了媒体全面、广泛的关注。经过种种曲折,在媒体和学界的巨大压力下,尽管宝塔区公安分局试图以各种方式"抵抗",但最终以全面失败而告终。2002年的最后一天,这一事件有了最后结果,当地警方与当事人及有关部门达成协议,由警方向当事人赔礼道歉,有关部门向当事人一次性赔偿29137元,并对该案件的有关责任人进行了处理,一名警察被开除公职。

西方有句古谚:"私宅就是一个城堡,风可进,雨可进,国王不可进。"从表面上说,住宅不受侵犯的权利,是指公民的居所、生活或休息的场所不受非法侵入或搜查的权利,但这种权利本身所保障的客体乃是从私法自治原理下的私领域中延伸出来的。为此,该权利的保障,实际上与私生活的保障、人格自律空间的保障、隐私权的保障乃至家庭的保护息息相关。

3. 通信自由和通信秘密

《宪法》第40条规定:"公民的通信自由和通信秘密受法律的保护。除因国家安全或者追查刑事犯罪的需要,由公安机关或者检察机关依照法律规定的程序对通信进行检查外,任何组织或者个人不得以任何理由侵犯公民的通信自由和通信秘密。"

(四)社会经济权利

公民的社会经济权利是指公民在经济、教育和文化等方面的权利,包括公民的劳动权、劳动者的休息权、物质帮助权、受教育权以及科学文化方面的权利和自由。

1. 劳动的权利和义务

劳动权是指有劳动能力的公民有获得劳动并按照劳动的数量和质量取得报酬的权利。宪法规定,一切有劳动能力的公民,都有劳动的权利。国家通过各种途径,创造劳动就业条件,加强劳动保护,改善劳动条件,并在发展生产的基础上,提高劳动报酬和福利待遇。同时宪法也规定劳动是公民的义务。

2. 休息权

宪法规定劳动者有休息权,我国的《劳动法》及《劳动合同法》对职工的工休时间和休假制度作了明确规定。

3. 退休人员的生活保障权

宪法规定,国家依照法律规定企事业组织的职工和国家机关工作人员的退休制度。退休人员的生活受到国家和社会的保障。

4. 获得物质帮助的权利

物质帮助权,是公民因特定原因不能通过其他正当途径获得必要的物质生活手段时,从国家和社会获得生活保障、享有社会福利的一种权利,这是一种主体因特定原因如年老、疾病或丧失劳动能力的情况下享有的权利。

5. 受教育的权利和义务

宪法规定公民有受教育的权利和义务,受教育既是国家的责任,也是公民的权利和义务,具有双向性。为此,我国实行了九年义务教育制度。

相关知识:

百年大计,教育为本。这些年,我国的教育发展有了前所未有的大提速:2004年,启动国家西部地区"两基"攻坚计划;2007年春,免除全国农村义务教育学杂费;2007年秋,实施新的高校和中职学校家庭经济困难学生资助政策;2008年秋,全国免除城市义务教育学杂费。

21世纪初,中国绝大部分地区都已实现了基本普及九年义务教育,基本扫除青壮年文盲的"两基"目标,这是一个了不起的成就。然而,在西部地区还有410个县,那里地理环境恶劣,大都处于高原地区、高寒山区、深山区、石山区和荒漠区,不仅办学环境恶劣、成本高、条件差,而且接受教育的观念也相对淡薄,距离"两基"的标准还很远。2004年,国家西部地区"两基"攻坚计划正式启动。几年间,中央投入100亿元建设8300多所寄宿制学校,解决学生"进得来"的问题;实施"两免一补"政策,解决学生"留得住"的问题。原来透风的草房、破旧的窑洞,如今变成窗明几净的教室、宽敞干净的食堂和宿舍。对于偏远地区而言,还有一项任务属当务之急,就是迅速解决优质教育资源共享的问题。

2003年开始,"远程教育"这项重大工程覆盖了中西部36万所农村中小学。这张看不见的网络,成千百倍地放大了1亿多农村中小学生的精神世界。与此同时,为了解决中西部农村师资匮乏的问题,鼓励更多优秀青年终身投入教育事业,2007年秋季,教育部6所直属师范大学实行师范生免费教育。首批10737名免费师范生已和高校、家乡政府签署协议,承诺毕业后在教育行业内工作10年,其中到县级以下初中和小学服务2年。中央财政还设立专项资金,启动"农村义务教育阶段学校教师特设岗位计划",截至2007年,3万多名高校毕业生应招到西部攻坚县农村学校任教。"两基"攻坚,正迅速改变着中国西部教育。截至2007年年底,西部地区"两基"人口覆盖率达到98%。

推动义务教育均衡发展、促进教育公平成为党和政府着力推进的大手笔。2006年9月1日,修订后颁行的《义务教育法》明确规定,"实施义务教育,不收学费、杂费",国家从法律的层面确立义务教育经费保障机制,保证义务教育制度实施。法律不再只是停留在文字上,而是实实在在的行动。这一年,西部农村首先实施义务教育经费保障机制改革。2007年春天,这项改革推及全国农村;同年秋季,全国农村义务教育在免交学杂费的同时,还免收教科书费,1.5亿学生因此受益。2006年至2010年,国家财政计划新增农村义务教育经费2182亿元。2008年春天,16个省区市和5个计划单列市进行免除城市义务教育学杂费试点。到了秋季,全国所有城市免除义务教育学杂费。短短3年,我国义务教育事业发展实现了从农村到城市,从试点到推广,全面免除城乡义务教育学杂费的"四大步跨越"。(摘自新华网)

6. 文化权利和自由

我国宪法规定,公民有进行科学研究、文学艺术创造和其他文化活动的自由。文化权利和自由,也称学术自由,是一类范围很广的权利和自由,属于精神自由范畴,也间接表现了国家保护公民思想自由和表达自由的原则。

(五)特定主体的权利

特定主体,是指由于传统、习俗的影响或这些主体在行为能力上的弱点,其权利容易受到社会忽视或侵犯的公民。因而,宪法列举了某些特殊身份的公民,如妇女、儿童、老人、华侨等,使他们可以获得特殊保护,这种特殊保护的权利在我国宪法学中称为特定主体的权利。

1. 妇女的权利

妇女的权利也称为女权,是指妇女在社会生活中的地位,即妇女应在社会活动中具有与男子同等地位和待遇的权利。《宪法》第48条规定:"中华人民共和国妇女在政治的、经济的、文化的、社会的和家庭生活等各方面享有同男子平等的权利。”同时，国家保护妇女的权利和利益，实行男女同工同酬，培养和选拔妇女干部。1992年全国人大通过了《妇女权益保障法》，妇女权利保护得到了更进一步的保障。

2. 保护婚姻、家庭、母亲、儿童和老人的权利

宪法规定，婚姻、家庭、母亲和儿童受国家的保护。禁止破坏婚姻自由，禁止虐待老人、妇女和儿童。宪法的这些规定，既是公民应当遵守的行为准则，也是国家立法的依据。为此，我国通过了《婚姻法》等一系列相应的法律和法规。

3. 烈军属的权利

宪法规定，国家和社会保障残废军人的生活，抚恤烈士家属，优待军人家属。我国的《兵役法》对此作了具体的规定。

4. 华侨、归侨和侨眷的权益

宪法规定，国家保护华侨的正当权利和利益，保护归侨和侨眷的合法权利和利益。1990年全国人大常委会通过了《归侨侨眷权益保护法》，规定了一套较为完善的保护制度。

二、公民的基本义务

根据宪法的规定，我国公民的基本义务有：

（一）维护国家统一和民族团结

宪法规定，公民有维护国家统一和全国各民族团结的义务。维护国家统一的义务是要求公民负有维护国家主权独立和领土完整的责任，它是我国公民的最高法律义务。维护民族团结的义务是指每个公民都具有维护各民族间的平等、团结和互助关系，并同一切破坏民族团结和制造民族分裂的言行作斗争的责任。

（二）遵纪守法

我国《宪法》第53条规定：“中华人民共和国公民必须遵守宪法和法律，保守国家秘密，爱护公共财产，遵守劳动纪律，遵守公共秩序，尊重社会公德。”这里规定的基本义务属于公民的一般社会义务，即作为社会共同体的一员为保证共同生活条件和生活秩序所应承担的基本社会责任。

（三）维护祖国的安全、荣誉和利益

《宪法》第54条规定：“中华人民共和国公民有维护祖国的安全、荣誉和利益的义务，不得有危害祖国的安全、荣誉和利益的行为。”这是《宪法》总纲第24条“爱祖国”宪法规范的具体化。国家安全是每一个中国公民生产、生活、安居乐业的必要条件，国家的荣誉也就是国家和民族的尊严，因此，每一个中国公民都有义务予以维护，否则将依法予以制裁。

（四）依法服兵役

宪法规定，保卫祖国、抵抗侵略是中华人民共和国每一个公民的神圣职责，依

照法律服兵役和参加民兵组织是我国公民的光荣义务。

(五)依法纳税

宪法规定,公民有依照法律纳税的义务。与服兵役义务一样,纳税也是公民或国民对国家应负的传统义务。税收是国家财政的基础,也是我国社会主义建设资金积累的重要来源,是国家调节国民经济的杠杆,所以,为了国家的繁荣昌盛,公民都应当依法纳税。

(六)其他义务

此外,宪法还规定,夫妻双方有实行计划生育的义务,父母有抚养教育未成年子女的义务,成年子女有赡养扶助父母的义务等。

本节知识框架图:

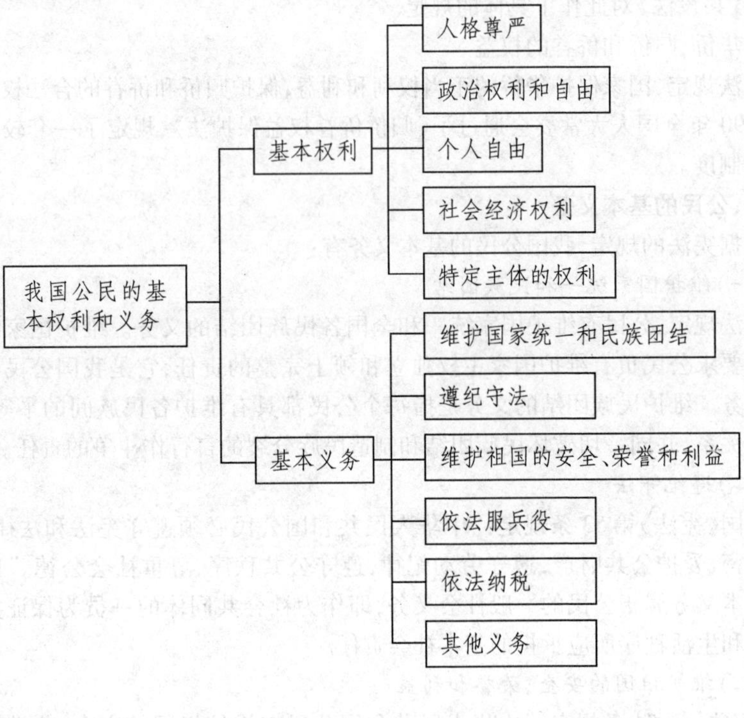

阅读与思考:

关于信访

当前,信访是我国公民诉愿权行使的重要方式,信访问题也已经成为中国特色的社会问题。从广义上讲,信访是公民、法人或者其他组织采用书信、电子邮件、传真、电话、走访等形式,向各级国家权力机关反映情况,提出建议、意见或者投诉请求的行为，它甚至包括了司法意义上的申诉、向纪检监察部门的投诉等各种向国家权力机关寻求公正的行为。通过信访反映民意，提出意见、建议和投诉，这本身是一个正常的社会现象，但当信访量非常大以至于信访部门根本无力解决并且相关政府部门也不能解决，尤其是当成千上万的人来到北京“上访”以至于成为社会稳定的威胁时，就形成了所谓的“信访问题”。

作为一种行政性的补充救济制度，信访在成立不久就面临着尴尬的处境。从1954年开始，来信来访猛增，国务院秘书厅1956年受理的信访数量约等于1951年7月至1954年6月的2.5倍，1957年1月至9月是1956年同期的2倍。这一时期来访反映的很多问题国家一时解决不了，很多来访人滞留北京，并采取了一些过激行动，如到中南海纠缠，拦首长、外宾的汽车等。为了让来京上访者尽快离开，稳定首都的治安，国家有关部门印发了一系列文件，以对确有困难的人提供食宿，发给路费，处理“无理取闹分子”，防止来访人骗卖车票等。1958年中国确立了户籍制度，从此开始了城乡分割的历史。1958年8月，内务部在卢沟桥建立了永定砂石厂，组织来访群众中有劳动能力的人员参加劳动，接受政策教育，信访部门和其他政府部门一起被赋予了法律之外的判决和执行的权利。而从1982年到2003年，扮演了“治理信访”重要角色的是收容遣送制度。1982年国务院颁布了《城市流浪乞讨人员收容遣送办法》，驱逐城市中流浪人员，但很快这项制度就被扩大化了，收容遣送的对象包括上访者以及外来劳工。由于收容遣送制度严重侵犯农民工的权益并且制造了很多悲惨的事件，孙志刚案之后不久，2003年6月20日，国务院宣布废除收容遣送制度，除个别省份以外，大部分省份暂时停止了对上访者的抓捕和遣送，加上当年4、5月份“非典”疫情阻止了部分人口流动，从6月底开始，上访人群呈现出爆炸性增长的态势。2003年12月12日和25日，天安门广场和钓鱼台国宾馆先后出现两次上访者聚集示威事件。为了加强治理信访的力度，政府不得不动用了大量资源，信访联席会议几乎囊括了所有的政府部门，这使得作为补充救济的制度在一些地方变成了解决社会矛盾的主要机构，这本身就是一个不正常的现象。如果不进行某种根本性制度变革，上访洪峰不可能从根本上得到遏制，上访仍然有可能成为引发社会危机的导火线。

不少学者和官员们都提出，要对现行信访制度进行改革。至于究竟应该如何改革，不同的人意见却大相径庭。有人以为，现行信访制度最大的不足就是信访部门没有实际权力，结果必然沦为收发室和中转站，所以应当强化信访部门的权力。但另一种观点认为，信访制度本身只是一种权宜之计，其本质就是以行政救济替代司法救济，这不合乎社会主义法治精神，不合乎历史发展的方向，所以应该弱化乃至逐步取消信访部门。也有学者提出综合治理方案，认为信访问题不仅仅是信访制度本身的问题，要想走出信访困境，必须实现以法治为内容的信访制度改革，而且这项改革必须与整个体制的改革同时进行。要解决信访问题，关键不在于如何应付信访,而在于如何减少信访,也就是说,要使民众无须通过信访来解决问题。假如民众只能通过信访来解决问题,则信访量必然难以下降;在信访量居高不下的情况下,无论信访官员权力多大,无论他们多么正直清廉,结果也必然只能解决巨大的信访量中的极少数问题。所以,信访永远不可能成为解决问题的主渠道,依赖信访解决问题本身就是一个充满矛盾的悖论。(摘自法律博客网,诗性正义:信访专题)

请思考:你怎么看信访?

自我测试

一、判断题

1. 我国公民都享有选举权和被选举权。(　　)

2. 我国宪法规定,公民享有言论、出版、集会、结社、游行、示威、罢工的自由。(　　)

3. 我国宪法规定,公民有信仰宗教的自由,也有不信仰宗教的自由。(　　)

4. 我国宪法规定,公民的住宅不受侵犯,禁止任何搜查或者未经允许侵入公民的住宅。(　　)

二、不定项选择题

1. 以下哪些既是公民的权利,也是公民的义务?(　　)

A. 纳税　　B. 劳动　　C. 受教育　　D. 选举

2. 公民的政治权利和自由包括(　　)。

A. 选举权和被选举权　　B. 平等权　　C. 诉愿权　　D. 宗教信仰自由

3. 公民的诉愿权是对一类宪法权利的统称,包括(　　)。

A. 批评权　　B. 建议权　　C. 申诉权　　D. 控告权

4. 公民的个人自由包括(　　)。

A. 人身自由　　B. 思想自由　　C. 住宅不受侵犯　　D. 通信自由和通信秘密

第三章　行　政　法

“钓鱼执法”合法吗?

2009 年 10 月 14 日,上海市浦东新区发生一起涉嫌非法营运的执法事件,当事人孙中界在驾车行驶途中载运一名男子,被城市管理行政执法部门处罚、扣车。孙中界对行政执法过程不服并自断手指以示清白,从而引发了社会各界的关注。10 月 23 日,孙中界向上海市浦东新区城市管理行政执法局递交了说明,要求返还车辆。

当事人陈述:2009 年 10 月 14 日下午,我开车在鲁汇加油后,接到公司的通知去航头镇接人。当我沿闸航路由西向东行驶至召泰路路口时,有一名二十多岁的挎了一个包的男子在我行驶车道的路中央摆手。我被迫停车后,该男子未经我的同意,便拉开车门上了车,同时可怜地说:“兄弟帮帮忙,我冻了一个多小时了,又打不到车,到航头有急事。”我当时看他可怜且顺路,就没有让他下去。过了一会,该男子说到了,掏出十元钱扔在车上就开始抢我的钥匙,左脚熟练地踩刹车,且撕破了我的裤子。同时,一辆面包车直奔我的车头,几个人从车上跳下后直接将我扣押,我当时想报警,但他们却把我的手机、钥匙、驾驶证抢走。他们不由分说将我押上面包车开到一个胡同,又将我押上一辆依维柯。随后他们在没有出示证件的情况下,以不让我撒尿为胁迫,让我签了一张单子,且该单子一直折叠着,不让我看见内容。他们说我开黑车是对我的诬蔑,我便将手指剁伤以证明我的清白。

本案就像多米诺骨牌,我国存在已久的“钓鱼执法”的盖子终于被揭开了。除了本案查处黑车中广泛运用之外,在卖淫嫖娼、赌博、毒品等违法犯罪领域,行政执法部门往往喜欢运用“钓鱼执法”的手段来收集证据、严厉整治。但是,这种“钓鱼式的执法”合法吗?行政行为应该遵循哪些原则?如果侵犯了公民的合法权利,公民可以通过哪些途径来寻求救济?什么情况下可以获得国家赔偿?又由谁来具体承担责任?本章将为你解读相关问题。

第一节 概 述

学习提示:

1. 什么是行政? 什么是行政权? 什么是行政法?
2. 什么是行政合法性原则和行政合理性原则?
3. 行政法主体有哪些? 行政主体、行政人、公务员、行政相对人有何区别?
4. 行政相对人具有哪些权利和义务?

一、行政法的含义

(一)行政的概念

行政是行政法的基本范畴,是构建行政法学科最基本的一个概念。何为行政?学界有不同的定义,但一般认为,行政就是行政主体以国家的名义,依法对国家事务和社会事务进行组织、管理和服务的活动。因此,行政的实质就是一种管理,它既不等同于一般的社会管理,也不能完全等同于国家管理。近代资产阶级革命以后,官本位思想在行政领域的主导地位逐渐被权利本位的思想所取代,各宪政国家为遏制传统的行政专制,提出了依法行政、保障权利的口号,法治理念开始显现出对行政的决定作用。现代行政是一种带有组织和服务色彩的国家行政管理,具有国家意志性、执行性、法律性和强制性的特征。

根据不同标准,行政可被划分为不同类型。比如按照行政领域不同来分,可以有公安、工商、税务、卫生、海关、教育等各种行政。但最具代表性和实际意义的分类是根据行政管理活动中行为与主体权利义务之关系为标准,将行政划分为内部行政与外部行政,这一划分也为确定行政诉讼受案范围提供了理论依据。

(二)行政权的概念

行政权是行政法中的核心概念,一般认为,行政权是由国家宪法、法律赋予的国家行政机关及其授权的组织执行法律规范,实现行政管理和为社会提供服务目的所享有的各种权力的总称。

行政权作为一种国家权力,它与公民权利是相互依存,又相互对立的。公民权利是行政权得以产生的前提和基础(从本质上说是来源于公民权利),行政权是公民权利得以保障的手段。行政权存在的目的是维持和保障公民权利,而不是侵犯公民权利,但最易侵犯和危害公民权利的则是行政权。现代行政理念认为,“法无明文规定不得有权”与“法不禁止皆自由”,也就是说,行政权的行使必须要有法律的授权,法律没有规定就不可以做;而公民可以做任何事情,除非法律禁止他这么做。

相对于立法权和司法权而言,行政权有其自己的特性,主要表现为:

(1)执行性和效能性。行政权力从根本上说是执行法律、执行权力机关意志的权力,也因此,行政权的行使必须对法律负责。由行政权力的执行性派生出行政权力的效能性特点,行政权力设定的目的在于实现效能,也就是说,行政主体总是积极、主动、及时、实效地把权力指向社会生活,从而实现行政目的。

(2)管理性与公益性。行政的本质历来被看作是一种管理,其本意就是对于社会公共事务进行组织管理,具有公共性质。它通过对人的行为的管理来实现对社会关系的控制。同时,行政权力属于公权力,它不是为了权力主体自身的利益,而是以社会公共利益为目的的。

(3)命令性和责任性。行政权力的命令性不仅是一般权力"强制与服从"的具体体现,也是由行政管理特性及其管理对象的复杂多变性所决定的。行政主体行使权力时总是以单方意志为特征,并依靠国家强制力作保障,行政相对人具有服从的义务。同时,行政权力的效能性和公益性决定了其责任性,即行政主体行使权力时承担着为社会利益、为相对人利益服务的职责。按照近代以来的国家观念,民主政治是一种责任政治,民主行政也是一种责任行政。

(4)法律性和能动性。行政权力的法律性是指行政主体行使行政权力必须以法律为依据,受法律约束。行政权力的能动性是指行政主体在执行法律过程中可以有所创造和发挥,可以使法律更具体化、个案化,从而更具有针对性与实际性。

(三)行政法的概念

行政法作为国家的重要的部门法之一,是有关行政的法律规范的总称。具体来说,行政法是有关行政的主体、权限、行为、程序、违法及救济(包括对行政违法行为本身的救济和对受行政违法侵害的相对人的救济)的法律规范的总称。

我国行政法的特征主要表现在四个方面:

(1)表现形式的分散性。行政法是各种行政法律规范的总称,行政法律规范是由国家制定的、调整行政关系的活动规则和行为准则。我国目前没有统一的行政法典,但这并不影响行政法在我国的存在,它散见于宪法、法律、行政法规、自治条例和单行条例、行政规章以及其他形式的法律规范之中。

(2)调整对象的确定性。行政法的调整对象是行政关系,即在国家行政管理活动中,行政主体与行政主体之间、行政主体与行政人之间、行政主体与行政相对人之间发生的管理与被管理的关系。依行政主体之间的级别高低和从属关系来分,行政关系包括纵向行政关系和横向行政关系;依行政活动的范围来分,行政关系又包括内部行政关系和外部行政关系。

(3)内容的广泛性。行政法是有关国家行政管理的法,既涉及国家管理,又涉及社会事务的组织、管理和服务,内容覆盖政治、经济、科技、文化教育、军事、外交等领域。国家行政管理的广泛性决定了行政法内容也具有广泛性,但与其他法律相比,行政法的内容又具有相对易变性,必须依国家行政管理领域的变化和社会关系的发展随时修正。

(4)地位的相对独立性。行政法在法律体系中的地位主要体现为它在法律体系中担任的角色以及与其他法律的关系。行政法从属于宪法,是宪法统率下的一个部门法,但其地位独立,不依附于其他部门法,即行政法是仅次于宪法的独立法律部门。

相关知识:

关于行政法与行政诉讼法,我国经历了一个从模糊到分立再到合一的发展过程。(1)1979年—1989年,行政法和行政诉讼法两者被合为一个部门法对待。早期人们直接将行政法等同于行政管理学或行政学,重点放在行政组织及其活动的基本原则以及公务员的管理制度上。(2)1989年我国行政诉讼法制定之后,大家把研究重点放在行政诉讼法上,但至今都没有跳出民事诉讼法的阴影。(3)现在,我们一般都将两者合一称为行政法与行政诉讼法,也有学者直接称之为行政法学。人们越来越认识到行政诉讼法与刑事诉讼法和民事诉讼法有着本质的区别,它不是实体法的保障法或者是辅助法,而是行政法内在的一个重要组成部分,是行政救济的一种。

二、行政法的基本原则

行政法基本原则,是指贯穿于一国行政法之中,指导和统一具体行政法律规范,并由其所体现的基本精神,是行政主体在国家行政管理活动中必须遵循的基本行为准则。行政法的基本原则包括行政合法性原则和行政合理性原则。

(一)行政合法性原则

行政合法性原则是行政法的首要基本原则,它是指行政权力的获得和行使必须依据法律、符合法律,否则,做出行政行为的行政主体就要承担相应的法律责任,因违法行政行为而受损害的人也应获得必要的救济。

根据我国现行法律制度和实际情况,行政合法性原则应主要包括以下几个方面的要求:

(1)行政主体及行政人的设立必须合法。行政行为人是行政行为法律后果的承担者,因此,行政行为人的合法性是行政行为合法性的根基。

(2)行政主体及其行政人的一切职权必须有合法的依据和授权。在我国,行政主体及其行政人的行政职权主要是由法律明文规定的,也可以由法律、法规的授权获得。

(3)行政主体的行政管理活动必须遵守法律。行政主体及其行政人依职权或授权进行行政管理活动时,必须按照法律规定的实体内容和程序性要求实施行政行为。

(4)任何违法行政行为都会引起做出该行为的行政主体承担相应的法律责任。根据合法性原则的要求,违法行政行为应当撤销或认定无效,由有权的机关依法进行追究。

(二)行政合理性原则

行政合理性原则是行政法原则的另一个重要组成部分,它是指行政主体及其行政人在行使行政自由裁量权时应当做到客观、公正、适度、合乎理性。如果说违反行政合法性原则会导致行政违法,那么,违反行政合理性原则便会导致行政不当。

行政合理性原则产生的原因是基于行政自由裁量权的存在。与行政合法性原则比较,后者贯穿于行政法的所有领域,而合理性原则以行政合法性为前提,主要适用于自由裁量领域。行政合理性原则的具体要求包括:

1. 行政行为必须符合法定的目的

法律赋予行政主体以自由裁量权的目的,是使行政主体能在法律规定的原则和幅度内根据具体情况更准确地体现法律的意图。

2. 行政行为必须出于合法的动机和考虑

所谓"合法的动机和考虑"包括:一是正当的动机,即行政行为的动机必须正当。二是相关的考虑,即行政主体在行使自由裁量权时不能忽视法律规定应当考虑的因素。三是排除不相关的考虑。如行政机关在作出处罚时,不能因为被处罚的人是高级干部而从轻处罚,也不能为了增加财政收入而从重处罚。

3. 行政行为的内容应客观、公正、适度

所谓客观,是指行政行为必须以客观事实为依据,杜绝凭个人好恶、恩怨作出行政行为;所谓公正,是指所有当事人在适用法律上一律平等,无论其地位、社会关系、社会背景如何;所谓适度,是指行政行为内容应以法律为准绳,在法律规定的范围内,根据实际情况选择适当的行为种类和形式。

三、行政法主体

行政法主体即行政法律关系的主体,它是指在具体行政法律关系中享有权利、承担义务的当事人,主要包括行政主体、行政人和行政相对人。

(一)行政主体

行政主体是指享有国家行政权力,能够以自己的名义行使行政职权并能独立承担由此而产生的相应法律责任的组织。在我国,行政机关是最重要的行政主体。此外,受法律法规授权的组织也具有行政主体的资格。

需要说明的是,行政主体不同于行政人、行政法主体、行政机关:

(1)行政主体与行政人。行政人是指依法代表国家,并以行政主体的名义实施行政行为,其行为效果归属于行政主体的自然人。据此,行政主体与行政人虽然都具有行使行政权的资格,但两者界限仍十分明确:前者必须是组织,并且是以自己名义对外行使行政权的组织;后者只能是自然人,并且必须以行政主体的名义才能对外行使行政权。

(2)行政主体与行政法主体。人们通常把那些在行政法律关系中享有行政法上的权利、负担行政法上的义务的各方当事人统称为行政法主体,也称行政法律关系主体。在行政活动中,行政主体及其行政人是一方,与他们相对应的另一方是行政相对人,他们都属于行政法主体。

(3)行政主体与行政机关。行政主体与行政机关的最大区别在于:前者是学理概念,后者是法律概念;在行政法律关系中的行政机关是当然的行政主体,行政机关在参与民事活动中也有可能成为民事法律关系中的主体。而行政主体除包含行政机关外,还包括得到法律、法规或规章授权能以自己名义行使行政权的其他组织。

相关知识:

根据我国现行有效的法律、法规和规章的规定,行政主体主要包括:(1)国务院即中央人民政府,国务院掌管全国行政事务,是我国最高国家行政机关。(2)国务院的行政机构,包括直属特设机构、直属机构、办事机构、直属事业单位等。(3)地方各级人民政府是地方各级人民代表大会的执行机关,同时又在国务院的统一领导下,管理本辖区内的各项行政事务。我国地方各级人民政府,根据其性质、地位和作用可以划分为:一般地方人民政府、民族区域自治地方人民政府和特别行政区地方人民政府三类。(4)地方各级政府的派出机关是地方各级人民政府在必要时,经有权的上级政府批准设立的行政机关。派出机关在我国实际行政生活中发挥着一级政府的作用,它们自然具有行政主体的地位。(5)地方各级政府的职能部门是各级政府的组成部分,享有就专门事项以自己的名义进行管理的权力,这些工作部门在省级通常称厅、局、委员会,在市、县通常称局。(6)地方政府职能部门的派出机构,比如派出所等。(7)法律、法规、规章授权的非行政机关组织大致有以下几种:一是法律、法规、规章授权的企业。例如,中国工商银行、中国建设银行、中国农业银行、中国银行等,在现金管理方面享有行政主体的资格。二是法律、法规、规章授权的事业单位。例如高校的学位授予权。三是法律、法规、规章授权的社会团体和其他社会组织,如工会、共青团、妇联、残疾人基金会、红十字会、法学会、佛教协会等。社会团体有时也受到来自法律、法规、规章的授权进行行政活动。

(二)行政人

行政人是中国行政法学理论上的一个重要概念,特指依法代表国家,并以行政主体的名义实施行政行为，其行为效果归属于行政主体的个人。

在我国，行政人并不等同于公务员。行政人是个法学概念，公务员则是个法律概念；行政人是个动态概念，它依行为而认定，而公务员属静态概念，它依编制而确定；从范围上说，行政人并不只限于公务员，公务员以外的人依法行使行政权时亦为行政人；公务员也并非无条件地成为行政人，当他以自然人身份参与民事活动或代表行政机关参与民事活动时，他虽是公务员，但显然不是行政人，只有当他以行政主体名义实施行政行为时，才成为行政人。

相关知识：

我国于2005年4月27日第十届全国人民代表大会常务委员会第十五次会议通过了《中华人民共和国公务员法》，本法自2006年1月1日起施行。该法明确规定，公务员是指依法履行公职、纳入国家行政编制、由国家财政负担工资福利的工作人员。该法的亮点至少有以下几个方面：一是公务员可以对上级的错误决定说“不”。公务员执行公务时，认为上级的决定或者命令有错误的，可以向上级提出改正或者撤销该决定或者命令的意见；上级不改变该决定或者命令，或者要求立即执行的，公务员应当执行该决定或者命令，执行的后果由上级负责，公务员不承担责任；但是，公务员执行明显违法的决定或者命令的，应当依法承担相应的责任。二是领导成员因工作严重失误应引咎辞职。领导成员因工作严重失误、失职造成重大损失或者恶劣社会影响的，或者对重大事故负有领导责任的，应当引咎辞去领导职务。领导成员应引咎辞职或者因其他原因不再适合担任现任领导职务，本人不提出辞职，应当责令其辞去领导职务。三是公务员不得通过兼职“赚外快”。公务员因工作需要在机关外兼职，应当经有关机关批准，并不得领取兼职报酬。四是我国的公务员实行统一的职务与级别相结合的工资制度，国家建立公务员工资的正常增资机制。五是公务员不得违反16条纪律。法律禁止公务员组织或者参加非法组织，拒绝执行上级依法做出的决定和命令，压制批评、打击报复，从事或者参与营利性活动等。六是工作实绩成为公务员考核重点。法律规定对公务员的考核，按照管理权限，全面考核公务员的德、能、勤、绩、廉，重点考核工作实绩。七是我国实行公务员交流制度。公务员可以在公务员队伍内部交流，也可以与国有企业事业单位、人民团体和群众团体中从事公务的人员交流。交流的方式包括调任、转任和挂职锻炼。八是三种人员不得录用为公务员。即曾因犯罪受过刑事处罚的；曾被开除公职的；有法律规定不得录用为公务员的其他情形的人员不得被录用为公务员。

（三）行政相对人

行政相对人是行政法主体中不可缺少的一部分，也是行政法律关系中的与行政主体地位相对的一方当事人。行政相对人是行政主体实施行政管理时的直接对象,在行政诉讼中承担原告的角色,它在行政法学上的地位与行政主体同样关键。

行政相对人的法律地位体现在其权利义务上。根据我国有关行政法律规范,行政相对人的权利主要包括:

(1)行政参与权,即行政相对人通过合法途径参加国家行政管理活动以及参与行政程序的权利,其内容主要包括参与国家管理、参与行政程序和了解行政信息。

(2)获得保护权,指行政相对人的人身和财产权利在正当、合法的行政管理活动中得到维护或实现的权利。当行政相对人的合法权益受到违法行为的侵害时,相对人有权要求有关行政机关提供行政保护,行政机关不作为的,相对人可以提起行政诉讼。

(3)隐私保密权,即行政主体在实施行政行为的过程中,非经法定程序,不得公开相对人的个人隐私或商业秘密。相对人享有对自己个人隐私或商业秘密保密的权利,行政主体则有为相对人保密的义务。

(4)行政监督权,即行政相对人对行政主体实施行政管理的行为有监督权。我国《宪法》、《行政复议法》和《行政诉讼法》都明确规定公民、法人或其他组织对行政机关工作享有批评、建议和控告、申诉权,行政相对人对具体行政行为不服可申请行政复议或提起行政诉讼。

(5)获得赔偿和补偿权,即行政主体的行政行为对行政相对人的人身或财产造成不法或合法侵害时,相对人有权依《国家赔偿法》及其他有关法律、法规获得相应的赔偿或补偿。

与行政相对人的上述权利相对应,行政相对人的义务主要有:

(1)遵守法律、法规的规定,包括实体上的规定和程序上的规定,如果相对人不能遵守法律、法规的规定,将受到行政主体的行政处罚,构成犯罪的,将受到刑事处罚。

(2)服从行政命令。行政相对人对行政主体所作出的行政命令有服从的义务,对于不当或违法的行政命令,一般来说,在通过法定程序改变或撤销之前,对相对人仍具强制性和约束性。

(3)协助行政管理。行政相对人对行政主体及其行政人实施的行政管理活动具有协助和配合的义务,这既是相对人的义务,也是相对人的权利。

本节知识框架图：

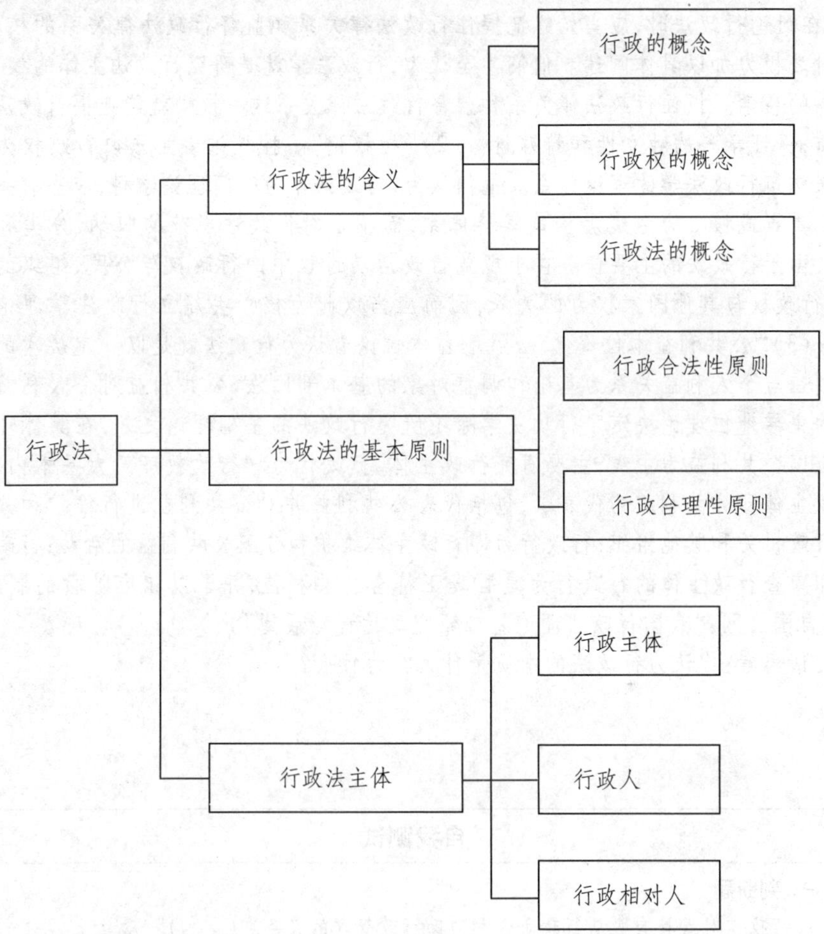

阅读与思考：

行政法的本质是什么？

关于我国行政法的理论基础，理论研究中主要有“服务论”、“公共权力论”、“公共利益本位论”、“管理论”、“控权论”和“平衡论”等学说，其中，“平衡论”、“控权论”和“公共利益本位论”论述充分也有相当的深度。(1)“平衡论”。平衡论者以“行政权力—公民权利”的关系为核心，重新建立了行政法学的理论体系。他们认为，传统的学科体系应当有所改进，不能只注重行政组织法、行政作用法的研究，也要重视行政程序法、行政救济法、司法审查法的研究。而且,平衡论者还特别指出,在讨论行政法时,应当始终把握住行政法律关系和监督行政法律关系的核心,并对之极力加以具体阐述。他们甚至认为,行政法学就是研究行政法主体的权利、义务的科学。抓住行政法律关系和监督行政法律关系这一核心就能把握行政法的本质,保证学科的独立性和特殊性。(2)“控权论”。控权论者主张以行政权为核心来构筑行政法学的理论体系。他们认为,行政法作为一门理论学科,应当有一定的侧重点或核心为主线去构筑学科体系,而不是对行政法规范的归纳、分类和解释。由于行政法的主要任务在于规范行政活动过程中的行政权与公民、组织的权利、行政权与其他国家权力的关系,因而应当以此为核心去建立行政法学理论体系。(3)“公共利益本位论”。公共利益本位论者认为行政法就是以一定层次的公共利益与个人利益关系为基础和调整对象的基本部门法,公共利益对个人利益而言的主导地位理论决定了行政法学除了研究行政法的基础理论之外,在具体理论上应以公共利益为主线,主要研究行政主体、行政行为和行政救济三大基本内容。行政主体即公共利益的代表者,包括代表公共利益并对公共利益进行维护和分配的行政机关和其他组织;行政行为即行政主体维护和分配公共利益的活动;行政救济即审查行政主体的行政行为是否真正符合公共利益,并予以相应补救的制度。(摘自国公网:“我国行政法理论基础研究之述评与展望”)

请思考:你认为行政法的本质是什么?为什么?

自我测试

一、判断题

1. 行政相对人具有服从行政命令和协助行政管理的义务。( )

2. 行政合理性原则以行政合法性为前提,主要适用于自由裁量和羁束行政领域。( )

3. 在我国,行政机关是最重要的行政主体,但受法律法规授权的组织也具有行政主体的资格。( )

4. 行政人就是我们俗称的公务员。( )

二、不定项选择题

1. 现代行政具有哪些特征?( )

A. 国家意志性　B. 执行性　C. 法律性　D. 强制性

2. 我国行政法具有下列哪些特征?( )

A. 表现形式的分散性　B. 调整对象的确定性

C. 内容的广泛性　D. 地位的相对独立性

3. 我国行政法的首要基本原则是:(　　)。

A. 行政合理性原则　　B. 行政合法性原则

C. 行政比例原则　　D. 程序正义原则

4. 行政合理性原则要求:(　　)。

A. 行政行为符合法定目的　　B. 行政行为出于合法动机和考虑

C. 行政行为内容客观公正　　D. 行政行为内容适度

5. 行政法主体包括:(　　)。

A. 行政法律关系主体　B. 行政主体　C. 行政人　D. 行政相对人

6. 以下属于行政相对人享有的权利的是:(　　)。

A. 行政参与权　B. 隐私保密权　C. 行政监督权　D. 获得赔偿权

7. 享有国家行政权力,能以自己的名义行使行政职权并独立承担由此而产生的相应法律责任的组织是:(　　)。

A. 行政法主体　B. 行政主体　C. 行政人　D. 行政相对人

8. 相对于立法权和司法权而言,以下哪些属于行政权的特性?(　　)

A. 执行性和效能性　　B. 管理性和公益性

C. 命令性和责任性　　D. 法律性和能动性

第二节　行政行为

学习提示:

1. 为什么要研究行政行为?

2. 什么是抽象行政行为? 什么是具体行政行为?

3. 行政处罚应遵循哪些原则? 行政处罚有哪些种类?

4. 什么是行政许可? 哪些事项可以设定行政许可?

5. 什么是行政强制措施和行政强制执行?

一、概述

(一)行政行为的概念

行政行为又称行政法律行为,即行政主体为实现行政目的行使行政权力因而对外产生法律效果的所有行为。行政行为是行政法学的重要范畴,行政行为实际上是连接行政权力与公民权利的桥梁。为了处理各种纷繁复杂的社会事务,在任何国家,政府都比立法机关和司法机关拥有更多体制上的实力优势,比如政府可以灵活变通其管理方法和手段来应变它们所面临的难题。行政行为的这种巨大潜能在产生高效率的同时,也隐藏着对其他重要价值的威胁,也正因此,我们需要对行政行为进行重点研究,对其予以控制。

(二)行政行为的分类

根据不同的标准,可对行政行为作不同分类,例如:以适用范围为标准,可以分为抽象行政行为和具体行政行为;以行为的效力范围为标准,可以分为内部行政行为和外部行政行为;以行政主体的主观参与程度为标准,可以分为羁束行政行为和自由裁量行政行为;以行为的方式为标准,可分为作为行政行为和不作为行政行为;等等。其中,对于行政法学理论研究最具理论意义的,当属抽象行政行为与具体行政行为之分,这一划分不仅有助于行政行为在时间上和对象上的适用性,更有助于确认行政复议和行政诉讼的受案范围。

(1)抽象行政行为,是指由行政主体针对不特定相对人单方作出的、具有普遍约束力和反复适用性的约束行为,一般表现为制定各类行政规则的行为。抽象行政行为是要式行为,即必须以书面形式作出方为有效;同时,抽象行政行为的形式与其行为主体具有对应性的特征,如制定行政法规的权力仅限于国务院。就抽象行政行为的具体表现形式来看,主要包括四种:制定行政法规、制定行政规章、规定行政措施、发布行政决定和命令。

(2)具体行政行为,是指行政主体针对特定相对人、就特定事项依职权作出的能够直接引起相对人权利、义务的产生、变更或消灭的法律行为。比如工商行政管理机关对某企业的罚款处罚。以具体行政行为的直接功能为标准,具体行政行为可被划分为行政赋权行为(如行政许可、行政奖励、行政救助等)、行政限权行为(如行政处罚、行政强制等)、行政裁决行为(如行政裁决、行政确权等)、行政确认行为(如行政公证、行政鉴定等)、行政救济行为(如撤销行政行为、变更行政行为、行政补偿与行政赔偿等)五类。

相关知识:

行政行为的分类不可能一概是准确无误的,行为的划分标准与实际界定之间的不统一也经常存在,也就是说行政行为的分类是相对的。具体行政行为与抽象行政行为的划分具有十分重大的理论意义和实践价值,但是在现实中对于行政行为的划分仍然存在无法确定的情况,比如自动红绿灯的指挥信号究竟是具体行政行为,还是抽象行政行为? 为此,许多学者对两者的划分标准作了进一步的论证,目前理论界主要有五种划分标准:

(1)行为对象标准说。该说认为,抽象和具体行政行为区分的根本标准在于行政行为所针对的对象是否特定。如果行政行为是针对特定对象作出的,则该行政行为就是具体行政行为;如果是针对不特定的对象而作出的,则是抽象行政行为。以行政行为对象是否特定来划分抽象与具体行政行为是理论界的主流和通说。但是该说在无一例外地认为行为对象是否特定是区分抽象与具体行政行为关键的同时，却并未从本质上区分何为特定与不特定，而是间接地通过行政行为的表现形式及其实施结果来对抽象与具体行政行为进行区分，比如是否能反复适用、长期有效？行为是按行政立法程序进行，还是按行政执法程序进行？

(2)职权性质标准说。此说认为，任何行政行为都是来源于一定的法律赋予的行政职权，如果法律、法规授予行政机关制定规范性文件的职权，那么，行政机关据此法律授权所制定的规范性文件就是抽象行政行为；而无法律授权所制定的规范性文件，行政机关的行为就不能称之为抽象行政行为，应属于具体行政行为了。立法必须基于立法权，它必须有明确的授权，如果没有立法权，就不可能是抽象行政行为。因此，职权应当作为判断抽象行政行为与具体行政行为的首要标准。

(3)行为方式与内容划分标准说。此说认为，抽象行政行为是指行政主体以某一类管理对象的普遍特征为标准而进行的制定法律规范文件的行为，是行政主体为了实施对某一类管理对象的规范性管理，依据该类对象的普遍性、共同性的本质特征，以理性方式作出的具有普遍约束力的观念形态的行政行为；而具体行政行为则是指行政主体针对个别的人和事所为的具体管理，依据该对象的特征、性质和状况，以硬性事实的方式作出的具体行政处理行为，所以，抽象行政行为是以理性方式表现出来的，具体行政行为则是以感性方式作出的，这是行为方式的差别；而在内容上，抽象行政行为反映的是某一类事物的普遍性、一般性，具体行政行为反映的是个别事物的特殊性、个体性。

(4)主体身份特征说。该说认为，行为对象主体固有的身份特征才是主体特定化、个别化的根本所在。此主体之所以区别于彼主体，完全是由于此主体自身固有的属性、特征。人们能够把张三、李四区分开来是因为张三有不同于李四的个别特征。而人们的某项行为能够区分张三、李四的时候，该项行为就是把张三的个别特征作为行为适用的标准，这才是认识特定的基础。这种行为与适用对象固有个别特征的联系，使该行为成了所谓的具体行政行为；而行政行为与所适用的对象之间，没有这种与个别特征的联系而只有类别特征联系的时候，该行政行为的适用对象就是具有或符合类别特征的一类或全部主体，构成抽象行政行为。

(5)能否直接适用标准说。即“看行政行为能否直接进入执行过程，一个具体行政行为具有直接的执行力，而一个抽象行政行为不能作为直接的执行根据，必须有一个具体行政行为作为中介，才能进入执行过程”，也就是说，抽象行政行为对其对象(可以是特定对象，也可能是不特定对象，这并非为抽象行政与具体行政行为的区别标志)的权利义务仅是在法律条文上设置一般的模式，只是一种可能性但尚未发生实际的后果；而具体行政行为对相对人权利义务的影响是实际存在的，是已造成现实后果的。(摘自正义网，刘涛：《行政诉讼中的抽象与具体行政行为

区分标准探微》)

(三)行政行为的合法要件

行政行为的合法要件,是指行政行为合法成立生效所应具备的基本要素,或者说是应当符合的条件。行政行为合法的一般条件主要包括四个方面:

(1)行政行为的主体应当合法。这是行政行为合法有效的主体要件,所谓主体合法,是指实施行政行为的组织必须具有行政主体资格,能以自己的名义独立承担法律责任。只有具备行政主体资格的组织所为的行政行为才是有效的行为。

(2)行政行为应当符合行政主体的权限范围。权限合法,是指行政行为主体必须在法定的职权范围内实施行政行为,必须符合一定的权限规则。法律针对不同的行政主体或其不同的职能确定了相应的职责、权限,行政主体只能在法定的职权范围内实施行政行为,否则无效。

(3)行政行为内容应当合法、适当。行政行为的内容合法,是指行政行为所涉及的权利、义务,以及对这些权利、义务的影响或处理,均应符合法律、法规的规定和社会公共利益。所谓行政行为的内容适当,是指行政行为的内容要明确、适当,而且应当公正、合理。

(4)行政行为应当符合法定程序。程序是行政行为的基本要素,行政行为必须符合程序的一般要求,如说明理由规则、表明身份规则、听取意见规则等,同时也必须符合与该种行政行为性质相适应的程序要求。行政机关违反法定程序,其行为属于无效或应当予以撤销。

(四)行政行为的效力

行政行为的法律效力主要包括三个方面的内容,即拘束力、确定力和执行力。

(1)行政行为的拘束力,又称约束力,是指行政行为一经作出,对相对人即具有法律约束的效果,相对人不服从该行政行为的,须承担相应的法律后果。

(2)行政行为的确定力,又称公定力,是指行政行为一经作出,就具有相对稳定性,未经法定程序不得变更或撤销,其效力也不受行政主体及其行政人变动的影响。也就是说,行政行为即使被认为是违法的,在有权机关予以撤销或变更之前,行政相对人及其他人都不能以任何借口否认其存在,都必须姑且视其具有效力。

(3)行政行为的执行力,是指具有执行内容的行政行为,如果相对人拒绝履行,行政主体可依法强制执行或申请法院强制执行,无效行政行为不具有执行力。

二、行政处罚

行政处罚属于具体行政行为中的限权行为,是具体行政行为中最常见和最具实践意义的一种表现形式。1996 年 3 月 17 日第八届全国人大第四次会议通过了《中华人民共和国行政处罚法》(以下简称《行政处罚法》),统一了之前散见于法律、法规中的有关行政处罚的内容,体现了这一行为在行政法上的重要性。

(一)行政处罚的含义

根据《行政处罚法》第3条的规定,行政处罚是行政机关对于公民、法人或者其他组织违反行政管理秩序的行为,所给予的制裁行为。它具有如下特征:首先,行政处罚的主体是具有行政处罚权的行政机关。其次,行政处罚是对公民、法人或者其他组织的行政制裁。再次,行政处罚的前提在于相对人实施了违反行政法规范的行为。最后,行政处罚的性质是以惩戒违法为目的的具有制裁性的行政行为。

(二)行政处罚的原则

(1)处罚法定原则。行政处罚作为对人身自由、财产、营业以及荣誉权的侵害,自然应有法律的明确规定,才能据以处罚。行政处罚必须要有法律的根据,要求处罚主体及其职权法定、处罚的依据和程序法定。

(2)过罚相当原则。《行政处罚法》第4条第2款规定,设定和实施行政处罚必须以事实为根据,与违法行为的事实、性质、情节以及社会危害程度相当。因此,行政主体对违法行为人适用行政处罚时,所科罚种和处罚幅度要与违法行为人的违法过错程度相适应,既不轻过重罚,也不重过轻罚,避免畸轻畸重的不合理、不公正的情况,这也是行政法上比例原则特别是均衡原则的体现。

(3)处罚公开公正原则。公正原则是处罚法定原则的必要补充,是指在实施行政处罚时不仅要求形式是合法的、是在自由裁量的法定幅度的范围内实施的,而且要求在内容上合法,符合立法目的。所谓公开就是处罚过程要公开,要有相对方的参与和了解,以提高公民对行政机关及其实施的行政处罚的信任度,同时监督行政机关及其公务员依法、公正地行使职权,保障相对方的合法权益。

(4)一事不再罚原则。我国《行政处罚法》第24条规定"对当事人的同一违法行为,不得给予两次以上罚款的行政处罚"。一事不再罚作为行政处罚的原则,目的在于防止重复处罚,体现过罚相当的法律原则,以保护行政相对人的合法权益。

(5)处罚与教育相结合原则。《行政处罚法》第5条规定:"实施行政处罚,纠正违法行为,应当坚持处罚与教育相结合,教育公民、法人或者其他组织自觉守法。"

(6)保障相对人权利原则。《行政处罚法》第6条规定:"公民、法人或者其他组织对行政机关所给予的行政处罚,享有陈述权、申辩权;对行政处罚不服的,有权依法申请行政复议或者提起行政诉讼。公民、法人或者其他组织因行政机关违法给予行政处罚受到损害的,有权依法提出赔偿要求。"这体现了保障相对人权利的原则。

(三)行政处罚的种类

《行政处罚法》中列举了7种行政处罚的种类:警告、罚款、没收违法所得、没收非法财物、责令停产停业、暂扣或吊销许可证或执照、行政拘留、法律法规规定的其他行政处罚。其中,限制人身自由的处罚只能由法律设定,行政法规可以设定除限制人身自由以外的其他行政处罚,地方性法规可以设定除限制人身自由、吊销企业营业执照以外的行政处罚,行政规章只能设定警告和一定数额的罚款。

(四)行政处罚的程序

行政处罚的程序包括简易程序和一般程序。根据《行政处罚法》的规定,简易程序适用于违法事实清楚、证据确凿、依据明确、处罚较轻(对公民处50元以下罚款、对法人或其他组织处1000元以下罚款或警告)的行政处罚行为,并可由执法人员当场以书面形式作出处罚决定。一般程序通常包括立案、调查取证和决定、送达三个阶段,其中,在行政机关作出责令停产停业、吊销许可证或执照、较大数额罚款等行政处罚决定前,应告知当事人有要求听证的权利,相对人要求听证的,行政机关应启动听证程序。听证会由非本案调查人员主持,允许调查人员与相对人互相质证,充分听取当事人的意见,但不得加重对相对人的处罚。

相关案例:

2005年5月23日,在北京贩菜的安徽农民杜宝良得知,自己于2004年7月20日至2005年5月23日在驾驶小货车运菜时,在每天必经的北京市西城区真武庙头条西口被“电子眼”拍下闯禁行105次,被罚款10,500元。此事经新闻媒体披露后,引起社会强烈反响。社会舆论一方面认为机动车驾驶员要认真、自觉遵守交通法规;另一方面,也呼吁交管部门作为执法单位,不能“以罚代管”,要认真履行职责,及时改进工作。

北京市交管部门在“杜宝良万元罚单事件”发生后,于7月13日向社会公布了交管局规范执法行为的八项具体措施。包括进一步完善规范执法告知制度,规范交通标志设施,规范固定违法监测设备的设置以及规范移动违法监测设备的使用,等等。2005年8月20日北京市交管局发布邮寄告知实施办法。依据该办法,市交管局将每月向有未处理违法行为记录的机动车所有人(管理人)发出信函。对于满12分的司机还将通过即日告知的方式进行提醒。

三、行政许可

行政许可,也就是通常所说的行政审批,它既涉及行政机关对社会与经济事务事先的行政管理,也涉及公民法人和其他组织的切身利益。长期以来,我国行政审批就存在设置过多过滥、程序繁琐等问题,这不仅阻碍了经济发展、损害了公民权利,也成为滋生腐败的温床。《中华人民共和国行政许可法》已于2003年8月27日在第十届全国人民代表大会常务委员会第四次会议上获得通过,自2004年7月1日起施行。

(一)行政许可的含义

行政许可是指行政主体根据行政相对人的申请,通过颁发许可证或执照等形式,依法决定是否赋予特定的行政相对人从事某种活动或实施某种行为的权利或资格的一种具体行政行为。可见,行政许可具有以下特征:

(1)行政许可是一种依申请的行政行为,无申请则无许可。

(2)行政许以一般禁止为前提,以个别解禁为内容,即在国家一般禁止的前提下,对符合特定条件的行政相对方解除禁止使其享有特定的资格或权利,能够实施某项特定的行为。

(3)行政许可是行政主体赋予行政相对方某种法律资格或法律权利的具体行政行为,是针对特定的人、特定的事作出的具有授益性的一种具体行政行为。

(4)行政许可主要表现为颁发许可证、执照等形式的要式行政行为。行政许可必须遵循一定的法定形式,即应当是明示的书面许可,应当有正规的文书、印章等予以认可和证明,实践中最常见的行政许可的形式就是许可证和执照。

(二)行政许可的种类

根据不同的标准,行政许可可分为不同的类型,常见的分类有以下几种:

1. 一般许可和特别许可

一般许可,是指只要符合法定的条件,就可向主管行政机关提出申请,对申请人并无特殊限制的许可。如驾驶许可、营业许可等。特别许可,是指除符合一般条件外,还对申请人予以特别限制的许可。如持枪许可、烟草专卖许可等。

2. 排他性许可和非排他性许可

按照许可的享有程度,分为排他性许可和非排他性许可。排他性许可,指某个人或组织获得该项许可后,其他任何人或组织都不能再申请获得的许可,如专利许可、烟草专卖许可等;非排他性许可,是指可以为所有具备法定条件者申请获得的许可,如营业执照等。

3. 行为许可和资格许可

可以根据许可的内容,将其分为行为许可和资格许可。行为许可是行政机关根据相对人的申请,允许从事某种活动,采取某种行为的许可形式。资格许可是行政主体应相对人申请,经过一定考核程序,给合格者核发证明文书,允许其享有某种资格或某种能力的许可。如律师证、执业医师证、执业药师证等。

(三)行政许可的设定

根据《行政许可法》第12条的规定,下列事项可以设定行政许可:

(1)直接涉及国家安全、公共安全、经济宏观调控、生态环境保护以及直接关系人身健康、生命财产安全等特定活动,需要按照法定条件予以批准的事项;

(2)有限自然资源开发利用、公共资源配置以及直接关系公共利益的特定行业的市场准入等需要赋予特定权利的事项;

(3)提供公共服务并且直接关系公共利益的职业、行业,需要确定具备特殊信誉、特殊条件或者特殊技能等资格、资质的事项;

(4)直接关系公共安全、人身健康、生命财产安全的重要设备、设施、产品、物品,需要按照技术标准、技术规范,通过检验、检测、检疫等方式进行审定的事项;

(5)企业或者其他组织的设立等,需要确定主体资格的事项;

(6)法律、行政法规规定可以设定行政许可的其他事项。

但是,通过下列方式能够予以规范的,可以不设行政许可:公民、法人或者其他组织能够自主决定的;市场竞争机制能够有效调节的;行业组织或者中介机构能够自律管理的;行政机关采用事后监督等其他行政管理方式能够解决的。

相关知识:

《行政许可法》出台之前,我国的行政许可制度存在很大的问题:一是行政许可范围不清,行政许可事项过多。二是行政许可的设定权不明确。设定行政许可随意性很大,一些地方和部门还利用行政许可搞地区封锁、行业垄断,妨碍统一市场的形成和公平竞争。三是行政许可环节多、周期长、手续繁琐,缺少必要的程序规范。四是重许可、轻监管或者只许可、不监管的现象比较普遍,市场进入很难,一旦进入后却又缺乏监管。五是利用行政许可乱收费,将行政许可作为权力"寻租"的手段。从一定意义上,不规范的行政许可已经成为一个腐败源。六是行政机关实施行政许可,往往只有权力、没有责任,缺乏公开、有效监督制约机制。

《行政许可法》的出台,从立法上解决了这些问题,突出的亮点主要表现在以下六个方面:一是明确了行政许可的设定。行政许可法明确规定,只有全国人大及其常委会、国务院和省级地方人大及其常委会可以依法设定行政许可,省级人民政府可以依据法定条件设定临时性行政许可,其他国家机关包括国务院各部门一律不得设定行政许可。二是减少了收费项目。根据行政许可法的规定,行政机关实施行政许可和对行政许可事项进行监督检查,原则上不得收取费用,以往所说的"工本费"将成为历史。三是设定和实施行政许可应当遵循"公开、公平、公正"的原则,行政许可的实施和结果,除涉及国家秘密、商业秘密或者个人隐私的除外,应当公开。涉及公共利益的重大行政许可事项,行政机关应当向社会公告,并举行听证。此外,直接涉及申请人与他人之间重大利益关系的,行政机关在作出行政许可决定前,应告知申请人、利害关系人享有要求听证的权利。四是行政许可法规定已经生效的行政许可,不得随意变更或撤销,这不仅防止了政府部门的"朝令夕改",也有利于树立政府的诚信形象。如果由于公共利益的原因,确需改变已经生效的行政许可,也要依法进行,并对老百姓因此受到的财产损失给予补偿。五是明确了行政机关的监督检查责任。为了避免出现重许可、轻监管或者只许可、不监管的现象,行政许可法将监督检查作为行政许可权的必要延伸,设专章规定了对从事需要行政许可活动的严格监督检查,把事前行政审批与事后严格监管有机统一起来。六是方便群众办事。实施《行政许可法》以后,审批权相对集中,实施“一个窗口”对外,统一办理、联合办理、集中办理。

四、行政强制

行政强制是一种对行政相对人具有不利影响的行政限权行为,包括行政强制措施和行政强制执行两种形式。《中华人民共和国行政强制法》已由第十一届全国人民代表大会常务委员会第二十一次会议于2011年6月30日通过,自2012年1月1日起施行。

(一)行政强制措施

1.行政强制措施的含义

行政强制措施,是指行政机关在行政管理过程中,为制止违法行为、防止证据损毁、避免危害发生、控制危险扩大等情形,依法对公民的人身自由实施暂时性限制,或者对公民、法人或者其他组织的财物实施暂时性控制的行为。

2.行政强制措施的种类和设定

根据我国《行政强制法》第9条的规定,行政强制措施的种类包括:限制公民人身自由;查封场所、设施或者财物;扣押财物;冻结存款、汇款;其他行政强制措施。

行政强制措施由法律设定。尚未制定法律,且属于国务院行政管理职权事项的,行政法规可以设定除限制公民人身自由、冻结存款汇款和应当由法律规定的行政强制措施以外的其他行政强制措施。尚未制定法律、行政法规,且属于地方性事务的,地方性法规可以设定查封场所、设施或财物、扣押财物的行政强制措施。法律、法规以外的其他规范性文件不得设定行政强制措施。

(二)行政强制执行

1.行政强制执行的含义

行政强制执行,是指行政机关或者行政机关申请人民法院,对不履行行政决定的公民、法人或者其他组织,依法强制履行义务的行为。

2.行政强制执行的方式和设定

根据我国《行政强制法》第12条的规定,行政强制执行的方式包括:加处罚款或者滞纳金;划拨存款、汇款;拍卖或者依法处理查封、扣押的场所、设施或者财物;排除妨碍、恢复原状;代履行;其他强制执行方式。

行政强制执行由法律设定。法律没有规定行政机关强制执行的,作出行政决定的行政机关应当申请人民法院强制执行。

本节知识框架图：

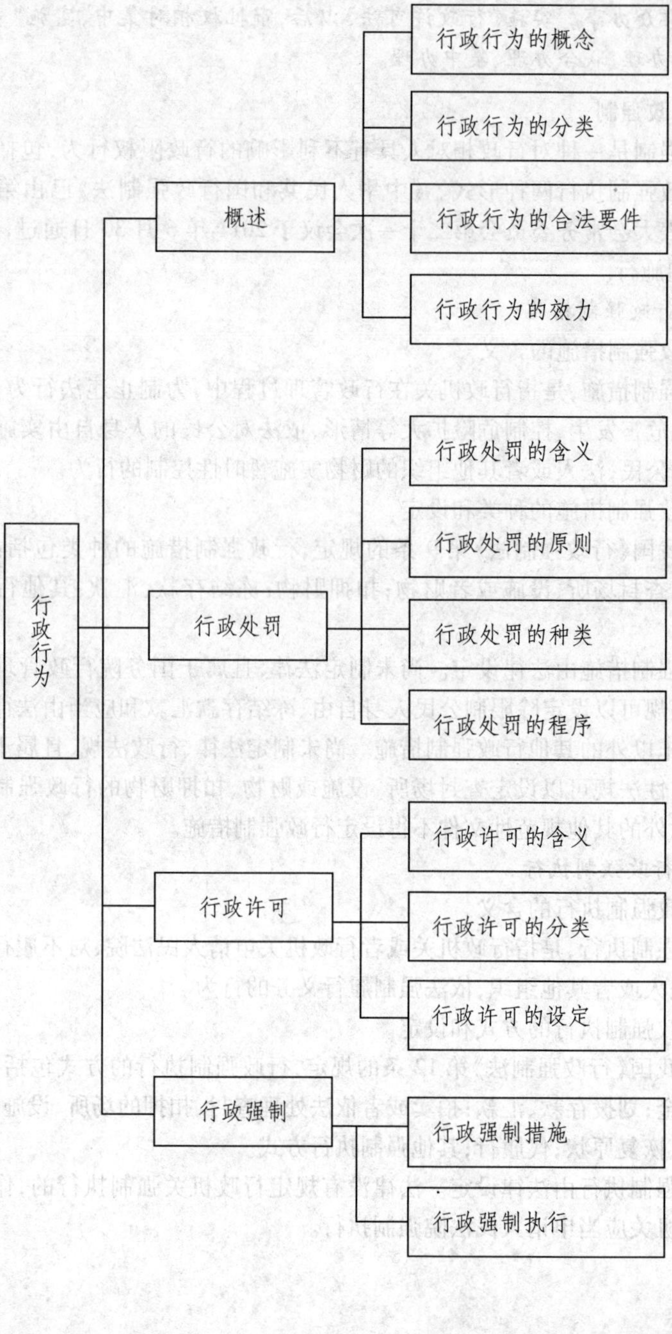
行政行为
概述
行政行为的概念
行政行为的分类
行政行为的合法要件
行政行为的效力
行政处罚
行政处罚的含义
行政处罚的原则
行政处罚的种类
行政处罚的程序
行政许可
行政许可的含义
行政许可的分类
行政许可的设定
行政强制
行政强制措施
行政强制执行

阅读与思考:

美国的信息公开制度

按照美国人的信念,公开是控制政府行为的一种有效手段,“阳光是最好的防腐剂”。在美国,起到前述作用的法律主要有《信息自由法》、《阳光下的政府法》、《隐私权法》和《联邦咨询委员会法》等。

(一)《信息自由法》

《信息自由法》于1967年制定,1974年进行了较大修改之后还经历数次小的变化,并且在1996年扩展到电子数据形式。根据该法的规定,除了法律规定的有限例外情形,每个联邦行政机关都必须使“任何人能够立即取得”根据其公布的规章“合理描述的”记录。行政机关可以为这项服务收取一定的费用,但是要受到限制:如果记录是用于商业目的,收取的费用包括检索、复制以及审查所需的合理花费;如果是用于新闻媒体或者教育、非商业的科学机构,收取的费用不得超过复制所需的费用。行政机关对请求者做出回应和审查的时间非常有限,而不公开有关文件的决定又要接受非常严厉的司法审查,再加上对诉讼成本的估算,包括律师费用以及可能的赔偿费用,这些因素使得行政机关通常会主动履行提供信息的义务。该法的规定适用于“所有人”,包括美国公民和外国人,而且无须表明希望获得信息的理由。申请目的会影响收费,但是与“信息是否应当公开无关”。美国法律并未规定什么构成“行政记录”,美国法院认为其要素有四个:有关资料是否在行政机关内部产生,资料出现于行政机关的文件中,资料由行政机关控制,以及行政机关将资料用于行政目的。

(二)《阳光下的政府法》

随着《信息自由法》的成功,美国国会在1976年又制定了《阳光下的政府法》,当时正值公众参与的高潮,该法的通过还体现了对另外一种理念的关注:即被管制组织经常有机会介入行政机关的审议过程,而一般公众却缺少这样的机会。该法适用于所有的合议制联邦行政机关,主要是独立管制委员会。根据该法,委员会的会议一旦预先在联邦登记公告,则必须公开举行;要是行政机关的判断存在错误,或者不公开的理由要获得通过,关门会议不仅要受司法监督,还要按照规定制作允许事后披露的录像。

(三)《联邦隐私权法》

《联邦隐私权法》制定于1974年,是为了解决包含有个人信息的政府文件的准确性和可获得性。该法只保护个人利益,而不保护公司利益。该法总体上反映了卫生教育与福利部的咨询委员会就自动化人事数据系统报告中确立的“公正信息业务”五项原则:第一,不得存在秘密的个人数据记录保持系统;第二,个人必须有方法知悉载于记录中的信息以及该信息如何利用;第三,个人应有方法阻止用于某一目的的个人信息不经同意用于其他目的;第四,个人须有方法改正有关他的信息;第五,任何建立、保存、使用或传播个人数据记录的机关,必须确保该资料用于既定目的并且防止资料被滥用。这些原则也表明,该法关注的主要是信息使用的正规性,而不是限制使用信息。

(四)《联邦咨询委员会法》

20世纪六七十年代末期,美国行政法学界一个普遍的观念是,在传统程序下运作的政府行政机关已被其试图管制的利益集团俘虏,因而要采取措施来保障管制程序更加透明,更广泛的公众参与。1972年的《联邦咨询委员会法》是《阳光下的政府法》的先驱,也是当时的立法者对上述问题的回应。该法调整的是行政机关对“咨询委员会”的使用。咨询委员会是由专家或者社团成员组成,行政机关把他们组织起来是要其对政策问题提供建议或者作为宣传机构。就各个委员会而言,其成员身份从普通公民,到商人到全国知名的科学家。通常认为,这些委员会并未平衡代表相关社团组织,该法规定的矫正性措施包括平衡的成员身份,预先通知公开会议,和OMB一起定期对委员会进行清理。

请思考:美国的信息公开制度对我国有什么启示?

自我测试

一、判断题

1. 抽象行政行为都是要式行为,即必须以书面形式作出方为有效。( )

2. 行政行为一经作出,不得变更和撤销。( )

3. 一事不再罚原则是指对当事人的同一违法行为,不得给予两次以上的行政处罚。( )

4. 限制人身自由的处罚可以由法律和行政法规设定。( )

5. 行政许可是一种依申请行政行为,无申请则无许可。( )

6. 根据《行政复议法》和《行政诉讼法》的规定,当事人对行政机关作出的行政强制执行行为不服的,可以申请行政复议或提起行政诉讼。( )

二、不定项选择题

1. 以行政主体的主观参与程度为标准,可以把行政行为分为:( )。

A. 羁束行政行为 B. 自由裁量行政行为 C. 作为行政行为 D. 不作为行政行为

2. 以下属于行政赋权行为的是:( )。

A. 行政许可 B. 行政奖励 C. 行政救助 D. 行政处罚

3. 行政行为的合法要件包括:( )。

A. 主体合法　　B. 内容合法　　C. 权限合法　　D. 程序合法

4. 行政行为的法律效力主要包括：(　　)。

A. 拘束力　　B. 确定力　　C. 影响力　　D. 执行力

5. 以下属于行政处罚的种类的有：(　　)。

A. 拘留　　B. 拘役　　C. 罚金　　D. 罚款

6. 行政处罚简易程序适用的条件为：(　　)。

A. 违法事实清楚　　B. 证据确凿　　C. 依据明确　　D. 处罚较轻

7. 以下属于一般许可的是：(　　)。

A. 驾驶许可　　B. 营业许可　　C. 枪支许可　　D. 烟草许可

8. 行政强制执行的形式通常包括：(　　)。

A. 代履行　　B. 执行罚　　C. 直接强制　　D. 行政拘留

第三节　行政救济

学习提示：

1. 什么是行政违法？

2. 行政法律责任具体表现为哪些方式？

3. 什么是行政救济？如何进行行政救济？

4. 什么是行政复议？行政复议应遵循什么原则？行政复议机关和行政复议决定有哪些？

5. 哪些情形可以申请行政赔偿？赔偿义务机关是谁？具体程序怎样？

6. 行政诉讼应遵循哪些原则？哪些情形可以提起行政诉讼？由哪个法院管辖？具体程序怎样？

一、概述

(一)行政违法

行政违法有广义与狭义之分，狭义的行政违法仅指行政主体的违法，广义的行政违法还包括行政相对人违法，我们采用狭义说。据此，行政违法是指行政主体违反行政法律规范但尚未构成犯罪而依法须承担行政责任的行为。这一概念反映了行政违法的三大特征：

1. 行政违法是行政主体的违法

与民事违法和刑事违法不同，行政违法是行政主体在行政法上的违法行为，任何组织和个人只有当他们以行政主体身份或以行政主体名义出现时，他们的违法才能构成行政违法。

2.行政违法是违反行政法律规范尚未构成犯罪的行为

首先,行政违法具有违法性,它违反了行政法律法规,侵害了受行政法保护的行政关系,因而具有一定的社会危害性;其次,行政违法在性质上属于一般违法,其社会危害性较小,尚未达到犯罪的程度。

3.行政违法是依法必须承担行政责任的行为

行政违法是违反行政法律规范并依照法律规定应当承担行政责任的行为。

在我们现实生活中,行政违法的种类非常复杂,因此对它的分类也是多样化的。比如以行为的方式和状态为标准,可以分为行政作为违法和行政不作为违法;以行为的内容和形式为标准,可以分为实质行政违法和形式行政违法等。根据我国《行政诉讼法》和《行政复议法》的规定,具体行政行为违法主要包括六种:(1)主要证据不足;(2)适用法律、法规错误;(3)违反法定程序;(4)超越职权;(5)滥用职权;(6)不履行或拖延履行法律职责。

(二)行政法律责任

行政法律责任也有广义和狭义之分,广义的行政法律责任是指行政法律关系的主体由于违反行政法的规定而应承担的法律责任,具体包括行政主体的法律责任、行政公务员的法律责任、行政相对人的法律责任以及监督主体的法律责任。狭义的行政法律责任指的是行政主体及其行政人在进行行政管理活动时违反行政法律规范所应承担的法律责任,其实质后果归属于国家。

就狭义的行政法律责任而言,由行政主体承担的行政责任方式主要包括:承认错误、赔礼道歉、恢复名誉、消除影响、履行职务、返还权益、恢复原状、撤销违法行政行为、宣告行政行为无效、行政赔偿等。由行政人承担的行政责任方式主要包括:通报批评,行政处分(警告、记过、记大过、降级、撤职、开除),行政追偿,没收、追缴或退赔违法所得等。

(三)行政救济

行政救济是指公民、法人或其他组织认为具体行政行为直接侵害其合法权益,请求有权的国家机关依法对行政违法或行政不当行为实施纠正,并追究其行政责任,以保护行政相对人的合法权益的一种法律制度。行政救济具有以下特征:

(1)行政救济以行政相对方的请求为前提。

(2)行政救济以行政争议为基础。

(3)行政救济的最终目的是保护相对方的合法权益。

在我国,行政救济的途径主要包括行政复议、行政赔偿和行政诉讼。

二、行政复议

(一)行政复议的概念、特征和性质

所谓行政复议,是指行政相对人不服行政主体的具体行政行为,依法向行政复议机关提出申请,请求对原行政行为进行审查并纠正错误,行政复议机关据此对原行政行为的合法性与合理性进行审查并作出决定的法律制度。行政复议具有以下特征:

(1)行政复议所处理的争议是行政争议。行政争议是指行政主体在行政管理过程中因实施具体行政行为而与相对人发生的纠纷,其争议的核心是具体行政行为是否合法、适当。

(2)行政复议以具体行政行为为审查对象,并附带审查部分抽象行政行为。按照我国行政复议法规定,行政复议以具体行政行为为审查对象,但认为规章以下的规范性文件违法,行政相对人可以在对具体行政行为提出复议申请时,一并提出对文件的审查申请。而行政相对人如认为行政法规、规章违法,只能按照立法法的规定,通过其他途径解决。

(3)行政复议以书面审理为主要方式,必要时可以通过听证或者开庭审理的方式。这也是行政复议制度不同于司法审查制度的显著特征。

关于行政复议的性质,可以从以下几个方面来理解:

(1)行政复议是具有一定司法性的活动。首先,行政复议权的行使与司法权一样,都必须遵循"不告不理"的规则,即如果没有行政相对人依法提出复议申请,就没有行政复议程序的开始。其次,在行政复议中,复议机关作为第三者对行政机关和行政相对人之间的行政纠纷进行审查并作出裁决,其地位类似于法院在司法审判中的地位。再次,行政复议机关在复议过程中所适用的法定程序非常规范、严格,类似于司法程序。最后,行政复议的最终目的是解决行政争议,其内容和实质也是解决争议,而解决争议就是司法行为的功能。

(2)行政复议是具有行政内部监督属性的行为。行政复议是由行政系统内部的行政机关对下级或其所属的行政机关作出的违法或者不当的具体行政行为实施的一种监督和纠错的行为。

(3)行政复议还具有对行政相对人合法权益进行救济的属性。行政复议机关在对具体行政行为进行审查时,如果发现有违法或不当的情形就给予撤销或变更,从而使得行政相对人被侵犯的合法权益得到救济和保护。因此,行政复议是国家行政救济机制的重要组成部分。

(二)行政复议的原则

1. 一级复议原则

一级复议原则是指行政争议经行政复议机关一次复议并作出裁决即告终结,即使相对人对复议决定不服,也不得向行政机关再次申请复议,而只能寻求别的救济途径来解决。在现行《行政复议法》中虽未对一级复议原则作明确规定,但从具体的法条以及单行的法律、法规的规定来看,行政复议仍然以一级复议为原则,以两级或多级复议为例外。

2. 合法、公正、公开、及时、便民原则

我国《行政复议法》第4条规定:“行政复议机关履行行政复议职责,应当遵循合法、公正、公开、及时、便民的原则,坚持有错必纠,保障法律、法规的正确实施。”

3. 复议期间不停止执行原则

复议期间不停止执行原则是指行政机关作出的具体行政行为不因行政相对人提起复议申请而停止执行,即公民、法人或者其他组织对行政机关作出的具体行政行为不服,申请行政复议后,原具体行政行为在被依法撤销或改变之前,继续执行,对当事人产生约束力。其例外情形包括四种,即被申请人认为需要停止执行的;复议机关认为需要停止执行的;申请人申请停止执行,行政复议机关认为其要求合理,决定停止执行的;法律规定停止执行的。

4. 不适用调解原则

不适用调解原则是指行政复议机关在审理行政复议案件过程中,只能依法对申请复议的具体行政行为的合法性和适当性进行审查并作出裁判,而不能采用调解的方法,也不能用调解的方式结案。当然,行政复议不适用调解,但并不排斥在行政复议活动中,行政复议机关对双方当事人作法制教育工作。

(三)行政复议的机关

根据我国《行政复议法》有关规定,我国行政复议的机关包括以下几种:

(1)对县级以上地方各级人民政府工作部门的具体行政行为不服的,由申请人选择,可以向该部门的本级人民政府申请行政复议,也可以向上一级主管部门申请行政复议;

(2)对海关、金融、国税、外汇管理等实行垂直领导的行政机关和国家安全机关的具体行政行为不服的,向上一级主管部门申请行政复议;

(3)对地方各级人民政府的具体行政行为不服的,向上一级地方人民政府申请行政复议;

(4)对省、自治区人民政府依法设立的派出机关所属的县级地方人民政府的具体行政行为不服的,向该派出机关申请行政复议;

(5)对国务院部门或者省、自治区、直辖市人民政府的具体行政行为不服的,向作出该具体行政行为的国务院部门或者省、自治区、直辖市人民政府申请行政复议。对行政复议决定不服的,可以向人民法院提起行政诉讼;也可以向国务院申请裁决,国务院依照本法的规定作出最终裁决;

(6)对县级以上地方人民政府依法设立的派出机关的具体行政行为不服的,向设立该派出机关的人民政府申请行政复议;

(7)对政府工作部门依法设立的派出机构依照法律、法规或者规章规定,以自己的名义作出的具体行政行为不服的,向设立该派出机构的部门或者该部门的本级地方人民政府申请行政复议;

(8)对法律、法规授权的组织的具体行政行为不服的,分别向直接管理该组织的地方人民政府、地方人民政府工作部门或者国务院部门申请行政复议;

(9)对两个或者两个以上行政机关以共同的名义作出的具体行政行为不服的,向其共同上一级行政机关申请行政复议;

(10)对被撤销的行政机关在撤销前所作出的具体行政行为不服的,向继续行使其职权的行政机关的上一级行政机关申请行政复议。

(四)行政复议的决定

根据我国《行政复议法》的相关规定,行政复议机关应当自受理申请之日起60日内作出行政复议决定;但是法律规定的行政复议期限少于60日的除外。具体的复议决定如下:

(1)具体行政行为认定事实清楚,证据确凿,适用依据正确,程序合法,内容适当的,决定维持。

(2)被申请人不履行法定职责的,决定其在一定期限内履行。

(3)具体行政行为有下列情形之一的,决定撤销、变更或者确认该具体行政行为违法;决定撤销或者确认该具体行政行为违法的,可以责令被申请人在一定期限内重新作出具体行政行为:主要事实不清、证据不足的;适用依据错误的;违反法定程序的;超越或者滥用职权的;具体行政行为明显不当的。

(4)被申请人没有依法作出书面答复,没有提交作出具体行政行为的证据、依据和其他有关材料的,视为该具体行政行为没有证据、依据,决定撤销该具体行政行为。

相关案例:

南阳市民任超奇和李晋是生意伙伴,二人在南阳光彩大世界开了一家汽车配件店。2008年8月18日,南阳市公安局直属分局的网络警察来到店里,称李晋的电脑涉嫌传播反动(不良)信息,要进行检查。网警在检查中发现,该电脑一收发邮件端口呈开放状态,被人利用发送大量不良邮件。接着,一网警"顺手打开了"紧挨着李晋电脑摆放的任超奇的电脑,发现该电脑D盘下一个文件夹中,存有两部淫秽电影(一部能打开一部打不开),就扣押了电脑主机。任超奇称,这部视频是他2007年11月从网上下载的,长约30分钟,当时自己还没有结婚,既没有传播,也没有让别人看,完全是为了好奇,事后忘了删除。

9月12日,任超奇收到了警方的处罚决定书,称"进行日常检查时发现其中一台电脑上复制下载有一部淫秽视频",决定对任超奇"警告并处1900元罚款"。任超奇称自己看淫秽视频虽然不对,但只是他一个人观看,没有传播也没有造成严重后果,类似夫妻在家中看黄片,是否违法值得商榷。他说:"罚得太多了,如果罚500元,我也能接受。"

南阳市公安局直属分局出具的处罚决定书称,对任超奇的处罚,有本人陈述、检查笔录和淫秽物品鉴定为证,处罚的依据是《计算机信息网络国际联网安全保护管理办法》第五条第六项和第二十条。其中,第五条第六项规定:任何单位和个人不得利用国际联网制作、复制、查阅和传播"宣扬封建迷信、淫秽、色情、赌博、暴力、凶杀、恐怖,教唆犯罪"的信息。第二十条规定:违反第五条所列行为之一的,由公安机关给予警告,有违法所得的,没收违法所得,对个人可以并处五千元以下的罚款,对单位可以并处一万五千元以下的罚款。

本案引起了媒体的广泛讨论,南阳网警被推上了舆论的风口浪尖,对于南阳网警的质疑铺天盖地,很多网络论坛还制作了专题栏目展开辩论。大多数网友认为:个人电脑中保存的信息,既然没有传播,就完全是私密的东西。即使再淫秽、再有什么问题,也不会产生丝毫的社会危害。如果说那段视频产生了社会危害,那么危害的对象也正是任超奇。公安机关若要处罚,也应该追查发布视频的网站,绝没有处罚受害者的道理。再者,个人电脑也是公民的私密空间,就像公民的居所和日记本一样,司法机关要有充分的证据或理由才能查看。比如,接到举报或者有证据证明,电脑中可能存有涉嫌违法的信息。网警称那台电脑涉嫌传播不良信息,那么根据是什么?如果拿不出来,那就是侵害了公民的隐私权。更多的网友对南阳网警的处罚依据提出了质疑,认为2006年3月1日开始施行的《治安管理处罚法》规定:"制作、运输、复制、出售、出租"淫秽物品的行为属违法,但并未对公民查阅淫秽信息作出处罚的规定。《治安管理处罚法》是法律,是新法;而《管理办法》仅仅是部门规章,是旧法。按照上位法的效力优于下位法,新法的效力优于旧法的法律适用原则,查阅淫秽物品的行为应该不算违法。

2008年9月17日,河南省南阳市市民任超奇手持一张1900元的罚款单,申请行政复议。9月26日,南阳警方公布了市公安局直属分局执法监督委员会作出的复议决定:经认真复核复查并集体研究后认为,该案认定事实清楚,适用法律正确。但结合该案案情,当事人任超奇系初次违反《计算机信息网络国际联网安全保护管理办法》,且情节较轻,对其作出警告并处1900元罚款的处罚过重,因此撤销原行政处罚,给予批评教育。

三、行政赔偿

行政赔偿是行政侵权的直接法律后果,即行政主体违法行使行政职权,侵犯相对人合法权益造成损害,而依法必须承担的赔偿责任。

我国的行政赔偿是国家赔偿的重要组成部分,我国于1994年5月12日第八届全国人大常委会第七次会议正式通过《国家赔偿法》,自1995年1月1日起施行。2010年4月29日第十一届全国人民代表大会常务委员会第十四次会议通过了《关于修改〈中华人民共和国国家赔偿法〉的决定》,该法共6章42条,自2010年12月1日起施行。

相关知识：

修改后的《国家赔偿法》的亮点主要体现为：一、承认国家赔偿归责原则多元化。国家赔偿法的归责原则关注的是以何标准和依据确定国家对其侵权行为承担责任，它是确立国家赔偿责任的关键所在。2010年《国家赔偿法》将过去的违法归责原则取消，从而在实质上承认了国家赔偿归责原则的多元化。这一点可以说是《国家赔偿法》中的最大变化，是牵一发而动全身的变化。一部真正体现着社会多元价值的《国家赔偿法》，它的归责原则不可能是单一归责模式，而应是体现了几种主流价值取向的归责原则体系，即多元归责原则模式。修订后的《国家赔偿法》第2条第1款规定："国家机关和国家机关工作人员行使职权，有本法规定的侵犯公民、法人和其他组织合法权益的情形，造成损害的，受害人有依照本法取得国家赔偿的权利。"与原《国家赔偿法》第2条相比较，将"国家机关和国家机关工作人员违法行使职权"修改为"国家机关和国家机关工作人员行使职权"。看似很简单地去掉了"违法"二字，却意味着我国国家赔偿归责原则的重大进步。可以说，修改后的国家赔偿法确立了包括违法归责原则和结果归责原则的多元归责原则，顺应了时代的发展，对国家赔偿制度的发展将起到极大的推动作用。二、拓宽了国家赔偿的范围。哪些行为该纳入国家赔偿的范围，一直是本次修法的焦点问题。修改后的《国家赔偿法》主要从两个方面完善了国家赔偿的范围：一是完善了国家机关及其工作人员行使职权造成公民身体伤害或者死亡的国家赔偿。造成公民身体伤害或者死亡的原因中，因监管人员虐待，或者放纵他人实施殴打、虐待等行为占有相当比例，因此新法将虐待、放纵他人殴打、虐待等行为纳入赔偿范围。二是完善了采取刑事拘留、逮捕措施侵犯人身权的国家赔偿。1994年《国家赔偿法》第15条第一项和第二项对错误拘留、错误逮捕造成损害的国家赔偿作了规定。但是，在实践中由于对什么是错误拘留和逮捕，在执行中和理解上存在不同认识，影响了对赔偿请求的处理。本次修改根据刑事拘留和逮捕的不同性质，区别情形作了修改完善。三、完善了国家赔偿程序。国家赔偿程序的完善，首先体现在赔偿程序的畅通。例如，取消了刑事赔偿中的确认程序。按照修改后的国家赔偿法的规定，赔偿请求人向赔偿义务机关提出赔偿请求，赔偿义务机关应当在两个月内作出赔偿决定。如果没有按照法定期限作出赔偿决定或者当事人对赔偿决定有异议，可以向上一级国家机关提出复议。如果对复议结果不服，还可以向人民法院的赔偿委员会提出赔偿请求，这样从程序上保障了赔偿请求人的救济权利。其次，国家赔偿程序的操作性也更强了。原来的国家赔偿法对行政、刑事赔偿程序仅作了原则性规定，这给赔偿请求人带来了不少麻烦，这种局面将随着国家赔偿法的修改而改观。例如，修改后的国家赔偿法规定，赔偿义务机关收到赔偿申请书，应当出具加盖本行政机关专用印章并注明收讫日期的书面凭证；对申请材料不齐全的，应当当场或者在五日内一次性告知赔偿请求人需要补正的全部内容。又如,明确了举证责任,在行政赔偿程序和刑事赔偿程序中对举证责任分别作出了规定:被限制人身自由的人死亡或者丧失行为能力的,赔偿义务机关要对损害和行为是否存在因果关系承担举证责任。针对将有大量赔偿案件进入人民法院赔偿委员会的程序,新法规定了赔偿请求人认为人民法院赔偿委员会作出的决定确有错误的,可以提出申诉,上一级人民法院可以指令重新审查或直接审查,最高人民检察院可以对各级人民法院赔偿委员会作出的决定提出意见,要求重新审查等。四、提高赔偿标准,明确精神损害赔偿。修改后的国家赔偿提高了国家赔偿的标准。这一修改使公民在受到行政或司法行为侵害的时候能够实际得到一些物质上的赔偿,有助于公民恢复其受到的损失。对于生命健康权的损害,国家赔偿金的计算更加符合社会经济的发展。对于财产权的损害赔偿标准也进行了完善,对一些间接损失也承认进行赔偿,如返还执行的罚款或者罚金、追缴或者没收的金钱,解除冻结的存款或者汇款的,应当支付银行同期存款利息等。本次修法的亮点之一是明确了精神损害赔偿。修改后的国家赔偿法规定,致人精神损害的,赔偿义务机关应当消除影响、恢复名誉、赔礼道歉;对造成严重后果的,应当支付相应的精神损害抚慰金。但同时因为考虑到现实中这类情况非常复杂,法律难以对精神损害的赔偿标准作出统一规定,可由最高人民法院根据审判实践中出现的具体问题,作出具体应用的解释。五、赔偿费用支付有保障。能不能真正拿到赔偿金,是赔偿请求人最为关心的问题。由于原来的国家赔偿法没有对赔偿费用的支付机制作出具体规定,赔偿金支付并没有法律保障。修改后的国家赔偿法对赔偿费用的支付机制作了完善,规定国家赔偿的费用要列入各级财政预算。赔偿请求人凭生效的判决书、复议决定书、赔偿决定书或者调解书,向赔偿义务机关申请支付赔偿金。赔偿义务机关应当自收到支付赔偿金申请之日起七日内,依照预算管理权限向有关的财政部门提出支付申请。财政部门应当自收到支付申请之日起十五日内支付赔偿金。(摘自中国网,作者:马怀德)

(一)行政赔偿的范围

根据《国家赔偿法》的规定,应予行政赔偿的情形包括以下两大类:

一类是侵犯人身权。《国家赔偿法》第 3 条规定,国家行政机关及其工作人员在行使职权时有下列侵犯人身权情形之一的,受害人有取得赔偿的权利:(1)违法拘留或者违法采取限制公民人身自由的行政强制措施的;(2)非法拘禁或者以其他方法非法剥夺公民人身自由的;(3)以殴打、虐待等行为或者唆使、放纵他人以殴打、虐待等行为造成公民身体伤害或者死亡的;(4)违法使用武器、警械造成公民身体伤害或者死亡的;(5)造成公民身体伤害或者死亡的其他违法行为。

另一类是侵犯财产权。《国家赔偿法》第 4 条规定,行政机关及其工作人员在行使行政职权时有下列侵犯人身情形之一的,受害人有取得赔偿的权利:(1)违法实施罚款、吊销许可证和执照、责令停产停业、没收财物等行政处罚的;(2)违法对财产采取查封、扣押、冻结等行政强制措施的;(3)违法征收、征用财产的;(4)造成财产损害的其他违法行为。

《国家赔偿法》在明确规定行政赔偿范围的同时,又明确地对行政赔偿范围进行排除。该法第5条规定,有下列情形之一的国家不承担行政赔偿责任:(1)行政机关工作人员与行使职权无关的个人行为;(2)因公民、法人和其他组织自己的行为致使损害发生的;(3)法律规定的其他情形。另外,关于国家行为和抽象行政行为的问题,最高人民法院《关于审理行政赔偿案件若干问题的规定》第6条作了补充,它明确规定:"公民、法人或者其他组织以国防、外交等国家行为或者行政机关制定发布的行政法规、规章或者具有普遍约束力的决定、命令侵犯其合法权益造成损害为由,向人民法院提起行政赔偿诉讼的,人民法院不予受理。"

(二)行政赔偿当事人

行政赔偿当事人包括行政赔偿请求人和行政赔偿义务机关。

行政赔偿请求人是指依法有权向国家请求行政赔偿的人。具体地说,是其合法权益受到行政活动中违法行为的侵害,向行政赔偿义务机关或人民法院提起诉讼请求行政赔偿的人。根据我国《国家赔偿法》的规定,行政赔偿请求人包括:受害的公民、法人和其他组织;受害的公民死亡的,其继承人和其他有扶养关系的亲属,也可成为赔偿请求人;受害的法人或者其他组织终止,其权利承受人可成为赔偿请求人。

行政赔偿义务机关是指代表国家接受行政赔偿请求、支付赔偿费用、参加赔偿诉讼的机关,是具体履行行政赔偿义务的组织。根据《国家赔偿法》第7条、第8条的规定,行政赔偿义务机关包括:实施侵害的行政机关、共同侵权的行政机关、法律、法规授予行政权的组织、委托的行政机关、行政复议机关、致害机关撤销时的赔偿义务机关等。

(三)行政赔偿程序

行政赔偿程序是指行政赔偿义务机关和人民法院审理行政赔偿案件所遵循的步骤。它既包括行政赔偿的行政处理程序,又包括行政赔偿的司法处理程序。赔偿请求人要求赔偿,应当先向赔偿义务机关提出,也可以在申请行政复议或者提起行政诉讼时一并提出。行政赔偿程序是行政赔偿请求人依法取得行政赔偿的程序保障,广义上行政赔偿程序还包括行政追偿在内。

1.行政处理程序

要求赔偿应当递交申请书,赔偿请求人当面递交申请书的,赔偿义务机关应当当场出具加盖本行政机关专用印章并注明收讫日期的书面凭证。申请材料不齐全的,赔偿义务机关应当当场或者在五日内一次性告知赔偿请求人需要补正的全部内容。赔偿义务机关应当自收到申请之日起两个月内,作出是否赔偿的决定。赔偿义务机关作出赔偿决定,应当充分听取赔偿请求人的意见,并可以与赔偿请求人就赔偿方式、赔偿项目和赔偿数额依法进行协商。

2. 司法处理程序

赔偿义务机关在规定期限内未作出是否赔偿的决定,赔偿请求人可以自期限届满之日起三个月内,向人民法院提起诉讼。赔偿请求人对赔偿的方式、项目、数额有异议的,或者赔偿义务机关作出不予赔偿决定的,赔偿请求人可以自赔偿义务机关作出赔偿或者不予赔偿决定之日起三个月内,向人民法院提起诉讼。人民法院审理行政赔偿案件,赔偿请求人和赔偿义务机关对自己提出的主张,应当提供证据。赔偿义务机关采取行政拘留或者限制人身自由的强制措施期间,被限制人身自由的人死亡或者丧失行为能力的,赔偿义务机关的行为与被限制人身自由的人的死亡或者丧失行为能力是否存在因果关系,赔偿义务机关应当提供证据。

3. 行政追偿

行政追偿是指国家向行政赔偿请求人支付赔偿费用后,依法责令有故意或重大过失的公务员、受委托组织和人员承担部分或全部赔偿费用的法律制度。对有故意或者重大过失的责任人员,有关机关应当依法给予处分;构成犯罪的,应当依法追究刑事责任。

相关知识:

尹琛琰,女,24岁,卢氏县百纺公司下岗职工,家住河南省卢氏县城关镇。2002年6月26日夜,尹琛琰在卢氏县东门开办的“工艺礼花渔具门市部”被盗。小偷行窃时惊动了门市部对面“劳动就业培训中心招待所”的店主和旅客。他们即向卢氏县公安局“110指挥中心”报案,但接到报警的值班人员拒不处理。20多分钟后,小偷将所盗物品装上摩托车拉走。被盗货物价值24546.5元,被毁坏物品折价455元,共计25001.5元。案发后,尹琛琰向卢氏县公安局提交了申诉材料,要求卢氏县公安局惩处有关责任人,尽快破案,并赔偿其损失。卢氏县公安局一直没有作出答复。尹琛琰遂起诉到法院,请求法院根据国家赔偿法的规定,责令卢氏县公安局赔偿其全部损失。

卢氏县人民法院认为:依法及时查处危害社会治安的各种违法犯罪活动,保护公民的合法财产,是公安机关的法律职责。被告卢氏县公安局在本案中,两次接到群众报警后,都没有按规定立即派出人员到现场对正在发生的盗窃犯罪进行查处,不履行应该履行的法律职责,其不作为的行为是违法的,该不作为行为相对原告尹琛琰的财产安全来说,是具体的行政行为,且与门市部的货物因盗窃犯罪而损失在法律上存在因果关系。因此,尹琛琰有权向卢氏县公安局主张赔偿。原告尹琛琰在门市部被盗窃案发后,向被告卢氏县公安局提交了书面申诉材料,要求给予赔偿,符合法律规定的申请国家赔偿程序。卢氏县公安局在国家赔偿法规定的两个月的期间内没有任何意见答复尹琛琰,尹琛琰以卢氏县公安局逾期不受理为由提起行政诉讼,符合行政诉讼的受理程序。原告尹琛琰主张的损失数额,有合法的依据,被告卢氏县公安局虽然对具体数额表示怀疑,但由于没有提供相关的具体证据予以否认,因此,对尹琛琰主张的财产损失数额应予以认定。尹琛琰门市部的财产损失,是有人进行盗窃犯罪活动直接造成的,卢氏县公安局没有及时依法履行查处犯罪活动的职责,使尹琛琰有可能避免的财产损失没能得以避免,故应对盗窃犯罪造成的财产损失承担相应的赔偿责任。尹琛琰的门市部发生盗窃犯罪时,尹琛琰没有派人值班或照看,对财产由于无人照看而被盗所造成的损失,也应承担相应的责任。

综上,卢氏县人民法院根据《中华人民共和国国家赔偿法》第二条、第十三条,《中华人民共和国行政诉讼法》第六十七条第一款、第二款,第六十八条之规定,于2002年12月12日判决如下:卢氏县公安局赔偿尹琛琰25001.5元损失的50%,即12500.75元,在判决生效后10日内给付。宣判后,双方当事人均未上诉。(摘自《最高人民法院公报》,2003年第2期)

四、行政诉讼

(一)行政诉讼的概念和特征

行政诉讼是指行政相对人认为行政主体的具体行政行为侵犯其合法权益,依法向人民法院提起诉讼,人民法院在双方当事人和其他诉讼参与人的参与下,对该行政争议进行受理、审理、裁判以及执行裁判等司法活动的总和。行政诉讼作为一种独立的诉讼形式,它不同于宪法诉讼、民事诉讼、行政复议,更有别于刑事诉讼。其基本特征是:

(1)行政诉讼以行政争议为诉讼客体。诉讼客体是诉讼活动所要调节的社会关系,比如,民事诉讼活动所要调节的是民事争议关系。行政诉讼活动所要调节的社会关系是行政相对人与行政主体之间的行政争议关系。

(2)行政诉讼以具体行政行为为诉讼对象。从大多数国家的行政诉讼以及我国《行政诉讼法》的规定来看,行政诉讼只以具体行政行为而不以抽象行政行为作为诉讼对象。从起诉的角度看,行政相对人只能对具体行政行为而不能对抽象行政行为提起诉讼,相反,宪法诉讼,一般来说是以抽象行政行为为诉讼对象。

(3)行政诉讼以审判机关为主持人和裁判人。一般情况下,主持和裁决行政争议的机关既可以是行政机关,也可以是审判机关。但是行政诉讼这种解决行政争议的活动只是以审判机关为主持人,并由它来进行裁判。这一特征将行政诉讼与行政复议区别了开来。

(4)行政诉讼由行政相对人主动提起,并以行政主体为被告。行政相对人以原告身份提起行政诉讼,行政主体以被告的身份应诉。

(二)行政诉讼的基本原则

行政诉讼法的基本原则是指由《行政诉讼法》确认和体现的,在整个行政诉讼过程中,或在行政诉讼的主要阶段起指导作用的准则。我国行政诉讼法的基本原则除人民法院独立行使审判权原则、合议原则、公开原则、回避原则、二审终审原则、辩论原则、当事人诉讼地位平等原则和以事实为依据、以法律为准绳原则等一般原则外,还具有其特殊的原则,主要包括以下六个方面:

1. 复议选择原则

复议选择原则是指提起行政诉讼之前是否要经过行政复议,可由行政相对人选择确定。但是,根据我国《行政诉讼法》第37条的规定,“复议相对人选择”原则只在法律、法规没有明文规定“复议前置”的条件下适用。常见的复议前置案件,包括治安处罚的案件、纳税争议案件、对自然资源权属确认的案件、工伤保险案件、社会保险费的处罚案件等。

2. 诉讼不停止执行原则

我国《行政诉讼法》第44条规定“诉讼期间,不停止具体行政行为的执行”,即行政主体在人民法院作出裁判之前,仍可执行原具体行政行为决定。但这一规定以行政主体具有执行权为前提,如果行政主体在诉讼过程中申请人民法院强制执行,人民法院一般不予执行。我国《行政诉讼法》第44条同时规定了诉讼中允许停止执行的几种特殊情况:其一,被告认为需要停止执行的;其二,原告申请停止执行,法院认为该具体行政行为的执行会造成难以弥补的损失,并且停止执行不损害社会公共利益的,裁定停止执行;其三,法律、法规规定停止执行的。

3. 被告负举证责任原则

在行政诉讼中,被告行政主体对作出的具体行政行为负有举证责任。被告应当在收到起诉状副本之日起10日内提交答辩状,并提供作出该具体行政行为的证据和所依据的规范性文件。被告不提供或者无正当理由逾期提供的,应当认定该具体行政行为没有证据、依据。

4. 合法性审查原则

与行政复议不同,在行政诉讼中,人民法院只对被诉具体行政行为的合法性进行审查,对其合理性不作审查。《行政诉讼法》第5条规定:“人民法院审理案件,对具体行政行为是否合法进行审查。”从世界上多数国家来看,行政诉讼大都以审查行政行为的合法性为限,我国也不例外。但需要注意的是,《行政诉讼法》第54条规定:“行政处罚显失公正的,可以判决变更”,由此可见,在法律有明文规定的情况下,不排除法院对具体行政行为合理性的审查。

5. 不适用调解原则

与民事诉讼的调解原则相反，行政诉讼中既不能把调解作为行政诉讼的必经阶段，也不能把调解作为结案的一种方式。我国《行政诉讼法》第50条规定："人民法院审理行政案件，不适用调解。"需要说明的是，该原则不适用于行政赔偿诉讼。根据《行政诉讼法》第67条第3款规定，行政赔偿诉讼可以适用调解，这是因为行政主体可以相对自由地处分其民事权益，其直接处分的客体是经济利益，而非国家行政权力。

6. 司法有限变更原则

一般来说，人民法院对被诉违法行政行为原则上只能宣告无效或撤销，但是根据《行政诉讼法》第54条规定，可以对"显失公正"的行政处罚行为以判决形式加以变更。世界各国关于司法机关对行政主体的行政行为具有审查权和裁判权这一认识是基本一致的，但司法机关是否可以改变被诉的行政行为，各国在法律上的规定有差异，理论上也有争议。从我国目前情况来看，《行政诉讼法》作了"司法有限变更"的原则规定，是较为合理并有利于审判实践活动的决定。

（三）行政诉讼的受案范围

行政诉讼的受案范围是指人民法院受理或主管一定范围内行政争议案件的权限，即人民法院受理行政案件的范围。我国行政诉讼的具体受案范围在《行政诉讼法》第11条作了明确规定，其具体内容是：

（1）有关行政处罚的争议，包括对拘留、罚款、吊销许可证和执照、责令停产停业、没收财物等行政处罚不服的；

（2）有关行政强制措施的争议，包括对限制人身自由或者对财产的查封、扣押、冻结等行政强制措施不服的；

（3）认为行政机关侵犯法律规定的经营自主权的；

（4）认为符合法定条件申请行政机关颁发许可证和执照，行政机关拒绝颁发或者不予答复的；

（5）申请行政机关履行保护人身权、财产权的法定职责，行政机关拒绝履行或者不予答复的；

（6）认为行政机关没有依法发给抚恤金的；

（7）认为行政机关违法要求履行义务的；

（8）认为行政机关侵犯其他人身权、财产权的；

（9）法律、法规规定可以提起诉讼的其他行政案件。

此外，最高人民法院的《若干解释》第1条第1款规定："公民、法人或者其他组织对具有国家行政职权的机关和组织及其工作人员的行政行为不服，依法提起诉讼的，属于人民法院行政诉讼的受案范围。"

行政诉讼的否定范围，是指哪些行政行为不可诉、不属于人民法院的受案范围。根据《行政诉讼法》第12条规定，人民法院不受理公民、法人或者其他组织对

下列事项提起的诉讼:

(1)国防、外交等国家行为;

(2)行政法规、规章或者行政机关制定、发布的具有普遍约束力的决定、命令;

(3)行政机关对行政机关工作人员的奖惩、任免等决定;

(4)法律规定由行政机关最终裁决的具体行政行为。

(四)行政诉讼的管辖

行政诉讼管辖是指人民法院之间受理第一审行政案件的分工。行政诉讼管辖可以分为两类:一是级别管辖,即上下级人民法院之间受理第一审行政案件的分工;二是地域管辖,即同级人民法院之间受理第一审行政案件的分工。

1. 级别管辖

级别管辖是指按照法院的组织系统来划分上下级人民法院之间受理第一审案件的分工和权限。《行政诉讼法》第 13 条至第 16 条对级别管辖的规定如下:

(1)基层人民法院管辖第一审行政案件。

(2)中级人民法院管辖的第一审行政案件包括:确认发明专利的案件;海关处理案件;对国务院各部门或者省、自治区、直辖市人民政府所作的具体行政行为提起诉讼的案件;本辖区内重大、复杂的案件。根据《若干解释》第 8 条的规定,"本辖区内重大、复杂的案件"主要包括以下情形:(1)被告为县级以上人民政府,基层人民法院不适宜审理的案件;(2)社会影响重大的共同诉讼、集团诉讼案件;(3)重大涉外或者涉及香港特别行政区、澳门特别行政区、台湾地区的案件;(4)其他重大、复杂案件。

(3)高级人民法院管辖本辖区重大、复杂的第一审行政案件。

(4)最高人民法院管辖全国范围内重大、复杂的第一审行政案件。

2. 地域管辖

地域管辖又称区域管辖,是指同级法院之间在各自辖区内受理第一审案件的分工和权限。根据我国《行政诉讼法》有关规定,地域管辖又可分为一般地域管辖和特殊地域管辖。

(1)一般地域管辖又称普通地域管辖,是指在行政诉讼中按照当事人住所地,即最初作出具体行政行为的行政机关所在地来划分案件的管辖法院。如《行政诉讼法》第 17 条第 1 款规定:"行政案件由最初作出的具体行政行为的行政机关所在地人民法院管辖。"

(2)特殊地域管辖,是指以引起行政诉讼的特定因素为标准来确定管辖的法院。《行政诉讼法》对特殊地域管辖规定了两种具体情形:一是对限制人身自由的行政强制措施不服提起的诉讼,由被告所在地或者原告所在地人民法院管辖;二是因不动产提起的诉讼,由不动产所在地人民法院管辖。

相关知识:

除了级别管辖和地域管辖之外,我国《行政诉讼法》还规定了几种其他管辖,主要包括:选择管辖、协议管辖、移送管辖、指定管辖和管辖权的转移。

(1)选择管辖,是指依照法律规定,两个以上法院对于某些具体行政行为案件都有管辖权时,基于意愿而确定管辖的法律制度。如《行政诉讼法》第17条第2款规定:"经复议的案件,复议机关改变原具体行政行为的,也可以由复议机关所在地人民法院管辖。"《若干解释》第7条对复议机关"改变原具体行政行为",作出如下解释:"(一)改变原具体行政行为所认定的主要事实和证据的;(二)改变原具体行政行为所适用的规范依据且对定性产生影响的;(三)撤销、部分撤销或者变更原具体行政行为处理结果的。"

(2)协议管辖,是指两个以上法院,因管辖权引起争议,由有关法院相互商定管辖权的法律制度。如《行政诉讼法》第22条规定:"人民法院对管辖权发生争议,由争议双方协商解决"。

(3)指定管辖,是指由于特殊原因,或两个人民法院对同一案件的管辖权发生争议,由上级人民法院以裁定方式,决定案件由哪个人民法院管辖的制度。根据《行政诉讼法》第22条规定:"有管辖权的人民法院由于特殊原因不能行使管辖的,由上级人民法院指定管辖。人民法院对管辖权发生争议,由争议双方协商解决。协商不成的,报它们共同的上级人民法院指定管辖。"

(4)移送管辖是指某个人民法院把已经受理的行政案件移送有管辖权的人民法院。《行政诉讼法》第21条规定:"人民法院发现受理的案件不属于自己管辖时,应当移送有管辖权的人民法院,受移送的人民法院不得自行移送。"

(5)管辖权的转移是指经上级人民法院决定或同意,对第一审行政案件的管辖权,由下级人民法院转给上级人民法院,或者由上级人民法院移转给下级人民法院。《行政诉讼法》第23条规定:"上级人民法院有权审判下级人民法院管辖的第一审行政案件,也可以将自己管辖的第一审行政案件移交下级人民法院审判。下级人民法院对其管辖的第一审行政案件,认为需要由上级人民法院审判的,可以报请上级人民法院决定。"

(五)行政诉讼的参加人

行政诉讼参加人,是指参加行政诉讼的当事人以及与当事人诉讼地位相似的人。它包括当事人和具有类似诉讼地位的诉讼代理人。根据我国《行政诉讼法》关于参加人的规定,行政诉讼参加人的范围包括原告、被告、第三人和诉讼代理人。

1. 行政诉讼原告

行政诉讼中的原告,是指以自己的名义向人民法院提起诉讼,请求法院保护其合法权益,因而使行政诉讼程序发生的当事人。行政诉讼中的原告只能是行政相对人一方,行政主体不能成为原告,只有与被诉具体行政行为有法律上利害关系的相对人才可作为原告提起行政诉讼。

2. 行政诉讼被告

行政诉讼中的被告,是指被行政诉讼原告指控其具体行政行为侵犯原告的合法权益,并经人民法院通知应诉的另一方当事人。行政诉讼的被告只能是行政主体,行政主体中的行政人或行政相对人都不能成为行政诉讼的被告。

根据我国《行政诉讼法》及最高人民法院《若干解释》的有关规定,行政诉讼的被告,可以分为以下几类:

其一,作出具体行政行为的行政机关为被告。具体包括两种情形:一是相对人未经复议直接向人民法院提起诉讼的;二是经过复议后,复议机关维持原具体行政行为的,相对人不服再向人民法院提起诉讼。

其二,复议机关为被告。具体包括两种情况:一是相对人就具体行政行为申请复议,复议机关改变原具体行政行为,相对人仍不服而向法院起诉;二是复议机关在法定期间内不作复议决定,当事人对复议机关不作为不服提起诉讼。

其三,法律、法规或者规章授权的组织为被告。非行政机关组织经过法律、法规的授权获得行政主体资格后,可以以自己的名义作出具体行政行为,并在行政诉讼中作为被告,承担相应的法律后果;《若干解释》第 20 条、第 21 条的规定将授权依据的范围扩大到了规章。

其四,委托行政机关为被告。行政委托是指行政机关将自己的某些行政事务委托给其他组织或个人管理,被委托人只能以委托人的名义活动,其后果由委托人承担。因此,相对人不服行政机关委托的组织所作的具体行政行为而起诉时,应以委托的行政机关为被告。

其五,组建机构、内设机构或派出机构的行政机关为被告。根据《若干解释》第 20 条规定,其具体情形包括:(1)行政机关组建并赋予行政管理职能但不具有独立承担法律责任能力的机构,以自己的名义作出具体行政行为;(2)行政机关的内设机构或者派出机构在没有法律、法规或者规章授权的情况下,以自己的名义作出具体行政行为;(3)行政机关在没有法律、法规或者规章规定的情形下,授权其内设机构或者派出机构行使行政职权,当事人对该机构据此作出的具体行政行为不服提起诉讼。

其六,继续行使被撤销行政机关职权的行政机关为被告。作出具体行政行为的行政机关被撤销后,相对人不服向法院提起诉讼,由继续行使职权的行政机关为被告;如果没有继续行使该职权的行政机关,则应由作出撤销决定的行政机关或其指定的行政机关作为被告。

其七,经上级机关批准作出的具体行政行为以对外生效文书署名的机关为被告。根据最高人民法院的《若干解释》第 19 条规定,当事人不服经上级行政机关批准的具体行政行为,向法院提起诉讼,应当以在对外发生法律效力的文书上署名的机关为被告。

其八,共同被告。相对人对两个以上行政机关作出的同一具体行政行为不服,向法院提起诉讼,由共同作出具体行政行为的行政机关为共同被告。

在行政诉讼法律关系中,被告享有与原告基本相同的诉讼权利,如委托诉讼代理人权、提供证据和申请保全证据权、申请回避权、申请查阅及补正庭审笔录权、申请保全财产权、上诉权、申请强制执行权等。但是,作为行政诉讼的被告,不享有起诉权、在诉讼过程中的调查和收集证据权、反诉权、和解权。

3. 行政诉讼第三人

行政诉讼第三人,是指与被诉具体行政行为有法律上利害关系,申请或者由人民法院通知参加到行政诉讼中来的公民、法人或其他组织。第三人也属于行政诉讼当事人,在法律上有独立的诉讼地位。比如治安处罚案件中的被侵害人,行政机关对违法行为人作出行政处罚后,被处罚人不服向法院起诉,在这种情况下,其权益受到被处罚人侵犯的受害人可作为第三人参加诉讼。

4. 行政诉讼代理人

行政诉讼代理人是指以被代理人的名义,在法定、指定或委托权限内进行诉讼活动的人。诉讼代理人参加诉讼的目的在于维护被代理人的合法权益,因此诉讼代理人只能代理当事人的一方,其诉讼后果由被代理人承担。根据诉讼代理权来源的不同,可以将诉讼代理分为法定代理、指定代理、委托代理三类。

(六)行政诉讼的程序

1. 一审程序

行政诉讼一审程序是指人民法院审理行政案件的最初程序,它是行政诉讼的基本程序,它包括起诉、审查、受理、审理、判决等内容。

起诉是法院受理行政案件的前提,也是行政诉讼程序开始的必要条件之一。根据我国《行政诉讼法》第 41 条规定,起诉应符合下列条件:第一,原告是认为行政主体的具体行政行为侵犯了自己合法权益的公民、法人或其他组织;第二,起诉要有明确的被告、具体的诉讼请求和事实根据;第三,起诉的案件必须属于人民法院受案范围和受诉人民法院管辖;第四,起诉要在法定期限内提出。

人民法院经审查,认为符合起诉条件的,应当在 7 日内立案;不符合起诉条件的,应当在 7 日内裁定不予受理。人民法院 7 日内不能决定是否受理的,应当先予受理;受理后不符合起诉条件的,裁定驳回起诉。

审理是人民法院对行政案件进行实质审查阶段,它为判决的最终作出奠定基础,是承上启下的关键环节。人民法院在完成审理前的准备工作后,就进入开庭审理阶段。开庭审理的程序包括宣布开庭、法庭调查、法庭辩论、合议庭评议和宣判五个步骤。

裁判是指人民法院运用国家审判权对行政案件作出判决和裁定的合称。裁定是人民法院在案件审理或判决执行过程中,就程序问题和部分实体问题所作的决定,主要适用于不予受理、驳回起诉、管辖异议、中止或终结诉讼、移送或指定管辖、诉讼保全、先予执行、诉讼期间停止执行具体行政行为以及撤诉或不准许撤诉等情形。判决是人民法院就解决案件实体问题所作的决定。根据《行政诉讼法》以及《若干解释》有关规定,人民法院在行政诉讼一审程序中适用的判决包括:维持判决、撤销判决、重作判决、履行判决、变更判决、赔偿判决、驳回诉讼请求判决、确认判决。人民法院应当在立案之日起3个月内作出第一审判决。有特殊情况需要延长的,由高级人民法院批准。高级人民法院审理第一审案件需要延长的,由最高人民法院批准。

2. 二审程序

行政诉讼二审程序是指当事人不服第一审人民法院所作的裁判,行使上诉权,第二审人民法院据此对上诉案件进行审查所适用的法律程序。

上诉的条件包括:其一,提起上诉的人必须是享有上诉权并能依法行使上诉权的人,第一审案件中的原告、被告、第三人、共同诉讼人都有上诉权。其二,上诉理由必须是当事人认为一审裁判认定事实有误,或者是适用法律法规错误,或者是违反行政诉讼程序。其三,当事人必须在法定期限内提起上诉。当事人不服人民法院第一审判决的,有权在判决书送达之日起15日内向上一级人民法院提起上诉。当事人不服第一审人民法院裁定的,有权在裁定书送达之日起10日内向上一级人民法院提起上诉。

第二审程序审理的任务是审查一审裁判认定事实是否清楚,适用法律法规是否正确,审判过程是否符合法定程序。第二审法院审理上诉案件应当坚持全面审查原则,对原审人民法院的裁判和被诉具体行政行为是否合法进行全面审查,不受上诉人提起上诉请求范围的限制和一审裁判的限制。第二审人民法院审理上诉案件的形式有开庭审理和书面审理。人民法院对上诉案件,认为事实清楚的,可以实行书面审理;但当事人对原审人民法院认定的事实有争议的,或者第二审人民法院认为原审人民法院认定事实不清的,第二审人民法院应当开庭审理。

上诉案件的裁判主要有三种:其一,维持原判,是指第二审人民法院通过对上诉案件的审理,确认一审判决认定事实清楚、适用法律、法规正确,从而作出的否定和驳回上诉人的上诉,维持一审判决的判决。根据行政诉讼法的规定,维持原判适用的条件有二,一是原判决认定事实清楚,二是原判决适用法律、法规正确。其二,改判,是指二审人民法院通过对上诉案件的审理,确认一审判决认定事实清楚,但适用法律、法规错误,而依据应正确适用的法律、法规,直接改变一审法院的判决,以改变的判决作为终审判决。其三,撤销原判、发回重审,是指二审法院确认一审判决认定事实不清、证据不足,或者由于违反法定程序可能影响案件正确判决的,决定撤销原判,将案件发回一审法院,要求一审法院重新审理并作出决定的裁定。

3. 执行程序

行政诉讼执行,是指法定执行组织对已生效的法院裁判,在一方当事人逾期拒不履行时,依法采取强制措施,从而使生效裁判得以实现的活动。行政诉讼执行是行政诉讼裁判的执行,而不是具体行政行为的执行。行政诉讼执行必须由合法的执行主体实施,在我国,依法对司法裁判享有执行权的主体是人民法院和行政机关,后者必须经法律、法规明确授权。

根据执行对象的不同,行政诉讼执行可以分为两类:对行政相对人的执行和对行政机关的执行。

对行政相对人的执行,是指相对人拒不履行人民法院作出的、并已生效的裁判,人民法院或者行政机关可以依法采取强制措施,执行司法裁判的法律制度及法律活动。根据《行政诉讼法》第 65 条规定,行政机关强制执行必须具有法律法规的明文授权;而人民法院实施执行只要有当事人申请即可,无须法律、法规特别授权。法院执行的手段有:提取、扣留被执行人的储蓄存款或劳动收入,强制被执行人搬迁,划拨法人或其他组织的存款等,行政机关强制执行的手段则由具体的法律、法规规定。

对行政机关的执行,是指被告行政主体拒不履行人民法院已经生效的裁判,人民法院根据原告的申请,可以对被告采取强制措施,以保证司法裁判得以落实的法律制度和法律活动。其具体措施可以是:第一,对应当归还的罚款或应当支付的赔偿金,通知银行划拨;第二,按日处 50—100 元的罚款;第三,向该行政机关的上一级行政机关或监察、人事机关提出司法建议;第四,情节严重构成犯罪的,依法追究主管人员和直接责任人员的刑事责任;第五,对主要负责人或直接责任人员予以罚款。

本节知识框架图：

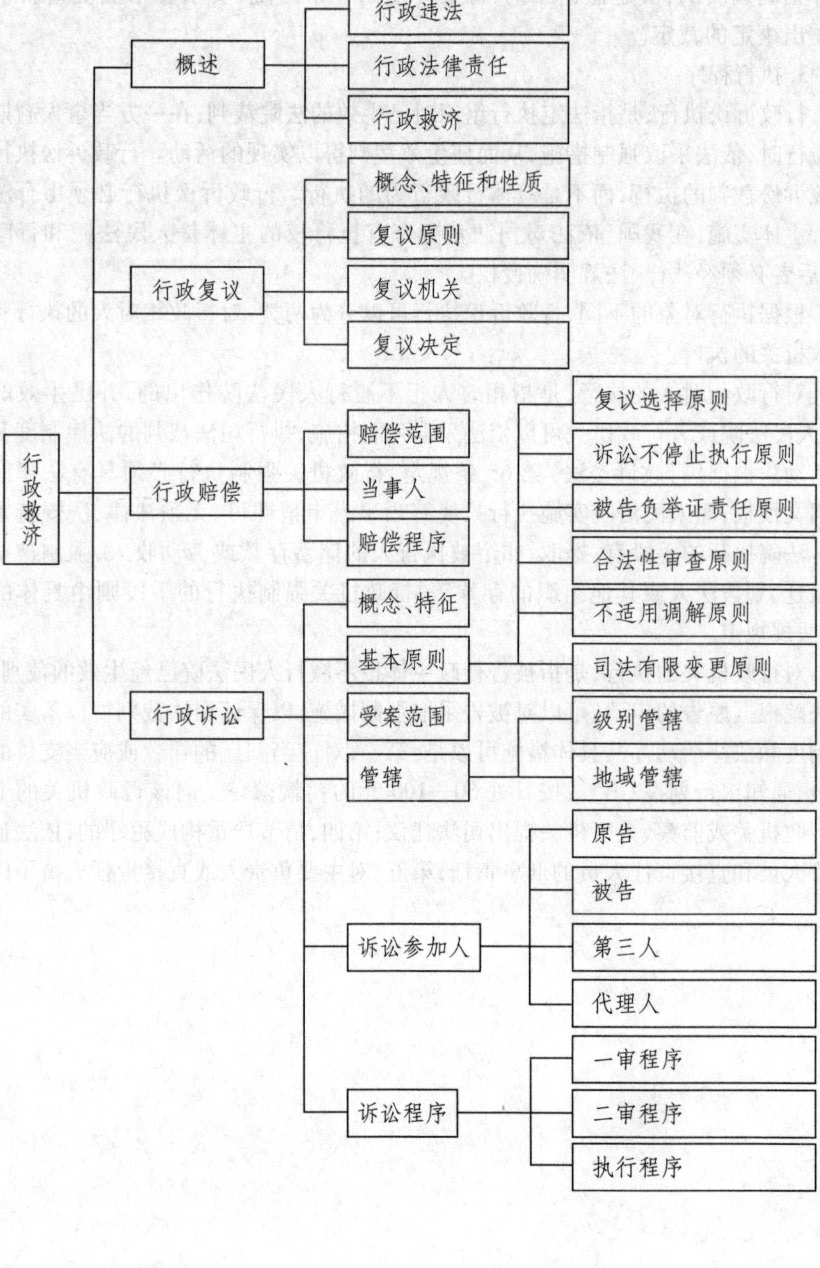
行政救济
概述
行政违法
行政法律责任
行政救济
行政复议
概念、特征和性质
复议原则
复议机关
复议决定
行政赔偿
赔偿范围
当事人
赔偿程序
行政诉讼
概念、特征
基本原则
复议选择原则
诉讼不停止执行原则
被告负举证责任原则
合法性审查原则
不适用调解原则
司法有限变更原则
受案范围
管辖
级别管辖
地域管辖
诉讼参加人
原告
被告
第三人
代理人
诉讼程序
一审程序
二审程序
执行程序

阅读与思考:

处女卖淫案

2001年1月8日晚8时,陕西省泾阳县19岁的农村姑娘麻某被泾阳县公安局蒋路派出所一名干警和一名聘用司机,以涉嫌卖淫为由传唤到派出所,两人轮流审讯,要麻某承认有卖淫行为。其间,该派出所所长也单独对麻某进行审讯(后来称是做"思想工作")。麻某不从,便被铐在院内篮球架上。次日晚7时,麻某被送回家,收审时间长达23小时。

泾阳县公安局当日以"嫖娼"为由作出治安管理处罚裁决:对麻某行政拘留15天。裁决书上,麻某的性别竟为男性,而日期居然是2001年2月9日。

对此荒唐的裁决,麻某非常生气,向咸阳市公安局提出行政复议申请,1月15日被受理。复议期间,麻某被迫做了两次处女膜检查,均证明处女膜完好无损。

麻某将咸阳市公安局、泾阳县公安局诉至咸阳市中级人民法院,并提出了7项诉讼请求:确认泾阳县公安局作出的《治安管理处罚裁决书》违法;泾阳县公安局强制传唤,非法限制人身自由事实行为违法;咸阳市公安局强制麻某作"处女膜完整"医学鉴定事实行为违法;对麻某讯问程序和实体内容违法;对原告使用器械、戒具违法。同时请求法院判令泾阳县公安局和咸阳市公安局公开向麻某赔礼道歉,恢复名誉并赔偿精神损失500万元等。

2月16日此案由咸阳市秦都区人民法院受理,于3月20日公开开庭审理此案,5月9日作出一审判决:确认被告泾阳县公安局传唤原告麻某并限制其人身自由23小时的具体行政行为违法;确认被告泾阳县公安局对原告麻某使用械具行为违法;确认被告咸阳市公安局委托医院对原告麻某做医学鉴定的具体行政行为违法。

与此同时,法院判决:自判决生效后10日内,被告泾阳县公安局向原告麻某支付赔偿金74.66元,赔偿原告医疗费1354.34元及误工损失费;驳回原告麻某其他诉讼请求。

2001年2月23日,泾阳县公安局对麻某一案涉及的办案民警、相关领导进行了处理:撤销此案主要责任人彭亮的蒋路派出所所长职务,开除党籍;对另一主要办案人王海涛给予开除党籍、行政降级的处分,并予以辞退。另外,责令在案件审查过程中把关不严的县公安局主管副局长郭某、法制科科长石某写出书面检查,离岗培训。派出所聘用司机胡安定同时被辞退。

麻某不服,向咸阳市人民法院提起上诉。法庭经过审理判决,泾阳县公安局支付麻某违法限制人身自由两天的赔偿金74.66元,加上医疗费、交通费、住宿费以及180天的误工费共9135元整。

请思考:本案麻某是如何寻求行政救济的?

自我测试

一、判断题

1. 狭义的行政违法仅指行政主体的违法,广义的行政违法还包括行政相对人违法。(　　)

2. 根据我国《行政诉讼法》的规定,行政诉讼只以抽象行政行为而不以具体行政行为作为诉讼对象。(　　)

3. 行政复议和行政诉讼都以开庭审理为主要方式。(　　)

4. 行政复议是具有行政内部监督属性的行为,也是一种具有司法性的活动。(　　)

5. 对地方各级人民政府的具体行政行为不服的,应该向其上一级地方人民政府及其职能部门申请行政复议。(　　)

6. 行政赔偿在范围上包括人身权和财产权损害赔偿,也包括精神损害赔偿。(　　)

7. 经复议机关复议的,最初造成侵权行为的行政机关为赔偿义务机关,但复议机关的复议决定加重损害的,复议机关对加重的部分履行赔偿义务。(　　)

8. 公民、法人和其他组织单独就损害赔偿提出请求,应当先由赔偿义务机关解决。(　　)

二、不定项选择题

1. 以下属于行政主体承担的行政责任方式的有(　　)。

A. 撤销违法行政行为　B. 行政赔偿　C. 行政追偿　D. 履行职务

2. 以下属于行政复议的原则的有(　　)。

A. 一级复议原则　B. 复议期间不停止执行原则

C. 调解原则　D. 不适用调解原则

3. 对以下哪些行政机关的具体行政行为不服的,只能向其上一级主管部门申请行政复议?(　　)

A. 海关　B. 金融　C. 国税　D. 外汇管理

4. 行政赔偿义务机关是(　　)。

A. 行政主体　B. 行政人　C. 公务员　D. 行政机关

5. 下列哪些情形国家不承担行政赔偿责任?(　　)

A. 行政机关工作人员与行使职权无关的个人行为

B. 因公民、法人和其他组织自己的行为致使损害发生的

C. 行政机关工作人员主观上有过错的职务行为

D. 因国防、外交等国家行为损害公民权益的

6. 以下属于行政诉讼特有原则的是(　　)。

A. 复议选择原则　　B. 诉讼不停止执行原则

C. 合法性审查原则　　D. 不适用调解原则

7. 以下哪些案件不属于行政诉讼的受案范围?(　　)

A. 国防、外交等国家行为

B. 行政法规、规章或者行政机关制定、发布的具有普遍约束力的决定、命令

C. 行政机关对行政机关工作人员的奖惩、任免等决定

D. 法律规定由行政机关最终裁决的具体行政行为

8. 以下属于中级人民法院管辖的行政诉讼案件的有(　　)。

A. 被告为县级以上人民政府,基层人民法院不适宜审理的案件

B. 社会影响重大的共同诉讼、集团诉讼案件

C. 重大涉外或者涉及香港特别行政区、澳门特别行政区、台湾地区的案件

D. 本辖区内其他重大、复杂案件

9. 行政诉讼当事人包括(　　)。

A. 原告　　B. 被告　　C. 第三人　　D. 诉讼代理人

10. 人民法院应当在立案之日起(　　)内作出第一审判决。

A. 一个月　　B. 二个月　　C. 三个月　　D. 六个月

第四章 刑 事 法

重庆打黑,刑辩律师李庄获罪

2009年6月,重庆启动了“打黑除恶专项斗争”,据官方统计,截至2010年1月3日,重庆打黑除恶专项斗争共抓获涉黑涉恶人员3193人,冻结、扣押、查封涉案资产21.746亿元。其中,为涉黑人员龚刚模担任辩护的李庄律师被法院认定构成辩护人伪造证据、妨害作证罪,判处有期徒刑一年零六个月。本案在司法界和学界可谓掀起了轩然大波,各大媒体也争相报道。

李庄为北京市康达律师事务所执业律师,因涉嫌辩护人、诉讼代理人毁灭、伪造证据罪,于2009年12月12日被重庆市公安局江北区分局刑事拘留,次日被逮捕,12月19日被提起公诉。重庆市江北区人民法院于2010年1月8日作出一审判决,认定被告人李庄犯辩护人伪造证据、妨害作证罪,判处有期徒刑二年零六个月。李庄不服,提起上诉,重庆市一中院于2010年2月9日公开宣判:维持江北区人民法院一审判决的定罪部分,即被告人李庄犯辩护人伪造证据、妨害作证罪;撤销该判决的量刑部分,即判处被告人李庄有期徒刑二年零六个月;以上诉人李庄犯辩护人伪造证据、妨害作证罪,判处有期徒刑一年零六个月。

二审法院查明:2009年11月22日、25日,北京市康达律师事务所接受龚刚模的妻子程琪、堂弟龚云飞的委托,指派李庄与马晓军担任龚刚模被控犯组织、领导黑社会性质组织等罪一案的一审辩护人。同年11月24日、26日、12月4日,李庄、马晓军先后在重庆市江北区看守所会见龚刚模。李庄在会见过程中,唆使龚刚模在法庭审理时谎称被公安机关刑讯逼供,向龚刚模宣读同案被告人樊奇杭的部分供述,以配合龚刚模推翻以前在公安机关的供述。李庄又指使重庆克雷特律师事务所律师吴家友贿买警察,以证明龚刚模被公安机关刑讯逼供的虚假事实。2009年11月底至12月初,李庄引诱程琪作龚刚模被樊奇杭等人敲诈的虚假证言,并要求程琪出庭作证。同年11月24日,李庄指使龚刚模之兄龚刚华安排重庆保利天源娱乐有限公司(下称保利公司)员工作伪证,否认龚刚模系保利公司的实际出资人和控制者。龚刚华遂授意保利公司员工汪凌、陈进喜、李小琴向公安机关提供虚假证言。同年12月10日,龚刚模向公安机关检举李庄的行为。同月12日,李庄被公安机关抓获。审理中,上诉人李庄当庭认罪,但宣判后,李庄大呼认罪有假,请全国16万律师为他申诉。

关于本案,众说纷纭。什么是犯罪?罪与非罪、此罪和彼罪、一罪与数罪该怎样确定?如何追究犯罪人的刑事责任?犯罪嫌疑人、被告人有哪些权利?刑事辩护有何意义?本章将为你解读相关问题。

第一节 概 述

学习提示:

1. 刑事法学具体包括哪些?

2. 刑法学、犯罪学、刑事政策学、刑事诉讼法学和行刑学分别指什么?有何关系?

3. 为什么要刑事法治?刑事法治有哪些要求?

一、刑事法学的含义

刑事法学与民事法学、行政法学相对应,是一个广义的概念,一般又称为全体刑法学,指的是以犯罪为规制对象,围绕犯罪的侦查、认定与刑罚的裁量、执行及其程序的法律科学的总和,具体主要包括刑法学、犯罪学、刑事政策学、刑事诉讼法学、行刑学等。简单地讲,凡与犯罪有关的一切法律,均可称为刑事法。在刑事法中,刑法居于核心地位,是刑事基本法,但刑法及其运行必须处于内外协调状态才能发挥其最佳功能,刑法学的研究和发展都必须与其他刑事法学科紧密结合,确立"刑事一体化"的思想和发展路径。

相关知识:

在对刑事问题进行整体思考的前提下,要想寻找有效控制犯罪的对策,必须跳开现有狭窄的刑法学既有框架的羁绊,而在更高、更广的层面上去理解、认识和分析与犯罪相关的一些问题。早在1989年,储槐植老师就提出了刑事一体化思想,指出犯罪问题的研究要在刑法之中、刑法之外和刑法之上来进行:刑法之中就是要对罪刑关系进行思考;刑法之外就是关注前边、注意后边,前边要延展到对犯罪原因的考察,后边要追溯到对犯罪人的改造和后续的矫治工作;刑法之上就是要注意到整个客观环境的变化与刑事立法之间的关系。吉林大学法学院张旭教授指出:我们现在强调一体化的思想是在储老师原创思想的基础之上,把所有关乎犯罪问题的研究都放到一个大的背景之下,既要瞻前又要顾后,既要环左又要顾右。瞻前就是要关注犯罪学中对犯罪的研究,不仅仅涉及犯罪产生的原因,还涉及对整个犯罪现象的描述和把握;所谓顾后就是对犯罪的一些后续问题的研究,如刑罚的执行、监狱设施的设计和改造,在监狱改造的环节中需要关注的问题包括重新犯罪率的有效抑制。所谓环左顾右,就是作为整个刑事实体法的研究来说,必须与刑事程序法相互关照,在公正和效率之间、在程序和实体之间,要找到一个均衡点。如在基本理念上关注被告人权利保护,就要求不仅在实体法中要明确罪刑法定这样一个基本原则,在程序法中也必须明确肯定无罪推定、沉默权等等的相关配套措施。我们关注被害人的权益,那么在刑事立法的实体、程序两个层面,都要从不同侧面借助规范落到实处。作为整个的刑事问题来说,一旦以"一体化"为视角,对于犯罪与刑罚的关系、对于公正与效率的关系、对于实体与程序的关系可能都会做出重新地诠释,而这样一种诠释,反过来会推动刑事立法向更高、更深的领域去发展。

(一)刑法学

刑法学以刑法为研究对象,是关于犯罪、刑事责任和刑罚的科学。刑法学作为研究刑法的科学,是随着刑法的产生而出现的,例如我国春秋时期就有所谓刑名之学。但是,刑法学作为一门独立学科却是近代才出现的。一般认为,1764 年意大利著名刑法学家贝卡里亚《论犯罪和刑罚》一书的出版,标志着刑法学的正式诞生。

一般认为,刑法学可以分为四种类型:(1)规范刑法学,是指以本国的现行刑法为研究对象,主要采取注释方法揭示法条的内容,并加以评注而形成的刑法规范知识体系。(2)理论刑法学,是指采用思辨方法,对蕴涵在法条背后对法条起支撑作用的法理加以阐述而形成的刑法知识体系。在理论刑法学中,按照其内容又可以分为刑法法理学与刑法哲学。(3)比较刑法学,是指采用比较方法,研究各国刑法,探求其立法思想和原理的异同,阐述其特征而形成的刑法知识体系。(4)国际刑法学,是指对国际刑事法律规范(包括刑事实体法规范和刑事程序法规范)进行研究而形成的刑法知识体系。

(二)犯罪学

犯罪学是关于犯罪现象及其产生原因和预防对策的知识与理论体系。犯罪学作为刑事法学的分支,也以犯罪为研究对象,但刑法学的研究视角和重心完全不同。犯罪学并不研究犯罪在法律上的构成要件来为处罚犯罪人提供法律论证,也不研究如何依法处罚犯罪,它只关注为什么人们会实施犯罪以及如何预防犯罪。所以犯罪学的研究并不局限于现行法律,犯罪学意义上的犯罪概念也要大于刑法学上的犯罪概念,它指一切严重危害社会的应受制裁的行为。犯罪学的功用主要在于认识犯罪的基本规律和具体规律,为刑事政策的制定和调整提供理论依据,并促进刑法思想的变化从而推动刑事立法的前进。

犯罪学是在资本主义社会里形成并发展起来的,其内容和范围也随着资本主义的发展和犯罪现象的逐步深入而有所变化。主要的犯罪学学派有以意大利学者贝卡里亚、英国学者边沁等人为代表的古典犯罪学派和以意大利犯罪学家龙勃罗梭、菲利和加罗法洛等人为代表的实证犯罪学派。

相关知识:

古典犯罪学派和实证犯罪学派的差异主要体现为以下五个方面:(1)历史背景与研究方法的差异。古典学派是启蒙运动的产物,启蒙运动是一种理性思维运动,强调个人应当基于理性的自觉,以评价一切社会及政治措施。古典学派受此思想影响,对当时不合理的刑法制度进行了猛烈的抨击。实证学派的兴起,则是受当时自然科学的影响,试图以科学研究的实证方式,寻求犯罪原因,探求犯罪对策。(2)犯罪原因论的差异。古典学派认为,人是自由意志的主体,正常的人都有辨别是非善恶的能力,并能决断是否从善去恶,故提倡"自由意志说"。实证学派则认为,个人的生理、心理因素与环境因素影响着人的行为。犯罪行为是个人危险性格的表现,而危险性格又是由个人的原因和社会的原因相互作用形成的。因此实证学派提倡"原因决定论",以区别于古典学派的"非决定论"。(3)刑事责任论的差异。古典学派认为,犯罪是有自由意志的人违反理性要求的行为,故应负其道义责任。实证学派则认为,人无自由意志,并非道义责任的问题。犯罪人之所以要负刑事责任,是因为其行为已对社会构成威胁或破坏,国家对犯罪人加以制裁,是为了保卫社会。(4)刑罚裁量依据的差异。古典学派认为,在一般情况下,人都有平等的自由意志,故刑罚适用的轻重应以犯罪行为客观危害后果为标准。实证学派则认为,刑罚轻重的裁量,应以行为人主观恶性的大小为标准,不应以行为的结果为标准。(5)刑罚目的论的差异。古典学派认为,因果报应为自然理性,对犯罪者科以刑罚,是其应受的报应,但应为等价的报应,否则,刑罚超过罪责,即属于违反公平原则,显然不符合正义的精神。实证学派则认为,刑罚并非对于犯罪的报应,其目的在于保障公共生活的安全。它一方面教育改善犯罪人,预防其再犯;另一方面,在于警戒一般公民,使其有所畏惧,不敢触犯法网。(摘自许章润主编《犯罪学》,法律出版社2004年版)

(三)刑事政策学

刑事政策是指国家或执政党依据犯罪态势对犯罪行为和犯罪人运用刑罚和有关措施,以期有效地实现惩罚和预防犯罪目的的方略。刑事政策学以刑事政策为研究对象,其作为一门学问的出现是对犯罪进行深入研究所作政策思考的产物。刑事政策对刑事立法和刑事司法都具有导向作用,其中心是科学合理地组织对犯罪的反应,包括打击面的宽窄、打击力度的大小和惩治方式的设计。

不同国家在不同时期,刑事政策的具体内容会有不同的侧重。比如我国共和国初期为镇压反革命运动制定了"从重、从快"的"严打"刑事政策,自20世纪70

年代末期以来,我国一直实行依法从重从快打击严重经济犯罪和严重刑事犯罪的刑事政策。从1982年至今,几乎没有停止过“严打”斗争,全国性的、大规模的“严打”斗争就有1983、1996、2001年三次。目前国际刑事政策的发展趋势是实行“轻轻重重”的两极化刑事政策,我国在六中全会上也明确提出了实施宽严相济的刑事司法政策在构建社会主义和谐社会中的重要现实意义。

(四)刑事诉讼法学

刑事诉讼法学是一门以刑事诉讼法律制度和刑事诉讼实践活动为研究对象的法律学科。刑事诉讼,是以追究犯罪者刑事责任为使命的诉讼形式。从狭义上讲,即严格意义上的刑事诉讼,仅指起诉至审判的诉讼程序。而一般意义上的刑事诉讼是广义的,指国家为实现刑罚权所实施的全部具有诉讼意义的行为,其程序包括立案、侦查、起诉、审判和执行五个阶段。刑事诉讼法是指国家制定的关于刑事诉讼活动所应遵循的原则、制度和程序的法律规范的总称。

刑事诉讼是国家和个人(主要是刑事被告人)的尖锐对抗,直接关系到社会最重要的价值,即人的生命、财产和自由的剥夺,刑事诉讼程序和刑事诉讼法律制度的地位日益突显,刑事诉讼法学的研究也有了长足的发展。现代刑事诉讼的目的在于追求惩罚犯罪与保障人权的统一,我国历来有“重实体,轻程序”的传统,目前刑事诉讼法律制度的改革尤其强调程序对于保障公民权利的价值,注重现代刑事诉讼理念的革新。

相关知识:

刑法与刑事诉讼法的关系是实体与程序法的关系。刑法界定犯罪以及规定刑罚,主要指引着社会公众的行为,而刑事诉讼法是规定追诉犯罪过程中的相关规则与步骤,指引国家机关在追诉犯罪过程中适当行为。传统观点认为,刑法和刑事诉讼法的关系是内容和形式的关系,两者相互依存,密不可分,其中,刑法是内容,刑事诉讼法是形式。这种关系描述虽然具有相对合理性,但并不能全面地反映刑法与刑事诉讼法的关系,而且极易导致“重实体,轻程序”的观念,越来越不符合立法与理论的需要。近年来,一些程序法基础理论的引入与发展,尤其是程序正义理论的导入,刑事诉讼独立于刑法的价值被学者们逐步认识。这种以价值分析为切入点,提升程序独立价值的研究,无可否认已经对唤醒社会公众及司法人员的程序意识,完善刑事诉讼立法,繁荣刑事诉讼法学研究起到了启蒙性的作用。但如果过度注重刑法与刑事诉讼法各自的独立性,同样不利于两者的发展。在刑法学的研究中如果只是把刑事诉讼法看做其“助法”,必然不符合现代法治的一些核心理念;而在刑事诉讼法的研究中,如果一味地强调程序的独立价值,而完全牺牲实体价值,最终只能是架空刑事实体法,并使刑事程序自身失去存在的意义。从目前发展趋势来看,我们的刑法更多传承了大陆法注重思辨性与逻辑性的刑事法理论,而刑事诉讼法则更多地向注重诉讼人权保障的英美当事人主义靠拢,这种反向运动的趋势在某些情况下容易引起刑法与刑事诉讼法关系的紧张,如何在理论研究和立法及司法实践中协调两者的关系,是值得深思的问题。

(五)行刑学

行刑学是以刑罚(主要是自由刑)的执行、行刑场所的组织和设施、受刑者的待遇、假释、缓刑等行刑制度作为研究对象的专门科学。行刑是国家刑罚权行使的最后一个环节,刑罚的目的论对具体的行刑制度与行刑实践具有重要的指导意义。自19世纪以来,受法制国家思想和社会国家思想的影响,现代行刑学主张在惩罚和预防犯罪的基础上,要着眼于社会利益,对犯罪人进行社会改造,使其尽快适应社会生活,不致重新危害社会。教育刑理论更是反对刑罚绝对化,主张刑罚与保安处分并用;在行刑设施上,反对残酷的报复性的行刑设施,主张行刑设施的缓和化和人道化;在对犯人的处遇上,反对单纯的惩罚,主张教育改造。近年来,因为监狱人满为患和重新犯罪率居高不下,监狱改造罪犯的功能和效果受到了质疑,诸如社区服务令等非监禁化运动在世界各国得到了迅速发展。

二、刑事法治

(一)刑事法治的意义

法治不是一个空洞抽象的概念,它必须落实到各个部门法中,刑事法治、民事法治、行政法治等范畴也就由此引申而来。而对于一个法治国家来说,实现刑事领域的法治是最基本和最重要的,因为刑事法律关乎着公民的生命财产、生杀予夺,刑法既是公民权利的最后一道防线,也是防卫社会的最后手段。正如经济学中所谓的木桶理论表明,一个木桶装水的多少,并不取决于最长的那块木板,而是取决于最短的那块木板。因此,如果把法治和法治国家的建设比喻成一个木桶,那么刑事法治就是木桶之中最短的那块木板。在这个意义上,我们完全可以说,刑事法治是法治的底线,是法治国家的最基本要求。

(二)刑事法治的基本内容

在法治国家,国家权力应该受到限制。刑罚权是一种最强大也是最危险的国家权力,一般来讲,刑罚权具体包括制刑权、求刑权、量刑权和行刑权,都直接关乎公民的生杀予夺。由此,刑事法治的要旨就在于限制国家刑罚权,保障公民权利与自由,刑事法治要求刑事立法、刑事司法和刑事执法中都能以人为本、追求理性和正义。

刑事法治是近代启蒙运动的产物,它以罪刑法定与无罪推定为基石,其基本内容包括:

(1)人权保障。刑事法治以人权保障为核心。法治国的基本精神在于:一个受法约束的国家。刑法是以惩罚犯罪为内容的,但惩罚犯罪又是为了保障个人的自由和权利。如果离开了人权保障,刑法就会成为专制的工具,只有以人权保障为使命,刑法在现代社会中的存在才具有其合理性与正当性。

(2)形式理性。刑事法治以形式理性为标志,它意味着对形式合理性的追求。作为刑事法治基础的罪刑法定与无罪推定,都是奠基于形式合理性之上的。形式合理性意味着一套严密的刑事法律规范体系的存在,并且在此范围内实现合理性。因此,这种合理性是相对的,但又是现实的和可期待的。

(3)程序正义。刑事法治以程序正义为内容。司法不是一种恣意的活动,而是一种规范性活动。这里的规范不仅指实体规范,而且指程序规范。只有通过程序才能实现正义,程序正义虽然是为实体正义服务的,但它又具有独立的价值。

相关案例:

2006年4月21日晚10时,被告人许霆来到天河区黄埔大道某银行的ATM取款机取款。结果取出1000元后,他惊讶地发现银行卡账户里只被扣了1元,狂喜之下,许霆连续取款5.4万元。当晚,许霆回到住处,将此事告诉了同伴郭安山。两人随即再次前往提款,之后反复操作多次。后经警方查实,许霆先后取款171笔,合计17.5万元;郭安山则取款1.8万元。事后,二人各携赃款潜逃。2006年11月7日,郭安山向公安机关投案自首,并全额退还赃款1.8万元。经天河区法院审理后,法院认定其构成盗窃罪,但考虑到其自首并主动退赃,故对其判处有期徒刑一年,并处罚金1000元。而潜逃一年的许霆,17.5万元赃款因投资失败而挥霍一空,2007年5月在陕西宝鸡火车站被警方抓获。

2007年12月初,广州市中院审理后认为,被告人许霆以非法侵占为目的,伙同同案人采用秘密手段,盗窃金融机构,数额特别巨大,行为已构成盗窃罪,遂判处无期徒刑,剥夺政治权利终身,并处没收个人全部财产。其依据是我国《刑法》第264条规定,“盗窃金融机构,数额特别巨大的,处无期徒刑或者死刑,并处没收财产”。而根据司法解释,“个人盗窃公私财物价值人民币3万元至10万元以上的,为‘数额特别巨大’”。

许霆不服一审判决,提起上诉,2008年1月14日,广东省高院以事实不清为由将该案发回重审。2008年3月31日,广州市中级法院第二次公开开庭审理,以盗窃罪判处许霆5年有期徒刑,罚金人民币2万元,并退赔其从银行ATM机上取出的173826元。许霆不服提起上诉。2008年5月22日下午,广东省高级法院就备受关注的“许霆案”进行宣判,驳回上诉,维持原判,这是该案的终审判决。

许霆案经媒体报道后引起舆论广泛关注和争议,争议的焦点主要集中在本案应该适用民法还是刑法?许霆是否构成盗窃罪?银行是否应该承担责任?ATM机是否是金融机构?等。还有人为此做了网络调查,结果显示:能够抵挡ATM机出错的诱惑,愿意在可以多取钱的情况下不取,而是及时通知银行的人,仅仅占参与调查网友的7.34%。更多的人认为,即使许霆构成盗窃罪,无期徒刑的量刑显然不当,我国刑法及其解释已不适应当前的经济形势,亟须修正。

许霆案的判决始末,媒体的关注和舆论的导向发挥了不可忽视的作用,舆论监督与司法独立之间的关系是刑事法治建设中值得深思的问题。一方面司法机关要敢于接受社会大众和媒体舆论的评论监督,尽可能及时地向社会公布该案的案情和查处情况,以满足广大民众的知情权;另一方面应秉持司法独立的理念,不能搞“媒体审判”,必须严格依照《刑法》和《刑事诉讼法》的有关规定,公开、公平、公正地办理此案,以实现法律效果与社会效果的有机统一。

公众对许霆一案的关注,体现了公众对法律是否公正、社会是否公平的关注。从本案中,我们发现,公众与司法机关对于一个犯罪行为的是非判断产生了强烈的反差,情理与法律的碰撞、权力与民情的互动、时代与人心的纠结在这一案件中得到了鲜活展现。法律是一门科学,很专业,但是法律并不神秘,对于一个法律条文的正确理解,不应当超出大多数普通人的正常感受的范围。否则,要么法律规定出了问题,要么法律人士出了问题。从刑事法治的视角来看,许霆案虽是一个个案,但我们应当注意用“解剖麻雀”的方法去反思其背后关涉的法理和法律问题。透过典型个案的处理去了解其背后涌动着的生动司法实践,去发现“活”的法,这才是我们应当着力予以思考和关注的。因为正是在这种司法实践中,我们的法治观念才得以不断地变革和进步,进而在更深远意义上推动中国法治的发展和完善。当然,现代法治文明理念的确立以及法治的进步和发展,并非可以一蹴而就,而是需要我们不断地去关注、去维护、去历练乃至去引导。

本节知识框架图:

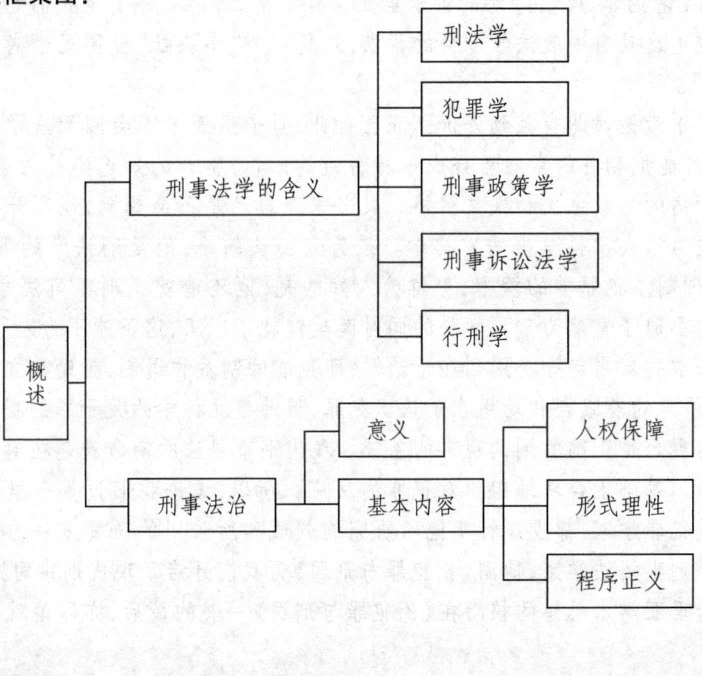

阅读与思考:

贝卡里亚:《论犯罪与刑罚》

1764年,法国巴士底狱为了给驻军和囚犯报时,安装了一座重达两吨的大钟。这一年,贝卡里亚(CesareBeccaria)的《论犯罪与刑罚》在意大利出版。

1789年,巴士底狱被攻占,大钟表盘上的奴隶雕像,被革命者用石头砸碎。这一年,与大钟同年问世的《论犯罪与刑罚》的一些重要观点和词句,则被搬入革命文件:法国《人权宣言》。

25年间,巴士底狱大钟成为失去表盘的历史遗物,而《论犯罪与刑罚》则成为影响欧美政治革命和法律改革的基本文献。该书篇幅虽小,学术含量却很高。全书共42节,6万多字,从刑罚的起源写到如何预防犯罪,贝卡里亚摆脱传统和常规的羁绊,按照他所钟情的启蒙思想、人文主义和理性精神进行写作,熔炼法哲学、法理学、刑法学、犯罪学等学科的精髓于一炉,实现了学科之间的整合。他首次明确提出刑法三大原则,即罪刑法定原则、罪刑相适应原则和刑罚人道主义,并主张"刑罚必须及时"、程序公开、陪审制等。这些观点奠定了现代刑事法学、犯罪学的理论基础,该书是犯罪学和刑罚学历史上最重要的经典著作之一,是自《圣经》以来译本最多的著作之一。

撰写《论犯罪与刑罚》时的贝卡里亚仅有二十五六岁,并不是我们想象中的法学家。他不过具有一般法学专科的背景,只是一个"拳头社"社团里崇尚启蒙主义的"愤青"。

皮艺军教授对此有独到评价:"正因如此,贝卡里亚才不会囿于法学的条条框框,才有可能把相关的素材整合成一种崭新的知识,整合的知识不是法条,而恰恰是他所钟情的启蒙主义和人文精神。贝卡里亚自己是不会想到,他所开拓的处女地竟会成为三大学科诞生的发祥地。最为人公认的是,他是刑法学的催生婆,同时,他还创制了犯罪学的襁褓,更鲜为人知的是,他还造就了刑事司法学的摇篮。他的这本小册子竟然为三大学科的同时诞生铺就了产床,这不能不为人所惊叹。"

刑法学的着眼点和功用则在于治罪,即犯罪的制裁和遏制,帮助建立关于刑的观念;犯罪学的着眼点和功用在于认识犯罪,帮助建立科学的关于罪的观念。而科学的罪的观念是正确的刑的观念的基础。现代刑事司法的使命就是在对犯罪现象的科学认识基础上合理地组织对犯罪的反应。所以,无论我们说贝卡里亚是刑法学家还是犯罪学家,都没能标明他所研究的领域和所采用的研究方法,确切地说,他是一个刑事司法学家,他用《论犯罪与刑罚》为我们开启了现代刑事司法之门。

贝卡里亚学术思想的核心在《论犯罪与刑罚》一书的最后,亦即他就其所论述内容总结出的一条颇为有益的普遍公理：为了不使刑罚成为某人或某些人对其他公民施加的暴行，从本质上来说，刑罚应该是公开的、及时的、必须的，在既定条件下尽量轻微的、同犯罪相对称的并由法律规定的。

在上述公理中，首次明确全面地提出了具有划时代意义的刑法三大原则，即罪刑法定主义、罪刑相适应原则和刑罚人道主义。这三大原则已为现代的刑法制度所确认，也由此奠定了贝卡里亚在刑事司法领域中的学术地位。可以说从那时起到现在，世界性的刑法理论都与这三大原则有着密切的联系。此外，贝卡里亚在《论犯罪与刑罚》中还就犯罪的本质、刑罚的目的、法官的作用、刑罚的严厉和起诉、证据与审判、犯罪的预防等进行了细致、深入的思考，为西方刑事司法理论架构奠定了基础。

美国学者科尔曼·菲利普森称贝卡里亚是第一个对死刑的合法性提出争议的学者。由贝卡里亚挑起的激烈的死刑存废论战，200 多年来，唤起了人们对死刑的空前关注和理性思考，经过死刑废除论者的不懈努力，死刑废除运动结出了丰硕的成果，越来越多的国家和地区加入到废除或限制死刑的行列，刑罚也从总体严厉趋于总体轻缓。

但是正如张明楷教授在其《刑法的基本立场》一书中所指出的，西方国家废除死刑是以其本国人民的物质、精神生活水平为根据，以其本国人民的平均价值观念为基础的。他们主张废除死刑，所以他们也反对任何国家保留死刑。然而，死刑的存废和多寡的看法是不能离开时代与国情的。各个国家只能根据本国的国情与本国公民的平均价值观念讨论本国死刑的存废，而不能根据本国的国情与本国公民的平均价值观念讨论其他国家的死刑存废问题。张明楷教授的观点具有重要的方法论意义，对同一事物，基于不同价值立场，不同主体作出的价值判断肯定不同，采取的处理方式也可能不一样。这不仅可以用来分析死刑问题，也同样可以用来分析刑事司法改革乃至社会改革中遇到的各种问题。死刑的存废与一国的社会政治、经济、治安等状况有着密切的联系，并不可避免地受着该国民族传统、文化背景等的影响，不能一概而论。现今的司法改革亦是如此。但是必须强调，各项改革能否顺利进行，并不是逻辑论证后自洽就可以，而应当在进行真正实证研究之后才作出结论。（摘自《法制日报》，作者：王洁）

请思考：贝卡里亚及其《论犯罪与刑罚》对你有什么启示？

自我测试

一、判断题

1. 我国刑法学和犯罪学对于犯罪的概念是统一的,但两者研究的重点各有侧重。(　　)

2. 目前,国际刑事政策的发展趋势是实行“轻轻重重”的两极化刑事政策。(　　)

3. 刑事法治是近代启蒙运动的产物,它以罪刑法定与无罪推定为基石。(　　)

4. 现代刑事诉讼的目的在于惩罚犯罪。(　　)

二、不定项选择题

1. 以下属于刑事法学的有(　　)。

A. 犯罪学　B. 刑事政策学　C. 刑法　D. 刑事诉讼法学　E. 行刑学

2. 在刑事法学中,处于核心地位的是(　　)。

A. 犯罪学　B. 刑事政策学　C. 刑法　D. 刑事诉讼法学　E. 行刑学

3. 以本国的现行刑法为研究对象,主要采取注释方法揭示法条的内容,并加以评注而形成的刑法规范知识体系叫(　　)。

A. 规范刑法学　B. 理论刑法学　C. 比较刑法学　D. 国际刑法学

4. 犯罪学主要研究(　　)。

A. 犯罪现象　B. 犯罪原因　C. 犯罪构成　D. 犯罪对策

5. 刑事法治的基本内容包括:(　　)。

A. 人权保障　B. 形式理性　C. 实质理性　D. 程序正义

6. 一般来讲,刑罚权具体包括(　　)。

A. 制刑权　B. 求刑权　C. 量刑权　D. 行刑权

第二节　刑　法

学习提示:

1. 刑法区别于其他部门法有什么特征和基本原则?

2. 什么是犯罪?正当防卫和紧急避险是否是犯罪?为什么?

3. 什么是犯罪既遂、犯罪未遂、犯罪预备、犯罪中止?

4. 什么是共同犯罪?对共同犯罪人应该如何处罚?

5. 我国的刑罚有哪些种类?如何裁量和执行刑罚?

6. 我国刑法规定了哪些犯罪?

7. 我国刑法对间谍罪、交通肇事罪、故意杀人罪、强奸罪、抢劫罪、绑架罪、盗窃罪、诈骗罪、贪污罪、贿赂罪等常见犯罪是怎么规定的?

一、概述

(一)刑法的概念

刑法有广义和狭义之分。狭义的刑法是指全面和系统规定犯罪、刑事责任和刑罚的刑法典,即1979年月7月1日第五届全国人民代表大会第二次会议通过,1997年3月14日第八届全国人民代表大会第五次会议修订的并于同年10月1日生效的《中华人民共和国刑法》(以下简称《刑法》)。1997年刑法包括总则和分则,共452条。刑法修正案是刑法典的有机组成部分,我国现行刑法至今已经有八个修正案。

广义的刑法包括刑法典、刑法修正案、单行刑法和附属刑法规范。单行刑法是国家最高权力机关以决定、规定、补充规定以及条例等名称颁布、规定某种(或某类)犯罪以及后果或者刑法的某一事项的法律。现行有效的单行刑法只有一个,即1998年12月29日全国人大常委会颁布的《关于惩治骗购外汇、逃汇和非法买卖外汇犯罪的决定》。附属刑法是国家最高权力机关在制定非刑事法律中附加制定的对特定社会关系加以特别调整的罪刑规范。

(二)刑法的特征

刑法作为一个独立的法律部门,有着区别于其他部门法的特有属性,这也是运用刑法处理刑事案件应有的刑事司法理念。

首先,刑法调整和保护的利益具有广泛性和不完整性。一般部门法只是调整和保护某方面的社会关系,而刑法涉及社会生活的方方面面。可以说,凡是其他部门法保护和调整的社会关系,最终都有可能需要刑法保护和调整。但同时,刑法只是将严重侵害法益的违法行为而非所有违法行为规定为犯罪,这种不完整性要求司法机关严格遵循罪刑法定原则,不能仅关注行为的严重社会危害性,而且更应该关注行为的刑事违法性。

其次,刑法所运用的手段最为严厉,具有最后法的特征。“刑罚如双刃之剑,用之不得其当,则国家和个人双受其害”,只有当一般部门法不足以抑止某种危害行为时,才能适用刑法,刑罚应当是国家为达到其保护法益和维持秩序的最后手段。也就是说,若能通过民事责任、行政责任等法律责任足以惩戒的,就不需要动用刑事手段。

最后,刑法是宪法及其统帅下的其他部门法贯彻实施的最后保障。也就是说,除刑法外,不论哪个部门法所调整的社会关系遭到犯罪行为的侵害,刑法就会毫无例外地将其纳入自己所调整的范围,对其刑罚制裁。所以,刑法是贯彻实施宪法及其统帅下的其他部门法的后盾和保证。

(三)刑法的基本原则

刑法的基本原则是指贯穿于全部刑法规范,具有指导和制约全部刑事立法和刑事司法意义,体现我国刑事法治基本精神的准则。我国《刑法》明确规定了三项基本原则,即罪刑法定原则、适用刑法人人平等原则、罪责刑相适应原则。

1. 罪刑法定原则

《刑法》第3条规定:"法律明文规定为犯罪行为的,依照法律定罪处刑;法律没有明文规定为犯罪行为的,不得定罪处刑"。这一规定准确地揭示了罪刑法定原则的基本含义,即法无明文规定不为罪,法无明文规定不处罚。也就是说,定罪和量刑都必须要有法律的明确规定,而不仅仅是看行为有什么样的社会危害后果以及社会危害后果是否严重。

相关知识:

罪刑法定原则的具体要求主要体现在形式和实质两个方面。形式方面要求:禁止类推解释、排斥习惯法、排斥绝对不定期刑、禁止重法溯及既往。实质方面:一是明确性要求,即要求罪刑规范必须清楚明确,使人确切了解犯罪行为和非犯罪行为的范围,排斥含混模糊的规范;二是合理性要求,即禁止处罚不当的行为、禁止不均衡、残酷的刑罚。总体来讲,罪刑法定原则的形式方面体现的是形式法治的观点,旨在限制司法权;而实质方面体现的是实质法治的要求,旨在限制立法权。

2. 刑法面前人人平等原则

《刑法》第4条规定:"对任何人犯罪,在适用法律上一律平等。不允许任何人有超越法律的特权"。公民在法律面前人人平等是载入我国宪法的一项重要的社会主义法治原则,所以刑法的这一规定把法律面前人人平等再次确认为我国刑法的基本原则,具有重大实际意义。刑法面前人人平等原则的基本含义是指任何人犯罪,不论犯罪人的家庭出身、社会地位、职业性质、财产状况、政治面貌、才能业绩等如何,都应当追究刑事责任,一律平等地适用刑法,绝不允许任何人有超越法律的特权。

3. 罪责刑相适应原则

《刑法》第5条规定:"刑罚的轻重,应当与犯罪分子所犯罪行和承担的刑事责任相适应"。这一原则的基本含义是:犯多大的罪,便应承担多大的刑事责任,法院也应判处其相应轻重的刑罚;重罪重罚,轻罪轻罚,罪刑相称,罚当其罪。刑罚的轻重不仅与犯罪分子所犯罪行相适应,也与犯罪分子承担的刑事责任相适应。分析罪轻罪重和刑事责任大小,应结合考虑犯罪的社会危害性和犯罪人个人情况(包括主观恶性与人身危险性),从而确定其刑事责任程度,适用相对应的刑罚。

相关案例:

甲和乙都是持着直接故意杀人的心态,甲向被害人砍了一刀,正准备向躺在血泊中的被害人砍第二刀的时候被过路人奋力阻止，被害人虽幸免于死，但已构成重伤，甲显然是故意杀人罪(未遂)；而乙向被害人砍了一刀后，见被害人躺在血泊中，心生怜悯而扔下凶器离去，但也造成被害人重伤，显然乙是故意杀人罪(中止)。甲和乙两人行为的性质都是故意杀人罪，而且在客观上的损害后果也都是造成被害人重伤，但对两人的刑事处罚会不一样，因为甲的犯罪未完成是意志以外的原因造成的，是犯罪未遂；而乙的犯罪未完成是自己主动放弃的，是犯罪中止。两者体现的主观恶性和由此体现的人身危险性不同，应该对甲乙两人的刑事责任大小进行全面综合地判断并给予适当的刑罚处罚。

(四)刑法的效力范围

刑法的效力范围，又称刑法的适用范围，是指刑法在什么地域、对什么人、在什么时间具有效力。刑法的效力范围，不仅涉及国家的主权，而且涉及国际关系和新旧法律的冲突问题。

1. 刑法的地域效力

我国《刑法》第 6 条规定："凡在中华人民共和国领域内犯罪的，除法律有特别规定以外，都适用本法"。中华人民共和国领域是指我国国境以内的全部区域，包括领陆、领水、领空。根据国际条约和惯例，在我国的船舶或航空器内犯罪的、在我国的驻外使领馆内犯罪的，也适用我国刑法。犯罪的行为或结果有一项发生在我国领域内的，就认为是在我国领域内犯罪。

2. 刑法对人的效力

对我国公民的效力，《刑法》规定了三种情况：一是我国公民在我国领域外犯我国刑法规定之罪的，适用我国刑法，但按我国刑法规定的最高刑为 3 年以下有期徒刑的，可以不予追究；二是我国的国家工作人员和军人在我国领域外犯罪，则不管其所犯之罪按照我国刑法的规定最高刑是否为 3 年以下有期徒刑，中国司法机关都要追究其刑事责任；三是我国公民在我国领域外犯罪，依照我国刑法应当负刑事责任的，虽然经过外国审判，仍然可以依照我国刑法追究，但是在外国已经受过刑罚处罚的，可以免除或减轻处罚。

对外国人的效力，《刑法》规定了两种情况：一是外国人在中华人民共和国领域外对中华人民共和国国家或者公民犯罪，而按本法规定的最低刑为 3 年以上有期徒刑的，可以适用本法，但是按照犯罪地法律不受处罚的除外；二是享有外交特权和豁免权的外国人的刑事责任，通过外交途径解决。

此外，根据《刑法》第 8 条的规定，凡是我国缔结或参加的国际条约中规定的罪行，无论犯罪人是中国人还是外国人，也无论其犯罪行为发生在我国领域内还是我国领域外，只要犯罪人处于我国领域内，我国就应当在所承担条约义务的范围内行使刑事管辖权，适用我国刑法。

相关知识:

刑法对地域和对人的效力统称为刑法的空间效力,旨在解决刑事管辖权问题。确定刑事管辖权的标准,目前主要有四种:一是属地管辖,即以地域为标准,只要在一国家主权范围内,所有的犯罪行为都适用本国刑法。二是属人管辖,即只要是某个国家的公民,不论其行为在国内还是在国外都适用本国刑法。三是保护管辖原则,即以行为是否侵犯本国国家利益或者本国公民利益为准则而适用本国刑法。四是普遍管辖原则,即针对国际条约、国际协定中规定的违反全人类共同利益的国际犯罪行为,不论行为人的国籍、行为所在地、任何缔约国、条约参与国都有权管辖。以上四个标准,各国基本上都采用综合性的标准,我国刑法也是如此,采用的是以属地管辖为主,同时兼采属人管辖、保护管辖和普遍管辖的原则。

3. 刑法的时间效力

刑法的时间效力,是指刑法生效和失效的时间以及刑法是否具有溯及既往的效力。

刑法的生效时间分两种情形:一种是自公布之日生效;另一种是公布后经过法律规定的一段时间再生效。刑法的失效时间也有两种情形:一种是立法机关明确宣布失效;另一种是自然失效,即新法施行后代替旧法。

刑法的溯及力,是指新刑法生效后,对它生效以前未经审判或者判决尚未确定的行为是否适用的问题。如果适用,新刑法就有溯及力;如果不适用,新刑法就没有溯及力。我国刑法采用的是从旧兼从轻的原则,体现的是“有利于被告人”的准则。即,一般情况下,1997 年的刑法对其生效之前所发生的犯罪行为没有效力,除非对此问题的定罪量刑 1997 年的刑法规定的比 1979 年的刑法要轻微,则对此案件的审判应该适用 1997 年的刑法。

二、犯罪

(一)犯罪的概念

刑法中所讲的犯罪,是指一种严重危害社会,触犯刑法并且应当受到刑罚处罚的行为。犯罪必须具备三个属性,即严重的社会危害性、刑事违法性和应受刑罚惩罚性。

1. 犯罪是严重危害社会的行为,即具有严重的社会危害性

犯罪的社会危害性的表现是多种多样的。从其侵害的后果看,可以分为现实性危害和可能性危害,前者是指犯罪行为的发生对国家和人民的利益已经造成了实际损害,后者是指犯罪行为虽未造成实际损害,但已经构成了重大的威胁,比如故意杀人罪的既遂与未遂,都具有严重的社会危害性。以社会危害性的表现形态为依据,又有物质性危害和非物质性危害之分,前者比如毁坏财物,后者比如侮辱诽谤等。

我国刑法对犯罪的规定是定性与定量的统一。也就是说,犯罪是具有社会危害性的行为,但并不意味着任何具有社会危害性的行为都是犯罪,社会危害性的程度是划分罪与非罪的一个重要标准。

2. 犯罪是触犯刑事法律的行为,即具有刑事违法性

刑事违法性是犯罪的法律特征,也是评价某种行为是否构成犯罪的法律标准。具有社会危害性的行为,即使是具有严重社会危害性的行为,如果刑法不做限制性的规定,那就不是犯罪。比如行为人不是出于故意或过失,实施了某种伤害行为,并造成了严重的损害结果,它往往属于意外事件,而非犯罪。

3. 犯罪是应受刑罚处罚的行为,即具有应受惩罚性。一般来讲,犯罪是适用刑罚的前提和基础,刑罚则是犯罪行为所应承担的法律后果。但需要注意的是,应不应该受到刑罚处罚和需不需要给予刑罚处罚是两个不同的概念,切忌将两者混为一谈。免予刑事处罚本身就说明,行为人的行为还是属于犯罪行为之列,只是考虑某种情况不给予刑罚处罚而已。

(二)犯罪构成

犯罪构成,是指依照我国刑法规定的,决定某一具体行为的社会危害性及其程度而为该行为构成犯罪所必需的一切主观和客观要件的总和。犯罪构成与犯罪概念是既有联系又有区别的两个概念。犯罪概念是确定罪与非罪的一个总的标准,是犯罪构成的基础;犯罪构成是划分罪与非罪、此罪与彼罪的具体标准,是犯罪概念的具体化。任何一种犯罪的成立都必须具备犯罪客体、犯罪客观方面、犯罪主体、犯罪主观方面这四个构成要件。

1. 犯罪客体

犯罪客体,是指我国刑法所保护而为犯罪行为所侵犯的社会主义社会关系。按照犯罪行为所侵犯社会关系范围不同,犯罪客体可分为一般客体、同类客体和直接客体。犯罪的一般客体,是指犯罪所共同侵犯的客体,即我国刑法所保护的整个社会主义社会关系。犯罪的同类客体,是指某一类犯罪所共同侵犯的我国刑法所保护的社会主义社会关系的某一方面或某一部分。我国的刑法分则就是根据犯罪同类客体的不同,将犯罪分为十大类。犯罪的直接客体,是指某一种犯罪所直接侵犯的我国刑法所保护的某种具体的社会主义社会关系,如故意杀人罪所直接危害的是他人的生命权利。犯罪的直接客体揭示了具体犯罪所侵犯的社会关系的性质,是区分此罪与彼罪的关键。

一般来说,一个犯罪行为直接侵犯的社会关系仅为一种,即简单客体(或称单一客体)。但也有少量犯罪行为直接侵犯了两种以上的社会关系,我们称之为复杂客体。比如抢劫罪侵犯的客体是复杂客体,它既直接侵犯他人的财产所有权,也同时直接侵犯了他人的人身权利;又如挪用公款罪侵犯的客体也是复杂客体,它不仅侵犯了公共财产所有权,而且还侵犯了国家的廉政制度。

相关知识:

犯罪客体不同于犯罪对象,犯罪客体是我国刑法所保护而为犯罪行为所侵犯的社会关系,犯罪对象是犯罪行为所直接作用的具体的人或物。如故意杀人罪的犯罪对象是被害人,犯罪客体是他人的生命权利。二者之间的区别主要表现在:首先,犯罪客体决定犯罪的性质,而犯罪对象则不决定犯罪性质。如同样是对火车进行破坏(对象相同),但如果破坏的是正在使用中的火车,足以造成不特定多数人的伤亡和重大财产的损失,这时行为所侵犯的客体是公共安全,构成破坏交通工具罪;如果破坏的是在修理中的火车,这时行为所侵犯的客体是公共财产的所有权,构成故意毁坏财物罪。其次,犯罪客体是任何犯罪构成的必备要件,没有犯罪客体就没有犯罪的存在,而犯罪对象则并不是一切犯罪的必备要件。如脱逃罪、偷越国(边)境罪等就没有具体的犯罪对象,但它们都具有犯罪客体,都侵犯了一定的社会关系,脱逃罪侵犯的是司法机关的正常管理秩序,偷越国(边)境罪侵犯的是国家对国(边)境的正常管理秩序。最后,任何犯罪都必然使犯罪客体受到侵害,而犯罪对象则不一定受到侵害。如盗窃罪、贪污罪、包庇罪等犯罪,虽然使相应的犯罪客体受到侵害,但作为客观存在的物和人即犯罪对象,其本身并没有受到损害。

2. 犯罪客观方面

犯罪客观方面,是指刑法规定的犯罪活动的客观外在表现,包括危害行为、危害结果以及刑法上的因果关系等客观事实。

危害行为,是一切犯罪构成的客观必备要件,它有作为与不作为两种基本表现形式。作为是指行为人用积极的行为实施我国刑法所禁止的危害社会的行为,是"不应为而为之"。作为形式在犯罪中比较多见,并且有许多犯罪只能表现为作为形式,如强奸罪、抢夺罪、贪污罪等。不作为是指行为人有义务实施并且也能够实施某种积极的行为而未实施的消极行为,是"应为而不为之"。以不作为的形式构成犯罪,在客观方面必须具备以下三个条件,即行为人负有积极实施某种行为的义务;行为人具有履行该积极义务的能力;行为人没有履行该积极义务或没有实施某种积极的行为,从而导致某种危害结果的发生,即不作为与某种危害结果之间存在着刑法意义上的因果关系。

相关知识:

根据我国刑法学基本理论,不作为犯罪的作为义务来源主要有以下几个方面:其一是法律明文规定的积极作为义务。如家庭成员之间有相互扶养的义务,当事人有履行生效的法院裁判的义务,典型的不作为犯罪有常见的遗弃罪、拒不执行判决裁定罪、丢失枪支不报罪等。其二是业务上和职务上所要求的积极作为义务。

比如执勤的消防队员在发生火灾的时候不能像普通公民那样逃生,而负有积极的救火义务。其三是法律行为引起的积极作为义务,比如保姆与雇主之间订立合同之后就负有积极照看幼儿的义务。其四是先行行为引起的积极作为义务,即先行行为导致刑法所保护的某种权益处于危险状态,行为人负有采取有效措施排除危险或防止结果发生的特定义务。

危害结果,是危害行为对刑法所保护的社会关系即犯罪客体所造成的实际损害。危害结果是否发生,对于过失犯罪来说,是区分罪与非罪的标准;对于故意犯罪来说,在一般情况下,是区分犯罪既遂与犯罪未遂的标准,如故意杀人罪是以被害人的死亡为既遂标准,假如没有出现死亡的结果,就是犯罪未遂。但也有一些故意犯罪,只要实施了某种危害行为,就构成犯罪既遂,而不管其结果是否发生,如叛逃罪、组织领导参加黑社会性质组织罪。

危害行为与危害结果之间的引起与被引起的关系是刑法意义上的因果关系。根据刑法理论,只有当危害行为与危害结果之间存在内在的必然的因果关系时,才能考虑行为人对其行为所造成的危害结果承担刑事责任。

相关案例:

甲和乙中学时代曾经是非常要好的同学,此后七八年两人失去了联系。一日,甲在大街上正巧碰到了乙,两人都激动得不得了,甲像以前一样高兴得捶了乙几拳,哪知乙当场痛苦地蹬腿、口吐白沫,被甲送到医院后抢救无效死亡。原来,乙近年来患上高血压、心脏病等疾病,由于遇到老同学甲一时激动,又在甲捶打两拳的外力作用下,当场发作。在此案中,甲的行为与乙的死亡之间有无因果关系?甲应否承担刑事责任呢?

我们说,甲的行为与乙的死亡之间是存在因果关系的,因为没有甲捶打的几拳,乙当时不会疾病发作而死亡,但从甲的主观方面看,甲显然是无罪过的。从案情交代中可以看出,由于两人七八年没有联系,也就是说甲对乙近年来身体状况是不知情的,高兴得捶了几拳,在正常情况下连轻微伤也算不上,所以乙的死亡对于甲而言,并无罪过,是意外事件。

3. 犯罪主体

犯罪主体,是指实施危害社会的行为,依法应负刑事责任的自然人和单位。

自然人作为犯罪主体必须具有达到刑事责任年龄和具备刑事责任能力这两个条件。刑事责任年龄,是指刑法所规定的,行为人对自己所实施的犯罪行为承担刑事责任所必须达到的年龄。

我国《刑法》第17条把刑事责任年龄划分为三个阶段:一是完全不负刑事责任年龄阶段。不满14周岁的人,实施任何危害社会的行为,一概不负刑事责任。

二是相对负刑事责任年龄阶段。已满14周岁不满16周岁的人,对实施某些严重危害社会的行为即“故意杀人、故意伤害致人重伤或者死亡、强奸、抢劫、贩卖毒品、放火、爆炸、投毒罪”应当负刑事责任。三是完全负刑事责任年龄阶段。已满16周岁的人,只要其实施的危害社会的行为构成犯罪,就应当对自己的一切犯罪行为承担完全的刑事责任。

刑事责任能力,是指行为人构成犯罪并承担刑事责任所必需的,行为人具备的刑法意义上辨认和控制自己行为的能力。影响和决定一个人刑事责任能力程度的因素有人的年龄、精神状况和生理功能等。因此,根据人的年龄、精神状况和生理功能等状况,我国《刑法》对刑事责任能力的规定可以分为三种:

一是完全刑事责任能力,即行为人实施了犯罪行为、应当依法负全部的刑事责任。根据《刑法》规定,凡年满18周岁、精神正常、生理功能健全的人,都是完全责任能力人。《刑法》还规定醉酒的人犯罪,应当负刑事责任。

二是完全无刑事责任能力,即行为人完全不具备辨认和控制自己行为的能力,从而对其实施的危害行为完全不负刑事责任。根据《刑法》规定,不满14周岁的人、精神病人在不能辨认和控制自己行为的时候所实施的犯罪行为,不负刑事责任。

三是限制刑事责任能力,即行为人实施犯罪行为时,虽然具有责任能力,但因年龄、精神状况、生理功能等原因,其辨认和控制能力较完全责任能力有一定程度的减弱和降低。所以,《刑法》规定对已满14周岁不满18周岁的人、又聋又哑的人、盲人以及尚未完全丧失辨认和控制自己行为能力的精神病人犯罪,应负刑事责任,但应当或可以从宽或免除处罚。

单位犯罪是指公司、企业、事业单位、机关、团体实施刑法规定的犯罪行为应当负刑事责任,法律另有规定的除外。对单位犯罪的处罚,我国刑法以双罚制为原则,以单罚制为补充。即对单位判处罚金的同时对直接责任人员也要判处相应的刑罚,特殊情况下,比如私分国有资产罪、工程重大安全事故罪等犯罪,只处罚直接责任人员。

相关案例:

某市国税局以建造单位的办公楼为名义,向所辖下属的一些公司、企业收受各种名义的赞助费,然后给予对方违法减免税收等好处。经查,违法收受各种费用150多万元。该受贿行为是以“国税局”这一单位的名义,并且收取贿赂用于单位使用,最终认定该市国税局构成单位受贿罪(《刑法》第387条规定)。该市国税局虽然作为国家机关,一切经费由国家预算和拨款,最终判处罚金也是上交国库。但在刑法意义上依法是要作为单位犯罪处理的,即国家机关也能作为单位犯罪的主体。

4. 犯罪主观方面

犯罪主观方面，是指犯罪主体在实施危害社会的行为时，对自己的行为及其危害社会的结果所持的一种心理态度。它包括罪过（犯罪的故意和过失）、犯罪的目的和动机。其中罪过形式是犯罪构成的必备要件。

犯罪故意，是指行为人明知自己的行为会发生危害社会的结果，并且希望或者放任这种结果发生的主观心理态度。直接故意就是行为人明知自己的行为会发生某种危害社会的结果，并且希望这种结果发生的心理态度。间接故意就是行为人明知自己的行为会发生某种危害社会的结果，并且放任这种结果发生的心理态度。

犯罪过失，是指行为人应当预见自己的行为可能发生危害社会的结果，因为疏忽大意而没有预见，或者已经预见而轻信能够避免的心理态度。过失犯罪是以过失心理态度实施的发生危害社会结果的犯罪。按照犯罪过失心理态度内容不同，我国刑法将犯罪过失分为疏忽大意的过失和过于自信的过失。所谓疏忽大意的过失，是指行为人应当预见自己的行为可能发生危害社会的结果，因为疏忽大意而没有预见，以致发生这种结果的心理态度。所谓过于自信的过失，是指行为人预见到自己的行为可能发生危害社会的结果，但轻信能够避免，以致发生这种结果的心理态度。

相关案例：

丈夫离婚不成，遂起杀妻之意。一天，丈夫买了一包老鼠药，临吃饭时，悄悄放在妻子的碗里。在此之前，丈夫意识到妻子吃饭时还有可能喂小孩，那么此时小孩可能被毒死。但行为人为了达到杀害妻子的目的，而放任孩子也被毒死的结果。结果母子俩都被毒死。本案中，行为人对妻子的死亡显然是直接故意，但对于小孩的死亡，则是间接故意。

犯罪目的是指行为人希望通过犯罪行为所要达到的某种危害社会结果的心理态度；犯罪动机是指驱使行为人实施犯罪行为以达到犯罪目的的内在起因。如在直接故意杀人罪中，非法剥夺他人生命是行为人的犯罪目的，而驱使行为人确定这种犯罪目的的内心起因（也就是犯罪动机）可能是报复、贪财等。犯罪目的只存在于直接故意犯罪中，犯罪目的是某些犯罪的构成要件。犯罪动机在以情节严重、情节恶劣为构成要件的故意犯罪中是区分罪与非罪的界限，同时犯罪动机也体现出行为人的主观恶性程度，从而对量刑产生重要意义。

相关知识：

关于期待可能性。期待可能性是指从行为时的具体情况看，可以期待行为人不予实施违法行为，而应实施合法行为的情形。期待可能性理论发源于19世纪末德国著名的癖马案。(被告人受雇驾驭双匹马车,其中有一匹马素有以其马尾缠绕住缰绳并用力压低马车的习癖。被告人多次要求雇主更换该马,但雇主不仅不答应,反而以解雇相威胁。某日,被告人驾车上街之际,突然该马劣行发作,将尾巴缠住缰绳并用力下压,被告人采取了所有紧急措施但告无效。马因惊驰,将一行人撞伤,使其骨折。检察官根据上述事实,对被告人以过失伤害罪提起公诉,但法院终审判决被告人无罪,理由是,很难期待被告人坚决违抗雇主的命令,不惜失去职位而拒绝驾驭癖马。)该理论的积极意义在于:考虑行为人本身的实际情况,不强人所难,能达到事实上的合理性和实质正义,不给被告人附加多余义务。一般情况下,具有责任能力的人,基于故意、过失,实施某一违法行为,通常就认为存在期待可能性,但在某些特殊情况下,期待可能性的判断仍是必要的。比如行为人因自然灾害而流落异地,为生活所迫而与他人再次结婚的行为就缺乏期待可能性,对其不宜以重婚罪论处。

(三)排除犯罪性的行为

法定的排除犯罪性的行为包括正当防卫和紧急避险。

1.正当防卫

所谓正当防卫,是指为了使国家、公共利益、本人或者他人的人身、财产和其他权利免受正在进行的不法侵害,而对不法侵害人所实施的不明显超过必要限度的损害行为。正当防卫是法律赋予公民与正在进行的不法侵害作斗争的一项权利,其成立的要件包括以下五个方面:

一是起因条件,即不法侵害行为必须是现实存在的。不法侵害行为包括犯罪行为和其他违法行为,但并非对任何违法犯罪行为都可以进行正当防卫,只是对那些具有进攻性、破坏性、紧迫性的不法侵害,才可以进行防卫,对一切合法行为不能实施正当防卫。如对执法人员逮捕犯罪嫌疑人的行为,就不允许当事人实行正当防卫。不法侵害行为必须是现实存在的,如果不法侵害实际上并不存在,行为人误认为存在,因而进行所谓的正当防卫的,属于“假想防卫”。对于“假想防卫”的处理,如果行为人主观上有过失,那么应对其所造成的损害后果负过失犯罪的刑事责任;如果行为人主观上没有过失,则按意外事件处理,对其所造成的损害后果不负刑事责任。

二是时间条件,即不法侵害行为必须是正在进行的。正在进行是指不法侵害已经开始,且尚未结束。如杀人犯携带凶器正走近或者正要举刀砍向他人,这可理解为不法侵害已经开始;不法侵害尚未结束,可以是不法侵害行为正在进行中,如强奸犯正在实施强暴行为;也可以是不法侵害行为已经结束但危险状态在继续中,防卫人可以用防卫手段予以阻止或者排除,如抢劫犯已抢到财物,但还没离开现场。在不法侵害尚未开始或者已经结束时所进行的所谓“防卫”,是防卫不适时。尚未开始时的防卫叫“事前防卫”,如知道有人要加害于自己,在对方尚未实施犯罪行为前，抢先一步把对方给杀了；已经结束时的防卫叫“事后防卫”，如对已经实施终了的强奸犯实行防卫。对防卫不适时，构成犯罪的，应当依法追究其刑事责任。如果不法侵害已经结束而其导致的危险状态尚在继续中，应允许实行正当防卫以排除不法侵害行为所导致的危险状态或者挽回因不法侵害行为所造成的损失。

三是对象条件，即必须针对不法侵害者本人实行正当防卫。不法侵害者包括共同进行不法侵害的人。如果对没有实施侵害行为的第三人，如对不法侵害者的家属实行防卫，构成犯罪的应当负刑事责任。

四是主观条件，即必须出于保护合法权益免受不法侵害的防卫意图。根据《刑法》规定，就是“为了使国家、公共利益、本人或者他人的人身、财产和其他权利免受正在进行的不法侵害”。如果不具有正当防卫意图而实施的所谓防卫不是正当防卫，如故意挑逗对方进行不法侵害而借机加害于不法侵害人的“防卫挑拨”行为、双方行为人都有向对方实行不法侵害意图的“互相斗殴”行为。

五是限度条件，即防卫行为不能明显超过必要限度造成重大损害。是否明显超过必要限度造成重大损害，是区别正当防卫与防卫过当的标志。所谓“必要限度”，是指防卫人的防卫行为足以制止不法侵害人的不法侵害而没有对其造成不应有的危害。

正当防卫明显超过必要限度造成重大损害的，是防卫过当。防卫过当本身不是罪名，它的罪名只能根据具体案件中过当的犯罪客观事实和行为人的主观罪过形式，依照刑法分则的有关条款来确定。对防卫过当的量刑，根据《刑法》第 20 条第 2 款的规定，应当减轻或者免除处罚。

为了鼓励公民积极地同犯罪行为作斗争，同时也为了严厉打击暴力犯罪，我国《刑法》第 20 条第 3 款规定，对正在进行行凶、杀人、抢劫、强奸、绑架以及其他严重危及人身安全的暴力犯罪，采取防卫行为，造成不法侵害人伤亡的，不属于防卫过当，不负刑事责任。这就是刑法理论上的特别防卫权，又称为无限防卫权。

2. 紧急避险

我国刑法中的紧急避险，是指为了使国家、公共利益、本人或者他人的人身、财产和其他权利免受正在发生的危险，不得已而采取的损害另一较小权益以保护较大权益免受损害的行为。因紧急避险造成损害的，行为人不负刑事责任。紧急避险的成立必须具备以下条件：

一是起因条件，即必须发生了现实的危险。如果实际上不存在危险，由于行为人对事实的错误认识，误认为危险存在，因而实行所谓的紧急避险的，那不是紧急避险，而是“假想避险”。对“假想避险”应根据案件的具体情况，由行为人承担相应的法律责任。紧急避险的“危险”来源主要有人的危害行为、自然灾害、动物的侵袭等。

二是时间条件,即必须是正在发生的危险。正在发生是指足以造成合法权益遭受严重损害的危险已经出现又尚未结束。在危险尚未到来或者已经消除的情况下,不能实行紧急避险,否则,就属于“避险不适时”。对“避险不适时”应根据案件的具体情况,由行为人承担相应的法律责任。

三是对象条件,即必须是第三人的合法权益。这个第三人的合法权益必须比所保全的合法权益小,而且它的牺牲确实可以换来较大的权益的保全;第三人可以是自然人、法人,也可以是国家。

四是限制条件,即只能是出于不得已。所谓不得已,是指在合法权益面临正在发生的危险时,除了损害另一较小合法权益,没有其他任何方法排除危险,以保护较大的合法权益。

五是主观条件,即必须是出于保护合法权益免受危险的避险意图,具体是指为了使国家、公共利益、本人或者他人的人身、财产和其他权利免受正在发生的危险。为了保护非法利益不能实施紧急避险。

六是限度条件,即不得超过必要限度造成不应有的损害。因避险行为所引起的损害必须小于所保护的权益,如果因避险行为所引起的损害大于或者等于所避免的损害的,是避险过当。根据《刑法》第21条第2款的规定,避险过当的,应当负刑事责任,但应当减轻或者免除处罚。

此外,《刑法》第21条第3款规定:紧急避险不适用于职务上、业务上负有特定责任的人。

相关案例:

吴采玉是一位山区乡政府的女干部,经常一个人上山下乡。那天傍晚吴在山谷中碰到一男青年,见吴长的眉清目秀、楚楚动人,又见四处无人,顿起歹心,一把抱住了吴,往旁边的竹林里拖去。但吴瞅准机会抄起一块石头,对准对方的脑门拍了下去。只听“唉呦”一声,紧紧抓着吴的手松开了。吴乘机夺路而逃,在黑夜中看见前面山坡上有一户人家,急奔而去,这家农户有母女两人,她们热心接待了满身是泥,狼狈不堪的女干部。“闺女呀,这里前不着村,后不着店的,今晚你就和我女儿睡一屋吧,明儿再走。”直到这时,吴一直紧绷的心才彻底放松,整个人都瘫了下来。深夜,“咚咚咚咚”一阵急促的敲门声把和衣躺在床上的吴惊起。只听堂屋里大娘问道:“谁呀?”“我呀,快开门。”“哎呀,儿啊,你的头怎么破了?”“甭提了,走夜路摔了一跤,磕破了头。”“轻点,别瞎嚷嚷。家里有客人,别吵了人家。”“什么客人?”“一个女干部……”。这声音怎么这么耳熟呀?吴悄悄透过门缝向外望,才发现大娘的儿子竟然是在山路上欲对自己不轨的那男人。“什么!她长什么样?睡哪张床?”大娘的儿子压低了声。吴心里紧张的突突直跳。“儿啊,你还不睡?半夜里磨刀做啥?”“娘,你睡吧,别管了。”吴僵在床上,一动也不敢动。“看来要杀人灭口。”吴知道,在这里她就是喊破嗓子,也不会有人听见的。而环顾室内,简陋的农舍里也没有什么防身武器。吴看了看睡在另一张床上的大娘的女儿,这个女孩身材年龄都和自己差不多,黑暗中躺在床上根本分不出谁是谁。情急之下,吴蹑手蹑脚的把熟睡的女孩抱到自己的床上,自己则躲在一边,以防万一。果然,到了下半夜。那个男人提着刀闯了进来,对准吴原先睡的床就是一阵乱砍,然后把人往肩上一扛,走了出去。失魂落魄的吴趁此机会,逃之夭夭。警方几乎同时接到了大娘和吴的报警。很快,凶手被公安机关绳之以法,检察院以故意杀人罪对吴采玉提起了公诉。(摘自法律图书馆,李伟:“卡那安得斯之板——一个案件带给我们的思考”)

对于吴的行为,人们有三种截然不同的意见。

第一种意见认为,根据《刑法》第14条和第232条的规定:明知自己的行为会发生危害剥夺他人生命的结果,并且希望或放任这种结果的发生因而构成犯罪的,是故意杀人。其中,明知自己的行为会造成剥夺他人生命的结果,并持一种放任的态度,就是间接故意杀人。根据这一规定,很多学者把吴的行为归为间接故意杀人。因为,第一,从吴的主观的心理态度来看,她应当知道她的“调包计”可能会产生这么一个后果,即犯罪行为人把被害人误认是吴,并且进行行凶的行为。对这个结果吴是可以预见的,并且已经预见了。对最终的结果,她持的是一种放任的态度。第二,从吴客观实施的行为来看,她是把本来置于不危险状态的第三人,通过她实施的一定行为,使之处于一种危险的状态。而且使之处于危险状态的目的是剥夺他人的生命来保全自己的生命。因此无论从主观方面还是从客观方面来看,吴的行为都构成了间接故意杀人。

第二种意见认为吴是紧急避险,理由是我国《刑法》第21条,即“为了使国家利益,公共利益,本人或他人的人身,财产和其他权利免受正在发生的危险,不得已采取的紧急避险的行为,造成损害的,不负刑事责任。”根据构成紧急避险的五个条件。即第一要有危险的存在。具体到本案,危险的存在是毫无疑问的。第二是危险要有紧迫性。本案中吴的确感到一种大难临头的感觉。第三是行为人紧急避险的意图不是要故意犯罪。本案中吴确实想保全自己的生命,想实施避险行为,她绝对不是想故意犯罪。第四紧急避险必须是在不得已的情况下进行的。这一点在本案中吴一个弱女子,在穷乡僻壤中孤立无援,可以说是迫不得已。第五紧急避险不能超过必要的限度。具体到本案,以一个生命换取一个生命能说超过限度吗?但是,以一个生命换取一个生命又怎能说没有超过限度呢?

第三种意见认为是正当防卫,但是由于吴的行为违反了正当防卫所要求的防卫行为只能针对行为人实施这一要件,所以“正当防卫说”不为太多学者所拥护。

(四)故意犯罪的停止形态

故意犯罪的停止形态,是指在故意犯罪的发展过程中,由于主客观原因停止下来所呈现的几种犯罪状态,包括犯罪既遂、犯罪预备、犯罪未遂与犯罪中止等不同的犯罪形态。

1. 犯罪既遂

犯罪既遂,是指行为人所故意实施的行为已经具备了某种犯罪构成的全部要件,是故意犯罪的完成形态。确认犯罪是否既遂,应当以行为人所故意实施的犯罪行为是否具备了刑法分则规定的某一种犯罪的全部构成要件为标准。

根据我国刑法分则对各种故意犯罪构成要件的不同规定,犯罪既遂主要有四种类型:

一是结果犯,是以法定结果的出现为标准。这类犯罪在刑法中为数很多,在司法实践中也是常见的,例如故意杀人罪、故意伤害罪、盗窃罪、诈骗罪等。如故意杀人罪,只有导致了他人死亡结果的出现,才构成犯罪既遂。

二是行为犯,指的是以法定的犯罪行为的完成作为既遂的标准的犯罪。这类犯罪的既遂并不要求造成物质性的有形的犯罪结果,而是以行为完成为标志。这类犯罪在我国刑法中也很多见,典型的有脱逃罪、强奸罪、诬告陷害罪、偷越国(边)境罪等。比如脱逃罪,依法被羁押的犯罪嫌疑人、被告人或罪犯,当其脱逃了监禁羁押的状态和程度,如脱离了监狱的大门、围墙或者警戒线,就认定为犯罪行为完成而达到既遂。

三是危险犯,指的是以行为人实施的行为足以造成某种法定的的危险状态作为既遂标准的犯罪。这类犯罪的既遂也不要求造成物质性的有形的犯罪结果,而是以造成某种法定的危险状态为标志。这类犯罪多见于刑法关于危害公共安全的犯罪中,例如爆炸罪、放火罪、破坏交通工具罪等。如爆炸罪,只要是制造爆炸并足以危害公共安全的,即构成犯罪既遂,而不要求发生实际危害结果。

四是举动犯,指的是行为人一着手实施犯罪的实行行为即告犯罪完成和完全符合构成要件,从而构成既遂的犯罪。如组织、领导、参加黑社会性质组织罪、骗取出入境证件罪、传授犯罪方法罪等。需要特别注意的是,由于举动犯是着手实行犯罪即构成犯罪既遂,因而不存在犯罪未遂问题,但因为仍存在预备阶段,所以还是有犯罪预备和犯罪中止的问题。

对既遂犯,应根据所犯罪行,直接按照刑法分则有关条款的规定处罚。

2. 犯罪预备

所谓犯罪预备,是指行为人为实施犯罪而开始创造条件的行为,由于行为人意志以外的原因而未能着手犯罪实行行为的犯罪停止形态。其特征包括:

一是主观上有犯罪的故意,其目的是便于着手实行犯罪或者顺利完成犯罪。

二是客观上已经开始了犯罪的预备行为,即实施了准备犯罪工具和制造犯罪条件的行为,如为实施杀人行为购买毒药或者制造刀具。

三是行为人尚未着手刑法分则所规定的犯罪实行行为,如抢劫出租车司机的行为人已乘坐出租车但未具体实施暴力或者其他胁迫的行为。这一特征是犯罪预备与犯罪未遂区别的显著标志。

四是由于行为人意志以外的原因使犯罪在实行行为尚未着手前停止,这是违背行为人的意志的。如行为人为杀人已购买了大量的毒药,但尚未投放即被他人告发。

《刑法》第22条第2款规定了对预备犯的处罚:对于预备犯,可以比照既遂犯从轻、减轻处罚或者免除处罚。

3. 犯罪未遂

犯罪未遂,是指行为人已经着手实行犯罪,由于其意志以外的原因未能完成犯罪的一种犯罪停止形态。犯罪未遂具有以下三个特征:

一是行为人已经着手实行犯罪,即行为人的犯罪行为已经从预备阶段转入实施阶段,已经开始实施刑法分则规定的具体犯罪构成要件中的犯罪行为。如敲诈勒索罪的行为人实施了敲诈行为,抢劫罪中的行为人实施了侵害他人人身和劫取他人财物的行为。这是区分犯罪预备与犯罪未遂的标志。

二是犯罪未得逞,即行为人的行为没有具备刑法分则规定某一犯罪的全部构成要件,如刑法分则所规定的犯罪结果没有发生、犯罪行为没有完成、危险状态没有出现等。以法定犯罪结果没有发生作为犯罪未得逞标志的犯罪,如故意杀人罪未发生被害人死亡的结果;以法定的犯罪行为没有完成作为犯罪未得逞标志的犯罪,如实施脱逃罪的行为人在逃出监管场所后未能逃出监狱警戒线。犯罪未得逞是犯罪未遂与犯罪既遂的主要区别,但犯罪未得逞不同于没有达到犯罪目的和没有发生犯罪结果。

三是犯罪未得逞是由于犯罪分子意志以外的原因所致,并非出自其主观意愿。这一特征是犯罪未遂与犯罪中止的区别。

我国《刑法》第23条的第2款规定:"对于未遂犯,可以比照既遂犯从轻或者减轻处罚。"

4. 犯罪中止

犯罪中止,是指在犯罪过程中,行为人自动放弃犯罪或者自动有效地防止犯罪结果发生,而未完成犯罪的一种犯罪停止形态。犯罪中止分为自动放弃犯罪的犯罪中止和自动有效地防止犯罪结果发生的犯罪中止两种。犯罪中止具有以下特征:

一是必须发生在犯罪过程中,即只能发生在犯罪预备、实行犯罪以及犯罪实行完毕而犯罪结果尚未出现的过程中。犯罪既遂、犯罪预备、犯罪未遂已经成立的情况下,不能再出现犯罪中止。例如贪污罪既遂以后主动退还赃物的行为,不能认定为犯罪中止。

二是必须自动放弃犯罪,即行为人出于自己的意愿而放弃了自认为当时本可继续实施和完成的犯罪,即行为人在主观上自动放弃了犯罪意图,在客观上自动停止了犯罪的继续实施和完成。行为人自动中止犯罪的原因多种多样,有出于真心悔改的,有基于对被害人产生同情的,也有慑于法律的威严的。但不管由于何种原因,只要行为人认为自己能够继续实施犯罪和完成犯罪而自动停止下来了,就可以认为是犯罪中止。这是犯罪中止与犯罪未遂、犯罪预备的根本区别所在。

三是必须有效地防止犯罪结果的发生。虽然行为人自动放弃了犯罪,但其所采取的措施没有有效地防止犯罪结果的发生,不能认为是犯罪中止。如行为人投毒杀害被害人,被害人中毒后,行为人又后悔不已,于是立即把被害人送往医院医治,被害人经抢救脱离危险未造成死亡后果,这是犯罪中止。如果行为人虽然因为后悔将被害人立即送往医院救治,但由于抢救无效死亡了,因行为人的行为未能有效地防止犯罪结果的发生,不能认为是犯罪中止,而应当认定为犯罪既遂。

我国《刑法》第 24 条第 2 款规定:对于中止犯,没有造成损害的,应当免除处罚;造成损害的,应当减轻处罚。

(五)共同犯罪

1.共同犯罪概念

根据我国《刑法》第 25 条第 1 款的规定,共同犯罪是指二人以上共同故意犯罪。根据这一法定概念,需要注意共同犯罪的几个特征:一是共同犯罪的主客观统一性,要求二人以上既有共同故意又有共同行为。二是共同犯罪的整体性,共同犯罪不是若干行为人单独犯罪的简单相加,而是在共同犯意支配下实施犯罪行为形成的一个有机整体,因而比单独犯罪具有更大的社会危害性。三是共同犯罪人的差异性,即共犯人在共同犯罪中所起的作用可能各不相同,需要区别对待。

相关知识:

在司法实务中,有几种常见的不构成或不作为共犯处理的情形:一是共同过失犯罪行为不成立共同犯罪;二是一方故意与一方过失的犯罪行为不成立共同犯罪;三是实施犯罪时故意内容不同不成立共同犯罪;四是同时犯不成立共同犯罪;五是实行过限行为不属于共同犯罪(实行过限是指超出共同故意范围之外的犯罪行为);六是事前无通谋的事后帮助行为不成立共犯,比如事后窝藏、包庇、销赃等行为。

2. 共同犯罪人的种类及其刑事责任

根据共同犯罪人在共同犯罪中所居的地位和所起的作用不同,我国刑法把共同犯罪人分为主犯、从犯、胁从犯和教唆犯四种,并且对它们规定了不同的刑罚。

(1)主犯,是指组织、领导犯罪集团进行犯罪活动或者在共同犯罪中起主要作用的犯罪分子。主犯包括两种:一是犯罪集团的首要分子,在犯罪集团中起组织、策划、指挥和领导作用;二是指犯罪集团首要分子以外起主要作用的犯罪分子和在一般共同犯罪中起主要作用的犯罪分子。我国《刑法》规定,对组织、领导犯罪集团的首要分子,按照集团所犯的全部罪行处罚;对其他主犯,应当按照其所参与的或者组织、指挥的全部犯罪处罚。

(2)从犯,是指在共同犯罪中起次要或者辅助作用的犯罪人。从犯包括两种情况:一种是在共同犯罪中起次要作用的从犯,他直接实行犯罪,但在整个共同犯罪中的作用处于次要作用;另一种是在共同犯罪中起辅助作用的从犯,在共同犯罪中他没有直接实行犯罪,但帮助他人实行犯罪。对于从犯,应当从轻、减轻或者免除处罚。

(3)胁从犯,是指被胁迫参加犯罪的犯罪分子,即犯罪人是在他人的暴力或者精神威逼下被迫参加犯罪的。被胁迫者必须是在没有完全丧失意志自由的情况下参加犯罪,如果完全丧失意志自由,就不应承担刑事责任。对于胁从犯,应当按照他的犯罪情节减轻处罚或者免除处罚。

(4)教唆犯,是指自己不直接参加某种犯罪,而以自己的言行故意唆使他人产生犯罪意图并实行犯罪的犯罪分子。对于教唆犯的认定和处罚,我国《刑法》作了如下规定:被教唆者实施了被教唆的罪,成立共同犯罪,对教唆犯应当按照他在共同犯罪中所起的作用处罚,这是对教唆犯处罚的一般原则;如果被教唆者没有犯被教唆的罪,教唆犯单独构成犯罪,但可以从轻或者减轻处罚;教唆未满18周岁的人犯罪,对教唆者应当从重处罚;教唆未满14周岁的人或者精神病患者犯罪的,对教唆者应当按照单独犯论处;对于教唆犯罪名的确定,应当按照其所教唆的犯罪确定罪名。

三、刑罚

(一)刑罚的概念和特征

刑罚,是指刑法规定的由国家审判机关依法对犯罪人所适用的限制或者剥夺其一定权益的最严厉的强制性法律制裁方法。刑罚作为国家法律制裁方法的一种,同其他各种制裁方法,如民事制裁、行政制裁和妨害诉讼的强制措施等相比,有着巨大的区别。刑罚具有它自身的一些特征:

(1)刑罚是最严厉的制裁方法。它不仅可以限制或者剥夺犯罪人的政治权利、财产权利和人身权利,甚至可以剥夺其生命,这是其他任何制裁方法所不能的。

(2)刑罚只能由国家审判机关依法判处。其他任何国家机关、单位、团体、个人都无权适用。

(3)刑罚适用的对象只能是犯罪人。对于任何只有一般违法行为而没有触犯刑律的自然人和单位,不能适用刑罚。

(二)刑罚的种类

我国刑罚分为主刑和附加刑两种。主刑有管制、拘役、有期徒刑、无期徒刑、死刑;附加刑有罚金、剥夺政治权利、没收财产和驱逐出境。

1.主刑

就是对犯罪分子适用的主要的刑罚方法,又叫基本刑。主刑的特点是只能独立适用,不能附加适用。一人犯一罪,只能判处一个主刑,执行一个主刑;一人犯数罪,可以判处几个主刑,但通过数罪并罚,也只能决定执行一个主刑。

(1)管制,是指对犯罪分子不实行关押,但限制其一定自由,交由公安机关执行的刑罚方法。管制是我国主刑中最轻的一种刑罚方法,它适用于罪行较轻、不需要关押的犯罪分子。管制的期限为3个月以上2年以下,数罪并罚时最高不超过3年;管制的刑期从判决执行之日起计算,判决执行前先行羁押的,羁押1日折抵刑期2日。被判处管制的犯罪分子,依法实行社区矫正,在执行期间,应当遵守法律、行政法规,服从监督;未经执行机关批准,不得行使言论、出版、集会、结社、游行、示威自由的权利;应当按照执行机关规定报告自己的活动情况;遵守执行机关关于会客的规定;如果离开所居住的市、县或者迁居,应当报经执行机关批准。被判处管制的犯罪分子,在劳动中应当同工同酬。

(2)拘役,是指短期剥夺犯罪分子人身自由,就近执行并实行劳动改造的刑罚方法。它适用于罪行较轻但又需要短期关押的犯罪分子。拘役的期限为1个月以上6个月以下,数罪并罚时最高不超过1年;拘役的刑期从判决执行之日起计算,判决执行前先行羁押的,羁押1日折抵刑期1日。被判处拘役的犯罪分子,由公安机关就近执行;执行期间,犯罪分子每月可以回家1天至2天;参加劳动的,可以酌量发给报酬。

(3)有期徒刑,是指剥夺犯罪分子一定期限的人身自由,并实行强制劳动改造的刑罚方法。有期徒刑是我国刑罚中适用最广泛的一种刑罚,其最低期限与最高期限之间的幅度很大,适用面宽,即可以适用于罪重的犯罪分子,也可以适用于罪轻的犯罪分子。有期徒刑的期限一般为6个月以上15年以下;其刑期从判决之日起计算,判决执行前先行羁押的,羁押1日折抵刑期1日。根据《刑法》第46条的规定,被判处有期徒刑的犯罪分子,在监狱或者其他执行场所执行,凡是有劳动能力的,都应当参加劳动,接受教育和改造。

(4)无期徒刑,是指剥夺犯罪分子终身自由,并实行强制劳动改造的刑罚方法。无期徒刑是仅次于死刑的一种严厉的刑罚方法,它适用于罪行特别严重但还不需要判处死刑的犯罪分子。对于判处无期徒刑的犯罪分子,必须剥夺政治权利终身。被判处无期徒刑的犯罪分子,在监狱或者其他执行场所执行,凡是有劳动能力的都应当参加劳动,接受教育和改造。在执行期间,如果符合法定条件,可以获得减刑或者假释。

(5)死刑,是剥夺犯罪分子生命的刑罚方法。死刑是生命刑,是所有刑罚方法中最严厉的刑种,因此,对死刑的适用必须严肃、谨慎。正因为如此,我国《刑法》对死刑的适用作了严格的限制性规定,具体表现在:

第一,死刑只适用于罪行极其严重的犯罪分子。

第二,犯罪的时候不满 18 周岁的人和审判的时候怀孕的妇女,不适用死刑。审判的时候已满七十五周岁的人,也不适用死刑,但以特别残忍手段致人死亡的除外。

第三,规定了死刑复核制度,即死刑除依法由最高人民法院判处的以外,应当报请最高人民法院核准。

第四,创设了"死缓"制度,它是对于应当判处死刑的犯罪分子,如果不是必须立即执行的可以判处死刑同时宣告缓期 2 年执行的制度。被判处死缓的,在死缓执行期间,如果没有故意犯罪,2 年期满后,减为无期徒刑;如果确有重大立功表现,2 年期满后,减为 25 年有期徒刑;如果故意犯罪,查证属实的,有最高人民法院核准,执行死刑。死缓执行的期间,从判决确定之日起计算;死缓减为有期徒刑的刑期,从死缓执行期满之日起计算。由此可知,死缓它不是一个独立的刑种,而是一项死刑执行制度。

2. 附加刑

是补充主刑适用的刑罚方法,又叫从刑。它的特点是既可以随主刑附加适用,也可以独立适用。

(1)罚金,是指强制犯罪分子或者犯罪的单位向国家缴纳一定数额金钱的刑罚方法。罚金是剥夺犯罪人财产的一种刑罚,所以,罚金实际上是一种财产刑。判处罚金,应当根据犯罪情节如违法所得的数额、造成损失的大小、犯罪分子缴纳罚金的能力等来决定罚金数额。

(2)剥夺政治权利,是指剥夺犯罪分子参加国家管理和政治活动权利的刑罚方法。它属于资格刑。被剥夺的政治权利包括:选举权和被选举权,言论、出版、集会、结社、游行、示威自由的权利,担任国家机关职务的权利,担任国有公司、企业、事业单位和人民团体领导职务的权利。剥夺政治权利的期限:被判处死刑和无期徒刑犯罪分子,应当剥夺政治权利终身;在死刑缓期执行减为有期徒刑或者无期徒刑减为有期徒刑的时候,应当把附加剥夺政治权利的期限改为 3 年以上 10 年以下;判处管制附加剥夺政治权利的期限与管制的期限相等;独立适用或者判处有期徒刑、拘役而附加剥夺政治权利的期限为 1 年以上 5 年以下。附加剥夺政治权利的刑期,从徒刑、拘役执行完毕之日或者从假释之日起计算;剥夺政治权利的效力当然适用于主刑执行期间。

(3)没收财产,是指将犯罪分子个人所有财产的一部或者全部强制无偿地收归国有的刑罚方法。没收财产的范围是犯罪分子个人所有财产的一部或者全部。没收全部财产的,应当对犯罪分子及其扶养的亲属保留必须的生活费用;同时在判处没收财产的时候,注意不得没收属于犯罪分子家属所有或者应有的财产。

(4)驱逐出境,是指强迫犯罪的外国人离开中国国边境的刑罚方法。这是一种专门适用于犯罪的外国人的附加刑。它可以独立适用,也可以附加适用。

(三)刑罚的裁量

1. 含义和内容

刑罚裁量,又称量刑,是指人民法院依据行为人所犯罪行及刑事责任的轻重,在认定行为人构成犯罪的基础上,依法决定对犯罪人是否判处刑罚、判处何种刑罚、判处多重的刑罚以及所判刑罚是否立即执行的刑事审判活动。

量刑必须结合具体案件看行为人有无法定的或酌定的影响刑罚轻重的情节,也就是说,刑罚裁量的内容包括两个方面:

一是法定量刑情节,是指刑法明文规定人民法院在量刑时必须予以考虑的各种情况。我国刑法规定的法定情节包括从重、从轻、减轻和免除处罚情节。"从重"和"从轻"都是在法定刑幅度之内判处刑罚,而"减轻"则是在法定刑幅度之下判处刑罚。

二是酌情情节,是指刑法中没有明文规定,但是根据刑事立法精神和审判实践经验,人民法院在量刑时需要予以考虑的各种情况。这些情况主要有:犯罪动机、犯罪手段、犯罪的时间和地点、犯罪侵害的对象、犯罪造成的损害结果、犯罪人的一贯表现以及犯罪后认罪态度等。

2. 主要的量刑制度

主要的量刑制度有累犯制度、自首制度、立功制度、数罪并罚制度、缓刑制度等。

(1)累犯,是指因犯罪而受过一定的刑罚处罚,在刑罚执行完毕或者赦免以后,于法定期限内又犯一定之罪的犯罪分子。无论是一般累犯还是特别累犯,其人身危险性较初犯大得多,社会危害性也较严重,所以,我国《刑法》第65条规定,对于累犯,应当从重处罚。

相关知识:

我国刑法规定的累犯,分为一般累犯和特别累犯,它们的构成要件各不相同。

特别累犯,是指因犯危害国家安全罪、恐怖活动犯罪、黑社会性质的组织犯罪受过刑罚处罚,刑罚执行完毕或者赦免以后,在任何时候再犯上述任一类罪的犯罪分子。

一般累犯,是指被判处有期徒刑以上刑罚的犯罪分子,刑罚执行完毕或者赦免以后,在5年以内再犯应当判处有期徒刑以上刑罚之罪的犯罪分子,但是过失犯罪和不满十八周岁的人犯罪的除外。可见,一般累犯的构成要件是:(1)前罪与后罪都是故意犯罪,《刑法》第65条明确规定“过失犯罪除外”。换言之,前后两罪是过失犯罪,或者前后两罪中有其一是过失犯罪,均不构成累犯。(2)前罪被判处的刑罚和后罪应当判处的刑罚都是有期徒刑以上,这里的“有期徒刑以上”包括被判处无期徒刑和死缓的犯罪分子。(3)后罪发生在前罪的刑罚执行完毕或者赦免以后5年以内,这里的“刑罚执行完毕”,是指主刑执行完毕,不包括附加刑在内。对于被假释的犯罪分子,在假释考验期满5年以内又犯新罪的,构成累犯。(4)前后两罪均非危害国家安全罪、恐怖活动犯罪、黑社会性质的组织犯罪,这是一般累犯与特别累犯最主要的区别所在。

(2)自首,是指犯罪分子在犯罪后,自动投案,如实供述自己的罪行的行为。自首又包括一般自首和特别自首。一般自首,是指犯罪分子犯罪以后自动投案,如实供述自己罪行的行为。特别自首,又称为准自首,是指被采取强制措施的犯罪嫌疑人、被告人和正在服刑的罪犯,如实供述司法机关还未掌握的本人其他罪行的行为。对于自首的犯罪分子,可以从轻或者减轻处罚;其中,犯罪较轻的,可以免除处罚。

(3)立功,分为一般立功和重大立功。一般立功是指犯罪分子揭发他人犯罪行为,查证属实的,或者提供重要线索,从而得以侦破其他案件的行为。重大立功是指犯罪分子揭发他人重大犯罪行为,查证属实的,或者提供重要线索,从而得以侦破其他重大案件的,或者阻止他人重大犯罪活动的,或者协助司法机关抓捕其他重大犯罪嫌疑人的,或者对国家和社会有其他重大贡献等表现的行为。根据《刑法》第68条的规定,对犯罪分子有一般立功表现的,可以从轻或者减轻处罚;有重大立功表现的,可以减轻或者免除处罚。犯罪后自首又有重大立功表现的,应当减轻或者免除处罚。

(4)数罪并罚,是指人民法院对一人在法定时间内所犯数罪,分别定罪量刑后,按照刑法规定的并罚原则决定其应执行的刑罚的制度。根据《刑法》第69条的规定,对于犯罪分子因犯数罪而处数个刑罚,应按照以下原则执行并罚:

一是吸收原则,数罪中有一罪或者几罪判处死刑的,只执行死刑;数罪中有一罪判处无期徒刑的,只执行一个无期徒刑,其他主刑视为被付诸执行的死刑或者无期徒刑所吸收。

二是限制加重原则,所犯数罪分别判处有期徒刑、拘役、管制的,应当在总和刑期以下、数刑中最高刑期以上,酌情决定执行的刑期;但是管制最高不能超过3年,拘役最高不能超过1年,有期徒刑总和刑期不满35年的,最高不能超过20年,总和刑期在35年以上的,最高不能超过25年。

三是并科原则,数罪中所判数刑,既有主刑,又有附加刑的,主刑按照一定原则并罚以后,附加刑仍须执行,采取附加刑与主刑并科的原则。

(5)缓刑,是指人民法院对于被判处拘役、3年以下有期徒刑的犯罪分子,根据犯罪分子的犯罪情节和悔罪表现,如果暂缓执行刑罚确实不致再危害社会的,规定一定的考验期;在考验期内如果遵守一定条件,原判刑罚就不再执行的一项制度。缓刑的特点是既判处一定刑罚,又暂不执行,但在一定期间保留执行的可能性。它是一项有条件地不执行原判刑罚的制度。缓刑不是一种独立的刑种,是刑罚具体运用的一项制度。

(四)刑罚的执行

关于刑罚的执行,即行刑问题,主要有减刑和假释两种制度。

1. 减刑

是指对被判处管制、拘役、有期徒刑、无期徒刑的犯罪分子,在刑罚执行期间,认真遵守监规,接受教育改造,确有悔改表现或者立功表现,依法减轻其原判刑罚的制度。减刑可能是同一刑种的减轻,也可能是不同刑种的减轻。减刑不能超过一定的限度。减刑后实际执行的刑期,判处管制、拘役、有期徒刑的,不能少于原判刑期的1/2;判处无期徒刑的,不能少于13年;人民法院依照我国刑法第五十条第二款规定限制减刑的死刑缓期执行的犯罪分子,缓期执行期满后依法减为无期徒刑的,不能少于25年,缓期执行期满后依法减为25年有期徒刑的,不能少于20年。

2. 假释

是指对被判处有期徒刑、无期徒刑的犯罪分子,在执行一定刑期以后,由于其认真遵守监规,接受教育改造,确有悔改表现,不致再危害社会,因而附条件地将其提前释放的一项刑罚制度。累犯以及因故意杀人、强奸、抢劫、绑架、放火、爆炸、投放危险物质或者有组织的暴力性犯罪被判处10年以上有期徒刑、无期徒刑的犯罪分子,不得假释。有期徒刑的假释考验期限为没有执行完毕的刑期,无期徒刑的假释考验期限为10年。假释考验期限从假释之日起计算。

(五)时效制度

我国刑法中的时效,是指追诉时效,即对犯罪分子追究刑事责任的有效期限,超过该法定期限,就不再追究犯罪分子的刑事责任。

我国《刑法》第86条根据犯罪行为对社会危害性的大小以及应处刑罚的轻重,规定了不同的追诉期限:法定最高刑为不满5年有期徒刑的,经过5年;法定最高刑为5年以上不满10年有期徒刑的,经过10年;法定最高刑为10年以上有期徒刑的,经过15年;法定最高刑为无期徒刑、死刑的,经过20年。如果20年以后,认为必须追诉的,须报请最高人民检察院核准。上述追诉期限从犯罪之日起计算;犯罪行为有连续或者继续状态的,从犯罪行为终了之日起计算。

为了防止犯罪分子利用追诉时效逃避法律的制裁,我国《刑法》还规定了时效的中断和延长。

时效中断,是指在追诉期限内,因犯罪分子又犯新罪,而使前罪经过的时效归于无效的制度。《刑法》第 89 条第 2 款规定:"在追诉期限以内又犯罪的,前罪追诉的期限从犯后罪之日起计算。"

时效延长,是指在追诉期限内,因发生法定事由,而使追诉期限无限延长的制度。《刑法》第 88 条规定,"在人民检察院、公安机关、国家安全机关立案侦查或者在人民法院受理案件以后,逃避侦查或者审判的,不受追诉期限的限制";"被害人在追诉期限内提出控告,人民法院、人民检察院、公安机关应当立案而不予立案的,不受追诉期限的限制"。

四、犯罪种类及几种常见罪分析

(一)犯罪种类的划分

我国刑法分则规定了各种具体的犯罪和法定刑,它是刑法的重要组成部分,也是定罪量刑最直接的法律依据。刑法分则对犯罪种类的划分,主要是以犯罪行为所侵犯的同类客体为依据,并把所有的犯罪归纳为十大类。依次为:危害国家安全罪,危害公共安全罪,破坏社会主义市场经济秩序罪,侵犯公民人身权利、民主权利罪,侵犯财产罪,妨害社会管理秩序罪,危害国防利益罪,贪污贿赂罪,渎职罪,军人违反职责罪。每一类犯罪又分为若干个具体的罪名。

1. 危害国家安全罪

危害国家安全罪,是指故意危害中华人民共和国国家安全的行为。它是十类犯罪中性质最严重、危害性最大的一类犯罪,是我国刑法打击的重点。危害国家安全罪具有以下特征:

首先,侵犯的客体是中华人民共和国的国家安全,包括国家主权、领土完整和安全、国家政权和制度、国家的统一等。

其次,犯罪的客观方面是实施了危害中华人民共和国国家安全的行为,而且只能由作为构成。

再次,犯罪的主体多数为一般主体,即年满 16 周岁、具有刑事责任能力的人都可成为本罪的主体;少数为特殊主体,即有些犯罪的主体必须是中国公民(如背叛国家罪),有些犯罪的主体必须是国家工作人员(如叛逃罪)。

最后,犯罪的主观方面,只能是出于故意,而且多数为直接故意。

这类犯罪主要包括背叛国家罪、分裂国家罪、叛逃罪、间谍罪等 12 个罪名。

2. 危害公共安全罪

危害公共安全罪,是指故意或者过失实施危害不特定多数人的生命、健康和重大公私财产安全的行为。危害公共安全罪具有以下特征:

首先,侵犯的客体是公共安全,即不特定多数人的生命、健康和重大公私财产安全。这是该类犯罪与其他犯罪区别的关键特征。

其次,犯罪的客观方面是实施了危害或者足以危害不特定多数人的生命、健康和重大公私财产安全的行为。行为的表现形式大多数犯罪是作为方式,但有些犯罪也可以是不作为方式。

再次,犯罪的主体多数为一般主体,少数为特殊主体,但放火罪、爆炸罪和投放危险物质罪的主体是年满 14 周岁以上具有刑事责任能力的人。

最后,犯罪的主观方面既有故意,也有过失。

这类犯罪包括了放火罪,爆炸罪,破坏交通工具罪,组织、领导、参加恐怖组织罪,交通肇事罪,重大责任事故罪等共 47 个具体罪名。

3. 破坏社会主义市场经济秩序罪

破坏社会主义市场经济秩序罪,是指违反国家市场经济管理法规,破坏国家对市场经济的管理活动,破坏社会主义的市场经济秩序,使国民经济的发展和市场经济秩序遭受严重损害的行为。破坏社会主义市场经济秩序罪具有以下特征:

首先,侵犯的客体是社会主义市场经济管理秩序。

其次,犯罪的客观方面是表现为违反国家市场经济管理法规,破坏国家对市场经济的管理活动和市场经济秩序,致使国民经济发展和市场经济秩序遭受严重损害的行为。其行为的表现形式大部分犯罪由作为构成,但有少数犯罪也可以由不作为构成,如偷税罪。

再次,犯罪的主体多数为一般主体,少数为特殊主体。单位可以成为这类犯罪中大多数犯罪的主体。

最后,犯罪的主观方面,绝大多数犯罪是由故意构成,少数犯罪则由过失构成,如违法发放贷款罪。

刑法分则将破坏社会主义市场经济秩序分成 8 个方面 109 个罪名:

(1)生产、销售伪劣商品罪。如有生产、销售伪劣产品罪,生产、销售假药罪,生产、销售有毒、有害食品罪等。

(2)走私罪。如有走私文物罪,走私淫秽物品罪,走私普通货物、物品罪等。

(3)妨害对公司、企业的管理秩序罪。如有虚报注册资本罪,公司、企业人员受贿罪,对公司、企业人员行贿罪等。

(4)破坏金融管理秩序罪。如有伪造货币罪,内幕交易、泄露内幕信息罪,逃汇罪,洗钱罪等。

(5)金融诈骗罪。如有集资诈骗罪,贷款诈骗罪,信用卡诈骗罪,保险诈骗罪等。

(6)危害税收征管罪。如有逃税罪,抗税罪,虚开增殖税专用发票、用于骗取出口退税、抵扣税款发票罪等。

(7)侵犯知识产权罪。如有假冒注册商标罪,侵犯著作权罪,侵犯商业秘密罪等。

(8)扰乱市场秩序罪。如有虚假广告罪,合同诈骗罪,非法经营罪,强迫交易罪等。

4. 侵犯公民人身权利、民主权利罪

侵犯公民人身权利、民主权利罪，是指侵犯他人生命、健康、自由等人身权利和妨害公民行使管理国家、参加政治活动及其他民主权利的行为。侵犯公民人身权利、民主权利罪具有以下特征：

首先，侵犯的客体是公民的人身权利、民主权利和与人身权利、民主权利有关的其他权利。

其次，犯罪的客观方面实施了侵犯公民人身权利和民主权利的行为。其侵犯行为的表现形式大部分犯罪只能表现为作为，如强奸罪，诬告陷害罪等；只有少数犯罪既可以表现为作为，也可以表现为不作为，如故意杀人罪、故意伤害罪等。

再次，犯罪主体大多数是一般主体，少数是特殊主体，如刑讯逼供罪的犯罪主体只能是司法工作人员。

最后，犯罪的主观方面除过失致人死亡、过失致人重伤的犯罪是由过失构成，其余的犯罪都只能由故意构成。

刑法典规定的侵犯公民人身权利、民主权利罪共有 42 个具体犯罪，如故意杀人罪，故意伤害罪，强奸罪，非法拘禁罪，绑架罪，拐卖妇女、儿童罪，刑讯逼供罪，重婚罪等。

5. 侵犯财产罪

侵犯财产罪，是指故意非法占有公私财物或者故意毁坏公私财物的行为。侵犯财产罪具有以下特征：

首先，侵犯的客体是公私财产的所有权，侵犯的对象是公共财产和公民个人私有的财产。所谓公共财产，根据《刑法》第 91 条规定，是指国有财产，劳动群众集体所有的财产，用于扶贫和其他公益事业的社会捐助或者专项基金的财产，在国家机关、国有公司、企业、集体企业和人民团体管理、使用或者运输中的私人财产。所谓私人财产，根据《刑法》第 92 条的规定，是指公民的合法收入、储蓄、房屋和其他生活资料，依法归个人、家庭所有的生产资料，个体户和私营企业的合法财产，依法归个人所有的股份、股票、债券和其他财产。

其次，犯罪的客观方面表现为两个方面，一是以各种手段非法占有公私财物的行为；二是毁坏公私财物的行为。根据刑法分则有关条文的规定，除了抢劫罪、破坏生产经营罪以外，其他的侵犯财产罪都以侵犯财产的“数额较大”作为构成犯罪的必要条件。

再次，犯罪主体多数犯罪是一般主体，只有职务侵占罪和挪用资金罪的主体是特殊主体，即公司、企业或者其他单位的工作人员。另外，根据《刑法》第 17 条第 2 款的规定，已满 14 周岁不满 16 周岁的人可以成为抢劫罪的主体。

最后,犯罪的主观方面必须是故意,而且大部分犯罪是以非法占有公私财物为目的。

《刑法》规定的侵犯财产罪共有13个具体罪名:抢劫罪,盗窃罪,诈骗罪,抢夺罪,聚众哄抢罪,侵占罪,职务侵占罪,挪用资金罪,挪用特定款物罪,敲诈勒索罪,故意毁坏财物罪,破坏生产经营罪,拒不支付劳动报酬罪。

6.妨害社会管理秩序罪

妨害社会管理秩序罪,是指妨害国家机关管理活动,破坏社会秩序,情节严重的行为。妨害社会管理秩序罪具有以下特征:

首先,侵犯的客体是国家机关依法对社会实行管理所形成的正常社会秩序。

其次,犯罪的客观方面是行为人实施了妨害国家机关管理活动,破坏社会秩序,情节严重的行为。

再次,犯罪主体多数犯罪是一般主体,少数犯罪只能是特殊主体,如脱逃罪的主体是依法被关押的罪犯、被告人、犯罪嫌疑人。多数犯罪只能由自然人实施,但也有一些犯罪可以由单位实施。

最后,犯罪的主观方面绝大多数是故意,少数是过失。

妨害社会管理秩序罪共有125个具体罪名,刑法分则把它分为9个方面:

(1)扰乱公共秩序罪。如有招摇撞骗罪,寻衅滋事罪,组织、领导、参加黑社会性质组织罪等。

(2)妨害司法罪。如有伪证罪,窝藏、包庇罪,窝藏、转移、收购、销售赃物罪等。

(3)妨害国(边)境管理罪。如有组织他人偷越国(边)境罪,偷越国(边)境罪等。

(4)妨害文物罪。如有非法向外国人出售、赠送珍贵文物罪,倒卖文物罪等。

(5)危害公共卫生罪。如有非法组织卖血罪,医疗事故罪等。

(6)破坏环境资源保护罪。如有重大环境污染事故罪,非法狩猎罪,盗伐林木罪等。

(7)走私、贩卖、运输、制造毒品罪。如有走私、贩卖、运输、制造毒品罪,非法持有毒品罪等。

(8)组织、强迫、引诱、容留、介绍卖淫罪。如有组织卖淫罪,强迫卖淫罪,传播性病罪等。

(9)制作、贩卖、传播淫秽物品罪。如有制作、复制、出版、贩卖、传播淫秽物品牟利罪,传播淫秽物品罪等。

7.危害国防利益罪

危害国防利益罪,是指违反国防法规,危害国防利益的犯罪行为。危害国防利益罪具有以下特征:

首先,侵犯的客体是国防利益。

其次,犯罪的客观方面表现为实施了违反国防法律法规,危害国防利益的行为。

再次,犯罪主体多为一般主体,少数为只能由特殊主体构成,如阻碍军事行动罪;单位也可以成为某些犯罪的主体。

最后,犯罪的主观方面绝大多数为故意,只有个别犯罪由过失构成。

根据刑法分则规定,这类犯罪共有23个罪名,有阻碍军人执行职务罪,阻碍军事行动罪,破坏武器装备、军事设施、军事通信罪等。

8. 贪污贿赂罪

贪污贿赂罪,是指国家工作人员利用职务上的便利,贪污、受贿、挪用公款或者国有单位私分国有资产以及其他与贿赂相关的行为。贪污贿赂罪具有以下特征:

首先,侵犯的客体是复杂客体,即国家廉政制度和公私财产的所有权。

其次,犯罪的客观方面表现为利用职务上的便利,实施诸如贪污、挪用公款、受贿、私分国有资产或者行贿、介绍贿赂的行为。行贿罪和介绍贿赂罪虽然与职务无关,但因其与受贿罪有密切联系,所以也被列入本类犯罪中。另外,这类犯罪的财物需要达到一定的数额标准才能构成犯罪。

再次,犯罪主体,绝大多数为特殊主体。

最后,主观方面必须是出于故意,过失不构成本类犯罪。

贪污贿赂罪共有13个具体罪名:贪污罪,挪用公款罪,受贿罪,单位行贿罪,利用影响力受贿罪 ,行贿罪,对单位行贿罪,介绍贿赂罪,单位行贿罪,巨额财产来源不明罪,隐瞒境外存款罪,私分国有资产罪,私分罚没财物罪。

9. 渎职罪

渎职罪,是指国家机关工作人员不履行或者不正确履行职责,妨害国家机关正常活动,致使国家和人民利益遭受重大损失的行为。渎职罪具有以下特征:

首先,侵犯的客体是国家机关的正常活动。国家机关是指国家各级权力机关、行政机关、审判机关、检察机关等。国家机关的正常活动,是国家机关实现其职能、维护国家机器正常运转的保障。

其次,犯罪的客观方面国家机关工作人员不履行或者不正确履行职责,具体是指滥用职权、玩忽职守、徇私舞弊,致使国家和人民利益遭受重大损失的行为。

再次,犯罪主体多数是特殊主体,即国家机关工作人员;少数犯罪可以由单位和一般主体构成。

最后,犯罪的主观方面既有故意,也有过失。

渎职罪包括了37个具体的罪名,有滥用职权罪,玩忽职守罪,故意泄露国家机密罪,徇私枉法罪,民事、行政枉法裁判罪,私放在押人员罪等。

10. 军人违反职责罪

军人违反职责罪,是指军人违反职责,危害国家军事利益的犯罪行为。军人违

反职责罪具有以下特征:

首先,侵犯的客体是国家的军事利益。包括国家在国防建设、作战行动、军队物质保障、军事机密等方面的利益。

其次,犯罪的客观方面表现为军人违反职责,实施了危害国家军事利益的行为。

再次,犯罪主体是特殊主体,即必须具备军人身份。具体包括中国人民解放军和中国人民武装警察部队的现役军官(警官)、文职干部、士兵和具有军籍的学员,执行军事任务的预备役人员和其他人员。

最后,犯罪的主观方面多数出于故意,少数出于过失。

军人违反职责罪共有31个具体罪名,有战时违抗命令罪,战时临阵脱逃罪,逃离部队罪等。

(二)实践中常见的几种犯罪及其处罚

根据刑法典和七个刑法修正案的规定,我国刑法所规定的具体罪名有445个。囿于篇幅,仅就司法实践中经常发生的几种犯罪的概念、构成要件及刑罚处罚作大致的介绍。

1. 间谍罪

间谍罪,是指参加间谍组织或者接受间谍组织及其代理人的任务,或者为敌人指示轰击目标,危害国家安全的行为。

从犯罪的构成要件来看:(1)本罪所侵害的客体,是中华人民共和国的国家安全,即人民民主专政的国家政权和社会主义制度。(2)本罪在客观方面具体表现为三种情形:一是参加间谍组织的行为;二是接受间谍组织及其代理人的任务的行为;三是为敌人指示轰击目标的行为。只要行为人实施了这三种行为中其中一种,就可构成间谍罪。(3)本罪的犯罪主体,是达到刑事责任年龄,具有刑事责任能力的自然人,可以是中国公民,也可以是外国人或无国籍人。法人不能成为间谍罪的犯罪主体。(4)本罪在主观方面表现为故意,其故意的内容表现为行为人明知是间谍组织,或者明知是间谍组织及其代理人的任务等而参加或者予以接受。

根据《刑法》第110条、第113条的规定,犯间谍罪的,处10年以上有期徒刑或者无期徒刑;情节较轻的,处3年以上10年以下有期徒刑;对国家和人民危害特别严重、情节特别恶劣的,可以判处死刑。犯本罪的,可以并处没收财产。此外,根据《刑法》第56条的规定,对于危害国家安全的犯罪分子应当附加剥夺政治权利。

相关知识:

间谍,作为国家与国家或集团与集团之间进行军事、政治、外交斗争乃至经济、科技竞争的有效手段,是随着国家的产生而产生,是阶级斗争的产物。它以隐蔽的方式打入对方营垒以至高级机关，进行发展组织、窃取机密及其他各种破坏活动，以颠覆对方国家政权。使用间谍搞离间和颠覆活动，消灭异国，扩大势力范围，是一种不动兵戈，制服政敌的有效手法。间谍活动是隐蔽斗争的一种形式，是严重危害国家安全的犯罪行为。新中国成立以来，境外间谍情报机关危害我国国家安全的活动从来没有停止过，隐蔽战线的斗争一直尖锐，复杂。特别是改革开放以来，境外间谍机关利用我国扩大对外交往的便利条件，派遣间谍入境，发展组织，建立据点、进行策反、渗透、窃密，甚至进行行动破坏，范围不断扩大，方式也更加多样。他们以公开掩护秘密，以合法掩护非法的活动方式，以外交官、记者、商人、访问学者、留学生或者旅游者等各种身份为掩护入境，打着新闻采访、经贸合作、投资办企业、友好往来、学术交流、观光旅游、探亲访友等旗号，向我国国家机构和各种组织进行渗透、颠覆政权、窃取国家秘密和情报，策反公职人员，进行暗杀、放火、爆炸、投毒、散布危害我国国家安全的谎言等行为，正是这些行为使国家机关、国家秘密、各类情报、国家工作人员等具体对象受到侵犯，从而使国家安全受到了侵害。

2. 交通肇事罪

交通肇事罪，是指违反交通运输管理法规，因而发生重大事故，致人重伤、死亡或者使公私财产遭受重大损失的行为。

从犯罪的构成要件看：(1)本罪侵犯的客体是交通运输安全。交通运输安全一旦遭到破坏，就有可能造成不特定多数人的生命、健康和重大公私财产的损失，因此，交通运输安全是公共安全的重要组成部分。(2)本罪在客观方面表现为违反交通运输管理法规，发生重大事故，致人重伤、死亡或者使公私财产遭受重大损失的行为。(3)本罪的主体为一般主体，但在实践中主要是从事交通运输的人员，即机动车的驾驶员。(4)本罪的主观方面是过失，即行为人应当预见自己违反交通运输管理法规的行为可能发生重大事故，但由于疏忽大意而没有预见，或者虽已预见但轻信能够避免，以致发生重大交通事故的。这是行为人对危害后果所持的心理态度，而行为人对违反交通运输管理法规的心理态度却是故意的。

根据《刑法》第133条的规定，犯本罪的，处3年以下有期徒刑或者拘役；交通肇事后逃逸或者有其他特别恶劣情节的，处3年以上7年以下有期徒刑；因逃逸致人死亡的，处7年以上有期徒刑。

相关案例：

近年来，交通肇事犯罪越来越呈现出多发高发态势，严重危害了人民群众的生命财产安全。关于定性，交通肇事罪和以危险方法危害公共安全罪在司法实践中存在很大的争议，尤其是2009年成都和杭州的两起案例引起了媒体的广泛关注和激烈探讨。

成都孙伟铭案：自2008年5月起，孙伟铭在未取得合法驾驶资格的情况下，长期无证驾驶,并有多次交通违法记录。2008 年 12 月 14 日,孙伟铭在中午大量饮酒后,仍驾车在成都市区内穿行往来。17 时许,孙伟铭在一路口从后面冲撞与其同向行驶的一辆轿车尾部后,继续驾车逃逸。在往龙泉驿方向行驶的过程中,孙伟铭严重超速并越过道路中心黄色双实线,先后撞上反向正常行驶的 4 辆轿车。此次事故共造成 4 人死亡、1 人重伤,公私财产损失共 5 万余元的严重结果。经公安交通部门鉴定,孙伟铭驾驶的别克车在碰撞前瞬间的行驶速度为 134—138km/h,大大超过行驶路段 60km/h 的限速;孙伟铭血液中的乙醇浓度为 135.8mg/100ml,属醉酒驾驶。2009 年 7 月 23 日,成都中院对这起备受社会各界关注的特大交通事故案作出一审判决,认定孙伟铭的行为构成以危险方法危害公共安全罪,依法对他判处死刑,剥夺政治权利终身。孙伟铭当庭提出不服判决要上诉。2009 年 9 月 8 日,四川省高级人民法院作出终审判决,以危险方法危害公共安全罪判处孙伟铭无期徒刑,剥夺政治权利终身。

杭州胡斌案:2009 年 5 月 7 日晚,20 岁的胡斌驾驶非法改装三菱轿车,从杭州市机场路出发前往西城广场看电影,与同伴严重超速行驶,时有互相追赶。20 时 8 分许,当行驶至文二西路德加公寓西区大门口人行横道时,撞上正在人行横道上行走的男青年谭卓。事发后,胡斌立即拨打 120 急救电话和 122 交通事故报警电话,谭卓经送医院抢救无效死亡。事发路段限速为 50 公里/小时。经公安机关现场勘查、委托鉴定,胡斌事发时车速为 84.1—101.2 公里/小时,对事故负全责。2009 年 7 月 20 日下午,杭州市西湖区人民法院对“5·7”交通肇事案进行了一审公开宣判,以交通肇事罪判处被告人胡斌有期徒刑三年。据悉,案发后胡斌亲属与被害人亲属已就民事赔偿达成协议,胡斌亲属已赔偿并自愿补偿被害人亲属经济损失 113 万元。

撇开司法实践中的其他因素,就交通肇事罪和以危险方法危害公共安全罪的立法规定来讲,两罪的本质区别是:交通肇事罪是过失犯罪,对危害后果是过失的,不追求,也不希望,而以危险方法危害公共安全罪主观上对危害后果是明知的、故意的,或者是放任的。

3. 故意杀人罪

故意杀人罪,是指故意非法剥夺他人生命的行为。

从犯罪的构成要件看:(1)本罪侵犯的客体是他人的生命权利。(2)本罪在客观方面表现为行为人实施了非法剥夺他人生命的行为。这种剥夺他人生命的行为必须是非法的,如果依法对犯罪人执行死刑和实行正当防卫而致人死亡的,不构成犯罪。故意杀人罪的行为方式可以是作为,如用毒药、枪、刀等杀人;也可以是不作为,如遗弃杀人。(3)本罪的主体是已满 14 周岁,具有刑事责任能力的人。(4)本罪的主观方面是故意,包括直接故意和间接故意,也就是说,行为人明知自己的行为会导致他人死亡,并且希望或者放任这种结果发生的。

根据《刑法》第232条的规定，犯故意杀人的，处死刑、无期徒刑或者10年以上有期徒刑；情节较轻的，处3年以上10年以下有期徒刑。

4. 强奸罪

强奸罪，是指违背妇女意志，采用暴力、胁迫或者其他手段，强行与妇女发生性关系的行为。

从犯罪的构成要件看：(1)本罪侵犯的客体是妇女的性自主权利。(2)本罪在客观方面表现为行为人违背妇女意志，采用暴力、胁迫或者其他手段，强行与妇女发生性关系的行为，其手段达到了致使被害妇女不能、不敢、不知反抗的状态。(3)本罪的主体通常是男子，其中直接正犯只能是男子，妇女可以成为强奸罪的共犯，也可以成为间接正犯。(4)本罪的主观方面只能是故意，并以奸淫妇女为目的。

另外，强奸罪还有一种特殊的表现形式，即奸淫幼女的行为，只要行为人认识到女方一定或可能是幼女或者不管女方是否幼女，而决意实施奸淫行为，被奸淫的又确实是幼女的，就构成强奸罪。

根据《刑法》第236条的规定：以暴力、胁迫或者其他手段强奸妇女的，处三年以上十年以下有期徒刑。奸淫不满十四周岁的幼女的，以强奸论，从重处罚。强奸妇女、奸淫幼女，有下列情形之一的，处十年以上有期徒刑、无期徒刑或者死刑：强奸妇女、奸淫幼女情节恶劣的；强奸妇女、奸淫幼女多人的；在公共场所当众强奸妇女的；二人以上轮奸的；致使被害人重伤、死亡或者造成其他严重后果的。

相关案例：

2008年8月15日，贵州省习水县公安局城西派出所接到一女子报案称女儿被强奸。公安机关迅速侦破此案，依法对7人执行逮捕，其中有5名在职公职人员。贵州省遵义市中级人民法院于2009年6月30日依法进行了不公开开庭审理。经法院查明：2007年10月至2008年6月，被告人袁荣会（女，无业）指使、教唆未成年人刘某某、袁某某采取威胁手段，先后强行将3名幼女、7名少女多次带到袁荣会家中，由袁荣会联系被告人冯支洋等7人嫖宿。其中，被告人冯支洋（习水县第一职业高级中学教师）嫖宿幼女2人3次；被告人陈村（习水县同民镇司法所干部）嫖宿幼女1人2次；被告人母明忠（习水县人大代表、利民房地产开发公司经理）嫖宿幼女2人2次；被告人冯勇（个体驾驶员）、李守明（习水县移民开发办公室主任）、黄永亮（习水县人事劳动和社会保障局干部）、陈孟然（习水县马临工业经济区土管所副所长）分别嫖宿幼女1人1次。

贵州省遵义市中级人民法院于7月24日作出一审判决：根据各被告人的犯罪事实、性质、情节和社会危害程度，依照刑法的有关规定，以强迫卖淫罪判处被告人袁荣会无期徒刑；以嫖宿幼女罪分别判处被告人冯支洋有期徒刑14年，被告人陈村有期徒刑12年,被告人毋明忠有期徒刑10年,被告人冯勇、李守明、黄永亮、陈孟然各有期徒刑7年。

本案因为引诱、容留、介绍、嫖宿多名幼女,且有多名公职人员涉案,引起了公众的关注和强烈反响,舆论争议的焦点在于对冯支洋等7人是应该定强奸罪(奸淫幼女),还是定嫖宿幼女罪?

根据我国刑法的相关规定,两罪的区别关键在于是否在"卖淫嫖娼"过程中发生。在卖淫嫖娼过程中与幼女发生性行为,是嫖宿幼女罪;在其他场合与幼女发生性行为即奸淫幼女的,是强奸罪。在卖淫嫖娼过程中,卖淫幼女出于交换金钱的需要而同意发生性行为,是嫖宿幼女罪,排斥强奸罪(奸淫幼女)的适用。但是如果幼女不愿意卖淫的,则存在以下可能:一是对于强迫其卖淫者而言成立强迫卖淫罪;二是对于"嫖客"而言,尽管支付了嫖资(金钱对价),但使用暴力胁迫手段违背本人意志的,应当按照强奸罪论处或在强奸罪和嫖宿幼女罪之中,择一重罪定罪处罚。如果行为人不知幼女被迫卖淫或没有明显的暴力胁迫行为的,仍然以嫖宿幼女罪论处。

5.绑架罪

绑架罪,是指以勒索财物或者以达到其他非法要求为目的,使用暴力、胁迫、麻醉或者其他方法劫持他人以及绑架他人作为人质的行为。

从犯罪的构成要件看:(1)本罪侵犯的客体是复杂客体。由于绑架罪是使用暴力、胁迫等行为的犯罪,所以,它必然侵犯他人的人身权利;同时绑架罪又往往以勒索财物或者其他非法要求为目的,所以,它还侵犯了他人的财产权利和其他权利。(2)本罪在犯罪客观方面表现为使用暴力、胁迫、麻醉或者其他方法,实施绑架、劫持他人的行为,以及以勒索财物为目的偷盗婴幼儿的行为。绑架的实质是使被害人处于行为人或第三者的实力支配下,事实上存在着使未成年人的父母离开生活场所而将未成年人控制在行为人实力范围内的情况,也存在使被害人滞留在本来的生活场所但使其丧失行动自由的绑架案件(如2002年的俄罗斯人质案)。(3)本罪的主体是一般主体,即凡年满16周岁具有刑事责任能力的人,都可以成为本罪的主体,但是根据有关司法文件的精神,在绑架人质后杀害被绑架人的情况下,已满14周岁不满16周岁的人也可以成为绑架罪的主体。(4)本罪的主观方面是直接故意,而且具有勒索财物或者达到其他非法要求的目的。

根据《刑法》第239条和《刑法修正案七》的规定,犯绑架罪的,处十年以上有期徒刑或者无期徒刑,并处罚金或者没收财产;情节较轻的,处五年以上十年以下有期徒刑,并处罚金。犯绑架罪,致使被绑架人死亡或者杀害被绑架人的,处死刑,并处没收财产。以勒索财物为目的偷盗婴幼儿的,依照前两款的规定处罚。

相关案例：

上世纪勒索金额最大的绑架案当属“世纪大盗”张子强绑架香港巨富李嘉诚的大儿子李泽钜案。本案发生在1996年5月23日下午，李泽钜乘坐其高级豪华房车，离开位于中环的办公室，准备返回深水湾住所。当汽车开到寿臣山道时，突然被挡了去路，绑匪以AK47自动步枪和手枪指着李先生和司机，把两人吓得不知所措，也不敢打开车门。绑匪便向房车开枪，打碎一块玻璃，李家的司机怕绑匪伤害其雇主，被迫打开车门。绑匪迅速将李家大少爷拖出车外，胁迫他登上贼车离去，并让司机开车返回李家，通报大少爷被绑架的消息。人质被绑匪禁锢于香港粉岭鹤薮的一间单门独户的房子里，并被脱光衣服，只穿一条内裤。绑匪打电话给李家，勒索赎金10亿3800万。由于李家救人心切，当即就答应了绑匪条件，并到银行金库提取巨额现金，装上一辆汽车，按张子强一伙的规定，把车开到指定地点，由绑匪将车开走。据说，李家在得悉儿子被绑架后，也曾经向警方高层人士咨询营救方式，但李家只是征求警方高官的专业意见，而不做正式报案，所以警方不能采取行动。

在当前恐怖主义犯罪活动中，绑架和劫持人质是其惯用的技俩，也是最常见的恐怖活动形式，其规模和危害达到了前所未有的程度。俄罗斯2002年车臣人质案和2004年别斯兰的大规模绑架事件更是让人触目惊心。2002年10月23日，约50名车臣匪徒在莫斯科轴承厂文化宫劫持800多名人质，狂妄地对俄政府提出最后通牒：联邦军队停止车臣剿匪行动，一周内撤出车臣。2004年9月1日，一起令世人震惊的绑架案，发生在俄罗斯北奥塞梯共和国的别斯兰市。绑匪共有30多人，他们绑架了参加别斯兰市第一学校开学典礼的1300多名教师、儿童和家长。他们提出的条件，是让俄罗斯军队从车臣共和国撤军并释放他们的同伙。9月5日，别斯兰市为人质绑架事件中的受难者举行首批葬礼，其死亡人数高达338人，其中一半是儿童。

6. 抢劫罪

抢劫罪，是指以非法占有为目的，当场使用暴力、胁迫和其他方法，强行劫取公私财物的行为。

从犯罪的构成要件看：(1)本罪侵犯的客体是复杂客体，即既侵犯了公私财产的所有权，也侵犯了公民的人身权利，但侵害他人的人身权利只是为了达到劫取财物的目的所采取的手段而已，所以，抢劫罪的主要犯罪客体是公私财产所有权。(2)本罪在犯罪客观方面表现为当场使用暴力、胁迫和其他方法，强行劫取公私财物的行为。“暴力”是指对被害人身体实行打击或者强制，如殴打、捆绑甚至杀害等方法；“胁迫”是指对被害人以当场使用暴力相威胁，使被害人产生恐惧而不敢反抗，胁迫是一种精神强制；“其他方法”是指使用除暴力、胁迫以外的，使被害人处于不知反抗或者不能反抗的方法,如对被害人使用麻醉药、迷魂药等使其不知反抗。此外,根据《刑法》第269条的规定,犯盗窃、诈骗、抢夺罪,为窝藏赃物、抗拒抓捕或者毁灭罪证而当场使用暴力或者以暴力相威胁的,应以抢劫罪定罪处罚。(3)本罪的主体是一般主体。已满14周岁不满16周岁的人犯抢劫罪,应当负刑事责任。(4)本罪的主观方面是直接故意,而且以非法占有公私财物为目的。

根据《刑法》第263条的规定,犯抢劫罪的,处3年以上10年以下有期徒刑,并处罚金;有下列情形之一的,处10年以上有期徒刑、无期徒刑或者死刑,并处罚金或者没收财产:(1)入户抢劫的;(2)在公共交通工具上抢劫的;(3)抢劫银行或者其他金融机构的;(4)多次抢劫或者抢劫数额巨大的;(5)抢劫致人重伤、死亡的;(6)冒充军警人员抢劫的;(7)持枪抢劫的;(8)抢劫军用物资或者抢险、救灾、救济物资的。

相关知识:

抢劫罪与其他几种犯罪的区别:(1)抢劫罪与抢夺罪的区别:两者都以不法占有为目的,抢夺是公然夺取财物的行为,不包括对人的暴力;而抢劫罪中的暴力必须针对人实施,不包括对物暴力,但如果对物暴力同时针对人身,则可以构成抢劫罪,如从女孩的耳朵上拽下耳环,导致被害人耳朵被撕裂。(2)抢劫罪与敲诈勒索罪的区别:抢劫罪中的暴力手段必须达到足以抑制对方反抗的程度,以一般人难以反抗即可。因此,以不足以抑制对方反抗的轻微暴力取得他人财物的,应认定为敲诈勒索罪。如果都是以暴力威胁,则看其是否有当场实现的特性,如果能当场实现,则构成抢劫罪,否则构成敲诈勒索罪。如行为人实施暴力后,发现被害人身无分文,然后令被害人日后交付财物,原则上应认定为抢劫(未遂)罪与敲诈勒索罪,实行并罚。(3)抢劫罪与绑架罪的区别:绑架罪的本质特征,是使用暴力等手段将他人作为人质,进而使第三者满足行为人的不法要求,因此,绑架罪中的索取财物,只能是向被绑架人以外的第三者索要财物。而抢劫罪劫取财物的对象则是当场的被害人。(4)抢劫罪与寻衅滋事罪的界限:寻衅滋事罪是严重扰乱社会秩序的犯罪,行为人实施寻衅滋事的行为时,客观上也可能表现为强拿硬要公私财物的特征。这种强拿硬要的行为与抢劫罪的区别主要在于两点:一是前者行为人主观上还具有逞强好胜和通过强拿硬要来填补其精神空虚等目的,后者行为人一般只具有非法占有他人财物的目的;二是前者行为人客观上一般不以严重侵犯他人人身权利的方法强拿硬要财物,而后者行为人则以暴力、胁迫等方式作为劫取他人财物的手段。(5)抢劫罪与故意杀人罪的界限:司法实践中,如果是在抢劫过程中杀人的,则定抢劫罪;如果是先抢劫后灭口,则应以故意杀人罪和抢劫罪并罚;如果是先杀人后拿财,则以故意杀人罪与盗窃罪并罚。

7. 盗窃罪

盗窃罪，是指以非法占有为目的，秘密窃取公私财物数额较大，或者多次盗窃公私财物的行为。

从犯罪的构成要件看：(1)本罪侵犯的客体是公私财产所有权。犯罪的对象为国有、集体所有或者公民个人所有的各种财物，一般是有形的物品，但有些无形物品也可以成为盗窃罪的对象，如电力、煤气、电信码号等。对于刑法另有规定的，按有关规定处罚，如盗窃枪支、弹药和公文、印章等就不以盗窃罪论处；盗窃商业秘密的，按侵犯商业秘密罪定罪处罚。(2)本罪在客观方面表现为秘密窃取数额较大的公私财物或者多次秘密窃取公私财物的行为。秘密窃取，是指行为人采取自认为不为被害人所发觉的方法占有公私财物的行为。根据有关的司法解释，"数额较大"是指个人盗窃公私财物价值人民币 500 元至 2000 元以上；"多次盗窃"是指行为人盗窃公私财物虽未达到数额较大，但在 1 年内入户盗窃或者在公共场所扒窃 3 次以上的。(3)本罪的主体是一般主体。(4)本罪的主观方面是直接故意，而且具有非法占有公私财物的目的。

根据《刑法》第 264 条的规定，盗窃公私财物，数额较大的，或者多次盗窃、入户盗窃、携带凶器盗窃、扒窃的，处 3 年以下有期徒刑、拘役或者管制，并处或者单处罚金；数额巨大或者有其他严重情节的，处 3 年以上 10 年以下有期徒刑，并处罚金；数额特别巨大或者有其他特别严重情节的，处 10 年以上有期徒刑或者无期徒刑，并处罚金或者没收财产。

相关案例：

2008 年 12 月 9 日，深圳机场清洁女工梁丽看到一个小纸箱在行李车上无人看管，以为是乘客丢弃的，就顺手把小纸箱当做丢弃物清理到清洁车里，并放置在机场一卫生间残疾人洗手间内。后经同事打开查看，发现里面是一包包的黄金首饰。梁丽获知后并未将该纸箱上交，而是于下午下班之时带回家中。梁丽所拿纸箱其实是东莞一珠宝公司王某携带的价值 261 万元的黄金首饰。王某因机场不予办理托运暂时离开纸箱去往远处其他柜台找值班主任咨询，回来后发现纸箱不在即以被盗报案。公安机关随后查明是梁丽拿走了纸箱，并前往梁丽家带走了纸箱和梁丽，该案告破。负责侦破此案的公安机关曾以涉嫌盗窃罪建议检察机关提起公诉。梁丽如果被以盗窃罪提起公诉，那么按照法律规定，该案涉案金额特别巨大，梁丽将有可能面临最低刑为有期徒刑十年、最高刑为无期徒刑的刑事处罚。

那么该案到底该如何定性？梁丽究竟是"偷"还是"捡"？是有罪还是无罪？是构成盗窃罪还是其他罪？北京师范大学赵秉志教授作了分析，他认为：

综观全案，影响梁丽行为定性的关键事实主要有以下几项：(1)梁丽在处理小纸箱时是否认识到其是或者可能是旅客的遗忘物或遗弃物?(2)在知悉并确认小纸箱内装的是黄金首饰后,梁丽如何处置的?(3)在派出所民警来到梁丽家并询问丢失的黄金首饰时,梁丽是否拒不交出?

本案在发生的过程中存在一个性质上转变的过程。大体上,可将梁丽行为发展变化的过程分为两个阶段:一是从当天上午8:20分左右其清扫垃圾处理小纸箱,到知悉并确认小纸箱内装的是黄金首饰前;二是从其知悉纸箱内装的是黄金首饰并将其带回家中,到最后派出所民警找上门时退还财物。

在第一阶段,对于纸箱内的黄金首饰,梁丽应当说并不存在非法占有的目的,其处理小纸箱的行为(将其顺手放进清洁车,并存放在残疾人洗手间)也不属于盗窃罪中的秘密窃取。此时,虽然小纸箱事实上并非乘客的遗弃物或者遗忘物(从案情来看,对于装有黄金首饰的小纸箱,失主并没有遗忘,而应属于临时脱离失主监管的财物),但根据小纸箱所在位置、存放状态(即放在19号登机柜台附近的垃圾桶旁的行李车上)和当时的行为环境(当时,垃圾桶附近有两个女乘客带着小孩嗑瓜子,他们中间有一辆行李车,车上放着一个小纸箱。过了五六分钟,两位女乘客进了安检门,小纸箱被留下,周围也没有其他乘客),足以让梁丽相信小纸箱并非是乘客控制范围内的他人财物,而可能是乘客的遗弃物或者遗忘物。正是基于这种内心确信和主观认识,而作为清洁工又具有清理丢弃物品的职责,故而梁丽对装有黄金首饰的小纸箱放在残疾人洗手间,不久即在距案发现场约79米远的16号卫生间处告诉了同事曹某"称自己捡到一个纸皮箱,里面可能是电瓶,先放在残疾人洗手间内",而且在9:40分左右清洁工们聚餐时梁丽又将拾得小纸箱的情况告诉了其他工友,并说"比较重,可能是电瓶"等。可见,梁丽在第一阶段并不具有盗窃罪中的故意,不存在以秘密窃取手段非法占有小纸箱内黄金首饰的目的。

在第二阶段,当曹某在看过小纸箱并取走部分黄金首饰进而告知梁丽小纸箱内装的可能是黄金首饰,并且梁丽拿一件首饰委托同事到候机大厅里的黄金首饰店询问,并得到肯定答复后,按照机场有关规定和一般人的常识,梁丽理当将装有黄金首饰的小纸箱立即交给机场或者报警。因为梁丽对黄金首饰的占有不具有合法根据,而具有返还财物的义务。可是,梁丽却将其带回家中私自占有。此时,其主观心态发生了转化,即产生了侵占他人财物的故意,也实施了侵占他人财物的行为。当然,至于其行为是否构成侵占罪,从本案案情来看,梁丽在派出所民警找上门后即交出了财物,不存在拒不退还的情形,况且危害后果也不大,也不应以侵占罪论处。

所谓盗窃罪,是指以非法占有为目的,秘密窃取公私财物数额较大或多次盗窃的行为。"非法占有的目的"作为一种主观的罪过要素,是构成盗窃罪必不可少的构成要素。在盗窃案件中,认定行为人是否具有非法占有的目的,需要特别注意的是,必须是行为人实施盗窃行为时就具有非法占有的目的,而不是在行为实施完成后才产生这一目的。尽管梁丽在事后将黄金首饰带回家中时其主观心态发生了转化,产生了非法占有的意图,但并不代表其在首次接触小纸箱时也具有非法占有的目的。(摘自《法制日报》。注:2009年10月10日,检察机关最终认定梁丽犯盗窃罪的证据不足,认定其行为构成侵占罪,属"不告不理"的自诉案件,而被害公司表示放弃自诉,梁丽案尘埃落定。)

8. 诈骗罪

诈骗罪,是指以非法占有为目的,用虚构事实或者隐瞒真相的方法,骗取数额较大的公私财物的行为。

从犯罪的构成要件看:(1)本罪侵犯的客体是公私财产所有权。犯罪的对象为国有、集体所有或者公民个人所有的各种财物。刑法另有规定的,应当依照规定定罪处罚,如合同诈骗罪、贷款诈骗罪等。(2)本罪在客观方面表现为用虚构事实或者隐瞒真相的方法,骗取公私财物,数额较大的行为。即行为人采用虚构事实或者隐瞒真相的方法,如用伪造、涂改单据、证件,假冒身份等手段欺骗被害人,使被害人产生错误的认识,并信以为真,"自愿"交付财物。根据有关的司法解释,"数额较大",是指个人诈骗公私财物价值人民币2000元至4000元以上。(3)本罪的主体是一般主体。(4)本罪的主观方面是直接故意,并且具有以非法占有公私财物的目的。

根据《刑法》第266条的规定,犯诈骗罪的,处3年以下有期徒刑、拘役或者管制,并处或者单处罚金;数额巨大或者有其他严重情节的,处3年以上10年以下有期徒刑,并处罚金;数额特别巨大或者有其他特别严重情节的,处10年以上有期徒刑或者无期徒刑,并处罚金或者没收财产。法律另有规定,依照规定。

相关知识:

一般情况下,诈骗罪的被害人就是被骗人,被害人因为被欺骗而产生错误认识、自己处分自己的财产。但实践中也存在财产处分人和被骗人不统一的情况,这在理论上称为三角诈骗。诉讼诈骗是一种典型的三角诈骗行为,它指的是行为人利用人民法院的审判权和执行权,通过伪造证据、虚构事实提起民事诉讼的方法,骗取人民法院作出有利于自己的裁判,从而占有他人财物或财产性利益的行为。司法实践中发现的诉讼欺诈主要有以下几种类型:(1)"无中生有"型,即行为人虚构债权债务关系,伪造证据,如借条、还款协议等,并以此作为依据向法院起诉,要求被害人履行"债务";(2)"死灰复燃"型,即行为人以被害人已经履行完毕但没有索回或销毁的债务文书为凭据,向法院提起诉讼,要求被害人再次履行;(3)"借题发挥"型,即行为人伪造有关证据,使债权的标的扩大,如篡改借据上的借款金额、伤残鉴定书的伤残等级结论等。

对于诉讼诈骗的行为是否应该构成诈骗罪,刑法理论和司法实践中有不同的认识。传统刑法理论以及司法实践一般不作为诈骗罪论处,因为其侵犯的主要客体并不在于财产所有权。如2002年10月14日最高人民检察院《关于通过伪造证据骗取法院民事裁判占有他人财物的行为如何适用法律问题的答复》中指出:"以非法占有为目的,通过伪造证据骗取法院民事裁判占有他人财物的行为所侵害的主要是人民法院正常的审判活动,可以由人民法院依照民事诉讼法的有关规定作出处理,不宜以诈骗罪追究行为人的刑事责任。如果行为人伪造证据时,实施了伪造公司、企业、事业单位、人民团体印章的行为,构成犯罪的,应当依照刑法第307条第1款的规定,以妨害作证罪追究刑事责任。"该《答复》的观点是:诉讼欺诈侵犯的主要客体的性质决定诉讼欺诈不应定性为诈骗罪,而应归入妨害司法罪的范畴。但是现行刑法在妨害司法罪中并未对诉讼欺诈作具体规定,因而根据罪刑法定原则,对诉讼欺诈行为只能认定其无罪。基于诉讼欺诈在当前民事诉讼活动中的多发性及社会危害性,不少学者基于三角诈骗的观点而质疑该司法解释,认为诉讼欺诈也构成诈骗罪。

9. 贪污罪

贪污罪,是指国家工作人员利用职务上的便利,侵吞、窃取、骗取或者以其他手段非法占有公共财物的行为。

从犯罪的构成要件看:(1)本罪侵犯的客体是复杂客体,即国家的廉政制度和公共财产的所有权,其中国家的廉政制度是本罪侵犯的主要客体。侵犯的对象是公共财产。(2)本罪在客观方面表现为利用职务上的便利,侵吞、窃取、骗取或者以其他手段非法占有公共财物的行为。"利用职务上的便利"是指利用自己职务范围内的权力和地位所形成的主管、经手、管理、经营财物的有利条件或者受委托经营、管理国有财产所形成的有利条件。如果行为人利用的是与职务无关的熟悉作案环境、了解内情等便利条件的,不能构成贪污罪。贪污罪的手段可以多种多样,根据刑法的规定,有侵吞、窃取、骗取以及其他手段。这里的其他手段是指除了侵吞、窃取、骗取以外的方法。如国家工作人员在国内公务活动或者对外交往中接受礼物,依照国家规定应当交公而不交公,数额较大的,也以贪污罪论处。(3)本罪的主体是特殊主体,具体包括两类人员:一是国家工作人员,包括:国家机关中从事公务的人员;国有公司、企业、事业单位、人民团体中从事公务的人员;国家机关、国有公司、企业、事业单位委派到非国有公司、企业、事业单位、社会团体从事公务的人员;其他依照法律从事公务的人员。二是受国家机关、国有公司、企业、事业单位、人民团体委托管理、经营国有财产的人员。与上述两类人员勾结,伙同贪污的,以贪污罪共犯论处。(4)本罪的主观方面是直接故意,而且具有非法占有公共财物的目的。

根据《刑法》第383条的规定,犯贪污罪的,根据情节轻重,分别依照下列规定处罚:(1)个人贪污数额在10万元以上的,处10年以上有期徒刑或者无期徒刑,并处没收财产;情节特严重的,处死刑,并处没收财产。(2)个人贪污数额在5万元以上不满10万元的,处5年以上有期徒刑,可以并处没收财产;情节特别严重的,处无期徒刑,并处没收财产。(3)个人贪污数额在5000元以上不满5万元的,处1年以上7年以下有期徒刑;情节严重的,处7年以上10年以下有期徒刑。个人贪污数额在5000元以上不满1万元,犯罪后有悔改表现、积极退赃的,可以减轻处罚或者免予刑事处罚,由其所在单位或者上级主管机关给予行政处分。(4)个人贪污不满5000元,情节较重的,处2年以下有期徒刑或者拘役;情节较轻的,由其所在单位或者上级主管机关酌情给予行政处分。对多次贪污未经处理的,按照累计贪污数额处罚。

10. 受贿罪

受贿罪,是指国家工作人员利用职务上的便利,索取他人财物,或者非法收受他人财物,为他人谋取利益的行为。

从犯罪的构成要件看:(1)本罪侵犯的客体是国家的廉政制度。(2)本罪在犯罪客观方面表现为利用职务上的便利,索取他人财物,或者非法收受他人财物,为他人谋取利益的行为。利用职务上的便利,是指利用自己职务范围内的权力,即自己主管、分管某项公共事务的职权所形成的有利条件。根据《刑法》第385条、第388条的规定,受贿罪的犯罪方式有以下五种:一是索贿,即行为人实施了主动索取他人财物的行为。对于这种行为,无论行为人是否为他人谋取利益,都不影响本罪的成立。二是收贿,即行为人实施了非法收受他人财物,为他人谋取了利益的行为。收受他人财物与为他人谋取利益二者必须同时具备,至于为他人所谋取的利益是正当利益的还是不正当利益,则不影响本罪的构成。三是国家工作人员在经济往来中,违反国家规定,收受各种名义的回扣、手续费,归个人所有的,以受贿论处。四是国家工作人员利用本人职权或者地位形成的便利条件,通过其他国家工作人员职务上的行为,为请托人谋取不正当利益,索取请托人财物的或者收受请托人财物的,以受贿论处。五是国家工作人员的近亲属或者其他与该国家工作人员关系密切的人,通过该国家工作人员职务上的行为,或者利用该国家工作人员职权或者地位形成的便利条件,通过其他国家工作人员职务上的行为,为请托人谋取不正当利益,索取请托人财物或者收受请托人财物,数额较大或者有其他较重情节的,以受贿罪论处。(3)本罪的主体一般是特殊主体,即国家工作人员,但我国《刑法修正案七》对此作了修改,即国家工作人员的近亲属及其他与该国家工作人员关系密切的人也可以单独构成受贿罪。(4)本罪的主观方面是故意,而且具有非法获取财物的目的。

根据《刑法》第386条的规定,对犯受贿罪的,根据受贿所得数额及情节,依照《刑法》第383条关于贪污罪的处罚规定处罚。索贿的从重处罚。

本节知识框架图：

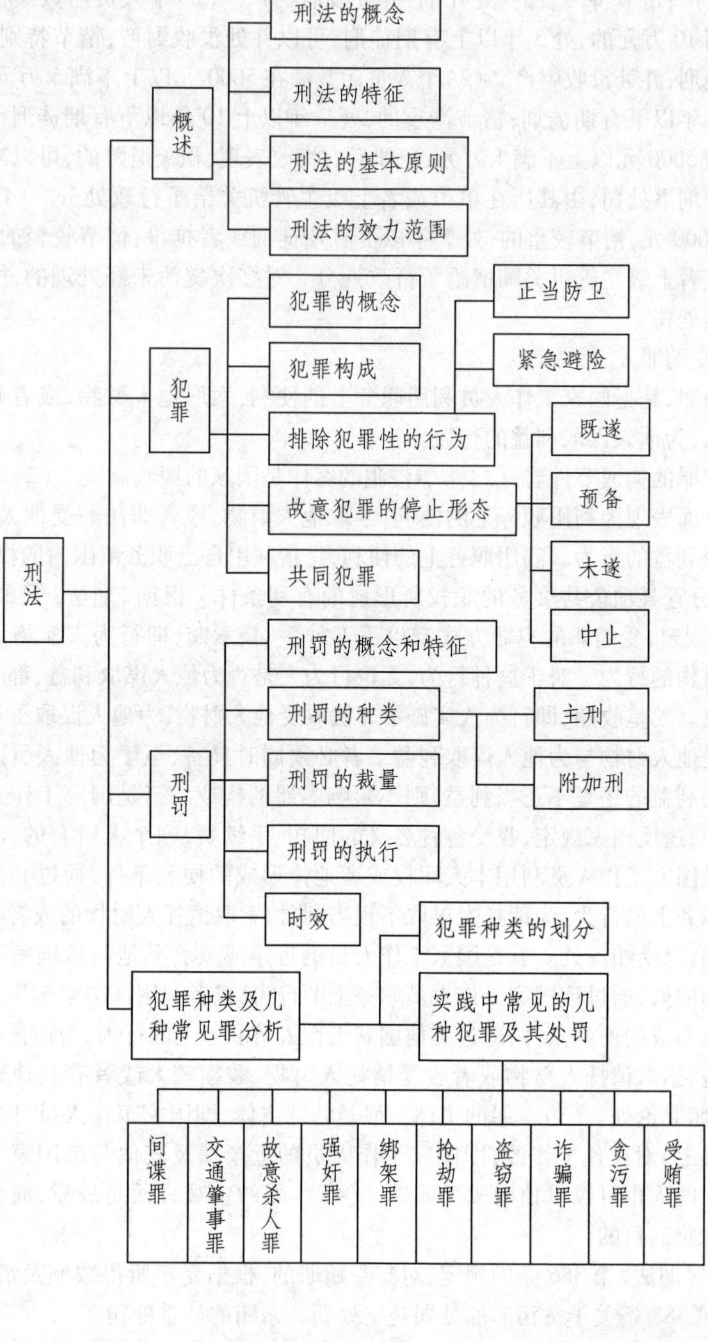
刑法
概述
刑法的概念
刑法的特征
刑法的基本原则
刑法的效力范围
犯罪
犯罪的概念
犯罪构成
排除犯罪性的行为
正当防卫
紧急避险
故意犯罪的停止形态
既遂
预备
未遂
中止
共同犯罪
刑罚
刑罚的概念和特征
刑罚的种类
主刑
附加刑
刑罚的裁量
刑罚的执行
时效
犯罪种类及几种常见罪分析
犯罪种类的划分
实践中常见的几种犯罪及其处罚
间谍罪
交通肇事罪
故意杀人罪
强奸罪
绑架罪
抢劫罪
盗窃罪
诈骗罪
贪污罪
受贿罪

阅读与思考：

“死刑的德性”综述
（邱兴隆，北大法律信息网）

邱兴隆教授就“死刑的德性”展开了其精彩的发言。他首先提了三个问题供大家思考。第一个问题是：人命多少钱一条？第二个问题是：人头和石头哪个重？第三个问题是：人皮和猫皮哪个更值钱？他认为，翻开我们现在的刑法，它已经告诉我们人命是多少钱一条。实际上，它培养了这样一种价值观念——钱、命之间有一种等价的关系。至于第二个问题，刑法也是这么说的，石头，要看是什么样的石头。如果你拿的是值钱的石头，那石头可以敲掉你的人头。第三个问题人皮和猫皮之间的关系。走私熊猫皮，按新刑法，命就保不住了，也就是说为了保护熊猫可以牺牲人命。之所以提出这三个问题，是因为邱教授最初研究死刑就是从这三个问题出发的。

死刑的德性，这个德性有双重含义。一个是伦理学意义上的，另一个是中国人口语中的，有点贬义的，例如，“瞧他那德性！”，肯定是指那个人不行。所以“德性”在这里是双关语。其一是讲死刑是否符合道德，或者从道德的角度是否能证明它是不正当的。其二是讲我国应不应该、能不能够废除死刑。这个专题其主要谈了以下两个问题：第一个问题是其立论，即死刑是经不起道德检验的，也是不正当的。其结论是：死刑，从报应正义的角度是不必要的；死刑，从功利目的的角度，也是不必要的。既然从作为刑罚正当根据的两项内容都不要求有死刑的存在，或者说都不以死刑的存在为必要前提，死刑自然经不起道德检验。也就是说，死刑是应该废除的。第二个问题，中国是否应该或者是否能够废除死刑？他认为答案是肯定的，但由于客观因素的制约，决定了中国现阶段不可能废除死刑。一是废除死刑的人文传统；二是信仰基础；三是立法导向；四是刑事司法实践。

嘉宾点评

周光权：主张废除死刑。一方面认为邱教授发言成功表现在以下几个方面：第一，对人的关怀。第二，考虑了中国的问题。第三，邱教授有非常浓厚的、启蒙的意识。另一方面提出反对意见，认为死刑是一个非常棘手的问题，保留或废除它的各种观点很难证实也很难证伪。启蒙思想与死刑的减少、废除有关联，但是关联性不大。死刑的减少、废除是社会发展本身多重原因的结果，是一种非常复杂的社会策略，一种权力的安排。而死刑之所以存在，其原因主要有二：一是战争与警察机构的存在；二是依照福科的观点，人的身体作为惩罚的对象是有用的。

曲新久：主张马上废除死刑。认为只要我们关注人，只要我们以人道的精神来看待一种社会制度的设置，死刑就没有任何存在的理由。

张绍彦:主张废除死刑。认为死刑问题有一个从无到有,又从有到无的过程。认为仅从功利或者报应的角度来论述死刑的必要性是不够的,对此同意周光权博士的观点。

白建军:主张废除死刑。认为犯罪人不是特殊人,而是正常人。假如承认死刑,就承认了正常人之间合法的互相剥夺生命,而其根据之一就是人们之间权利、利益的交换与冲突。冲突的一端是犯罪,另一端是刑罚,两端各自都是定序的序列。序列,只有大小之分,没有终点。死刑并非就是刑罚的终点。认为死刑与犯罪率的高低没有直接的联系,死刑的存废不是问题,刑罚的严厉效果才是关键。

问题争鸣

邱兴隆教授就死刑问题和与会人员展开了热烈的讨论,其主要问题有:

第一,作为犯罪的杀人与作为死刑的杀人到底是否存在区别,存在何种区别?

第二,废除死刑论者的主要论据之一就是人性,但什么是人性?

第三,在理论上废除死刑,如何面对被害人?对罪犯的人文关怀与对被害人的人文关怀如何均衡?

第四,在刑罚的严厉性上,死刑与终身监禁孰重孰轻?

第五,是一个实际的案例。河南省开封发生了一个案件,在某娱乐场所有三个小孩玩游戏欠了老板2块5毛钱,结果这个老板把这三个小孩子给杀害。请问对这样的犯罪分子是否应当判处死刑?如果不判处死刑,是否得当?

第六,死刑否定论,是否会导致刑罚否定论?

请思考:你如何看待死刑?

自我测试

一、判断题

1. 我国公民在我国领域外犯我国刑法规定之罪,最低刑为3年以上有期徒刑的,适用我国刑法。(　　)

2. 享有外交特权和豁免权的外国人在我国犯罪的,我国刑法不予追究。(　　)

3. 有犯罪必然会受到刑罚处罚。(　　)

4. 危害行为和危害结果是一切犯罪构成的客观必备要件。(　　)

5. 我国《刑法》规定,又聋又哑的人和盲人是限制刑事责任能力人。(　　)

6. 对单位犯罪的处罚,我国刑法规定的是双罚制。(　　)

7. 正当防卫的前提是必须要有对方的犯罪行为存在。(　　)

8. 我国刑法规定,防卫过当或避险过当的,应当负刑事责任,但可以减轻或者免除处罚。(　　)

9. 我国刑法规定,审判时不满18周岁的人和怀孕的妇女,不适用死刑。(　　)

10. 死缓制度是对于应当判处死刑的犯罪分子,如果不是必须立即执行的可以判处死刑同时宣告缓期2年之后再执行的制度。(　　)

二、不定项选择题

1. 刑法修正案是刑法典的有机组成部分,我国现行刑法至今已经有(　　)修正案。

A. 五个　B. 六个　C. 七个　D. 八个

2. 广义的刑法包括(　　)。

A. 刑法典　B. 刑法修正案　C. 单行刑法　D. 附属刑法

3. 我国刑法的基本原则是(　　)。

A. 罪刑法定原则　B. 适用刑法人人平等原则

C. 罪责刑相适应原则　D. 无罪推定原则

4. 我国刑法的溯及力原则是(　　)。

A. 从旧兼从轻　B. 从旧兼从重　C. 从轻兼从新　D. 从重兼从新

5. 犯罪的三大属性为(　　)。

A. 刑事违法性　B. 应受刑罚处罚性

C. 严重的社会危害性　D. 严重的违法性

6. 我国的刑法分则根据犯罪的(　　)不同,将犯罪分为(　　)大类。

A. 同类客体　八　B. 同类客体　十　C. 一般客体　八　D. 直接客体　十

7. 年满15周岁的人,实施下列哪些犯罪行为应该负刑事责任?(　　)

A. 抢劫　B. 抢夺　C. 绑架　D. 放火

8. 行为人明知自己的行为会发生危害社会的结果,并且放任这种结果发生的主观心理态度是(　　)。

A. 直接故意　B. 间接故意　C. 疏忽大意的过失　D. 过于自信的过失

9. 行为人已经着手实行犯罪,由于其意志以外的原因未能完成犯罪的一种犯罪停止形态是(　　)。

A. 犯罪既遂　B. 犯罪预备　C. 犯罪中止　D. 犯罪未遂

10. 以下属于危险犯的是(　　)。

A. 放火罪　B. 爆炸罪　C. 故意杀人罪　D. 盗窃罪

11. 我国刑法把共同犯罪人分为(　　)。

A. 主犯　B. 从犯　C. 胁从犯　D. 教唆犯

12. 刑罚适用的对象是(　　)。

A. 犯罪人　B. 被告　C. 犯罪嫌疑人　D. 被告人

13. 以下属于我国刑罚中的主刑的有(　　)。

A. 拘役　B. 拘留　C. 缓刑　D. 剥夺政治权利

14. 被判处死缓的,在死缓执行期间,如果没有故意犯罪,又确有重大立功表现的,2年期满后,减为(　　)有期徒刑。

A. 20年　B. 25年　C. 15年以上20年以下　D. 20年以上25年以下

15. 对于累犯,应当(　　)。

A. 加重处罚　　B. 从重处罚　　C. 从轻处罚　　D. 减轻处罚

16. 减刑后实际执行的刑期,判处管制、拘役、有期徒刑的,不能少于原判刑期的(　　);判处无期徒刑的,不能少于(　　)年。

A. 1/2　10　　B. 1/3　13　　C. 1/2　13　　D. 1/3　10

17. 下列哪些犯罪侵犯的客体是复杂客体?(　　)

A. 抢夺　　B. 抢劫　　C. 绑架　　D. 贪污

18. 以下哪些犯罪属于侵犯财产权利的犯罪?(　　)

A. 抢夺　　B. 抢劫　　C. 绑架　　D. 贪污

19. 以下哪些犯罪属于故意犯罪?(　　)

A. 交通肇事罪　　B. 抢劫　　C. 绑架　　D. 贪污

20. 根据《刑法》第269条的规定,犯(　　),为窝藏赃物、抗拒抓捕或者毁灭罪证而当场使用暴力或者以暴力相威胁的,应以抢劫罪定罪处罚。

A. 盗窃罪　　B. 抢夺罪　　C. 诈骗罪　　D. 侵占罪

第三节　刑事诉讼法

学习提示:

1. 刑事诉讼目的、刑事诉讼结构、刑事诉讼职能、刑事诉讼主体、刑事诉讼客体分别指什么?

2. 刑事诉讼有哪些基本原则?

3. 我国刑事诉讼法对刑事诉讼的管辖、辩护、证据、强制措施、刑事附带民事诉讼是怎么规定的?

4. 我国刑事诉讼包括哪几个阶段?具体的审判程序是怎样的?

一、概述

(一)我国的刑事诉讼法

在我国,刑事诉讼法也有广义和狭义之分。

广义的刑事诉讼法,指包括刑事诉讼法典在内的一切法律、法规、司法解释中关于刑事诉讼活动的法律规范的总和。例如我国的人民法院组织法、律师法、未成年人保护法、监狱法和其他法律法规中关于刑事诉讼的法律规范,全国人民代表大会常务委员会关于刑事诉讼问题的决定、决议和解释,最高人民法院、最高人民检察院关于刑事诉讼的司法解释,国务院的有关法规,公安部、司法部为具体运用刑事诉讼法制定的行政规章等，都是广义的刑事诉讼法所涵盖的内容。

狭义的刑事诉讼法单指国家制定的刑事诉讼法典，即《中华人民共和国刑事诉讼法》，制定于1979年7月1日，并于1996年3月17日第一次修改，于2012年3月14日第二次修改。全法分总则，立案、侦查和提起诉讼，审判，执行，特别程序共五篇，共290条。

2012年我国刑事诉讼法修正案在辩护制度、强制措施制度、证据制度、特别程序制度等方面都做了修改完善。有学者还总结了此次修改的八大亮点：(1)"尊重和保障人权的宪法原则被写入了刑诉法第二条，诉讼内的侵权救济机制有所完善"。(2)"非法证据排除机制正式确立，刑讯逼供问题有望得到缓解"。(3)"侦查阶段律师取得辩护人名分，辩护制度(包括法律援助制度)得到大大充实"。(4)"逮捕条件和拘捕程序更加明确具体，人身自由获得进一步保障"。(5)"公诉案件检察官必须出庭，关键证人、鉴定人必须出庭作证，审判程序的公正价值和效率价值得到进一步体现"。(6)"明确规定二审案件开庭审理的范围，严格限制二审发回重审，上诉不加刑原则的规定更加明确"。(7)"在死刑复核过程中讯问被告人、听取辩护人意见成为必经程序"。(8)"增设四种特别程序(这些特别程序其中有不少还有制度上的创新)，回应了司法现实的需要，进一步体现了宽严相济的形势政策和构建和谐社会的需要"。

相关知识：

刑事诉讼法修正案的八大争点：(1)是保护人民还是保障人权？在修改后的刑诉法第一条规定，刑诉法的立法宗旨是为了保证刑法的正确实施，惩罚犯罪，保护人民。现在法律的第二条规定变成了"中华人民共和国刑诉法的任务是保证准确及时地查明犯罪事实，正确运用法律，惩罚犯罪分子，保障无罪的人不受刑事追究，教育公民自觉遵守法律，积极同犯罪行为作斗争，维护社会主义法制，尊重和保障人权，保护公民的人身权利、财产权利、民主权利和其他权利，保障社会主义建设事业的顺利进行"。就是原来的表述一字未删，在中间加了"尊重和保障人权"。我仔细揣摩了这段文字后感觉这样修改说明一个问题：就是我们的立法决策人员不认同学界、律师界以及代表委员提出的关于设立修改刑诉法立法宗旨的建议。他们认为"尊重和保障人权"是刑诉法的一项具体的任务，刑诉法的目的仍然是"保证刑法的正确实施，惩罚犯罪，保护人民"。这个修正案跟学界建议的把第一条中的"保护人民"改为"尊重和保障人权"相差万里。当然，写到这里面比不写入这里面，我们学界多数人还是高兴的，尽管理解上有问题。(2)指定监视居住和拘捕以后是否通知家属，以及如何通知家属？征求意见稿关于监视居住曾经规定，现行法也是这样规定的，监视居住有住处的在住处执行，没有住处的才指定居所执行。关于指定监视居住之后、拘捕之后通不通知家属，怎样通知家属的问题，"两会”期间我们的代表对这个问题的攻击是很强烈的,律师界也有人在网上、微博上发了非常强烈的呼吁,认为这就是“秘密逮捕”。这个很危险啊,“被失踪”就成了“依法被失踪”,所以各方意见都很大,包括两会的代表委员。最后,修正案对不通知家属的情形做了严格的限制。(3)非法证据排除的范围如何设定?这个主要涉及学界和实务界的意见不一致,学界主张,把采用暴力体罚或者限制必要饮食、作息时间等心理或生理的强制方法收集到的口供都要排除,违反法律规定收集到的电子资料、视听资料,严重妨碍司法公正时也要排除。2010年发布的《关于办理刑事案件排除非法证据若干问题的规定》里面是明显违反法律的规定收集的物证、书证要经过补正或合理的解释之后才可以采用。修正案没有这样的规定,经过会上代表委员的争议,最后改成了“收集到的物证、书证不符合法定程序,可能影响司法公正的,应当予以补正或作出合理解释,”只限于不符合法定程序的情况,那么其他方面违反法律规定的呢,按照立法的愿意就只能排除,但是没有明确。(4)要不要专门规定辩护人的伪证罪?伪证罪的问题在刑诉法当中,原来的38条是有规定的。这次立法过程中,学界和律师界强烈呼吁把这一条去掉,学界有人在看到草案出来之后认为,即使取消不了这一条(38条),也应当规定追究律师伪证罪应当由侦查本案以外的其他机关来处理,或者在本案定案之后。现在修正案规定了如果要追究律师的伪证罪的话,应当由办理辩护人所承办案件以外的侦查机关办理。辩护人是律师的,应当及时通知其所在的律师事务所或者所属的律师协会。但是这个问题并没有满足社会的期待,现在依然是有争议的。所以对于这一条大家还可以继续关注下一步,本案以外的侦查机关怎么样接到案件?这是个很大的问题。(5)不得强迫任何人证实自己有罪与如实供述是否有矛盾?现在在严禁刑讯逼供这一条中加了一条“不得强迫任何人证实自己有罪”,但是在侦查讯问那一条里面继续保留了“犯罪嫌疑人对侦查人员的提问应当如实回答”,这两者之间学界和律师界普遍认为是有矛盾的,因为如实回答的前提是必须回答,而不是如果要回答,这是没有选择的。不得强迫任何人自证其罪的前提是可以不回答,很明显,两者之间是有矛盾的。(6)哪些证人必须出庭作证?修正案草案中是这样规定的“如果证人证言对定罪量刑有重大影响,并且公诉人、辩护人、代理人对此有意见的,或者法院认为证人有必要出庭作证”。这个规定我们学界相对来说是比较认可的,政法机关(至少部分)不认可这一条。最后通过的修正案是这样规定的,把“或者”两个字去掉了。另外,律师界强烈要求应该明确规定侦查人员应当出庭作证。修正案里面规定的警察人员出庭作证只限于在执行职务时目击犯罪的情况时作为证人出庭作证,至于审讯犯罪嫌疑人的情况,没有明确他就是证人,这一点学界、律师界不太能接受,最后修正案也没有采纳学界、律师界的意见。(7)技术侦查是否应当入法以及如何入法?就是技术侦查要不要写到法律里面,怎么写进去?将技术侦查写进法律,学界多数人是赞成的,只是不赞同以这样一种方式。法律的基本特征就是明确性、公开性,多数人主张把技术侦查的条件和程序更加细化,比如说现在的条文中规定"经过特别严格的批准程序",到底什么批准手续呢?修正案没有规定。(8)是否规定刑事和解以及范围如何设定?这个争议也很大。有人是反对刑事和解的,公诉案件怎么能和解呢?违反犯罪的基本概念,违反罪责刑相统一的原则。也有人觉得不仅可以和解,而且不应当限制在那么小的范围。最后,修正案限定了范围,我的看法是,修正案有条件地确认了刑事和解,比我们现在在实践当中操作的范围大大压缩了,这是争点。

(摘自西南法学论坛,孙长永:刑事诉讼法修正案的亮点、争点和疑点)

(二)刑事诉讼理论的基本范畴

1. 刑事诉讼目的

刑事诉讼的目的是指立法者预先设定的,进行刑事诉讼所要达到的具体目标。刑事诉讼是控辩审三方共同活动的过程,各方在诉讼中都有不同的利益追求,刑事诉讼的目的是对各方利益的权衡和统一。目的不同,表明在刑事诉讼中保护的利益侧重点不同,也表明立法者的刑事诉讼价值观不同。所以说,刑事诉讼目的是整个刑事诉讼程序的灵魂。概括而言,现代刑事诉讼的目的在于惩罚犯罪和保障人权。

首先,惩罚犯罪作为刑事诉讼的目的,不仅是国家履行公共管理职能、保护公众利益的需要,也是程序法定主义的必然后果。现代国家不允许在刑事诉讼外动用刑罚权,刑事诉讼成为追究犯罪、惩罚犯罪的唯一渠道,就必须尽可能地满足国家惩罚犯罪的需要。也因此,各国普遍赋予了侦查机关、起诉机关、审判机关等一系列的国家权力。

其次,保障人权作为刑事诉讼的目的,是近代以来人权理论和民主政治发展的结果,其在程序上包括三层含义:一是保障任何公民不因政府非法强制而沦为犯罪嫌疑人或被告人,即保障个人免受无根据的或非法的刑事追究;二是保障犯罪嫌疑人和被告人在整个刑事诉讼过程中受到公正的待遇,既要保证无罪的人尽早脱离追究程序,又要使有罪的人的合法权益得到适当的维护;三是保证被依法认定有罪的被告人受到公正的、人道的刑罚处罚,禁止酷刑和其他不人道的刑罚或非刑罚制裁。

最后,惩罚犯罪与保障人权的关系是对立统一的。在以民主主义为基础的现代法治社会,由于政府权力本身就是以保障个人权益为存在根据,惩罚犯罪和保障人权作为刑事诉讼的双重目的从根本上说是一致的。但在现实的刑事诉讼中,两者却总是表现出明显的对立,比如疑难案件的处理,非法获得的证据材料是否应予以排除,律师对其获知的职业秘密是否应当保密等,都涉及惩罚犯罪和保障人权两方面的利益冲突。当两者发生冲突而无法兼顾时,各国一般都采用权衡的原则,即综合考虑国家利益、社会利益和个人利益,权衡利弊得失,作出有利于实现刑事法治的选择。

2. 刑事诉讼结构

刑事诉讼结构是指控诉、辩护和审判三方在刑事诉讼过程中的组合方式和相互关系,又称刑事诉讼构造、刑事诉讼形式或刑事诉讼模式。它是刑事诉讼中的基本框架,决定了整个刑事诉讼的基本运行态势。

综观古今中外,刑事诉讼中存在双重结构,即“三角结构”和“线形结构”。

首先,刑事诉讼中三角结构的表征是作为双方当事人的原、被告平等对立,法官作为第三方居于其中,踞于其上,公正裁判、解决纠纷。其基本特征是审判中立,控辩平等,控辩积极对抗。

其次,刑事诉讼中的线形结构实际上是将诉讼视为一种双方组合,其中一方是作为整体的国家司法机关,另一方为被告人,诉讼活动的基本内容是司法机关积极推进司法活动,这种结构的基本特征表现为侦查本位主义、审判过程中采取法官职权主义、被告人实际地位趋于客体化。

综合来看,刑事诉讼的三角结构和线形结构各有利弊。从民主和人权上看,三角结构强调以公正的形式进行诉讼活动,司法机关尊重和保障当事人的权利,更能维护公民个人的权益,实现民主的要求。从效率上看,线形结构推行司法一体化的做法,强化司法权,弱化防御权,这更能满足高效开展司法活动的要求。而从科学性上看,两种结构都具备一定的真相查明力但都有不足。在三角结构下,案件事实的认定主要依赖于控辩双方的调查举证,但不可否认,各种因素都可能影响当事人的恰当调查和正确举证。在线形结构下,查明真相的职责基本属于司法机关,但司法机关追究犯罪的职业冲动和集中询问、反询问和证据评价于一体的做法,也不能绝对保证客观真相的查明。

相关知识:

从刑事诉讼结构理论的角度来看,人类历史上存在四种主要的诉讼结构模式,即近代以前的弹劾式和纠问式刑事诉讼以及近现代的当事人主义与职权主义刑事诉讼。总体而言,近代以前的刑事诉讼分别采取了极端的三角结构或线形结构,而近现代的刑事诉讼则兼采两种结构,因而也叫“混合式”诉讼。

(1)弹劾式刑事诉讼模式在西方主要适用于古罗马共和国时期,欧洲日耳曼法(法兰克王国)前期及英国的封建时期。其主要特点有:其一,在古代弹劾式的刑事诉讼中,已初步区分了控诉、辩护、审判三种诉讼职能,控、辩职能由私人承担,国家只承担审判职能。其二,虽然国家权力开始介入私人纠纷,但由于当时的国家权力尚不强大,它只是以一种相当被动的姿态出现的,因此在诉讼程序启动方式上奉行私人起诉和“不告不理”原则,这是古代奴隶制弹劾式刑事诉讼的最显著的特点。其三,审判公开、言词辩论,诉讼以控辩双方争议的事实为调查对象,原被告双方在诉讼中地位平等,实行谁主张谁举证。其四,实行“神示”证据制度,以增强审判的权威,化解社会冲突。弹劾式模式是刑事诉讼的早期形态。

(2)纠问式刑事诉讼模式盛行于13世纪到19世纪上半叶时期封建专制社会

的欧洲国家(除英国以外)。其主要特点是:其一,国家机关主动追究犯罪,实行“不告也理”原则。私诉权在一定范围内虽然存在,但已不是审判的前提。其二,在这种模式下,犯罪被认为是严重破坏统治秩序的恶劣行为,法官集审判、控诉甚至侦查职能于一身,追求国家权力高度一体化追究犯罪。其三,在诉讼中被告人不是诉讼主体,完全沦为被审查的诉讼客体,在诉讼中不享有任何诉讼权利,但却要承担各种诉讼义务。被害人仅作为告发者,是案件事实的证明者而非当事人。其四,审判秘密进行,刑讯逼供合法化。这种诉讼模式完全是建立在忽视、践踏个人自由,强调国家强权的极端国家主义基础上的。

(3)当事人主义诉讼主要适用于近现代英美法系国家。其主要特征是:其一,在侦查阶段即赋予被告人以充分的诉讼权利,对侦查机关的侦查行为限制较多。在英美法系国家刑事诉讼的侦查阶段,一般赋予被告人以沉默权,聘请律师权等,使之享有充分的诉讼权利,能采取充足的诉讼手段与侦查机关抗衡。其二,在起诉阶段,一般奉行起诉状一本主义,即起诉只送起诉书而不随案移送有关证据材料。在此阶段有的国家还推行“辩诉交易”,即控方与辩方对起诉内容讨价还价。其三,在法庭审判阶段,法官活动消极、被动,审判进程由控、辩双方的对抗性推进。控、辩对抗十分积极,内容相当广泛。法官只消极听取控、辩双方的陈述和意见,并不积极主动开展法庭调查活动。

(4)职权主义诉讼模式主要为近现代大陆法系国家普遍适用。其主要特征是:其一,在侦查阶段,被告人诉讼权利被限制较多,侦查机关的侦查行为自由度高。这种诉讼模式下,被告人在侦查阶段不享有沉默权,而应无条件接受讯问。诉讼权利相对较少,而侦查机关则享有广泛的权力,采取的侦查行为很少受到限制。其二,在起诉阶段,实行全卷移送主义,即除起诉书外,控诉方还必须随案移送一切证据材料,以便法官审阅,决定是否正式启动刑事审判程序。其三,在开庭审理阶段,法官职权活动主动、积极,控、辩双方活动受到限制。在这种诉讼模式下,法官是庭审的主角,他主动开展证据调查等一系列活动,凭借其职权行为获得对案件真相的认识。控、辩双方则处于相对弱势地位,其对抗性活动虽然开展,却常常受法官限制和干预,并不为法官所重视。

3. 刑事诉讼职能

刑事诉讼职能是指根据法律规定,国家专门机关和诉讼参与人在刑事诉讼中所承担的职责、具有的作用和功能。在现代刑事诉讼中,由于控诉与审判的分离、被告人获得为自己辩护的权利,形成控、辩、审三种基本诉讼职能共存的局面。控、辩、审三大诉讼职能是相互联系、相互制约、缺一不可的,但审判始终是刑事诉讼的中心。

首先,控诉职能是指向法院揭露、证实犯罪并要求法院对被告人确定刑罚权的职能。控诉是审判的前提和根据,审判必须限定在控诉的事实和被告人范围内。控诉职能与审判职能的分离则主要是为了革除控、审不分的纠问式刑事程序的弊端,保证审判程序的公正,保障个人相对于政府的基本权利和自由,防止司法专断。现代国家普遍要求控诉职能由专门的国家机关(一般是检察机关)行使,并由侦查机关和被害人协助,自诉案件则由自诉人执行控诉职能,多数国家要求检察官在履行控诉职能时必须客观公正。

其次,辩护职能是指针对犯罪嫌疑或指控进行反驳,说明犯罪嫌疑或指控不存在、不成立,要求宣布犯罪嫌疑人、被告人无罪、罪轻或者从轻、减轻、免除刑罚处罚的职能。辩护职能的产生和发展是多种价值理念结合起来、相互补充、相互作用的结果,人权、民主思想的传播、程序公正观念的进化以及宪政制度的建立,是产生辩护职能的决定性因素,无罪推定原则和诉讼主体论、律师制度的不断发展以及现代诉讼结构科学性的要求则对辩护职能的日益强化发挥了直接的促进作用。辩护权是被告人的一种基本诉讼权利,而非义务,被告人可以任何合法的方式行使,也可以自由放弃,并不因此而产生相应的法律责任。辩护制度的发达程度是一个国家刑事诉讼制度和整个法律制度民主程度的重要标志之一。

最后,审判职能是指通过审理确定被告人是否犯有被指控的罪行和应否处以刑罚以及处以何种刑罚的职能。审判职能由法院承担,法院是世界各国公认的行使审判权的唯一主体。但法院的管辖权限以及在具体诉讼中代表法院出面审判的法庭组成,在不同国家有不同的规定。审判职能存在的理论依据有二:

第一,基于公正处理刑事案件的需要。从某种意义上说,刑事诉讼是代表政治国家的强大政府与代表市民社会的个体之间的一种最为严重的社会冲突,为了公正地解决这一冲突,现代国家一致规定由独立性、中立性和公正性受到宪法和法律严格保障的法院从第三者的立场出发,以普遍适用的法律规则来解决这一冲突,以使其结果为争讼双方所和平地接受。

第二,基于权力运行的科学要求。现代各国政治体制设计的通行观念在于权力必须受到有效的控制,以保障民主及个人的基本人权,为此要求权力分开行使、相互制衡,以免权力被滥用。在这种思想指导下,审判权从行政权中分离出来,并受到各种制度化的保障。这种分离不仅可以防止权力运行过程可能出现的异化,对司法公正的实现也大有裨益。

4. 刑事诉讼主体

关于刑事诉讼主体问题,我国法学界存在不同的认识。一般认为,刑事诉讼主体是所有参与刑事诉讼活动,在刑事诉讼中享有一定权利、承担一定义务的国家专门机关和诉讼参与人。其中,承担基本诉讼职能的专门机关和当事人是主要的诉讼主体,其他诉讼参与人是一般诉讼主体。

从历史上看,诉讼主体论是以近代启蒙思想和古典哲学中的主体性理论为基础的,该理论的基本精神在于尊重人作为个体存在的尊严和理性。研究诉讼主体论的主要目的,在于把被告人作为独立的、与法官和检察官平等的人格实体对待,而不是把他当做国家追诉犯罪的工具或者诉讼的客体。

根据我国刑事诉讼法的规定,我国刑事诉讼主体包括三大类:

一是在刑事诉讼中代表国家行使侦查权、起诉权、审判权、刑罚执行权的国家专门机关,即公安机关、国家安全机关、军队保卫部门、监狱、人民检察院、人民法院。

二是直接影响诉讼的进程并与诉讼结果有直接利害关系的诉讼当事人,包括被害人、自诉人、犯罪嫌疑人、被告人、附带民事诉讼的原告人和被告人。

三是协助国家专门机关和诉讼当事人进行诉讼活动的其他诉讼参与人,包括法定代理人、诉讼代理人、辩护人、证人、鉴定人和翻译人员。

5. 刑事诉讼客体

刑事诉讼客体指刑事诉讼主体实施诉讼行为,进行刑事诉讼活动所指向的对象,即刑事案件,具体包括刑事诉讼中所要查明的实体法事实和对该事实的法律评价,以及诉讼过程中应当解决的程序法问题。刑事诉讼始终围绕犯罪嫌疑人、被告人刑事责任的确定而进行,因此,犯罪事实是否存在,该事实是否为犯罪嫌疑人、被告人所实施以及情节轻重问题,是刑事诉讼的客体。

学习和研究刑事诉讼客体,主要应当明确刑事案件的"单一性"和"同一性"及其法律效果。首先,刑事案件的"同一性"是指从动态的、发展的角度考察刑事诉讼是否为一个不可分割的整体,按照现代诉讼控、审分离的基本原则,法院的审判应当以公诉事实确定其审判范围,判决事实必须与公诉事实保持同一性。

其次,刑事案件的"单一性"是指从静态的横断面来考察刑事诉讼是否为一个不可分割的整体。刑事案件的单一性对起诉和判决都具有影响力。现代刑事诉讼法都允许只对一个案件的部分事实进行起诉,但如果发现检察官只对部分事实起诉的,公诉效力及于全部事实,不得再对其他部分事实另行起诉。但是否因此而产生审判不可分的效力,职权主义诉讼与当事人主义诉讼有所不同。在职权主义诉讼中,法院有发现真实的义务,检察官对于一个案件只起诉部分事实时,法院对于全部事实都有审判权,可以依职权对于全案事实进行调查审理,并作出判决。当事人主义诉讼中,法官受到诉因事实的严格限制,未经检察官依法变更或追加诉因,法院不得对未起诉的事实进行审理。比如,某甲侵入他人住宅并进行盗窃,因属于牵连犯罪,检察官仅就盗窃罪起诉时,对盗窃罪不论作出有罪或无罪判决,判决生效后,检察官均不得再以侵入他人住宅罪另行起诉,法院也不得以此罪名另行审判。

(三)刑事诉讼的基本原则

刑事诉讼的基本原则是指法律所规定的贯穿于整个刑事诉讼过程或主要诉讼阶段,体现刑事诉讼的基本目的和任务,决定刑事诉讼的结构和基本特征,并对刑事诉讼的立法和司法实践具有普遍指导意义的诉讼原则和规范。

1. 普遍适用的基本原则

普遍适用的基本原则体现了现代刑事诉讼的共同特征和公理性价值取向,它们在中国刑事诉讼中都有不同程度的体现,但未必都得到了完全的确认。主要包括:刑事程序法定原则;司法独立原则;无罪推定原则;有效辩护原则;诉讼经济原则;禁止重复追究原则等。

(1)刑事程序法定原则。这是现代法治国家对刑事诉讼的基本要求,其基本含义包括两个方面:一是立法方面,为了追究犯罪和保障人权,国家应当通过宪法和法律确立公正的刑事程序,对于限制个人基本人权的强制方法及其适用条件、期限、诉讼手段和诉讼规则等,作出明确的规定;二是执法和司法方面,要求侦查、起诉和审判机关必须在遵守法定程序的前提下才能动用限制人身自由、损害财产权益等强制性措施、追诉手段和刑罚方法。

(2)司法独立原则。这是西方国家调整其政治体制的一项宪政原则,也是刑事诉讼的一项基本原则。其主要包括两层含义:一是审判权的"专属性",即国家的司法权只能由宪法和法律规定的依法设立的法院和具有法定资格的法官专门行使,其他任何机关、组织、个人都不能行使;二是法官职务行为的"独立性",即法官行使审判权时只服从宪法和法律,既不受立法、行政机关的干涉,也不受上级法院或本法院其他法官的影响。

(3)无罪推定原则。无罪推定是指任何人在没有经过法定的司法程序最终确认为有罪之前,在法律上把他看做无罪的人。其核心思想是限制政府动用强制手段威胁个人自由、财产等基本权益,保障个人相对于强大的政府的独立、自治的主体地位。无罪推定原则与刑事程序法定原则一起,构成了现代刑事诉讼制度的基石。其具体要求和措施主要包括三点:一是控诉一方承担证明被告人有罪的责任,被告没有证明自己无罪的义务;二是被告人有权拒绝陈述,即享有沉默权;三是疑案应作为无罪处理。

相关案例:

1994年1月20日,湖北省京山县佘祥林的妻子张在玉突然失踪,张在玉亲属怀疑其被佘祥林所杀。4月11日在当地一水塘发现一具无名女尸,经张在玉亲属辨认,这具女尸符合张在玉的体貌特征,公安机关遂立案侦查。1994年10月13日,湖北省荆州市中级人民法院一审判处被告人佘祥林死刑。佘祥林不服提出上诉,湖北高级人民法院以"事实不清、证据不足"为由,发回重审。1995年5月15日,荆州地区检察分院将此案退回补充侦查,1996年2月7日,京山县检察院补充侦查后再次向荆州地区检察分院移送起诉,后再次退查。1997年由于行政区划变更,京山县检察院于同年11月23日向荆门市检察院移送起诉,12月15日,荆门市检察院经审查认为佘祥林不足以判处无期徒刑以上刑罚,根据我国刑事诉讼关于管辖的规定,将案件移送京山县检察院起诉。1998年3月31日京山县检察院将此案起诉至京山县法院,京山县法院以"故意杀人罪"判处佘祥林有期徒刑十五年,剥夺政治权利五年。之后,佘祥林在湖北沙阳监狱服刑。2005 年 3 月 28 日,张在玉突然“生还”,从外地返回家乡。从湖北相关司法机关对于佘祥林一案的做法来看,在司法实践中,对于疑罪,司法人员采取的是“从轻”的处理方式,尽管修改后的刑事诉讼法规定了“疑罪从无”原则,但还没有得到彻底贯彻。

(4)有效辩护原则。“二战”后,扩充辩护权成为法治国家刑事诉讼法发展的主流趋势之一,辩护原则已由国内法的原则演变为国际刑事司法准则。它指在法律上确认犯罪嫌疑人、被告人享有辩护权,并在刑事诉讼过程中切实体现和有效保障这一权利的诉讼原则。其主要内容是:犯罪嫌疑人、被告人在刑事诉讼的任何阶段都有权进行辩护,既可以自行辩护,也可以通过律师或其他人进行辩护。

(5)诉讼经济原则。它是指国家专门机关进行刑事诉讼,要在确保诉讼公正的前提下,尽可能采用较少的人力、财力和物力耗费来完成刑事诉讼的任务。其基本内容包括两个方面:一是从总体上看,刑事诉讼的“投入”与“产出”比应当尽量低一些,不能为了追究犯罪而不惜一切代价;二是在具体案件的诉讼过程中,为了实现特定的诉讼目的,应当选择成本最低的方法。诉讼经济原则要求在立法上“繁简分流”,在司法上“手段节制”。

(6)禁止重复追究原则。其基本含义是,对被追诉者的同一行为,一旦作出有罪或者无罪的确定判决,即不得再次启动刑事诉讼程序予以审理或处罚。这一原则在大陆法系国家的诉讼制度和理论中被称为“一事不再理”原则,侧重于强调生效判决的“既判力”,以维持法的安定性,维护司法程序的权威性;在英美法系国家的诉讼制度和理论中被称为“禁止双重危险”原则,侧重于强调任何人不得因同一行为而遭受两次不利的处境,以防止官方滥用追究犯罪的权力,保障公民个人的基本人权。

2. 我国刑事诉讼的特有原则

我国刑事诉讼的特有原则,体现了我国刑事诉讼的“特质”,是我国长期司法实践经验的总结。主要包括:以事实为根据,以法律为准绳原则;分工负责、相互配合、相互制约原则;人民检察院依法对刑事诉讼实行法律监督原则。

(1)以事实为根据,以法律为准绳原则。我国《刑事诉讼法》第 6 条规定:“人民法院、人民检察院和公安机关进行刑事诉讼,必须以事实为根据,以法律为准绳。”这一原则,体现了实事求是的思想路线和依法办事的诉讼法制精神,在刑事诉讼基本原则体现中居核心地位。以事实为根据,就是公安司法机关在处理刑事案件时必须以业已查明的案件客观事实为基础,其核心问题就是重证据,重调查研究。以法律为准绳,就是对刑事案件的实体和程序问题的处理,必须以刑事法律规范为基准。

(2)分工负责、相互配合、相互制约原则。我国《刑事诉讼法》第 7 条规定:“人民法院、人民检察院和公安机关进行刑事诉讼,应当分工负责,互相配合,互相制约,以保证准确有效地执行法律。”这是调整公、检、法三机关在刑事诉讼中相互关系的基本准则,也是我国一项重要的宪法原则。该原则突出地体现了中国刑事诉讼在组织结构方面的特点,即国家专门机关在处理刑事案件过程中形成一种“线形结构”关系,这种结构关系与控、辩、审之间存在的“三角结构”关系同时存在,共同发挥作用。

(3)人民检察院依法对刑事诉讼实行法律监督原则。《刑事诉讼法》第8条规定:“人民检察院依法对刑事诉讼实行法律监督。”这是我国宪法赋予人民检察院国家法律监督机关的地位在刑事诉讼中的体现,指在刑事诉讼中人民检察院除了履行自诉的诉讼职能外,还要依法对整个刑事诉讼活动实行法律监督,包括对立案、侦查、起诉、审判和执行等诉讼环节实行全面法律监督。

二、刑事诉讼制度

(一)管辖制度

我国刑事诉讼中的管辖是指国家司法机关依法在直接受理刑事案件上的权限划分以及人民法院系统内部在审判第一审刑事案件上的权限划分。包括立案管辖和审判管辖两种:

1. 立案管辖

立案管辖,又称职能管辖,是指公安机关、人民检察院和人民法院之间在直接受理刑事案件上的权限划分。根据我国《刑事诉讼法》第18条的规定:刑事案件的侦查由公安机关进行,法律另有规定的除外。贪污贿赂犯罪、国家工作人员的渎职犯罪,国家机关工作人员利用职权实施的非法拘禁、刑讯逼供、报复陷害、非法搜查的侵犯公民人身权利的犯罪以及侵犯公民民主权利的犯罪,由人民检察院立案侦查。对于国家机关工作人员利用职权实施的其他重大的犯罪案件,需要由人民检察院直接受理的时候,经省级以上人民检察院决定,可以由人民检察院立案侦查。自诉案件,由人民法院直接受理。

相关知识:

我国实行以公诉为主,自诉为辅的诉讼制度。人民法院直接受理的自诉案件包括:(1)告诉才处理的案件,即被害人及其法定代理人提出控告起诉,法院才受理的案件。我国刑法规定的这类案件有侮辱、诽谤案,暴力干涉婚姻自由案,虐待案,侵占案等;(2)被害人有证据证明的轻微的刑事案件,它包括两个要件:一是案件性质属于轻微,二是被告人需要有相应证据证明被控诉人有罪。这类案件包括重婚案、遗弃案、妨害通信自由案等;(3)被害人有证据证明对被告人侵犯自己人身、财产权利的行为应当依法追究刑事责任,而公安机关或人民检察院不予追究的案件。自诉案件的设立旨在保障被害人的控告权,维护被害人的诉讼权利。

2. 审判管辖

审判管辖是各级人民法院之间,普通人民法院和专门人民法院之间,以及同级人民法院之间,在审判第一审刑事案件上的分工。审判管辖包括级别管辖、地区管辖、指定管辖和专门管辖。

(1)级别管辖,是指各级人民法院在审判第一审刑事案件上的权限划分。《刑事诉讼法》第19条至第22条分别对此作了明确规定:基层人民法院管辖除法律规定由上级人民法院管辖以外的第一审普通刑事案件;中级人民法院管辖的第一审刑事案件包括:危害国家安全的案件,可能判处无期徒刑、死刑的普通刑事案件,外国人犯罪的刑事案件;高级人民法院管辖的第一审刑事案件是全省(自治区、直辖市)性的重大刑事案件;最高人民法院管辖的第一审刑事案件是全国性的重大刑事案件。

(2)地区管辖,是指同级人民法院之间按照各自的辖区在审理第一审刑事案件权限上的分工。确定地区管辖的原则有两个:一是刑事案件由犯罪地的人民法院管辖。如果由被告人居住地的人民法院审判更为适宜的,可以由被告人居住地的人民法院管辖。后者主要是针对被告人流窜作案或在居住地民愤极大等情况;二是几个同级人民法院都有权管辖的案件,由最初受理的人民法院审判。在必要的时候,可以移送主要犯罪地的人民法院审判。这主要是针对现实中存在的多个法院对同一个案件有管辖权的情况。

(3)指定管辖,是指上级人民法院按照法律规定,在其辖区内的下级人民法院出现管辖不明或有管辖权的法院无法行使管辖权等情况时,指定某一个下级人民法院对案件行使管辖权。它分为两种情况:一是对管辖不明的案件的指定。几个人民法院对某一刑事案件的管辖权问题发生争议,先由各方协商解决,协商不成,则报共同的上级人民法院指定管辖;二是因特殊原因需要变更管辖权的指定。如无管辖权的人民法院错误管辖,有管辖权的人民法院因回避等特殊事由无法行使管辖权等。

(4)专门管辖,是指专门人民法院与普通人民法院之间,各种专门人民法院之间在第一审刑事案件受理范围上的分工。在我国,已经建立的专门人民法院有军事法院、铁路运输法院。

(二)辩护制度

在刑事诉讼中,辩护是指犯罪嫌疑人、被告人及其委托的辩护人针对控诉进行辩解和反驳,以证明犯罪嫌疑人、被告人无罪、罪轻,保护其合法权益的活动。辩护权是法律赋予犯罪嫌疑人、被告人的一项重要的诉讼权利,在各项诉讼权利中居于核心地位。

1.辩护的种类

根据《刑事诉讼法》的规定,我国刑事辩护制度中的辩护有三种:自行辩护、委托辩护和指定辩护。

(1)自行辩护,是犯罪嫌疑人、被告人自己为自己辩护,针对指控进行反驳、辩解的行为。自行辩护是犯罪嫌疑人、被告人的基本诉讼权利之一,贯穿于整个刑事诉讼阶段。

(2)委托辩护,是犯罪嫌疑人、被告人签订委托合同由他人为自己作辩护。下列人员可以被委托为辩护人:律师,人民团体或者犯罪嫌疑人、被告人所在单位推荐的人,犯罪嫌疑人、被告人的监护人、亲友。犯罪嫌疑人自被侦查机关第一次讯问或者采取强制措施之日起,有权委托辩护人;在侦查期间,只能委托律师作为辩护人。被告人有权随时委托辩护人。

(3)指定辩护,是遇有法定情形时,人民法院为没有委托辩护人的被告人指定辩护律师辩护,它体现了人民法院保证被告人获得辩护的权利。指定辩护包括任意指定辩护和强制指定辩护。犯罪嫌疑人、被告人因经济困难或其他原因没有委托辩护人的,本人及其近亲属可以向法律援助机构提出申请,对符合法律援助条件的,法律援助机构应当指派律师为其提供辩护。犯罪嫌疑人、被告人是盲、聋、哑人,或者是尚未完全丧失辨认或控制自己行为能力的精神病人,或者是可能被判处无期徒刑、死刑,没有委托辩护人的,人民法院、人民检察院和公安机关应当通知法律援助机构指派律师为其提供辩护。

2. 辩护人的权利和义务

辩护人与犯罪嫌疑人、被告人一起,是刑事诉讼辩护职能的承担主体,具有独立的诉讼地位,依法享有诉讼权利、履行诉讼义务是他们顺利完成辩护任务的保障。

根据我国《刑事诉讼法》的规定,辩护人的权利主要有:

(1)辩护律师在侦查期间的权利,可以为犯罪嫌疑人提供法律帮助、代为申诉和控告、申请变更强制措施、向侦查机关了解犯罪嫌疑人涉嫌的罪名和案件的有关情况并提出意见。

(2)会见通信的权利,辩护律师可以同在押的犯罪嫌疑人、被告人会见和通信,会见时不被监听。

(3)阅卷的权利,辩护律师自人民检察院对案件审查起诉之日起,可以查阅、摘抄、复制本案的案卷材料。

(4)申请调查取证的权利,辩护人认为在侦查、审查起诉期间公安机关、人民检察院收集的证明犯罪嫌疑人、被告人无罪或罪轻的证据材料未提交的,有权申请人民检察院、人民法院调取。

(5)辩护律师自行调查取证的权利,仅限于律师行使。

(6)辩护人、诉讼代理人申诉控告的权利,当公安司法机关及其工作人员阻碍其依法行使诉讼权利时,可以向同级或上一级人民检察院申诉或者控告。

权利与义务是相对应的,辩护人在享有权利的同时也要履行法定的义务。辩护人的义务主要有:

(1)履行辩护职责,保障委托人的合法权益。

(2)保密义务,辩护律师对在执业活动中知悉的委托人的有关情况和信息,有权予以保密,但知悉委托人或者其他人准备或者正在实施危害国家安全、公共安全以及严重危害他人人身安全的犯罪的,应当及时告知司法机关。

(3)证据展示义务,辩护人收集的有关犯罪嫌疑人不在犯罪现场、未达到刑事责任年龄、属于依法不负刑事责任的精神病人的证据,应当及时告知公安机关、人民检察院。

(4)辩护人或者其他任何人,不得帮助犯罪嫌疑人、被告人隐匿、毁灭、伪造证据或串供,不得威胁、引诱证人作伪证以及进行其他干扰司法机关诉讼活动的行为。

相关知识:中国辩护制度的发展沿革

(1)中国封建社会历史上的刑事诉讼基本上是没有刑事辩护制度的,我国现代意义上的辩护制度是清末从西方引进和移植的。我国刑事辩护制度的最早立法规定是1906年清朝制定的《大清刑事民事诉讼法》,其中规定了律师参与诉讼的内容,赋予当事人聘请律师辩护的权利。关于律师制度的单行规定是从民国政府制定的《律师暂行章程》和《律师登录暂行章程》开始出现的。两个单行律师立法的出现,是我国律师制度的开端。尔后国民党于1928年和1941年分别制定和颁行了《律师章程》和《律师法》。总的来看,1949年以前的辩护制度是有积极意义的,但由于种种原因,没能在刑事诉讼中贯彻落实,且受当时中国社会性质的影响,带上了浓厚的半殖民地半封建色彩。

(2)中华人民共和国成立后近30年的曲折发展。中华人民共和国成立后的辩护制度是在对1949年以前辩护制度进行扬弃的过程中逐步建立、逐步发展起来的。1950年12月,中央人民政府司法部发布《关于取缔黑律师及讼棍事件的通报》,明令取缔国民政府时期的律师组织和律师活动,因此在1949－1954年间,律师制度基本上是被否定的。1954年中华人民共和国第一部宪法规定"被告人有权获得辩护",同年颁布的人民法院组织法具体规定:"被告人除自己行使辩护权外,可以委托律师为他辩护。"从立法上对辩护制度予以肯定,我国新的律师制度才得以真正建立。1957年下半年开始由于"极左"思潮的影响导致原本并不健全的辩护制度在这一时期奄奄一息。十年文革时期,公检法被砸烂,辩护制度更是在群众运动的闹声中彻底销声匿迹。

(3)中国共产党十一届三中全会后,随着经济体制改革和民主建设的推进,我国辩护制度开始恢复并在实践中不断发展完善。1978年宪法重新确立了我国法制中的刑事辩护制度。1979年的刑事诉讼法明确规定了我国的辩护制度,确立了辩护制度的基本原则和地位,并对辩护作出了专章规定。其后又通过大量司法解释、批复、通知等文件进一步明确和具体化,增强了辩护的可操作性。我国的刑事辩护制度亦从此日趋成熟。1996年3月,全国人民代表大会总结刑事诉讼的实践经验对原刑事诉讼法进行了修改,其中对辩护制度作出了重大变革,进一步扩大了犯罪嫌疑人的辩护权,提前辩护人和辩护律师介入诉讼的时间,明确了辩护人的诉讼资格,扩大了指定辩护的范围,扩大了律师和其他辩护人的诉讼权利。但在实践中,律师辩护始终存在“三难一怕”问题(会见难、阅卷难、取证难及律师伪证罪的规定)。此外,立法机关还制定或修订了一系列有关辩护制度的法律法规,比如1996年5月通过了《律师法》,并于2001年和2007年先后做了两次修改。2012年3月,我国刑事诉讼法再次修改,辩护制度获得了自中华人民共和国成立以来前所未有的发展。

(三)证据制度

1. 刑事诉讼证据的概念和特征

刑事诉讼中的证据是通过法律规定的形式表现出来的,由司法人员依法定程序收集并审查核实能证明案件真实情况的根据。刑事证据必须具备三方面的特征:一是客观性,即证据必须是伴随着案件的发生、发展的过程而遗留下来的,不以人们的意志为转移的事实;二是关联性,即证据必须同案件事实存在某种联系,并因此对证明案件有实际意义;三是合法性,即证据的形式、收集、出示和查证都由法律予以规范和调整,作为定案根据的证据必须符合法律规定的采证标准,为法律所容许。

相关案例:

证据的合法性在我国已越来越受到重视,近年来,一系列通过程序性辩护获得成功的案例就是证明。比如,在辽宁省高院的一个黑社会犯罪的案件中,辩护律师提出询问的时间超出了80小时,剥夺了罪犯睡眠的基本权利,造成被告人的痛苦,要求以刑讯逼供为由排除所得证据,被法庭采纳。又如,湖南襄樊的一个律师在受贿案中大获全胜,原因是反贪局局长带领司机提审犯罪嫌疑人,违反了询问必须有两名侦查人员在场的规定,辩护律师在法庭上要求排除此次询问所得证据,被法庭采纳。再如,广西南宁市中级人民法院审理的一个走私案件,犯罪数额高达3000万元,但侦查机关是柳州市公安局,辩护律师认为公安机关没有管辖权,这本应该由海关缉私部门管辖,没有管辖权就没有侦查权,该侦查行为当属无效,证据应排除,被法庭采纳。

2. 刑事证据的种类

根据《刑事诉讼法》规定,刑事证据分为八种:物证;书证;证人证言;被害人陈述;犯罪嫌疑人被告人供述和辩解;鉴定意见;勘验、检查、辨认、侦查实验等笔录;视听资料、电子数据。

(1)物证,是刑事诉讼里最常见的证据种类,是以其物质属性、外部特征等来证明案件事实的物品和痕迹。如犯罪现场的指纹、脚印、血迹及某些特殊痕迹等。

(2)书证,是以文字、符号、图画等记载的内容和表达的思想来证明案件事实的一切物品。它和物证的本质差别在于,物证是以外在属性来证明案件事实的,而书证是以它们记录的内在思想内容来证明案件事实。

(3)证人证言,是指知道案情的人向办案人员所做的有关案件部分或全部事实的陈述。证人证言的来源和证明的问题范围十分广泛,是刑事诉讼中常见的一种证据。《刑事诉讼法》第48条规定:凡是知道案件情况的人,都有作证的义务。

(4)被害人陈述,是指直接遭受犯罪行为侵害的人就其了解的案情向司法机关所作的陈述。由于被害人往往与犯罪分子有直接的接触,所以它是公安、司法机关认定和处理案件的重要的证据。

(5)犯罪嫌疑人、被告人的供述和辩解,是指犯罪嫌疑人、被告人就有关案件的情况向公安、司法机关所作的陈述,通常称为口供,其内容主要包括:承认自己犯罪事实的供述;证明自己无罪或罪轻的辩解;检举揭发同案其他犯罪行为的陈述等。我国现行《刑事诉讼法》实行"重证据,重调查研究,不轻信口供,严禁刑讯逼供"的原则,这是刑事诉讼向民主化、科学化、法制化方向发展的表现。

(6)鉴定意见,是指公安司法机关为了解决案件中某些专门性问题,指派或聘请具有这方面专门知识和技能的人,进行鉴定后所作的书面意见。它包括法医学鉴定、司法精神病学鉴定、物证技术学鉴定、会计鉴定等。

(7)勘验、检查、辨认、侦查实验等笔录,是办案人员对与犯罪有关的场所、物品、尸体、人身等进行勘查、检查、辨认、实验后所作的记录。从某种角度讲,这也是一种固定和保全证据的方法和手段。

(8)视听资料、电子数据,是指以录音、录像、计算机或其他高科技设备存储的信息证明案件真实情况的材料。在刑事诉讼中,视听资料和电子数据属于新型证据,是现代科学在刑事诉讼中的运用。

相关案例:

2005年7月7日,英国伦敦利物浦街和阿尔盖特站之间传出了一声巨响,拉开了伦敦地铁连环爆炸案的序幕。地铁运营公司对外宣布伦敦地铁爆炸案是高压线事故。随后,又有2个地铁站相继发生大爆炸,伦敦地铁宣布停运。之后,新闻媒体报道一辆公共汽车发生爆炸,多起事件发生之后,英国警方正式承认伦敦发生连环爆炸。伦敦地铁爆炸案并未就此打住,同年7月21日,英国伦敦再次发生爆炸案,作案手段和形式与前几次案件如出一辙,将伦敦的恐怖气氛推到最高点。

伦敦地铁爆炸案在英国警方的不懈努力下,宣告侦破,多名犯罪嫌疑人被抓捕归案。这一切很大程度上归功于伦敦的视频监控系统。可以说,在伦敦地铁爆炸案的侦破过程中,视频证据功不可没。

英国是世界上监控力度最大的国家之一,全国大约有420万个闭路监控摄像头。而伦敦作为监控最严的城市,平均每天每个公民被拍摄的次数达到300至600次之多,时间超过三个小时。超过6000个摄像头覆盖于272个地铁站和车厢内,而公交车内几乎全部安装了摄像头。伦敦爆炸案成为继美国"9·11"事件之后影响最大的恐怖主义活动,造成极大的影响。案件发生之后,警方通过仔细查看发生爆炸的每个场所,调取相关视频资料,发现每个场所都有可疑迹象的人,然后溯及来路,最后发现四名犯罪嫌疑人。他们先在伦敦机场提取爆炸物,再聚集到一个地铁站,然后分别到三个地铁及公交车站实施了爆炸行为。通过进一步对四人远期的视频监控资料研究,又发现了6月28日这四个人曾经来到伦敦地铁进行了演练。这一天他们实施的行动与时间和7月7日这天的行动及时间基本一致。在通过视频监控资料发现了嫌疑人的情况下,其身份很容易得到核实,最后在四人的住宿地点搜查出相关证据进行了确认。

视频证据在刑事诉讼中的功能主要体现在侦查过程之中。视频证据作为一类证明方式比较直观的证据,在侦查阶段的证明功能可以直接作用于诉讼后期的起诉审判阶段。证据研究的问题要结合侦查工作才能行之有效。证据问题既是一个理论问题,也是一个实践问题,其可采性研究固然重要,但利用侦查手段对证据的发现及证明也是其注重的方面。

视频资料可利用的范围很广。首先是犯罪分子在监视时段作案,案件发生时的视频资料非常宝贵。但是很多时候,并不能取得犯罪当时的视频资料。这时就要注意利用犯罪分子在犯罪预备阶段,比如赶赴现场、逃离现场、预备活动、销赃等的视频资料。在侦查过程中,对于现场外围、周边道路等的视频资料要尤为注意,犯罪分子很可能在这些场所进行接头、洗赃等活动。同时,部分不是与犯罪行为直接相关的甚至是从表面上看来没有任何关联的视频资料对发现嫌疑人,确认其身份、行踪等都有重大意义。

当然,对于公共治安的界定要稍微严格一点,这样才能尽可能保护公民隐私权不受侵犯。同时这个问题也涉及公权利与私权利的矛盾处理。从大的方面来说,公共利益与自身利益本身就存在一些矛盾。在公共利益面前,个人的利益需要作一些让步。再者,这也是观念问题,也就是如何看待隐私权的问题。在西方,比如英国,他们的监控设备已经比较完善,但这与他们注重隐私权的保护并不相冲突,这得益于其对视频资料的有效管理。另外,还需要对在哪些公共场所可以安装监控设备进行界定。只有在法律允许的场所安装摄像头,才能保护好公民的隐私,否则又会出现类似艳照门事件。更重要的是对于后期资料的运用和保管必须严格限制,有专门部门及人员管理,不能轻易调取,随意公布。(摘自检察日报,郝宏奎:《从伦敦地铁爆炸案谈视频证据的运用》)

(四)强制措施制度

我国刑事诉讼中的强制措施是指公安机关、人民检察院和人民法院为了有效的同犯罪作斗争和保障诉讼活动的顺利进行,依法对犯罪嫌疑人、被告人所采取的暂时限制或剥夺其人身自由的各种强制方法。

强制措施不同于刑罚,虽然它们都是对公民人身自由的一定限制或剥夺,但两者是有原则性的区别的：强制措施是为了保证诉讼的进行而对一定的主体人身自由的暂时性限制或剥夺，而刑罚是法院用生效判决确认犯罪分子有罪并追究刑事责任而给予的制裁。我国《刑事诉讼法》中规定了五种强制措施：拘传、取保候审、监视居住、拘留、逮捕。

1. 拘传

拘传是公安机关、人民检察院和人民法院对于没有被拘留、逮捕的犯罪嫌疑人、被告人依法强制其到指定地点接受讯问的一种方法。拘传不同于传票传唤。传唤只是一种通知性的诉讼行为，而拘传必须是在依法传唤后，犯罪嫌疑人、被告人无正当理由拒不到案的，才适用拘传，特殊情况下可不传唤而直接适用。我国《刑事诉讼法》第117条规定：传唤、拘传持续的时间最长不得超过12小时；案情特别重大、复杂，需要采取拘留、逮捕措施的，传唤、拘传持续的时间不得超过24小时。不得以连续传唤、拘传的形式变相拘禁犯罪嫌疑人。传唤、拘传犯罪嫌疑人应当保证犯罪嫌疑人的饮食和必要的休息时间。

2. 取保候审

取保候审是公安机关、人民检察院和人民法院对于没有被拘留、逮捕的犯罪嫌疑人、被告人，责令其提出保证人或交纳保证金并出具保证书，保证其不逃避侦查、审判，随传随到的一种强制措施。对同一个犯罪嫌疑人或被告人不能同时责令其提出保证人和交纳保证金。

《刑事诉讼法》第65条对取保候审的适用作了明确的规定：一是可能判处管制、拘役或者独立适用附加刑的；二是可能判处有期徒刑以上刑罚，但采取取保候审不致发生社会危害性的；三是患有严重疾病、生活不能自理，怀孕或者正在哺乳自己婴儿的妇女，采取取保候审不致发生社会危险性的；四是羁押期限届满，案件尚未办结，需要采取取保候审的。公安机关、人民检察院和人民法院对犯罪嫌疑人、被告人取保候审最长不超过12个月，执行机关是公安机关。

3. 监视居住

监视居住是公安机关、人民检察院和人民法院为防止未被逮捕的犯罪嫌疑人、被告人逃避或妨碍侦查、起诉或审判的顺利进行，责令其不得擅自离开住处或指定的居所，并对其行动进行监视的一种强制措施。

监视居住的期限最长不得超过6个月，执行机关为公安机关。根据我国《刑事诉讼法》73条的规定，监视居住应当在犯罪嫌疑人、被告人的住处执行；无固定住处的，可以在指定的居所执行。对于涉嫌危害国家安全犯罪、恐怖活动犯罪、特别重大贿赂犯罪，在住处执行可能有碍侦查的，经上一级人民检察院或公安机关批准，也可以在指定的居所执行，但是不得在羁押场所、专门的办案场所执行。指定居所监视居住的，除无法通知的以外，应当在执行监视居住后24小时内，通知被监视居住人的家属。

4. 拘留

刑事诉讼中的拘留通常称刑事拘留,是公安机关、人民检察院在遇到紧急情况时,对于现行犯或者重大嫌疑分子采取的临时性剥夺其人身自由的一种强制措施。根据《刑事诉讼法》第 80 条的规定,对于有下列情形之一的现行犯或重大嫌疑分子,可以适用拘留:(1)正在预备犯罪、实行犯罪或者在犯罪后即时被发觉的;(2)被害人或者在场亲眼看见的人指认他犯罪的;(3)在身边或者住处发现有犯罪证据的;(4)犯罪后企图自杀、逃跑或者在逃的;(5)有毁灭、伪造证据或者串供可能的;(6)不讲真实姓名、住址,身份不明的;(7)有流窜作案、多次作案、结伙作案重大嫌疑的。公安机关执行拘留的时候,必须出示拘留证,拘留后应在 24 小时内对被拘留的人进行讯问。

5. 逮捕

逮捕是刑事诉讼中最严厉的一种强制措施,是指公安机关、人民检察院、人民法院在一定的时期内依法剥夺犯罪嫌疑人、被告人的人身自由并予以羁押的强制措施。

我国《刑事诉讼法》第 79 条规定:对有证据证明有犯罪事实,可能判处徒刑以上刑罚的犯罪嫌疑人、被告人,采取取保候审尚不足以防止发生下列社会危险性的,应当予以逮捕:

(1)可能实施新的犯罪的;

(2)有危害国家安全、公共安全或者社会秩序的现实危险的;

(3)可能毁灭、伪造证据,干扰证人作证或者串供的;

(4)可能对被害人、举报人、控告人实施打击报复的;

(5)企图自杀或者逃跑的。

对有证据证明有犯罪事实,可能判处十年有期徒刑以上刑罚的,或者有证据证明有犯罪事实,可能判处徒刑以上刑罚,曾经故意犯罪或者身份不明的,应当予以逮捕。被取保候审、监视居住的犯罪嫌疑人、被告人违反取保候审、监视居住规定,情节严重的,可以予以逮捕。逮捕是在较长时间内剥夺人身自由,所以法律对逮捕的实施程序作了严格的规定,《刑事诉讼法》第 78 条规定:逮捕犯罪嫌疑人、被告人,必须经过人民检察院批准或者人民法院决定,由公安机关执行。

相关知识:

关于羁押。在西方国家,羁押是法律明定的强制措施之一,适用于刑事诉讼过程中,并不包括作为刑罚执行的关押。"羁押乃于有罪判决确定前,将被告拘禁于特定拘禁施设(看守所)之强制处分,即在一定期间内拘束被告之自由于一定处所之强制处分,故亦有谓之为'未决拘禁'者,此则有别于已决(有罪裁判确定)拘禁,盖其系因羁押而被拘禁,非系处徒刑、拘役人犯而拘禁也"。英美法系国家通常称之为"审前羁押",仅指法庭审判开始之前的羁押,并且一律实行逮捕前置主义；大陆法系国家可统称为“未决拘禁”，不过各国之间仍有一定差别。法国称为“先行羁押”；德国称为“待审羁押”；意大利称为“预防性羁押”；日本称为“勾留”，直译为羁押。其意义系指法庭作出有罪判决之前的羁押，其中既包括法庭审判开始之前的羁押，也包括审理程序、有罪判决之后的上诉或其他救济程序中的羁押。

在我国刑事诉讼中，羁押并不是一种法定的强制措施类型，而是一种人身自由被暂时剥夺的实有状态。刑事诉讼法中与羁押相关的是拘留和逮捕措施。其中拘留是指公安机关、检察机关在侦查过程中，遇有紧急情况下，依法临时剥夺某些现行犯或重大嫌疑分子的人身自由的一种强制措施；逮捕是指检察机关、法院为防止犯罪嫌疑人或被告人逃避侦查、起诉和审判，进行妨碍刑事诉讼的行为，或发生社会危险性，而依法剥夺其人身自由，将其予以临时关押的一种强制措施。羁押则是附带于拘留、逮捕之适用的一种必然结果，对犯罪嫌疑人、被告人予以拘留或逮捕，也就预示着其后的羁押状态。

（五）附带民事诉讼制度

附带民事诉讼是指在刑事诉讼中，在解决被告人刑事责任的同时，解决因被告人的犯罪行为所造成物质损失的赔偿问题而进行的一种诉讼活动。

1. 有权提起附带民事诉讼的主体

有权提起附带民事诉讼的主体包括三种：一是被害人本人；二是被害人的法定代理人、近亲属，适用于被害人死亡或者丧失行为能力的情况；三是人民检察院，适用于国家财产、集体财产遭受损失的情况。

2. 附带民事诉讼的审理

人民法院在必要的时候，可以采取保全措施，查封、扣押或者冻结被告人的财产。附带民事诉讼原告人或者人民检察院可以申请人民法院采取保全措施。人民法院采取保全措施，适用民事诉讼法的有关规定。

人民法院审理附带民事诉讼案件，可以进行调解，或者根据物质损失情况作出判决、裁定。附带民事诉讼应当和刑事案件一并审判，只有为了防止刑事案件审判的过分迟延，才可以在刑事案件审判后，由同一审判组织继续审理附带民事诉讼。

三、刑事诉讼程序

（一）侦查

《刑事诉讼法》第106条第1款规定：侦查是指公安机关、人民检察院在办理案件过程中，依照法律进行的专门调查工作和有关的强制性措施。具体包括讯问犯罪嫌疑人、询问证人、勘验检查、搜查、查封扣押物证和书证、鉴定、通缉、以及技术侦查措施等。

在侦查过程中，发现不应对犯罪嫌疑人追究刑事责任的，应当撤销案件；犯罪嫌疑人已被逮捕的，应当立即释放，发给释放证明，并且通知原批准逮捕的人民检察院。公安机关侦查终结的案件，应当做到犯罪事实清楚，证据确实、充分，并且写出起诉意见书,连同案卷材料、证据一并移送同级人民检察院审查决定;同时将案件移送情况告知犯罪嫌疑人及其辩护律师。

(二)起诉

起诉是指享有控诉权的国家机关和公民,依法向人民法院提起诉讼,要求人民法院进行审判,以确定被告人刑事责任并依法予以刑事制裁的诉讼活动。刑事起诉分为公诉和自诉两种,实行以公诉为主,自诉为辅的方式。人民检察院是国家唯一的公诉机关,依法行使国家公诉权。同时,法律规定有几类案件可以由刑事被害人及其法定代理人、近亲属直接向人民法院提起自诉。

1. 提起公诉

是指人民检察院代表国家向人民法院提起诉讼,要求对犯罪嫌疑人进行审判并追究刑事责任的诉讼活动。《刑事诉讼法》第167条规定:凡需要提起公诉的案件,一律由人民检察院审查决定。审查起诉应该在一个月内作出决定,重大复杂的可延长半个月。审查起诉作出的决定只能是起诉或不起诉。人民检察院认为犯罪嫌疑人的犯罪事实已经查清,证据确实、充分,依法应当追究刑事责任的,应当作出起诉决定,按照审判管辖的规定,向人民法院提起公诉;人民检察院认为犯罪嫌疑人的行为不符合起诉条件的,依法作出不将案件交付人民法院审判的决定,即不起诉决定。

2. 自诉

是指被告人及其法定代理人或近亲属,以个人名义向人民法院提起诉讼,要求对犯罪嫌疑人予以审判并追究刑事责任的诉讼活动。《刑事诉讼法》第204条规定,自诉案件包括告诉才处理的案件;被害人有证据证明的轻微刑事案件;被害人有证据证明对被告人侵犯自己人身、财产权利的行为应当依法追究刑事责任,而公安机关或者人民检察院不予追究被告人刑事责任的案件。

(三)审判

审判是人民法院依法对刑事案件进行审理和裁判的诉讼活动,它是刑事诉讼程序中最重要的一个阶段。

1. 第一审程序

第一审程序是人民法院对人民检察院提起公诉或者自诉人提起自诉的刑事案件进行初次审理并作出裁判的程序,是人民法院审判刑事案件的基本程序。

首先,人民法院在开庭前应该对案件进行庭前审查。根据我国《刑事诉讼法》第181条的规定,人民法院对提起公诉的案件进行审查后,对于起诉书中有明确的指控犯罪事实的,应当决定开庭审判。

其次,人民法院决定开庭审理案件后,要做好相应的准备工作,如确定合议庭的组成人员;召集公诉人、当事人和辩护人、诉讼代理人对回避、出庭证人名单、非法证据排除等于审判相关的问题,了解情况,听取意见;通知当事人和其他诉讼参与人;送达相关法律文书等。

再次,就法庭审判阶段,依据我国《刑事诉讼法》的规定,可分为开庭、法庭调查、法庭辩论、被告人最后陈述、评议和宣判五个阶段,其中法庭调查和法庭辩论是审判的中心环节。

法庭调查是审判人员在控诉方、辩护方和其他诉讼参与人的参加下,当庭对案件事实和证据进行审查、核实的诉讼活动,具体过程包括:首先由公诉人宣读起诉书,然后被告人、被害人可以就起诉书指控的犯罪进行陈述,公诉人可以讯问被告人,被害人、附带民事诉讼的原告人和辩护人、诉讼代理人经审判长许可可以向被告人发问,审判人员认为有必要的可以讯问被告人,控辩双方可以提请审判长传唤证人、鉴定人等出庭作证或出示物证、书证等证据。

法庭辩论是由审判长主持,控辩双方对案件事实和有关证据、实体法和程序法的适用等问题发表意见、互相辩论的活动,法庭辩论的顺序是:公诉人发言,被害人及其诉讼代理人发言,被告人自行辩护,辩护人为被告人辩护,控辩双方进行辩论。

合议庭在法庭审理的基础上经过评议,根据案件的具体情形,可分别作出三种类型的裁判:一是案件事实清楚,证据确实、充分,依据法律认定被告人有罪的,应当作出有罪判决;二是依据法律认定被告人无罪的,应当作出无罪判决;三是证据不足,不能认定被告人有罪的,应当作出证据不足、指控的犯罪不能成立的无罪判决。

人民法院审理公诉案件,应当在受理后二个月以内宣判,至迟不得超过三个月。对于可能判处死刑的案件或者附带民事诉讼的案件,以及有刑诉法第156条规定情形之一的,经上一级人民法院批准,可以延长三个月;因特殊情况还要延长的,报请最高人民法院批准。

最后,相对于普通程序,现代世界各国的刑事诉讼程序中,都规定有简易程序。根据我国《刑事诉讼法》的规定,基层人民法院可以适用简易程序审判的案件应符合三个条件:案件事实清楚、证据充分的;被告人承认自己所犯罪行,对指控的犯罪事实没有异议的;被告人对适用简易程序没有异议的。

适用简易程序审理案件,对可能判处三年有期徒刑以下刑罚的,可以组成合议庭进行审判,也可以由审判员一人独任审判;对可能判处的有期徒刑超过三年的,应当组成合议庭进行审判。适用简易程序审理公诉案件,人民检察院应当派员出席法庭。适用简易程序审理案件,人民法院应当在受理后二十日以内审结;对可能判处的有期徒刑超过三年的,可以延长至一个半月。

2. 第二审程序

第二审程序又叫上诉审程序,是指上一级人民法院根据依法提出的上诉或抗诉,对下级人民法院所作的第一审未生效判决、裁定进行审判的诉讼程序。我国的人民法院审理案件实行二审终审制。

上诉是当事人及其法定代理人不服第一审裁判,在法定期限内依法定程序提请上级人民法院重新审理的诉讼行为。上诉权的主体包括被告人、自诉人及其法定代理人,经被告人同意的辩护人和近亲属,附带民事诉讼的当事人及其法定代理人。

抗诉是人民检察院认为人民法院的一审裁判确有错误,在法定期限内依法定程序提请上级人民法院重新审理的诉讼活动。有权提起抗诉的主体只能是与原审人民法院相对应的同级人民检察院。

《刑事诉讼法》第219条规定:不服判决的上诉和抗诉的期限是10日,不服裁定的上诉和抗诉的期限是5日。

第二审人民法院应当就第一审判决认定的事实和适用法律进行全面审查,不受上诉或者抗诉范围的限制。第二审人民法院经过审理,应当按照情形分别处理:原判决认定事实和适用法律正确、量刑适当的,应当裁定驳回上诉或者抗诉,维持原判;原判决认定事实没有错误,但适用法律有错误,或者量刑不当的,应当改判;原判决事实不清楚或者证据不足的,可以在查清事实后改判;也可以裁定撤销原判,发回原审人民法院重新审判。

二审裁判适用上诉不加刑原则,即第二审人民法院审理被告人或者他的法定代理人、辩护人、近亲属上诉的案件,不得加重被告人的刑罚;第二审人民法院发回原审人民法院重新审判的案件,除有新的犯罪事实,人民检察院补充起诉的以外,原审人民法院也不得加重被告人的刑罚;人民检察院提出抗诉或者自诉人提出上诉的,不受前款规定的限制。实行上诉不加刑原则,有利于保障被告人的上诉权,保证二审终审制的贯彻实施。

3. 死刑复核程序

死刑复核程序是指对死刑判决或裁定进行审查核准的一种特殊程序。根据《刑事诉讼法》的规定,对于判处死刑、死刑缓期2年执行的案件,只有依法再经最高人民法院或高级人民法院核准死刑后,才发生法律效力,方可交付执行。

死刑由最高人民法院核准;对中级人民法院判处的死刑缓期2年执行的案件,由高级人民法院核准。最高人民法院复核死刑案件,高级人民法院复核死刑缓期执行的案件,应当由审判员三人组成合议庭进行。最高人民法院复核死刑案件,应当作出核准或者不核准死刑的裁定。对于不核准死刑的,最高人民法院可以发回重新审判或者予以改判。

相关知识:

为了及时打击刑事犯罪,适应客观形势的需要,1983年修改后的《人民法院组织法》第13条规定:"死刑案件除由最高人民法院判决的以外,应当报请最高人民法院核准。杀人、强奸、抢劫、爆炸以及其他严重危害公共安全和社会治安判处死刑的案件的核准权,最高人民法院在必要的时候、得授权省、自治区、直辖市的高级人民法院行使。"据此,最高人民法院于1983年9月7日发出了《关于授权高级人民法院核准部分死刑案件的通知》。通知下放了部分死刑核准权。《刑事诉讼法》1996年修改以后，最高人民法院再次于1997年以通知的形式授权高级人民法院行使部分死刑案件的核准权。

需要说明的是，为适应迅速及时打击刑事犯罪的需要，以往对严重危害公共安全和社会治安犯罪的部分死刑案件下放核准权是必要的，但是这种死刑核准权的下放不利于严格控制死刑适用的弊端也是很明显的。2006年12月28日，《最高人民法院关于统一行使死刑案件核准权有关问题的决定》公布，决定从2007年1月1日起，过去根据《人民法院组织法》原第13条规定发布的关于授权高级人民法院和解放军军事法院核准部分死刑案件的通知，一律予以废止。这标志着，从2007年1月1日起，全部死刑案件的核准权依法统一收归最高人民法院直接行使。死刑复核程序的变化充分说明了我国对于死刑的态度，也有利于推动"慎用死刑"的社会共识的形成。

4. 审判监督程序

刑事诉讼的审判监督程序又称刑事再审程序，是指人民法院、人民检察院对于已经发生法律效力的裁判，发现在认定事实或适用法律上确有错误的，依法提出并由人民法院重新审理的诉讼程序。

根据我国《刑事诉讼法》243条的规定，有权提起审判监督程序的机关、人员及其权限有如下三种：(1)各级人民法院院长对本院已经发生法律效力的判决和裁定，如果发现在认定事实上或者在适用法律上确有错误，必须提交审判委员会处理。(2)最高人民法院对各级人民法院已经发生法律效力的判决和裁定，上级人民法院对下级人民法院已经发生法律效力的判决和裁定，如果发现确有错误，有权提审或者指令下级人民法院再审。(3)最高人民检察院对各级人民法院已经发生法律效力的判决和裁定，上级人民检察院对下级人民法院已经发生法律效力的判决和裁定，如果发现确有错误，有权按照审判监督程序向同级人民法院提出抗诉。

根据我国《刑事诉讼法》第245条的规定，人民法院按照审判监督程序重新审判的案件，应当另行组成合议庭进行。如果原来是第一审案件，应当依照第一审程序进行审判，所作的判决、裁定，可以上诉、抗诉；如果原来是第二审案件，或者是上级人民法院提审的案件，应当依照第二审程序进行审判，所作的判决、裁定，是终审的判决、裁定。

审判监督程序应当在作出提审、再审决定之日起3个月以内审结，需要延长期限的，不得超过6个月。

(四)执行

刑事诉讼的执行是指刑事执行机关将已经发生法律效力的判决、裁定所确定的内容付诸实现而依法进行的活动，具有合法性、强制性、排他性和及时性的特点。

根据我国《刑事诉讼法》的规定，执行的机关其权限如下：

(1)人民法院负责无罪、免除刑罚、罚金和没收财产及死刑立即执行判决的执行;

(2)监狱负责有期徒刑、无期徒刑、死刑缓期2年执行判决的执行;

(3)公安机关负责有期徒刑、拘役缓刑、管制、剥夺政治权利、假释等判决、裁定和暂予监外执行决定的执行。

(五)特别程序

1. 未成年人刑事案件诉讼程序

未成年人刑事案件诉讼程序适用于追诉对象为14－18周岁之间的未成年人,具体包括:未成年人刑事案件诉讼程序的基本原则、对未成年被追诉人的法律援助、对未成年被追诉人的社会调查、对未成年被追诉人严格适用强制措施原则、办理未成年人刑事案件时的适当成年人在场制度、附条件不起诉制度以及不公开审理原则和犯罪记录封存制度。

2. 当事人和解的公诉案件诉讼程序

我国《刑事诉讼法》第277条规定:因民间纠纷引起的,涉嫌刑法分则第四章、第五章规定的犯罪,可能判处3年有期徒刑以下刑罚的案件和除渎职犯罪以外的可能判处7年有期徒刑以下刑罚的过失犯罪案件,犯罪嫌疑人、被告人真诚悔罪,通过向被害人赔偿损失、赔礼道歉等方式获得被害人谅解,被害人自愿和解的,双方当事人可以和解。但是犯罪嫌疑人、被告人在5年以内曾经故意犯罪的除外。

3. 犯罪嫌疑人、被告人逃匿、死亡案件违法所得的没收程序

根据我国《刑事诉讼法》280条的规定,对于贪污贿赂犯罪、恐怖活动犯罪等重大犯罪案件,犯罪嫌疑人、被告人逃匿,在通缉一年后不能到案,或者犯罪嫌疑人、被告人死亡,依照刑法规定应当追缴其违法所得及其他涉案财产的,人民检察院可以向人民法院提出没收违法所得的申请。

人民法院受理没收违法所得的申请后,应当发出公告。公告期间为6个月。犯罪嫌疑人、被告人的近亲属和其他利害关系人有权申请参加诉讼,也可以委托诉讼代理人参加诉讼。人民法院经审理,对经查证属于违法所得及其他涉案财产,除依法返还被害人的以外,应当裁定予以没收;对不属于应当追缴的财产的,应当裁定驳回申请,解除查封、扣押、冻结措施。对于人民法院依照前款规定作出的裁定,犯罪嫌疑人、被告人的近亲属和其他利害关系人或者人民检察院可以提出上诉、抗诉。

4. 依法不负刑事责任的精神病人的强制医疗程序

根据我国《刑事诉讼法》第284条的规定,实施暴力行为,危害公共安全或者严重危害公民人身安全,经法定程序鉴定依法不负刑事责任的精神病人,有继续危害社会可能的,可以予以强制医疗。人民法院经审理,对于被申请人或者被告人符合强制医疗条件的,应当在一个月以内作出强制医疗的决定。被决定强制医疗的人、被害人及其法定代理人、近亲属对强制医疗决定不服的,可以向上一级人民法院申请复议。

本节知识框架图：

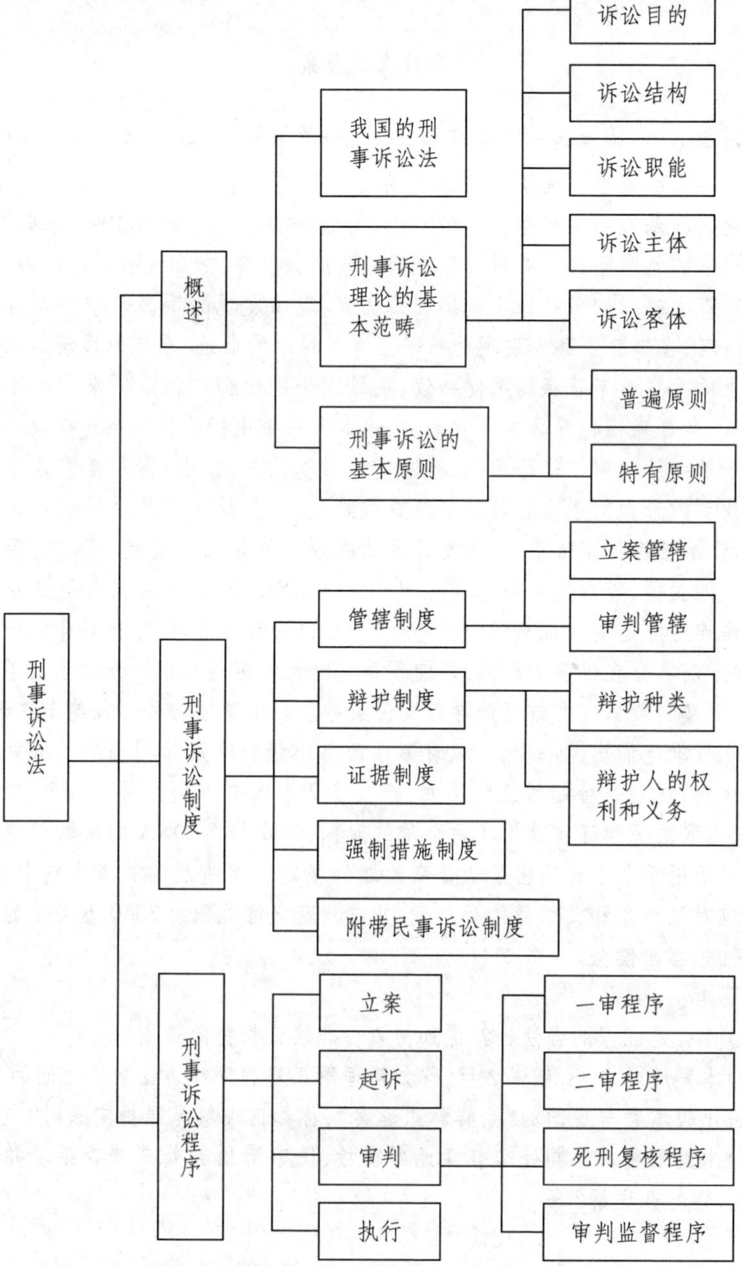
刑事诉讼法
概述
我国的刑事诉讼法
刑事诉讼理论的基本范畴
诉讼目的
诉讼结构
诉讼职能
诉讼主体
诉讼客体
刑事诉讼的基本原则
普遍原则
特有原则
刑事诉讼制度
管辖制度
立案管辖
审判管辖
辩护制度
辩护种类
辩护人的权利和义务
证据制度
强制措施制度
附带民事诉讼制度
刑事诉讼程序
立案
起诉
审判
一审程序
二审程序
死刑复核程序
审判监督程序
执行

阅读与思考:

辛普森杀妻案

1994年6月,辛普森的前妻尼科尔被割破了喉咙,头差不多与身子分离,其朋友被人从后面制服后狂捅了19刀。富尔曼侦探是当地的巡警,以前去过辛普森家解救遭受家庭暴力的尼科尔,并与辛普森有过冲突。辛普森自1992年离婚后,还去过尼科尔的新家闹过。对辛普森不利的证据有很多,比如没有不在场的证明、当晚送辛普森去机场的司机作了破坏性的证言、现场发现的手套与辛普森后院的手套属于一双、在辛普森卧室发现的袜子上有尼科尔的血迹、在犯罪现场编织帽上和死者身上的毛发与辛普森的毛发一致、犯罪现场的血脚印推定出来的鞋子辛普森也有一双、辛普森福特悍马车上有血迹、他本人右手中指受伤但供述模糊等。辛普森聘请了梦之队的辩护律师团,包括谢克和科克伦等,指出:富尔曼警官在辛普森院子里找到的带血的手套是其独自搜查得来的、富尔曼不仅是个种族主义者而且谎话连篇、辛普森戴不上手套、毛发纤维的一致可能是因为受到了污染,因为当时为防止新闻拍摄,警方用一毛毯盖在尸体身上、DNA鉴定技术上有不少专业的晦涩的话语连对方鉴定人都只能听懂一半,更别说法官和陪审团,但具体的操作程序上,公诉方确实存在很多的疏漏,即使不是关键性的但对陪审团造成了很不好的印象,比如用塑料袋保存血样可能导致受污染等。在陪审团与外界隔绝133天之后,伊托法官批准他们出游一次,并观看影片西贡小姐。这是加利福尼亚历史上最长的一次审判,耗费资金超过2亿美元,产生了2万多页审判记录,有150名证人出庭,仅仅听取法医学证言就用了两个月的时间,其中提到DNA的次数就超过1万次。陪审团用5个小时作出了辛普森无罪的裁定。在随后的民事审判中,辛普森被判定应对尼科尔和戈德曼的死负责,并被判定支付总额为3350万美元的惩罚性和补偿性损害赔偿金。

请思考:

(1)什么是证据的合法性?你如何看待非法证据排除规则?

(2)本案历时之长,耗资之巨,你如何理解正当程序和诉讼效率之间的关系?

(3)比较本案与我国的“佘祥林杀妻案”,你如何理解无罪推定原则?

(4)本案刑事诉讼判处辛普森无罪释放,民事诉讼判处辛普森杀妻并巨额赔偿,对此,你怎么理解?

自我测试

一、判断题

1.“尊重和保障人权”不仅是我国宪法的规定,也是我国刑事诉讼法的规定。(　　)

2. 刑事诉讼的目的在于惩罚犯罪。(　　)

3. 刑事诉讼的“三角结构”比“线形结构”更有效率,更注重人权的保障。(　　)

4. 刑事案件由被告人居住地的人民法院管辖,如果由犯罪地的人民法院审判更为适宜的,可以由犯罪地的人民法院管辖。(　　)

5. 我国刑事诉讼法规定,公诉案件自移送审查起诉之日起可委托辩护人。(　　)

6. 书证和物证的本质差别在于,书证是以外在属性来证明案件事实的,而物证是以它们记录的内在思想内容来证明案件事实。(　　)

7.《刑事诉讼法》规定,凡是知道案件情况的人,都有作证的义务。(　　)

8.《刑事诉讼法》规定,逮捕犯罪嫌疑人、被告人,必须经过人民法院决定,由公安机关执行。(　　)

9. 附带民事诉讼是指在刑事诉讼中,在解决被告人刑事责任的同时,解决因被告人的犯罪行为所造成物质损失和精神损失的赔偿问题而进行的一种诉讼活动。(　　)

10. 我国人民法院在开庭前对公诉案件的审查实行的是形式审查,对自诉案件实行的是实质审查。(　　)

11. 自诉案件都可以适用简易程序处理。(　　)

12. 我国的人民法院审理案件一律实行二审终审制。(　　)

13. 我国刑事诉讼法规定,对死刑立即执行的案件,其核准权一律由最高人民法院行使。(　　)

14. 上诉不加刑原则,即第二审人民法院审判上诉案件,一律不得加重被告人的刑罚。(　　)

15. 我国刑事诉讼法规定,人民法院审理刑事案件第一审程序,应当在受理后1个月内宣判,至迟不超过一个半月。(　　)

二、不定项选择题

1. 刑事诉讼的职能包括(　　)。

A. 控诉职能　B. 辩护职能　C. 辩论职能　D. 审判职能

2. 以下属于刑事诉讼当事人的是(　　)。

A. 被害人　B. 自诉人　C. 犯罪嫌疑人　D. 被告人

3. 刑事诉讼的客体是(　　)。

A. 被告人　B. 犯罪嫌疑人　C. 证据　D. 刑事案件

4. 构成了现代刑事诉讼制度的基石是(　　)。

A. 无罪推定原则　B. 刑事程序法定原则　C. 诉讼经济原则　D. 禁止重复追究原则

5. 以下属于人民检察院立案侦查的是(　　)。

A. 贪污犯罪　B. 贿赂犯罪　C. 渎职犯罪　D. 故意杀人犯罪

6. 由中级人民法院管辖的第一审刑事案件包括(　　)。

A. 危害国家安全的案件

B. 可能判处无期徒刑的普通刑事案件

C. 可能判处死刑的普通刑事案件

D. 外国人犯罪的刑事案件

7. 我国刑事辩护制度中的辩护(　　)。

A. 自行辩护　　B. 委托辩护　　C. 强制辩护　　D. 指定辩护

8. 以下哪些情况,人民法院应当为被告人指定辩护?(　　)

A. 被告人是盲、聋、哑人的

B. 被告人是未成年人的

C. 被告人可能被判处死刑而没有委托辩护人的

D. 被告人可能被判处无期徒刑而没有委托辩护人的

9. 证据的特征包括(　　)。

A. 客观性　　B. 主观性　　C. 合法性　　D. 关联性

10. 以下属于我国刑事诉讼强制措施的有(　　)。

A、拘留　　B. 拘传　　C. 拘役　　D. 逮捕

11. 我国刑事诉讼法规定,不服判决的上诉和抗诉的期限是(　　),不服裁定的上诉和抗诉的期限是(　　)。

A. 5 日　10 日　　B. 10 日　5 日　　C. 5 日　15 日　　D. 15 日　10 日

12. 以下由人民法院负责执行判决的有(　　)。

A. 罚金　　B. 没收财产　　C. 死刑立即执行　　D. 管制

第五章　民　事　法

王某死后

王某是一家有限责任公司的法定代表人,有妻有儿,住在县城。王某之父在乡下老家与其女儿、女婿一起生活。2009年,王某听说老家的房子面临政府拆迁,为了能在拆迁中争取更多的补偿费,王某与其父以及姐姐、姐夫商量决定对老房子进行翻修。10月2日,由于所雇泥水匠操作不慎,一块砖头从三楼掉下,刚好砸到楼下王某的头上,王某被送往医院抢救无效死亡,当晚王某之父伤心过度,心脏病突发也过世。之后,王某公司的职工找到王某之妻要求支付所欠工资,与公司有业务往来的张某也拿着合同等材料找王某之妻要求支付所欠货款。王某之妻提出公司是王某个人所创,与其无关,并拿出与王某生前所立的夫妻财产约定协议书予以证明。王某之妻还要求和儿子一起继承王某老家的房子,并要求受雇的泥水匠对王某之死承担赔偿责任,遂引发争议。

本案中,王某公司的债权债务问题应如何处理?房子被拆迁,所有权人有哪些权利?王某夫妻之间的财产约定是否有效?法律规定哪些属于夫妻共同财产?王某之父和王某的财产应该如何被继承?受雇工人是否应承担侵权责任?当事人之间引发的争议可以通过哪些途径寻求解决?本章将为你解读相关问题。

第一节　概　　述

学习提示:

1. 民事法包括哪些内容?
2. 民法有哪些基本原则?
3. 什么是自然人?什么是法人?
4. 民事权利包括哪些内容?什么是物权、债权、人身权?
5. 民事法律行为生效需要什么条件?什么是无效民事行为、可撤销民事行为、效力待定民事行为?

6. 民事法律责任有哪些类型? 表现为哪些责任形式?

7. 什么是诉讼时效?

8. 民事纠纷怎么解决? 和解、调解、仲裁和民事诉讼分别有什么特点?

一、民事法的概念

关于民法,我国《民法通则》这样表述:民法是调整平等主体的公民之间、法人之间、公民与法人之间的人身关系和财产关系的法律规范的总称。民法的发展总与一定社会商品经济关系的发展紧密相关。现代民法是发展和规范市场经济的基本法,同时,随着市场经济的发展,商事主体在从事以营利为目的的商事行为时所形成的商事法律关系日益凸显,商法从民法中分离出来而成为相对独立的法律部门。但作为一般私法和特别私法,民法和商法的关系非常密切,民法的许多概念、原则和规范都适用于商法领域。通常我们所讲的民法,是一个广义的概念,包括了商法,调整的是平等主体之间的法律关系,属于私法的范畴。

作为一个独立的法律部门,民事法包括民事实体法和民事程序法。具体来讲,在我国的现行法律中,民事实体法主要包括《民法通则》(1986 年)、《合同法》(1999 年)、《商标法》(2001 年修正)、《专利法》(2008 年修正)、《著作权法》(2010 年修正)、《婚姻法》(2001 年修正)、《继承法》(1985 年)、《收养法》(1998 年修正)、《物权法》(2007 年)、《侵权责任法》(2009 年)、《公司法》(2005 年)、《证券法》(2005 年修正)、《票据法》(2004 年修正)、《保险法》(2009 年修正)、《破产法》(2006 年)、《对外贸易法》(2004 年修正)等。民事程序法主要包括《民事诉讼法》(2012 年修正)、《仲裁法》(2009 年修正)等。我们将对其中最基本的也是最常用的几部民事法律进行重点介绍。

相关知识:

对于民商事领域的立法模式,各国依其国情而采用不同的方式。在英美法系国家,通常没有民法的概念和民法典。平等主体之间的人身关系和财产关系分别由合同法、财产法、侵权行为法、婚姻家庭法等法律部门调整。大陆法系国家虽然有民法的概念和民法典,但立法体例上也有所差异。有些国家采用民商合一的立法方式,商事法律关系被纳入民法调整的范围之内;有些国家采用民商分立的立法方式,另辟商法典单独调整商事关系。在社会主义国家,还将婚姻家庭法和劳动法从民法中分立出来,自成独立的法律部门。这样一来,各国民法调整的民商事法律关系的范围有宽有窄。在有的国家,民事法律关系是指平等主体之间的财产关系和与财产关系相关的人身关系,包括物权关系、知识产权关系、债权关系、婚姻家庭关系、继承关系和其他一切商事关系等。而在有的国家,公司法关系、票据法关系、海商法关系、保险法关系和破产法关系等商事法律关系，不属于一般民事法律关系。

二、民法的基本原则

民法的基本原则，其效力贯穿民法始终，体现了民法的基本价值，集中反映了民事立法的目的和方针，对各项民法制度和民法规范起统帅和指导作用，是民事立法、执法、守法及研究民法的总的指导思想。根据我国《民法通则》的规定，民法的基本原则包括平等原则、自愿原则、公平原则、诚实信用原则、禁止权利滥用原则。

（一）平等原则

平等原则是指在民事活动中当事人法律地位平等，任何一方不得将自己的意思强加给另一方。该原则最集中地反映了民法所调整的社会关系的本质特征，是民法区别于其他部门法的主要标志，它表明民法只调整具有平等特征的横向关系，其调整对象与具有行政隶属性质的纵向关系根本不同。平等原则的具体含义体现为:1. 民事主体资格平等;2. 民事主体地位平等;3. 民事主体平等地享有权利，承担义务;4. 民事主体的民事权益平等地受法律保护。

（二）自愿原则

自愿原则又称意思自治原则，指当事人可以依据自己的意思决定民事权利义务关系的设立、变更和终止，任何组织和个人不得非法干预。其实质是确认民事主体的独立意思在民事活动中的支配地位，使民事主体在法律规定的范围内享有广泛的自由。

自愿原则是市场经济对法律提出的要求，个人是其自身利益的最佳判断者，任何他人的判断都不能取代当事人自己的判断。自愿原则能保障当事人意志自由，能使各种资源的配置趋向优化。

（三）公平原则

公平原则是指民事主体应遵循文明社会所公认的公平合理的价值观念进行民事活动，并遵循这种价值观念去分享民事活动所产生的利益。其含义具体体现为：1. 民事主体的机会均等，法律保障民事主体有同等的机会参加民事法律关系，并提供相应的保障和条件;2. 当事人享受的民事权利和承担的民事义务不能显失公平;3. 民事主体在民事责任的承担上要公平合理。

（四）诚实信用原则

诚实信用原则是指民事主体在从事民事活动时应该诚实、善意、信守承诺，以维持当事人的利益平衡以及当事人利益与社会利益的平衡。该原则是基本道德观念的法律化，被奉为民法的“帝王原则”。其具体含义体现为:1. 任何当事人在民事活动中都要诚实不欺，恪守诺言，讲究信用;2. 当事人应依善意的方式行使权利，在不损害他人利益和社会利益的前提下追求自己的利益;3. 当事人应以诚实信用的方式履行义务，对于约定的义务要忠实的履行。那些见利忘义、掺杂使假、欺诈蒙骗以及不讲信用,擅自毁约的行为,都严重地违背了诚实信用原则的要求。

(五)禁止权利滥用原则

禁止权利滥用原则是指民事活动的当事人在行使民事权利时不得违背权利应有的社会目的,也不得超越权利应有的界限。权利滥用是指以损害他人为目的行使权利或者行使权利所得利益微小而使他人遭受重大损害的行为,权利滥用给他人造成损害的,应当承担赔偿责任。禁止权利滥用原则要求民事活动的目的、内容、形式和程序都必须合法,法律没有规定的,应当遵守国家政策,尊重社会公德,不损害社会公共利益,不扰乱社会经济秩序。否则,国家有权干预,对其予以制止和制裁。

三、民事主体

民事主体是指民事法律关系的参加者,是权利的享有者和义务的承担者。在我国,主要包括自然人、法人和不具有法人资格的其他组织。在一定范围内,国家也可以成为民事主体,比如,当国家发行国债时,便在国家和持券人之间形成了借贷法律关系,国家就成为借贷法律关系的主体。

(一)自然人

1. 自然人的概念

自然人,是指依自然规律出生而取得民事主体资格的人。自然人作为民事主体,是具有生命形式的人,在法律上与“法人”相对。人类的每一分子都是自然人,因此,自然人包括内国公民、外国公民以及无国籍人。在我国现有的民法语境中,还在使用“公民”的概念。但是,其实从定义上看,自然人的外延比公民要广。公民仅指具有一国国籍并按该国宪法和法律享有权利和承担义务的自然人,是宪法上的概念。自然人的法律地位,集中体现在自然人的民事权利能力和民事行为能力。

2. 自然人的民事权利能力和民事行为能力

(1)自然人的民事权利能力。自然人的民事权利能力是法律赋予自然人享有民事权利和承担民事义务的资格。但权利能力只是为自然人享有民事权利和承担民事义务提供了可能性,要将这种可能性转化为现实性,自然人必须能够实施法律行为,为自己设定特定的权利或承担特定的义务。因此,必须把权利能力和权利区别开来:权利能力是取得权利的资格,而权利是自然人凭借这种资格进行活动的结果,前者是出发点,后者是归宿,不能混同。

自然人的民事权利能力始于出生,终于死亡。出生为自然事实,我国一般以胎儿完全脱离母体,独立存在,并能独立呼吸为标志。死亡有生理死亡和宣告死亡两种。生理死亡是自然人生命的终结,我国一般以呼吸和心跳都停止为标准。宣告死亡是指通过法定程序确定失踪人死亡,根据《民法通则》第22条的规定,公民下落不明满四年的或者因意外事故下落不明,从事故发生之日起满两年的,利害关系人可以向法院申请宣告其死亡。

相关知识：

何谓出生？存在多种标准：受孕说、阵痛说、断带说、独立呼吸说、出生说。确定自然人权利能力开始的时间标准非常重要，这会影响到对许多行为性质的法律认定。比如侵犯孕妇的人身并伤及腹内胎儿的行为，按照“受孕说”，侵权人侵害的是两个民事主体，但按照“独立呼吸说”，侵犯的只是一个民事主体，对胎儿的侵犯，只被看做对孕妇的侵害，只发生侵权人对孕妇的赔偿。由此可见，确定权利能力开始的时间标准，在实务上十分重要。我国采用“活着出生”的时间标准确定权利能力的开始，实际上采用的是独立呼吸说。胎儿生下来若为死胎，不存在权利能力开始问题，但生下来若啼哭但旋即死亡，则属于开始后又终止。自然人的权利能力始于出生，这只是一般而言，对此存在着例外。例如，结婚的权利能力并非始于出生，而是始于自然人法定婚龄。另外，涉及胎儿利益保护的情况下，视胎儿具有民事权利能力。《中华人民共和国继承法》第 28 条规定，遗产分割时，应当保留胎儿的继承份额。胎儿出生时是死体的，保留的份额按照法定继承办理。

何谓死亡？也有种种不同的标准，有心跳停止说、呼吸停止说、脑死亡说等。在医学上，我国采用呼吸、心跳、脉搏停止、瞳孔放大的死亡标准，医学上的死亡标准实际上就是法律上的死亡标准，因为法律所依据的死亡证书由医院出具。自然人的死亡是重要的法律事实，不仅发生死亡人权利能力的终止，而且还发生关系到他人的法律效果：如继承开始、婚姻关系消灭、保险合同所附的条件成就等。同样，自然人的权利能力终于死亡，也只是一般而言，对此存在着例外。比如死者的名誉权仍受保护，意味着死者依然享有这方面的权利能力。此外，死者保有著作权方面的权利能力，对著作权中的精神权利，永久享有。

(2)自然人的民事行为能力。自然人的民事行为能力是自然人能够以自己的行为享有民事权利、承担民事义务的资格。根据自然人的年龄和智力状况，《民法通则》将自然人的民事行为能力分为三类：即完全民事行为能力、限制民事行为能力和无民事行为能力。完全民事行为能力的情况有两种：①“十八周岁以上的公民是成年人，具有完全民事行为能力”；②“十六周岁以上不满十八周岁的公民，以自己的劳动收入为主要生活来源的，视为完全民事行为能力人”。限制行为能力的情况是：①“十周岁以上的未成年人是限制民事行为能力人，可以进行与他的年龄、智力相适应的民事活动”；②“不能完全辨认自己行为的精神病人是限制民事行为能力人，可以进行与他的精神健康状况相适应的民事活动”。无民事行为能力的情况是：①“不满十周岁的未成年人是无民事行为能力人，由他的法定代理人代理民事活动”；②“不能辨认自己行为的精神病人是无民事行为能力人，由他的法定代理人代理民事活动”。

3. 监护

监护是指监护人对无行为能力人和限制行为能力人的人身、财产和其他合法权益依法实行的监督和保护。

设立监护制度的意义在于:(1)在自然人具有权利能力而无行为能力的情况下,帮助其权利得到实现,从而维护被监护人的利益。(2)使被监护人应履行的义务、应承担的责任得到强制性的法律保障,尤其是当被监护人因损害他人利益而破坏某一具体的民事法律关系时,不因加害人无民事行为能力或民事行为能力受限制而使受害人得不到应得的补偿。

按监护设立的方式不同,可分为法定监护、指定监护和委托监护。(1)法定监护是由法律直接规定监护人范围和顺序的监护。(2)指定监护是指具有法定监护人资格的人之间对担任监护人有争议时,由有关部门指定的监护。(3)委托监护是由合同设立的监护。从理论上讲,监护是法律强制规定的制度,出发点在于着重保护被监护人,因此原则上不允许委托,除非基于被监护人的教育或者照顾的必要。我国司法实践基于实用的需要允许委托监护。委托监护属于意定监护,可以是全权委托,也可以是限权委托,比如父母(法定监护人)将精神病人委托给精神病院照料,将子女委托给寄宿学校等。

(二)法人

1. 法人的概念和特征

法人,是指具有民事权利能力和民事行为能力,依法独立享有民事权利和承担民事义务的组织。法人的民事权利能力和民事行为能力,从法人成立时产生,到法人终止时消灭。法人具有以下特征:

(1)法人是一种社会组织。法人是人的集合体与财产的集合体的有机统一,而不同于自然人是单个的个体。

(2)法人有独立的财产。法人的财产独立于其他法人和自然人的财产,独立于法人成员的财产,还独立于其创始人的财产。

(3)法人能独立承担责任。

(4)法人能够以自己的名义参加民事活动。

2. 法人的分类

根据不同的标准,可以将法人分为不同的种类。比如,根据法人设立的基础不同,可分为社团法人和财团法人;根据法人活动目的不同,可分为营利性法人和非营利性法人;根据法人的登记国不同,可分为本国法人和外国法人。我国《民法通则》按法人活动的性质不同,将法人分为企业法人、机关法人、事业单位法人和社会团体法人。(1)企业法人:以营利为目的的从事生产经营活动的法人;(2)机关法人:依据法律或行政命令组建的,从事国家管理活动,并有独立经费的国家机关;(3)事业单位法人:从事非营利性的各项社会公益事业且有独立财产的法人;

(4)社会团体法人:由若干成员为了共同目的而自愿组成的各种社会组织,一般从事社会公益事业、文学艺术活动、学术研究、宗教等活动。

3. 法人的成立、变更和终止

(1)法人的成立。法人的成立是指符合法人条件的社会组织按照法定程序取得法人资格的行为。依据《民法通则》第37条的规定,法人的成立应具备四个条件:

一是依法成立。法人设立的目的和宗旨、组织机构、设立方式、经营范围、经营方式等实体要件应符合法律规定,法人成立的审核和登记程序也应合乎法律规定。二是有必要的财产和经费。作为一种经济实体,法人拥有必要的财产和经费是其享有民事权利和承担民事义务的物质基础,也是其承担民事责任的物质保障。

三是有自己的名称、组织机构和场所。法人的名称是法人人格化、特定化的标志;法人的组织机构是法人对内管理事务、对外代表法人从事民事活动的机构的总称;法人的场所是法人从事经营活动或者业务活动的相对固定的地点。

四是能够独立承担民事责任。能够独立承担责任是法人区别于其他非法人组织的主要特点。法人的责任和法人内部成员的责任原则上是分开的。

(2)法人的变更。法人的变更是指法人在存续期间内,法人的组织或者其他重要事项发生变化。比如法人的合并、分立,法人的名称、住所、经营范围、注册资本、责任形式等的变更。法人的重大事项的变更都需要公告,并向工商行政管理部门履行登记手续。法人分立、合并的,其权利义务由分立、合并后的法人享有和承担,法律另有规定的除外。

(3)法人的消灭。法人的消灭是指法人丧失民事主体资格,导致其权利能力和行为能力的终止。法人消灭的原因包括法人被撤销、法人解散、法人破产、国家经济政策调整导致法人终止等。

法人消灭时,应由依法成立的清算组织依据其职权清理并消灭法人的全部财产关系,这就是法人的清算。在清算期间,法人应当停止清算范围外的活动,只能从事了结现务、实现债权、偿还债务、分配剩余财产等消极行为,不得从事积极行为。清算完结,清算组织应到工商行政管理部门办理法人注销登记,正式使法人消灭。

(三)非法人组织

非法人组织,是指不具有法人资格但依法能够以自己的名义参加民事活动的组织。主要包括合伙、个体工商户和农村承包经营户、个人独资企业等。

1. 合伙

合伙在我国分为普通合伙和有限合伙。普通合伙是指两个或者两个以上的民事主体订立合伙协议,共同出资、共同经营、共享收益、共担风险,对合伙债务承担无限连带责任的营利性非法人组织。有限合伙是指由普通合伙人和有限合伙人共同组成的合伙组织,其中普通合伙人对合伙债务承担无限连带责任,有限合伙人以其出资额为限对合伙债务承担有限责任。有限合伙中至少有一个合伙人承担无限连带责任。

2. 个体工商户

个体工商户是指在法律允许的范围内,依法经核准登记,从事工商经营活动的自然人或家庭。根据《民法通则》的规定,个人进行个体工商户经营的,由经营者个人承担民事责任;家庭进行个体工商户经营的,由家庭财产承担民事责任。

3. 农村承包经营户

农村承包经营户是指在法律允许的范围内,按照承包合同的规定从事商品经营的农村经济组织的成员。其承担财产责任的方式与个体工商户相同,分个人和家庭两种。

4. 个人独资企业

个人独资企业是指由一个自然人投资设立,财产为投资人个人所有,投资人以其个人财产对企业债务承担无限责任的经营实体。个人独资企业不具有法人资格,个人独资企业财产不足以清偿债务时,投资人应当以其个人的其他财产予以清偿。

四、民事权利

民事权利是指民事主体为实现某种利益而为某种行为或不为某种行为的可能性。法律赋予主体享有一定的民事权利,实际上是确定人们享有利益和实现某种利益行为的范围或限度。民事权利构建了民法的核心内容,整个民法就是以权利为中心而构建的体系,学习民法就是学习民事权利体系,对民事权利的分类及其各自特征的掌握是我们学习民法的关键。

根据不同的标准,民事权利有不同的分类。

(一)以义务主体是否特定以及权利的特点为标准,民事权利可以分为绝对权和相对权。绝对权又称对世权,是指权利主体无须通过义务人实施一定行为即可实现并可对抗不特定人的权利,如人身权和物权等;相对权是指必须通过义务人实施一定行为才能实现并只能对抗特定人的权利,最典型的就是债权。

(二)以权利是否已经取得为标准,民事权利可以分为既得权和期待权。既得权是指权利人已经取得且可以实现的权利,一般的民事权利都是既得权;期待权是指将来有取得与实现可能性的权利,比如保险合同受益人的权利、继承人的权利等。

(三)以民事权利的作用为标准,可以分为支配权、请求权、抗辩权和形成权。支配权是权利人可以直接支配权利客体(物、人身利益和智力成果)并享有其利益的权利,如知识产权、人身权和物权。请求权是指权利人要求他人为特定行为的权利,比如要求返还原物的物权请求权、合同履行和违约损害赔偿的债权请求权、身份法上的抚养和赡养请求权等。抗辩权又称异议权,是指对抗对方的请求权的权利,其功能在于延缓请求权的行使或使请求权归于消灭。形成权是指权利人依单方意思表示使民事法律关系发生、变更、消灭的权利,比如追认权、解除权、抵销权等债权性的形成权,所有权的抛弃、典物回赎权等物权性形成权,婚姻撤销权、遗产分割权等身份法上的形成权等。

(四)以权利内容的性质为标准,把民事权利分为财产权、人身权和综合性权利。财产权包括物权、债权,不具有专属性;人身权包括人格权和身份权,具有专属性。综合性权利是指由财产权和人身权结合所产生的一类权利,其内容既包括财产利益,也包括人身利益,专属性也不十分强烈。综合性权利主要有三个:知识产权(具有财产权和人身权双重性质)、继承权(就其内容属于财产权,但通常基于身份关系而取得)和社员权(如公司股东的股东权、合作社的社员权等)。这种分类是最常见、最重要的分类,以下我们重点就物权、债权、人身权和知识产权这四种民事权利作基本的介绍。

1. 物权

物权是一种极其重要的民事权利,是权利人对特定的物直接支配和排他的权利。物权和债权共同构成民法中最基本的财产权形式,物权反映人与人之间对财产的占有关系,债权反映不同主体之间的财产交换关系。物权是形成债权的前提和基础,没有主体对一定财产享有物权就不可能发生债权;反过来物权又是债权的必然结果。

物权具有以下特征:

(1)物权是绝对权。物权的权利主体是特定的,而其义务主体则是权利人以外的一切不特定的人。所以,物权是绝对权,比如被盗物品被转卖,原主是有权追回的。

(2)物权的客体是特定化的有体物。随着互联网的普及,网上虚拟物(网上养的宠物,QQ 号)能否成为物权保护的对象,在法学界引起了很大的争议。

(3)物权是支配权。物权的内容是直接支配一定的物并享受其利益,而无须借助于他人的行为。比如对一本书,权利人可自己使用,也可借给别人或直接赠与。

(4)物权具有排他性。一方面,物权具有排除他人侵害、干涉、妨碍的性质,这是物权对世性的应有之义。另一方面,同一物上不得同时成立两个内容完全相同的物权。例如同一物上不能同时有两个所有权,但一个物上的一个所有权可以为两个或两个以上的人所共有,这不是共有人对该物各自享有单独的所有权,而是平等地或是按份额地共同享有一个所有权。内容不相同的物权也可以在一物上共存。例如一物上可以存在一个所有权,一个抵押权。内容相同的物权可以不同时存在于同一物上,先设立的物权优先于后设立的物权。

根据不同的标准,法学界对物权的分类也是多种多样。以对标的物的支配范围为标准来分,物权包括自物权和他物权。自物权又称所有权,指权利人在法定范围内对自己的财产享有占有、使用、收益、处分的权利,是物权中最完整、最充分的权利。他物权又称限制物权,是指在所有权以外仅在一定范围内对物进行支配的物权,包括担保物权和用益物权。担保物权包括抵押权、质押权、留置权,用益物权包括建设用地使用权、宅基地使用权、农地承包经营权、地役权等。

2. 债权

法律上的债的概念与生活中的债的概念有所不同。生活中的债,专指债务,且多指金钱之债。而法律上的债指的是按照合同约定或法律规定,在当事人之间产生的特定的权利和义务关系,又称债的关系,包括债权和债务两个方面,既有财产之债,也有行为之债。

债权是指在债的关系中,一方得请求对方为特定给付的权利。其特征表现为:

(1)债权是请求权。债权的作用主要是请求权的行使,而非直接支配债务人的人身、债务人的行为或债务人应给付之物。

(2)债权是相对权。债权人原则上只能请求债务人履行给付,不得要求债务人之外的第三人履行给付(但在侵害债权或者由第三人履行的合同等特殊情形除外),也不能直接支配债务人的人身或财产。

(3)债权具有期限性,债权在法律上不允许永久存续。债权本身主要是债权人实现特定目的的一种手段,目的达到,债权即归于消灭。

(4)债权之间具有相容性。就同一客体可同时或先后成立数个债权,也就是说数个债权可以并存,例如双重买卖、演出合同等。

(5)债权之间具有平等性。数个债权不论其发生先后,都处于平等地位,在实现的顺序上无先后位序。

债的关系,从其性质和发生原因的不同来看,可以分为意定之债和法定之债。意定之债是之债的发生和性质内容由当事人依自由意志而决定的债,如合同之债、单方允诺之债。法定之债是指债的发生和性质内容都由法律予以规定的债,如侵权之债、不当得利之债、无因管理之债。这不仅构成了债的体系,也是债权存在的根据。

(1)合同。基于合同产生的债称为合同之债,它是当事人在平等基础上自愿设立的协议,是民事主体开展各种交往的主要法律手段也是债权最常见、最主要的发生原因。

(2)侵权行为。侵权行为是指不法侵害他人的合法权益,应承担民事责任的行为。不法行为造成的损害有财产损失、人身伤亡、生命健康以外的其他人格权损害和精神损害四种。侵权行为之债的债权人有权请求侵权人停止侵害、排除妨害、消除危险、返还财产、恢复原状、赔礼道歉等。

(3)无因管理。无因管理是指没有法定或约定的义务而为他人管理事务的行为,如将突发疾病的路人送医院救护、将迷路的宠物带回家饲养并寻找失主等。在无因管理法律关系中,管理人因管理事务所收取的金钱、财物等应返还受益人本人;同时,管理人因管理事务所付出的费用、负担的债务及其他损失,应由受益人偿还。

(4)不当得利。不当得利是指没有法律或合同上的根据取得利益,而致他人受损害,比如拿了银行自动取款机因失控而多传出的现金、占有遗失物直至失主索要仍执意不愿归还等。在不当得利的法律关系中,受损方有权请求不当得利人返还利益,受益方有义务返还其所得利益,这就是不当得利之债。

3. 人身权

人身权是民事主体依法享有的与其人身不可分离而无直接财产内容的权利。人身权具有专属性、非财产性、绝对性和支配性。

根据人身权依存的社会关系,可将人身权分为人格权和身份权。在人格权中,根据权利客体不同可分为物质性人格权和精神性人格权。物质性人格权包括生命权、身体权、健康权;精神性人格权包括姓名权(名称权)、肖像权、自由权、名誉权、隐私权、贞操权、信用权、婚姻自主权以及其他人格权。在身份权中,根据身份不同可分为亲属法上身份权和亲属法外身份权。前者包括配偶权、亲权、亲属权;后者包括荣誉权、知识产权中的人身权等。

相关案例:

1986年7月18日,鹰潭人赵志荣喜得贵子,他帮儿子取名"赵C"并进行了户籍登记。2005年,鹰潭市月湖公安分局为刚考上大学的赵C签发了第一代身份证。2006年8月,赵C来到派出所换发第二代身份证时,民警却告诉他,名字里面不能有"C"之类的字。之后,月湖公安分局户政科也告知赵C,"赵C"进不了公安部户籍网络程序,建议他改名。2007年7月6日,赵C向鹰潭市公安局申请,要求继续使用"赵C",公安局批复要求他改名,依据是《姓名登记条例(初稿)》有规定,已简化的繁体字、已淘汰的异体字、外国文字、汉语拼音、阿拉伯数字等字样不能用。2008年1月8日,赵C到法院起诉鹰潭市公安局。6月6日,鹰潭市月湖区法院作出一审判决,"赵C"是符合法律规定的。因为赵C经公安机关核准领取了第一代居民身份证,应视为被告作出了具体行政行为。换发第二代身份证是为了提高身份证的质量和防伪性,而不是改变登录的内容。据此,法院判决,责令鹰潭市公安局月湖分局允许以"赵C"为姓名换发第二代居民身份证。鹰潭市公安局月湖区分局于2008年6月提出上诉。法院二审时,双方激烈的法庭辩论持续了3个多小时。双方争论的焦点是,"C"是不是《中华人民共和国居民身份证法》规定可以使用的符合国家标准的数字符号。最后,在法院的反复协调下,当事双方在庭外都表示愿意妥协,双方最后达成和解。法院于26日19时12分对"赵C姓名权"官司当庭作出二审裁定,裁定撤销鹰潭市月湖区人民法院一审判决;赵C将用规范汉字更改名字,鹰潭市月湖区公安分局将免费为赵C办理更名手续。该案被媒体称作“全国通过诉讼捍卫姓名权第一案”。

4. 知识产权

知识产权是指公民、法人和其他组织对其智力成果所享有的专有权。知识产权是无形财产权,是一种没有形体的精神财富,属于一项特殊的民事权利。知识产权具有专有性、地域性和时间性。知识产权主要包括著作权、专利权、商标权。

(1)著作权,又称版权,是指作者依法对其创作的文学、科学和艺术作品享有的权利,包括著作人身权和著作财产权。前者包括署名权、发表权、修改权、保护作品完整权;后者包括复制权、发行权、出租权、展览权、表演权、改编权等。

(2)专利权,是指法律赋予公民、法人和其他组织对其获得专利的发明创造在法定期限内依法享有的独占权。专利包括发明、实用新型和外观设计。专利权包括独占实施权、进口权、转让权、实施许可权、放弃权和标记权等。

(3)商标权,是指商标所有人依法对其商标所享有的专有使用权。我国商标权实际上是指注册商标专用权,非注册商标不受商标法的保护。商标权包括专有权、注明标记权、转让权、续展权、许可权等。

五、民事法律行为和代理

(一)民事法律行为

1. 民事法律行为的概念与特征

民事法律行为是指自然人、法人或者其他组织基于意思表示设立、变更、终止民事权利和民事义务的合法行为。

我国《民法通则》使用了民事行为和民事法律行为的概念,其中民事行为包括民事法律行为、无效的民事行为、效力待定的民事行为和可变更、可撤销的民事行为。但理论界倾向于统一使用民事法律行为这一概念。

民事法律行为的法律特征:

(1)民事法律行为是一种产生、变更、消灭民事权利义务关系的行为。作为法律行为的一种,民事法律行为是与行政法律行为、刑事诉讼法律行为等相并列的。理解民事法律行为的外延就不再着眼于其合法性,而在于其引起的民事法律后果。民事主体实施民事法律行为的目的就是设立、变更或终止民事权利和民事义务。

(2)民事法律行为以意思表示为要素。意思表示即行为人将其期望发生法律行为的意思以一定的方式表现于外部的过程。比如旅客在酒店将其要住宿某一房间的想法用口头方式告诉前台接待人员的表示就是意思表示。意思表示是法律行为不可或缺的内容,是民事法律行为最基本的要素。

(3)民事法律行为是合法行为。从本质上讲民事法律行为应当是一种合法行为,因为只有合法的行为才能得到国家法律的确认和保护,从而产生当事人所追求的民事法律后果。

2. 民事法律行为的分类

(1)依据民事法律行为的成立须有几个方面的意思表示为标准,民事法律行为可分为单方法律行为、双方法律行为和多方法律行为。单方法律行为是指根据一方当事人的意思表示就可以成立的法律行为,比如订立遗嘱、放弃继承权、撤销委托代理、免除债务、追认无权代理等行为。双方法律行为是指双方当事人对应的意思表示达成一致才能成立的法律行为,大部分合同行为都是双方法律行为。多方法律行为是指两个以上的当事人并行的意思表示达成一致才能成立的法律行为,比如两个以上的合伙人订立合伙协议的行为。

(2)依据民事法律行为的当事人是否承担对待给付义务为标准,民事法律行为可分为有偿民事法律行为和无偿民事法律行为。前者是指双方承担对待给付义务的民事法律行为,比如买卖、互易、租赁、借贷、寄存等大部分民事法律行为。后者是指一方当事人承担给付义务而对方当事人不承担给付义务的法律行为,比如赠与、借用等是典型的无偿法律行为。

(3)依据是否需交付实物才能成立为标准,民事法律行为可分为诺成法律行为和实践法律行为。诺成法律行为是指仅以意思表示为成立要件无须交付实物就能成立的民事法律行为,大部分民事法律行为都是诺成法律行为。实践法律行为是指除意思表示外,还须交付实物或者完成特定给付才可成立的民事法律行为,比如一般的赠与行为、保管行为等。

(4)依据是否需要采取特定形式或履行特定程序为标准,民事法律行为可分为要式法律行为和不要式法律行为。要式法律行为是指法律规定必须采取一定形式或者履行一定的程序才可成立的民事法律行为,主要适用于标的重要或标的数额大的民事法律关系,比如不动产买卖和抵押,机动车辆、船舶、航空器买卖和抵押等行为。不要式法律行为是指不要求采取特定形式,当事人可自由选择某种形式即能成立的民事法律行为,因为强调民事流转的灵活和迅速,大多数民事法律行为都是不要式的。

(5)依据法律行为相互之间的关系为标准,民事法律行为可分为主法律行为和从法律行为。主法律行为是指不需要其他民事法律行为的存在就可独立成立的民事法律行为。从法律行为是指从属于其他法律行为而存在的民事法律行为。比如当事人之间存在一借贷合同,为保障债的履行,又订立了一个保证合同,在这两个合同的关系中,借贷合同是主民事法律行为,保证合同是从民事法律行为。从民事法律行为的成立和效力取决于主民事法律行为。

3. 民事法律行为的成立与生效

(1)民事法律行为成立与生效的关系。民事法律行为的成立主要解决民事法律行为应具备哪些必不可少的事实状态。其成立要件着眼于表意行为的事实构成,即以意思表示的成立或意思表示一致为成立要件。

民事法律行为的生效是指已经成立的民事法律行为因符合法定有效要件而取得法律认可的效力。其生效要件着眼于当事人的意思表示的效力,包括民事行为能力规则、意思表示自愿真实规则、行为合法性原则等。

民事法律行为的成立是民事法律行为生效的逻辑前提,一项民事法律行为只有在成立后,才能谈得上衡量其效力问题。民事行为的成立时间与生效时间可能一致,也可能不一致。民事法律行为从成立时起具有法律约束力,行为人非依法律规定或者取得对方同意,不得擅自变更或者解除。

(2)民事法律行为的生效要件。民事法律行为的一般生效要件包括三方面:一是行为人具有相应的民事行为能力;二是行为人意思表示真实;三是不违反法律和社会公共利益。

相关知识:

对于自然人而言,完全民事行为能力人可以在法律范围内实施一切民事法律行为。限制民事行为能力人只能实施与其年龄、智力和精神健康状态相适应的民事法律行为,其他民事法律行为非经其法定代理人代理或者征得其法定代理人的同意,本人不得实施,否则便为无效。无民事行为能力人非经其法定代理人的代理不能实施任何民事法律行为。但限制民事行为能力或者无民事行为能力的未成年人独立实施的下述行为有效:(1)使未成年人纯获法律上利益的行为,如接受不附条件或者义务的赠与、接受奖励及报酬等;(2)在法定代理人确定的目的范围内,对自己财产的处分行为;(3)在不违反法律规定的条件下,经许可从事的营业活动以及与营业活动有关的行为;(4)依法订立劳动合同并请求支付劳动报酬;(5)未成年人依法可以独立实施的日常生活中的定型化消费行为。对于法人而言,法人的民事行为能力与其章程或者组织规章规定的目的范围是一致的,法人应当在其章程或者组织规章规定的目的范围内活动。

通常情况下,民事法律行为具备一般生效要件,即产生法律效力。但在特殊情况下,民事法律行为除具备一般生效要件外,还须具备特别生效要件,才能产生法律效力。比如附延缓条件或延缓期限的民事法律行为、遗嘱行为具备一般生效条件后,并不马上生效,只有在条件成就、期限届至或遗嘱人死亡后,上述民事法律行为才发生法律效力。

4. 民事法律行为效力的瑕疵

如果民事法律行为不具备上述生效要件,那么其法律效力就存在瑕疵。民事法律行为效力瑕疵有三种具体形态:无效,可撤销、可变更以及效力待定。

(1)无效的民事行为。无效民事行为,是指不具备民事法律行为的生效条件,因而不能产生行为人预期的法律后果,不具有法律约束力的民事行为。根据我国

《民法通则》第58条的规定,无效民事行为包括:①无民事行为能力人实施的民事行为;②限制民事行为能力人依法不能独立实施的民事行为;③一方以欺诈、胁迫的手段或者乘人之危,使对方在违背真实意思的情况下所为的民事行为;④恶意串通,损害国家、集体或第三人利益的行为;⑤违反法律(强行法)或者社会公共利益的民事行为;⑥违反国家指令性计划的经济合同;⑦以合法形式掩盖非法目的的民事行为。比如有人在离婚诉讼进行的过程中,故意放弃继承,离婚之后由其他继承人以赠与的方式将继承的财产让与他,以达到离婚时使对方少分财产的目的,便可认定为以合法的形式掩盖非法目的的行为。我国1999年颁布的《合同法》对无效民事行为的规定与《民法通则》有所不同,根据《合同法》第52条的规定,无民事行为能力人、限制民事行为能力人所签订的合同、乘人之危所签订的合同以及违反国家指令性计划的合同都不再是无效的,而一方以欺诈、胁迫手段订立的合同,只有在损害国家利益的情况下才是无效的。

(2)可撤销、可变更的民事行为。根据《民法通则》第59条的规定,可撤销、可变更的民事行为包括:①重大误解的民事行为,比如误将赝品认作真品而订立买卖合同的行为。②显失公平的民事行为,即对一方当事人明显有利而对另一方当事人明显不利的民事行为。根据《合同法》第54条的规定,乘人之危订立的合同以及一方以欺诈、胁迫手段所订立的合同(损害国家利益的除外)也是可撤销、可变更的合同。可变更或者可撤销的民事行为,根据《合同法》第55条的规定,具有撤销权的当事人自知道或者应当知道撤销事由之日起一年内没有行使撤销权或具有撤销权的当事人知道撤销事由后明确表示或者以自己的行为放弃撤销权的,撤销权消灭。

(3)效力待定的民事行为。效力待定的民事行为是指其法律效力尚未确定,而有待于第三人以行为使之确定法律效力的民事行为。在我国,效力待定的民事行为有以下几种:①无代理权的人以他人名义实施的代理行为,只有经过被代理人的追认才有效,被代理人才承担民事责任。②将债务的全部或者部分转移给第三人的行为,必须经债权人的同意才有效。③限制民事行为能力人依法不能独立实施的行为,只有经其法定代理人的追认才有效。④无处分权人以自己的名义对于他人权利标的所实施的处分行为,必须经处分权人同意才能生效。

(二)代理

1.代理的概念和特征

代理,是指代理人在代理权限范围内,以被代理人的名义独立与第三人为法律行为,由此产生的法律后果由被代理人承担的法律制度。代理的特征包括:

(1)代理人必须在代理权限内进行代理活动。

(2)代理人以为意思表示为要素。

(3)代理人必须以被代理人的名义进行活动。

(4)代理活动所产生的法律后果直接归属于被代理人。

2. 代理的分类

根据代理权产生的根据不同,代理可以分为委托代理、法定代理和指定代理。委托代理是指基于被代理人授权而产生的代理,这是适用最广泛的代理方式。法定代理是指根据法律的直接规定而产生的代理关系,这主要是为无行为能力人或限制行为能力人设立代理人的方式。指定代理是指代理人根据人民法院或指定机关的指定而进行的代理,这是在没有委托代理人和法定代理人的情况下,为无民事行为能力人和限制民事行为能力人设定的代理。

3. 无权代理

无权代理是指代理人不具有代理权而实施的代理行为。在传统民法理论中,无权代理包括狭义的无权代理和表见代理。狭义的无权代理有三种情况:一是根本未经授权的代理;二是代理权已经终止后的代理;三是超越代理权的代理。无权代理是效力未定的民事行为,除非得到被代理人的追认,否则行为后果由代理人承担。

表见代理是指客观上存在足以使第三人相信无权代理人具有代理权的理由,第三人基于这种信赖与无权代理人实施民事法律行为,由此造成的法律效果由本人(名义上的被代理人)承担的代理。表见代理本属无权代理,但为了维护交易安全,表见代理产生了有权代理的效力。

相关案例:

孙某系甲村的会计,多次以其村委会的名义在刘某经营的饭店安排招待他人,至2002年5月,累计欠招待费12000元,孙某以甲村委会的名义写下欠条交给刘某,但该欠条上未加盖甲村的公章,只有孙某以经手人签名。后来,刘某多次向甲村和孙某催要,孙某和甲村之间相互推诿。为此,刘某于2003年11月3日将甲村委会和孙某起诉到法院,请求法院依法判决二被告共同付给欠款。庭审中,甲村委会辩称没有委托孙某招待他人,欠款应由孙某个人偿还;孙某则辩称自己是受原村领导的委托安排就餐的,应由甲村偿还所欠招待费用,但孙某没有提供其受甲村委托的证据。

根据《中华人民共和国合同法》第49条规定:"行为人没有代理权、超越代理权或者代理权终止后以被代理人名义订立的合同,相对人有理由相信行为人有代理权的,该代理行为有效。"综观本案,孙某的行为完全符合该条的规定,构成表见代理,依法应判决甲村委会归还原告招待费12000元。

六、民事责任

(一)民事责任的概念和特征

民事责任是民事主体因违反合同或不履行其他民事义务所应承担的民事法律

后果。民事责任具有以下四个方面的特征:

1. 民事责任以民事主体违反民事义务、侵害他人的民事权益为前提。

2. 民事责任具有国家强制性和一定程度的任意性。民事责任属于公力救济,必须由法院通过国家公权力进行强制性的确定,并最终必须依赖国家强制力才能实现,故具有强制性。但对于合同责任,允许当事人在法律允许的范围内预先约定责任内容,对于侵权责任等法定责任,也允许当事人在责任确定后达成和解协议处分其权利。

3. 民事责任具有财产性。民事责任以财产责任为主,以非财产责任为辅。

4. 民事责任具有补偿性。民事责任以一方当事人(加害人)补偿对另一方当事人(受害人)的损害为主要目的。

(二)民事责任的分类

根据不同标准,民事责任可作不同的分类。

第一,根据责任发生的根据不同,民事责任可以分为合同责任、侵权责任和其他责任。合同责任是指因违反合同约定的义务、合同附随义务或违反《合同法》规定的义务而产生的责任。侵权责任是指因侵犯他人的财产权益与人身权益而产生的责任。其他责任就是合同责任和侵权责任之外的其他民事责任,比如不当得利、无因管理等产生的责任。

第二,根据承担民事责任的主体数量不同,民事责任可以分为单独责任和共同责任。单独责任是指由一个民事主体独立承担的民事责任,多数责任属于单独责任。共同责任是指两个以上的人共同实施违法行为并且都有过错,从而共同对损害的发生承担责任,比如加害人为两个以上的人对受害人承担的责任。

第三,根据民事责任的内容有无财产性,民事责任可分为财产责任与非财产责任。财产责任,是指直接以一定的财产为内容的责任,如返还财产,赔偿损失。非财产责任,是指不直接具有财产内容的民事责任,如消除影响,恢复名誉等。

第四,根据主观过错在法律责任中的地位,可以把法律责任分为过错责任、无过错责任和公平责任。这通常是民事法律中对不同民事责任的分类。

(1)所谓过错责任,是指以存在主观过错为必要条件的法律责任,即承担责任必须以行为人有主观过错为前提。过错责任是法律责任中最古老、最普遍的责任形式,“无过错即无责任”也一直是法律中的一个基本原则。在民事领域尽管还存在其他的责任形式,但过错责任直到现在仍然是各国民法中最普遍的原则。而在现代刑法中,没有过错就绝对不会有刑事责任。过错责任的主要理论依据是道义责任论,这种理论认为,只有存在应受谴责的主观上的过错,责任的承担才是合理的,否则就是没有道德依据的。

(2)所谓无过错责任,是指不以主观过错的存在为必要条件的法律责任形式。也就是说,只要造成了损害,无论有没有过错,法律都直接规定要承担法律责任。

无过错原则是法律为了解决近代工业社会发展所带来的越来越多的损害赔偿问题而采取的一种新的责任形式。在现代高度发达的工业社会中,诸如环境污染、交通事故、工业产品损害、工业事故等损害越来越多,如果要求受害人证明加害人的过错会很不公平,因此法律上逐渐确立了无过错责任,并以此作为对过错责任原则的补充。但要注意的是,只有法律明确规定时才能适用无过错责任。

(3)所谓公平责任,是指法无明文规定适用无过错责任,但适用过错责任又显失公平,因而不以行为人的过错为前提并由当事人合理分担的一种特殊的责任。这种责任形式主要是民法为了弥补无过错原则和过错原则的不足而采取的一种特殊责任,它实际上是公平原则在民事法律领域内的具体运用。我国《民法通则》规定,"当事人对造成损害都没有过错的,可以根据实际情况,由当事人分担民事责任。"但是哪些情况可以适用公平责任一般要求看具体情况而定。

(三)民事责任的形式

根据《民法通则》第1条的规定,承担民事责任的方式主要有以下十种,这些民事责任形式,既可以单独适用,也可以合并适用。

(1)停止侵害。这种责任方式主要适用于正在进行中的侵害他人合法权利的行为。

(2)排除妨碍。这种责任方式适用于妨碍他人行使权利的场合,不需要权利人的权利受到实际的侵害。

(3)消除危险。当行为人的侵害行为虽未造成他人财产、人身的实际损害,但是有造成损害的现实危险时,权利人可以要求行为人采取措施排除危险。

(4)返还财产。当行为人非法占有他人的财产,他人可以要求行为人返还财产。但是这时要求该财产尚存在,如果该财产已经灭失,则行为人应当依法承担损害赔偿的责任。

(5)恢复原状。这种民事责任适用于财产遭到他人的损害,但是尚有恢复到原来状况的可能的情况。一般而言,造成他人财产损害的,应尽量恢复原状,只有难以恢复原状的,才对损失进行赔偿。

(6)修理、重作、更换。这种责任形式一般适用于一些合同关系,如一方根据买卖合同交付的标的物不符合合同的约定,则对方当事人可以要求修理、重作、更换。

(7)赔偿损失。这是适用范围最广的一种责任形式,它不仅适用于侵犯财产权的场合,也适用于侵犯人身权的场合,如精神损害的赔偿。

(8)支付违约金。这种责任形式仅适用于合同,如果合同约定或法律规定了违约应当支付的违约金,如一方违约,就应当向另一方支付约定或法定的违约金。

(9)消除影响、恢复名誉。这种责任形式仅适用于《民法通则》第120条规定的姓名权、肖像权、名誉权、荣誉权等人身权遭受侵害的情形。

(10)赔礼道歉。这种责任形式也只适用于《民法通则》第120条规定的姓名权、肖像权、名誉权、荣誉权等人身权遭受侵害的情形。

七、诉讼时效

(一)诉讼时效的概念

诉讼时效是指权利人在法定期间内不行使权利即丧失胜诉权的法律制度。该制度设立的目的在于促使权利人行使权利,维护社会经济秩序的稳定。如果权利人能行使权利而长期不行使,就使义务人的法律地位长期处于不确定状态,将导致当事人之间社会关系的事实状态和法律状态长期不一致,不利于当事人建立新的确定化的社会关系。另外,长期不行使权利也会给调查取证带来困难,不利于及时有效地处理民事案件。

相关知识:

诉讼时效区别于除斥期间。除斥期间,是指法律规定某种权利预定存在的期间,权利人在此期间不行使权利,期间届满,权利人就丧失该权利。如《合同法》第193条规定,因受赠人的违法行为致使赠与人死亡或者丧失民事行为能力的,赠与人的继承人或者法定代理人可以撤销赠与,但撤销权人应在其知道或应当知道撤销原因之日起6个月内行使。这里6个月期间的规定,就属于除斥期间的规定,而不是诉讼时效的规定。除斥期间届满后,消灭的是实体权利本身,而诉讼时效届满以后,实体权利本身并不因此而消灭。另外,除斥期间是不可变期间,不适用中断、中止和延长的规定,而诉讼时效期间是可变期间,诉讼时效期间可以适用中断、中止和延长的规定。

(二)诉讼时效的种类

在我国,诉讼时效因期间长短不同,分为普通诉讼时效、特别诉讼时效以及最长诉讼时效三种。

1. 一般诉讼时效

一般诉讼时效,是指民法上统一规定的适用于没有特殊诉讼时效期间规定的各种民事关系的诉讼时效期间。我国《民法通则》第135条规定:"向人民法院请求保护民事权利的诉讼时效期间为2年,法律另有规定的除外。"

2. 特殊诉讼时效期间

特殊诉讼时效,是指由民法或者单行法规特别规定的只适用于法律特别规定的民事关系的诉讼时效期间。对各种不同的民事法律关系,只要有特殊诉讼时效规定的,就应适用特殊诉讼时效;没有特殊诉讼时效规定的,适用一般诉讼时效。

《民法通则》第136条规定:"下列的诉讼时效期间为1年:(1)身体受到伤害要求赔偿的;(2)出售质量不合格的商品未声明的;(3)延付或者拒付租金的;(4)寄存财物被丢失或者毁损的。"从《民法通则》所列的这四种情况看,他们都是一些容易查清事实、宜于短期内处理的关系。而根据我国《合同法》第129条的规定,因国际货物买卖合同和技术进出口合同争议提起诉讼或者申请仲裁的诉讼时效期间为4年。

3. 最长诉讼时效

最长诉讼时效,是指诉讼时效期间为20年的诉讼时效。根据《民法通则》第137条规定,从权利被侵害之日起超过20年的,人民法院不予保护。

(三)诉讼时效期间的中止、中断和延长

1. 诉讼时效期间的起算

诉讼时效期间的起算,即诉讼时效期间的开始。诉讼时效期间自何时开始,直接影响着时效期间届满的时间,关系到当事人的利益。因此,正确的确定诉讼时效期间的起算点,对于保护当事人的利益,对于法院正确处理民事纠纷,有重要意义。

我国《民法通则》第137条规定:"诉讼时效期间从知道或者应当知道权利被侵害时起计算。"比如,人身受侵害要求赔偿的,伤害明显的,应当自伤害之日的第二天起计算;伤害当时未曾发现,后经检查确诊并能证明是由侵害引起的,从伤势确诊之日的第二天起算。又如,财产被侵害要求返还财产或恢复原状的,应自权利人知道或者应当知道财产被侵占或损害以及侵害人是谁时起计算。

2. 诉讼时效的中止

诉讼时效的中止,又称诉讼时效的暂停或停止,是指在诉讼时效进行中,因发生一定法定事由使权利人不能行使请求权,暂时停止计算诉讼时效期间,待阻碍时效进行的法定事由消除后,继续进行诉讼时效期间的计算。根据我国《民法通则》第139条的规定,在诉讼时效期间的最后6个月内,因不可抗力或者其他障碍不能行使请求权的,诉讼时效中止。从中止的原因消除之日,诉讼时效期间继续计算,中止的时间不计入诉讼时效期间内。

3. 诉讼时效的中断

诉讼时效的中断是指在诉讼时效进行中,因发生一定法定事由,致使已经经过的时效期间统归无效,待时效中断的事由消除后,诉讼时效期间重新起算。根据我国《民法通则》第140条规定,诉讼时效因提起诉讼、当事人一方提出要求或者同意履行义务而中断。

4. 诉讼时效的延长

诉讼时效的延长,是指在诉讼时效期间届满以后,权利人基于某种正当理由,向人民法院提起诉讼时,经人民法院调查确有正当理由而将法定时效期间予以延长。诉讼时效的延长,是法律赋予法院的一项自由裁量权,以弥补诉讼时效制度的不足。

八、民事纠纷的解决

(一)民事纠纷的含义和特点

民事纠纷是指平等主体之间发生的以民事权益、义务或民事责任为内容的法律纠纷。民事纠纷不仅包括传统意义上的民事纠纷,而且还应当包括现代型的商事纠纷。民事纠纷的主要特点有:

(1)纠纷主体之间是平等的。

(2)纠纷的内容主要是有关民事权益、义务或者民事责任的争议,从而有别于刑事纠纷和行政纠纷。在法律特别规定时,纠纷的内容也包括对特定事实的争议,比如对证书真伪的争议等。

(3)民事纠纷具有可处分性。这是因为民事纠纷是有关私法的争议,而私法的基本原则是当事人"意思自治",所以,纠纷主体依法拥有对发生纠纷的民事权益的处分权。当然,这主要是针对有关财产关系的民事纠纷而言的,有关人身关系的民事纠纷多不具有可处分性。

民事纠纷若不能得到妥善解决,不仅会损害当事人合法的民事权益,而且可能波及第三者甚至影响社会的安定。因此,各国都很重视民事纠纷的解决并建立了相应的处理民事纠纷的制度。

(二)民事纠纷的解决机制

民事纠纷解决机制主要有私力救济、社会救济和公力救济三种。

私力救济,俗称"私了",是指纠纷主体依靠自己的力量解决纠纷,没有第三者协助或主持解决纠纷,其典型方式是和解。社会救济,是指基于纠纷主体的合意,依靠社会力量(第三者)协助或主持来解决纠纷的方式,比如诉讼外调解和仲裁等。而在民事纠纷解决领域,所谓"公力救济",是指利用国家公权力(审判权)解决民事纠纷,其典型方式就是民事诉讼。民事纠纷解决机制,经历了由私力救济到公力救济的发展过程,其中也伴随着社会救济的发展。即使在现代社会,这三种解决纠纷机制也是并存着的,这些解决纠纷机制构成了一个多元化的纠纷解决体系。

1. 和解

和解,是指纠纷双方以平等协商、相互妥协的方式和平解决纠纷。相对于其他纠纷解决方式而言,和解具有以下特性:

(1)具有高度的自治性,即和解是依照纠纷主体自身力量解决纠纷,没有第三者协助或主持,和解的过程和结果均取决于当事人的意思自治。

(2)非严格的规范性,即和解的过程和结果不受也无须规范,也就是说,既不需要严格依据程序规范进行和解,也不需要严格依据实体规范达成和解协议。

(3)通常情况下,和解协议并不具有强制执行力。由于和解是纠纷主体自行解决纠纷,所以因和解而达成的解决纠纷的协议,其性质相当于契约,对于纠纷双方仅具有契约上的约束力。

在现代法治社会,尤其是仲裁和诉讼进行中的和解,必须遵循两大原则,一是必须遵守合法原则,即和解的过程和内容必须不违背禁止性法律规定和社会公共利益。二是必须遵守最基本的公平与自治原则,即和解的过程和结果必须建立在纠纷主体平等和真实意志的基础上,其间不得存在强迫、欺诈、显失公平和重大误解等因素。

2. 调解

调解是指第三方依据一定的社会规范(包括习惯、道德、法律规范等),在纠纷主体之间沟通信息,摆事实明道理,促成纠纷主体相互谅解和妥协,达成解决纠纷的合意。

我国现有的调解形式中,属于社会救济范畴的,主要有:人民调解、其他社会团体组织的调解和行政调解等。人民调解是指村民委员会和居民委员会下设的人民调解委员会对民间纠纷的调解。其他社会团体组织的调解,比如,用人单位的劳动争议调解委员会对劳动争议的调解,消费者保护协会对消费者争议的调解,仲裁中仲裁机构对民事纠纷的调解等。行政调解是行政机关在行使职权时附带地解决纠纷,比如,对于因交通事故而产生的损害赔偿,当事人请求公安机关调解。

调解具有下列三个主要特性:(1)第三方的中立性。第三方(调解人)可以是国家机关、社会组织和个人,但是在调解中他们都是中立的第三方。这一点使调解与和解区别开来,和解没有第三方。(2)纠纷主体的合意性。对于是否运用调解、调解协议的内容等,都取决于纠纷主体的合意。而调解人只是以沟通、说服、协调等方式促成纠纷主体达成解决纠纷的合意。其间,调解人的高洁人格、较强的能力、较高的社会地位等,均有助于合意的形成,但这些并不构成一种物质性强制力。(3)非严格的规范性。与仲裁和诉讼相比,调解并非依据严格的程序规范和实体规范来进行的,而具有很大程度上的灵活性和随意性。(4)调解协议一般不具有强制执行力。但是,如果是诉讼内的调解,以及法律特别规定的调解,其调解协议具有法律强制执行力,比如,在我国,民事诉讼中的法院调解所达成的协议具有法律强制执行力;《仲裁法》第51条中规定,仲裁庭依据调解协议的结果制作调解书或者裁决书,调解书与裁决书具有同等法律效力。

3. 仲裁

仲裁,是指纠纷双方在纠纷发生前或者纠纷发生后达成协议(仲裁协议)或者根据有关法律规定,将纠纷交给中立的民间组织进行审理,并作出约束纠纷双方的裁决的一种纠纷解决机制。

仲裁必须以当事人之间在仲裁之前达成的仲裁协议为前提。但是,近年来许多国家建立了一些特定情形下的法定仲裁或强制性仲裁,这类仲裁是根据法律的规定进行而无须仲裁协议,比如我国的劳动争议仲裁。与通常的仲裁不同,这类法定的或强制性仲裁因为缺少当事人仲裁协议,所以仲裁裁决也往往相应地缺少终局性,当事人不服仲裁裁决的,可以提起诉讼。

仲裁的具有下列三个主要特性:

(1)民间性。仲裁中的第三者,在现代仲裁制度中是仲裁机构,可为常设性的,也可为临时性的,但是不管何种形式,均不是国家机关,而是民间组织或社团法人。仲裁员主要是由当事人选定或约定的专家,非国家工作人员。仲裁机构和仲裁员的纠纷仲裁权来源于当事人的仲裁合意。仲裁正因其公正性、专业性、便捷性和低成本而越来越受到当事人的青睐。

(2)自治性。与诉讼相比,仲裁体现了当事人的高度意思自治和充足的程序选择权。具体来说,从是否采用仲裁的形式解决纠纷,到仲裁机构、仲裁员、仲裁规则等具体事项的选择都由当事人自由决定。

(3)法律性。仲裁的民间性和自治性并不能完全排除仲裁应当遵守当事人选定或者法律规定必须适用的仲裁程序法和实体法,尤其不得排除适用强行法,仲裁必须以最低限度的合法性为原则。另外,根据我国的《仲裁法》,仲裁过程中的证据保全、财产保全以及仲裁裁决的执行,仲裁机构都无权实施强制性措施,只能借助于法院根据法律依靠国家强制力来执行,同时,法院以撤销而不是通过变更仲裁裁决的方式监督仲裁。

4. 民事诉讼

民事诉讼,是指法院、当事人以及其他诉讼参与人,在依据民事诉讼法和适用民事实体法等解决民事案件的过程中,所进行的各种诉讼活动(或诉讼行为)以及由此而产生的各种诉讼法律关系的总和。

与其他解决民事纠纷的方式相比,民事诉讼最突出的特性在于其国家强制性和严格规范性。

(1)民事诉讼的国家强制性。具体表现为,法院利用审判权来确定或者宣告纠纷主体之间民事法律关系及民事法律责任的承担;又以国家强制执行权迫使法律责任承担者履行法律裁判。正因为如此,民事诉讼成为解决民事纠纷的最终方式。

(2)民事诉讼的严格规范性。一方面,民事诉讼按照法定的程序规定有序进行,法院、当事人以及诉讼参与人必须按照程序的序位和诉讼的阶段实施诉讼行为。另一方面,在诉讼中法官必须根据民事实体法律规范等对纠纷作出最终结论。

本节知识框架图:

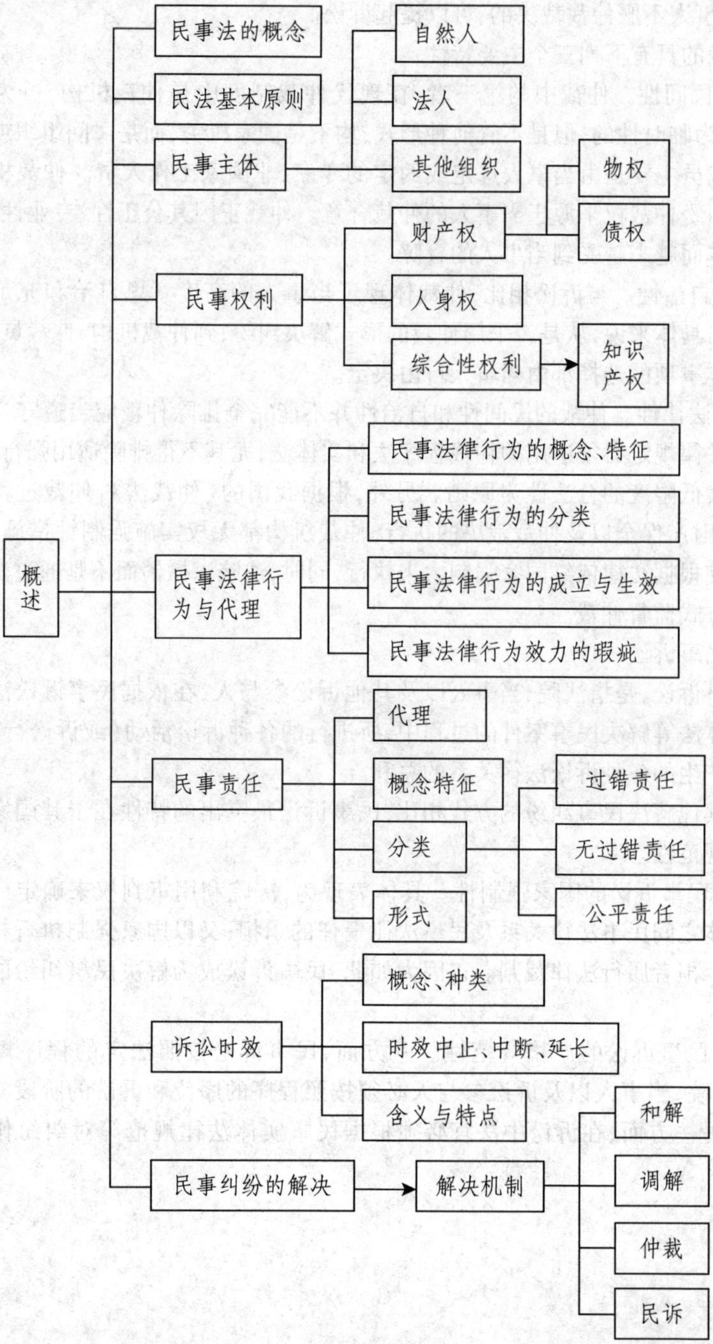
概述
民事法的概念
民法基本原则
民事主体
自然人
法人
其他组织
民事权利
财产权
物权
债权
人身权
综合性权利
知识产权
民事法律行为与代理
民事法律行为的概念、特征
民事法律行为的分类
民事法律行为的成立与生效
民事法律行为效力的瑕疵
代理
民事责任
概念特征
分类
过错责任
无过错责任
公平责任
形式
诉讼时效
概念、种类
时效中止、中断、延长
含义与特点
民事纠纷的解决
解决机制
和解
调解
仲裁
民诉

阅读与思考:

重庆花盆案

蒋祥发原是中国十八冶金建设公司第三工程公司的电工,2001年9月27日早晨6时许,他途经临江门文华大厦B座时,被从楼上坠落的一个塑料花盆击中头部,当即昏死过去。医院诊断为开放性脑伤、左额叶挫裂伤等。为治病,他花去医药费7.1万余元。次年,市法医验伤所鉴定,蒋有轻度智能障碍,且伴有外伤性癫痫,属7级伤残。

事发后,公安机关进行了调查,但无法确认谁是真正的肇事者,而7万多元的医药费已让蒋祥发背上沉重的债务。他一纸诉状将文华大厦B座57户住户全部告上法庭,要求他们共同赔偿医疗费、续医费等24万余元。

法庭调查中发现,57家住户中,有7户在事发当时,或空房或安装了全封闭的防盗网,足以证明他们不具备花盆坠落的可能性,法庭对其予以采信,将其排除。其余50家住户,没有证据证明自己"与此无关",不能排除有花盆坠落的可能性。根据《民法通则》第126条规定:建筑物或其他设施以及建筑物上的搁置物、悬挂物发生倒塌、脱落、坠落,造成他人损害的,它的所有人或管理人应当承担民事责任,但能够证明自己没有过错的除外。据此,2003年9月,渝中区法院对此案作出一审判决,按照过错推定原则,由这50户共同赔偿14万余元,平均每户2700多元。

判决一出,社会反应强烈。有人叫好,认为用过错推定原则判案保护了弱势群体;有人则表示不公平,被推上法庭的住户更是委屈,一家人的过错,却让另外49家来承担,实在让他们无法接受。住户们随即提出上诉。市一中院二审裁决,撤销原一审判决,发回重审。

后渝中区法院对此案重新作出一审判决,认为蒋祥发始终不能举证证明谁是伤人花盆的所有人、管理人或实施侵害行为的加害人,将该楼所有住户一并起诉,证据不足,驳回其诉讼请求。对此判决,蒋祥发不服,提起上诉。

请思考:你如何看待高楼坠物侵权的责任承担?

自我测试

一、判断题

1. 自然人就是公民。(　　)

2. 自然人的民事权利能力和民事行为能力都是始于出生,终于死亡。(　　)

3. 个人独资企业不具有法人资格,个人独资企业财产不足以清偿债务时,投资人应当以其个人的其他财产予以清偿。(　　)

4. 民事法律行为一旦成立,立即生效。(　　)

5. 表见代理本属无权代理,但为了维护交易安全,表见代理产生了有权代理的效力。(　　)

6. 过错原则是法律为了解决近代工业社会发展所带来的越来越多的损害赔偿问题而采取的一种新的责任形式。(　　)

7. 诉讼时效又称为除斥期间。(　　)

8. 根据我国《民法通则》的规定,诉讼时效因提起诉讼、当事人一方提出要求或者同意履行义务而中止。(　　)

二、不定项选择题

1. 以下属于民法基本原则的是(　　)。

A. 平等原则　　B. 公平原则　　C. 自愿原则　　D. 诚信原则

E. 禁止权利滥用原则

2. 被称为民法的"帝王条款"的是(　　)。

A. 平等原则　　B. 公平原则　　C. 自愿原则　　D. 诚信原则

E. 禁止权利滥用原则

3. 我国《民法通则》规定,不满(　　)周岁的未成年人是无民事行为能力人,由其法定代理人代理民事活动。

A. 10　　B. 14　　C. 16　　D. 18

4. 按监护设立的方式不同,可分为(　　)。

A. 法定监护　　B. 指定监护　　C. 自愿监护　　D. 委托监护

5. 我国《民法通则》按法人活动的性质不同,将法人分为(　　)。

A. 企业法人　　B. 机关法人　　C. 事业法人　　D. 社会团体法人

6. 合伙是指两个或者两个以上的民事主体订立合伙协议,共同出资、共同经营、共享收益、共担风险,对合伙债务承担(　　)的营利性非法人组织。

A. 无限连带责任　　B. 有限责任　　C. 共同责任　　D. 个人责任

7. 以权利是否已经取得为标准,民事权利可以分为(　　)。

A. 既得权　　B. 期待权　　C. 绝对权　　D. 相对权

8. 从性质上讲,物权属于(　　)。

A. 绝对权　　B. 支配权　　C. 请求权　　D. 相对权

9. 以下属于法定之债的有(　　)。

A. 无因管理　　B. 不当得利　　C. 合同　　D. 侵权

10. 以下属于人格权的是(　　)。

A. 姓名权　　B. 名誉权　　C. 荣誉权　　D. 亲权

11. 知识产权主要包括(　　)。

A. 著作权　　B. 专利权　　C. 商标权　　D. 商号权

12. 以下属于有偿民事法律行为的有(　　)。

A. 买卖　　B. 赠与　　C. 租赁　　D. 借用

13. 民事法律行为效力瑕疵有三种具体形态:(　　)。

A. 无效　　B. 可撤销、可变更　　C. 效力待定　　D. 有效

14. 我国《民法通则》规定,向人民法院请求保护民事权利的诉讼时效期间为(　　),法律另有规定的除外。

A. 1 年　　B. 2 年　　C. 3 年　　D. 4 年

15. 下列哪些情况的诉讼时效期间为 1 年?(　　)

A. 身体受到伤害要求赔偿的

B. 出售质量不合格的商品未声明的

C. 延付或者拒付租金的

D. 寄存财物被丢失或者毁损的

16. 仲裁具有以下哪些属性?(　　)

A. 法律性　　B. 行政性　　C. 民间性　　D. 自治性

17. 以下属于私力救济的典型方式是(　　)。

A. 和解　　B. 调解　　C. 仲裁　　D. 民诉

18. 解决民事纠纷的最终方式是(　　)。

A. 和解　　C. 调解　　C. 仲裁　　D. 民诉

第二节　物　权　法

学习提示:

1. 我国的《物权法》主要规定了哪些内容?物权包括哪些?
2. 物权法的基本原则是什么?
3. 什么叫所有权?所有权取得有哪些形式?
4. 什么叫用益物权?我国物权法主要规定了哪些用益物权?
5. 什么叫担保物权?抵押权、质押权和留置权分别指什么?各有什么特征?
6. 物权法中的占有制度指什么?

《中华人民共和国物权法》于2007年3月16日由第十届全国人大第五次会议通过,自2007年10月1日起施行。该法分“总则、所有权、用益物权、担保物权、占有”共5编19章247条,内容非常丰富。《物权法》的制定和实施,具有重大的现实意义和深远的历史意义。它第一次以国家法律的形式,明确规定对公有财产和私有财产给予平等保护,并且还加大了对公有财产的保护力度,规定“国家所有的财产受法律保护,禁止任何单位和个人侵占、哄抢、私分、截留、破坏”。此外,《物权法》还针对国有企业财产流失、征地拆迁如何补偿,小区车位、车库如何确定归属等公众关心的问题作了回答。

一、物权法基本原则

(一)物权法定原则

所谓物权法定原则是指物权的种类、物权的内容和效力都只能由法律加以规定,当事人不得任意创设。严格的物权法定主义要求当事人不得设立法律没有规定的物权,当事人私自设立的物权无效。我国的《物权法》没有采取严格的物权法定主义,法律没有规定的物权,如果符合法律规定物权的特征,也是物权。比如有一个老人想把自己的财产留给悉心照顾他的保姆,又觉得对子女交代不过去,就立遗嘱:“房子所有权给儿子,但是保姆享有居住权。”居住权并没有写入我国的《物权法》,按照严格的物权法定主义,他是不能这样立遗嘱的,但事实上他这样立遗嘱是完全可以的。居住权、典权都没有写入我国《物权法》,但不能说居住权、典权就不是物权。

(二)物权平等原则

《物权法》第3条规定:“国家、集体、私人的物权和其他权利人的物权受法律保护,任何单位和个人不得侵犯”。“私人”与国家、集体、其他权利人并列相提,这是一个立法理念的进步,也是对宪法规定的公民财产权利的民法化和有力确认。

(三)公示、公信原则

所谓公示原则,是指物权在变动时,必须将物权变动的事实通过一定的方法向社会公开,从而使第三人知道物权变动的情况,否则不能发生物权变动的效力。

所谓公信原则,是指一旦当事人变更物权时,依据法律的规定进行了公示,则即使依公示方法表现出来的物权不存在或存在瑕疵,但对于信赖该物权的存在并已从事了物权交易的人,法律仍然承认其具有与真实的物权存在相同的法律效果,以保护交易安全。

公示与公信是密切联系在一起的,公信原则是公示原则的必然逻辑结果。公信原则集中体现在善意取得制度上。

(四)物权优先原则

物权优先原则是物权的一个特点,物权作为绝对权应该是优先于债权的。在

物权与物权之间,其优先原则主要包括:

(1)不同种类的物权之间,他物权优先于自物权,也就是说,用益物权优先于所有权,担保物权优先于所有权。比如,农民的用益物权能够对抗土地所有权,国家不能收回所有权,除非是公共利益的需要。

(2)在同类的物权之间,先设立的物权优先。

(3)在三类担保物权之间,其优先权一般有以下几种:(1)留置权是法定担保物权,优先于一切意定担保物权;(2)登记的抵押权的公示方法为登记,质押的公示方法为交付,而登记的公信力高于交付,故登记的抵押权优先于质押权;(3)质押的公示方法(如交付),有一定公信力,而未登记的抵押权无任何公示方法,故无任何公信力,所以原质押权优先于未登记的抵押权。

(五)物权不得滥用原则

权利不得滥用是现代民法的基本原则,《物权法》第7条又再次强调,物权的取得和行使,应遵守法律,尊重社会公德,不得损害公共利益和他人的合法权益。这一原则在物权法的具体规定中也有相应规定,比如《物权法》第84条规定,不动产的相邻权利人应当按照有利生产、方便生活、团结互助、公平合理的原则,正确处理相邻关系。2007年网络上热炒的重庆最牛钉子户之作为,即有滥用物权之嫌。

二、所有权

(一)所有权的概念和特征

依照《物权法》的定义,所有权是指权利人对自己的动产与不动产依法享有的占有、使用、收益和处分的权利。从性质上看,所有权具有以下属性:

1. 所有权具有全面性

所有人对于标的物是全面的及概括的占有、使用、收益、处分。这就与他物权,如地上权、地役权、典权、抵押权等仅于一定范围内进行支配不同。所以学理上将所有权称为完全物权;而将他物权称为定限物权。

2. 所有权具有整体性

所有权对标的物的支配虽然可以分为占有、使用、收益及处分等各种具体权能,但所有权并非这些权能的简单相加,而是各项权能的统一整体。基于所有权而设定的他物权如土地使用权、地役权等,是将所有权单一内容的一部分予以具体化,让由他物权人享有而已,所有权及其他物权,归属于一人时,其他物权因混同而消灭。

3. 所有权具有弹力性

也就是说,所有权的任何一项权能都能够从所有权中分离出来而交给他人行使,但是他人一旦丧失了该权能,那么该权能将自动回归于所有人。

4. 所有权具有永久性

所有权随标的物的存在而永远存续,不得预定其存续期间。这并不是说所有权永不消灭,所有人如果将所有权转让给他人或者抛弃时,这属于行使所有权的结果。而限制物权除了传统民法上的永佃权之外,都属于有期限权利。

(二)所有权的取得

依据是否基于原权利人的意志及权利,所有权的取得可以分为原始取得和继受取得。原始取得是指不以原权利人的权利及意志为依据,而直接依据法律规定取得所有权,比如先占、发现隐藏物和埋藏物、拾得遗失物和漂流物及失散的饲养动物、添附、善意取得等。继受取得是指以原权利人的权利及意志为依据取得所有权,比如买卖、互易、赠与、遗赠、继承等,这些在其他法律当中都有涉及,在此,我们重点介绍原始取得的几种方式。

1. 先占

先占,是指以所有的意思,先于他人占有无主的动产,从而取得所有权的事实。其构成要件包括:

(1)对象是无主物,最常见的就是抛弃物,比如喝完饮料之后扔掉的易拉罐。所谓无主是指没有所有人,而不是所有人不明,比如遗失物不是无主物。但无人继承又无人受遗赠的财产,归国家所有,不适用先占。

(2)标的物应为动产。土地及其附着物不适用先占,另外,比如尸体、宣布为国家所有的资源如野生动物资源等也不适用先占。

(3)必须以所有的意思占有无主物。

2. 添附

添附是指数个不同所有人之物结合成一物,或者由所有人以外的人加工而成一个新物的法律事实。添附有如下三种情形:

(1)附合,是指两个或两个以上不同所有人的财产结合在一起而不能分离,若分离会毁损该物或者所需费用过大的事实。附合可分为动产与动产的附合、动产与不动产的附合、不动产与不动产的附合。

(2)混合,是指两个或两个以上不同所有人的种类物互相混杂不能识别的事实。

(3)加工,是指在他人之物上进行劳动使之成为新物的事实。

从法律后果看,由于添附而形成新物的,两个物有价值大小之分的,新物之所有权归价值大的一方,由取得所有权的一方对另一方提供补偿;若不能分出价值大小的归两个人共有,该种共有是按份共有。

3. 拾得遗失物

遗失物是所有人遗忘于某处,不为任何人占有的物。遗失物只能是动产,不动产不存在遗失的问题。遗失物也不是无主财产,只不过是所有人丧失了对于物的占有。拾得遗失物的法律后果体现为：

(1)拾得人的返还义务，即拾得人拾得遗失物，应当返还权利人。

(2)拾得人的通知或上交义务，即拾得人应当及时通知权利人领取，或者送交公安等有关部门。

(3)拾得人的保管义务，即拾得人在遗失物送交有关部门前，有关部门在遗失物被领取前，应当妥善保管遗失物。因故意或者重大过失致使遗失物毁损、灭失的，应当承担民事责任。

(4)拾得人的费用偿还请求权和依据悬赏广告而获得报酬的权利，即权利人领取遗失物时，应当向拾得人或者有关部门支付保管遗失物等支出的必要费用；权利人悬赏寻找遗失物的，领取遗失物时应当按照承诺履行义务；拾得人侵占遗失物的，无权请求保管遗失物等支出的费用，也无权请求权利人按照承诺履行义务。

(5)无人认领时国家取得所有权，即遗失物自发布招领公告之日起六个月内无人认领的，归国家所有。

4. 发现埋藏物、隐藏物

埋藏物是指包藏于他物之中，不易从外部发现的物；隐藏物是指置于隐蔽场所，不易发现的物。

发现埋藏物、隐藏物的行为性质同遗失物的拾得相同，其构成也同遗失物的拾得类似。根据《物权法》第114条的规定，参照适用拾得遗失物的规则。

5. 善意取得

善意取得又叫做即时取得，是指无权处分他人动产或者不动产的转让人，在不法将其占有的他人的动产或者不动产转让给受让人以后，如果受让人在取得该动产时出于善意，则依法取得对该动产或不动产的相应物权，原动产物权人不得要求受让人返还，而只能请求转让人赔偿损失的法律制度。

善意取得的构成要件包括：

(1)标的物为动产和不动产。善意取得中受让人的"善意"来自于对无权处分人占有动产或者在不动产产权证书上被登记为权利人这一类事实所产生的权利推定的信赖，也就是对于物权公示的公信力的信赖。

(2)转让人无处分权。转让人如果有处分权，则对于受让人而言构成继受取得，而非善意取得。转让人无处分权包括没有处分权和处分权受到限制两种情形。

(3)基于有偿法律行为而受让。首先，比如依据法律行为如买卖合同才可以发生善意取得，否则不发生善意取得，比如法定继承、公司合并等。其次，该法律行为必须具有"财产交易"的性质，即受让人必须支付了对价，具有有偿性。

(4)受让人受让财产时为善意。民法上的善意指的是不知情，即第三人受让财产时不知对方对标的物无处分权,至于事后知情与否,并不影响善意取得的构成。

(5)转让的财产已经完成交付或者登记。对于不动产,依法应登记的应当已经办理了所有权转移登记手续,对于动产,已经完成交付即标的物已经交付给受让人,交付包括现实交付、简易交付、指示交付和占有改定。

善意取得的法律后果包括:

(1)转让行为属于无权处分,因此其效力属于效力待定,若经所有人追认的则行为有效,受让人基于有效法律行为而取得所有权。

(2)未经追认,受让人也取得标的物之所有权。适用善意取得制度的后果是所有权的移转。转让人向受让人交付了财产,从受让人实际占有该财产时起,受让人就成为财产的合法所有人,而原所有人的权利归于消灭。

(3)原所有人丧失所有权,只能向无权处分人(转让人)主张损害赔偿或者不当得利请求权。无权处分人处分所有人的财产行为往往同时构成违约行为、侵权行为与不当得利,所有人可以选择行使。

(4)第三人善意取得财产所有权的,该财产上原有之负担均归于消灭,但取得人知道有该负担的除外。

相关知识:

很多国家都是规定动产才可以适用善意取得,而我国《物权法》明确了不动产也同样适用善意取得。实践中,不少人都会把房屋、股权等登记在他人名下。在确立善意取得制度后,这种做法风险极大,因为有了善意取得制度,一旦登记的权利人将房屋出售他人,实际权利人就不能要求他人返还房屋了。我国《物权法》这样规定主要是因为我国房地产交易活跃,登记制度不完善,登记权利人和实际权利人不一致,很容易使交易对方发生判断失误。如果没有善意取得制度,极易导致房屋买受人丧失权利。比如,夫妻共同买房,但是房产证是丈夫的名字,丈夫瞒着妻子把房子卖给了别人。别人如果确实不知道这是夫妻共同财产,且支付了合理的房款,就可认为是善意取得,也就可以不必归还该套房屋。至于他们夫妻之间的财产争议,只能由他们另行解决。

三、用益物权

(一)用益物权的概念和特征

用益物权是指对他人的物在一定范围内,加以占有、使用和收益的限制物权。与担保物权相比,用益物权具有如下特征:

(1)用益物权的享有和行使以对物存在占有为前提;担保物权不以直接占有标的物为必要。

(2)用益物权是以使用、收益为目的的限制物权,意在获取标的物的使用价值;担保物权以就担保物的交换价值优先受偿为目的。

(3)用益物权主要以不动产为标的物;担保物权的标的物包括动产、权利和不动产。

(4)用益物权是独立物权,即不以主体享有的其他民事权利为前提而能够独立存在;担保物权是从属物权,从属于主债权而存在。

(二)我国现行的几类重要的用益物权

1. 土地承包经营权

土地承包经营权是指自然人、法人或者其他组织因从事耕作、种植或其他农业生产经营项目而基于承包合同对集体所有或集体使用的国家所有的农业用地所享有的占有、使用、收益的权利。

土地承包经营权自土地承包经营合同生效时设立,即双方签字或盖章时生效。县级以上人民政府发放的土地承包经营权证、林权证等并非设权证书,而是证权证书,即用来确认土地承包经营权的。土地承包经营权互换、转让的,当事人要求登记的,应办理承包经营权变更登记,该登记的效力在于对抗善意第三人。

2. 建设用地使用权

建设用地使用权是因建筑建筑物或其他工作物而对国家所有的非农业用地进行占有、使用、收益的用益物权。

建设用地使用权的标的物主要是城市市区的土地,所以作为原则,其生效采用登记要件主义,即以出让方式取得建设用地使用权的,除订立合同之外,还必须办理权属登记手续才生效。相应地,建筑用地使用权的流转、变更和注销都采登记要件主义。

相关知识:

我国《物权法》规定:"住宅建筑用地使用权期间届满的,自动续期。"住宅用地使用权期间届满后如何处理是许多住宅所有权人的一块心病。我国土地属于国家所有,但住宅的土地使用期限是70年。70年后如何处理并不明确。此次规定,住宅建设用地使用权的期间届满后自动续期。这就从根本上解决了住宅所有权人的担忧。

3. 宅基地使用权

所谓宅基地使用权是指农民集体成员对于农民集体所有的土地以建设自用住宅为目的而享有的占有、使用的排他性权利。宅基地使用权的法律特征包括:

(1)宅基地使用权的主体特定。特定的宅基地仅限于本集体经济组织内部的成员享有使用权。

(2)宅基地使用权的客体是本集体所有的非农业用地。

(3)宅基地使用权的内容是权利人依法建造、保有个人住宅、庭院,并对土地行使占有、使用和收益的权利。

(4)宅基地使用权须经合法手续取得。农村居民取得宅基地使用权,必须有完备合法的手续。城镇居民建造房屋需要宅基地的,须向所在地的土地管理部门申请,经批准后方能取得。

(5)宅基地使用权是没有期限的,是可以进行继承的。

4. 地役权

所谓地役权是指为了利用自己土地的便利而对他人的土地进行一定程度的利用或者对他人行使土地权利进行限制的权利。地役权的特征体现为:

(1)地役权是使用他人土地的权利。但是地役权并不排除供役地人自己对于自己土地的使用,只是供役地人对自己土地的使用受到了地役权某种程度上的限制。

(2)地役权是为利用自己土地的便利而利用他人土地的权利。所谓为了利用自己土地的便利是指为了增加自己土地利用率,增加土地的使用价值而对于供役地加以利用,并非指不利用供役地就无法利用自己的土地。

(3)地役权具有从属性。地役权从属于需役地,地役权作为从权利不得独立于需役地而单独转让或者抵押;需役地所有权或者使用权发生转移,地役权随之转移。

(4)不可分性。主要体现在两个方面:一是地役权不因需役地的分割或者部分转让而受有影响;二是不因为供役地的分割或者部分转让而受有影响。

四、担保物权

(一)担保物权的概念和特征

担保物权,是指权利人直接支配标的物的交换价值用以担保其债权的实现的他物权。与用益物权相比,担保物权具有如下之特征:

(1)担保物权以支配标的物的价值为其内容。

(2)担保物权以确保债务的履行为目的。

(3)担保物权具有从属性。由于担保物权均是以确保债务的履行为其目的,所以所有的担保物权均从属于其所担保的债权。根据我国《担保法》规定,担保合同是主合同的从合同,主合同无效,担保合同无效。担保合同另有约定的,按照约定。主债权发生转移,担保物权也随之发生转移,主债权消灭,担保物权也相应的消灭。

(4)不可分性,即担保物权的标的物分割、部分转让、部分消灭不影响担保物权的存续及整体性;反之,担保物权所担保的债权进行分割、部分转让或者消灭的也不影响担保物权的存续及其整体性。比如,甲有三间住房用以担保对其债权人乙的40万元债权,若乙将自己债权中的20万元转让给丙,那么担保物权不受任何之影响,即甲的三间住房仍然担保乙和丙的40万元债权整体。

(5)物上代位性,即担保物权的标的物毁损灭失的,有其他替代物的担保物权并不消灭,而是及于该替代物之上,例如,保险金、损害赔偿金。

(二)担保物权的种类

1. 抵押权

抵押权是指债权人对于债务人或第三人不转移占有而提供担保的不动产或其他财产,在债权未受清偿时得处分该财产并就其价金优先受偿的权利。其特征表现为:

(1)抵押权的标的物主要是债务人或第三人提供担保的不动产。但是在我国动产也可以用作抵押权。

(2)抵押权不移转标的物的占有。标的物仍然由抵押人占有、使用、受益,因此抵押权最能实现抵押人用以融资的目的,被作为"担保之王"。

(3)抵押权原则上是意定担保物权,因此需要抵押人和抵押权人订立抵押合同设立抵押权。

相关知识:

关于抵押,我国《物权法》作了一些比较明确的规定,比如关于不得设立抵押的情形,《物权法》规定,学校、幼儿园、医院等以公益为目的的事业单位、社会团体的教育设施、医疗卫生设施和其他社会公益设施等6类财产不得抵押。此外,不得抵押的还包括耕地、宅基地、自留地等集体所有的土地使用权,但法律规定可以抵押的除外;所有权、使用权不明或者有争议的财产也不可以抵押。又如,《物权法》规定,"抵押权人在债务履行期届满前,不得与抵押人约定债务人未履行到期债务时抵押财产归债权人所有。"约定债务未履行时抵押财产归债权人所有的条款,在法律上叫做流质抵押条款。关于流质抵押,理论上还比较有争议,但我国的物权法禁止了该种条款。这是因为债务人在急需用钱时往往病急乱投医,为了应急,什么条件都不得不答应,实属饮鸩止渴。流质抵押条款在生活中较为常见,极易导致不公平。所以,法律予以了禁止。比如,有人为了应急需向朋友借钱,朋友提出如果一个月后不还钱就可以把他的车子拿走。按照《物权法》的规定,这种约定是无效的。

2. 质押权

质押权是指债权人为了担保债权的实现就债务人或第三人移交占有动产或权利于债务人不履行债务时所享有的优先受偿的权利。其特征表现为:

(1)具有一切担保物权具有的共同特性,从属性、不可分性和物上代位性。

(2)质押权的标的是动产和可转让的权利,不动产不能设定质权。质押权因此分为动产质权和权利质权。

(3)质押权是移转质物的占有的担保物权,质权以占有标的物为成立要件。

3. 留置权

留置权是指债权人按照合同约定占有债务人的动产,在债务人不履行基于该动产而发生的债务时有留置该财产并就该财产优先受偿的权利。其特征表现为:

(1)留置权是法定担保物权。因此优先于抵押权、质权等意定担保物权。

(2)留置权是动产担保物权,以债权人占有动产为要件。

(3)留置权是发生二次效力的担保物权。留置权人留置标的物后不得直接处分标的物,必须先定期催告,只有债务人逾期仍不履行债务时才能处分标的物而优先受偿。

五、占有

占有是指民事主体对物在事实上的控制和管领。这里的物只能是动产或不动产,不包括权利,占有是对物进行占领和控制。

在现代民法,占有称为独立于所有权及其他物权的一项制度,区别于《民法通则》所规定的作为所有权的一项权能的占有。占有本身在法律性质上是一种事实状态,不是权利,但会产生一定的效力。这种效力集中体现在权利的推定上,即推定占有人对占有物行使的权利合法,以确保交易的安全。

根据我国《物权法》的规定,占有的不动产或者动产被侵占的,占有人有权请求返还原物;对妨害占有的行为,占有人有权请求排除妨害;因侵占或者妨害造成损害的,占有人有权请求损害赔偿。

占有制度在民法中极其重要,对于维护社会生活的安宁、和平与秩序,保护民事权利,促进交易安全等方面具有不可替代的作用。比如,隔壁邻居装修时,把房子的墙砸出了洞,房屋的承租人,虽然不是房屋的所有权人,但作为房屋的占有者,也可以提起诉讼要求邻居停止侵害。但要提醒,占有人返还原物的请求权,自侵夺发生之日起一年内没有行使的,该请求权消灭。

本节知识框架图：

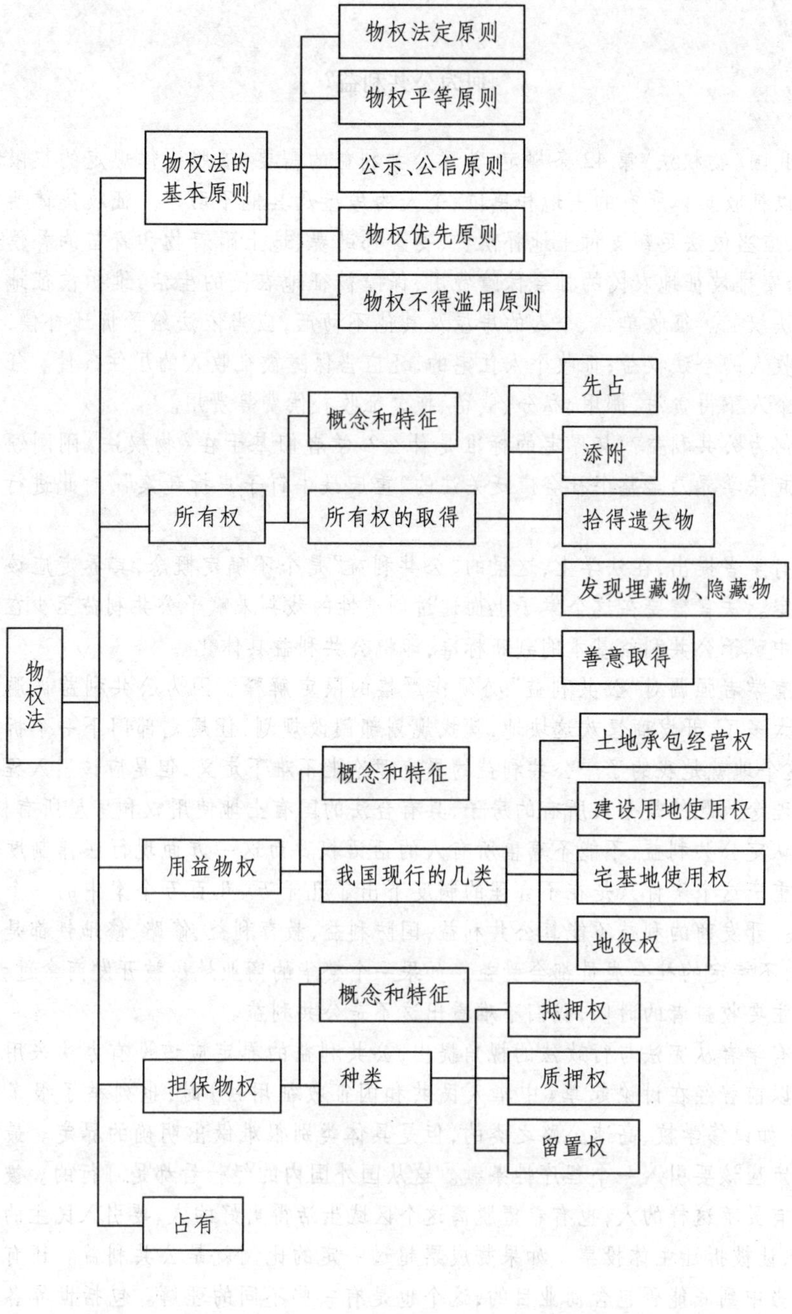
物权法
物权法的基本原则
物权法定原则
物权平等原则
公示、公信原则
物权优先原则
物权不得滥用原则
所有权
概念和特征
所有权的取得
先占
添附
拾得遗失物
发现埋藏物、隐藏物
善意取得
用益物权
概念和特征
我国现行的几类
土地承包经营权
建设用地使用权
宅基地使用权
地役权
担保物权
概念和特征
种类
抵押权
质押权
留置权
占有

阅读与思考:

何为公共利益?

我国《物权法》第42条规定:为了公共利益的需要,依照法律规定的权限和程序可以征收集体所有的土地和单位、个人的房屋及其他不动产。征收集体所有的土地,应当依法足额支付土地补偿费、安置补助费、地上附着物和青苗的补偿费等费用,安排被征地农民的社会保障费用,保障被征地农民的生活,维护被征地农民的合法权益。征收单位、个人的房屋及其他不动产,应当依法给予拆迁补偿,维护被征收人的合法权益;征收个人住宅的,还应当保障被征收人的居住条件。任何单位和个人不得贪污、挪用、私分、截留、拖欠征收补偿费等费用。

何为公共利益?其界定的标准是什么?学者们基于在《物权法》刚刚颁布之际引起法学界乃至整个社会广泛关注的“重庆最牛钉子户拆迁案”,对此进行了探讨。

有学者提出,在法学上,这里的“公共利益”是个不确定概念,其界定应该由法官决定。法官需要在这个案子上面通过创造性的裁判来赋予公共利益至少在这个案件中赋予公共利益基本的判断标准,即把公共利益具体化。

有学者强调对“公共利益”必须作严格的限定解释。因为公共利益被滥用的次数太多了,开发商喜欢这块地,就找规划部门改规划,让规划部门下一个拆迁通知,这个地就是我的了。公共利益的界定理论上不难下定义,但是应该引入程序正义的理念。既然是个人所有的房子,具有合法的国有土地使用权和房屋所有权,所以要认定公共利益,不能不尊重所有人的话语权。而这一方面现行法律制度有缺憾。重庆这个案件只是在不合理的制度下出了几千万、几百万个案中的一个个案而已。开发商的利益不能算公共利益,国防利益、教育利益、修路、修地铁都是公共利益,不特定的社会成员都会受益。如果一个繁华的商业地段被开发商拿过去,他成了主要收益者的时候,我们不难看出这不是公共利益。

有学者从宪法与行政法的视角提出,公共利益的界定应该没有办法采用列举式。以前曾经在讨论起草《中华人民共和国征收征用法》时,也列举了很多的条款,比如说修学校、高速公路之类的,但是具体类别很难做出明确的界定。最后讨论确定应该要引入一个程序性条款。这从国外国内的经验看都是可行的。被拆迁户中有吴苹这样的人,也有希望脱离这个区域生活得更好的人,要引入民主的决策程序,让被拆迁主体投票。如果赞成票超过一定的比例就是公共利益。还有公共利益当中到底能否包含商业目的,这个也是有一些不同的理解。包括世界各国的发展都不再仅仅把铁路、公园、学校看做纯粹的公共利益,还有一些其他的商业目标,包含可能是地方政府为了振兴本地的发展所做的规划建设(包括拆迁)都可以被看做公共利益。

有学者从诉讼法的视角提出,民事诉讼法当中也有所谓的公益诉讼,实际上就是涉及公共利益的诉讼。这个公共利益怎么判断,我们从诉讼法的角度通常考虑这么几个因素:首先这个纠纷当中涉及的应该是多数人的利益而不是一个人的利益,而一个人的利益有时候也可能会是公共利益,但是多数人的利益通常是公共利益。但通常也并不必然,也可能是私人利益的简单相加。但是多数人的利益符合一定条件就很容易转化成公共利益,而且这个利益一定是长久性、稳定性的利益,且并不是一个隐性的利益。第三个标准,公共利益应该是连接性的利益,共损共荣,而且起到铺垫的作用。第四个更直观的标准,其往往是倾向于非经济利益,比如说城市的发展、城市的规划,城市的规划一般来说一定意义上是一个非经济的利益。

有学者强调认为,商业利益是否就一定不是公共利益?当我们去衡量商业利益和公共利益时,二者是否是对立的?这二者恐怕不能简单的等同。有学者提出了一种关于公共利益的解释,只是在最后提到非经济利益这一因素,也没有强调是一个绝对的标准。在谈论公共利益的界定标准的时候,大家反复提到两个案子,一个是辉瑞案件,还有一个是帝国大厦拆迁案。美国纽约建帝国大厦的时候也遭遇到钉子户。但最后法官说,这个地方如果拆掉,将来建起帝国大厦以后,对纽约的发展是有利的,因此是公共利益。辉瑞案件也好,帝国大厦也好,法官都没有因为其是私人开发,而否认是公共利益。Windows 给比尔盖茨带来了无穷的财富,但是也使世界进入了网络时代,我们每个人都是受益者,我们不能陷入单纯的思维定式来认定公共利益。

有律师从法律实务的视角提出,作为拆迁政策,有根据商业利益开发和公共利益开发的两种类型。二者如何区别呢?土地管理法和房地产管理法有相关规定,一些建设项目可以以划拨的方式获得土地。对此我们可以理解为,以划拨方式获得土地的建设项目应该更靠近公共利益,有国家机关的用地,军事单位的用地,城市基础设施用地,学校、养老院等公益事业的用的,国家重点扶持的交通、水利等公用设施建设用地等。这些都应该是实务界认为的公共利益的领域。但是这些设施的开发行为有的是政府主导的,有的可能就是开发商代替政府做工作的。比如政府没有钱,可能要引入一些开发商进来,开发商赚取几年的运行费。所以区分公共利益和商业行为,我们觉得只要符合用途,就应该是公共利益,不是这个用途的,就应该属于商业行为。重庆市的这个案子,可能应该更靠近商业开发。

有学者认为,抽象地界定公共利益是不可能的,但在个案中却是有可能的。公共利益的界定本身是对个人自由的限制问题。因此这里有一个利弊衡量,平衡取舍的问题,也就是说,所得与所失哪一个更值得保护,这是一个判断的问题。如果是以城市的发展、市容的美化角度为理由,否定私人财产权,利弊的取舍是失衡的。

(摘自"重庆最牛钉子户拆迁案"的表象与深入,——学者、律师"拆迁案"主题沙龙综述,中国人民大学法学院博士研究生吴春岐整理)

请思考:你认为公共利益的界定标准是什么?

自我测试

一、判断题

1. 我国的《物权法》采取了严格的物权法定主义,居住权和典权不属于物权。( )

2. 我国《物权法》第一次以国家法律的形式,明确规定对公有财产和私有财产给予平等保护。( )

3. 在不同种类的物权之间,自物权优先于他物权,也就是说,用益物权优先于所有权,担保物权优先于所有权。( )

4. 留置权是法定担保物权,优先于一切意定担保物权。( )

5. 先占的对象是无主物,最常见的就是遗失物。( )

6. 善意取得的原所有人丧失所有权,只能向无权处分人主张损害赔偿或者不当得利请求权。( )

7. 善意取得只适用于动产。( )

8. 我国《物权法》规定,建筑用地使用权的取得、流转、变更和注销都采登记要件主义。( )

9. 质押权的标的可以是动产、不动产和可转让的权利。( )

10. 物权法上的占有是指民事主体对物在事实上的控制和管领,这里的物只能是动产或不动产,不包括权利。( )

二、不定项选择题

1. 我国的《物权法》除总则之外,还规定了( )。

A. 所有权　B. 担保物权　C. 用益物权　D. 占有

2. 所有权的权能包括( )。

A. 占有　B. 使用　C. 收益　D. 处分

3. 所有权具有哪些属性?( )

A. 全面性　B. 整体性　C. 弹力性　D. 永久性

4. 以下哪些属于所有权的原始取得方式?( )

A. 买卖　B. 赠与　C. 先占　D. 添附

5. 遗失物自发布招领公告之日起( )内无人认领的,归国家所有。

A. 2个月　B. 3个月　C. 6个月　D. 1年

6. 以下属于担保物权的是( )。

A. 抵押权　B. 留置权　C. 质押权　D. 地役权

第三节　侵权责任法

学习提示：

1. 什么是侵权行为？
2. 什么是侵权责任？
3. 消费者购买的商品存在缺陷，因此造成的损害由谁承担？
4. 机动车发生交通事故造成损害由谁承担？
5. 医疗机构及其医务人员在什么情况下承担医疗损害责任？
6. 饲养的动物致人损害由谁承担责任？
7. 建筑物及其抛掷物等致人损害由谁承担责任？

《中华人民共和国侵权责任法》由第十一届全国人民代表大会常务委员会第十二次会议于2009年12月26日通过，自2010年7月1日起施行。该法共12章92条，分别为一般规定、责任构成和责任方式、不承担责任和减轻责任的情形、关于责任主体的特殊规定、产品责任、机动车交通事故责任、医疗损害责任、环境污染责任、高度危险责任、饲养动物损害责任、物件损害责任、附则。前四章为一般侵权责任，其后的八章为特殊侵权责任。

《侵权责任法》是继《物权法》之后民法体系中另一部重要的支架性法律，对保护公民、法人的合法权益，明确侵权责任，预防并制裁侵权行为，化解社会矛盾，减少民事纠纷，促进社会公平正义具有重要意义。据统计，2007年，我国法院受理的一审侵权案件已达到87万多件；2008年，这一数字更是突破100万件。处理这些侵权之诉的法律依据，在《侵权责任法》颁行之前，主要来自于《民法通则》、《环境保护法》、《产品质量法》、《消费者权益保护法》、《道路交通安全法》等单行法律以及最高人民法院的相关司法解释之中。但这些规定分散在单行法律中，缺少对侵权责任等共性问题的规定，很多规定只是抽象原则，缺乏可操作性。《侵权责任法》的颁行，进一步统一了权利疆域与责任界限，从而能有效避免因法官适用法律上的混乱而导致实践中一些不必要的纠纷。

一、侵权行为

（一）侵权行为的概念

侵权行为是指侵犯他人民事权益的违法行为，民事权益不仅包括民事法律所确认的民事主体所享有的各种权利，也包括法律所保护的各种利益。我国《侵权责任法》所保护的民事权益共18项，具体包括生命权、健康权、姓名权、名誉权、荣誉权、肖像权、隐私权、婚姻自主权、监护权、所有权、用益物权、担保物权、著作权、专利权、商标专用权、发现权、股权、继承权等人身、财产权益。

(二)侵权行为的分类

1. 一般侵权行为和特殊侵权行为

我国《民法通则》第106条对侵权行为作了一般性的规定,即"公民、法人由于过错侵害国家、集体的财产,侵害他人财产、人身的,应当承担民事责任"。也就是说行为人因过错实施某种行为致人损害的为一般侵权行为。我国《侵权责任法》还专门规定了七种特殊侵权行为。

2. 自己加害行为和准侵权行为

自己加害行为是指行为人自己亲自实施的侵害他人民事权益的加害行为,行为人对自己的加害行为承担责任。准侵权行为是指行为人对自己的物件或他人的加害行为、举动承担责任的侵权行为,其范围通常包括监护人对被监护人的加害行为承担责任、雇主对雇员在执行雇佣事务中造成他人损害承担责任、国家机关对其工作人员违法行使职权活动造成他人损害承担责任、物件致人损害承担责任等。

3. 作为的侵权行为和不作为的侵权行为

作为的侵权行为也就是积极的侵权行为,是指违反对他人的不作为义务而实施的加害行为,比如打伤他人、毁坏他人财物等。不作为的侵权行为是指对他人负有作为义务,不履行或不适当履行该义务而造成他人损害的行为,比如施工者未设置明显标志或采取安全措施而致他人损害等。

二、侵权责任

(一)侵权责任的概念

侵权责任是指赔偿义务人对自己的加害行为或准侵权行为造成的损害等后果依法所应当承担的各种民事责任。侵权责任具有以下特征:

(1)侵权责任是民事责任的一种基本形式。民事责任是指当事人违反民事义务所应当承担的民法上的不利后果,主要包括侵权责任和违约责任两大类。侵权责任一般是违反某种法定义务或某种注意义务时所承担的一种民事责任。

(2)侵权责任的承担以行为人的行为构成侵权行为或存在应当承担责任的准侵权行为为前提。侵权责任是行为人实施侵权行为的不利法律后果,无侵权行为即无侵权责任。

(3)侵权责任的本质是一种不利的法律后果。这一不利后果包括财产方面的不利性和人身方面的不利性,前者比如因赔偿而减少自己的财产,后者比如因消除影响、恢复名誉、赔礼道歉而导致社会的负面评价等。

(4)侵权责任的形式多样化。损害赔偿是侵权责任的主要形式,此外还包括返还财产、停止侵害、排除妨碍、消除危险、恢复名誉、消除影响、赔礼道歉等侵权责任方式,可以单独适用,也可以同时适用两种及两种以上的责任方式。

（二）侵权责任的意义

1. 填补侵害

侵权责任最主要的社会功能是补偿受害人遭受的损失，通过损害赔偿、恢复原状等责任方式使受害人遭受损害的财产或人身尽可能恢复到受害前的状况。确保个人财产、人身安全以及心理精神愉快，是保障整个社会关系安宁有序的基础，《侵权责任法》首先是一部受害人的权利救济法。

2. 教育和惩戒作用

侵权责任原则上不具有惩罚性，但行为人承担侵权责任仍然具有不利后果：一是其行为被确认为违法行为，行为人会因此获得某种否定评价；二是行为人因此要履行一定的义务，包括财产上的给付和非财产上的义务性行为。侵权责任在警戒侵权行为人的同时，也必然地警戒社会的其他成员。

3. 分担损失和平衡社会利益

虽然侵权责任的主要功能在于民事权利的保护和补救，但在客观上它也能够起到平衡社会利益的功效。这种功效是通过判决赔偿以及确定赔偿数额的方式实现的。是否赔偿以及赔偿多少，直接关系到当事人之间的经济利益，因此，它也是社会财富再分配的一种方式。

（三）侵权责任的构成要件

侵权责任的构成要件是指承担一般侵权责任的各种必要条件或因素。一般侵权责任的构成要件包括四个方面：加害行为、损害后果、因果关系、过错。

1. 加害行为

加害行为是行为人实施的加害于受害人民事权益的不法行为。实施加害行为可以由侵权行为人自己实施，也可以由被监护人、雇员等实施。加害行为在本质上具有不法性，某些特殊侵权行为不以不法性为要件不能否定一般侵权行为领域加害行为的不法性。

2. 损害后果

损害后果是侵害合法民事权益所产生的对受害人人身或财产不利的后果，这种损害后果在法律上具有救济的必要和救济的可能。损害后果不仅包括实际已经发生的不利后果，还包括现实威胁，即当事人直接面临的遭受人身或财产损失的威胁，受此威胁的人可以请求停止侵害、消除危险、排除妨害。

3. 因果关系

因果关系是指加害行为与损害后果之间的引起与被引起的关系，在对他人造成的损害承担责任或对物的内在危险导致的损害承担责任的情形，因果关系是指他人的致害行为或物的内在危险之实现与损害之间的内在联系。根据“谁主张，谁举证”的原则，一般情况下，证明侵权行为因果关系的责任应由原告方承担，但我国法律也规定了两种特别情况：被告以“损害是由受害人故意造成的”或“第三人的过错造成损害的”为由否认其责任的,则由被告证明因果关系。

4. 过错

过错责任原则仍然是侵权责任法的主要归责原则,也就是说,多数侵权行为的构成仍然以加害人的过错为要件。过错是指加害人的一种可归责的心理状况,表现为故意和过失两种形式。故意是指加害人预见到损害后果的发生并希望或放任该结果的发生的心理状态。过失是侵权责任法中最常见的过错形式,它表现为加害人因疏忽或轻信而未达到应有的注意程度的一种不正常或不良的心理状况。

三、特殊侵权责任

(一)产品责任

产品责任是指因产品存在缺陷而给消费者造成损失,产品的生产者或销售者应当承担的责任。产品责任不同于一般的侵权责任,它是由潜在的缺陷产品引起的侵权责任,即在产品责任中,造成损失发生的直接原因是产品存在缺陷。

因运输者、仓储者等第三人的过错使产品存在缺陷,造成他人损害的,产品的生产者、销售者赔偿后,有权向第三人追偿。

产品投入流通后发现存在缺陷的,生产者、销售者应当及时采取警示、召回等补救措施。未及时采取补救措施或者补救措施不力造成损害的,应当承担侵权责任。

相关案例:

2009年8月底,美国加利福尼亚高速公路巡警马克·赛勒驾驶雷克萨斯ES350致死。在这次事故中,赛勒及其家人全部遇难。丰田汽车美国公司认为,导致事故的原因是这些产品使用的脚垫脱扣后会卡住油门,从而引发交通事故。美国国家公路交通安全管理局已经接到了102起类似的投诉。丰田美国公司随即要求全美1400余家经销商召回雷克萨斯与丰田品牌车辆。美国东部时间2010年1月22日,丰田汽车美国公司因油门踏板问题再次发布召回,召回数量为230万辆丰田品牌的汽车。这些产品包括丰田在美国最畅销的凯美瑞系列车型、卡罗拉系列车型、RAV4系列车型等8款产品。据国家质检总局公布的召回公告显示:厂商设计不当、生产管理不严、供应商零配件不合格是造成车市召回的三大原因。像丰田此次“踏板门”召回案,就是因油门踏板存在设计缺陷而导致车子可能无法减速。对此,丰田公司副总裁佐佐木真一对全球所有的丰田汽车消费者真诚致歉。(摘自《21世纪经济报道》)

因产品缺陷危及他人人身、财产安全的,被侵权人有权请求生产者、销售者承担排除妨碍、消除危险等侵权责任。明知产品存在缺陷仍然生产、销售,造成他人死亡或者健康严重损害的,被侵权人有权请求相应的惩罚性赔偿。对恶意的产品侵权,《侵权责任法》规定了惩罚性赔偿,这不仅可以对不法厂商予以惩罚,并且可以调动受害人的维权积极性。

（二）机动车交通事故责任

根据《侵权责任法》第48条规定，机动车发生交通事故造成损害的，依照《道路交通安全法》的有关规定承担赔偿责任。此外，我国《侵权责任法》主要就保险公司"强制保险"赔偿作了规定。

（1）因租赁、借用等情形机动车所有人与使用人不是同一人时，发生交通事故后属于该机动车一方责任的，由保险公司在机动车强制保险责任限额范围内予以赔偿。不足部分，由机动车使用人承担赔偿责任。

（2）当事人之间已经以买卖等方式转让并交付机动车但未办理所有权转移登记，发生交通事故后属于该机动车一方责任的，由保险公司在机动车强制保险责任限额范围内予以赔偿。不足部分，由受让人承担赔偿责任。

（3）盗窃、抢劫或者抢夺的机动车发生交通事故造成损害的，由盗窃人、抢劫人或者抢夺人承担赔偿责任。保险公司在机动车强制保险责任限额范围内垫付抢救费用的，有权向交通事故责任人追偿。

（4）机动车驾驶人发生交通事故后逃逸，该机动车参加强制保险的，由保险公司在机动车强制保险责任限额范围内予以赔偿；机动车不明或者该机动车未参加强制保险，需要支付被侵权人人身伤亡的抢救、丧葬等费用的，由道路交通事故社会救助基金垫付。道路交通事故社会救助基金垫付后，其管理机构有权向交通事故责任人追偿。

（三）医疗损害责任

医疗损害责任是指医疗机构及医务人员在医疗过程中因过失造成患者人身损害或者其他损害，应当承担以损害赔偿为主要方式的侵权责任。我国《侵权责任法》对医疗损害责任问题主要作了以下几方面的规定。

1. 明确了医疗损害侵权的基本归责原则

《侵权责任法》第54条规定，患者在诊疗活动中受到损害，医疗机构及其医务人员有过错的，由医疗机构承担赔偿责任。可见，对医疗损害侵权问题，我国采用的是过错责任原则，体现了法律对患者权益和医疗机构及其医务人员权益的平衡保护。但鉴于患者的弱势地位，《侵权责任法》同时也明确了过错推定的情形：医疗机构及其医务人员如果违反法律、行政法规、规章以及其他有关诊疗规范的规定或隐匿、拒绝提供与纠纷有关的病历资料，甚至伪造、篡改或者销毁病历资料的，可以直接推定医疗机构有过错。

2. 规定了患者的知情同意权

《侵权责任法》第55条规定，医务人员在诊疗活动中应当向患者说明病情和医疗措施。需要实施手术、特殊检查、特殊治疗的，医务人员应当及时向患者说明医疗风险、替代医疗方案等情况，并取得其书面同意；不宜向患者说明的，应当向患者的近亲属说明，并取得其书面同意。医务人员未尽到前款义务，造成患者损害的,医疗机构应当承担赔偿责任。

3. 规定了医疗机构使用缺陷产品所应承担的连带责任

《侵权责任法》第 59 条规定,因药品、消毒药剂、医疗器械的缺陷,或者输入不合格的血液造成患者损害的,患者可以向生产者或者血液提供机构请求赔偿,也可以向医疗机构请求赔偿。患者向医疗机构请求赔偿的,医疗机构赔偿后,有权向负有责任的生产者或者血液提供机构追偿。

4. 明确了医疗机构的义务

一是在紧急情况下,医方有单方行医权,也有不得拒绝抢救的义务。《侵权责任法》第 56 条规定,因抢救生命垂危的患者等紧急情况,不能取得患者或者其近亲属意见的,经医疗机构负责人或者授权的负责人批准,可以立即实施相应的医疗措施。二是有妥善保管病历等资料的义务。《侵权责任法》第 61 条规定,医疗机构及其医务人员应当按照规定填写并妥善保管住院志、医嘱单、检验报告、手术及麻醉记录、病理资料、护理记录、医疗费用等病历资料。患者要求查阅、复制前款规定的病历资料的,医疗机构应当提供。三是隐私保密义务。《侵权责任法》第 62 条规定,医疗机构及其医务人员应当对患者的隐私保密。泄露患者隐私或者未经患者同意公开其病历资料,造成患者损害的,应当承担侵权责任。四是不得实施违规检查的义务。《侵权责任法》第 63 条规定,医疗机构及其医务人员不得违反诊疗规范实施不必要的检查。

相关案例:

2009 年 11 月 3 日上午,5 个月大的徐宝宝被父母送至南京儿童医院。医院初步诊断病症为眼眶蜂窝组织炎。住院后至 4 日凌晨,患儿病情迅速恶化,经抢救无效死亡。宣布死亡时间为早晨 7 时 30 分。事后家属在网络上发帖,称值班医生毛晓珺当晚打网络游戏而疏于治疗,并且对家属再三恳求的态度恶劣,患儿母亲亦曾哀求下跪等情况。2009 年 11 月 10 日,南京儿童医院做出反应。副院长黄松明否定了“医生打游戏”和“家属下跪”等事实。至此,南京儿童医院游戏门事件迅速发酵。11 月 11 日,南京市政府及卫生局宣布,成立第三方的调查组。11 月 12 日下午,南京市政府召开新闻发布会,市卫生局局长陈天明表示,根据第三方的调查结果,患儿家长所反映的情况基本属实。除给予夜班值班医生毛晓珺吊销医师执业证书并行政开除的处分外,南京市儿童医院的院长、党委书记以及其他相关医护人员共 11 人也受到严厉处分。(摘自中国法律网)

5. 加强了对医疗机构及其医务人员的保护

医务工作风险大,技术难度高,对医疗机构及其医务人员的保护是对其工作积极性和创造性的保证。《侵权责任法》明确规定了医疗机构的免责事由:患者或者其近亲属不配合医疗机构进行符合诊疗规范的诊疗、医务人员在抢救生命垂危的患者等紧急情况下已经尽到合理诊疗义务、限于当时的医疗水平难以诊疗三种情形，医疗机构不承担赔偿责任。另外，干扰医疗秩序，妨害医务人员工作、生活的，应当依法承担法律责任。

(四)环境污染责任

环境污染侵权责任，是指排污者因污染行为，侵害他人的生命权、健康权等人身权或者所有权、用益物权等财产权，从而导致的民事法律责任。

关于环境污染侵权的归责原则，我们采用的是无过错责任原则。也就是说，不管污染者是否有过错，也不管其排污是否在指标范围内，只要造成了环境污染损害，污染者就应当承担侵权责任。

我国《民法通则》第124条规定，违反国家保护环境防止污染的规定，污染环境造成他人损害的，应当依法承担民事责任。而我国《侵权责任法》第65条规定，因污染环境造成损害的，污染者应当承担侵权责任。可见，《侵权责任法》对《民法通则》有了很大的突破，排除了“违反国家保护环境防止污染的规定”作为损害赔偿的前提条件。

另外，我国《侵权责任法》第68条还规定，因第三人的过错污染环境造成损害的，被侵权人可以向污染者请求赔偿，也可以向第三人请求赔偿。污染者赔偿后，有权向第三人追偿。

(五)高度危险责任

高度危险责任就是从事高度危险作业给他人造成损害所应承担的责任。高度危险作业是指对周围环境有着较高危险的作业，例如高空、高压、易燃、易爆、剧毒、放射性、高速运输工具等作业。

由于高危作业本身有着极大的危险性，即使作业人员十分谨慎，也会因科学技术限制或其他原因，对人们的人身、财产造成损害，并且事故一旦发生，损害往往十分严重。对这些损害，如果要求受害人证明作业人有过错，往往很难证明，从而使受害人难以得到赔偿。所以各国法律都规定高度危险作业承担无过错责任，即使作业人主观上无故意或过失，也须承担责任，我国也不例外。

我国《侵权责任法》第69条明确规定，从事高度危险作业造成他人损害的，应当承担侵权责任。可见，我国法律也规定了高度危险作业的无过错责任，作业人对其作业所造成的损害，无论是作业人的过错，还是自然的原因，还是受害人自己的过失造成的，作业人都应承担民事责任，除非该损害是由不可抗力或被害人的故意而造成的。

此外，我国《侵权责任法》第76条规定，未经许可进入高度危险活动区域或者高度危险物存放区域受到损害，管理人已经采取安全措施并尽到警示义务的，可以减轻或者不承担责任。

(六)饲养动物损害责任

饲养动物致人损害的侵权行为，是指因饲养的动物造成他人人身或财产损害而依法由动物饲养人或保管人承担损害赔偿责任的行为。

动物致人损害的赔偿责任,是一种特殊的民事侵权责任,因动物本身具有的危险性,动物饲养人或管理人应谨慎管束。若动物致他人损害,则应承担无过错责任予以赔偿。这有利于切实保障人民群众的人身和财产安全,维护社会的稳定和正常秩序。

根据我国《侵权责任法》的规定,饲养的动物造成他人损害的,动物饲养人或者管理人应当承担侵权责任,但能够证明损害是因被侵权人故意或者重大过失造成的,可以不承担或者减轻责任。但禁止饲养的烈性犬等危险动物造成他人损害的,动物饲养人或者管理人应当承担侵权责任。因第三人的过错致使动物造成他人损害的,被侵权人可以向动物饲养人或者管理人请求赔偿,也可以向第三人请求赔偿。

此外,我国《侵权责任法》还对动物园动物和遗弃、逃逸动物致人损害问题作了明确规定:动物园的动物造成他人损害的,动物园应当承担侵权责任,但能够证明尽到管理职责的,不承担责任。遗弃、逃逸的动物在遗弃、逃逸期间造成他人损害的,由原动物饲养人或者管理人承担侵权责任。

(七)物件损害责任

物件损害责任,是指建筑物及其他地上物因设置或者保管不善,给他人的人身、财产造成损害的特殊侵权责任。物件损害责任采用过错推定原则,也就是说,如果被告不能证明自己没有过错,法律上就推定他有过错并确认他承担民事责任。

我国《侵权责任法》主要就建筑物、构筑物或者其他设施及其搁置物、悬挂物、抛掷物、堆放物、公共场所或者道路上挖坑、修缮安装地下设施等致人损害责任问题作了规定。

建筑物、构筑物或者其他设施及其搁置物、悬挂物发生脱落、坠落造成他人损害,所有人、管理人或者使用人不能证明自己没有过错的,应当承担侵权责任。

建筑物、构筑物或者其他设施倒塌造成他人损害的,由建设单位与施工单位承担连带责任。建设单位、施工单位赔偿后,有其他责任人的,有权向其他责任人追偿。因其他责任人的原因,建筑物、构筑物或者其他设施倒塌造成他人损害的,由其他责任人承担侵权责任。

从建筑物中抛掷物品或者从建筑物上坠落的物品造成他人损害,难以确定具体侵权人的,除能够证明自己不是侵权人的外,由可能加害的建筑物使用人给予补偿。

在公共场所或者道路上挖坑、修缮安装地下设施等,没有设置明显标志和采取安全措施造成他人损害的,施工人应当承担侵权责任。窨井等地下设施造成他人损害,管理人不能证明尽到管理职责的,应当承担侵权责任。

相关案例:

2009年6月27日5时30分左右,上海市闵行区“莲花河畔景苑”商品房小区工地内,发生一幢在建的13层楼房向南整体倒覆事故,一名工人逃生不及被压致死。倒楼事件引发公众对“莲花河畔景苑”房屋质量的强烈质疑。事发几天后，一份名为“上海莲花河畔景苑倒塌楼盘最新资料曝光”的材料将开发商上海梅都房地产开发有限公司的所有股东及其身份全部曝光。在这份材料中，闵行区梅陇镇的镇长助理、征地事务所所长、梅陇资产公司总经理等头衔出现在主要股东名单中。7月28日，上海市政府召开新闻发布会，通报倒楼事故调查处理情况。认定“这是一起重大责任事故”，并称事故的直接原因是大楼两侧的压力差使土体产生水平位移，过大的水平力超过了桩基的抗侧能力，导致房屋倾倒。倒楼事故中的7名责任人被检方以涉嫌重大责任事故罪批准逮捕。其中包括上海梅都房地产开发有限公司法定代表人、第一大股东张志琴，上海梅都房地产开发有限公司工作人员秦永林，上海众欣建筑有限公司法定代表人、董事长张耀杰及工作人员夏建刚、陆卫英，无业人员张耀雄和上海光启建设监理有限公司总工程师兼“莲花河畔景苑”总监理乔磊等。

本节知识框架图：

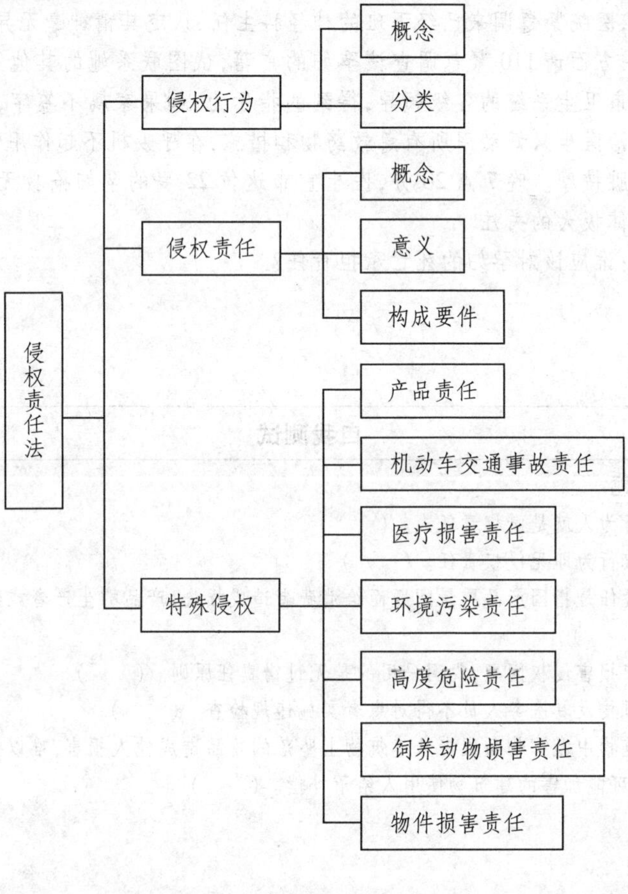

阅读与思考：

家属拒绝签字致孕妇死亡案

2007 年 11 月 21 日下午 4 时许，打工女李丽云因难产送到北京朝阳医院(京西院区)治疗，当时孕妇的情况已经非常危险，必须马上进行剖腹产手术。但其丈夫拒绝在医院的剖腹产手术通知单上签字。虽然在场的几十名医生和护士反复对这位名叫肖志军的 34 岁湖南衡阳男子讲述孕妇的状况和必须进行手术的理由，但他始终坚持不签署手术通知单。随后，110 警察也来到医院，医院许多病人及家属都出来相劝，一名住院病人甚至当场表示：如果该男子签字，则立即给他一万元钱。然而所有劝说都毫无效果，该男子自言自语道："她(指妻子)只是感冒，好了后就会自己生了。"过了一会儿，他开始放声大哭："再观察观察吧。"最后，他竟然在手术通知单上写道："坚持用药治疗，坚持不做剖腹产手术，后果自负。"为确认其精神没有异常，医院紧急调来已经下班的神经科主任，认定其精神毫无异常。急救过程中，医院一方面请 110 紧急调查该孕妇的户籍，试图联系她的其他家人；另一方面上报北京市卫生系统的各级领导，得到的指示为：如果家属不签字，不得进行手术。几名主治医生只好动用所有急救药物和措施，在呼吸机不起作用情况下，轮番对其进行心脏按摩。晚 7 点 20 分，医生宣布这位 22 岁的孕妇抢救无效死亡。本案引起了媒体极大的关注。

请思考：谁应该对孕妇的死亡承担责任？

自我测试

一、判断题

1. 侵权行为人就是侵权责任人。(　　)

2. 无侵权行为即无侵权责任。(　　)

3. 产品责任是指因产品质量问题而给消费者造成损失，产品的生产者或销售者应当承担的责任。(　　)

4. 对医疗损害侵权问题，我国采用的是无过错责任原则。(　　)

5. 医疗机构及其医务人员不得对患者实施违规检查。(　　)

6. 从建筑物中抛掷物品或者从建筑物上坠落的物品造成他人损害，难以确定具体侵权人的，一律由可能加害的建筑物使用人给予补偿。(　　)

二、不定项选择题

1. 以下属于我国《侵权责任法》所保护的民事权益的是(　　)。

A. 生命权　B. 荣誉权　C. 婚姻自主权　D. 股权

2. 侵权责任最主要的社会功能是(　　)。

A. 填补侵害　B. 教育和惩戒　C. 分担损失　D. 平衡社会利益

3. 一般侵权责任的构成要件包括(　　)。

A. 加害行为　B. 损害后果　C. 因果关系　D. 过错

4. 侵权责任法的主要归责原则是(　　)。

A. 过错原则　B. 过错推定原则　C. 无过错原则　D. 公平原则

5. 关于机动车驾驶人发生交通事故后逃逸问题，下列说法正确的是(　　)。

A. 该机动车参加强制保险的，由保险公司负责赔偿

B. 该机动车参加强制保险的，由保险公司在机动车强制保险责任限额范围内予以赔偿

C. 机动车不明或者该机动车未参加强制保险，需要支付被侵权人人身伤亡的抢救、丧葬等费用的，由道路交通事故社会救助基金垫付

D. 机动车不明或者该机动车未参加强制保险，需要支付被侵权人人身伤亡的抢救、丧葬等费用的，等交通事故责任人明确后再予以赔偿

6. 因药品、消毒药剂、医疗器械的缺陷，或者输入不合格的血液造成患者损害的，患者可以向(　　)请求赔偿。

A. 生产者或者血液提供机构　B. 医疗机构

C. 医学会　D. 卫生行政部门

7. 遗弃、逃逸的动物在遗弃、逃逸期间造成他人损害的，可由(　　)承担侵权责任。

A. 原动物饲养人　B. 原管理人　C. 受害人　D. 民政部门

第四节　合　同　法

学习提示：

1. 什么是合同？

2. 什么是要约和承诺？什么是缔约过失责任？

3. 合同的生效需要哪些条件？无效合同、可撤销合同、效力待定合同的具体情形有哪些？

4. 合同变更的方式有哪些？合同的转让类型有哪些？

5. 什么情况下合同可以解除？

6. 什么是违约责任？承担违约责任的形式有哪些？

《中华人民共和国合同法》已由中华人民共和国第九届全国人民代表大会第二次会议于1999年3月15日通过，自1999年10月1日起施行。该法分总则和分则，共23章428条。同时为了更好地运用这部法律，指导法律实践，最高人民法院于1999年12月1日通过了《关于适用〈中华人民共和国合同法〉若干问题解释(一)》，于2009年5月13日通过了《关于适用〈中华人民共和国合同法〉若干问题解释(二)》。

一、合同的概念和特征

(一)合同的概念

合同又称为契约，是指平等主体的自然人、法人及其他组织之间设立、变更、终止民事权利义务关系的协议。一般认为，合同在本质上是一种合意或者协议，意思自治是合同的灵魂。除了民法以外，其他法律部门也有合同的概念，比如行政法中的行政合同，劳动法中的劳动合同等，我国《合同法》调整的仅仅是民事合同。而在民事合同中，也包括不同性质的法律关系，主要是财产关系和人身关系两类，我国《合同法》调整的是财产性质的合同，有关婚姻、收养、监护等有关人身关系的问题，也不适用合同法。

(二)合同的法律特征

(1)合同是平等主体的自然人、法人和其他组织所实施的一种民事行为。民事法律行为是民事主体实施的能够引起民事权利和民事义务的产生、变更或终止的合法行为。因此，只有在合同当事人所作出的意思表示符合法律要求，合同才具有法律约束力，并受到国家法律的保护。同时，由于合同是一种民事法律行为，因此民法关于民事法律行为的一般规定均可适用于合同。另外，合同是由平等主体的自然人、法人或其他组织所订立的，订立合同的主体在法律地位上是平等的，任何一方都不得将自己的意志强加给另一方。

(2)合同以设立、变更或终止民事权利义务关系为目的和宗旨。合同是一种基本的民事行为，是以协议的方式设立、变更、终止民事权利义务关系的法律事实。因此，不是以设立、变更、终止民事权利义务关系为目的的协议也不属于合同，如两人达成结伴出游的协议，就不是合同。

(3)合同是当事人协商一致的产物或意思表示一致的协议。合同成立必须有两方以上的当事人，他们相互作出意思表示，并且取得一致。如果合同当事人的意思表示不一致，就不会形成合同。

二、合同的订立

(一)合同订立的程序

合同是当事人协商一致达成的设立、变更、终止民事关系的协议。故合同的订立其实就是指缔约当事人就合同的主要条款所作的意思表示达成一致的过程。合同的成立必须具备两个条件：其一，要有两个或者两个以上的合同当事人；其二，合同当事人意思表示达成一致。根据我国《合同法》的规定,合同的成立必须经过要约和承诺两个阶段。

1. 要约

要约在国际商贸实践中称为发盘或出盘,在商业活动中有时也叫发价、出价或者报价。我国《合同法》第 14 条规定,要约是希望和他人订立合同的意思表示。当然,并非所有的意思表示都构成要约,构成一项有效的要约,必须具备特定的条件,主要包括:

(1)要约是由特定人作出的意思表示。要约旨在与他人订立合同,要约人必须使接受要约的相对方能够明白是谁发出了要约以便作出承诺。因此,发出要约的人必须能够确定,能够特定化。

(2)要约须是反映其订立合同的基本意图。即要约必须表明要约经受要约人承诺,要约人即受该意思表示拘束。

(3)要约须是要约人向其希望与之订立合同的受要约人发出的。该受要约人原则上是特定的人,但也可以是不特定的人。限定特定的受要约人的目的在于明确承诺主体,让要约有一个明确的指向。

(4)要约的内容必须具体确定。所谓具体,是指要约的内容包括足以使合同成立的主要条款。所谓确定,是指要约的内容必须明确,不能含糊不清,使相对人难明其意。

另外,我们还需注意要约和要约邀请的区别。要约邀请又称要约引诱,是指希望他人向自己发出要约的意思表示。它和要约是完全不同的概念,所产生的法律后果也截然不同。要约在承诺的条件下会成立合同,而要约邀请的回应只是一个新的要约。

2. 承诺

承诺是受要约人同意要约的意思表示。要约一经承诺合同就成立。因此从法律上说,确认一个意思表示是否构成承诺就意味着确认一个合同是否成立。承诺必须具备相应的条件,才能产生预期的法律效力。承诺的具体要件包括:

(1)主体要件。承诺人须为受要约人,且必须向要约人作出。

(2)承诺必须在要约的有效期限内到达要约人。如果要约是以对话方式作出的,承诺人应当即时作出承诺;如果要约是以非对话方式作出的,应当在合理期限内作出并到达要约人。合理期限的长短应当根据具体情况来确定,一般应当包括:根据交易惯例受要约人在收到要约以后需要考虑和作出决定的时间,以及发出承诺并到达要约人的时间。未能在合理期限内作出承诺并到达要约人,不能成为有效承诺。

(3)承诺内容与要约内容要相一致。我国采用大陆法系的做法,但并不是要求完全的一致,一般对要约不作实质性变更的意思表示即可构成承诺。所谓的实质性变更是指有关合同标的、数量、质量、价款或者报酬、履行期限、履行地点和方式、违约责任和解决争议方法等的变更。作出实质性变更的,视为反要约。但有两个例外:一是要约人及时反对的;二是要约表明不得作任何变更的。

(4)承诺方式。原则上承诺以通知的方式作出,但根据交易习惯或者要约表明可以通过行为作出承诺的除外。单纯的沉默或不作为一般是不能视为承诺的,除非法律有特别规定或双方另有约定外,如强制缔约。

(二)合同成立的时间与地点

一般当事人双方就主要条款,意思表示达成一致,合同即告成立。采用合同书或确认书形式的,以签订合同书或确认书时为准。法律、行政法规规定或者当事人约定采用书面形式订立合同,当事人未采用书面形式但一方已经履行主要义务,对方接受的,该合同成立。

承诺生效的地点为合同成立的地点。采用数据电文形式订立合同的,收件人的主营业地为合同成立的地点;没有主营业地的,其经常居住地为合同成立的地点。当事人另有约定的,按照其约定。当事人采用合同书形式订立合同的,双方当事人签字或者盖章的地点为合同成立的地点。

(三)合同的形式和主要条款

我国《合同法》规定,“当事人订立合同,有书面形式、口头形式和其他形式”。这显然表明了法律尊重当事人对合同形式的自由选择权利。同时,第10条第2款又规定,“法律、行政法规规定采用书面形式的,应当采用书面形式”。可见,我国《合同法》兼顾交易安全与交易便捷的双重价值。在交易安全允许的前提下,为了适应不断发展的社会经济对交易便捷的需要,在合同形式上以不要式为原则;同时,对一些重要领域的合同强调法定形式,以确保市场交易的顺利进行。

相关知识:

2009年5月13日施行《最高人民法院关于适用〈中华人民共和国合同法〉若干问题解释(二)》对合同的形式上作了如下修改:其一,对合同订立的形式进行拓展性解释,增加了可操作性。解释第2条规定:“当事人未以书面形式或者口头形式订立合同,但从双方从事的民事行为能够推定双方有订立合同意愿的,人民法院可以认定是以合同法第10条第1款中的“其他形式”订立的合同。但法律另有规定的除外。”《合同法》第10条虽然规定当事人订立合同有书面形式、口头形式和其他形式。但对“其他形式”并无明确规定,缺乏可操作性,在合同当事人对合同是否订立存有分歧的情况下,这对法官认定合同成立与否缺乏指导性。解释明确规定,只要从双方的民事行为能够推定双方有订立合同意愿的,人民法院可以认定是以《合同法》第10条第1款中的“其他形式”订立的合同。这对“其他形式”的内涵显然属于放宽解释,充分尊重了当事人的意思自治。其二,赋予合同当事人手印与签章同等的法律效力。解释第5条规定:“当事人采用合同书形式订立合同的,应当签字或者盖章。当事人在合同书上摁手印的,人民法院应当认定其具有与签字或者盖章同等的法律效力。”本条对合同当事人签章的方式进行放宽规定,在最大程度上尊重了当事人的意思自治。如果因当事人仅有手印而无签章就认定合同未成立,显然并未充分尊重当事人的意识自治,对当事人订立合同、进行交易的积极性是一种损害。该规定意味着售房时可以认同购房者在合同上以摁手印方式取代签字。

合同的主要条款,是指合同所必须具备的条款,缺乏这些条款,当事人双方的权利义务就不明确,从而可导致合同被确认无效或者不能成立,合同主要条款包括三种类型:一是法律规定合同必须具备的条款;二是依合同性质不可缺少的条款;三是当事人要求必须作出明确约定的条款。《合同法》明确规定,合同的内容由当事人约定,一般应当包括的条款为:当事人的名称或者姓名和住所、标的、数量、质量、价款或者报酬、履行期限、履行地点和方式、违约责任、解决争议的方式。

(四)缔约过失责任

缔约过失责任是指在合同缔结过程中,一方因违背其依据诚实信用原则所应尽的义务,而致使另一方的信赖利益遭受损失时,所应承担的民事责任。其法律特征体现为:

(1)缔约过失责任发生在合同缔结的过程中。缔约过失责任与违约责任不同,违约责任以合同的有效成立为基础,在合同成立前,因过失而致相对人受损害时,不能依合同请求损害赔偿,而须依缔约过失责任请求赔偿。违约责任救济的是履行利益,而缔约过失责任救济的是法律肯定的信赖利益。

(2)一方当事人违反以诚实信用为基础的先契约义务。由于合同尚未成立,因此当事人并不承担合同义务。然而,在缔约阶段,当事人依诚实信用原则负有忠实、协助、保密等法定义务,如果违反,则可产生缔约过失责任。

(3)违反先合同义务的行为造成了对方的损失。根据民法“有损害才有救济”原则,其赔偿的范围是信赖利益的损害,包括订立合同而支出的必要费用以及因此而失去的商机。这种弥补的目的主要是使受害人的利益恢复到未订立合同、磋商未发生时的状态。区别于违约责任的赔偿还包括一个“预期利润”,即合同一旦履行可能获得的利益。

(4)违反先合同义务的一方当事人具有过错。缔约过失责任实际上是一种过错责任,要求行为人主观上具有故意或过失的心理状态。

缔约过失责任的类型包括:假借订立合同,恶意进行磋商;故意隐瞒与订立合同有关的重要事实或者提供虚假情况;泄露或不正当地使用商业秘密;其他违背诚实信用原则的行为,如依照法律、行政法规的规定经批准或者登记才能生效的合同成立后,有义务办理申请批准或者申请登记等手续的一方当事人未按照法律规定或者合同约定办理申请批准或者未申请登记的。

三、合同的效力

(一)合同的生效要件

合同的效力是合同法律制度中的一个重要问题,指的是合同对当事人所具有的法律约束力。合同的成立不等于合同生效,只有符合法定和约定条件的合同才具有法律效力。依据我国《合同法》的规定,合同的生效要件包括:

(1)当事人具有相应的缔约能力。

(2)意思表示真实。

(3)不违反法律和社会公共利益。

(二)无效合同

无效合同指已经具备成立要件,但是严重欠缺生效要件,因而自始不发生法律效力的合同。合同无效的原因有:

(1)一方以欺诈、胁迫的手段订立合同,损害国家利益。这类无效合同的关键在于损害了国家利益,而不在于以欺诈或胁迫手段订立合同。

(2)恶意串通,损害国家、集体或者第三人利益。根据合同的相对性,合同本来只对当事人的权利义务关系作出约定,但如果合同当事人恶意串通,以合同方式损害国家、集体或第三人利益,那么合同就不仅仅是当事人的事情了,国家就必须对它进行干涉,将这类合同纳入无效合同的范围,以保护国家、集体或第三人的利益。

(3)以合法形式掩盖非法目的。以合法形式掩盖非法目的的行为是表意人与相对人串通合谋实施的与其内心意思不一致的行为。这种行为通常由表面行为及隐藏行为两个行为构成。这种民事行为有其表而无其实,欠缺当事人的效果意思,因此不具有法律效力。

(4)损害社会公共利益。违反社会公序良俗和社会公共利益的合同无效,这已经成为世界各国立法的普遍原则。我国《合同法》不仅在合同效力中规定损害社会公共利益的合同无效,而且在总则中也作了一般性规定,即在总则中确定了公序良俗原则这一基本原则。如赌博行为违反了社会公德和善良风俗,属于一种非法的射幸行为,是无效的民事行为。

(5)违反法律、行政法规的强制性规定。这里所谓的“强制性规定”,《合同法》司法解释明确规定特指效力性强制性规定。所谓效力性强制性规定,是相对于管理性规范或者取缔性规范而言,指法律及行政法规明确规定违反了这些禁止性规定导致合同无效或者合同不成立的规范,或者是法律及行政法规虽然没有明确规定违反这些禁止性规范后将导致合同无效或者不成立,但是违反了这些禁止性规范后,如果使合同继续有效将损害国家利益和社会公共利益的规范。这一界定,可表明司法实践中合同违法与合同无效是两个概念。

相关案例：

家住奉贤的张老伯有一套自建的农宅，无儿无女的他将该套房屋对外出租，维持自己的生活。不久前，张老伯与房客小陈之间产生了矛盾，最终对簿公堂。原来，小陈晚上时常在所租的房间内大声喧哗，让其他房客无法入睡，大家对此一直颇有意见。而同时，小陈拖欠着6个月来的房租费。按照当时签订的租赁合同的规定，张老伯与小陈终止了合同，并向其索要拖欠房租款。然而在法庭上，张老伯却遇到了尴尬。小陈指出，张老伯的房屋属于农民自建房，未经消防验收就租给私人使用，违反了行政机关的管理规定，因此张老伯与自己签订的合同应该属于无效合同。张老伯闹不明白：明明自己占理讨房租，最后竟然还"理亏"了？张老伯的情况在《最高人民法院关于适用〈中华人民共和国合同法〉若干问题解释（二）》实施后有望改变。因为根据该司法解释中"从宽认定有效"的态度，明确了"强制性规定"的范围，特指"效力性强制性规定"，即合同涉及的法律强制性规定与合同效力本身是有紧密联系的。以此来判断，张老伯的房屋虽然在消防验收标准上存在问题，但并不属于"效力性强制性规定"，因此，张老伯与小陈之间的合同有效，张老伯可以依法收租。当然，张老伯房屋的消防验收问题还是会受到相关部门的处罚。

（三）可撤销合同

可撤销合同是指已经生效但因当事人的意思表示没有表现其真实意志，违反自愿原则而可由一方当事人请示撤销的行为。合同可撤销的原因是意志表示不真实，具体表现为：

（1）受欺诈、胁迫订立的合同，损害非国家利益的。因欺诈、胁迫而订立的损害国家利益的合同，是无效合同。除此之外，并没有损害国家利益，而只损害了集体或第三人利益的，都可纳入可撤销合同的范畴。

（2）乘人之危订立的合同，是指行为人利用他人的危难处境或紧迫需要，强迫对方接受某种明显不公平的条件并作出违背真实意愿的意思表示。

（3）因重大误解订立的合同。误解是指缔约当事人所表示出来的意思与真实意思不一致，而这种不一致是表意人作出意思表示时所不知道或误认的。误解作为可撤销的原因，是法律为误解人提供救济机会的表现，但误解一般是由于误解人自己的过失造成的，对方当事人一般没有责任。因此，对误解人的保护就应是有限度的，只有在性质上是重大的误解，即对合同的主要条款发生误解并造成较大损失时，才能构成撤销合同的理由。

（4）显失公平的合同。是指一方当事人利用自己的优势或者利用另一方没有经验、轻率，致使双方的合同权利义务明显违反了公平、等价有偿原则。

在可撤销合同中，具有撤销权的当事人有权撤销合同。但是为了避免合同关系长期处于不稳定状态，合同规定了两种情形下撤销权消灭。其一，具有撤销权的当事人自知道或者应当知道撤销事由之日起一年内没有行使撤销权,这里的一年为除斥期间;其二,具有撤销权的当事人知道撤销事由后明确表示或者以自己的行为放弃撤销权。

(四)效力未定的合同

效力未定的合同,是指已经成立的合同因欠缺一定的生效要件,其生效与否尚未确定,须由第三人作出追认或者拒绝的意思表示才能确定自身效力的合同。这种合同在双方当事人订立后,第三人对此予以承认,则合同生效。第三人如对此予以拒绝,则合同无效。在权利人承认或者拒绝前,该合同的效力处于未定状态。在我国,效力未定合同主要有以下几种:

(1)限制行为能力人所订立的合同。法律规定,限制民事行为能力人订立的合同,经法定代理人追认后,该合同有效,但纯获利益的合同或者与其年龄、智力、精神健康状况相适应而订立的合同,不必经法定代理人追认。相对人可以催告法定代理人在一个月内予以追认。法定代理人未作表示的,视为拒绝追认。合同被追认之前,善意相对人有撤销的权利。撤销应当以通知的方式作出。

(2)无权代理人以被代理人的名义所订立的合同。法律规定,行为人没有代理权、超越代理权或者代理权终止后以被代理人名义订立的合同,未经被代理人追认,对被代理人不发生效力,由行为人承担责任。相对人可以催告被代理人在一个月内予以追认。被代理人未作表示的,视为拒绝追认。合同被追认之前,善意相对人有撤销的权利。撤销应当以通知的方式作出。

(3)无权处分人处分他人财产所订立的合同。法律规定,无处分权的人处分他人财产,经权利人追认或者无处分权的人订立合同后取得处分权的,该合同有效。

四、合同的履行

合同的履行,是指合同的当事人按照合同的约定,全面完成各自承担的合同义务,使合同关系得以全部终止的整个行为过程。合同的履行是当事人订立合同的根本目的,是实现合同利益的根本措施,也是合同关系消灭的正常原因,因此合同的履行是整个合同制度的核心内容。合同履行过程中应遵循全面履行、协作履行、经济合理履行等基本原则。下面就合同履行中的抗辩权和合同保全问题作大致介绍。

(一)合同的履行抗辩权

合同的履行抗辩权仅仅发生在双务合同中,它是指双务合同的一方当事人在法定条件下对抗另一方当事人的请求权,拒绝履行债务的权利。这种抗辩权是一种延缓的、暂时的抗辩权。

1. 同时履行抗辩权

同时履行抗辩权是指在双方未约定先后履行顺序的双务合同中,当事人一方在对方未为对待给付以前,有拒绝自己给付的权利。即所谓的"一手交钱一手交货”。《合同法》第66条规定,“当事人互负债务,没有先后履行顺序的,应当同时履行。一方在对方履行之前有权拒绝其履行要求。一方在对方履行债务不符合约定时,有权拒绝其相应的履行要求”。

同时履行抗辩权的发生,需要具备一定的构成条件:

(1)同一双务合同,双方互负对价债务。同时履行抗辩权是基于双方义务的牵连性而运用公平理念的结果。如果当事人的债务不是基于同一合同而发生,即使在事实上有密切关系,也不得主张同时履行抗辩权。

(2)债务无先后履行顺序之分。同时履行抗辩权是指没有先后顺序之分,应当在合理期间内互为履行,这个期间很短,但也不是指分秒不差的同时履行。

(3)双方债务均届期满;同时履行抗辩权制度旨在使双方当事人所负的债务同时履行,因此,只有在双方所负的债务同时届期时,才能主张同时履行抗辩权。

(4)他方当事人尚未履行或者未按约定履行。

(5)须对方的对待给付是可能的。

同时履行抗辩权的宗旨,在于促使双务合同双方当事人同时履行其债务。假使对方所负债务已丧失履行之可能性,则同时履行之目的已不可能实现。这种情形,应依法律关于解除合同的规定解除合同,而不发生同时履行抗辩问题。

同时履行抗辩权只能由当事人自己行使,法院不能依职权主动适用。

2. 先履行抗辩权

先履行抗辩权是指在有先后履行顺序的双务合同中,后履行的一方有权要求应该先履行的一方先行履行自己的义务。《合同法》第67条规定:“当事人互负债务,有先后履行顺序,先履行一方未履行的,后履行一方有权拒绝其履行要求。先履行一方履行债务不符合约定的,后履行一方有权拒绝其相应的履行要求。”先履行抗辩权适用的要件包括:

(1)双方当事人须由同一双务合同互负债务。和同时履行抗辩权一样,先履行抗辩权的双方当事人应当是因同一合同互负债务,在履行上有一定的关联性。单务合同不发生先履行抗辩权的问题。当事人互负债务,如果不是基于同一双务合同,也不发生先履行抗辩权。此外,两项债务间应当有对价关系。如果没有对价关系,也不存在先履行抗辩权。

(2)债务有先后的履行顺序。先履行抗辩权设立的目的在于赋予后履行一方请求的权利,因此,双方所负的债务必须有先后顺序,若无先后顺序,则应属于同时履行抗辩权的范围。

(3)先履行方未履行债务或履行债务不符合约定。此为当事人行使先履行抗辩权的前提条件。先履行抗辩权的行使其实质上是对应先履行合同义务一方当事人违约的抗辩,是在不终止合同效力的前提下,后履行义务的一方当事人为了保护自己的利益而采取的有利措施,既可以防止自己在履行后合法权益受到损害,又可以降低成本。

先履行抗辩权的行使须经当事人主张方能产生效力,而且该效力仅在于阻止对方当事人请求权的行使,而非消灭对方的请求权。如先履行方在后履行方主张先履行抗辩权后,已经履行了合同义务,先履行抗辩权即消灭,当事人应当履行自己的义务。

3. 不安抗辩权

不安抗辩权是指在双务合同中,当事人互负债务,有先后履行顺序,先履行的一方当事人有确切证据证明另一方当事人丧失履行债务能力时,有中止合同履行的权利。这是根据《合同法》第68条的规定,"应当先履行债务的当事人,有确切证据证明对方有下列情形之一的,可以中止履行:(1)经营状况严重恶化;(2)转移财产、抽逃资金,以逃避债务;(3)丧失商业信誉;(4)有丧失或者可能丧失履行债务能力的其他情形。当事人没有确切证据中止履行的,应当承担违约责任"。其适用条件是:

(1)必须基于同一双务合同且具有对价关系的互负债务。

(2)必须是负有先履行义务的一方当事人才有权行使不安抗辩权。这点与先履行抗辩权正好相反。不安抗辩权是负有先履行义务的一方当事人,在对方当事人有不能为对待给付的现实危险时,暂时中止自己给付的行为,这是为了维护先履行义务当事人的合法权益。

(3)先履行义务的一方当事人必须有确切证据证明对方当事人有不能对待给付的现实危险。如果合同有效成立后,后履行一方的财产状况恶化,且双方当事人在订立合同时并不能知道,导致后履行一方履行能力丧失或者其他情况,以致不能保证合同的履行,那么先履行一方有权行使不安抗辩权。

(4)后履行一方未提供适当担保。如果后履行一方提供适当担保,先履行一方的债权就不会受到损害,那么就不能行使不安抗辩权。

(二)合同的保全

合同保全是指法律为防止因债务人的财产不当减少而给债权人的债权带来危害,允许债权人代债务人之位向第三人行使债务人的权利,或者请求法院撤销债务人与第三人的法律行为的法律制度。合同保全措施的目的是债权人为防止债务人的财产不当减少而危害其债权,对债的关系以外的第三人所采取的保护债权的法律措施。

1. 代位权

代位权,是指当债务人怠于行使其对第三人享有的权利而害及债权人的债权时,债权人为保全其债权,可以自己的名义代位行使债务人对第三人之权的权利。代位权是法定权利,行使条件由法律规定。具体如下:

(1)具有三方当事人,存在有效的合同关系。存在债权人、债务人、次债务人这三方当事人,产生债务的合同关系有效存在。这是债权人行使代位权的前提和基础。

(2)债务人的债权已到期。代位权以债务人对第三人的权利为客体,因此,代位权的发生当然以债务人现实的权利存在为前提。这就要求不仅债务人对第三人享有债权,而且必须是到期债权。

(3)债权人对债务人的债权合法到期。

(4)债务人对次债务人的债权不是专属于债务人身的债权,即不具有人身专属性。专属于债务人身的债权包括:基于身份关系而发生的财产权,如抚养请求权;基于人身权被侵害而产生的损害赔偿请求权;禁止让与的权利,如救济金请求权等。

(5)债务人怠于行使到期债权。怠于行使,是指应当行使而且能够行使却不行使。

(6)债务人怠于行使债权已经危害到债权人之债权,故有保全之必要。

代位权的行使方式为债权人以自己的名义行使债务人对第三人的权利,其行使必须经人民法院裁决,行使的范围以债权人对债务人的债权为限。

2. 撤销权

撤销权是指债务人放弃对第三人的到期债权、实施无偿处分财产或以非正常低价处分财产的行为而妨害债权人的债权实现时,债权人依法享有的请求人民法院撤销债务人所实施的上述行为的权利。撤销权行使条件:

(1)债权人对债务人的债权已届清偿期。

(2)须有债务人减少其财产或者增加其财产负担的行为。具体表现为:一是债务人放弃其到期债权或者无偿转让财产,对债权人造成损害的;二是债务人以明显不合理的低价转让财产,对债权人造成损害,并且受让人知道该情形;三是债务人放弃其未到期的债权或者放弃债权担保,或者恶意延长到期债权的履行期,对债权人造成损害的,或者债务人以明显不合理的高价收购他人财产的。

(3)债务实施的行为已危害债权人之债权实现。因债务人的行为而使其作为共同责任财产减少,从而造成债务人资力欠缺,致使债权不能实现或者不能获得足额补偿。如果债务人的行为虽会减少其财产,但其尚存的财产仍足以清偿其债务,就不存在对债权的危害,也不会成立撤销权。

(4)撤销权由债权人以自己的名义通过诉讼的方式来解决。

撤销权自债权人知道或者应当知道撤销事由之日起一年内行使。自债务人的行为发生之日起五年内没有行使撤销权的,该撤销权消灭。

五、合同的变更和转让

(一)合同的变更

合同的变更有广义和狭义之分。广义的合同变更,包括合同主体的变更和合同内容的变更,狭义的合同变更专指合同内容的变更。合同变更的方式包括:

(1)当事人协商一致。我国在《合同法》第77条规定,“当事人协商一致,可以变更合同”。合同是双方当事人意思表示一致的协议,它可以由双方当事人协商一致而产生,当然也可以由双方当事人协商一致而变更。

(2)情势变更情况下当事人诉请变更。《合同法》解释规定,合同成立以后客观情况发生了当事人在订立合同时无法预见的、非不可抗力造成的不属于商业风险的重大变化,继续履行合同对于一方当事人明显不公平或者不能实现合同目的,当事人请求人民法院变更或者解除合同的,人民法院应当根据公平原则,并结合案件的实际情况确定是否变更或者解除。

相关案例:

李先生的贸易公司主要的供货商在国外,按照正常的流程,李先生委托国内生产商进行生产,然后通过李先生的公司出口到国外。李先生拿到国外订购商的钱款之后,再支付给国内的委托生产商相应钱款。然而今年年初,就在李先生的多批货物运往国外的途中时,突然传来消息,国外的订购商由于金融危机的影响,已经破产,无力购买这批货物。这个消息让李先生陷入了麻烦中,一方面国外订购商突然破产,使得李先生损失惨重;而另一方面,国内的委托生产商却手拿合同找上门来,要求李先生一定要拿出巨额的合同约定钱款,按照现在的《合同法》,李先生必须按约履行合同,这让李先生几乎陷入绝境。在《解释》实施之后,李先生可以借助“情势变更原则”,向法院提出请求,法院根据公平原则,可能会让李先生与委托商之间的合同进行适当变更或解除。此次《解释》第26条明确规定:“情势变更情况下,当事人提出请求,人民法院应当根据公平原则,并结合案件的实际情况确定是否变更或者解除。”所谓“情势变更”,按照《解释》说明,是指合同成立以后客观情况发生了当事人在订立合同时无法预见的、非不可抗力造成的不属于商业风险的重大变化,继续履行合同对于一方当事人明显不公平或者不能实现合同目的,受不利影响的一方当事人有权请求法院或仲裁机构变更或解除合同的法律制度。

(二)合同的转让

合同的转让,是指在合同的内容与客体保持不变的情形下,将合同由原来的主体转移给别的主体的一种法律行为。合同的转让是广义上的合同变更。按其所转让的权利义务不同,可分为合同权利的转让,合同义务的转移,还有合同权利和义务的概括转移三种。

1. 合同权利的转让

合同权利的转让,又称债权让与,是指不改变合同的内容,合同债权人将其权利转让给第三人享有。它可分为合同权利的部分转让和合同权利的全部转让。这里专门讨论合同权利的全部转让。债权让与合同的条件包括:

(1)必须存在有效的债权。债权让与合同需要让与人拥有有效的债权,具有处分该债权的权限。

(2)被让与的债权必须具有可让与性。三类债权不得转让:根据合同性质不得让与的债权、按照当事人约定不得转让的债权、依照法律规定不得转让的债权。

(3)让与人和受让人必须就债权的转让意思表示一致。

债权人转让权利的,应当通知债务人。未经通知,该转让对债务人不发生效力。

2.合同义务的转让

合同义务的转让,又称债务承担,是指在不改变合同内容的前提下,债务人将债务全部或部分地移转给第三人承担的现象。能够引起债务承担的原因,有的直接基于法律规定,有的基于单方法律行为,有的依第三人与债权人之间或者第三人与债务人之间订立债务承担的合同。

债务承担可分为免责的债务承担和并存的债务承担。免责的债务承担是指第三人取代债务人的地位而承担全部债务,使债务人脱离合同关系。并存的债务承担,是指债务人并不脱离合同关系,而由第三人与债务人共同承担债务。并存的债务承担成立后,债务人与第三人成为连带债务人。合同义务的转让的必备条件有:

(1)必须有有效的债务存在。就本不存在的债务订立债务承担合同,不发生债务承担的效力。

(2)被移转的债务必须具有可移转性。

(3)必须有以债务承担为内容的合同。债务承担合同中必须具有明确的移转债务于第三人的内容。

(4)债务承担必须经债权人同意。这是最主要的条件。为保护债权人的利益不受债务人与第三人之间的债务承担合同的影响,我国《合同法》规定以债权人同意为债务承担合同生效的要件。

(三)合同权利义务的概括移转

合同权利义务的概括移转是指原合同当事人一方将其合同权利义务一并移转给第三人,由第三人概括地继受这些权利义务的法律现象。合同权利义务的概括移转,可以是基于当事人之间的法律行为而产生的,被称为意定概括移转;也可以是基于法律的规定而产生的,被称为法定概括移转。合同权利义务的概括移转,可以是合同权利义务全部由出让人移转至承受人,即全部移转;也可以是合同权利义务的一部分由出让人移转至承受人,即部分移转。合同权利义务的概括移转,主要有两种情形:合同承受和企业合并。

六、合同的解除

(一)合同解除的概念与特征

1.合同解除的概念

合同解除,是指在合同有效成立以后,在一定条件下通过当事人的单方行为或者双方合意终止合同效力或者溯及地消灭合同效力的行为和制度。合同解除是合同终止的方式之一。

2. 合同解除的特征

合同解除有以下法律特征:(1)合同解除是对有效合同的解除;(2)合同解除必须具备解除条件;(3)合同解除必须有解除行为;(4)解除的效果是使合同关系消灭。

(二)合同解除的条件

合同解除按照解除条件是否由法律直接规定可分为法定解除和约定解除。约定解除是指由双方当事人协商确定解除合同关系的事由,约定事由成就时解除合同。法定解除是指出现法律规定解除事由由有解除权的一方当事人解除合同。《合同法》第94条规定了合同的法定解除条件,即一般法定解除条件:

1. 因不可抗力导致的合同解除

因不可抗力导致合同解除时,除必须存在不可抗力外,还必须具备因不可抗力致使不能实现合同目的的要件。合同目的主要是指双方当事人订立合同的经济目的,即通过合同这种法律手段所要实现的各自的经济利益。当不可抗力的出现使订立合同的目的落空时,任何一方当事人都有权解除合同。

2. 因预期违约导致的合同解除

预期违约,是指合同一方在规定的履行时间到来前毁弃合同。我国《合同法》借鉴英美法系的经验,规定了先期违约的两种表现形态:一是一方当事人明确表示不履行,即明示预期违约;二是一方当事人以自己的行为表明不履行,即默示预期违约。

3. 因迟延履行且经催告导致的合同解除

根据债权人是否必须经过催告才能解除合同,可将迟延履行导致的合同解除分为两种:一是非定期行为迟延履行的合同解除,二是定期行为迟延履行的合同解除。而两者最主要的区别就在于时间对于合同重要性的不同。

非定期行为是指合同约定的履行期限对债权人的利益没有根本影响,债务人的迟延履行不会立即导致债权人的主要合同利益落空的行为。对非定期行为的迟延履行,债权人必须进行催告,合理期限届满时仍不履行的,才可解除合同。

定期行为是指合同约定的履行期限对当事人有至关重要的意义,一旦债务人迟延履行,债权人的重要合同利益就会立即落空的行为。对定期行为的迟延履行,允许对方径直解除合同,而不需要经过催告。

4. 因其他违约导致的合同解除

违约的形式有很多,包括交付的标的物不符合合同规定的质量要求,不按约定的地点履行等。但一方当事人有违约行为并不必然导致另一方享有解除权,只有在一方违约致使不能实现合同目的时,另一方才享有解除权。

5. 因法律规定的其他情形导致的合同解除

合同解除后,尚未履行的,终止履行;已经履行的,根据履行情况和合同性质,当事人可以要求恢复原状、采取其他补救措施,并有权要求赔偿损失。

七、违约责任

(一)违约责任的概念和特征

1. 违约责任的概念

违约责任,是指合同当事人因不履行合同义务或者履行合同义务不符合约定,而向对方承担的民事责任。《合同法》第107条规定,"当事人一方不履行合同义务或者履行合同义务不符合约定的,应当承担继续履行、采取补救措施或者赔偿损失等违约责任"。我国《合同法》规定的违约责任的归责原则是严格责任原则,并不考虑违约方主观上是否有过错。

2. 违约责任的特征

违约责任具有以下特征:(1)违约责任是以有效合同为前提的。(2)以当事人违约为前提。(3)违约责任的效力原则上只及于合同相对人,不涉及第三人。《合同法》第121条规定:"当事人一方因第三人的原因造成违约的,应当向对方承担违约责任。当事人一方和第三人之间的纠纷,依照法律规定或者按照约定解决。"(4)违约责任是以补偿性为主,惩罚性为辅的责任。

(二)违约责任的形式

违约责任的形式,即承担违约责任的具体方式。我国《合同法》规定的承担违约责任的形式有:

(1)继续履行,又称强制实际履行,是指违约方根据对方当事人的请求继续履行合同规定的义务的违约责任形式。其中金钱债务必须继续履行。当事人一方不履行非金钱债务或者履行非金钱债务不符合约定的,对方可以要求履行,但有下列情形之一的除外:法律上或者事实上不能履行;债务的标的不适于强制履行或者履行费用过高;债权人在合理期限内未要求履行。

(2)采取补救措施。它是一种独立的违约责任形式,是指矫正合同不适当履行,使履行缺陷得以消除的具体措施。

(3)赔偿损失。它是指违约方以支付金钱的方式弥补受害方因违约行为所减少的财产或者所丧失的利益的责任形式。损失赔偿额应当相当于因违约所造成的损失,包括合同履行后可以获得的利益,但不得超过违反合同一方订立合同时预见到或者应当预见到的因违反合同可能造成的损失。

(4)违约金。它是指不履行或者不完全履行合同义务的违约方按照合同约定,支付给对方当事人一定数量金钱的责任形式。它是合同中预先拟定的一方违约时向对方支付一定数额的金钱,是承担赔偿责任的一种约定。

(5)定金。它是指合同当事人为了确保合同的履行,由一方预先给付另一方一定数额的金钱或其他物品。定金的数额不得超过合同标的额的20%。在定金的相关规定中最重要的是定金罚则:收受定金一方不履行合同的,双倍返还;交付定金一方不履行合同的,定金不予返还。值得注意的是,当事人既约定违约金,又约定定金的,一方违约时,对方可以选择适用违约金或者定金罚则。

本节知识框架图:

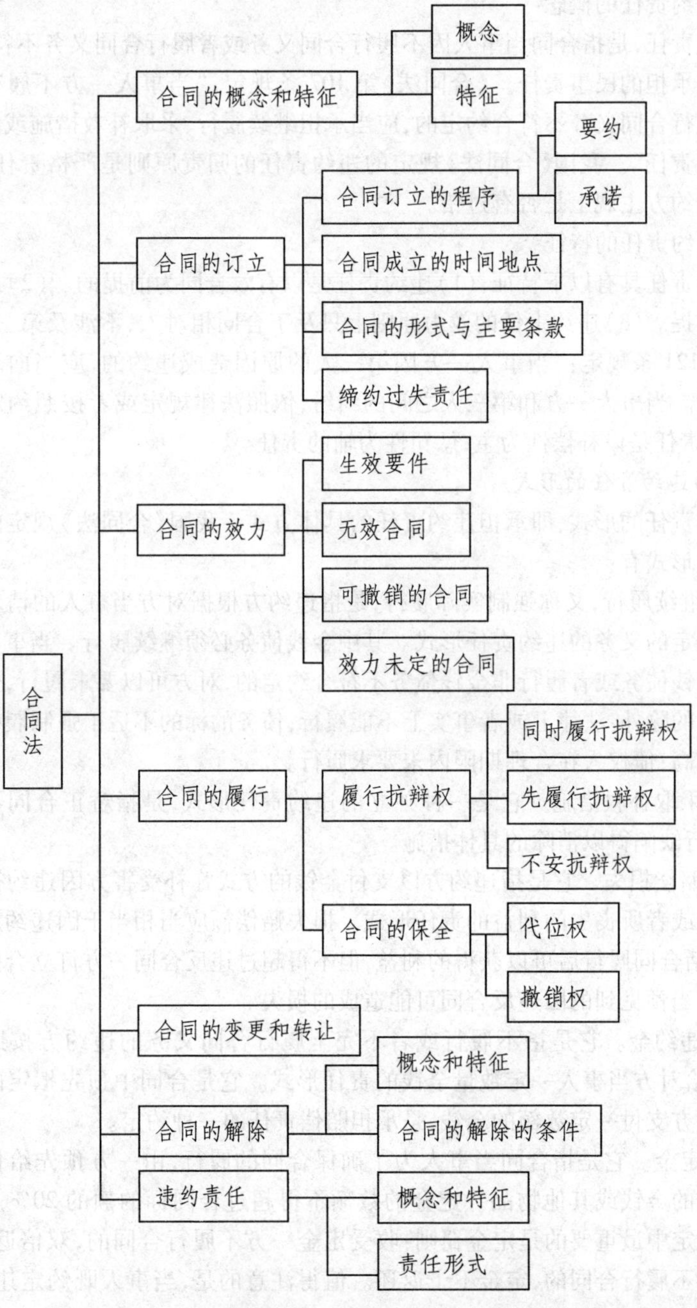

阅读与思考:

合同相对性原则及其突破

所谓合同相对性是指合同只对缔约当事人具有法律约束力,对合同关系以外的第三人不产生法律约束力。该原则源于罗马法“债的相对性”原理,被大陆法系国家所继承。我国在合同法领域也继承了大陆法系“债的相对性”理论,认为合同是合同当事人双方自愿缔结并受其约束的用于调整双方权利义务关系的协议。故合同仅在特定债权人和债务人间产生约束力,而合同之外的第三人不能享有合同权利,当然也不承担合同义务。我国《合同法》第65条规定:“当事人约定由债务人向第三人履行债务的,债务人未向第三人履行债务或履行债务不符合约定,应当向债权人承担违约责任。当事人约定由第三人向债权人履行债务的,第三人不履行债务或者履行债务不符合约定,债务人应当向债权人承担违约责任。”《合同法》第121条规定:“当事人一方因第三人的原因造成违约的,应当向对方承担违约责任。当事人一方和第三人之间的纠纷,依照法律规定或者按照约定解决。”

合同相对性原则作为古典合同法的基本原则,一直为各国所奉行。但自20世纪以来,与19世纪相对封闭于简单自由经济基础上交易的封闭性与独立性相比,现代商业交易的连续性、相关性已经成为合同法的经济基础。严格的合同相对性原则已不能适应社会发展和司法实践需要,故各国立法纷纷对合同相对性原则做出例外规定,这些例外规定,在一定程度上突破了合同相对性原有基本理念,完善了合同法,保护了市场交易的安全和利益相关人。

我国正处于经济转型时期,市场经济法律体系尤其是私法体系尚欠发达,这就很有必要借鉴别国的实践经验和理论成果,在对我国法律体系进行有序审查的同时进一步完善我国经济正常运行的法律保护体系。合同法律制度的重心在于通过确定一系列的原则、制度和具体规则来维护财产“动的安全”,而我国的经济现状要求法律调整和保护的中心转向财产“动的安全”,因此应重视对合同所规定的债权的保护。我国《合同法》兼顾了合同相对性和债权保护两个方面,并采纳了西方合同债权保护的一些措施,在规定了合同的相对性相关内容的同时,也规范了合同相对性的例外,这些例外规定无疑是对合同相对性原则的突破和发展。

请思考:我国法律制度中哪些规定是对合同相对性原则的突破?

自我测试

一、判断题

1. 所有的意思表示都会构成要约。( )

2. 要约邀请是当事人在订立合同的过程中的一种必经程序。( )

3. 合同成立与合同生效是同一概念。( )

4. 无效合同的效力为自始无效。( )

5. 欺诈、胁迫订立的合同为无效合同。( )

6. 代位权是债权人以自己的名义而非以债务人名义行使的权利。( )

7. 代位权和撤销权的行使不以诉讼为必要条件。( )

二、不定项选择题

1. 合同的订立必须要经过( )两个法定阶段。

A. 要约与承诺　B. 意思和表示　C. 起草和抄写　D. 协商和谈判

2. 下列哪些情况属于合同解除的法定理由?( )

A. 不可抗力　B. 预期违约　C. 迟延履行　D. 不完全履行

3. 具有撤销权的当事人自知道或应当知道撤销事由之日起( )内行使。

A. 1 年　B. 2 年　C. 3 年　D. 4 年

4. 法律规定应当采用书面形式的合同,当事人未采用书面形式,但一方已履行合同主要义务的,该合同( )。

A. 有效成立　B. 可变更可解除　C. 无效　D. 可撤销

5. 无权处分人处分他人财产的合同是( )。

A. 自始无效的合同　B. 效力未定的合同　C. 可变更可撤销合同　D. 以上都不是

6. 违约责任是一种( )责任。

A. 合同　B. 侵权　C. 欺诈　D. 不正当竞争

7. 关于合同的变更,下列命题哪些是错误的?( )

A. 合同变更,必须双方当事人协商一致

B. 合同变更,未必都是双方当事人协商一致

C. 广义的合同变更包括主体的变更

D. 狭义的合同变更专指合同主体的变更

8. 以下哪些属于违约责任的特征?( )

A. 违约责任是以有效合同为前提的

B. 违约责任以当事人违约为前提

C. 违约责任的效力原则上及于合同相对人或第三人

D. 违约责任是以惩罚性为主,补偿性为辅的责任

9. 当事人在合同中约定有定金和违约金的情况时,可以( )。

A. 可以选择适用定金或违约金　B. 可以定金和违约金一起适用

C. 定金或者违约金只能适用一个　D. 定金和违约金都不适用

10. 违约责任的承担形式有(　　)。

A. 继续履行　B. 违约金　C. 定金　D. 损害赔偿

第五节 公 司 法

学习提示:

1. 什么是公司? 公司具有哪些特征?
2. 公司有哪些一般规定?
3. 什么是有限责任公司? 其设立条件是什么? 其组织机构有哪些法律规定?
4. 一人有限责任公司的法律问题?
5. 国有独资公司有哪些法律问题?
6. 什么是股份有限公司? 其设立方式有哪些? 其组织机构有哪些法律规定?

《中华人民共和国公司法》由全国人大八届五次常委会于1993年12月29日通过后公布施行,1999年12月25日九届人大十三次常委会第一次修正,2004年8月28日十届全国人大十一次常委会决定第二次修正,2005年10月27日十届全国人大十八次常委会修订通过后,于2006年1月1日起施行。

一、公司的概念和特征

公司是指依法设立,以营利为目的的企业法人。《公司法》第2条规定:"本法所称公司是指依照本法在中国境内设立的有限责任公司和股份有限公司。"公司具有以下特征:

(一)公司是一种企业法人。公司出资者的所有权与企业法人财产权相分离。一般来说公司股东作为出资者对投入公司的资本额不再享有所有者的权益,而只享有股东权。但是在我国,公司中的国有资产所有权属于国家。公司享有由股东投资形成的全部法人财产权,能以自己的名义从事民商事行为并独立承担责任,是具有法人资格的企业。

(二)以营利为目的的企业法人。公司以营利为目的,是指设立公司的目的及公司的运作,都是为了谋求经济利益。为此,公司必须连续不断地从事某种经济活动,如商品生产或交换,或提供某种服务。公司的营利性特征已为世界上许多国家和地区的公司立法所确认,从而成为公司的基本特征。公司的营利性实质上是股东设立公司的目的的反映。公司只有以营利为目的,实现公司利益最大化,才能让股东收回投资,并进而实现赢利。法律承认并保护公司的营利性,方能鼓励投资,创造社会财富,促进市场经济的发展。

(三)公司是依法设立的企业法人。公司的依法设立主要是就设立程序而言,即公司的设立必须依据法定的程序办理相关的登记手续,领取公司法人营业执照,有的公司如股份有限公司的设立还需经审批程序。凡在我国境内设立的公司,必须依照我国《公司法》、《公司登记管理条例》及其他相关法律、法规所规定的条件和程序设立。

相关知识:

根据不同标准,公司可以分为不同种类:(1)按照股东对公司责任形式的不同,公司可以分为无限公司、有限责任公司、两合公司和股份有限公司。在我国依法能够设立的,是有限责任公司和股份有限公司两种公司形式。(2)按照控制权关系,公司可分为母公司和子公司。母公司又称控股公司,指持有一定比例的股份或出资而可以控制其他公司的公司。子公司又称被控投公司,是指其一定比例以上的股份为另一公司所控制的公司。母子公司在法律地位是都具有独立的法人资格,能以自己的名义开展生产经营活动,并能各自独立地承担民事责任。(3)按照管辖系统,公司可分为本公司和分公司。本公司是指具有独立的法人资格,能够以自己的名义直接从事各种业务活动,并管辖所属分公司的公司。分公司是指本公司依法设立的,受本公司管辖的,不具有独立法人资格的经营机构。分公司是从属于本公司的分支机构,其法律责任由本公司承担。(4)按照公司信用,公司可分为人合公司、资合公司和人合兼资合公司。人合公司是指以股东个人信用作为公司对外经营活动的信用基础的公司。无限公司就是典型的人合公司。资合公司是指以股东对公司的出资作为公司对外经营活动的信用基础的公司。股份有限公司是典型的资合公司。人合兼资合公司是指以公司资本和股东个人信用作为公司对外经营活动的信用基础的公司。有限责任公司属于人合兼资合公司。(5)依照公司的国籍,公司可分为本国公司和外国公司。我国采准据法主义。依我国《公司法》规定,本国公司是指依照中国法律在中国境内登记成立的公司。外国公司是指依照外国的法律在中国境外登记成立的公司。

二、公司的一般规定

(一)公司设立

公司设立是公司组织依照法定程序取得法人资格的行为过程。就设立方式而言,主要有特许设立、核准设立和准则设立。我国《公司法》对公司设立采取准则设立和核准设立相结合的方式。

(二)公司章程

公司章程是创办人依法制定的规范公司组织与活动的基本规则的法律文件。公司章程的重要性体现在:

首先,是规范股东之间及公司内部关系的准绳,相当于公司发起人或股东间的合同,对公司和由股东利害关系所派生的股东会、董事会、监事会等公司机关及其成员均有约束力。

其次,公司章程规范公司与第三人的关系。为了维护第三人的利益和社会交易安全,公司的住所、法定代表人、注册资本、经营范围、股东或发起人的姓名等章程主要内容,可供公众查阅。

最后,公司章程是公司对政府作出的一种书面保证,是政府对公司进行监管的依据。实质上是一部自治法规,对外具有公示性,对内具有约束力。

(三)公司资本

公司资本,是指公司成立时由股东出资构成的财产总额。

1. 缴纳出资

在我国,缴纳出资被认为是股东设立公司时天经地义的事情,而且,在我国设立公司仍有最低注册资本额的限制(有限公司最低注册资本3万元;股份有限公司最低注册资本500万元)。传统公司法认为,公司纯粹是一种资本的集合,其所确定的资本额既是公司从事经营活动的必要物质基础,同时又是公司信誉的唯一担保。在西方英美国家,出资仅是象征意义的一种行为,并无最低注册资本的规定,但因为有诸如"揭开面纱"的制度、强化董事、经理的受信义务及其执行机制、披露制度等一系列保障措施,并不会对公司的债权人造成很大的影响。

2. 出资方式

出资方式可以是货币,也可以是实物、知识产权、土地使用权等可以用货币估价并可以依法转让的非货币财产,但是,法律、行政法规规定不得作为出资的财产除外。其中,可以用货币估价并可以依法转让的非货币财产作价出资包括债权、股权、证券等。新《公司法》扩大了出资的范围,是符合经济发展需要的有利规定。对货币出资,全体股东出资不得低于其注册资本的30%。相对而言,知识产权的比例由旧法的20%提高到了70%。对货币以外的出资,应当评估作价,核实财产。股东缴纳出资后,必须经依法设立的验资机构验资并出具证明。

(四)公司法人格否认

《公司法》第20条规定:"公司股东滥用公司法人独立地位和股东有限责任,逃避债务,严重损害公司债权人利益的,应当对公司债务承担连带责任。"

此条规定借鉴了英美法系的相关制度,最接近的便是"揭开公司面纱"。其适用条件是:

(1)公司设立合法有效,并且已取得独立人格。

(2)股东滥用对公司的控制权。

(3)股东控制权滥用,客观上损害了债权人利益或社会公共利益。公司法人格否认制度仅具有个案约束力,不会永久否认公司的法人资格。

(五)公司的合并和分立

1. 公司合并

公司合并是指两个或两个以上公司订立协议,依法定程序而归并为一个公司的法律行为。公司合并分为吸收合并和新设合并。一个公司吸收其他公司为吸收合并,被吸收的公司解散。两个以上公司合并设立一个新的公司为新设合并,合并各方解散。公司合并时,合并各方的债权、债务,应当由合并后存续的公司或者新设的公司承继。

公司合并,应当由合并各方签订合并协议,并编制资产负债表及财产清单。公司应当自作出合并决议之日起十日内通知债权人,并于三十日内在报纸上公告。债权人自接到通知书之日起三十日内,未接到通知书的自公告之日起四十五日内,可以要求公司清偿债务或者提供相应的担保。

2. 公司分立

公司分立是指一个公司依法定程序而分成两个或两个以上公司的法律行为。

公司分立包括新设分立和派生分立两种形式。新设分立是指一个公司分成两个或两个以上新公司,原有公司的法人资格归于消灭的行为。派生分立是指一个公司分出一部分或若干部分组成新的公司,而原公司的法人资格继续存续的行为。公司分立前的债务由分立后的公司承担连带责任。但是,公司在分立前与债权人就债务清偿达成的书面协议另有约定的除外。

公司分立,其财产作相应的分割。公司分立,应当编制资产负债表及财产清单。公司应当自作出分立决议之日起十日内通知债权人,并于三十日内在报纸上公告。

三、有限责任公司

(一)有限责任公司的概念和特征

有限责任公司是指股东以其认缴的出资额为限对公司承担责任,公司以其全部资产对外承担责任的企业法人。有限责任公司具有以下法律特征:

(1)股东责任的有限性。股东以其认缴的出资额为限承担责任。

(2)股东人数的严格限制。(50人以下)

(3)公司的封闭性。股东出资后持有的出资证明书不得在市场上买卖,不同于公开发行的股票。

(4)出资转让的严格限制。股东非经其他股东过半数的同意,不得将其出资额的全部或部分转让给股东以外的人。

(5)设立程序较为简便。采取发起设立,不向外招募股份,不涉及社会公众利益,因此其设立程序要较股份有限公司简便。

(二)有限责任公司的设立

1. 条件

(1)股东符合法定的人数。有限责任公司的股东人数应为50人以下。

(2)股东出资符合法律规定。首次出资额不得低于注册资本的20%,也不得低于法定的注册资本最低限额,其余部分由股东自公司成立之日起两年内缴足;其中,投资公司可以在五年内缴足。有限责任公司的注册最低资本额是人民币3万元,一人有限责任公司的注册最低资本额是人民币10万元。法律,行政法规对有限公司注册资本的最低限额有较高规定的,从其规定。

(3)股东共同制定公司章程。

(4)有公司名称,建立符合有限责任公司要求的组织机构。

(5)有公司住所。

2. 设立程序

有限责任公司的设立一般包括以下程序:(1)制定公司章程;(2)缴纳出资;(3)验资;(4)审批;(5)登记注册。

(三)有限责任公司的组织机构

有限责任公司的组织机构主要包括股东会、董事会和监事会。

(1)股东会,是依照公司法或公司章程规定设立的,由全体股东组成的公司的最高权力机构。

有限责任公司的股东会具有以下职权:决定公司的经营方针和投资计划;选举和更换非由职工代表担任的董事、监事,决定有关董事、监事的报酬事项;审议批准董事会的报告;审议批准监事会或者监事的报告;审议批准公司的年度财务预算方案、决算方案;审议批准公司的利润分配方案和弥补亏损方案;对公司增加或者减少注册资本作出决议;对发行公司债券作出决议;对公司合并、分立、解散、清算或者变更公司形式作出决议;修改公司章程;公司章程规定的其他职权。

有限责任公司股东会会议分为定期会议和临时会议。定期会议由公司章程规定按时召开。临时会议由代表1/10以上表决权的股东、1/3以上的董事、监事会或监事提议召开。由股东依出资比例行使表决权但公司另有规定的除外。

有限责任公司股东会按法定的议事和表决程序行使职权。其中决议修改公司章程、增加或减少注册资本的决议、以及公司合并、分立、解散或变更公司的形式的决议须经代表2/3以上表决权的股东通过。

(2)董事会,是有限责任公司的业务执行机构。有限责任公司设董事会,其成员为3人至13人。股东人数较少或者规模较小的有限责任公司,可以设一名执行董事,不设立董事会。两个以上的国有企业或者其他两个以上的国有投资主体投资设立的有限责任公司,其董事会成员中应当有公司职工代表;其他有限责任公司董事会成员中也可以有公司职工代表。董事会中的职工代表由公司职工通过职工代表大会、职工大会或者其他形式民主选举产生。董事会设董事长一人,可以设副董事长。董事长、副董事长的产生办法由公司章程规定。

董事会对股东会负责,行使以下职权:召集股东会会议,并向股东会报告工作;执行股东会的决议;决定公司的经营计划和投资方案;制定公司的年度财务预算方案、决算方案;制定公司的利润分配方案和弥补亏损方案;制定公司增加或者减少注册资本以及发行公司债券的方案;制定公司合并、分立、解散或者变更公司形式的方案;决定公司内部管理机构的设置;决定聘任或者解聘公司经理及其报酬事项,并根据经理的提名决定聘任或者解聘公司副经理、财务负责人及其报酬事项;制定公司的基本管理制度;公司章程规定的其他职权。

董事会会议由董事长召集和主持;董事长不能履行职务或者不履行职务的,由副董事长召集和主持;副董事长不能履行职务或者不履行职务的,由半数以上董事共同推举一名董事召集和主持。

(3)监事会,是对董事及高管人员执行业务活动进行监督检查的机构。有限责任公司设监事会,其成员不得少于三人。股东人数较少或者规模较小的有限责任公司,可以设一至二名监事,不设监事会。监事会应当包括股东代表和适当比例的公司职工代表,其中职工代表的比例不得低于1/3,具体比例由公司章程规定。监事会中的职工代表由公司职工通过职工代表大会、职工大会或者其他形式民主选举产生。

监事会行使如下职权:检查公司财务;对董事、高级管理人员执行公司职务的行为进行监督,对违反法律、行政法规、公司章程或者股东会决议的董事、高级管理人员提出罢免的建议;当董事、高级管理人员的行为损害公司的利益时,要求董事、高级管理人员予以纠正;提议召开临时股东会会议,在董事会不履行本法规定的召集和主持股东会会议职责时召集和主持股东会会议;向股东会会议提出提案;依照本法第152条的规定,对董事、高级管理人员提起诉讼;公司章程规定的其他职权。

相关知识:

关于有限责任公司董事、监事和高管人员的任职资格和义务,我国法律规定,以下人员不能担任有限责任公司的董事、监事或者高管人员:(1)无民事行为能力人或者限制民事行为能力人;(2)因犯贪污、贿赂、侵占财产、挪用财产或者破坏社会主义经济秩序罪被判处刑罚,执行期满未逾5年;或者因犯罪被剥夺政治权利,执行期满未逾5年的人;(3)担任因经营不善负有个人责任的,自公司、企业破产清算完结之日起未逾3年;(4)担任因违法被吊销营业执照的公司、企业的法定代表人,并负有个人责任的,自该公司、企业被吊销营业执照之日起未逾3年的;(5)个人所负数额较大债务未清偿;此外,国家公务员不得兼任公司董事、监事、经理等;本公司的董事、高级管理人员不得兼任监事。有限责任公司董事、监事和高管人员不得有下列行为:(1)挪用公司资金;(2)将公司资金以其个人名义或者他人名义开立账户存储;(3)违反公司章程规定,将公司资金借贷给他人或为他人担保;(4)违反公司章程的规定或者未经股东会同意,与本公司订立合同或进行交易;未经股东会同意,为自己谋取交易机会等。

四、一人有限责任公司

(一)概念和意义

一人有限责任公司是指只有一个自然人股东或者一个法人股东的有限责任公司。允许设立一人公司,有利于深化国有企业改革,实施大公司和大企业集团的战略;有利于吸引民间资本,推动我国中小企业的发展;有利于确定投资收益和投资风险的唯一归属者,避免多名投资者的"窝里斗"现象。

(二)五项风险防范制度

(1)对其实行严格的资本确定原则,注册资本不低于10万元,且一次缴足。

(2)必须在公司营业执照中载明自然人独资或法人独资,并予以公示。

(3)一个自然人只能设立一个有限责任公司。

(4)应当每一会计年度终了时编制财务会计报告,并经会计师事务所审计。

(5)股东不能证明自身财产独立于公司财产的,则应对公司债务承担连带责任。

五、国有独资公司

国有独资公司,是指国家单独出资、由国务院或者地方人民政府授权本级人民政府国有资产监督管理机构履行出资人职责的有限责任公司。

国有独资公司的组织机构有其特殊性,具体表现在:

(一)国有独资公司不设股东会,由国有资产监督管理机构行使股东会职权。国有资产监督管理机构可以授权公司董事会行使股东会的部分职权。

(二)国有独资公司设董事会,董事会成员中应当有公司职工代表。董事会成员由国有资产监督管理机构委派;但是,董事会成员中的职工代表由公司职工代表大会选举产生。

(三)国有独资公司监事会成员不得少于五人,其中职工代表的比例不得低于三分之一,具体比例由公司章程规定。

六、股份有限公司

(一)概念和特征

股份有限公司是指其全部资本分为等额股份,股东以其认购股份为限对公司承担责任,公司以全部资产对公司债务承担责任的企业法人。股份有限公司具有以下特征:

(1)公司的资合性。其信用基础在于公司的资本,股东的权利体现在股票上,任何购买股票者都可以成为公司的股东。

(2)资本的股份性。其全部资本均分为等额股份。

(3)股东责任的有限性。股东以其所认购股份为限对公司承担责任。

(4)股份的证券性。股份以股票的形式存在,可以自由流通。

(5)设立程序的复杂性。分为发起设立和募集设立。由于募集设立涉及社会公众的利益,程序有严格的规定。

(二)股份有限公司的设立

1. 设立条件

(1)发起人符合法定人数:2 人以上 200 人以下,其中须有半数以上的发起人在中国境内有住所。

(2)发起人认购和募集股本达到法定资本最低额。《公司法》规定最低值 500 万元,且可分期缴纳。

(3)股份发行、筹办事项符合法律规定。

(4)发起人制定公司章程,采用募集方式设立的经创立大会通过。

(5)有公司名称,建立符合股份公司要求的组织机构。

(6)有公司住所。

2. 设立方式

股份有限公司的设立方式可分为发起设立和募集设立两种。

发起设立是指由发起人认购公司应发行的全部股份而设立公司。全体发起人首次出资不低于注册资本 20%,其余部分由发起人自公司成立 2 年内缴纳。发起设立的顺序为:发起人协议、草拟章程、公司名称预先核准、认购股份、按规定缴纳股款、选举董事会、监事会成员、申请设立登记、成立。

募集设立是指公司首期发行的股份,发起人认购公司应发行股份 35% 以上,其余部分向社会公开募集或向特定对象募集而设立公司。其设立顺序为:发起人协议、草拟章程、公司名称预先核准、制作招股说明书、签订承销协议和代收股款协议、公开募股、召开创立大会、申请设立登记、成立。

3. 发起人应承担的义务和责任

(1)发起人不依照规定缴纳出资的,应当按照发起协议承担违约责任。

(2)公司不能成立时,对设立行为所产生的债务和费用负连带责任。

(3)公司不能成立时,对认股人已缴纳的股款,负返还股款并加算银行同期存款利息的连带责任。

(4)在公司设立过程中,由于发起人的过失致使公司利益受到损害的,应当对公司承担赔偿责任。

相关知识:

关于股份有限公司的股份、股票和债券。(1)股份,是均分公司全部资本的最基本计算单位，是股东权利的象征。它具有平等性、证券性、可转让性的特点。股份的发行，实行公平、公正的原则，同股同权。股东转让股份应当在依法设立的证券交易场所进行或者按照国务院规定的其他方式进行。《公司法》对股份转让作了限制性规定：发起人持有的股份自公司成立之日起一年内不得转让；公司董事、监事、高级管理人员应当向公司申报所持有的股份变动情况，在任职期间每年转让的股份不得超过其所持有本公司股份总数的25%，所持有本公司股票上市交易之日起一年内不得转让。上述人员离职后半年内，不得转让其持有的本公司的股份。公司收购本公司股份的限制条件：公司不得收购本公司股份。但是，有下列情形之一的除外：减少公司注册资本；与持有本公司股份的其他公司合并；将股份奖励给本公司职工；股东因对股东大会作出的公司合并、分立决议持异议，要求公司收购其股份的。(2)股票，是公司股份的表现形式，是由股份有限公司签发的证明股东所持股份的凭证。股票具有证券性、要式性和流通性的特点。《公司法》将股票分为记名股和不记名股。股票发行价格可以按票面金额，也可以超过票面金额，但不得低于票面金额。(3)公司债券，是指公司依照法定程序发行的，约定在一定期限还本付息的一种有价证券。公司发行公司债券应当符合《中华人民共和国证券法》规定的发行条件。

(三)股份有限公司的组织机构

1. 股东大会

股东大会是指由股份有限公司全体股东组成的决定公司意思的最高权力机构。其职权与有限责任公司股东会职权相同。

股东大会可分为股东年会和临时股东会。股东大会应当每年召开一次年会。有下列情形之一的，应当在两个月内召开临时股东大会：董事人数不足本法规定人数或者公司章程所定人数的三分之二时；公司未弥补的亏损达实收股本总额三分之一时；单独或者合计持有公司百分之十以上股份的股东请求时；董事会认为必要时；监事会提议召开时；公司章程规定的其他情形。

股东大会的决议可分一般决议经出席会议股东所持表决权过半数通过即可。特殊决议如修改公司章程；增加或减少注册资本的决议，以及公司合并、分立、解散或变更公司形式的决议，须经出席会议的股东所持表决权2/3以上通过。

股东大会选举董事、监事，可以根据公司章程的规定或者股东大会的决议，实行累积投票制。累积投票制是指股东大会选举董事或者监事时，每一股份拥有与应选董事或者监事人数相同的表决权，股东拥有的表决权可以集中使用。其意义在于更加民主化，使中小股东进入董事会或监事会成为可能。

相关案例：

某公司要选5名董事，公司股份共1000股，股东共10人，其中1名大股东持有510股,即拥有公司51%股份;其他9名股东共计持有490股,合计拥有公司49%的股份。若按直接投票制度,每一股有一个表决权,则控股51%的大股东就能够使自己推选的5名董事全部当选,其他股东毫无话语权。但若采取累积投票制,表决权的总数就成为1000×5=5000票,控股股东总计拥有的票数为2550票,其他9名股东合计拥有2450票。根据累积投票制的原理,股东可以集中投票给一个或几个董事候选人,并按所得同意票数多少的排序确定当选董事,因此从理论上来说,其他股东至少可以使自己的2名董事当选,而控股比例超过半数的股东也最多只能选上3名自己的董事。可以看出,采取累积投票制度确实可以缓冲大股东利用表决权优势产生的对公司的控制,增强小股东在公司治理中的话语权,有利于公司治理结构的完善。

2. 董事会

股份有限公司设董事会,其成员为五人至十九人。董事会成员中可以有公司职工代表。董事会中的职工代表由公司职工通过职工代表大会、职工大会或者其他形式民主选举产生。董事长,副董事长由董事会以全体董事的过半数选举产生。股份有限公司的董事会职权与有限责任公司董事会职权相同。

董事会会议可分为定期会议和临时会议。定期会议每年至少召开两次;临时会议由代表1/10以上表决权的股东、1/3以上的董事、监事会或监事提议召开。

董事会会议应有过半数的董事出席方可举行,须经全体董事的过半数通过。

董事会会议,应由董事本人出席;董事因故不能出席,可以书面委托其他董事代为出席,委托书中应载明授权范围。董事会应当对会议所议事项的决定作成会议记录,出席会议的董事应当在会议记录上签名。董事应当对董事会的决议承担责任。董事会的决议违反法律、行政法规或者公司章程、股东大会决议,致使公司遭受严重损失的,参与决议的董事对公司负赔偿责任。但经证明在表决时曾表明异议并记载于会议记录的,该董事可以免除责任。

3. 监事会

股份有限公司监事会的组成和职权,与有限责任公司监事会的组成和职权相同。

本节知识框架图：

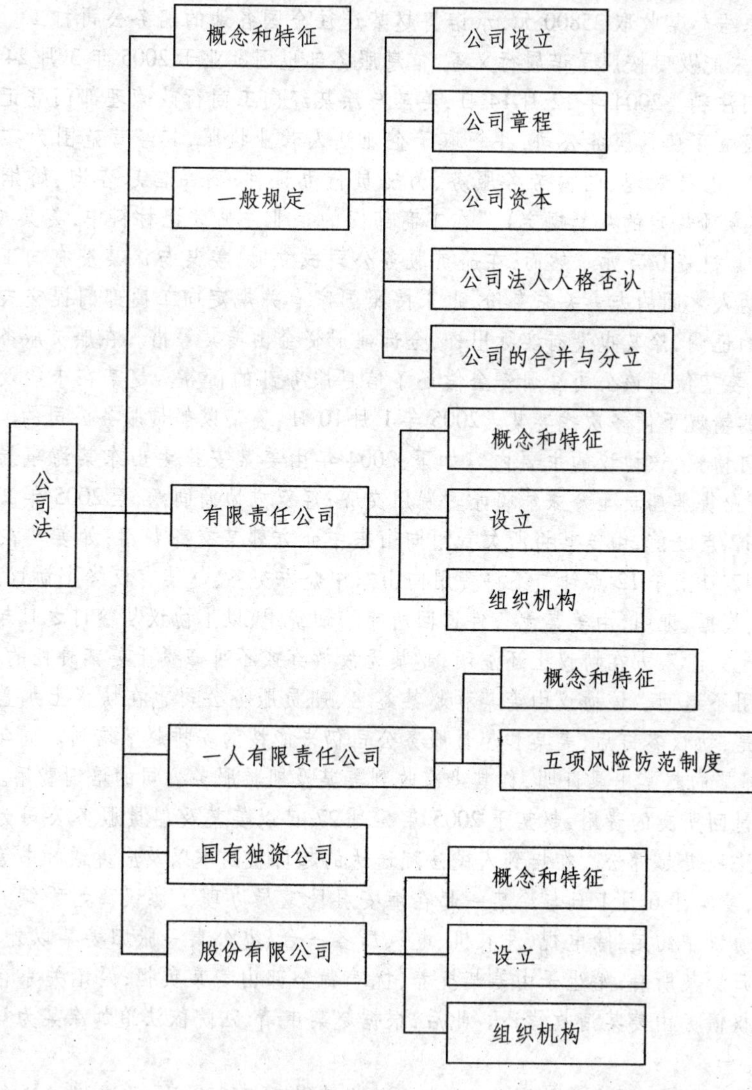

阅读与思考：

关于公司法人人格否认

姜某与涂某原系夫妻。2003 年 9 月 8 日，姜某经工商行政管理部门登记设立了信息服务部，经营范围为："消费品、生产资料经纪（国家有专项规定的除外）、房产经纪服务;国内劳务信息咨询、代理。”2004 年 12 月 8 日,姜某以信息服务部的名义向原告赵某收取 25800 元,承诺将赵某送往全国各地的船务公司打工。但此后,姜某未能及时按照承诺履行义务,信息服务部也因歇业于 2005 年 3 月 24 日被工商部门注销。2004 年 12 月 14 日,姜某与涂某经向工商行政管理部门登记后共同投资设立了船员服务公司,并领取了企业法人营业执照,其经营范围为:“船员教育培训、船员管理、国内劳务服务、为船员代办证件;商品信息咨询、婚姻介绍(国家有专项规定的从其规定)。”在工商部门的企业注册登记材料中,姜某投资 4 万元,涂某投资 6 万元。然而,在船员服务公司成立时,姜某与涂某没有向工商部门表明两人之间的夫妻关系身份,也未按照国家有关规定向工商部门提交夫妻财产分割的证明,涂某也没有实际出资,全部注册资金由姜某筹措。在船员服务公司成立后,姜某使用该公司注册资金偿还了信息服务部的债务。赵某在未能及时获得工作的情况下便多次找姜某。2005 年 1 月 10 日,姜某以船员服务公司的名义与赵某签订协议,该协议的主要内容如下:2004 年由姜某安排去山东某海事局学习培训,商业货船船员至今未能将学习费用交齐;经双方协商同意,至 2005 年 1 月 12 日上午 12 点之前,由姜某将所欠费用向山东中介方郭某交齐费用;如姜某在 2005 年 1 月 12 日上午 12 点钟前不将费用向山东中介方交齐,赵某有权终止协议;姜某凭收条、收据、证明,由姜某无条件退回所交一切费用;以上协议从签订之日起双方签字后生效。双方在协议上还注明,赵某无故放弃或不可归责于姜某责任的,赵某所交费用不退回。该协议由姜某和赵某签名,船员服务公司也在协议上加盖了印章。但是,协议签订后,姜某和船员服务公司仍未能按约安排赵某培训。同年 1 月 14 日,郭某向赵某出具证明,称其没有收到姜某及船员服务公司的培训费用。

为讨回所交的费用,赵某于 2005 年 5 月 27 日以姜某及船员服务公司为被告向人民法院提起诉讼。在接到人民法院送达的起诉状副本以及应诉通知书等法律文书后,姜某于 6 月 1 日与涂某一起在海安县民政局办理了协议离婚手续。双方在离婚协议中约定,除电视、洗衣机、电风扇各一台、办公桌一张归姜某以外,其余财产均归涂某所有;婚生子由姜某抚养,抚养费全部由姜某负担;婚姻关系存续期间的债权债务由姜某清收偿还。此后,根据赵某申请,法院依法追加涂某为被告参加诉讼。

庭审过程中,原告赵某诉称,被告姜某向我收取 25800 元,承诺将其送往全国各地的船务公司打工。2005 年 1 月 10 日,姜某以船员服务公司名义与其签订协议,承诺于 2005 年 1 月 12 日上午 12 时前将所欠费用向山东中介方郭某交齐,否则我有权终止协议并由其无条件退回费用。现被告方未能履约,请求判令被告方连带偿还 25800 元。被告姜某辩称,原告赵某曾向我交纳了 17500 元,并为他介绍做水手工作,后因其嫌水手工资低,要求改工种,并于 2004 年 12 月 8 日补交了部分款项,因其违约在先,而我不存在违约行为,所以我不应当承担返还已经收取的

25800 元的责任,但在审理过程中姜某对赵某违约在先未能举证证明。被告船员服务公司辩称,赵某未向我公司交纳任何费用,我公司对其诉讼请求一律不予承诺。被告涂某辩称,赵某与姜某之间发生的一切她都不清楚,因此不可能承担任何责任。

海安县法院经审理后认为,信息服务部由被告姜某开办,在歇业后债权债务应当由开办者姜某负责享有和清偿。被告船员服务公司和姜某就收取的赵某中介费用的返还等事宜共同与赵某签订协议,负有按约履行的义务。因姜某和船员服务公司未能按约履行义务,应当承担返还劳务中介费用的责任。被告姜某与涂某在设立船员服务公司时,隐瞒夫妻身份,以夫妻共同财产出资,又未向工商部门提交分割财产的证明,该公司不具有严格意义上的有限责任公司的性质,不具有法人人格,其对债权人所负的债务应由投资者共同偿还。

据此,法院依照我国《合同法》的有关规定,参照国家工商行政管理局《公司登记管理若干问题的规定》,在一审中运用公司人格否认制度否定被告船员服务公司的人格,同时判决由公司股东即被告姜某、涂某向原告赵某连带偿还劳务中介费25800 元。

请思考:新《公司法》规定的公司法人人格否认制度适用的条件以及限制?

自我测试

一、判断题

1. 股份有限公司设立方式有募集设立和发起设立两种。(　　)
2. 在我国,可以设立一人股份有限公司。(　　)
3. 一个自然人或者一个法人可以设立一人有限责任公司。(　　)
4. 公司的分立和合并的法律程序相同。(　　)
5. 国有独资公司不设股东会。(　　)

二、不定项选择题

1. 在我国设立公司有最低注册资本额的限制,有限公司最低注册资本为(　　);股份有限公司最低注册资本为(　　)。

A. 2 万　100 万　　B. 2 万　500 万　　C. 3 万　100 万　　D. 3 万　500 万

2. 某区政府工业主管部门作出决定,把所属的 A 公司的两个业务部分立出再设 B 公司和 C 公司,并在决定中明确该公司以前所负的债务由新设的 B 公司承担。A 公司原欠李某货款 5 万元,现李某要求偿还,你认为该债务应当如何处理?(　　)

A. 由 B 公司承担债务　　B. 由 A、B、C 三个公司分别承担债务
C. 由 A 公司承担债务　　D. 由 A、B、C 三个公司连带承担债务

3. 依照《公司法》的规定,有限责任公司在下列哪些情况下可以不设监事会?(　　)

A. 公司规模较小　B. 股东人数较少　C. 国有独资公司　D. 国有控股公司

4. 公司股东滥用公司法人独立地位和股东有限责任,逃避债务,严重损害公司债权人利益的,应当对公司债务(　　)。

A. 承担连带责任　B. 承担全部责任　C. 承担部分责任　D. 不承担责任

5. 以下关于一人有限责任公司说法正确的是(　　)。

A. 注册资本不低于10万元,且一次缴足

B. 一个自然人只能设立一个有限责任公司

C. 一个自然人最多只能设立两个有限责任公司

D. 该公司不能证明公司财产独立于股东自己的财产,应对公司债务承担连带责任

6. 以下哪些属于有限责任公司的法律特征?(　　)

A. 股东以其认缴的出资额为限承担责任

B. 股东出资后持有的出资证明书可以在市场上买卖,基本等同于公开发行的股票

C. 股东可以根据自己意愿将其出资额的全部或部分转让给股东以外的人

D. 公司设立程序要比股份有限公司简便

7. 依照公司法的规定,以下各项哪些应受公司章程的约束?(　　)

A. 公司的股东　B. 公司的监事　C. 公司的全体员工　D. 公司本身

8. 有限责任公司的业务执行机构是(　　)。

A. 股东会　B. 董事会　C. 监事会　D. 总经理

第六节　婚　姻　法

学习提示:

1. 结婚必须具备哪些条件?哪些情形不得结婚?
2. 哪些情况属于无效婚姻?什么是可撤销婚姻?
3. 哪些属于夫妻共同财产?哪些属于一方个人财产?
4. 哪些情况下,人民法院应当判决离婚?
5. 离婚时,如何处理子女的抚养问题和财产处理问题?
6. 哪些情况下,离婚诉讼的一方当事人可以向对方请求损害赔偿?

《中华人民共和国婚姻法》于1980年9月10日第五届全国人民代表大会第三次会议通过,根据第九届全国人民代表大会常务委员会第二十一次会议《关于修改〈中华人民共和国婚姻法〉的决定》修正,修改后的《婚姻法》于2001年4月28日起施行。该法分总则、结婚、家庭关系、离婚、救助措施与法律责任、附则共六章

51条。修改后的《婚姻法》对夫妻财产关系、婚姻的效力、离婚的条件和离婚后的权益保护等问题都作了更明确的规定。现时我国调整婚姻关系的法律文件除了《婚姻法》之外，还有最高人民法院分别于2001年12月24日和2003年12月4日作出的两次《关于适用〈中华人民共和国婚姻法〉若干问题的解释》。

一、结婚

（一）结婚的条件

结婚，又称婚姻的成立，是指男女双方依照法律规定的条件和程序，确立夫妻关系的民事法律行为。《婚姻法》规定的结婚条件，即结婚的实质条件，包括必备条件和禁止条件两个方面。

1. 必备条件

（1）必须男女双方完全自愿，禁止一方对另一方的强迫或任何第三人干涉。

（2）必须达到法定的结婚年龄，男性不得早于22周岁，女性不得早于20周岁。

（3）必须符合一夫一妻制度，双方均为无配偶，即未婚、丧偶（原配偶生理死亡或宣告死亡）、离婚。

2. 禁止条件

（1）禁止一定范围内的血亲结婚。包括直系血亲和三代以内的旁系血亲，三代以内旁系血亲是指与己身出自同一父母或同一祖父母、外祖父母的除直系血亲外的所有血亲。

（2）禁止患一定疾病的人结婚。患有医学上认为不应当结婚的疾病包括先天性痴呆、精神分裂症等严重的精神方面的疾病和麻风病等重大不治且有传染性的身体方面的疾病。

（二）结婚的程序

结婚的程序，即结婚的形式要件，指法律规定的缔结婚姻所必经的方式。登记是我国结婚的唯一法定程序。

1. 结婚登记机关

根据修订后的《婚姻登记条例》的规定，我国内地居民办理婚姻登记的机关是县级人民政府民政部门或乡镇人民政府，省、自治区、直辖市人民政府可按照便民原则确定农民办理婚姻登记的具体机关。

2. 结婚登记程序

结婚登记程序分为申请、审查和登记三个环节。自愿结婚的男女，必须双方亲自到一方户籍所在地的婚姻登记机关申请结婚登记，填写结婚申请书，不得委托他人代理申请。婚姻登记管理机关应依法对当事人的结婚申请和相关证件进行全面审查核实。符合结婚条件的，应当予以登记，发给结婚证，对离过婚的，还应当注销其离婚证。当事人从取得结婚证时起确立夫妻关系。

(三)婚姻效力

符合结婚的实质要件和形式要件的婚姻,为合法有效的婚姻。除此之外,我国婚姻法还设立了无效婚姻和可撤销婚姻两种效力形态。

1. 无效婚姻

无效婚姻的情形包括四种:(1)重婚的;(2)有禁止结婚的亲属关系的;(3)婚前患有医学上认为不应当结婚的疾病,婚后尚未治愈的;(4)未到法定婚龄的。

无效婚姻自始无效,当事人之间不产生夫妻人身及财产方面的权利义务关系。同居期间所得的财产,除有证据证明为当事人一方所有的外,按照共同共有处理。当事人所生的子女为非婚生子女,但是与婚生子女享有同等的权利。

2. 可撤销婚姻

可撤销婚姻,是指已经成立的婚姻关系,因欠缺结婚的真实意思,受胁迫的一方当事人可行使撤销权的婚姻。《婚姻法》第11条规定,因胁迫结婚的,受胁迫的一方可以向婚姻登记机关或人民法院请求撤销该婚姻。受胁迫的一方撤销婚姻的请求,应当自结婚登记之日起一年内提出。被非法限制人身自由的当事人请求撤销婚姻的,应当自恢复人身自由之日起一年内提出。

可撤销婚姻在撤销前,其婚姻具有法律效力,一旦被撤销则自始不发生法律效力。

二、夫妻财产关系

(一)法定共有财产

根据我国《婚姻法》第17条规定,夫妻在婚姻关系存续期间任何一方所得的财产,原则上都属于夫妻共同共有财产,具体包括:

(1)工资、奖金。

(2)生产、经营的收益。

(3)知识产权的收益,也就是婚姻关系存续期间,实际取得或已经明确可以取得的财产性收益。

(4)继承或赠与所得的财产,但遗嘱或赠与合同中明确只归其中一方的财产除外。

(5)一方以个人财产投资取得的收益。

(6)男女双方实际取得或者应当取得的住房补贴、住房公积金、养老保险金、破产安置补偿费。

夫妻对共同所有的财产,有平等的处理权。也就是说夫或妻在处理夫妻共同财产上的权利是平等的。因日常生活需要而处理夫妻共同财产的,任何一方均有权决定。夫或妻非因日常生活需要对夫妻共同财产做重要处理决定,夫妻双方应当平等协商,取得一致意见。他人有理由相信其为夫妻双方共同意思表示的,另一方不得以不同意或不知道为由对抗善意第三人。

相关案例：

张某与妻子王某于2004年11月办理了协议离婚。离婚前张某购买了一张5注计10元的福利彩票。离婚三日后开奖，张某中了1万元。王某得知后要求分割奖金五千元，理由是彩票是离婚前所购，属夫妻共同财产。张某则认为奖金是婚后取得，不属夫妻共同财产，故不同意分割。我们认为，奖金虽不属于夫妻共同财产，但王某是彩票的共同出资人，故仍有权要求分割奖金。首先应该明确，彩票本身并非财产，而是一种合同凭证，是彩民购买彩票时彩票发行中心与彩民签订的一个射幸合同的凭证。在射幸合同这种合同关系中，彩民能否获得一定的奖金是不确定的，彩民持有彩票这个权利凭证，享有一种期待利益。本案中，彩票是在夫妻关系存续期间购买，故应当认定彩票是以夫妻共同财产购买的，王某正是基于共同出资而与张某同为与彩票发行中心签订射幸合同的一方当事人。故彩票中奖后，王某与张某共同享有要求彩票中心支付相应奖金的权利，而不应由张某独自享有，故张某在取得一万元奖金后，王某有权要求分得其中的五千元。

（二）法定个人财产

根据我国《婚姻法》第18条的规定，下列财产原则上应为夫或妻一方个人财产，且不因婚姻关系的延续而转化为夫妻共有财产。具体包括：

（1）一方的婚前财产。

（2）一方因身体受到伤害获得的医疗费、残疾人生活补助费等费用。

（3）遗嘱或赠与合同中确定只归夫或妻一方的财产。

（4）一方专用的生活用品。

（5）其他应当归一方的财产。

（三）约定财产制

根据我国《婚姻法》第19条规定，夫妻可以约定婚姻关系存续期间所得的财产以及婚前财产归各自所有、共同所有或部分各自所有、部分共同所有。约定应当采用书面形式。夫妻对婚姻关系存续期间所得的财产以及婚前财产的约定，对双方具有约束力。夫妻对婚姻关系存续期间所得的财产约定归各自所有的，夫或妻一方对外所负的债务，第三人知道该约定的，以夫或妻一方所有的财产清偿，但夫或妻一方对“第三人知道该约定”这一事实负有举证责任。

夫妻约定财产制优先于夫妻法定财产制。

三、离婚

离婚是夫妻双方依照规定解除婚姻关系的行为，分为协议离婚和诉讼离婚两种。

（一）协议离婚

协议离婚必须符合两个条件，即双方自愿，且已经就子女和财产问题达成协议。协议离婚经婚姻登记机关审查合格,发给离婚证,婚姻关系即告解除。有关财产分割的协议对双方都具有约束力。协议离婚后一年内,一方就财产分割反悔而起诉的,法院应当受理,经审查发现订立协议时不存在欺诈、胁迫等情形的,应驳回当事人的诉讼请求。

(二)诉讼离婚

1. 法定情形

根据我国《婚姻法》第32条的规定,有下列情形之一,调解无效的,应准予离婚:

(1)重婚或有配偶者与他人同居的;

(2)实施家庭暴力或虐待、遗弃家庭成员的;

(3)有赌博、吸毒等恶习屡教不改的;

(4)因感情不和分居满二年的;

(5)其他导致夫妻感情破裂的情形。

一方被宣告失踪,另一方提出离婚诉讼的,应准予离婚。

2. 对两类人的特别保护

我国《婚姻法》对现役军人和女方给予特别保护。

(1)军人的配偶要求离婚,须征得军人同意,但军人一方有重大过错的除外。

(2)女方孕期、分娩后一年内或中止妊娠(如流产)6个月内,男方不得提出离婚。但女方可以提出离婚,或者法院认为确有必要受理男方离婚请求的,比如女方怀孕分娩的婴儿是与他人非法性关系导致的,双方矛盾尖锐到危及一方生命、婴儿生命的等。

3. 离婚程序

人民法院审理离婚案件,必须进行调解,离婚当事人确因特殊情况无法出庭参加调解的,除本人无法表达意志外,应出具书面意见。

一审判决不准离婚、调解和好的离婚案,或者原告撤诉以及按撤诉处理的离婚案,无新理由、新情况,原告在6个月内再行起诉的,法院不予受理。对离婚与否的判决及有关财产分配、子女抚养问题的判决不服,当事人都可提起上诉。对判决离婚的生效判决不服的,不得申请再审,但对财产分割的生效判决不服的,可申请再审。

(三)子女抚养问题

1. 监护

父母、子女的关系,不因父母离婚而消除,离婚后,父母对子女仍负有监护职责,但与子女共同生活方与非共同生活方所承担的监护责任并不相同。

2. 抚养费

哺乳期内的子女,原则上随哺乳的母亲,哺乳期后的子女,双方协商,协商不成的,由法院判决。

离婚后一方抚养子女的,另一方负担必要的抚养费,包括子女生活费、教育费、医疗费等。抚养费的多少及期限,由双方协商,协商不成的,由法院判决。判决后,子女在必要时有权向父母任何一方提出超出原定数额的要求。

3. 探望权

不直接抚养子女的一方有探望子女的权利,另一方有协助的义务。行使探望权利的方式、时间由当事人协议;协议不成时,由人民法院判决。父或母探望子女,不利于子女身心健康的,由人民法院依法中止探望的权利;中止的事由消失后,应当恢复探望的权利。

(四)财产处理问题

1. 共同财产处理

离婚时,夫妻的共同财产由双方协议处理;协议不成时,由人民法院根据财产的具体情况,照顾子女和女方权益的原则判决。离婚时,一方隐藏、转移、变卖、毁损夫妻共同财产,或伪造债务企图侵占另一方财产的,分割夫妻共同财产时,对隐藏、转移、变卖、毁损夫妻共同财产或伪造债务的一方,可以少分或不分。离婚后,另一方发现有上述行为的,可以向人民法院提起诉讼,请求再次分割夫妻共同财产,其诉讼时效为2年,自当事人发现之次日起算。

2. 债务清偿

离婚时,个人债务,由一方财产清偿;原为夫妻共同生活所负的债务,应当共同偿还,共同财产不足清偿的,或财产归各自所有的,由双方协议清偿;协议不成时,由人民法院判决。

相关案例:

2004年年底至2005年6月间,原告钱春生应被告姚国军、李淑荣的邀请,到其上海回头物流有限公司工作,工作期间,二被告以公司发货量大,资金周转困难,要求原告钱春生借款为其垫付运费。2005年7月1日,经原被告双方结算,原告钱春生共计为被告垫付运费11.46万元,并由被告姚国军于当日立下借据一张,利息按一分计算,于2006年春节前还清。然而,被告至今未归还原告借款。被告姚国军与被告李淑荣于2001年12月16日登记结婚,2006年5月8日因夫妻感情不合离婚,双方签订了一份离婚协议,协议约定:姚国军所借钱春生现金由姚国军本人负责,李淑荣前后不负担任何责任。法院审理后认为,被告姚国军、李淑荣在夫妻关系存续期间,向原告钱春生借款用于两被告共同经营的货运公司业务开支,属夫妻共同债务。两被告在离婚协议中约定该笔债务由被告姚国军负责偿还,不符合法律相关规定,依法不能对抗债权人,遂一审判决被告姚国军、李淑荣共同偿还原告钱春生借款11.46万元及利息。

3. 补偿权

夫妻书面约定婚姻关系存续期间所得的财产归各自所有，一方因抚育子女、照料老人、协助另一方工作等付出较多义务的，离婚时有权向另一方请求补偿，另一方应当予以补偿。

4. 经济帮助义务

离婚时，如一方生活困难，即依靠个人财产和离婚时分得的财产无法维持当地基本生活水平，或无住处的，另一方应从其个人财产中给予适当帮助，帮助的形式可以是金钱、财物，也可以是房屋的居住权或所有权，具体办法由双方协议；协议不成时，由人民法院判决。

(五) 损害赔偿请求权

依据我国《婚姻法》第46条规定，有下列情形之一，导致离婚的，无过错方有权请求损害赔偿：

(1) 重婚的；

(2) 有配偶者与他人同居的；

(3) 实施家庭暴力的；

(4) 虐待、遗弃家庭成员的。

损害赔偿，包括物质损害赔偿和精神损害赔偿，损害赔偿的责任人为离婚诉讼当事人中的无过错方的配偶。请求损害赔偿的条件是以判决准予离婚为前提，婚姻关系存续期间，当事人不得单独提起损害赔偿诉讼。

无过错方作为原告向人民法院提起损害赔偿请求的，必须在离婚诉讼的同时提出。无过错方作为被告的离婚诉讼案件，如果被告不同意离婚也不提起损害赔偿请求的，可以在离婚后一年内就此单独提起诉讼，被告一审时未提出，二审期间提出损害赔偿请求的，人民法院应当进行调解，调解不成的，应当告知当事人在离婚后一年内另行起诉。当事人在婚姻登记机关办理离婚登记手续后，可以向人民法院提出损害赔偿之诉，但当事人在协议离婚时已经明确表示放弃该项请求，或者在办理离婚登记手续一年后提出的，人民法院则不予支持。

本节知识框架图：

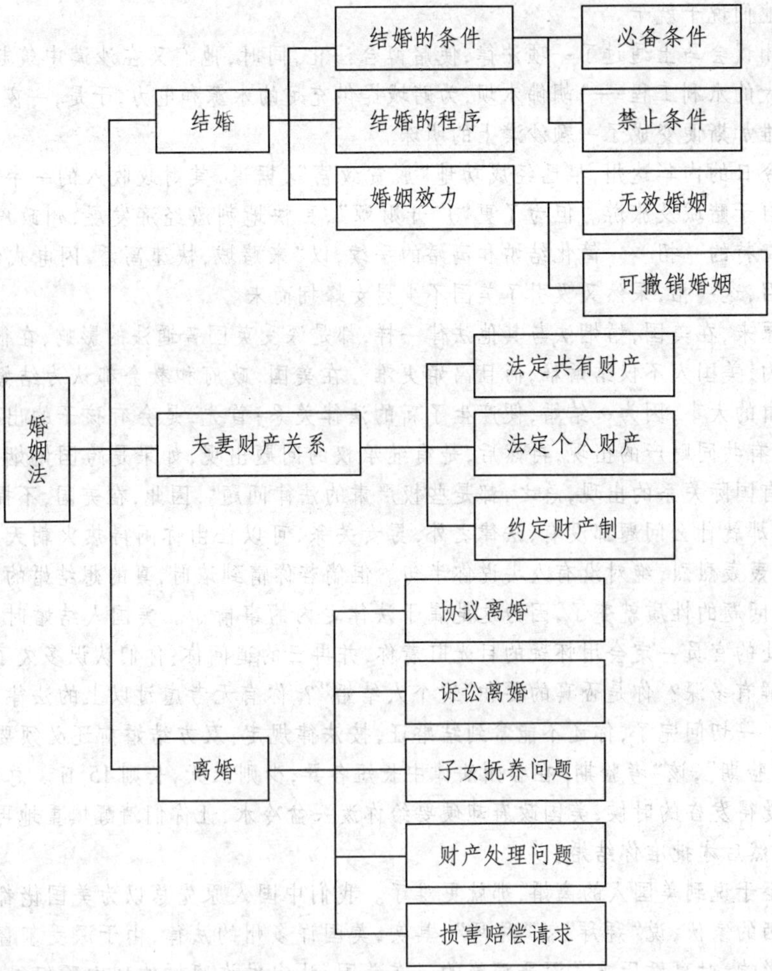

阅读与思考：

“离婚之城”：拉斯维加斯趣闻

众所周知，拉斯维加斯，一座沙漠中的“赌城”。但是在美国国内它其实还有一个闻名遐迩的大名——“离婚之城”，这是美国国内一个婚姻法的“特区”。

拉斯维加斯地处美国西部内华达州的一片大沙漠里，此地终年气候炎热干燥，寸草不生，本是一个荒无人烟的铁路小店，只是偶尔有几个矿工和一些游牧民在此地出没。70 多年前,美国人突发奇想,要在这片沙漠里建立一座赌城,来发展旅游业。他们说干就干。

州议会马上通过了一项法律,使赌博合法化,同时,他们又在沙漠中筑起了一座巨大的水利工程——胡佛水坝,为赌城提供充足的水源和电力,于是,一夜之间,拉斯维加斯便变成了一颗沙漠上的明珠。

今日的内华达州,早已经成功地"脱贫致富",据说,其财政收入的一半以上,是来自于赌城及旅游。但为了更"广开财源",更快地刺激经济发展,州政府又想出了奇特的一招——简化结婚和离婚的手续,以"来赌城,快速离婚,闪电式结婚"为号召,这一招,果然又吸引了美国不少男女蜂拥而来。

原来,在美国,婚姻法与其他法律一样,都是深受英国普通法的影响,在很长的时间内,美国人不仅结婚难,而且离婚更难。在美国,政府和教会都认为结婚是一件严肃的大事,因为一结婚,便产生了新的法律关系:首先,是会有孩子的出现,然后,是有共同财产的出现,再然后,是有继承权的问题出现,如果是跨国婚姻的话,还会有国际关系的出现,总之,都是些极严肃的法律问题。因此,在美国,不提结婚则罢,那就什么问题都没有,法律之外,男女关系,可以任由你闹得热火朝天、朝三暮四、轰轰烈烈,绝对没有人去说你半句。但倘若你情到浓时,真的想结婚的话,那么,这问题的性质就变了,因为这是属于法律之内的事情了。美国人结婚时,婚姻登记处的官员一定会用怀疑的目光盯着你,并再三的追问你:你们认识多久了?相互了解有多深?你是否真的要和"这个人结婚"?你有无考虑过以上的法律问题?等等。一切问完了,你还不能拿到结婚证,按法律规定:双方结婚前还必须要有一个"考验期",该"考验期"在各州法律中长短各异,少则三天,长则 15 日。总之,在双方爱得发昏的时候,美国政府却硬要给你泼一盆冷水,让你们清醒慎重地再考虑一次,然后才批准你结婚。

至于说到美国人的离婚,那就更难了。我们中国人原先总以为美国佬都是些极潇洒的家伙,说"拜拜"就"拜拜",其实,美国许多州的法律,由于深受基督教教义的影响,对离婚历来是深恶痛绝的。在美国,法定准许离婚的理由不但很少,条件很严格,而且,同样也有一个漫长的"考验期",有的州规定至少一年,而最长的则规定要分居三年,才准你提出离婚请求。这种搞法,弄得生性好动而又急躁的美国佬怨声载道。

但各州婚姻法的严格,却无意中,造就了赌城的无限商机。1931 年,内华达州就立法规定:凡在赌城登记结婚者,20 分钟之内就可以结为合法夫妇;而凡在赌城居住满 6 星期者,即可在该州的法院诉请离婚。此法一出,成千上万的怨侣们就纷纷从美国各地涌进这片沙漠里,实行"迁居离婚",赌城即刻就从几十个州中抢走了大笔的"离婚生意"!在拉斯维加斯的州法院里,只要你在赌城真的住满 6 星期,离婚判决 3 分钟就能完成,绝不拖泥带水。据说,每年都有几万对实在过不下去的夫妇在这里和气分手,各奔前程。

不过,另一个更吸引游客的内容则是“闪电式结婚”:一堆外地来的男女,只要年满18周岁,缴付35美元的结婚登记、发证费用之后,就可马上成为合法的夫妻。于是,赌城便马上又成为一个名扬四海的结婚的天堂。在“CasinoCenter”赌场内,就有一个婚姻登记代办处,“结婚服务”的触角居然延伸到赌场里面来,这真有点不可思议。而更不可思议的是:整个赌城里,有婚礼教堂40多座,从周一到周五,服务到凌晨12时,周末则24小时通宵营业,由此可见,此地的“婚姻生意”是多么兴隆。(摘自余定宇著:《寻找法律的印迹》,法律出版社)

请思考:你如何理解婚姻自由?

自我测试

一、判断题

1. 登记是我国结婚的唯一法定程序。( )
2. 可撤销的婚姻,受胁迫的一方请求撤销婚姻,其诉讼时效为一年。( )
3. 夫妻法定财产制优先于夫妻约定财产制。( )
4. 协议离婚必须双方自愿,且已经就子女和财产问题达成协议。( )
5. 女方孕期、分娩后一年内或中止妊娠(如流产)6个月内,禁止离婚。( )
6. 军人的配偶要求离婚,必须征得军人同意。( )
7. 离婚后不抚养子女的一方,丧失监护权,但必须支付一定的抚养费。( )
8. 根据我国《婚姻法》的规定,损害赔偿的责任人为离婚诉讼当事人中的无过错方的配偶及其第三者。( )

二、不定项选择题

1. 根据我国《婚姻法》的规定,结婚的必备要件是( )。

A. 男女双方完全自愿

B. 达到法定的结婚年龄,男性不得早于22周岁,女性不得早于20周岁

C. 符合一夫一妻制度,均为无配偶

D. 无严重疾病

2. 以下属于无效婚姻的是( )。

A. 重婚的

B. 有禁止结婚的亲属关系的

C. 婚前患有医学上认为不应当结婚的疾病,婚后尚未治愈的

D. 未到法定婚龄的

3. 以下属于夫妻共同财产的是( )。

A. 工资、奖金

B. 所有继承或赠与所得的财产

C. 知识产权的收益

D. 一方以个人财产投资取得的收益

4. 以下属于夫妻个人财产的是(　　)。

A. 一方的婚前财产

B. 一方专用的生活用品

C. 男女双方实际取得或者应当取得的住房补贴、住房公积金和养老保险金

D. 一方以个人财产投资取得的收益

5. 根据我国《婚姻法》的规定,有下列哪些情形,调解无效的,应准予离婚?(　　)

A. 重婚或有配偶者与他人同居的

B. 有赌博、吸毒等恶习屡教不改的

C. 分居满二年的

D. 一方被宣告失踪,另一方提出离婚诉讼的

6. 以下哪些情形导致离婚的,无过错方有权请求损害赔偿?(　　)

A. 重婚的

B. 有配偶者与他人同居的

C. 实施家庭暴力的

D. 虐待、遗弃家庭成员的

第七节　继　承　法

学习提示:

1. 哪些人能够取得继承权?

2. 哪些情况会导致继承权丧失?

3. 哪些人是法定继承人?继承的顺序和财产的分配规则是怎样的?

4. 遗嘱有哪些形式?遗嘱继承需要哪些条件?

5. 什么是遗赠?什么是遗赠扶养协议?

《中华人民共和国继承法》于1985年4月10日第六届全国人民代表大会第三次会议通过,并于1985年10月1日起施行。同年又颁布了《最高人民法院关于贯彻执行〈中华人民共和国继承法〉若干问题的意见》。我国的《继承法》遵循保护公民合法财产继承权、继承权平等、养老育幼、互助互济和互谅互让、和睦团结的基本原则。继承法的主要任务是确定死者所有的财产权转移问题,因而继承法主要表

现为财产法;但是财产的继承又往往以继承人和被继承人之间存在一定亲属关系为基础和前提,因而也必然表现出一定的人身性。

一、继承权的取得、放弃和丧失

现代继承法上的继承,仅指财产及财产权利的继承,是指财产所有人死亡或被宣告死亡时,依照法律规定将死者生前财产转移给他人的一种法律制度。

继承权是自然人根据法律的规定或被继承人遗嘱的指定而承受被继承人遗产的权利。在被继承人死亡之前,继承权只是一种期待权,也称之为客观意义上的继承权,它是基于继承人与被继承人之间特定的身份关系或者是基于合法的遗嘱赋予的,是一种继承的资格。

(一)继承权的取得

(1)法定继承权基于法律规定而取得,取得的原因主要有三种:①婚姻关系,即配偶;②血缘关系,即父母子女、兄弟姐妹、祖孙;③扶养关系,即丧偶儿媳、丧偶女婿。

(2)遗嘱继承权的取得必须符合两个条件:一是要有合法继承权;二是要有合法有效的遗嘱。

(二)继承权的放弃

继承权的放弃,是指继承人于继承开始后,明确作出的放弃继承被继承人遗产的意思表示。继承权属于自然人私权利的范畴,权利的主体有权处分自己享有的权利,只要这一处分不侵犯他人的合法权益,也不违反公序良俗。

1. 放弃继承权的时间

继承权的放弃只能于继承开始后遗产分割前进行。继承开始以前,由于继承人仅仅享有继承的期待权,继承人表示放弃继承权的,其放弃继承的意思表示不发生法律效力。遗产分割后,继承人对遗产的继承权转化为对遗产的所有权,其放弃的不再是继承权,而是所有权。

2. 放弃继承权的方式

继承权的放弃必须以明示的方式作出,所谓明示就是通过语言、文字表达等方式对某一事物作出的明确判断。继承人放弃继承应当以书面形式向其他继承人表示,如果用口头方式表示放弃继承的,本人承认,或者有其他充分证据证明的,也应当认定有效。在诉讼中,继承人向人民法院以口头方式表示放弃继承的,要制作笔录,由放弃继承的人签名。

3. 放弃继承权的效力

继承权的放弃是单方法律行为,一经实施即具有法律效力。继承人在放弃继承前已经占有的遗产,在放弃继承后也应当退还给合法的继承人。遗产处理前或在诉讼进行中,继承人对放弃继承反悔的,由人民法院根据其提出的具体理由,决定是否承认。遗产处理后,继承人对放弃继承反悔的,不予承认。

如果继承人放弃继承权,致使其不能履行法定义务的,放弃继承权的行为无效。例如:王某因赌博输光了全部财产,无法交纳欠国家5万元的税款。此时,他得知父亲去世时留下了5万元的遗产,但是考虑到即使拿到5万元也要先支付所欠税款,于是他决定放弃继承权。本案中,王某放弃继承权的行为,使其不能履行法定的纳税义务,故放弃行为无效。

(三)继承权的丧失

继承权的丧失,是指继承人因法定的事由,而依法被剥夺继承被继承人遗产的资格。根据我国《继承法》第7条的规定,继承权人有下列行为的丧失继承权:

(1)故意杀害被继承人。需要注意的是这里的故意只能是"杀害",而不包括"伤害",至于故意杀害是否既遂,杀害的动机是什么,都不影响其继承权的丧失。

(2)为争夺遗产而杀害其他继承人。其杀人动机必须是为争夺遗产,且主观上只能是故意。

(3)遗弃被继承人,或者虐待被继承人情节严重的。

(4)伪造、篡改或者销毁遗嘱,情节严重的。这里的情节严重是指侵害了缺乏劳动能力又无生活来源的继承人利益并造成其生活困难的。

二、法定继承

法定继承是指在没有遗赠、遗赠扶养协议和遗嘱的情况下,继承人根据法律确定的继承人范围、继承顺序以及遗产分配的原则取得被继承人遗产的继承方式。

(一)法定继承人

(1)第一顺序:配偶、子女、父母。

(2)第二顺序:兄弟姐妹、祖父母、外祖父母。

其中,子女包括婚生子女、非婚生子女、养子女,以及形成了事实扶养关系的继子女。父母包括亲生父母、养父母以及形成了事实扶养关系的继父母。兄弟姐妹包括同父同母的兄弟姐妹、同父异母或同母异父的兄弟姐妹、养兄弟姐妹以及形成了事实扶养关系的继兄弟姐妹。丧偶儿媳、女婿对公婆或岳父母尽了主要赡养义务的,为第一顺序继承人。第一顺序继承人都不存在的情况下,第二顺序继承人才有权继承。同一顺序继承人,原则上平均分配继承份额。

相关案例:

2003年6月奚女士与再婚丈夫胡天赐相识恋爱并共同生活,同年9月30日登记结婚。婚后,丈夫胡天赐身患多种疾病,奚女士对其照顾护理直至去世,尽到了做妻子的义务,现要求继承丈夫和丈夫前妻的房屋产权份额。三继子女共同辩称,此房屋是他们生父胡天赐与生母张兰花共同财产,属生父与继母的结婚前的财产,因此继母无继承权。法院认为,奚女士和三个继子女都为胡的第一顺序法定继承人。位于本市天目路上的一间二层楼房是胡天赐与前妻张兰花的夫妻共同财产,该房屋产权的二分之一归张兰花所有。因张兰花先于胡天赐去世,张兰花的产权份额由其继承人胡天赐和三个亲生子女各继承八分之一,胡天赐拥有的产权份额共计八分之五。胡天赐去世后,其产权份额由其继承人即奚女士和三个继子女各继承三十二分之五。

(二)代位继承

代位继承是指被继承人的子女先于被继承人死亡时,由被继承人的子女的晚辈直系血亲代位继承其应继承份额的一项法定继承制度。其适用的条件包括:

(1)被代位人是被继承人的子女,且先于被继承人死亡。

(2)代位人是被代位人的晚辈直系血亲,并无辈数限制。

(3)被代位人未丧失继承权。

(4)代位人一般只能以被代位人的继承份额为限而继承。

(5)代位继承只适用于法定继承,不适用于遗嘱继承和遗赠。

(三)转继承

转继承是指继承人在继承开始之后,遗产分割之前死亡,其应继承的遗产转由他的合法继承人继承的制度。其与代位继承的区别主要体现为:

(1)性质不同。转继承实质上是被继承人的遗产连续发生的两次继承,转继承人享有的实际上是分割被继承人遗产的权利,而不是继承被继承人遗产的遗产继承权。而代位继承行使的是对被继承人遗产的继承权,而不是对被代位人的遗产继承权。

(2)发生时间、成立条件不同。转继承发生在继承开始后遗产分割前,且可因任一继承人的死亡而发生。而代位继承只因被继承人的子女死亡而发生,且发生在被继承人的子女先于被继承人死亡的情况下。

(3)权利主体不同。转继承人是被转继承人死亡时生存的所有法定继承人。而代位继承人只限于被代位人的晚辈直系血亲。

(4)适用范围不同。转继承可发生在法定继承、遗嘱继承和遗赠中,而代位继承只适用于法定继承。

三、遗嘱继承

遗嘱继承是指在继承开始之后,继承人按照被继承人合法有效的遗嘱取得被继承人遗产的继承方式。

(一)遗嘱继承适用的条件

(1)立有遗嘱并合法有效。

(2)没有遗赠扶养协议。

(3)遗赠继承人没有放弃、丧失继承权,也未先于被继承人死亡。

(二)遗嘱的形式

(1)自书遗嘱,即遗嘱人亲笔书写的书面遗嘱。

(2)代书遗嘱,必须有两个以上合格的见证人当场见证,其中一个见证人代书,代书人、其他见证人和遗嘱人都须签名。

(3)录音遗嘱,必须有两个以上见证人在场见证,否则无效。

(4)口头遗嘱,必须有两个以上见证人在场见证,否则无效。

(5)公证遗嘱,即由遗嘱人经公证机关办理,其效力优先于其他形式的遗嘱,无公证遗嘱的,以最后遗嘱为准。

四、遗赠和遗赠扶养协议

(一)遗赠

遗赠是指自然人以遗赠的方式将其个人财产赠与国家、集体或者法定继承人以外的人,并于其死亡后发生效力的民事法律行为。遗赠是一种单方的、无偿的、要式的民事法律行为,其生效要求遗赠的意思表示有效、受遗赠人未先于遗赠人死亡、受遗赠人有表示接受的明示行为。

(二)遗赠扶养协议

遗赠扶养协议是指受扶养人和扶养人之间关于扶养人承担受扶养人的生养死葬义务,受扶养人将自己的财产遗赠给扶养人的协议。遗赠扶养协议建立在平等、自愿、互利的基础上,任何人不得单方面解除。遗赠扶养协议的法律效力优先于遗嘱。

相关案例:

2008年年初,王老伯的妻子因交通事故受伤瘫痪,卧床不起,王老伯年事已高,又没有子女。为了照顾的妻子,王老伯联系上了张先生,希望张先生能够照顾陪伴妻子一段时间。同时在2008年4月9日王老伯与张先生签订了一份协议,其主要内容为:王老伯及其妻子现年事已高,身残体弱,无人照顾,同意由张先生照顾夫妻两人的生活及死后事宜,并在夫妻两人去世后将夫妻两人的一切财产(主要是王老伯的房产)赠与张先生。同年5月19日,王老伯将50万元银行存款交给张先生,目的是请张先生为其买房用于养老。可天不从人愿,王老伯的妻子不久便去世了。王老伯要求张先生将50万元返还,但张先生认为协议中已经写明将一切财产赠送与他,那这50万元理所应当也是属于赠与,拒不返还。无奈之下,王老伯只好到法院起诉,要求张先生返还50万元。

本案中王老伯与张先生所签订的协议是一份遗赠抚养协议,即只有在王老伯去世以后,该遗赠抚养协议中所述财产才归张先生所有。王老伯将50万元银行存款交给张先生的本意是想让其为自己购买用于养老的房屋。两人虽然没有签订任何书面合同,但其实际上是形成了委托合同关系。依照相关法律规定,王老伯作为委托人可以随时解除委托合同的，若给受托人造成损失应当负责赔偿，而作为受托人的张先生应当将该银行存款还给所有人王老伯。法院最终支持了王老伯的诉讼请求。

本节知识框架图：

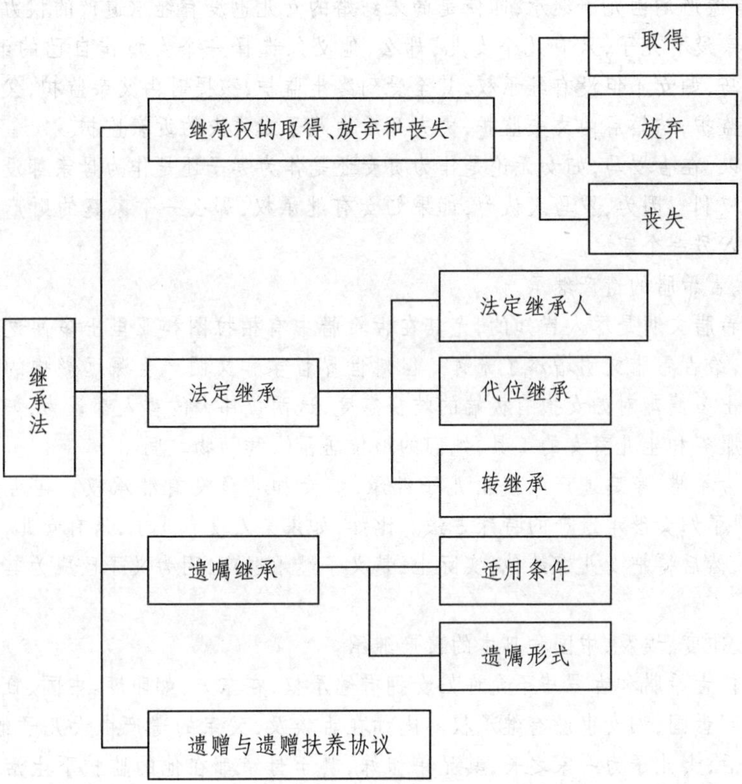

阅读与思考：

各大民族的遗产继承史

人类形成社会之后，每个人拥有自己的私有财产，当他去世后，他的财产就由其后代、妻子或亲戚继承。在这里我们简单介绍一下世界上主要民族的遗产继承历史。

一、罗马民族的遗产继承

众所周知，罗马民族在历史上拥有光辉的文明，但是在罗马人那里，妇女属于男人的财产，而且罗马人认为，妇女天生体力单薄、智力欠缺。罗马社会是一个家族共同体,每个家族都是独立的,而且每个家族都有自己的家规和惩处方法。家族长老是一个家族的最高领袖,家族成员,其中包括子女后代、奴隶都在长老的统治之下。当家族成员中某个女性和男性成员去世,她和他的财产全部由长老继承。罗马十二表法是历史上最古老的成文法文献,根据十二表法,女孩和妇女没有继承权,所有遗产均由儿子继承,即使是尚未结婚的女儿也没有继承遗产的权力。如果一个父亲没有儿子,只有几个女儿,那么,他必须选择一个女婿作自己的继承人。在古罗马,妇女不但没有继承权,甚至受到终生监护,孩提时由父亲监护,父亲去世由哥哥监护,结婚后由丈夫监护,丈夫死后由儿子或丈夫的近亲监护。

所以,在古罗马,妇女无论是作为贞女还是作为妻子还是作为母亲都没有继承遗产的权利。因为,罗马人认为,如果妇女有继承权,那么一个家庭的财产将会被妇女带入另一个家庭。

二、古希腊的遗产继承

古希腊文明是尽人皆知的,尤其在古希腊中有柏拉图和亚里士多德这样的历史伟人,给古希腊文明增添了光辉。但对世界哲学和文明产生深远影响的柏拉图和亚里士多德却对妇女抱有极端的歧视态度,这两位伟大的哲人都认为,妇女只是为男人服务和生儿育女的工具,她们的地位居于人和动物之间。

在古希腊,家庭遗产只能由儿子继承,妇女和儿童没有继承权。在古希腊后期,出现了妇女继承遗产的特殊方法。比如,如果某人没有儿子,只有女儿,他可以纳义子,然后再把女儿嫁给他,实际上,是义子继承遗产,因为义子已成为其家庭的成员。

三、印度、埃及、中国和日本的遗产继承

不仅古希腊和古罗马不允许妇女拥有继承权,在东方,如印度、中国、日本和埃及等文明古国,妇女也没有继承权。比如在古埃及,父亲的遗产由大儿子继承,父亲去世后,大儿子为一家之长,其兄弟姐妹,甚至母亲都在他的监护下生活。无论在任何情况下,妇女都没有继承遗产的权利。

在印度,根据马努法,妇女没有继承遗产的权利。父亲去世后,他的财产由其儿子继承,如果他没有儿子,只有女儿,那么,他的女儿必须生一个儿子,以便继承他的遗产。在部分印度部落里,丈夫死后,其妻被当作遗产,或作丈夫的陪葬品,与丈夫的遗体一起扔进火里火化,或将她掐死,与丈夫的遗体一起埋葬在土里。他们认为,这样做是表现妻子对丈夫的忠贞。还有一些部落,丈夫死后,被当作遗产在继承者之间分配。

在中国和日本,由于受儒家思想的影响,父亲对妻子和儿女有拥有权,甚至父亲对妻子和儿女拥有生杀予夺的权力。有时候,妻子用自杀来表达自己对丈夫的忠贞。妻子和女儿没有任何继承权,母亲都渴望生儿子。如果一个家庭只有女儿没有儿子,其父亲就会招婿入赘,以作自己的儿子,甚至入赘的女婿要把自己的姓改为妻子的姓，以便替妻子家传宗接代，继承遗产。

四、欧洲国家的遗产继承

根据欧洲继承法，只有死者的血亲才可以继承遗产，其余的没有继承权。这一继承法在欧洲一些国家一直持续到最近一个世纪，比如在法国民法里，一些地区的妇女是没有继承权的。在英国，父亲遗留下来的所有遗产只能由长子继承，女儿是没有继承父亲遗产的权力。直到1891年，欧洲法律才允许妇女继承其丈夫的遗产。

五、阿拉伯蒙昧时代的遗产继承

阿拉伯蒙昧时代的妇女状况非常恶劣，妇女被当作商品买卖，她们不但没有继承权，而且没有任何社会地位。在阿拉伯蒙昧时代，父亲的遗产由能够骑马上战场，维护部落安全的儿子继承，年幼的孩子没有继承权。妇女不仅没有继承权，而且有时候被当作死者的财产，由继承人继承。如果父亲去世，留有几个遗孀，他的儿子不仅可以继承他的财产，而且还可以继承他的遗孀，儿子只要把自己的衣服放在父亲遗孀但非亲生母亲的头上，他就可以拥有她，可以与她结婚，或把她嫁给其他人，并收取聘金，或将她留在家中，直到死亡。伊朗著名《古兰经》注疏家塔巴塔伊在其著《天平经注》中指出，在阿拉伯蒙昧时代，有一个叫艾布·基斯的人去世了，他的儿子把自己的衣服放在继母的头上就与她结婚。这位妇女去向先知穆罕默德起诉说，我丈夫死后，我不但不能继承他的财产，而且他儿子娶我为妻，但又不供给我衣食。

阿拉伯蒙昧时代禁止妇女继承遗产的原因有以下几点：(1)如果让妇女继承遗产，本家族的财产将被妇女带入另外一个家族。(2)在蒙昧时代的阿拉伯人眼里，妇女的功能只是生孩子。阿拉伯诗歌说："母亲只是生孩子的工具。"(3)蒙昧时代的阿拉伯人认为，儿子能传宗接代，女儿生的孩子属于别人的后代，所以，女儿不能继承父亲的财产。阿拉伯诗歌说："我们的后代是我们的儿子和儿子的儿子，女儿的儿子是别人的儿子。"(4)在阿拉伯蒙昧时代妇女不能继承财产的另一个原因是她们没有作战的能力。阿拉伯诗歌说："只有能高举宝剑的人才能继承我们的财产。"就此《天平经注》指出，在阿拉伯蒙昧时代，由于妇女和儿童没有能力上战场杀敌，所以，他们没有继承遗产的权利。

六、古波斯的遗产继承

在古代波斯，妇女也被当作财产。当时，波斯实行的是一夫多妻制，当丈夫死后，他的财产全部由他最宠爱的妻子的儿子继承，其余的妻子及其所生的儿子得不到任何遗产。此外，在古代波斯，已婚女儿是不能继承父亲遗产的，以免财产流入其他家族，但没有结婚的女儿可以继承一半的遗产。女儿出嫁后，她就不是这个家族的成员，很自然她就没有权利继承其父亲的财产。（摘自继承法律网：《伊斯兰教男女遗产继承不同的哲理》）

请思考:遗产继承与传统文化之间有什么关系?

自我测试

一、判断题

1. 继承法的主要任务是确定死者所有的财产权转移问题。(　　)

2. 继承权的放弃只能在继承开始前进行。(　　)

3. 继承权的放弃是单方法律行为,所以,继承人在任何情况下都可以放弃继承权。(　　)

4. 法定继承中,只有在第一顺序继承人都不存在的情况下,第二顺序继承人才有权继承。(　　)

5. 代位继承只适用于法定继承和遗嘱继承中,不适用于遗赠。(　　)

6. 转继承人是被转继承人死亡时生存的所有法定继承人,而代位继承人只限于被代位人的晚辈直系血亲。(　　)

7. 如果被继承人立有几份相互冲突的遗嘱,一律以最后立的遗嘱为准。(　　)

8. 遗嘱继承优先于法定继承,而遗赠扶养协议的法律效力又优先于遗嘱。(　　)

二、不定项选择题

1. 继承权取得的原因包括(　　)。

A. 遗嘱　　B. 婚姻关系　　C. 血缘关系　　D. 扶养关系

2. 根据我国《继承法》的规定,继承权人有下列哪些行为时,会导致丧失继承权?(　　)

A. 故意杀害被继承人

B. 为争夺遗产而杀害其他继承人

C. 遗弃被继承人,或者虐待被继承人情节严重的

D. 伪造、篡改或者销毁遗嘱,情节严重的

3. 法定继承人的范围包括(　　)。

A. 配偶　　B. 子女　　C. 父母　　D. 兄弟姐妹

4. 根据我国《继承法》的规定,遗嘱可以是(　　)形式。

A. 口头　　B. 录音　　C. 代书　　D. 公证

5. 转继承与代位继承的区别包括(　　)。

A. 性质不同　　B. 发生时间、成立条件不同　　C. 权利主体不同　　D. 适用范围不同

第八节 民事诉讼法

学习提示:

1. 相对于其他诉讼法,民事诉讼法有什么特有原则?
2. 民事诉讼的当事人包括哪些?
3. 各人民法院在审理第一审民事案件时有哪些分工?
4. 民事诉讼的证据有哪些?证明责任是怎么分配的?
5. 什么叫财产保全?什么叫先予执行?
6. 对妨碍民事诉讼的强制措施有哪些?
7. 民事诉讼一审普通程序和简易程序有什么区别?
8. 民事诉讼的二审程序、再审程序和特殊程序有哪些主要规定?
9. 我国《民事诉讼法》对执行程序作了哪些规定?

《中华人民共和国民事诉讼法》于1991年4月9日第七届全国人民代表大会第四次会议通过,根据2007年10月28日第十届全国人民代表大会常务委员会第三十次会议《关于修改〈中华人民共和国民事诉讼法〉的决定》第一次修正,根据2012年8月31日第十一届全国人民代表大会常务委员会第二十八次会议《关于修改〈中华人民共和国民事诉讼法〉的决定》第二次修正。该法分总则、审判程序、执行程序、涉外民事诉讼程序的特别规定四编二十七章共284条。

一、民事诉讼法的基本原则

民事诉讼法的基本原则是指由《民事诉讼法》规定的对民事诉讼的全过程或者重要的诉讼阶段起指导作用的准则。根据《民事诉讼法》的规定,除了"法院依法独立审判民事案件"、"以事实为根据,以法律为准绳"、"对诉讼当事人在适用法律上一律平等"等一系列诉讼共有原则之外,民事诉讼法还规定了一些特有原则,主要包括:

(一)诉讼权利平等原则

诉讼权利平等原则是指在民事诉讼中,双方当事人的诉讼地位是平等的,彼此享有平等的诉讼权利,人民法院也要保障和便利双方当事人平等的行使诉讼权利,真正实现"适用法律一律平等"。平等原则包含以下内容:

(1)当事人有平等的诉讼权利,包括相同的权利和对等的权利,比如举证、辩论、上诉是相同的权利,而原告起诉、被告应诉、被告反诉、原告答辩等则是对等的权利;

(2)当事人有平等的行使诉讼权利的手段,比如法庭调查阶段中有当事人陈

述、证人举证、出示书证物证等诉讼活动,只有保障这些程序规定的诉讼权利一一实现,才算是双方诉讼权利的平等;

(3)当事人有同样的诉讼义务。诉讼义务主要在于遵守诉讼秩序,履行发生效力的裁判。如果不履行义务则往往要承担一定的后果。

二)依法调解原则

《民事诉讼法》第9条规定:"人民法院审理民事案件,应当根据自愿和合法的原则进行调解;调解不成的,应当及时判决。"这一规定确立了我国《民事诉讼法》中的法院调解原则。在"大调解"的背景下,2012年我国《民事诉讼法修正案》增加一条作为第122条,规定:"当事人起诉到人民法院的民事纠纷,适宜调解的,先行调解,但当事人拒绝调解的除外。"由此,调解贯穿于我国民事诉讼的各个阶段和各种审判程序之中。此外,我国《民事诉讼法》第十五章第六节还专门规定了"确认调解协议案件",进一步明确了民事诉讼法与人民调解法相衔接的规定。

法院调解原则包含了以下几个方面的内容:

(1)人民法院审理民事案件,可以调解的尽量用调解方式结案,而不用判决。

(2)调解要坚持自愿和合法的原则,需要当事人主动申请或同意法院适用调解,并符合法律法规的规定。

(3)调解如果不成的话,要及时判决,不能一味调解,久调不决。

(三)辩论原则

辩论原则的法律依据见于《民事诉讼法》第12条规定:"人民法院审理民事案件时,当事人有权进行辩论。"在人民法院的主持下,当事人就案件事实和争议问题,各自陈述自己的主张和意见,并互相进行反驳和答辩。

辩论的形式有两种:一是书面形式,即当事人向人民法院起诉要递交起诉状,被告收到起诉状副本后可以选择是否提出答辩状,起诉状和答辩状都是属于书面形式的辩论;二是法庭辩论,即口头形式。

(四)处分原则

《民事诉讼法》第13条规定:"当事人有权在法律规定的范围内处分自己的民事权利和诉讼权利。"这是处分原则的法律依据。行使处分权包括两大类:民事实体权利和民事诉讼权利。对实体权利的处分主要体现在当事人确定、变更、放弃和承认诉讼请求,达成调解协议等;对诉讼权利的处分则主要体现在是否行使起诉权、上诉权、反诉权、申请再审、申请执行、撤诉等。

(五)诚实信用原则

《民事诉讼法》第13条第1款规定:"民事诉讼应当遵循诚实信用原则。"诚实信用原则,不仅是民法中的"帝王条款",也是所有法律体系中十分重要的原则。目前世界上绝大多数国家都承认诚实信用原则适用于民事诉讼法领域,作为民事诉讼的基本原则之一。民事诉讼的特点之一就是当事人在诉讼中具有相当的自主性和自治性,辩论原则和处分原则是其自主性和自治性的基本保障。但当事人自主性和自治性必须限制在正当的范围内。例如,辩论原则要求法院尊重当事人之间对对方提出的事实的自认;处分原则要求法院尊重当事人对各种请求权的处分。但法院在诉讼中又不能对可查的虚假自认和不正当的请求权的处分漠然处之,必须对其进行必要的干预;否则有悖于诉讼的实质公正。这种必要的干预和限制就只能由诚实信用原则来完成。在民事诉讼中诚实信用原则的功能是独特的,主要表现在规制诉讼主体的诉讼行为,防止诉权、审判权和诉讼辅助权的滥用。诚实信用原则是对诉讼行为和审判行为进行合法性及有效性判断的标准。如果诉讼行为违反诚实信用原则将被认定为无效,已经发生法律效力的也将被取消。

我国《民事诉讼法》第112条规定:"当事人之间恶意串通,企图通过诉讼、调解等方式侵害他人合法权益的,人民法院应当驳回其请求,并根据情节轻重予以罚款、拘留;构成犯罪的,依法追究刑事责任。"第113条规定:"被执行人与他人恶意串通,通过诉讼、仲裁、调解等方式逃避履行法律文书确定的义务的,人民法院应当根据情节轻重予以罚款、拘留;构成犯罪的,依法追究刑事责任。"这都是诚信原则在民事诉讼法中的具体体现。

(六)支持起诉原则

我国《民事诉讼法》第15条规定:"机关、社会团体、企业事业单位对损害国家、集体或者个人民事权益的行为,可以支持受损害的单位或者个人向人民法院起诉。"

近年来,诸如三鹿奶粉事件、康菲漏油事件等食品安全和环境污染事故不断发生,社会各界急切呼吁通过公益诉讼来维护公众及相关人群的合法权益。2012年我国《民事诉讼法修正案》对此专门作了规定:"对污染环境、侵害众多消费者合法权益等损害社会公共利益的行为,法律规定的机关和有关组织可以向人民法院提起诉讼。"这也是对支持起诉原则的具体规定。

二、民事诉讼当事人

民事诉讼的当事人是指因民事权益受侵犯或和他人发生争议,以自己的名义进行诉讼并受人民法院的裁判拘束的利害关系人。当事人有广义和狭义之分,广义的当事人包括原告和被告、共同诉讼人、诉讼代表人和第三人;狭义的当事人专指原告和被告。

(一)原告和被告

原告和被告是民事诉讼中最基本的当事人,民事诉讼主要是解决原告和被告之间有关民事权利义务的争议,可以说原告和被告的存在与否是民事诉讼是否发生和进行的前提。在民事诉讼中,公民、法人和其他组织都可以作为原告起诉或被告应诉。原告和被告具有同等的诉讼地位,享有平等的诉讼权利。

(二)共同诉讼人

共同诉讼是指当事人一方或双方为两人或两人以上的诉讼,其中的共同原告和共同被告就称为共同诉讼人。

共同诉讼分为必要的共同诉讼和普通的共同诉讼。

必要的共同诉讼主要在于诉讼标的是共同的,人民法院必须合并审理,必要共同诉讼人之间采取协商的原则,协商一致的诉讼行为对全体有效。

普通的共同诉讼要求诉讼标的是同一种类的,既可以合并审理,也可以分开审理。如果合并审理,需要人民法院认为可以合并审理并征得当事人的同意。任何一个共同诉讼人的诉讼行为都是自己对自己负责,人民法院在审理案件中,如果共同诉讼人中有一人诉讼中止或诉讼终结,不影响其他共同诉讼人诉讼的进行。人民法院对案件的裁判也是就各个共同诉讼人分别出具法律文书,便于法院执行和当事人上诉。

(三)诉讼代表人

诉讼代表人是指由人数众多的一方当事人推选或者商定产生的,以自己的名义参加诉讼,维护全体当事人及自身民事权益的人。诉讼代表人是从众多的权利人或义务人中选出的,他本身也是当事人之一,和诉讼结果有直接的利害关系,同时他又是代全体当事人进行诉讼,诉讼行为的效力及于所代表一方的共同诉讼人。诉讼代表人可以行使当事人的一般权利,如提供证据、请求调解、提起上诉等,但诉讼代表人变更、放弃诉讼请求或者承认对方当事人的诉讼请求,进行和解,在行使这些直接关系和影响当事人权益的诉讼权利时,要经被代表的当事人同意,否则不得对被代表的当事人发生效力。

相关知识:

诉讼代表人不同于诉讼代理人。诉讼代表人是当事人,而诉讼代理人是根据法律规定或当事人授权,以当事人名义保护该当事人合法权益,代理实施诉讼行为参加诉讼的人。根据诉讼代理权限的根据不同,可以分为法定代理人和委托代理人。(1)法定代理人,即按照法律的规定代理无诉讼行为能力的当事人进行民事诉讼的人,法定代理人的范围由法律直接规定,代理权限也由法律直接规定。《民事诉讼法》第57条规定:无诉讼行为能力人由他的监护人作为法定代理人代为诉讼。因此法定代理人的范围一般和监护人是一致的。(2)委托代理人,是指接受当事人、法定代理人、法定代表人以及第三人的委托和授权,代为诉讼行为的人。《民事诉讼法》第58条第1款规定:"当事人、法定代理人可以委托一至二人作为诉讼代理人。"委托诉讼代理人的范围包括:律师;当事人的近亲属;社会团体推荐的人;当事人所在单位推荐的人;经人民法院许可的其他公民。委托代理权的产生是基于当事人的授权,代理诉讼的权限、范围和各事项都是由被代理人委托和授予,具体的授权范围,由当事人、法定代理人自行决定。

(四)第三人

第三人是对他人发生争议的诉讼标的有独立的请求权,或虽然没有独立的请求权,但案件的处理结果与其有法律上的利害关系,因而参加到已经开始的诉讼程序中来的人。

第三人分为有独立请求权的第三人和无独立请求权的第三人。

有独立请求权的第三人是指对他人争议的诉讼标的有部分或全部的独立请求权,以实体权利人的资格提出诉讼请求而参加到已经开始的诉讼中来的人。他对原被告争议的诉讼标的主张单独的实体权利,原被告任何一方胜诉都会涉及和影响他的利益,即有独立请求权的第三人是以双方当事人为共同被告,而自己处于一种原告的地位。

无独立请求权的第三人是指对当事人双方争议的诉讼标的,虽然没有独立的请求权,但与案件的处理结果有法律上的利害关系,为维护自己的合法权益参加到诉讼中的人。他在诉讼中总是参加到和他利益有关的一方当事人进行诉讼,支持所参加一方的诉讼主张,反对另一方,但同样具有独立的诉讼地位,维护自身的合法民事权益。此外,无独立请求权的第三人在参加一方败诉的情况下,特别是如果参加被告一方败诉的,第三人又对被告负有返还或赔偿义务的,则可能会被法院判决承担民事责任,而他此时就有了上诉权,在二审程序中处于上诉人的地位。

相关案例:

张三在临街位置开设一家书店,并领取了经营执照。经营了一段时间后,张三将书店转给李四和王五经营,但仍使用原经营执照。某日,书店的牌子突然坠落,正好将放在书店门口的某大学学生甲的自行车及自行车上的一台电脑显示器砸坏。就损害赔偿一事,甲与李四和王五交涉,二人推说张三是业主,自己不应承担责任。而张三则推说书店早已经交由李四和王五经营。为解决赔偿问题,甲以张三为被告向法院起诉,要求赔偿给自己造成的自行车以及电脑显示器的损失共计3000元。法院认为,本案的被告应是李四和王五,因为张三已将书店转让经营,李四和王五已经通过法律形式获得了经营权,应该对物业履行承担主要责任,但张三作为所有权人,应承担连带责任,可作为无独立请求权第三人参与诉讼。

三、民事诉讼管辖

民事诉讼管辖,是指各级人民法院之间和同级人民法院之间受理第一审民事案件的分工和权限。按照民事诉讼法的体例,诉讼管辖种类可以分为:级别管辖、地域管辖、移送管辖和指定管辖,其中地域管辖又可分为:普通地域管辖、特殊地域管辖、专属管辖、协议管辖。

(一)级别管辖

级别管辖是划分上下级人民法院之间受理第一审民事案件的分工和权限。我国《民事诉讼法》从我国的实际情况考虑,主要以案件的性质和案件的影响大小作为标准来划分。

1. 基层人民法院管辖的第一审民事案件

《民事诉讼法》第17条规定:"基层人民法院管辖第一审民事案件,但本法另有规定的除外。"这一规定使基层人民法院承担了大部分民事案件的管辖权。

2. 中级人民法院管辖的第一审民事案件

根据《民事诉讼法》第18条的规定,中级人民法院主要管辖以下民事案件:(1)重大涉外案件,主要指争议标的额大,或者案情复杂,或者居住在国外的当事人人数众多的涉外案件;(2)在本辖区有重大影响的案件;(3)最高人民法院确定由中级人民法院管辖的案件,主要包括专利纠纷案件,海事海商案件,重大的涉港澳台民事案件以及诉讼标的额大或者诉讼单位属省、自治区、直辖市以上的经济纠纷案件。

3. 高级人民法院管辖的第一审民事案件

高级人民法院管辖在本辖区有重大影响的第一审民事案件。

4. 最高人民法院管辖的第一审民事案件

最高人民法院管辖下列第一审民事案件:(1)在全国有重大影响的案件;(2)认为应当由本院审理的案件。由最高人民法院审理的第一审民事案件,一审终审,不得上诉。

(二)地域管辖

地域管辖是确定同级人民法院之间在各自管辖的地域内审理第一审民事案件的分工和权限。地域管辖可分为普通地域管辖和特殊地域管辖。

1. 普通地域管辖

普通地域管辖按照当事人住所地与人民法院辖区的关系来确定,遵循"原告就被告"的原则,原告起诉,由被告住所地人民法院管辖,如果住所地和经常居住地不一致的,由经常居住地法院管辖。住所地一般而言指公民的户籍所在地,经常居住地则是离开住所地到起诉时已经连续居住一年以上的地方;法人的住所地,是法人的主要营业地或主要办事机构所在地。

现实中会存在一些情况不合适由被告住所地法院管辖的,则称为"被告就原告"的四种特殊情形,由原告住所地法院管辖,住所地和经常居住地不一致的,由经常居住地法院管辖:(1)对不在我国领域内居住的人提起的有关身份关系的诉讼;(2)对下落不明或宣告失踪的人提起的有关身份关系的诉讼;(3)对被劳动教养的人提起的诉讼;(4)对被监禁的人提起的诉讼。

2. 特殊地域管辖

特殊地域管辖是以被告住所地及诉讼标的所在地或者引起法律关系发生、变更、消灭的法律事实所在地为依据确定的地域管辖。

《民事诉讼法》第23条到第34条规定了10种属于特殊地域管辖:(1)合同纠纷引起的诉讼,由被告住所地或合同履行地人民法院管辖。(2)因保险合同纠纷提起的诉讼,由被告住所地或者保险标的物所在地人民法院管辖。(3)因票据纠纷提起的诉讼,由票据支付地或被告住所地人民法院管辖。(4)因公司设立、确认股东资格、分配利润、解散等纠纷提起的诉讼,由公司住所地人民法院管辖。(5)因铁路、公路、水上、航空运输和联合运输合同纠纷提起的诉讼,由运输始发地、目的地或者被告住所地人民法院管辖。(6)因侵权行为引起的纠纷,由侵权行为地或被告住所地人民法院管辖。侵权行为地,包括行为实施地和侵权结果发生地。(7)因铁路、公路、水上和航空事故请求损害赔偿提起的诉讼,由事故发生地或者车辆、船舶最先到达地、航空器最先降落地或者被告住所地人民法院管辖。(8)因船舶碰撞或者其他海事损害事故请求损害赔偿提起的诉讼,由碰撞发生地、碰撞船舶最先到达地、加害船舶被扣留地或者被告住所地人民法院管辖。(9)因海难救助费用提起的诉讼,由救助地或者被救助船舶最先到达地人民法院管辖。(10)因共同海损提起的诉讼,由船舶最先到达地、共同海损理算地或者航程终止地的人民法院管辖。

3. 专属管辖

专属管辖是指某些案件只能由法律规定的特定法院管辖,其他法院无管辖权,当事人也不得协议变更管辖法院,具有管辖上的排他性。

根据《民事诉讼法》的规定,下列案件为专属管辖:(1)因不动产提起的诉讼,由不动产所在地的人民法院管辖。(2)港口作业中发生的纠纷,由港口所在地法院管辖。(3)继承遗产的诉讼,由被继承人死亡时住所地或主要遗产所在地人民法院管辖。

4. 协议管辖

《民事诉讼法》第 34 条规定:"合同或者其他财产权益纠纷的当事人可以书面协议选择被告住所地、合同履行地、合同签订地、原告住所地、标的物所在地等与争议有实际联系的地点的人民法院管辖,但不得违反本法对级别管辖和专属管辖的规定。"这是民事诉讼法对协议管辖的规定。民事诉讼当事人可在签订书面合同的时候将管辖法院作为条款之一,也可以在合同书外另行作书面约定。

协议管辖必须具备以下条件:(1)只能采用书面形式约定;(2)当事人必须做确定单一的选择,不得选择两个或两个以上;(3)不能违反级别管辖和专属管辖的规定;(4)协议管辖只限于一审人民法院,因为二审人民法院是不具有可选择性的。

(三)移送管辖

移送管辖是人民法院受理案件后发现本院对该案件无管辖权,依法律规定将案件移送给有管辖权的人民法院审理,或者将自己有管辖权的案件移交给别的更适合审理该案的人民法院。移送管辖包括案件移送和管辖权移送。

案件移送是对管辖发生错误而采取的一种纠正措施,一般是在同级人民法院之间。它的适用具备几个条件:一是人民法院已经受理了案件;二是受理的人民法院对该案无管辖权;三是接受移送的人民法院依法有管辖权。案件移送对接受移送的人民法院有约束力,受移送的人民法院必须受理,不得以任何理由再行移送,如果它认为自己依法确实没有管辖权,可以报请上级人民法院指定管辖。

管辖权移送,是指上级人民法院有权审理下级人民法院的一审案件,确有必要将本院管辖的第一审民事案件交下级人民法院审理的,应当报请其上级人民法院批准。下级人民法院对自己管辖的一审案件认为需要上级人民法院审理的,可报请上级人民法院同意后移送审理。

(四)指定管辖

指定管辖是上级人民法院以裁定的方式指定下级人民法院对某一案件行使管辖权,是给上级人民法院在特殊情况下有权变更和确定某一案件的管辖法院,以适应审判实践的需要。

指定管辖分为两种情况:

(1)有管辖权的法院由于特殊原因不能行使管辖权,由其上级法院在辖区内指定其他适宜的法院管辖;

(2)因管辖权争议双方协商无法解决,报请共同的上级法院指定管辖。

相关案例:

王某在甲市A区新买了一套住房,并请甲市B区的装修公司对其新房进行装修。在装修过程中,装修工人不慎将水管弄破,导致楼下住户的家具被淹毁。王某与该装修公司就赔偿问题交涉未果,遂向甲市B区法院起诉。B区法院认为该案应由A区法院审理,于是裁定将该案移送至A区法院,A区法院认为该案应由B区法院审理,不接受移送,又将案件退回B区法院。根据我国《民事诉讼法》第29条的规定,因侵权行为提起的诉讼,由侵权行为地或被告住所地人民法院管辖。本案中,侵权行为地是甲市A区,被告住所地是甲市B区,所以,A区和B区法院都有管辖权,王某可以向A区或B区法院起诉。《民事诉讼法》第36条规定,人民法院发现受理的案件不属于本院管辖的,应当移送有管辖权的人民法院,受移送的人民法院应当受理。受理移送的人民法院认为受移送的案件依照规定不属于本院管辖的,应当报请上级人民法院指定管辖,不得再自行移送。本案中,甲市B区法院对本案有管辖权,所以其移送管辖是错误的。A区法院不接受移送,应当报请上级人民法院指定管辖,不得再行移送。

四、民事诉讼证据

民事诉讼证据是指能够证明民事案件真实情况的各种事实,是认定案情的根据。民事诉讼证据具有客观性、关联性和合法性的特征。

证据制度是诉讼制度的核心,具有非常重要的意义。最高人民法院在2001年

12月31日公布并于2002年4月1日起施行了《最高人民法院关于民事诉讼证据的若干规定》,它是我国第一个比较系统地针对民事诉讼证据问题作出的司法解释,是对《民事诉讼法》有关证据规定的重要补充和发展,它具体明确了当事人举证责任的分配,包括一般规则和倒置规则;界定了人民法院调查收集证据的范围和条件;新增了举证时限问题与证据交换制度;充实了质证规则和证据的审核认定规则等。

(一)民事诉讼证据的种类

根据我国《民事诉讼法》第63条规定,民事诉讼证据包括当事人陈述、书证、物证、视听资料、电子数据、证人证言、鉴定意见和勘验笔录八种。

1. 当事人陈述

当事人陈述是指当事人就有关案件的事实情况向人民法院所作的口头表述。当事人的陈述往往具有两面性:首先,当事人对案件的事实情况往往十分了解,因此,其所作的陈述一般能够比较全面地反映案件事实,起到其他证据所无法起到的作用。其次,由于当事人同案件息息相关,因此,在对案件事实进行陈述时,当事人往往会根据切身利益进行抉择,只陈述对自己有利的证据,隐瞒其他证据,甚至会捏造事实。因此,人民法院对当事人陈述应当结合本案其他证据的情况,来审查判断证据。

此外,在民事诉讼中,当事人对自己的主张,只有本人陈述而不能提出其他相关证据的,其主张不予支持。但对方当事人认可的除外。但是,在诉讼中,当事人为达成调解协议或者和解的目的作出妥协所涉及的对案件事实的认可,不得在其后的诉讼中作为对其不利的证据。

2. 书证

书证是指用文字、符号、图表等表达一定的思想或者行为,其内容能证明案件真实情况的物品。理论上可以从不同的角度按不同的标准对书证进行分类,比如以书证内容的表达方式为标准,可以将书证分为文字书证、图形书证和符号书证;以书证形成的方法为标准,可以将书证分为原本、正本、副本、节录本、影印本和译本等。

3. 物证

物证是指以自身存在的外形、重量、规格、质量等标志来证明待证事实的部分或者全部的物品或者痕迹。物证包括实体物证、痕迹物证、微量物证(微型物证)、无形体物证(如气味、声音、光、电等)。

如果就证据种类划分的标准来看,书证离不开其作为载体的物质材料,本质上书证属于物证的范畴,但是,正由于书证还反映了人们的主观意识和思想内容等,使其区别于物证。

相关案例:

2007年5月,被告向原告借款5万元并出具借据:今向原告借款人民币5万元整,定于年底还款。落款为被告亲笔签名及日期。2007 年 12 月 30 日,被告约原告到某银行办理还款手续,被告将自己名下在该银行的 5 万元存款取出,同时原告将这 5 万元以自己名义存入该银行。2008 年 4 月,原告持上述借据诉至一审法院,请求判令被告归还借款 5 万元。被告则以债已清偿、只是当时未向原告索回借据为由抗辩。庭审中,原告承认上年 12 月 30 日被告曾偿还借款 5 万元,但称该 5 万元系被告偿还 2007 年 3 月的另一笔借款。

一审法院认为,借据是我国《合同法》确认的民间借贷的一种借款合同形式,属于债权证书。在民间借贷中,债权人持有债权证书,足以证明债权的存在,若因清偿而致债的消灭,债权人应将借据归还债务人处理,否则即可认定债未消灭;被告据以抗辩的证据不足以证明 2007 年 12 月 30 日所还 5 万元即为同年 5 月的借款。据此,一审法院判决原告胜诉。被告不服,上诉至中级人民法院。本案经二审法官调解息讼。

4. 视听资料

视听资料是指采用先进科学技术,利用图像、音响及电脑存储反映的数据和资料来证明案件真实情况的一种证据。根据不同的标准,可以把视听资料分为不同的种类。比如以视听资料获得的手段和存在的形式为标准,可以分为录音资料、录像资料、电子计算机贮存资料和运用其他技术设备取得的信息资料。又如以制作手段是否合法为标准,可以将视听资料分为合法视听资料和非法视听资料等。

5. 电子数据

电子数据是指与案件事实有关的电子邮件、网上聊天记录、电子签名、访问记录等电子形式的证据。它是 2012 年修订《民事诉讼法》时增加的证据类型。这说明我国民事诉讼领域开始承认电子数据的证据效力,是对实践中产生的 QQ 聊天记录、微博私信、空间访问记录等的证据效力的认可。但是电子数据在形式上具有多样性,保存介质各不相同,在真实性上也会有所减损,所以对电子数据通常要和其他证据配合使用。

6. 证人证言

证人证言是指知晓案件的有关情况的人就所了解的案件事实向法庭所作的陈述。证人证言具有不可替代性、不稳定性和多变性等特点。

根据我国《民事诉讼法》第 70 条的规定,凡是知道案件情况的单位和个人,都有义务出庭作证。但是,根据《民事诉讼法》第 70 条以及《证据规定》第 56 条的规定,证人确有困难不能出庭的法定情形包括以下几种:(1)年迈体弱或者行动不便无法出庭的;(2)特殊岗位确实无法离开的;(3)路途特别遥远,交通不便难以出庭的;(4)因自然灾害等不可抗力的原因无法出庭的;(5)其他无法出庭的特殊情况。上述情形,经人民法院许可,证人可以提交书面证言或者视听资料或者通过双向视听传输技术手段作证。

7. 鉴定意见

鉴定意见是指鉴定人运用自己的专门知识,对民事案件某些专门性或疑难问题进行分析研究所得出的结论性意见。其特点体现为:(1)鉴定意见是专家凭借其专门知识和现代科技手段得出的判断性意见。(2)鉴定意见具有客观性和主观性间杂的特征。(3)鉴定意见具有中立性的特征。

8. 勘验笔录

勘验笔录是指人民法院审判人员在诉讼过程中,为了查明一定的事实,对与案件争议有关的现场、物品或物体亲自进行或者指定有关人员进行查验、拍照、测量后制作的笔录。

制作勘验笔录要符合一定的程序:第一,勘验、检查笔录只能由侦查、审判人员主持制作。第二,为了确保客观、公正地进行勘验、检查,依法应当邀请见证人进行见证或者通知有关当事人或其成年家属到场,但有关当事人或者其成年家属不到场的,也不影响勘验、检查的正常进行。第三,应当由勘验、检查人员以及见证人等签字或者盖章。

(二)民事诉讼的证明责任

1. 证明责任的含义

证明责任,是指在民事诉讼中,应当由当事人对其主张的事实提供证据并予以证明,若诉讼终结时根据全案证据仍不能判明当事人主张的事实真伪,则由该当事人承担不利的诉讼后果。

可见,证明责任是一种双重责任,包括行为责任和后果责任。行为意义的证明责任是指当事人有义务提供证据证明自己的主张,是一种提供证据责任。后果责任是指当待证事实得不到证明时,将由负有证明责任的人承担因该事实真伪不明所带来的不利法律后果。

2. 证明责任的分配

证明责任的分配是指按照一定的标准,将证明责任在当事人双方之间进行分配。证明责任直接关系到当事人实体权益,因此,就必须依照一定的标准将其分配给当事人。《民事诉讼法》一般地规定了"谁主张、谁举证"的原则,《最高人民法院关于民事诉讼证据的若干规定》完善了证明责任分配的一般规则和特殊规则,特别是对特殊侵权责任的证明责任倒置问题作了详细的规定:

(1)因新产品制造方法发明专利引起的专利侵权诉讼,由制造同样产品的单位或者个人对其产品制造方法不同于专利方法承担举证责任;

(2)高度危险作业致人损害的侵权诉讼,由加害人就受害人故意造成损害的事实承担举证责任;

(3)因环境污染引起的损害赔偿诉讼,由加害人就法律规定的免责事由及其行为与损害结果之间不存在因果关系承担举证责任;

(4)建筑物或者其他设施及建筑物上的搁置物、悬挂物发生倒塌、脱落、坠落致人损害的侵权诉讼,由饲养或者管理人对其无过错承担举证责任;

(5)饲养动物致人损害的侵权诉讼,由动物饲养人或者管理人就受害人有过错或者第三人有过错承担举证责任;

(6)因缺陷产品致人损害的侵权诉讼,由产品的生产者就法律规定的免责事由承担举证责任;

(7)因共同危险行为致人损害的侵权诉讼,由实施行为的人就其行为与结果之间不存在因果关系承担举证责任;

(8)因医疗行为引起的诉讼,由医疗机构就医疗行为与损害结果之间不存在因果关系及不存在医疗过错承担举证责任。

(三)民事证据保全

在证据可能灭失或者以后难以取得的情况下,诉讼参加人可以向人民法院申请保全证据,人民法院也可以主动采取保全措施。因情况紧急,在证据可能灭失或者以后难以取得的情况下,利害关系人可以在提起诉讼或者申请仲裁前向证据所在地、被申请人住所地或者对案件有管辖权的人民法院申请保全证据。证据可能灭失是指作为案件证据的事实材料由于某种特殊情况即将消灭而使得人民法院无法收集使用,如挥发性的化学药品,易腐烂的物品,重病的证人等;证据以后难以取得是指证据如果不及时提取将来再提取可能有困难的,如证人马上要出国了,如果不在其出国前获取证词,将来再找时可能会增加很大的困难和成本。因此一旦出现这种情况,就需要通过证据保全制度避免证据的灭失,保障收集的便利。

五、民事诉讼保障制度

(一)保全

保全是指因为一方当事人的行为或者其他原因,有可能使将来生效的法律文书难以执行或者造成当事人其他损害,人民法院在诉讼前或诉讼中作出裁定,对一方当事人或利害关系人的特定财产进行保全、责令其作出一定行为或者禁止其作出一定行为的一种法律行为和法律制度。保全包括诉前保全和诉讼保全。

1. 诉前保全

利害关系人因情况紧急,不立即申请保全将会使其合法权益受到难以弥补的损害的,可以在提起诉讼或者申请仲裁前向被保全财产所在地、被申请人住所地或者对案件有管辖权的人民法院申请采取保全措施。人民法院接受申请后,必须在48小时内作出裁定;裁定采取保全措施的,应当立即开始执行。申请人在人民法院采取保全措施后30日内不依法提起诉讼或者申请仲裁的,人民法院应当解除保全。

2. 诉讼保全

人民法院采取保全措施,可以责令申请人提供担保,申请人不提供担保的,裁定驳回申请。人民法院接受申请后,对情况紧急的,必须在48小时内作出裁定;裁定采取保全措施的，应当立即开始执行。

保全限于请求的范围，或者与本案有关的财物。财产保全采取查封、扣押、冻结或者法律规定的其他方法。人民法院保全财产后，应当立即通知被保全财产的人。财产已被查封、冻结的，不得重复查封、冻结。

（二）先予执行

先予执行是人民法院在诉讼中，为解决权利人在生活或者生产上的急需，根据当事人的申请，裁定义务人预先付给权利人一定数额的金钱或其他财物的制度。先予执行是民事诉讼程序中的一项保护性制度，有未决先执行的性质。

根据《民事诉讼法》第106条的规定，先予执行适用的范围有：

（1）追索赡养费、抚养费、抚育费、抚恤金、医疗费用的案件。

（2）追索劳动报酬的案件。

（3）因情况紧急需要先予执行的案件。

根据《民事诉讼法》第107条，先予执行要符合以下条件：

（1）案件属于给付之诉（即以上三类案件）。

（2）当事人之间的权利义务关系必须明确。

（3）被裁定先予执行的义务人必须有现实的给付能力。

（4）权利人一方必须确因生活、工作或生产经营上的急需。

相关案例：

王某和孙某系邻居，平日关系融洽。2006年王某自己动工修建新瓦房，孙某便主动帮忙。一日孙某不慎从脚手架上跌落，腿骨被摔断，因抢救及时未造成瘫痪，但需做一次大手术方能康复。医院让孙某交7000元医药费，孙某家境贫寒无力交付，王某虽有支付能力，但支付了2000元后就拒绝支付。医药费没有着落，致使手术迟迟不能进行。孙某无奈只好向甲区人民法院起诉，并申请让王某先行支付5000元医药费。法院认为，孙某的申请符合先予执行的法定范围和条件，遂裁定先予执行。

（三）对妨碍民事诉讼的强制措施

对妨害民事诉讼行为的强制措施是在民事诉讼中依法对有妨害民事诉讼秩序行为的人所采取的强制性手段，以保证正常的诉讼程序和诉讼活动的顺利进行。

1. 妨害民事诉讼的行为

妨害民事诉讼的行为是指行为主体在民事诉讼活动中，故意破坏和扰乱诉讼秩序，妨碍诉讼正常进行的行为。比如必须到庭的被告经两次传票传唤无正当理由拒不到庭的；违反法庭规则、扰乱法庭秩序的；伪造、毁灭重要证据，妨碍人民法院审理案件的；以暴力、威胁、贿买方法阻止证人作证或者指使、贿买、胁迫他人作伪证的等。

2. 对妨害民事诉讼行为的强制措施的种类

根据《民事诉讼法》的规定,对妨害民事诉讼强制措施的种类有五种:

(1)拘传,即人民法院对必须到庭的被告,经两次传票传唤,无正当理由拒不到庭而采取的措施。在拘传前应先向被拘传人说明拒不到庭的后果,经批评教育仍拒不到庭的方可拘传其到庭。

(2)训诫,即人民法院对妨害民事诉讼行为情节较轻的人,予以批评教育并责令改正。这是一种较轻的强制措施。

(3)责令退出法庭,即人民法院对于开庭审理中违反法庭规则的诉讼参与人及其他人,强制离开法庭的强制措施。

(4)罚款,即人民法院对妨害民事诉讼行为人所采取的强令其在指定期间缴纳一定数额的金钱的强制措施。罚款必须经人民法院院长批准,并出具《罚款决定书》,当事人不服可向上一级人民法院申请复议一次。

(5)拘留,即人民法院对妨害民事诉讼情节严重的行为人,在一定期限内限制其人身自由的强制措施。拘留必须经人民法院院长批准,制作《拘留决定书》,期限为15日以下,被拘留人不服可以向上一级人民法院申请复议一次。

需要注意的是,民事诉讼的强制措施是排除性的或者说带惩罚性的,是对已经实施了妨碍诉讼秩序行为的人所采取的,而刑事诉讼的强制措施是预防性的,为防止逃跑、串供、自杀等情况的出现而采取的。

六、审判程序

(一)一审普通程序

普通程序是指人民法院审理第一审民事案件时通常适用的最基本的诉讼程序。

1. 起诉和受理

起诉是指公民、法人和其他组织依法向人民法院提出诉讼请求,要求人民法院审理以保护自身合法权益的诉讼行为。在我国,人民法院奉行“不告不理”的原则,因此起诉是人民法院对案件行使审判权的前提。

根据《民事诉讼法》第119条的规定,起诉必须符合下列条件:原告是与本案有直接利害关系的公民、法人和其他组织;有明确的被告;有具体的诉讼请求和事实、理由;属于人民法院受理民事诉讼的范围和受诉人民法院管辖。起诉的方式以书面起诉为原则,以口头起诉为例外。

受理是人民法院经过审查,接受原告起诉,决定立案审理的诉讼行为。人民法院对起诉审查后,针对不同情况作出不同处理:人民法院认为起诉符合法定条件的,在7日内立案并通知当事人;人民法院认为起诉不符合法定条件的,在7日内裁定不予受理,原告可提起上诉;人民法院在立案后发现起诉不符合条件的,裁定驳回起诉,原告可以提起上诉。

2. 审理前的准备

人民法院在受理案件后进入开庭审理前要进行一系列的诉讼准备活动:

(1)人民法院应当在立案之日起5日内将起诉状副本发送被告,被告自收到之日起15日内提出答辩状,人民法院应当在收到答辩状之日起5日内将答辩状副本发送原告;

(2)人民法院应当在受理案件通知书和应诉通知书中告知当事人有关的诉讼权利义务,依法组成合议庭后应在3日内将组成成员告知当事人;

(3)审阅诉讼材料,调查收集必要的证据;

(4)必须共同进行诉讼的当事人没有参加诉讼的,人民法院应当通知其参加诉讼。

3. 开庭审理

开庭审理是人民法院由审判人员主持,在当事人和其他诉讼参与人的参加下,依照法定的程式和顺序,对案件进行审理,查明案件事实,并依法作出裁判或调解的活动。开庭审理是普通诉讼程序中最重要和最中心的环节。开庭审理的主要工作包括:

(1)庭审准备。人民法院应当在开庭3日前通知当事人和其他诉讼参与人。公开审理的,应当公告当事人姓名、案由和开庭的时间、地点。

(2)宣布开庭。书记员应当查明当事人和其他诉讼参与人是否到庭,宣布法庭纪律。开庭审理时,由审判长核对当事人,宣布案由,宣布审判人员、书记员名单,告知当事人有关的诉讼权利义务,询问当事人是否提出回避申请。

(3)法庭调查。法庭调查按照下列顺序进行:当事人陈述;告知证人的权利义务,证人作证,宣读未到庭的证人证言;出示书证、物证、视听资料和电子数据;宣读鉴定意见;宣读勘验笔录。法庭调查结束前,审判长应就认定的事实和争议的问题进行总结,询问各方是否要作最后陈述。如果认为此次法庭调查未能查清案件有关情况,可以休庭准备第二次开庭。

(4)法庭辩论。法庭辩论按照下列顺序进行:原告及其诉讼代理人发言;被告及其诉讼代理人答辩;第三人及其诉讼代理人发言或者答辩;互相辩论。法庭辩论终结,由审判长按照原告、被告、第三人的先后顺序征询各方最后意见。法庭辩论终结后作出判决前,能够调解的,还可以进行调解。

(5)评议和宣判。法庭辩论终结后,审判长宣布休庭,合议庭进入评议室评议,评议完毕,审判长宣布继续开庭,宣告判决结果。宣告判决有两种方式:当庭宣判和定期宣判。适用普通程序审理的案件,人民法院应当在立案之日起6个月内审结。有特殊情况需要延长的,报请院长批准,延长的期限最长不超过6个月。还需要延长的,报请上级人民法院批准。

4. 撤诉

撤诉是人民法院受理案件之后,宣告判决之前,原告要求撤回起诉的行为。撤诉是当事人行使处分权的表现,是一项重大诉讼行为。撤诉包括申请撤诉和按撤诉处理。

申请撤诉要具备以下条件:(1)申请人必须是原告及其法定代理人,以及特别授权的诉讼代理人;(2)申请撤诉必须是自愿的;(3)申请撤诉必须合法;(4)申请撤诉必须由人民法院作出裁定。

按撤诉处理是指申请人虽然没有提出申请,但其行为已经表明其不愿意再进行诉讼了,人民法院依法决定注销案件不予审理的行为。这可称为当事人消极撤诉。如原告经传票传唤,无正当理由拒不到庭的,或者未经法庭许可中途退庭的,以及原告应预交而未预交案件受理费的等。

5. 缺席判决

缺席判决是一方当事人无正当理由拒不参加庭审的情况下依法作出判决,依此制度作出的判决书就是缺席判决书。根据《民事诉讼法》的规定,缺席判决适用于以下情况:(1)被告经传票传唤,无正当理由拒不到庭的,或者未经法庭许可中途退庭的;(2)被告提出反诉的,原告经传票传唤,无正当理由拒不到庭的,或者未经法庭许可中途退庭的;(3)人民法院裁定不准许原告撤诉,原告经传票传唤,无正当理由拒不到庭的。

6. 延期审理

延期审理是指人民法院开庭审理后,出现某些特殊情况使得开庭审理无法继续进行,从而顺延至另一期日进行审理的制度。延期审理的情况包括:(1)必须到庭的当事人和其他诉讼参与人有正当理由没有到庭的;(2)当事人临时提出回避申请的;(3)需要通知新的证人到庭,调取新的证据,重新鉴定、勘验,或者需要补充调查的;(4)其他应当延期的情形。

7. 诉讼中止

诉讼中止是在诉讼进行中,由于出现法定情形,人民法院裁定诉讼程序暂时停止的制度。根据《民事诉讼法》第136条的规定,造成诉讼中止的原因有:(1)一方当事人死亡,需要等待继承人表明是否参加诉讼的;(2)一方当事人丧失诉讼行为能力,尚未确定法定代理人的;(3)作为一方当事人的法人或者其他组织终止,尚未确定权利义务承受人的;(4)一方当事人因不可抗拒的事由,不能参加诉讼的;(5)本案必须以另一案的审理结果为依据,而另一案尚未审结的;(6)其他应当中止诉讼的情形。中止诉讼的原因消除后,恢复诉讼。

8. 诉讼终结

诉讼终结是在诉讼进行中,因发生某种特殊情况,使诉讼无法继续进行从而由人民法院裁定终结诉讼程序的制度。诉讼终结的情形有:(1)原告死亡,没有继承人,或者继承人放弃诉讼权利的;(2)被告死亡,没有遗产,也没有应当承担义务的人的;(3)离婚案件一方当事人死亡的;(4)追索赡养费、扶养费、抚育费以及解除收养关系案件的一方当事人死亡的。

相关案例:

2006 年 5 月 24 日,受雇于刘某(车主)的张某驾车运货,途经一木桥时,桥断裂,连车带人掉入河中。张某摔伤后自费看病支付医疗费上万元。刘某多次找到该桥所有人南河公司索赔,无果。刘某于 2007 年 1 月 25 日将其诉至法院,要求赔偿汽车修理费、停运损失费共计 13.5 万元。法院适用简易程序审理此案,指定了 15 日的举证期限,在此期间刘某向法院提供了汽车产权证、购车发票等证据。一审开庭时,刘某又向法院提供了修车发票。庭审调查中,被告南河公司主张该证据已超过举证期限,而刘某则解释说,迟延提出证据是因工作忙,未能及时索取发票,最后法官仍安排双方对该证据进行质证。经双方同意,法庭主持该案调解。在调解中,被告承认确有工作疏漏,未及时发布木桥弃用的公告;原告也承认,知道该木桥已弃用,但没想到会断裂。双方最终未能达成调解协议。2007 年 3 月 16 日,法院依据双方在调解中陈述的事实和情况,认定被告承担主要责任,原告承担次要责任;并根据相关证据判决被告赔偿原告汽车修理费、停运损失费共计 8 万元。刘某当即表示将提起上诉。本案的一审审理存在两大错误:一是一审法院要求被告对原告超过举证期限的证据进行质证错误,因一方当事人超过举证期限提出的证据,未经对方当事人同意,不得质证。二是法院对当事人在调解中承认的事实作为认定当事人责任分担的证据错误,当事人为了达成调解协议而对相关事实的认可,不得在其后的诉讼中作为对其不利的证据。

(二)一审简易程序

民事诉讼简易程序适用于基层人民法院和它派出的法庭审理事实清楚、权利义务关系明确、争议不大的简单民事案件或者当事人双方约定适用简易程序的民事案件。原告可以口头起诉,人民法院或其派出法庭在审理时采用独任制,可以用简便方式随时传唤当事人、证人。简易程序案件要在立案之日起 3 个月内审结。

2012 年《民事诉讼法修正案》增加了小额诉讼程序作为第 162 条,规定:“基层人民法院和它派出的法庭审理事实清楚、权利义务关系明确、争议不大的简单民事案件,标的额为各省、自治区、直辖市上年度就业人员年平均工资 30% 以下的,实行一审终审。”

(三)二审程序

二审程序又叫上诉审程序,是指民事诉讼当事人不服第一审人民法院尚未生效的判决和裁定,在法定期限内向上一级人民法院提起上诉,上一级人民法院对案件进行审理时所适用的诉讼程序。

1. 上诉的提起与受理

上诉是当事人对第一审人民法院裁判不服,在法定期限内要求上一级人民法院对案件进行审理的诉讼行为。提起上诉必须具备一定的条件:(1)合法的上诉人和被上诉人,包括第一审程序中的原告和被告、共同诉讼人、诉讼代表人等;(2)上诉的对象必须是依法准予上诉的裁判,包括地方各级人民法院适用普通程序和简易程序审理作出的第一审判决、不予受理的裁定、驳回起诉的裁定等;(3)在法定的上诉期间,不服判决的上诉期间为15日,不服裁定的上诉期间为10日;(4)上诉必须递交上诉状。上诉状应当通过原审人民法院提出,并按照对方当事人或者代表人的人数提出副本。当事人直接向第二审人民法院上诉的,第二审人民法院应当在5日内将上诉状移交原审人民法院。

原审人民法院收到上诉状及其副本后应当在5日内将上诉状副本送达对方当事人,对方当事人自收到之日起15日内提出答辩状。人民法院应当在收到答辩状之日起5日内将副本送达上诉人。原审人民法院收到上诉状、答辩状,应当在5日内连同全部案卷和证据,报送第二审人民法院。至此,案件全部脱离一审人民法院,由二审人民法院进行审理。

2. 上诉案件的审理

根据《民事诉讼法》第168条规定,第二审人民法院应当对上诉请求的有关事实和适用法律进行审查。因此第二审人民法院审理的内容是与上诉请求有关的事实和法律问题,审理方式是由审判员组成合议庭进行审理,不能采用独任制,也不能有陪审员参加,原则上应开庭审理,在事实核对清楚后,认为不需要开庭审理的,也可以径行判决。第二审程序也适用调解制度,调解书送达当事人后,原审人民法院的判决即视为撤销。

3. 上诉案件的裁判

第二审人民法院对上诉案件经过审理后,根据不同的情况,分别作出如下判决和裁定:(1)认为原判决认定事实清楚,适用法律正确的,判决驳回上诉,维持原判;(2)认为原判决认定事实清楚,但适用法律错误的,或者原判决认定事实不清、证据不足二审人民法院查清事实后,依法改判;(3)认为原判决认定事实不清、证据不足,或者违反法定程序的,裁定撤销原判,发回原审人民法院重审;(4)二审人民法院对不服第一审人民法院裁定的上诉案件的处理,也一律使用裁定。我国实行二审终审制,二审裁判为终审裁判,不得再行上诉,不得就同一诉讼标的以同一事实或理由重新起诉。

(四)审判监督程序

审判监督程序又称再审程序,是指人民法院、人民检察院对于已经发生法律效力的判决、裁定,发现在认定事实或适用法律上确有错误的,依法提出并由人民法院进行重新审判的诉讼程序。审判监督程序是独立的审判程序,是纠正人民法院已经发生法律效力的错误裁判的补救程序,但它不是案件审理的必经程序,也不是诉讼的独立审级。

根据《民事诉讼法》第200条的规定，当事人的申请符合下列情形之一的，人民法院应当再审：

(1)有新的证据，足以推翻原判决、裁定的；

(2)原判决、裁定认定的基本事实缺乏证据证明的；

(3)原判决、裁定认定事实的主要证据是伪造的；

(4)原判决、裁定认定事实的主要证据未经质证的；

(5)对审理案件需要的主要证据，当事人因客观原因不能自行收集，书面申请人民法院调查收集，人民法院未调查收集的；

(6)原判决、裁定适用法律确有错误的；

(7)审判组织的组成不合法或者依法应当回避的审判人员没有回避的；

(8)无诉讼行为能力人未经法定代理人代为诉讼或者应当参加诉讼的当事人，因不能归责于本人或者其诉讼代理人的事由，未参加诉讼的；

(9)违反法律规定，剥夺当事人辩论权利的；

(10)未经传票传唤，缺席判决的；

(11)原判决、裁定遗漏或者超出诉讼请求的；

(12)据以作出原判决、裁定的法律文书被撤销或者变更的；

(13)审判人员审理该案件时有贪污受贿，徇私舞弊，枉法裁判行为的。

根据《民事诉讼法》第205条规定："当事人申请再审，应当在判决、裁定发生法律效力后6个月内提出；有本法第200条第1项、第3项、第12项、第13项规定情形的，自知道或者应当知道之日起6个月内提出。"

(五)特殊程序

1. 特别程序

特别程序是人民法院对非民事权益争议案件的审理程序。与普通程序和简易程序相比，特别程序有以下特点：(1)不解决民事权利义务的争议，而是确认某种法律关系是否存在；(2)启动特别程序的当事人特殊，没有原告和被告；(3)审判组织特殊，原则上实行独任制，只有选民资格案件和重大疑难的非讼案件才适用合议庭；(4)实行一审终审制；(5)审理期限较短，应在立案之日起30日内或公告期满30日内审结，需要延长的报院长批准；(6)免收案件受理费。

适用于特别程序的案件有：选民资格案件、宣告公民失踪案件、宣告公民死亡案件、认定公民无民事行为能力、限制民事行为能力案件、认定财产无主案件、确认调解协议案件和实现担保物权案件。

2. 其他特殊审判程序

包括督促程序、公示催告程序等。

七、执行程序

执行是民事诉讼程序的最后阶段，直接关系到当事人合法权益的实现，也关系到法律的尊严和人民法院的威信,它是人民法院按照执行根据,运用国家司法执行权,依据执行程序迫使被执行人实现法律文书确定的内容的行为。审判程序是执行程序的前提,执行程序是审判程序的继续和完成。

(一)一般规定

1. 执行组织

根据《民事诉讼法》的规定,人民法院根据需要可以设立执行机构。也就是说,任何一级法院都可以设立执行机构。

2. 执行管辖

根据《民事诉讼法》的规定,发生法律效力的民事判决、裁定,以及刑事判决、裁定中的财产部分,由第一审人民法院或者与第一审人民法院同级的被执行的财产所在地人民法院执行。

3. 执行措施

我国《民事诉讼法》规定的执行措施主要有扣留、提取被申请执行人的收入,冻结、划拨被申请执行人的存款,查封、扣押、拍卖、变卖被申请执行人的财产,搜查被申请执行人隐匿的财产,强制被申请执行人交付法律文书指定的财物或票证,强制被申请执行人迁出房屋或者退出土地,强制执行法律文书指定的行为。

(二)执行程序的开始

1. 申请执行

申请执行是执行程序开始的通常形式,是指债权人在债务人拒绝履行执行依据所确定的义务时,请求人民法院强制债务人履行义务的行为。不管是自然人还是法人,其申请执行的期间都为二年。

当事人申请执行,必须具备下列条件:(1)申请执行的法律文书必须已经生效;(2)申请执行的法律文书具有可执行的内容;(3)申请执行人必须是法律文书规定的权利人或者权利承受人;(4)义务人没有按执行依据所确定的期限履行义务;(5)属于执行法院管辖。

2. 移送执行

移送执行是对申请执行的补充,指人民法院的裁判发生法律效力后,由审理该案的审判人员将案件直接交付执行人员执行,从而开始执行程序的行为。

根据《民事诉讼法》的有关规定,移送执行的案件主要有:(1)判决、裁定具有交付赡养费、抚育费、扶养费内容的案件;(2)民事制裁决定书;(3)刑事附带民事判决、裁定、调解书。

(三)执行程序的进行

1. 执行担保

是指在执行的过程中,被执行人履行义务确有困难时,通过向法院提供担保的方式,经申请执行人同意后,由法院决定暂缓执行的制度。被执行人逾期仍不履行义务的,人民法院有权执行被执行人的担保财产或者担保人的财产,但执行担保人的财产以担保人应当履行义务部分的财产为限。被执行人或担保人对担保的财产在暂缓执行期间有转移、隐藏、变卖、毁损等行为的,人民法院可以恢复强制执行。

2. 执行和解

是指债权人与债务人在执行的过程中,通过自愿协商,以协议变更执行依据所确定的履行义务、履行期限及履行方式的行为。双方当事人自行和解达成协议,无须人民法院主持,属于双方的自愿行为,和解协议不得违反法律的禁止性规定。执行员应当将协议内容记入笔录,由双方当事人签名或者盖章。

3. 执行中止

是指在执行过程中,由于出现某种特殊情况需要暂时停止执行程序时,人民法院裁定中止执行程序,待该情况消失后再恢复执行的制度。执行中止的情形有:案外人对执行标的提出确有理由的执行异议的、作为一方当事人的公民死亡、需要等待继承人继承权利或承担义务的、被执行人确无财产可供执行的等。

(四)执行程序的结束

1. 执行终结

是指在执行程序中,因发生法律规定的事由,执行程序没有必要或者不可能继续,人民法院依法裁定结束执行程序的制度。执行终结的情形有:申请人撤销执行申请的、据以执行的法律文书被撤销的、追索赡养费、扶养费、抚育费案件的权利人死亡的等。执行终结的裁定,当事人不能提起上诉,也不能申请复议。

2. 不予执行

是指人民法院在对仲裁裁决、公证债权文书的申请执行书或者承认和执行外国法院的判决裁定的申请书予以审查或者执行过程中,因出现法定的原因,裁定停止执行并结束执行程序的行为。依照《民事诉讼法》的规定,只有对仲裁裁决、公证债权文书的执行,外国法院的判决、裁定的承认和执行,才存在不予执行的问题。

(五)执行救济

1. 执行异议

是指在执行过程中,案外人对执行标的提出异议的,执行员应当按照法定程序进行审查:理由不成立的,予以驳回;理由成立的,由院长批准中止执行;如果发现判决、裁定确有错误,按照审判监督程序处理。

2. 执行回转

执行完毕后,据以执行的判决、裁定和其他法律文书确有错误,被人民法院撤销的,对已被执行的财产,人民法院应当作出裁定,责令取得财产的人返还;拒不返还的,强制执行。

本节知识框架图:

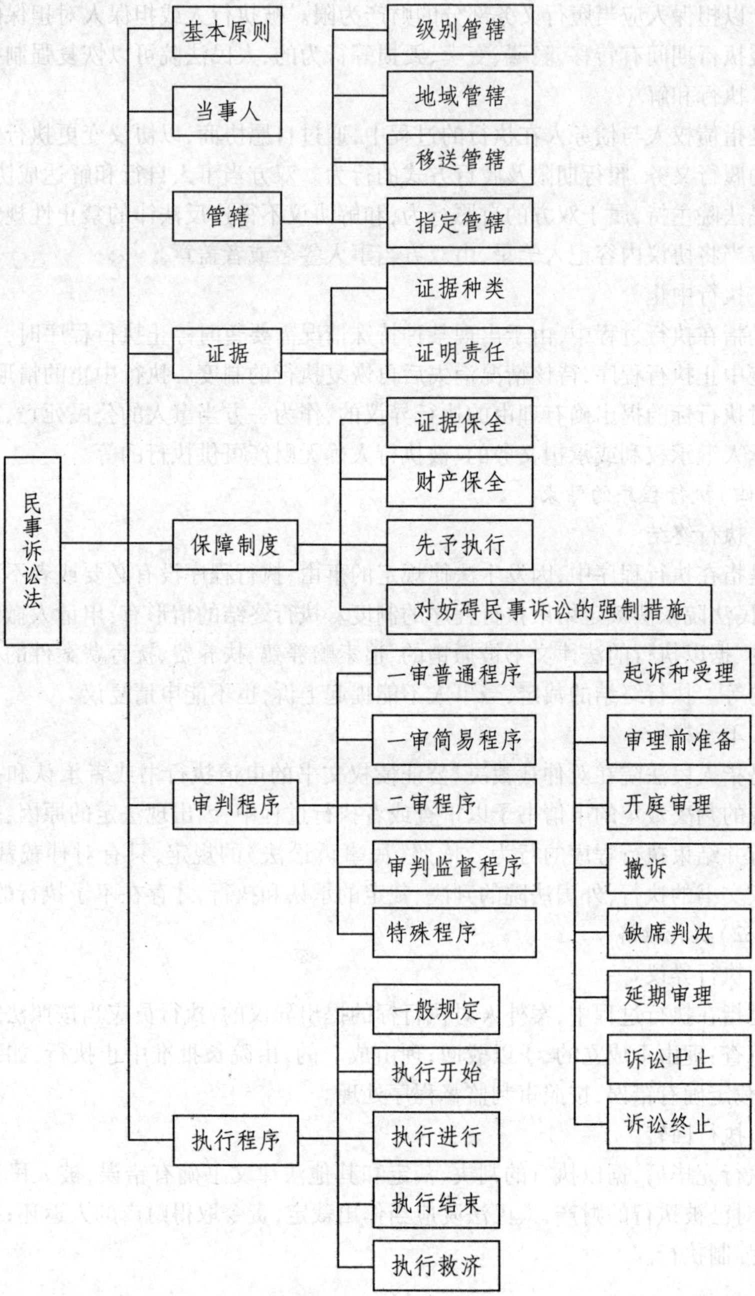
民事诉讼法
基本原则
当事人
管辖
级别管辖
地域管辖
移送管辖
指定管辖
证据
证据种类
证明责任
保障制度
证据保全
财产保全
先予执行
对妨碍民事诉讼的强制措施
审判程序
一审普通程序
起诉和受理
审理前准备
开庭审理
撤诉
缺席判决
延期审理
诉讼中止
诉讼终止
一审简易程序
二审程序
审判监督程序
特殊程序
执行程序
一般规定
执行开始
执行进行
执行结束
执行救济

阅读与思考:

民政局是适格的原告吗?

2004年和2005年,江苏省高淳县境内发生两起车祸。经当地交警认定,死者均为外来无名流浪汉。由于无法确认死者的具体身份,又无人认领尸体,事故后续处理工作无法进行。2006年4月,在高淳县人民检察院的建议下,高淳县民政局以社会救助部门及流浪汉监护人的身份,将肇事司机和相关保险公司告上法庭,并索赔30余万元。2006年12月,高淳县法院作出一审判决,认定民政局不符合原告主体资格,驳回其替流浪汉维权的诉求。民政局不服提起上诉。南京市中级人民法院二审审理认为,高淳县民政局与本案不存在直接利害关系,民政局不是本案适格的诉讼主体,其上诉理由缺乏法律依据,故对其诉讼请求不予支持,2007年3月28日作出维持原判的终审裁定。此案审结后,对此案凸显的有关立法问题,南京中级人民法院向南京市人大常委会提交了报告,请求尽快通过立法保护道路交通事故中无名死者的相关权益。(摘自《法制晚报》)

关于无名流浪人员遇车祸身亡的法律救济制度,目前在国内尚属空白,这也是社会救济体系的“盲点”。有人认为,如果没有任何部门为遭遇车祸的无名流浪人员主张权利,那么人的生命权将无法得到尊重和体现,肇事方、保险公司的民事责任也不能得到体现,而民政部门承担了对无名流浪乞讨人员的救助职责,因此,民政部门可以作为原告起诉。但也有人认为,我们《民事诉讼法》明确规定,提起民事诉讼的原告必须是与本案有直接利害关系的公民、法人和其他组织,民政局与死者不存在任何直接的利害关系,因此,不能作为诉讼主体起诉。

请思考:结合我国的监护制度、民事诉讼主体要件、民事诉讼中的支持起诉原则等知识点分析民政局是否符合原告主体资格?

自我测试

一、判断题

1. 依法调解是《民事诉讼法》的特有原则,是民事诉讼的必经程序,它贯穿于各种审判程序的各个阶段。(　)

2. 根据我国《民事诉讼法》的规定,机关、社会团体、企业事业单位对损害国家、集体或者个人民事权益的行为,可以以自己的名义支持受损害的单位或者个人向人民法院起诉。(　)

3. 必要的共同诉讼主要在于诉讼标的是共同的,人民法院可以合并审理,也可以分开审理。( )

4. 诉讼代表人属于诉讼当事人,他可以行使诉讼当事人的所有权利。( )

5. 普通地域管辖的一般原则是"被告就原告",即由原告的住所地法院或经常居住地法院管辖。( )

6. 住所地一般而言指公民的户籍所在地,经常居住地则是离开住所地到起诉时已经居住过一年以上的地方。( )

7. 上级人民法院有权审理下级人民法院的一审民事案件,也可以把由本院管辖的一审民事案件交下级人民法院审理。( )

8. 实施诉前保全后,申请人应在 15 日内提起诉讼,否则人民法院应解除财产保全。( )

9. 民事诉讼的强制措施和刑事诉讼的强制措施一样,都具有预防性。( )

10. 民事诉讼简易程序适用于基层人民法院和它派出的法庭。( )

二、不定项选择题

1. 以下属于《民事诉讼法》特有原则的是( )。

A. 支持起诉原则 B. 辩论原则 C. 辩护原则 D. 处分原则

2. 以下属于民事诉讼当事人的是( )。

A. 原告和被告 B. 诉讼代理人 C. 诉讼代表人 D. 第三人

3. 以下属于中级人民法院管辖的案件有( )。

A. 重大涉外案件 B. 在本辖区有重大影响的案件

C. 专利纠纷案件 D. 海事海商案件

4. 因侵权行为引起的纠纷,由( )人民法院管辖。

A. 侵权行为实施地 B. 侵权结果发生地 C. 原告住所地 D. 被告住所地

5. 以下属于专属管辖的是( )。

A. 因不动产提起的诉讼,由不动产所在地的人民法院管辖

B. 港口作业中发生的纠纷,由港口所在地法院管辖

C. 继承遗产的诉讼,由被继承人死亡时住所地或主要遗产所在地人民法院管辖

D. 重大涉外民事案件,由特定的中级人民法院管辖

6. 合同双方当事人可以在书面合同中协议选择哪些法院管辖?( )

A. 被告住所地法院 B. 合同履行地或合同签订地法院

C. 原告住所地法院 D. 标的物所在地法院

7. 我国《民事诉讼法》规定了( )的举证原则。

A. 被告举证 B. 原告举证 C. 谁主张、谁举证 D. 举证责任倒置

8. 因缺陷产品致人损害的侵权诉讼,由( )就法律规定的免责事由承担举证责任。

A. 产品的生产者 B. 产品的销售者 C. 产品的使用者 D. 产品的消费者

9. 以下属于对妨害民事诉讼强制措施的是( )。

A. 拘传 B. 拘留 C. 罚款 D. 训诫

10. 适用普通程序审理的一审民事案件,人民法院应当在立案之日起( )内审结。

A. 三个月 B. 六个月 C. 一年 D. 两年

11. 以下哪些情形,应该适用诉讼中止?( )

A. 当事人临时提出回避申请的

B. 一方当事人死亡,需要等待继承人表明是否参加诉讼的

C. 一方当事人因不可抗拒的事由,不能参加诉讼的

D. 被告死亡,没有遗产,也没有应当承担义务的人的

12. 在民事诉讼中,不服判决的上诉期间为( )日,不服裁定的上诉期间为( )日。

A. 10 5 B. 15 5 C. 15 10 D. 20 10

13. 当事人申请再审,应当在判决、裁定发生法律效力后( )内提出。

A. 6 个月 B. 1 年 C. 2 年 D. 4 年

14. 适用于特别程序的案件有( )。

A. 选民资格案件

B. 宣告公民失踪或死亡案件

C. 确认调解协议案件

D. 实现担保物权案件

15. 发生法律效力的民事判决、裁定,以及刑事判决、裁定中的财产部分,由( )执行。

A. 第一审人民法院 B. 与第一审人民法院同级的被执行的财产所在地人民法院

C. 第二审人民法院 D. 与第二审人民法院同级的被执行的财产所在地人民法院

第六章　经　济　法

我们还能吃什么?

近年来,我国进入食品安全事件高发期。劣质奶粉、“苏丹红”辣酱、毛发酱油、石蜡火锅底料、瘦肉精、毒大米、地沟油、人造奶、人造新鲜红枣……“问题食品”之多、涉及范围之广、造成恶果之重,已到了令人谈“食”色变的地步。我们不禁要问:我们还能吃什么?

在市场调节、自由竞争之外,政府干预、宏观调控不可或缺。经济法就是调整需要由公权力干预的经济关系的法律规范。面对严峻的食品安全形势,全国人大常务会通过了《食品安全法》,并于2009年6月1日起实施。该法明确规定:应设立食品安全委员会、统一食品国家安全标准、建立食品安全风险监测评估制度、取消食品免检制度、消费者权益受损可要求十倍赔偿、问题食品代言人须承担连带责任、规范食品添加剂的使用等。该法实施之后,各地的消费者维权案件不断涌现。比如,杭州临平的薛某于2009年6月在当地一家超市买了13瓶价值共8000多元的茅台酒,后来发现此酒有假,立即投诉到工商管理部门要求商家给付十倍的赔偿金,双方僵持不下,投诉到了“12315”中心。因为金额比较大,商家声称这是薛先生的恶意购买行为,不肯妥协,最后,消保部门只好将案件移交到了相关的执法部门进行进一步的调查。

在以营利为目的的市场经济中,生产者、经营者唯利是图、见利忘义,商家之间不择手段恶性竞争,消费者维权、劳资纠纷、职业打假人也不断涌现。到底哪些属于不正当竞争行为?产品责任如何确定并承担?消费者有哪些权利?维权有哪些途径?劳资双方分别有哪些权利和义务?如何签订劳动合同?等等。本章将为你解读相关问题。

第一节 概 述

学习提示：

1. 什么是经济法？
2. 经济法的特征有哪些？
3. 经济法的调整对象有哪些？

一、经济法的概念和特征

（一）概念

“经济法”这一概念最初是由18世纪法国空想社会主义者摩莱里在他出版的《自然法典》一书中提出，但现代经济法却产生于19世纪末20世纪初自由资本主义向垄断资本主义发展的历史时期，经历了战备经济法、危机对策法、复兴经济法等阶段，从而发展成为一个独立的法律部门。经济法在中国的确立始于十一届三中全会，经过三十多年的发展，现已成为我国社会主义法律体系中一个非常重要的法律部门。一般认为，经济法是国家从整体经济发展的角度出发，对具有社会公共性的经济活动进行干预、管理和调控的法律规范的总称。

具体到我国现行的法律，主要体现为：《消费者权益保护法》（1993年）、《产品质量法》（2000年修正）、《反不正当竞争法》（1993年）、《反垄断法》（2007年）、《价格法》（1997年）、《税收征收管理法》（2001年修正）、《个人所得税法》（2005年修正）、《劳动法》（1994年）、《劳动合同法》（2007年）等。本章将就其中最常用的几部法律进行重点介绍。

（二）特征

作为一个独立的法律部门，经济法具有以下特征：

1. 经济性

所谓“经济性”，即与经济密切相关的属性。这里的“经济”是指社会中的一切生产、消费、交换和分配活动。经济法的产生与发展起源于国家对社会经济活动的干预，可以说，社会经济活动的存在与发展直接决定了经济法的内容与发展方向。同时，国家对社会经济活动的干预主要是把经济制度和经济活动的内容及要求直接规定为法律，这就使得经济法必然要反映基本经济规律，揭示基本经济问题。

2. 社会性

所谓“社会性”，主要是指经济法以社会利益为本位。在我国，民法以调整平等主体之间财产关系和人身关系为己任,注重保护私人的利益,具有私人性;商法以调整平等商事主体之间的商事关系为己任,注重维护商人的营利,具有营利性。显然民法和商法囿于自身的调整对象、调整机制和法益目标,无法调整具有社会性的经济关系并维护社会公共利益,这就需要新的法律部门来满足相应的法律调整需求。经济法是顺应生产社会化的要求而产生并发展起来的,为国家干预社会经济生活提供了法律依据和保障,其根本目标在于维护社会整体利益,促进社会经济结构和运行的协调、稳定和发展。国家对社会经济生活的干预体现了国家的社会公共职能,反映了绝大多数人的意志,即社会意志。正因为经济法是以维护社会整体经济利益为最终价值目标之法,其内涵与外延应该随着市场经济的发展而发展,经济法的研究不应只局限于经济层面,由经济发展引发的生态问题、社会问题亦应落入经济法的视野。

3. 政策性

经济法经常被表述为国家对经济的干预之法,它体现了国家权力对社会经济生活的直接干预和调控。因此,国家的经济体制和经济政策无疑对经济法的发展和变化产生影响,经济法也必须反映和回应社会经济生活和政治形势的变化,呈现出政策性的特性。经济政策的内容决定了经济法的基本内容,经济政策的倾向性也决定了经济法的倾向性和实施力度。比如,税法,在过去,政策的核心是税收负担问题,但现在各国基本上都确立了税收的调控政策方向,即将正确引导经济行为,合理确定分配格局,有效调整经济结构,确保财政收入稳定增长作为主要的政策目标。因此,我国现行的税法,在税种的开征、税收优惠的确定等方面基本上都体现了这些要求。

二、经济法的调整对象

法的调整对象是其作为独立法律部门存在的根据,任何法律部门都有自身的调整对象,即该法所调整的独特的社会关系。对于经济法有没有自身特定的调整对象,以及这种调整对象的范围如何界定学术界一直存在争议。我们认为经济法只调整一定范围的经济关系,具体包括:

(一)市场规制关系

它是指国家为了保障市场机制的健康运行,维护市场竞争秩序,保护经营者、消费者的合法利益,提升社会公共福利,而对市场主体的生产经营行为加以干预和约束所发生的一种国家经济调节关系。市场规制关系主要包括市场竞争关系、消费者权益保护关系、产品质量监督管理关系等。

(二)宏观调控关系

它是指国家对国民经济和社会发展运行进行规划、调节和控制过程中发生的经济关系,它涉及现实社会中的国民经济整体利益、社会公共利益、国家根本利益和长远利益,其本质是国家对宏观经济政策的调控关系。宏观调控关系主要包括计划调控关系、财税调控关系、金融调控关系、经济监管关系等。

(三)社会保障关系

社会保障是指国家和社会通过立法对国民收入进行分配和再分配,对社会成员特别是生活有特殊困难的人们的基本生活权利给予保障的社会安全制度。社会保障的本质是维护社会公平进而促进社会稳定发展。社会保障具有强制性和互济性,具有弥补市场机制的缺陷,促进社会经济健康发展的功能。社会保障关系是经济关系运行的基础和要素,主要包括劳动法律关系、社会保险法律关系等。

相关知识:

经济法学是研究经济法产生及其发展的一般规律、经济法与社会经济管理活动之间的关系、经济法的内容与实现等问题的一门新兴的法学学科。它也是一门介于民法与行政法的边缘学科。经济法学产生于20世纪20年代的德国。德国第一次世界大战期间和战后,制定了《关于限制契约最高价格的通知》、《煤炭经济法》、《碳酸钾经济法》、《防止滥用经济力法令》等不少有关经济法的规范性文件。这一新的法律现象,引起了德国法学界的广泛关注,随着经济法研究和教学的开展,一批经济法论著得以出版,不少学者提出了一些有影响的经济法理论,经济法学逐步产生。此后,经济法学在德国、法国、日本等资本主义国家以及苏联和东欧一些社会主义国家得到了发展。应该说,经济法学在国外的发展取得了相当大的成绩。但是,发展的速度不快,存在的问题不少,特别是在经济法基本理论的研究方面还比较薄弱。

在中国,经济法学是在1979年以后,随着我国经济法制建设的加强,以及经济法研究和教学工作的开展而产生的。中国的经济法学,产生得晚,发展得快。大家知道,历史上新的正确的东西,在开始的时候常常得不到多数人承认,只能在斗争中曲折地发展。但是,新生事物具有强大的生命力。年轻的中国社会主义经济法学在自己的发展过程中虽然遇到了种种阻力,但它却以任何原有法学学科无可比拟的速度向前发展着。实践表明,三十多年来中国法学领域革命性变革的突出成就之一,就是在中国创立一门独立的学科——经济法学,对经济法的许多重大理论问题和实际问题的研究正在日益深入。应该说,在中国不仅形成了多种经济法理论,而且已形成了若干经济法学说。这些学说具有中国特色,其水平也并不比国外的经济法学说逊色。

本节知识框架图：

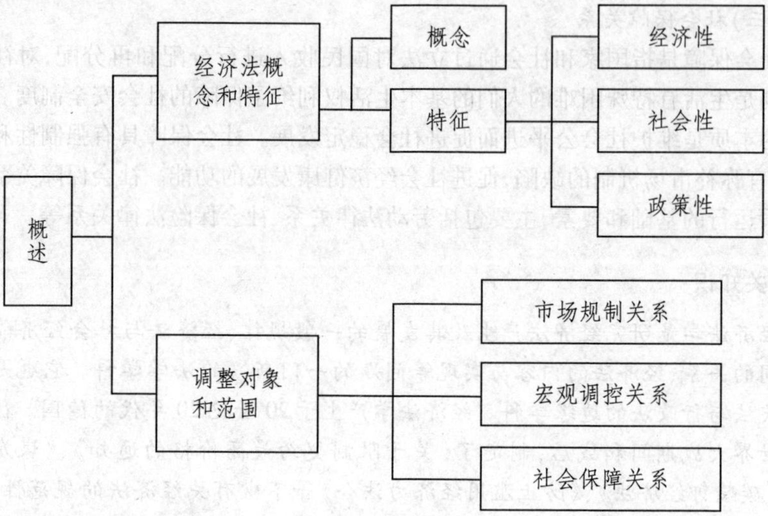

阅读与思考：

美国反垄断法的实施历程

美国的反垄断法，从1890年《谢尔曼反托拉斯法》颁布至今已有百年历史，这一百年的历史是美国反托拉斯法备受争议的历史。在该法颁布后的头二十年里，它并没有得到太多的应用。其主要原因是当时经济自由主义占上风，政府和国会对这样做是否合宪也把握不定，所以，尽管颁布了反垄断法，但政府的自由主义政策使其并没有得到什么执行。因此，这段时间美国的托拉斯得到了进一步的增强。

20世纪30年代的经济大危机使得政府意识到自由竞争是经济恢复的关键，于是罗斯福总统从1936年到1940年对司法部进行了一系列高层任命，并最终任命当时强烈主张限制垄断的ThurmanAmold为反托拉斯部门的最高负责人，对横向共谋和独占企业展开了进攻。一直到70年代，美国政府这个时期对反托拉斯“总是能够赢得胜利”。70年代到90年代初期，美国感到日本、欧盟经济竞争压力，开始实行鼓励大企业合并的政策，以期同日本、欧盟展开竞争。这时许多在尼克松时代被任命的法官们已相对减少了反托拉斯干预。

司法部和联邦贸易委员会虽然提起了许多针对具有支配地位企业的诉讼，但是，除了有名的打破Bell体系的案件外，这些诉讼大部分都失败了。在大多数案件里，法院给了占支配地位的企业相当的自由，它们可以自己定价、自己决定产品的发展以及发展的战略。20世纪90年代以后，美国的反托拉斯实施政策基本上表现了灵活的经济分析观点,依据具体情况具体分析,如波音公司合并案和微软案。其执行结果反映了美国政府的经济政策。

请思考:美国反垄断法的实施历程体现了经济法的什么特征?

自我测试

一、判断题

1. 经济法一词是由18世纪法国空想社会主义者摩莱里在立法上提出。(　　)

2. 经济政策的内容决定了经济法的基本内容,经济政策的倾向性也决定了经济法的倾向性和实施力度。(　　)

3. 我国经济法在新中国成立后就产生了。(　　)

4. 经济法调整社会上所有的经济关系。(　　)

5. 社会保障关系是经济关系运行的基础和要素。(　　)

二、不定项选择

1. 现代经济法产生于(　　)。

A. 19世纪初　　B. 20世纪末　　C. 19世纪末20世纪初　　D. 18世纪

2. 经济法的调整对象包括(　　)。

A. 市场规制法　　B. 宏观调控法　　C. 社会保障法　　D. 知识产权法

3. 以下属于市场规制关系的是(　　)。

A. 反不正当竞争关系　　B. 消费者权益保护关系

C. 产品质量关系　　D. 劳动法律关系

4. 经济法是以(　　)为本位的法。

A. 个人利益　　B. 国家利益　　C. 社会利益　　D. 群众利益

第二节　竞　争　法

学习提示:

1. 什么是竞争法?

2. 什么是反垄断法?我国反垄断法的基本内容是什么?

3. 什么是反不正当竞争法?反不正当竞争的表现形式有哪些?

一、概述

竞争,是指不同利益主体为了追求自身利益的最大化,以其他利害关系人为对手,运用商业策略为自己争取市场交易机会的行为。竞争是市场经济最重要的运行机制。健全良性的竞争具有减少社会成本、优化配置社会资源的作用,但是混乱无序的不正当竞争则不仅会破坏整个社会经济秩序、损害社会公共利益,还会使那些遵循诚信原则参加市场竞争的经营者遭受利益上的损害。因此,经济法作为经济干预之法,必须在维护市场良性竞争方面有所作为,竞争法便应运而生了。

所谓的竞争法,就是调整市场竞争关系的法律规范的总称。它可以分为两大部分:一是反垄断法,旨在反对限制竞争的行为,以维护自由竞争的市场结构为己任,对利用自己的垄断优势地位破坏市场竞争机制和秩序的垄断行为进行监控和管制。二是反不正当竞争法,旨在反对采取违反诚信原则以及其他不道德手段进行过分的恶性竞争的行为,目的是要维护公平、正当的竞争秩序。《反垄断法》和《反不正当竞争法》共同构成了我国竞争法的主体部分。

二、反垄断法

(一)反垄断法概述

垄断是与竞争相对立的一个范畴,是指排除或者限制竞争,损害消费者利益或者危害社会公共利益的行为。它具有危害性和违法性两个特点,危害性是指对市场的经济运行过程进行排他性控制或对市场竞争进行实质性限制;违法性是指该行为受到法律明确禁止。有些垄断行为虽然具有一定的危害性,但被法律允许,属于垄断豁免的范围,如自然垄断行业和政府赋予经营特权的行业,还包括法律赋予的专利权等。

反垄断法,又称反托拉斯法,是指国家调整市场主体或其他组织垄断行为或其他限制竞争行为的有关法律规范的总称。世界上第一部反垄断法是1890年美国的《谢尔曼反托拉斯法》,它被称为世界各国反垄断法之母。我国第一部反垄断法是2007年8月30日第十届全国人民代表大会常务委员会第二十九次会议通过的《中华人民共和国反垄断法》,该法于2008年8月1日起施行。其立法宗旨为:“为了预防和制止垄断行为,保护市场公平竞争,提高经济运行效率,维护消费者利益和社会公共利益,促进社会主义市场经济健康发展,制定本法。”同时,国务院规定了三大垄断执法部门:工商总局查处垄断协议、滥用市场支配地位、滥用行政权力排除限制竞争的行为;国家发改委查处价格垄断的行为;商务部负责经营者集中的审查。

相关知识:

世界上第一起反垄断案发生在20世纪初的美国,在当时造成了巨大轰动,影响深远,首开政府干预经济,限制垄断的先河。1839年约翰·洛克菲勒出生于美国纽约州西部一个农场,19岁时创办了自己的商行。后来开始涉足炼油业。这时的美国经济发展迅速，大企业开始崛起，洛克菲勒预感到小商人时代结束，大企业时代来临。他设计出了托拉斯制度，并于1879年成立了标准石油托拉斯。所谓“托拉斯”就是生产同类产品的多家企业，以高度联合的形式组成一个综合性企业集团。这种形式垄断性很强，在托拉斯名义下，标准石油公司仅用了几年的时间就兼并了100多家石油厂商，控制了美国90%的炼油企业，成为美国有史以来最大的垄断石油公司。洛克菲勒为了降低生产成本，经常为节省每1分钱而绞尽脑汁。原来每封装一个油罐需要点40滴电焊，但他要求工人减少电焊滴，结果用39滴电焊，也可保证油罐不漏油，于是洛克菲勒下令，以后封装油罐只能用39滴电焊，并将其列为一项公司的明文规定。托拉斯公司成立后，洛克菲勒就可以利用垄断经营进一步降低成本，他迫使铁路公司降低石油的运费，同时提高竞争对手的石油运费。垄断经营，使标准石油公司赚取了超额利润，财富也在短时间内聚集。在洛克菲勒40岁的时候，他已经拥有了10亿美元的财富，这在当时无异于天文数字。与此同时，其他垄断性巨头如钢铁大王、电信大王、铁路大王、金融大王等也纷纷出现。以至于当时美国国家财富的60%都掌握在这些行业巨头手里。财富的高度集中，使贫困的美国普通人感到无比愤怒，他们认为这些人的财富是通过侵占别人的利益和机会，使用巧取豪夺的手段得来的。同时，产业的高度垄断，使一大批中小企业失去了生存空间，纷纷破产倒闭，失业人口大量增加。从19世纪末开始，美国各地爆发了抵制托拉斯的大规模群众运动，1890年世界上第一部反垄断法《谢尔曼反托拉斯法》诞生，它被称为世界各国反垄断法之母。到20世纪初，有一个名叫塔贝尔的记者，她的父亲是一个小石油生产商，在洛克菲勒的垄断面前，不堪竞争，遭受排挤，最终倾家荡产。她用亲眼目睹的事实发表了长篇系列报道，引起了美国社会的广泛共鸣。美国联邦政府也认识到，经济的高速发展不能以牺牲社会公正和民众利益为代价。于是，当时的美国总统罗斯福下令对垄断资本进行调查。1911年，美国最高法院判定标准石油公司垄断违法，妨碍了自由竞争，并下令解散标准石油公司，拆分成40个小公司。今天的埃克森石油公司、美孚石油公司都是由当时分拆后的小公司发展而来。（摘自百度 www. baidu. com“知道”）

（二）反垄断法基本内容

反垄断法的经济学原理是，一个企业如果取得垄断地位或者市场支配地位，它势必抬高产品价格，减少对市场的供给。因此，反垄断法的任务就是防止市场上出现垄断，并对合法的垄断企业进行监督，防止它们滥用市场优势地位。我国反垄断法主要有以下几项任务：

1. 禁止垄断协议

禁止垄断协议是指禁止经营者之间达成旨在排除、限制竞争或者实际上具有排除、限制竞争效果的协议、决定或者其他协同一致的行为。垄断协议即是一种限制竞争协议，其认定必须具备三个要素：一是当事人必须有两个以上，且互相独立，自由经营,在业务上具有竞争关系,且是竞争对手。二是通过共谋达成协定联合行为。三是以限制竞争为目的。

垄断协议一般可分为两种,即横向垄断协议和纵向垄断协议。

横向垄断协议,又称卡特尔,是指处于同一市场层次的当事人,如制造商与制造商、销售商与销售商之间达成的限制竞争协议。包括:(1)固定价格;(2)限制数量;(3)分割市场,即竞争者之间分割地理、客户或者产品市场范围的协议;(4)限制购买新技术或者限制开发新产品;(5)联合抵制。

相关案例:

2007年7—8月,国内几家方便面巨头联合将价格普遍上调了20%—40%,随后又扩展到几乎所有企业参与此次调价,其市场覆盖率达到95%以上。针对此次涨价,方便面厂声称是原料成本上升的结果;但是许多业内人士和专家分析认为,他们是在为自己乱涨价找借口,步调一致的提价实质是方便面寡头企业涉嫌垄断市场、操纵价格行为。仅仅经过20天的涨价风波,8月16日,国家发改委一纸通报,将世界方便面协会中国分会置于前所未有的尴尬中——发改委正式认定该协会和相关企业"相互串通、操纵市场价格",并且责令其立即改正错误,向社会公开作出正面说明。

纵向垄断协议,是指不同市场层次的当事人,如制造商、批发商与零售商等上游企业与下游企业之间所达成的限制竞争的协议。我国反垄断法明令禁止两类纵向垄断协议,一是固定转售价格,二是限定最低转售价格,因为这些限制不仅严重损害销售商的定价权,而且严重损害消费者的利益。而其他类型的纵向协议如独家销售、独家购买、限制地域等,因为它们在很多情况下具有合理性,应当适用合理原则。

垄断协议的豁免,是指经营者之间的协议、决议或者其他协同行为,虽然排除、限制了竞争,构成了垄断协议,但协议的实施所产生的好处要远大于其排除、限制竞争造成的危害,因此法律规定对其予以豁免,即排除适用《反垄断法》的规定。豁免的情形有:为改进技术、研究开发新产品的;为提高产品质量、降低成本、增进效率,统一产品规格、标准或者实行专业化分工的;为提高中小经营者经营效率,增强中小经营者竞争力的;因经济不景气,为缓解销售量严重下降或者生产明显过剩的;为保障对外贸易和对外经济合作中的正当利益的;法律和国务院规定的其他情形。属于前五种情形,不适用反垄断法有关垄断协议规定的,经营者还应当证明所达成的协议不会严重限制相关市场的竞争,并且能够使消费者分享由此产生的利益。

2. 禁止滥用市场支配地位

禁止滥用市场支配地位是指具有市场支配地位的经营者,不得滥用市场支配地位,排除、限制竞争。市场支配地位是指经营者在相关市场上能够控制商品的价格、数量或者其他交易条件,或者能够阻碍、影响其他经营者进入相关市场能力的市场地位。认定市场支配地位的一系列因素,包括经营者的市场份额、相关市场竞争状况、经营者控制市场的能力、经营者的财力和技术条件、其他经营者对该经营者在交易上的依赖程度、其他经营者进入相关市场的难易程度等。为了提高法律稳定性和当事人的可预见性,我国反垄断法还借鉴德国法,提出以下情况下可以推断市场支配地位:一个经营者在相关市场的份额达到二分之一的;两个经营者在相关市场的份额合计达到三分之二的;三个经营者在相关市场的份额合计达到四分之三的。但是,这些推断不具法定推断的效力,即当事人可以证明自己不具有市场支配地位。

滥用市场支配地位的行为主要包括:(1)以不公平高价销售商品或者以不公平低价购买商品;(2)没有正当理由,以低于成本的价格销售商品;(3)没有正当理由,拒绝与交易相对人进行交易;(4)没有正当理由,限定交易相对人只能与其或者与其指定的经营者进行交易;(5)没有正当理由,搭售商品或者在交易中附加其他不合理的条件;(6)没有正当理由,对条件相同的交易相对人在价格等交易条件上实行差别待遇;(7)国务院反垄断执法机构认定的其他滥用市场支配地位的行为。此外,经营者滥用知识产权、排除、限制竞争的行为,同样适用我国的反垄断法。

相关案例:

微软公司于1975年成立,目前是全球最大的软件供应商。微软在全球PC机操作系统等软件市场占有巨大的市场份额,经常被推上反垄断法庭。2006年7月,欧盟委员会正式宣布,因微软未执行该委员会2004年的反垄断裁决,对微软处以2.8亿欧元(3.57亿美元)罚款。其实,微软公司一直诉讼不断,1997年10月,美国司法部起诉微软公司将网络浏览器与“视窗”捆绑在一起销售。2000年6月,杰克逊法官作出将微软一分为二的判决,微软随后提出上诉。2001年6月,美国哥伦比亚特区联邦上诉法院作出裁决,驳回地方法院法官杰克逊作出的将微软一分为二的判决,但维持有关微软从事了违反反垄断法的反竞争商业行为的判决,判决微软利用在操作系统市场上的垄断力量打击竞争对手,与电脑制造商和软件开发商签订一些排他性合同违法。

3. 控制经营者集中

经营者集中是指经营者通过合并、资产购买、股份购买、合同约定(联营、合营)、人事安排、技术控制等方式取得对其他经营者的控制权或者能够对其他经营者施加决定性影响的情形。其中,合并是最重要和最常见的一种经营者集中形式。经营者集中有利于提高企业的经营规模,促进企业间的人力、物力、财力以及技术方面的合作,从而有利于提高企业效率和竞争力。然而,如果允许它们无限制地并购企业,就不可避免地会消灭市场上的竞争者,导致垄断性的市场结构。

经营者集中的方式包括:(1)经营者合并;(2)通过股权或者资产方式取得对另一企业的控制权;(3)以合同方式或者其他方式取得对另一企业的控制权。

我国反垄断法控制经营者集中主要是通过集中申报和审批制度。在这里必须强调的是包括《反垄断法》在内的国家法律并不一概反对并禁止企业正常兼并、收购资产的整合行为,只有当企业的并购行为可能达到排除、限制竞争,损害消费者利益的情况下,国家法律才会要求企业向国务院反垄断执法机构申报集中,由其做出是否同意集中的决定。"控制经营者集中"主要考虑以下因素:参与集中的经营者在相关市场的份额及其对市场的控制力;相关市场的市场集中度;经营者集中对市场进入、技术进步的影响;经营者集中对消费者和其他有关经营者的影响;经营者集中对国民经济发展的影响;国务院反垄断执法机构认为应当考虑的影响市场竞争的其他因素。

相关案例:

2009 年 3 月 18 日,商务部发布公告称已裁决禁止可口可乐公司收购中国汇源公司。经审查,商务部认定:此项集中(也即收购)将对竞争产生不利影响。集中完成后可口可乐公司可能利用其在碳酸软饮料市场的支配地位,搭售、捆绑销售果汁饮料,或者设定其他排他性的交易条件,集中限制果汁饮料市场竞争,导致消费者被迫接受更高价格、更少种类的产品;同时,由于既有品牌对市场进入的限制作用,潜在竞争难以消除此类限制竞争效果;此外,集中还挤压了国内中小型果汁企业的生存空间,给中国果汁饮料市场竞争格局造成不良影响。为了减少集中对竞争产生的不利影响,商务部与可口可乐公司就附加限制性条件进行了商谈,要求申报方提出可行的解决方案。可口可乐公司对商务部提出的问题表述了自己的意见,提出初步解决方案及其修改方案。经过评估,商务部认为修改方案仍不能有效地减少此项集中对竞争产生的不利影响。据此,根据《反垄断法》第 28 条,商务部做出禁止此项集中的决定。这是自《反垄断法》实施以来,商务部首度否决企业间的收购行为。

4. 禁止行政垄断

禁止行政垄断是指行政机关和法律、法规授权的具有管理公共事务职能的组织不得滥用行政权力排斥、限制或妨碍市场竞争的行为。滥用行政权力限制竞争的行为在本质上讲都是一种歧视行为,即对市场条件下本来应该有着平等地位的市场主体实施了不平等的待遇,其后果是扭曲竞争,妨碍建立统一、开放和竞争的大市场,使社会资源不能得到合理和有效的配置。因此,反行政垄断是我国《反垄断法》的一项重要任务。

行政垄断的主体是行政机关(一般不包括国务院)和法律、法规授权的具有管理公共事务职能的组织,它往往以政府命令、决议或政策的形式表现,内容多数是针对不特定的市场主体或市场行为的抽象规范。通常以行政权力为支撑,借助行政权力的权威干预经济秩序。

我国《反垄断法》规定的行政垄断行为有:(1)强制交易;(2)妨碍商品在地区间自由流通;(3)排斥或限制外地企业参与本地招投标活动;(4)排斥或限制外地资金流入本地市场;(5)强制经营者从事垄断行为;(6)制定排除、限制竞争的行政法规。

三、反不正当竞争法

(一)反不正当竞争法概述

反不正当竞争法,是指调整市场交易活动中的不正当竞争行为,保护经营者合法权益的法律规范的总称。我国制定反不正当竞争法的目的是保障社会主义市场经济健康发展,鼓励和保护公平竞争,制止不正当竞争行为,保护经营者和消费者的合法权益。我国的《反不正当竞争法》于1993年12月1日起施行。

(二)不正当竞争行为

由于不正当竞争行为表现的多样性和复杂性,各国一般都以概括和列举相结合的方式来规定,我国立法也不例外。《反不正当竞争法》首先在第2条第2款规定,“本法所称的不正当竞争,是指经营者违反本法规定,损害其他经营者的合法权益,扰乱社会经济秩序的行为。”此外,又在第二章专门列举了11种不正当竞争行为。其中有一部分行为属于垄断行为,如公用企业或者其他依法具有独占地位的经营者的限制竞争行为、搭售或者附加其他不合理的条件、串通招投标和行政垄断,由于这四种行为已经在反垄断法中有所介绍,我们这里所介绍的是狭义的不正当竞争行为。

1.假冒或仿冒行为

假冒或仿冒行为,即不正当地利用他人的商业信誉或商业声誉的行为。主要是指经营者将自己的商品、营业场所与其他经营者的商品、营业场所等制造混淆的行为,具体表现为擅自使用与其他经营者特有的、为公众知悉的商品名称、包装、装潢、商标或标记,以及企业名称等相同或近似的商品名称、包装、装潢、商标、标记或企业名称。

根据《反不正当竞争法》第5条规定,这类行为具体表现如下:

(1)假冒他人注册商标。即经营者在同一种或其他商品上所使用的商标与其他经营者已注册的商标相同或者近似,造成与他人的商品相混淆的行为。假冒他人的注册商标,既是违法我国《商标法》的行为,又是违反《反不正当竞争法》的行为。

相关案例:

2009年9月28日,海西蒙古族藏族自治州格尔木工商局执法人员根据有关线索,一举捣毁当事人潘国安租赁的位于格尔木市江源小区车库(23栋1单元)、建兴巷某民房用于制造、储藏假冒白酒的两处窝点,现场查获已灌装好的“五粮液”等省内外名优品牌白酒共482瓶及大量防伪标志和回收包装,案值1.73万元,所查扣物品经鉴定为假冒产品。当事人潘国安的行为,违反了《中华人民共和国反不正当竞争法》第5条第1款第1项,《中华人民共和国商标法》第52条第1款第3项,已构成制造、销售假冒他人注册商标商品行为;根据《中华人民共和国反不正当竞争法》第21条、《中华人民共和国商标法》第53条、《中华人民共和国商标法实施条例》第52条之规定,工商部门对当事人实施了责令当事人潘国安停止侵犯注册商标专有权行为、没收侵权白酒、商标标志及包装、处以1.2万元罚款的行政处罚。此案是典型的制售假冒他人注册商标标志案。制假分子大多是外地来宁无业人员,在西宁租用民居、仓库,从废品收购站或各大酒店回收名优白酒包装,将低档白酒或散酒灌装成假冒名优白酒对外销售。(摘自中国商标专网)

(2)假冒知名商品。即擅自使用知名商品特有的名称、包装、装潢或者使用与知名商品近似的名称、包装、装潢,造成和他人的知名商品相混淆,使购买者误认为是该知名商品的行为。所谓知名商品,是指在市场上具有一定知名度,为相关公众所知悉的商品。“特有”是指商品名称、包装、装潢非为相关商品所通用,并具有显著区别性特征。

(3)假冒他人名称。即擅自使用他人的企业名称或者姓名,使人误认为是他人的商品的行为。企业名称权、经营者的姓名是受法律保护的人格权中重要的组成部分。企业名称和经营者姓名是区分商品生产者、经营者,或服务来源的重要标准,它能够反映出该企业或该生产经营者的商品声誉及商业信誉。未经企业许可,经营者擅自使用其名称、姓名的,必然会损害该企业的市场信誉,抢占其市场份额,破坏竞争秩序。

(4)假冒他人标志。即在商品上伪造或者冒用认证标志、名优标志等质量标志,伪造产地,对商品质量作令人误解的虚假表示的行为。其中认证标志是质量认证机构准许经其认证合格的企业在产品或者其包装上使用的质量标志,如长城标志。名优标志是经国际或国内有关机构或社会组织评定为名优产品而颁发给经营者的一种质量标志。

2. 商业贿赂行为

所谓商业贿赂,是指经营者为了销售或购买商品,以金钱或其他不当利益为诱饵的行贿受贿行为。它具有以下几个特征:(1)商业贿赂是经营者为了不正当目的而采取的手段;(2)商业贿赂的对象是对交易的促成具有决定意义的人;(3)商业贿赂行为具有隐秘性;(4)商业贿赂中经营者给予交易相对人的报酬额往往较大或提供优厚的不正当待遇。

在我国,商业贿赂的表现形式主要是回扣。回扣区别于折扣、佣金,是指经营者为了销售或者购买商品,在帐外暗中给予交易对象或有关人员财物的行为。折扣是指经营者为了销售或者购买商品,以公开明示的方式向交易对象支付的一定数额的财物的行为。而佣金是指在市场交易中,经营者以明示公开的方式付给促成交易的中间人的劳务报酬。

我国《反不正当竞争法》规定:"经营者不得采用财物或用其他手段进行贿赂以销售或购买商品。在账外暗中给对方单位或个人回扣的,以行贿论处;对方单位或者个人在账外收受回扣的,以受贿论处"。

3. 引人误解的虚假宣传行为

《反不正当竞争法》第 9 条规定:"经营者不得利用广告或者其他方法,对商品的质量、制作成分、性能、用途、生产者、有效期限、产地等作引人误解的虚假宣传。广告的经营者不得在明知或者应知的情况下,代理、设计、制作、发布虚假广告"。

所谓虚假广告,是指广告人(广告客户和广告经营者)违反法律规定,弄虚作假,扰乱社会主义市场秩序,使用户和消费者蒙受损失,或者有其他侵权行为的广告宣传活动。虚假广告一般具有以下特征:(1)广告主体不具有法定资格;(2)广告的行为不符合法律规定;(3)广告效果令人误解。

相关案例:

2007 年"3·15"国际消费者权益日,郭德纲代言"藏秘排油"减肥茶广告因涉嫌虚假宣传被曝光。国家食品药品监督管理局市场监督司有关负责人已表示,媒体刊发和播出的"藏秘排油"减肥茶广告,不是食品药品监管部门审批的版本,而是擅自篡改后的版本。按照规定,保健食品广告不得含有表示产品功效的断言或者保证,不得以消费者的名义和形象为产品功效作证明。这些误导性的广告用语,都是明令禁止的。这一事件引发了学术界对名人、明星代言虚假广告是否需要承担法律责任的探讨。

4. 侵犯商业秘密的行为

商业秘密是指不为公众所知悉、能为权利人带来经济利益、具有实用性并经权利人采取保密措施的技术信息和经营信息。

商业秘密具有以下特征:(1)秘密性,指技术信息和经营信息不为公众所知悉,即该信息是不能从公开渠道直接获取的。秘密性是商业秘密的本质特征。(2)价值性,即能够为其权利人带来实际的经济利益、竞争优势。价值性体现在两个方面:一是商业秘密可以为权利人带来经济上的利益,如一项商业秘密不能为其权利人带来经济利益,也就失去了保护价值。二是商业秘密具有实用性,这一点也是对侵犯商业秘密违法行为进行认定时的重要条件。(3)保密性,指权利人对技术信息和经营信息采取了保密措施,包括订立保密协议,建立保密制度及采取其他合理的保密措施。权利人是否采取保密措施,不仅决定了某项信息能否构成商业秘密,同时也是其寻求法律保护的前提。

侵犯商业秘密行为是指为了竞争或其他目的,通过不正当竞争手段获取、泄露或使用他人商业秘密的行为。《反不正当竞争法》对侵犯商业秘密的不正当竞争行为作了列举:(1)以盗窃、利诱、胁迫或者其他不正当手段获取权利人的商业秘密;(2)披露、使用或者允许他人使用以前项手段获取的权利人的商业秘密;(3)违反约定或者违反权利人有关保守商业秘密的要求,披露、使用或者允许他人使用其所掌握的商业秘密。另外,第三人明知或者应知前款所列违法行为,获取、使用或者披露他人的商业秘密,视为侵犯商业秘密。

5. 压价排挤竞争对手的行为

压价排挤竞争对手的行为,是指为了排挤竞争对手,以低于成本价格或者特别低的利润销售商品的行为。这种行为具有如下基本特征:(1)是一种主观故意行为,是行为人为了排挤竞争对手、霸占市场而进行的不正当竞争行为;(2)以低于成本的价格或以低于正常利润幅度的价格销售商品;(3)主体通常是有市场竞争优势的企业。

另外,在行为认定过程中,要注意和正常的低价灵活销售区分。我国《反不正当竞争法》列举了四项正常的低价销售行为:(1)销售鲜活商品;(2)处理有效期限即将到期的商品或者其他积压的商品;(3)季节性降价;(4)因清偿债务、转产、歇业降价销售商品。

6. 不正当有奖销售行为

有奖销售,是指经营者销售商品或者提供服务,附带地向购买者提供物品、金钱或者其他经济上的利益的行为。有奖销售,在日益激烈的竞争中,作为一种见效快的促销方法,有较强的吸引力,能够起到招徕顾客,扩大销售,加快资金周转,刺激消费的作用。但是有些经营者却利用有奖销售的诱惑力,利用消费者的投机心理和消费的盲目性来促销,损害消费者和其他经营者的合法权益,造成不公平竞争,危害社会经济秩序。

我国《反不正当竞争法》对三种有奖销售作严格限制:(1)采用谎称有奖或者故意让内定人员中奖的欺骗方式进行有奖销售;(2)利用有奖销售的手段推销质次价高的商品;(3)抽奖式的有奖销售,最高奖的金额超过五千元。

7. 诋毁商誉行为

诋毁商誉行为,是指从事生产经营活动组织或个人,为打击自己的竞争对手,以求在市场竞争中取胜,采取捏造、散布虚伪事实的手段来诋毁或贬低自己竞争对手的商业信誉或商品声誉,以削弱其市场竞争能力的行为。这种行为是违背商业道德最起码的准则的。

经营者的商业信誉，是指经营者以公平、公正、公开的方法，遵守法律、法规和商业道德的行为，通过诚实劳动取得的精神成果。经营者以诋毁方式损害竞争对手的商业信誉、商品声誉，会给竞争对手正常经济活动造成不利影响，损害其应有的市场竞争优势地位，导致其经济损失，同时也使自己获得不应有的市场份额。

本节知识框架图：

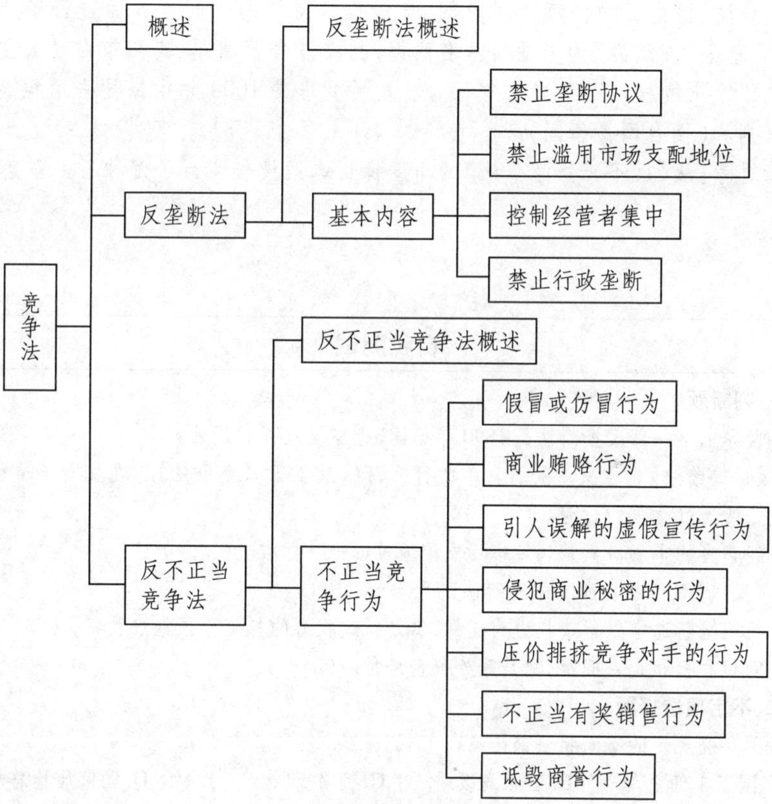

阅读与思考：

蒙牛“酸酸乳”商标侵权案

蒙牛公司作为中国最大的乳品企业之一，从2000年起陆续推出了以“酸酸乳”命名的系列乳饮料，并提出了外观专利申请，做了大量的广告宣传，使其获得了极高的知名度和良好的市场声誉，成为全国家喻户晓的品牌。2005年12月，蒙牛公司发现第一被告董建军正在销售由第二被告河南白雪公主公司生产的“酸酸乳”乳酸菌饮料,不仅使用了一样的品牌,而且包装、装潢也与“酸酸乳”饮料特有的包装、装潢近似,极易导致消费者混淆和误认。故向法院提起诉讼,要求被告立即停止侵权行为。

2006年2月16日,呼和浩特市中级人民法院依据《商标法》、《反不正当竞争法》和最高人民法院的相关司法解释的规定,就蒙牛“酸酸乳”商标在相关公众中的知晓程度、该商标的持续使用时间、宣传推广持续的时间等方面进行了严格审查,认定蒙牛“酸酸乳”为未注册驰名商标,判决被告董建军、安阳市白雪公主乳业公司立即停止侵权和不正当竞争行为。案件受理费1000元由二被告承担。二审维持原判。(摘自网易新闻)

请思考:从《反不正当竞争法》的角度探讨本案被告实行了哪种不正当竞争?

自我测试

一、判断题

1. 世界上第一部反垄断法是1890年德国《谢尔曼反托拉斯法》。(　　)

2.《反垄断法》旨在反对限制竞争的行为,而《反不正当竞争法》旨在反对不道德手段进行过分的恶性竞争的行为。(　　)

3. 经营者的市场份额是认定市场支配地位的唯一标准。(　　)

4.《反垄断法》禁止所有的垄断协议。(　　)

5. 行政垄断通常以行政权力为支撑,借助行政权力的权威干预经济秩序。(　　)

6. 回扣和折扣是一回事,都是账外秘密给付。(　　)

二、不定项选择题

1. 国务院规定的垄断执法部门有(　　)。

A. 国家工商总局　B. 国家发改委　C. 商务部　D. 国家质检总局

2. 我国反垄断法禁止的垄断行为有(　　)。

A. 垄断协议　B. 经营者集中　C. 滥用市场支配地位　D. 行政垄断

3. 商业秘密具有(　　)等特征。

A. 秘密性　B. 经济性　C. 实用性　D. 保密性

4. 下列属于经营者集中的是(　　)。

A. 企业合并　B. 股份购买获得另一企业控制权

C. 合同约定取得另一企业控制权　D. 资产购买获得另一企业控制权

5. 下列(　　)属于假冒或仿冒行为。

A. 假冒他人注册商标　B. 假冒知名商品包装

C. 假冒他人企业名称　　　　　　　　D. 假冒他人认证标志

6. 下列(　　)低价销售,不构成降价排挤行为。

A. 销售鲜活商品　　B. 积压商品处理　　C. 季节性销售　　D. 转业、停产销售

7. 抽奖式有奖销售最高额不得超过(　　)元。

A. 1000　　B. 2000　　C. 5000　　D. 10000

第三节　产品质量法

学习提示:

1. 什么是产品质量法?

2. 我国的产品质量监督机构有哪些? 我国有哪些产品质量监督制度?

3. 我国《产品质量法》规定的生产者和销售者的义务有哪些?

4. 违反《产品质量法》有哪些法律责任?

一、概述

产品质量法是调整产品质量监督管理关系和产品质量责任关系的法律规范的总称。

产品,是指天然的或者经过加工、制作,使之具有使用价值的物品。世界各国规定的产品范围很不一致,一些国际公约和大多数西方国家把天然产品和人工制造的产品以及工程项目都纳入产品责任法的范畴。我国的产品质量法调整的范围较窄,根据《中华人民共和国产品质量法》第2条第2款规定,"本法所称产品是指经过加工、制作,用于销售的产品"。因此,未经加工的天然形成的物品,如原矿、原煤、石油、天然气等,以及初级农产品、未投入流通的自用的产品、建设工程等都不属于该法所调整的产品。另外,"军工产品质量监督管理办法,由国务院、中央军事委员会另行规定"。

相关知识:

几种有不同意见的产品。(1)经过初级农业加工的畜牧、家禽、猎物、渔产。有些学者持肯定态度。另一些学者则将这类物品排除在外。认为没有理由将这些产品一概排除在外。如我国有些南方地区的人民有食用河豚的习惯,如果有人购买经过加工的河豚食用后中毒,应当允许受害人向产品的提供者索赔。(2)血液。美国《统一产品责任示范法》将它排除在外,但是美国伊利诺伊州最高法院在一起案件中将血液也作为产品。法院的理由是:血液是一种包含在侵权法重述(第二

版)402A节的意思内的“产品”;这种产品是被“出售”的;这种血液处于一种对使用者的不合理的危险的缺陷状态。法院这样作的目的是使医院承担严格责任,以保护病人。(3)智力成果,如计算机软件、图书、视听资料等。中国法律尚无这方面的规定。在美国,法院在不存在担心妨碍言论自由的情形下,对错误地提供成文信息适用严格责任。一系列判决将航空地图视为产品,判决航空地图的出版商对因信赖该航空地图而造成飞机失事所致伤亡承担严格责任。有位美国法官将计算机软件分为以标准件在市场上批量销售的通用软件和依其定单专门设计的专用软件。通用软件生产商将产品投放于商业流通渠道,处于控制危险的较为有利的地位,分摊产品事故费用的能力比较强,应当承担严格责任。而专用软件是为特定的特定目的设计生产的,生产规模较小,分散损失的可能性比较小,因此不需要对专用软件生产者适用严格责任。在中国,软件市场和软件消费者日益扩大,将通用软件作为产品责任法意义上的产品是有必要的。(摘自法律图书馆,张琪:《中美产品责任法中产品缺陷的比较研究》)

产品质量,是指产品满足需要的适用性、安全性、可用性、可靠性、维修性、经济性和环境所具有的特征和特性的总和。产品质量是产品的生命,是产品生存和发展的前提。我国的《产品质量法》,在借鉴外国有益的立法经验的基础上,根据自身的情况,扩大了《产品质量法》的调整对象,包括两个方面的社会关系:(1)产品质量管理监督关系;(2)产品质量责任关系。

产品质量立法在我国只有几十年的发展历程。广义的产品质量法包括所有调整产品质量及产品责任关系的法律、法规。我们通常所说的产品质量法是指狭义的产品质量法,即1993年2月22日颁布通过的《中华人民共和国产品质量法》,2000年7月,全国人大常委会对《产品质量法》作了全面的修改。

二、产品质量监督管理

产品的质量监督管理是由《产品质量法》确认的产品质量监督管理机构、制度、办法和措施的总称。其宗旨主要是通过建立和完善各种产品质量监督管理制度来实现国家的调控职能。

(一)产品质量监督机构

(1)国务院产品质量监督部门及县级以上地方产品质量监督部门分别主管全国或地方本行政区域内的产品质量监督工作。“国务院产品质量监督部门”,按照现行的国务院机构设置,是指国家质量技术监督局。“县级以上地方产品质量监督部门”,是指各省、自治区、直辖市人民政府的产品质量监督部门,以及作为省级人民政府产品质量监督部门直属机构的设在市、县一级的产品质量监督部门。

(2)国务院有关主管部门及县级以上地方政府有关主管部门在各自的职责范围内负责产品质量监督工作。“国务院有关主管部门”,包括国家经贸委、农业部、信息产业部、国家工商行政管理局等按照国务院“三定”方案的规定,在各自的职责范围内,负有对产品质量监督职责的有关部门。“县级以上地方人民政府有关主管部门”,是指按照有关地方人民政府的规定,对本行政区域内的有关产品质量工作负有监督职责的政府主管部门。

(3)法律对产品质量的监督部门另有规定的,依照其规定。例如,按照《食品卫生法》的规定,主管食品卫生监督的是卫生行政主管部门;《药品管理法》也对主管药品质量监督的部门作了规定。因此,对食品卫生和药品的质量监督,应分别按《食品卫生法》和《药品管理法》的规定执行。

(4)依照《产品质量法》的规定,各级政府的产品质量监督部门和其他有关主管部门,对产品质量依法履行监督职责,而不是负责产品质量的具体管理工作。这是对政府部门在市场经济条件下的产品质量职能的准确定位。

(二)产品质量监督制度

产品质量监督制度的主要内容包括:

1. 产品标准化制度

产品标准化制度是关于产品质量标准的制定、实施、监督、检查的各项规定的总和,是产品质量监督管理的依据和基础。产品标准化制度的基本法律依据是1988年12月29日通过的《中华人民共和国标准化法》。

根据《标准化法》的规定,我国现行的标准分为国家标准、行业标准、地方标准和企业标准。《产品质量法》强调指出:“可能危及人体健康和人身、财产安全的工业产品,必须符合保障人体健康、人身、财产安全的国家标准、行业标准;未制定国家标准、行业标准的,必须符合保障人体健康,人身财产安全的要求。”

国家标准、行业标准又可分为强制性标准和推荐性标准。凡是有关保障人体健康,人身、财产安全的标准和法律、行政法规规定强制执行的标准为强制性标准,其他标准为推荐性标准。强制性标准必须执行,不符合强制性标准的产品,禁止生产、销售和进口;推荐性标准,国家鼓励企业自愿采用。

2. 企业质量体系认证制度

企业质量体系认证制度,是指国务院产品质量监督管理部门或者由它授权的部门认可的认证机构,依据国际通用的“质量管理和质量保证”系列标准,对企业的质量体系和质量保证能力进行审核,审核合格的,颁发企业质量体系认证证书的活动。其认证对象是企业,即企业的质量管理、质量保证能力的整体水平。国家根据国际通用的质量管理标准,推行企业质量体系认证制度,企业可以自愿提出申请认证。推进企业质量体系认证,引导企业向国际先进水平努力,有利于促进企业改善经营管理,提高企业整体素质,增强市场竞争能力。

3. 产品质量认证制度

《产品质量法》规定,国家参照国际先进的产品标准和技术要求,推行产品质量认证制度。企业根据自愿原则可以向国务院产品质量监督管理部门或者国务院产品质量监督管理部门授权的部门认可的认证机构申请产品质量认证。经认证合格的,由认证机构颁发产品质量认证证书,准许企业在产品或者其包装上适用产品质量认证标志。产品质量认证与企业质量体系认证不同,它认证的对象是企业的产品本身,认证标志可以在产品及包装上使用;而企业质量体系认证的对象是企业,它只能在企业上使用而不能在产品及包装上使用。

4. 生产许可证制度

生产许可证制度,是指国家对于具备某种产品的生产条件并能保证产品质量的企业,依法授予许可生产该项产品的凭证的法律制度。

当前,我国实现生产许可证制度的产品主要是重要的工业产品,特别是可能危及人体健康,人身、财产安全和公共利益的产品。通过实施产品许可证,强化国家对企业的宏观调控和对产品质量的管理。

5. 产品质量监督检查制度

《产品质量法》规定,国家对产品质量实行以抽查为主要方式的监督检查制度。抽查主要集中在以下三类产品:(1)可能危及人体健康和人身、财产安全的产品;(2)影响国计民生的重要工业产品;(3)消费者、有关组织反映有质量问题的产品。抽查的样品应当在市场上或者企业成品仓库内的待销产品中随机抽取。国家监督抽查的产品,地方不得另行重复抽查;上级抽查的产品,下级不得另行重复抽查。

另外,监督抽查需要对产品进行检验的,可以进行检验,但检验抽取样品的数量不得超过检验的合理需要,并不得向被检查人收取检验费用。监督抽查所需检验费用按照国务院规定列支。生产者、销售者对抽查检验的结果有异议的,可以自收到检验结果之日起15日内向实施监督抽查的产品质量监督管理部门或者其上级产品质量监督部门申请复验,由受理复验的产品质量监督部门作出复验结论。

6. 产品召回制度

产品召回制度是指产品进入流通领域后,如果发现存在可能危害消费者健康、安全的缺陷时,产品的制造者或经销者应当及时采取有效措施,收回流通中的缺陷产品,以消除危害发生的制度。我国《侵权责任法》第46条规定:"产品投入流通后发现存在缺陷的,生产者、销售者应当及时采取警示、召回等补救措施。未及时采取补救措施或者补救措施不力造成损害的,应当承担侵权责任。"我国《消费者权益保护法》第18条第2款规定:"经营者发现其提供的商品或者服务存在严重缺陷,即使正确使用商品或者接受服务仍然可能对人身、财产安全造成危害的,应当立即向有关行政部门报告和告知消费者,并采取防止危害发生的措施。"这是我国关于产品质量召回制度的基本规定。

相关知识：

在国外，汽车召回已有40年的历史。美国早在1966年就开始对有缺陷的汽车进行召回了，涉及的车型有轿车、卡车、大客车、摩托车等，全球几乎所有汽车制造厂在美国都曾有过召回案例。在这些召回案例中，大多数由厂家主动召回，但也有一些是因美国国家公路交通安全管理局的影响或其通过法院强制厂家召回的。美国法律规定，如果汽车厂家发现某个安全缺陷，必须通知国家公路交通安全管理局以及车主、销售商和代理商，然后再进行免费修复。国家公路交通安全管理局负责监督厂家的修复措施和召回过程，以保证修复后的车辆能够满足法定要求。

法国对缺陷汽车召回也已形成了比较成熟的管理制度。在法国，汽车召回属于各种商品召回的一部分，其法律依据是《法国消费法》的第L221—5条款。这一条款授权政府部门针对可能对消费者造成直接和严重伤害的产品发出产品强制召回令。在实际操作过程中，政府很少通过发布政令的方式来进行强制性的商品召回，而是鼓励生产厂商自发进行商品召回。只有当问题商品对消费者构成严重威胁，或生产厂商对存在的安全问题没有给予应有的重视时，才会通过法律手段强制生产厂商实行召回。此外，日本和韩国也已实施召回制度多年，并形成了比较严密的管理程序。（摘自中国质检网，施京京："我国产品召回制度日趋完善"）

三、生产者和销售者的产品质量责任和义务

（一）生产者的产品质量义务

1. 保证产品质量

根据《产品质量法》的规定，产品质量应当符合如下要求：(1)不存在危及人身、财产安全的不合理的危险，有保障人体健康，人身、财产安全的国家标准、行业标准的，应当符合该标准；(2)具备产品应当具备的使用性能，但是，对产品存在使用性能的瑕疵作出说明的除外；(3)符合在产品或者其包装上注明采用的产品标准，符合以产品说明、实物样品等方式表明的质量状况。

2. 对产品或者其包装上的标识的要求

(1)有产品质量检验合格证明；(2)有中文标明的产品名称、生产厂厂名和厂址；(3)根据产品的特点和使用要求，需要标明产品规格、等级、所含主要成分的名称和含量的，相应予以标明；(4)限期使用的产品，标明生产日期和安全使用期或者失效日期；(5)使用不当，容易造成产品本身损坏或者可能危及人身、财产安全的产品，有警示标志或者中文警示说明。

3. 特殊产品的储运、包装应符合要求

食品和其他根据产品的特点难以附加标识的裸装产品，可以不附加产品标识。剧毒、危险、易碎、储运中不能倒置以及其他特殊要求的产品，其包装必须符合相应要求，有警示标志或者中文警示说明标明储运注意事项。

4. 其他产品质量义务

根据相关规定,生产者禁止从事下列行为:(1)生产者不得生产国家明令淘汰的产品;(2)生产者不得伪造产地,不得伪造或者冒用他人的厂名、厂址;(3)生产者不得伪造或者冒用认证标志、名优标志等质量标志;(4)生产者生产产品,不得掺杂、掺假,不得以假充真,以次充好,不得以不合格产品冒充合格产品;(5)国家颁发生产许可证才能生产的产品,未取得许可证的不得生产;(6)不得将不合格的产品投入市场。

(二)销售者的产品质量义务

(1)销售者应当执行进货检查验收制度,验明产品合格证明和其他标识。

(2)销售者应当采取措施,保持销售产品的质量。

(3)销售者不得销售失效、变质的产品。

(4)销售者销售的产品应当符合《产品质量法》第15条关于产品或者其包装上的标识的各项规定。

(5)销售者不得伪造产地,不得伪造或者冒用他人的厂名、厂址。

(6)销售者不得伪造或者冒用认证标志、名优标志等质量标志。

(7)销售者销售产品,不得掺杂、掺假,不得以假充真,以次充好,不得以不合格产品冒充合格产品。

(三)生产者、销售者的损害赔偿责任

生产者、销售者的产品质量责任是指发生产品质量问题后,生产者或销售者给予用户、消费者的财产赔偿。包括两个方面:一是销售者的瑕疵担保责任;二是产品责任,即生产者、销售者因缺陷产品造成人身、财产损害的侵权民事责任。

1. 销售者的瑕疵担保责任

瑕疵担保责任是基于销售者出售产品而产生的一种产品质量责任。瑕疵指的是销售者作为出卖人交付的产品未达到法定质量标准以及约定的技术要求,未能出现买受人所期望的质量状况。瑕疵一般指的是产品不具备应有的性能,但无安全隐患。《产品质量法》规定,销售者出售的产品在下列情形下应承担瑕疵担保责任:不具备产品应当具备的使用性能而事先未作说明;不符合在产品或者其包装上注明采用的产品标准;不符合以产品说明、实物样品等方式表明的质量状况。

发现产品瑕疵,销售者应当负责修理、更换、退货;给购买产品的用户、消费者造成损失的,销售者应当赔偿损失。如果产品瑕疵是由于生产者或者供货者的责任,销售者在承担上述责任后,有权再向生产者、供货者追偿。

2. 产品责任

产品责任是指产品存在缺陷造成他人人身、财产损害的,产品的生产者和销售者应当承担的赔偿责任。它是一种侵权民事责任。缺陷,是指产品存在危及人身、他人财产安全的不合理的危险;产品有保障人体健康,人身、财产安全的国家标准、行业标准的,是指不符合该标准。

产品责任的主体包括产品生产者和产品销售者两大类。产品存在缺陷,生产者应当承担产品责任,我国《产品质量法》规定“因产品存在缺陷造成人身、缺陷产品以外的其他财产损害的,生产者应当承担赔偿责任。”可见,对生产者的产品责任,我国实行了严格责任原则,只要受害人能证明产品存在缺陷、缺陷对其造成损害、缺陷和损害之间有因果关系,生产者必须承担赔偿责任。但“生产者能够证明有下列情形之一的,不承担损害赔偿责任:未将产品投入流通的;产品投入流通时,引起损害的缺陷尚不存在;将产品投入流通时的科学技术水平尚不能发现缺陷存在的。”如果产品缺陷是由于销售者引起的,或者销售者不能指明缺陷产品的生产者、供货者的,那么销售者承担产品责任。

因产品存在缺陷造成人身、财产损害后,被侵权人可以向缺陷产品的生产者要求赔偿,也可以向缺陷产品的销售者要求赔偿,生产者和销售者任何一方都有义务接受赔偿要求。属于产品生产者的责任,产品销售者赔偿的,产品的销售者有权向产品的生产者追偿;属于产品销售者的责任,产品的生产者赔偿的,产品的生产者有权向产品的销售者追偿。

损害赔偿的范围包括人身损害赔偿和财产损害赔偿两种。包括:因产品存在缺陷造成受害人人身伤害的,侵害人应当赔偿医疗费、治疗期的护理费、因误工减少的收入、残废者生活补助费等费用;造成受害人死亡的,并应当支付丧葬费、死亡赔偿金、死者生前扶养的人必要的生活费等费用。因产品存在缺陷造成受害人财产损失的,侵害人应当恢复原状或者折价赔偿。受害人因此遭受其他重大损失的,侵害人也应当予以赔偿。

根据《产品质量法》的规定,受害人因产品存在缺陷造成损害的,可以向人民法院提起损害赔偿诉讼,诉讼时效为2年,自当事人知道或者应当知道其权益受到损害之日起计算。同时还规定,缺陷产品造成损害赔偿的请求权,在造成损害的缺陷产品交付最初消费者满10年丧失;尚未超过明示的安全使用期的除外。

相关案例:

2008年2月4日,开县某中学的谭老师夫妇在县城的余某处购买了价值150元的“1000克、3000克锥型喷花”等型号的烟花。2008年2月6日,谭老师在自家的阳台将这些烟花点燃。出于安全的考虑,谭老师在点燃导线后,立即进屋将门关上(距离燃点大约6米)。之后,谭老师又将房门打开,准备观赏绚丽的烟花,结果就在他开门时,烟花发生爆炸,并致使谭老师眼部受伤。当晚,谭老师被送往开县人民医院救治;10天后又转入重庆第三军医大学第三附属医院住院至2008年2月29日出院,共用去医疗费9214.70元。在这起事故发生后,开县安全生产执法大队介入调查此案。经查,余某卖给谭老师的烟花,是从吴某处进购的。而经营香蜡纸烛、烟花爆竹的吴某,其在开县旧城和新城经营门面上均悬挂着“XX烟花爆竹厂业务联系处”的横幅。同时,余某从吴某处购烟花爆竹时,在“随货同行批发单”上加盖了“XX烟花爆竹厂业务专用章”字样。经开县安全生产执法大队检查,这批烟花爆竹为“三无产品”,执法大队将剩余产品全部没收。另外,事故发生后厂方向谭老师给付了医药费5000元,并支付了1000元的鉴定费。尽管事后,烟花爆竹厂向谭老师支付了5000元的医疗费。但谭老师的损失远远不止这些,因此在索赔无果的情况下,他将开县某烟花爆竹厂、余某以及吴某同时告上法庭,要求赔偿其医疗费、残疾赔偿金、被抚养人生活费、精神抚慰金等。经过一审二审,法院认为:因肇事烟花无生产厂厂名和厂址,说明产品存在缺陷,作为供应者(法院认定,本案的供货者为烟花爆竹厂,吴某与该厂之间是业务代理关系。)和销售者余某均负有不可推卸的责任。作为购买人谭某在购买烟花时对“三无产品”没有尽到必要的注意义务;尤其是在范围狭小的阳台上燃放烟花爆竹,也未尽到必要的安全注意义务,其本人应当对伤害后果承担一定的责任。故法院对此案作出的终审判决称,谭某的医疗费、残疾赔偿金共计40645.19元,由余某和烟花爆竹厂共同赔偿32516.15元,谭某自行承担8129.04元;鉴定费1500元,由谭某负担300元,烟花爆竹厂和余某负担1200元。(摘自腾讯网)

四、违反产品质量法的其他法律责任

按照《产品质量法》的规定,生产者和销售者生产、销售不符合保障人体健康和人身、财产安全的国家标准、行业标准的产品的,责令其停止生产、销售,没收违法生产、销售的产品,并处违法生产、销售产品货值金额等值以上3倍以下的罚款;有违法所得的并处没收违法所得;情节严重的吊销营业执照;构成犯罪的,依法追究刑事责任。在产品中掺杂、掺假,以假充真,以次充好,或者以不合格产品冒充合格产品的,责令停止生产、销售,没收违法生产、销售的产品的,并处违法生产、销售产品货值金额50%以上3倍以下的罚款;有违法所得的并处没收违法所得;情节严重的,吊销营业执照;构成犯罪的,依法追究刑事责任。

《产品质量法》规定,生产国家明令淘汰的产品的,销售国家明令淘汰并停止销售的产品的,责令停止生产、销售,没收违法生产销售的产品,并处违法生产、销售产品货值金额等值以下的罚款;有违法所得的,并处没收违法所得;情节严重的,吊销营业执照。销售失效、变质的产品的,责令停止销售,没收违法销售的产品,并处违法销售产品货值金额的2倍以下的罚款;有违法所得的并处没收违法所得;情节严重的,吊销营业执照;构成犯罪的依法追究刑事责任。

本节知识框架图：

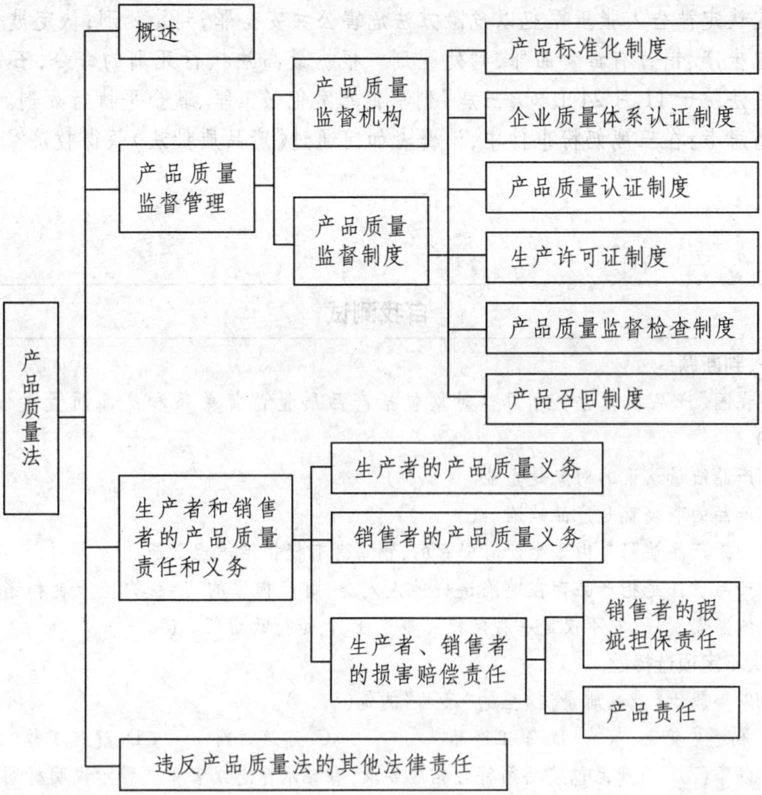

阅读与思考：

三鹿奶粉事件

2008年9月11日，石家庄三鹿集团股份有限公司发出声明，经自检发现部分批次三鹿婴幼儿奶粉受三聚氰胺污染，市场上大约有700吨，公司决定立即对2008年8月6日以前生产的三鹿婴幼儿奶粉全部召回。同日，甘肃省卫生厅召开新闻发布会，首次向媒体通报了部分婴儿泌尿系统结石病因调查情况。截至9月29日，该省共上报病例59例，死亡1例，以农村患儿为多。此外，江苏、陕西、湖北等地医疗机构也陆续收治了多例婴儿泌尿系统结石患者，婴儿均处于哺乳期，均曾经服用过或仍在服用同一品牌奶粉。截至11月27日8时，全国累计报告因食用三鹿牌奶粉和其他个别问题奶粉导致泌尿系统出现异常的患儿29万余人。与此同时，伊利、蒙牛、光明等中国免检、中国名牌产品的卷入，直接导致国家免检制度被废止,多家企业产品中国名牌称号被取消。另外,2009年1月21日,石家庄中级人民法院认定被告人张玉军犯以危险方法危害公共安全罪,判处死刑;认定被告人耿金平犯生产、销售有毒食品罪,判处死刑。根据最高法执行死刑的命令,石家庄中级人民法院于11月24日对“三鹿”刑事犯罪案犯张玉军、耿金平执行死刑。

请思考:在三鹿奶粉事件中,消费者如何通过《产品质量法》获得救济?

自我测试

一、判断题

1. 我国《产品质量法》的调整对象包括产品质量监督关系和产品质量责任关系。(　　)

2. 产品质量认证的对象是企业。(　　)

3. 产品的瑕疵就是产品缺陷。(　　)

4. 如果产品缺陷是由于生产者引起的,销售者有权拒绝承担责任。(　　)

5. 产品责任是指产品存在缺陷造成他人人身、财产损害的,产品的生产者和销售者应当承担的赔偿责任,它不仅是一种侵权民事责任,也是行政责任。(　　)

二、不定项选择题

1. 以下属于《产品质量法》里的“产品”的是(　　)。

A. 初级农产品　B. 军工产品　C. 建筑材料　D. 建筑工程

2. 以下(　　)产品包装必须符合相应要求,有警示标志或者中文警示说明标明储运注意事项。

A. 危险　B. 易碎　C. 剧毒　D. 储运中不能倒置

3. 生产者的产品责任的归责原则是(　　)。

A. 过错责任原则　B. 过错推定责任原则　C. 公平原则　D. 严格责任原则

4. 产品责任的主体包括(　　)。

A. 产品的生产者　B. 产品的运输者　C. 产品的购买者　D. 产品责任的销售者

5. 产品责任的诉讼时效(　　)。

A. 1年　B. 2年　C. 3年　D. 4年

第四节　消费者权益保护法

学习提示：

1. 什么是消费者？《消费者权益保护法》的立法宗旨和适用范围？
2. 消费者有哪些权利？经营者有哪些义务？
3. 消费者解决争议的途径有哪些？
4. 违反《消费者权益保护法》的法律责任？

一、概述

（一）消费者权益保护法的概念

消费者权益保护法，是调整在保护消费者权益过程中发生的社会关系的法律规范的总称。所谓的消费者，是指为了满足个人生活消费而购买、使用商品或接受服务的居民。此处的居民是自然人或个体社会成员。消费者权益是指消费者依法享有的权利及该权利受到保护时而给消费者带来的应得利益，其核心是消费者的权利。

相关知识：

从《消费者权益保护法》颁布实施之日起，有关职业打假人算不算消费者的争议就不断。北京市石景山法院日前发布的《石景山法院消费者诉讼纠纷的难点及解决办法》首次明确，职业打假人视同于普通消费者，具有消费维权类案件的原告主体身份。据悉，这是北京法院首次正式确定职业打假人的消费者身份。石景山法院法官芦铸介绍，石景山法院自2006年起，每年消费维权类案件增长的幅度都高达200%。在消费维权类案件中，原告主体是职业打假人或案件代理人为职业打假人的，所占比例达到6成以上。

长期以来，职业打假人是否可以作为消费维权类案件的原告，一直多有争议。根据《消费者权益保护法》第2条的规定，“消费者”是指为生活消费需要而购买、使用商品或者接受服务的人。据此，有观点认为，职业打假人购买商品的目的不是为了消费，而是为了索赔，带有明显商业目的，所以，职业打假人不应等同于“消法”意义上的消费者。法院在审理消费维权类案件中，被告厂商的第一个抗辩理由，也多把矛头指向职业打假人不应等同于普通消费者。而法院在司法实践中却发现，在案件的实际审理中，往往难以区别普通消费者与职业打假人。此外，法律上也没有规定职业打假人就没有诉权。另外,由于职业打假人的消费主体身份一直遭到质疑,目前出现了很多职业打假人躲到幕后,而把一般消费者推到台前的消费维权案件,或者一般消费者当原告,职业打假人充当代理人的案件。以职业打假人身份来阻止职业打假,实际上并不能真正阻止职业打假人通过诉讼维权或者作为一种索赔手段。

石景山法院认为,消费者在消费维权类案件中,多处于弱势地位,而职业打假人无论从举证能力,诉讼经验都高于一般消费者,确定职业打假人在消费维权类案件中的主体资格,更有利于净化消费市场。对于个体消费者而言,无须去追究其购买商品的真正需求,个人只要能证明购买行为已经发生,且不是用于再销售,不考虑购买数量多少和是否实际用于个人消费,都应该认定为是消费者,即是适合的原告。(摘自《文汇报》)

广义的消费者权益保护法是指包括《消费者权益保护法》及《产品质量法》、《反不正当竞争法》等其他法律、法规中有关消费者权益保护的规范在内的所有法律、法规的总称。狭义的消费者权益保护法仅指1993年10月全国人大通过的《中华人民共和国消费者权益保护法》。该法从消费者的利益出发,在充分考虑消费者弱者地位的基础上给予消费者特殊的法律保护,体现了法律对消费者利益的倾斜,体现了经济法的“社会责任本位”。

(二)消费者权益保护法的适用范围

按照《消费者权益保护法》的规定,消费者为生活消费需要购买、使用商品或者接受服务,其权益受该法保护;经营者为消费者提供其生产、销售的商品或者提供服务的,也应当遵守该法。另外,《消费者权益保护法》也把一部分生产消费纳入调整范围,即农民购买、使用直接用于农业生产的生产资料,也参照《消费者权益保护法》执行,这是对农民利益的一种特殊保护。

相关案例:

2008年5月6日,消费者黄某到珠海市斗门区消委会投诉:2008年4月30日早上他在城区某药店购买了十包“虫必克”(每包100克),按相关说明书下药后,当天塘内鲈鱼就死亡200斤,两天共死亡海鲈1063斤,造成5万多元损失,特向消委会请求帮助。接诉后,该区消委会白蕉分会以及白蕉工商所迅速派员前往处理。经过调查了解,黄某反映的情况基本属实。后经过消委会工作人员调解,被投诉方愿意支付黄某5000元的补偿金。双方对此均表示接受。根据《消费者权益保护法》第35条规定:“消费者在购买、使用商品时,其合法权益受到损害的,可以向销售者要求赔偿”。此外,据《消费者权益保护法》的附则上规定,农民购买使用直接用于农业生产的生产资料受《消费者权益保护法》保护。(摘自广东省消委会消费维权网:《08年度广东省八大消费维权案例》)

二、消费者的权利

消费者的权利作为一种基本人权,是生存权的重要组成部分,是消费者权益保护法的核心。我国《消费者权益保护法》规定了消费者享有9项权利。

(一)保障安全权

保障安全权,这是消费者最基本的权利。它是指消费者在购买、使用商品和接受服务时所享有的保障其人身、财产安全不受侵害的权利。消费者取得某种商品或者服务,目的在于生活消费,因此商品和服务必须安全可靠。消费者有权要求经营者提供符合保障人身、财产安全要求的商品和服务。人身安全包括两个方面:一是身体健康不受损害;二是生命安全有保障。

相关知识:

《食品安全法》规定了生产者或销售者"一赔十"的责任,成为消费维权的亮点。《食品安全法》第96条规定,生产不符合食品安全标准的食品或者销售明知是不符合食品安全标准的食品,消费者除要求赔偿损失外,还可以向生产者或者销售者要求支付价款十倍的赔偿金。"一赔十"首先是针对食品而言的,其他商品或服务的赔偿,只能依据《消费者权益保护法》等有关规定执行。其次"一赔十"包括两种情况:一是消费者购买了生产者生产的不符合食品安全标准的食品,可以获得赔偿,这里指的生产者是指:取得食品生产许可的食品生产者在其生产场所销售其生产食品的;取得餐饮服务许可的餐饮服务提供者在其餐饮服务场所出售其制作加工的食品;农民个人销售其生产的食用农产品。二是食品销售者即经销商,只有经销商销售了"明知"是不符合食品安全标准的食品才承担赔偿损失,支付价款十倍的赔偿金。(摘自中国消费者协会网站)

(二)知悉真情权

知悉真情权又称了解权,知情权,是指消费者有知悉其购买、使用的商品或者接受的服务的真实情况的权利。对消费者来说,知情是消费活动中必不可少的,它是消费者决定购买某种商品,接受某项服务的前提。消费者有权对商品和服务的有关真实情况进行全面和充分的了解,有权要求经营者提供商品的价格、产地、生产者、用途、性能、规格、等级、主要成分、生产日期、有效期限、检验合格证明、使用方法说明书、售后服务或服务内容、规格、费用等有关情况。

《消费者权益保护法》第49条规定,经营者提供商品或者服务有欺诈行为的,应当按照消费者的要求增加赔偿其受到的损失,增加赔偿的金额为消费者购买商品的价款或者接受服务的费用的一倍。这是我国民事法律中第一例惩罚性赔偿规定。

(三)自主选择权

自主选择权,是指消费者根据自己的意愿独立自主地选择商品或服务的权利。

自主选择权主要包括:自主选择提供商品或者服务的经营者的权利;自主选择商品或者服务的品种或服务方式的权利;自主决定购买或不购买任何一种商品,接受或不接受任何一项服务的权利;

在自主选择商品或服务时享有进行比较、鉴别和挑选的权利。

消费者的自主选择权是由市场竞争的准则决定的,保护消费者的自主选择权,就是保护和促使经营者在市场上公平竞争,制止不正当竞争。

相关案例:

2008年3月29日下午,两名在郑州上学的女大学生在保罗国际剪发,店老板叶剑文、店长金小英授意美发师程勇、杜海飞为两人多做项目增加消费。两女生选择的是38元和68元的"洗剪吹",结账时,却被告知共消费1.2万元。一名店员称只要办一张会员卡,就可以享受5折优惠。但是,每张会员卡至少要一次性充值9800元。两女生联系同学筹钱,被迫办理了一张9800元的会员卡,并支付6013元(打折价)后才得以脱身。当晚,两名学生被限制在理发店内长达两个小时之久,被迫四处借款办卡付款。在此过程中,两学生虽然没有受到明显的语言或行为威胁,但两人作为涉世不深的在校学生(一个不满20岁、一个不满18岁),在案发当时的时间、环境等具体状况下,4名被告人的行为已经造成两学生的内心恐慌,对两人的精神实施了强制,已实际形成了对两名学生的威胁。2009年4月2日,郑州市二七区人民法院做出一审判决,以强迫交易罪,判处保罗国际美容美发有限公司老板叶剑文有期徒刑一年半,并处罚金5000元。(摘自大河网,王红伟:"郑州天价头案5人受审老板否认有罪称价格正常")

(四)公平交易权

公平交易是市场经济的基本原则,消费者依法享有公平交易权。公平交易权是指消费者在购买商品或接受服务时享有获得质量保障、价格合理和计量准确等公平交易条件的权利;有权拒绝经营者的强制交易行为,如搭售等。

为了保障消费者公平交易权的实现,必须依法对劣质销售、价格不公、计量失度、强买强卖等不公平交易行为加以严格禁止。

相关案例:

2006年9月13日,王先生与朋友到湘水之珠大酒楼用餐时,自带了一瓶白酒。餐后,湘水之珠大酒楼向他收取餐费296元,其中含100元开瓶服务费。王先生当场提出质疑,并要求对方返还这笔钱,但该酒楼拒绝返还,并出示了一本自己的菜谱。该菜谱中规定,"客人自带酒水,按本酒楼售价的50%收取服务费","本酒楼没有的酒水,按每瓶100元标准收取服务费"。本案被法院受理后,湘水之珠大酒楼一名崔姓经理向记者证实,如果自带酒水去消费,该酒楼确实要"按所带酒的价格等级加收开瓶费”,否则“酒楼就会没有利润”。海淀法院审理后认为,按照《消法》规定,经营者不得以格式合同、通知、声明、店堂告示等方式作出对消费者不公平、不合理的规定。湘水之珠大酒楼菜谱中载明“自带酒水需另收取服务费”的内容是单方意思表示,系格式条款,应属无效。据此,该院一审判决称,湘水之珠大酒楼向王先生加收开瓶服务费的做法,侵害了王先生的公平交易权,属于不当得利,应予返还该100元开瓶服务费。(摘自《京华时报》)

(五)损害求偿权

损害求偿权,是指消费者在因购买、使用商品或者接受服务受到人身、财产损害时,依法享有的要求并获得赔偿的权利。消费者的范围包括直接购买商品的消费者、使用商品和服务的消费者,或者是因为商品质量而受到人身、财产损害的第三人。

(六)依法结社权

依法结社权,是指消费者享有的依法成立维护自身合法权益的社会团体的权利。消费者的依法结社权是十分必要的,它能够集中消费者的力量,从弱小走向壮大,改变消费者和经营者之间的力量对比,和具有雄厚实力的经营者相抗衡。

依法结社权是《宪法》规定的公民的一项基本权利,消费者为保护自己的利益而成立的中国消费者协会和地方各级消费者协会都应受到政府的支持和法律的保护。

(七)获取知识权

获取知识权,也称受教育权,是指消费者所享有的获得有关消费和消费者权益保护方面的知识的权利。这是从知悉真情权中引申出来的一种权利,其目的是使消费者更好地掌握有关商品、服务和消费市场的知识,以及消费者权益保护方面的知识,从而使消费者正确地使用商品,提高自我保护意识和能力。

(八)受尊重权

受尊重权,是指消费者在购买、使用商品和接受服务时所享有地其人格尊严、民族风俗习惯得到尊重的权利。这是尊重和保障人权的一个重要体现。

相关案例:

1998年7月,上海19岁女大学生钱某在屈臣氏超市购物后离开时,门口警报器突然鸣叫。超市工作人员不顾其反对,强行令其脱衣检查,在一无所获之后,再一次入室责令钱某脱裤检查,钱某被逼无奈再次就范,但仍未发现带磁物品。遭搜身后钱某不堪忍受耻辱,愤然起诉,要求被告赔礼道歉并赔偿精神损失费等50万元。一审法院判决屈臣氏超市侵权成立,必须在10日内登报向钱某赔礼道歉,并赔偿25万元精神损失等费用。判决过后,屈臣氏不服,提起上诉,二审法院改判为赔偿精神损失1万元。据《消法》在第14条和第43条都规定了消费者的人格尊严受到保护。本案中,钱某被保安人员带入办公室,在女保安员及另一女文员在场的情况下,解脱裤扣接受检查后方被允许离开,事实上是被作为"贼"来对待的。这无疑侵害了钱某作为人的权利,是对其人格的侮辱,是对其人格尊严的严重侵害,同时也侵害了她的人身自由。屈臣氏公司作为经营者,对侵害钱某人格尊严和人身自由的行为,应当承担停止侵害、恢复名誉、消除影响、赔礼道歉并赔偿损失的责任。

(九)监督批评权

监督批评权,是指消费者享有对商品和服务及保护消费者权益工作进行监督批评的权利,是社会监督的重要内容。消费者有权检举、控告侵害消费者权益的行为和国家机关及工作人员在保护消费者权益工作中的违法渎职行为,有权对保护消费者权益工作提出批评、建议。

三、经营者的义务

为了保障消费者权利的实现,经营者应当承担相应的义务。我国《消费者权益保护法》对经营者的义务作了明确的规定:

(一)严格履行法定和约定的义务

经营者向消费者提供商品,必须履行《产品质量法》和其他有关法律、法规规定的一切义务。经营者和消费者有约定的,应当按照约定履行义务,但双方的约定不得违背法律、法规的规定和其他有关法律、法规规定的义务,如《反不正当竞争法》禁止经营者进行虚假的有奖销售。

(二)接受社会监督的义务

经营者应当听取消费者对其提供的商品或服务的意见,接受消费者的监督。这是基于消费者的监督批评权提出的对经营者的要求。经营者听取意见,应不分时间、场合、地点、途径,诚恳地接受监督,这是经营者不断提高商品和服务质量的必不可少的措施,而且可以提高经营者的信誉。

(三)保障人身和财产安全的义务

经营者应当保证其提供的商品或者服务符合保障人身、财产安全的要求。对可能危及人身、财产安全的商品或者服务,经营者应当向消费者作出真实的说明和明确的警示,并说明和标明正确使用商品或者接受服务的方法以及防止危害发生的方法。经营者发现其提供的商品或者服务存在严重缺陷,即使正确使用商品或者接受服务仍然可能对人身、财产安全造成危害的,应当立即向有关行政部门报告和告知消费者,并采取防止危害发生的措施。

(四)不作虚假宣传的义务

经营者在商业宣传中,应当向消费者提供有关商品或者服务的真实信息,不得作引人误解的虚假宣传。对消费者就其提供的商品或者服务的质量和使用方法等问题提出的询问,经营者应当作出真实、明确的答复;在价格标志方面,商店提供商品应当明码标价。

相关案例：

2002年5月至2003年2月，杭州太平洋商业中心地下一层商铺在3次房展会上宣称，该商铺地下一层精品商铺有超大大堂中庭，从地下一层直通楼盘顶层，阳光可通过顶楼玻璃直到地下一层，四周还有自动扶梯和观光电梯等物业设施。这引来上百家业主看好而购买。可两年后交房时却令业主大失所望——该商业中心只把中庭建到地上一层，地下一层完全被封死，更没有自动扶梯和观光电梯等物业设施，原本定位的是精品商铺，现在却成了"死铺"，只能作为地下车库。经杭州规划部门核实，该商业中心地下一层商铺当初做项目规划时，就没有大堂中庭的中空设计。为此，2005年"3·15"期间，购买该商业中心的29位业主联合将浙联房产投诉至浙江省工商局。该省工商部门经调查认定：杭州太平洋商业中心地下层商铺在销售时对地下层中庭设置的宣传属虚假宣传行为，违反了《反不正当竞争法》相关规定——"经营者不得利用广告或者其他方法，对商品质量制作成份、性能、用途、生产者、有效期限、产地等作引人误解的虚假宣传"，因此依法处罚了开发商。（摘自中国信用监督网）

（五）出具凭证和单据的义务

经营者提供商品或者服务，应当按照国家有关规定或者商业惯例向消费者出具购货凭证或者服务单据；消费者索要购货凭证或者服务单据的，经营者必须出具。这里所说的"购货凭证或者服务单据"是指商品销售者或者服务提供者，在买卖合同或者服务合同已履行完毕后，向商品购买者或者服务对象出具的证明合同已履行的书面凭证。它们通常表现为发票、收据、保修单等形式。它们不仅是经营者与消费者之间签订和履行合同的凭证，还是消费者借以享受有关权利以及在合法权益受到损害时，向经营者索赔的重要依据。

（六）提供符合要求的商品或者服务的义务

经营者应当保证在正常使用商品或接受服务的情况下，其提供的商品或者服务应当具有的质量、性能、用途和有效期限；但消费者在购买该商品或者接受服务前已经知道其存在瑕疵的除外。经营者以广告、产品说明、实物样品或者其他方式表明商品或者服务的质量状况的，应当保证其提供的商品或者服务的实际质量与表明的质量状况相符合。

（七）标明真实名称和标记的义务

经营者在提供商品或服务时，应当标明自己的真实名称和标记。租赁他人柜台或者场地的经营者，亦应当标明自己的真实名称和标记。

（八）遵守公平交易的义务

公平交易是商业道德的重要内容。为了保障消费者的公平交易权，经营者不得以格式合同、通知、声明、店堂告示等方式作出对消费者不公平、不合理的规定，或者减轻、免除其损害消费者合法权益应当承担的民事责任。

(九)不得侵犯消费者的人身权

消费者的人身权是基本人权。经营者不得对消费者进行侮辱、诽谤，不得搜查消费者的身体及其携带的物品，不得以拘禁或者其他方式侵犯消费者的人身自由。

四、消费者权益的保护

(一)国家对消费者合法权益的保护

国家对消费者合法权益的保护体现在立法、行政、司法这三个方面：

(1)立法保护。国家在制定有关消费者权益的法律、法规时，应认真听取消费者的意见和要求，这是立法的程序之一。只有认真听取消费者的意见和要求，制定的法律才能切实有效地保护消费者的权益。

(2)行政执法保护。各级人民政府应加强领导，组织、协调、督促有关行政部门做好保护消费者合法权益的工作。各级政府应加强监督，预防危害消费者人身、财产安全行为的发生，及时制止危害消费者人身、财产安全的行为。各级人民政府的工商行政管理部门和其他有关行政部门应当依法在各自的职责范围内，采取措施，保护消费者的合法权益。此外，有关行政部门应当听取消费者及其组织对经营者的交易行为、商品和服务质量问题的意见，并及时调查处理。同时，由有惩处权力的有关行政机关依法对侵犯消费者合法权益的经营者的违法行为进行行政处罚。

(3)司法保护。人民法院应当采取措施，方便消费者提起诉讼。对符合《民事诉讼法》起诉条件的消费者权益争议，必须受理，及时审理，及时判决。

(二)社会对消费者合法权益的保护

保护消费者的合法权益是全社会的共同责任，国家鼓励一切组织和个人对损害消费者合法权益的行为进行社会监督。依照《消费者权益保护法》的规定，消费者可以通过消费者协会和其他消费者组织保护自己的合法权益，这些协会和组织是依法成立的对商品和服务进行社会监督的保护消费者合法权益的社会组织。由此可知，消费者协会和其他社会组织不得从事商品经营和营利性服务，不得以牟利为目的向社会推荐商品和服务。

消费者协会应依法履行的职能包括：向消费者提供消费信息和咨询服务；参与有关行政部门对商业服务的检查；就有关消费者合法权益的问题，向有关行政部门反映、查询，提出建议；受理消费者投诉，并进行调查、调解；投诉事项涉及商品和服务质量问题的，提请鉴定部门鉴定，鉴定部门应告知鉴定结论；支持受损害的消费者提起诉讼；对损害消费者合法权益的行为，通过大众传媒予以揭露、批判。消费者协会履行上述职能时，各级人民政府应当予以支持。

五、争议解决和法律责任

(一)争议的解决途径

消费者和经营者发生消费者权益争议的,可以通过下列途径解决:

(1)与经营者协商解决;

(2)请求消费者协会调解;

(3)向有关行政部门申诉;

(4)根据与经营者达成的仲裁协议,提请仲裁机构仲裁;

(5)向人民法院提起诉讼。

(二)承担损害赔偿责任的主体的确定

关于消费者权益争议中承担损害赔偿责任的主体的确定,消费者权益保护法规定如下:

(1)消费者在购买、使用商品时,其合法权益受到损害的可以向销售者要求赔偿。销售者赔偿后,属于生产者或者供货者的责任的,可以向生产者或供货者追偿。消费者或者其他人因商品缺陷造成人身、财产损害的,可以向销售者或生产者要求赔偿。不属于自己责任的,赔偿后,可以向责任者追偿。消费者在接受服务时,其合法权益受到损害的,可以向服务者要求赔偿。

(2)使用他人营业执照造成损害的,受害人可以向违法经营者或者执照的持有人要求赔偿。

(3)消费者因虚假广告受到损害的,可以向经营者要求赔偿。若广告的经营者不能提供经营者的真实名称、地址的,应承担赔偿责任。

(4)消费者在展览会、租赁柜台购买商品或者接受服务受到损害的,可以向销售者或服务者要求赔偿;展览会结束后或者柜台租赁期满后,可以向举办者、出租者要求赔偿。举办者、出租者赔偿后,有权向销售者或者服务者追偿。

此外,消费者的合法权益受到经营者侵害后,经营者发生企业合并、分立的,应由变更后承受原企业权利义务的企业承担责任。

(三)法律责任的确定

《消费者权益保护法》对各种侵犯消费者合法权益的行为所应承担的法律责任作出了具体而明确的规定:

1.民事责任

依照《民法通则》、《消费者权益保护法》、《产品质量法》的规定,经营者对一定的侵权行为应承担相应的民事责任。主要有如下几种情况:

(1)经营者提供商品或者服务,造成消费者或者其他受害人人身伤害的,应当支付医疗费、治疗期间的护理费、误工费等费用,造成残疾的,还应当支付残疾者生活自助具费、生活补助费、残疾赔偿金以及由其抚养的人所必需的生活费等费用。造成消费者或者其他受害人死亡的,应当支付丧葬费、死亡赔偿金以及由死者生前抚养的人所必需的生活费等费用。

(2)经营者违反消费者权益保护法的规定,侵害消费者的人格尊严或者侵犯消费者人身自由的,应当停止侵害,恢复名誉,消除影响,赔礼道歉,并赔偿损失。

(3)经营者提供的商品或者服务,造成消费者财产损害的,应当按照消费者的要求,以修理、重作、更换、退货、补足商品数量、退还货款和服务费用或者赔偿损失等方式承担民事责任。消费者与经营者另有约定的,从其约定。

(4)对国家规定的或者经营者与消费者约定包修、包换、包退的商品,经营者应当负责修理、更换或者退货。在保修期内两次修理仍不能正常使用的,经营者应当负责更换或退货。对包修、包换、包退的大件商品,消费者要求经营者修理、更换、退货的,经营者应当承担运输等合理费用。依法经有关行政部门认定为不合格的商品,消费者要求退货的,经营者应当负责退货。

(5)经营者以邮寄方式提供商品的,应当按照约定提供。未按约定,应按消费者要求履行约定或者退回货款,并应当承担消费者必须支付的合理费用。经营者以预收款方式提供商品或服务而未按照约定提供的,应当按照消费者的要求履行约定或者退回预收款,并应当承担预收款的利息、消费者必须支付的合理费用。

(6)经营者提供商品或服务有欺诈行为的,应当按照消费者的要求增加赔偿其受到的损失。增加赔偿的金额为消费者购买商品的价款或者接受服务的费用的1倍。

2. 行政责任

依据《消费者权益保护法》第50条和《产品质量法》及其他有关法律规定,侵权者应承担相应的行政责任,其形式有:警告、没收违法所得、罚款、停业整顿、吊销营业执照、拘留。

3. 刑事责任

经营者提供商品或者服务造成消费者或他人人身伤亡,构成犯罪的,应承担刑事责任。以暴力、威胁等方法阻碍有关行政部门工作人员依法执行公务的,依法承担刑事责任。

本节知识框架图：

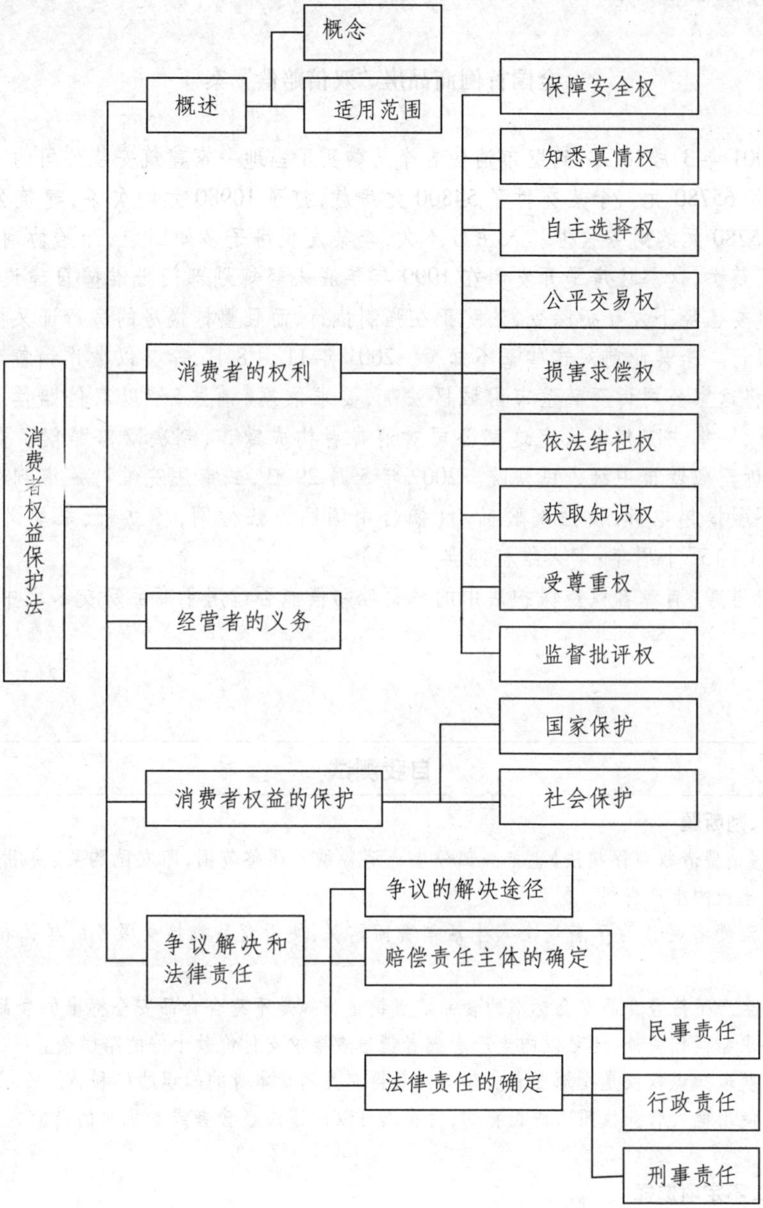

消费者权益保护法
概述
概念
适用范围
消费者的权利
保障安全权
知悉真情权
自主选择权
公平交易权
损害求偿权
依法结社权
获取知识权
受尊重权
监督批评权
经营者的义务
消费者权益的保护
国家保护
社会保护
争议解决和法律责任
争议的解决途径
赔偿责任主体的确定
法律责任的确定
民事责任
行政责任
刑事责任

阅读与思考:

全国首例商品房“双倍赔偿”案

2001年3月15日,鹤壁市消费者李某购买了当地一家建筑安装公司的一套住房,总价65780元。李某交付了54800元房款,打了10980元的欠条,建筑公司出具了65780元的财务收据。入住后不久,李某发现房子多处断裂,开始协商退房,随后又获悉,这套住房是开发商在1999年年底未经规划部门批准擅自建设的,鹤壁市建委已经下发了拆除令,法院正在强制执行,而且整栋楼房的房产证又被抵押给了银行。李某此前对这些毫不知情。2001年11月8日,李某以欺诈销售商品房为由,将这家公司诉至鹤壁市山城区法院,要求依据《消法》予以双倍赔偿。2002年2月,一审法院判决认定这家公司对消费者构成欺诈,判决双倍赔偿。被告不服,上诉至鹤壁市中级人民法院。2002年5月29日,二审法院维持一审判决。被告仍不服提起申诉,被法院驳回。(摘自中国民商法律网,杨立新、朱呈义、张国宏:《“3·15”十周年:十大维权经典案件》)

请思考:消费者权益保护法中的惩罚性赔偿能否适用于商品房交易之中?

自我测试

一、判断题

1.《消费者权益保护法》也把一部分生产消费纳入调整范围,即农民购买、使用直接用于农业生产的生产资料。(　　)

2.消费者是指为了满足个人生活消费而购买、使用商品或接受服务的居民和单位。(　　)

3.生产不符合食品安全标准的食品或者销售明知是不符合食品安全标准的食品,消费者除要求赔偿损失外,还可以向生产者或者销售者要求支付价款十倍的赔偿金。(　　)

4.获取知识权仅是指消费者所享有的获得有关消费本身的知识的权利。(　　)

5.使用他人营业执照造成损害的,受害人可以向违法经营者或者执照的持有人要求赔偿。(　　)

二、不定项选择

1.经营者提供商品或者服务有欺诈行为的,应当按照消费者的要求增加赔偿其受到的损失,增加赔偿的金额为消费者购买商品的价款或者接受服务的费用的(　　)。

A.1倍　　B.2倍　　C.3倍　　D.4倍

2.为了保障消费者的公平交易权,经营者不得以(　　)等方式作出对消费者不公平、不合理的规定,或者减轻、免除其损害消费者合法权益应当承担的民事责任。

A. 格式合同　B. 通知　C. 声明　D. 店堂告示

3. 消费者在展览会、租赁柜台购买商品或者接受服务受到损害的,可以向(　)要求赔偿。

A. 销售者或服务者　B. 展览会举办者　C. 柜台出租者　D. 生产者

4. 消费者权益保护法中损害求偿权的主体可以是(　)。

A. 直接购买的消费者

B. 使用商品的消费者

C. 因为商品质量而受到人身、财产损害的第三人

D. 接受服务的消费者

5. (　)是消费者最基本的权利。

A. 保障安全权　B. 知悉真情权　C. 损害求偿权　D. 受尊重权

6. 消费者和经营者发生消费者权益争议的,可以通过下列途径解决(　)。

A. 和解　B. 调解　C. 仲裁　D. 诉讼　E. 申诉

第五节 劳 动 法

学习提示:

1. 什么是劳动法? 劳动法调整哪些劳动法律关系?

2. 我国的劳动合同制度? 劳动合同的订立、解除和终止过程中有哪些法律问题?

3. 我国《劳动法》对加班加点等特殊情况下的工资作了哪些规定?

4. 劳动争议如何解决?

一、概述

(一)劳动法概念

劳动法是调整劳动关系以及与劳动关系密切相联系的其他关系的法律规范的总称。

狭义的劳动法专指1995年《中华人民共和国劳动法》,广义的劳动法除《劳动法》外,还包括宪法、法律、行政法规、地方性法规中有关劳动问题的规定。如2008年《中华人民共和国劳动合同法》、《中华人民共和国劳动争议调解仲裁法》、《企业劳动争议处理条例》等。

(二)劳动法的调整对象

劳动法的调整对象是劳动关系和与劳动关系密切相联系的其他社会关系。

1. 劳动关系

劳动关系是指劳动者与用人单位(包括各类企业、个体工商户、事业单位等)在实现劳动过程中建立的社会经济关系。我国《劳动法》调整的劳动关系的范围体现在《劳动法》和《劳动合同法》中。

(1)《劳动法》调整的劳动关系的范围:各类企业的劳动关系和个体经济组织中形成的劳动关系;国家机关、事业组织、社会团体通过与劳动者签订劳动合同建立的劳动关系;依照《劳动法》的规定,国家机关、事业组织、社会团体中的非合同劳动关系(现行的干部人事制度下的劳动关系),农村集体经济组织的劳动关系,以及现役军人、家庭保姆、自然人用工等劳动关系,不属于《劳动法》的调整范围。

(2)《劳动合同法》调整的劳动关系范围扩展到:部分事业单位的劳动关系;社会团体的劳动关系;民办非企业单位与其劳动者的劳动关系;劳动力派遣、非全日制用工形成的部分类型的非标准劳动关系;用人单位不合格的劳动关系、劳动者不合格的劳动关系;部分退休人员重新受聘的劳动关系;部分个人承包经营中的劳动关系。

2. 与劳动有关的其他社会关系

《劳动法》还调整与劳动关系有密切联系的社会关系。它主要包括以下几个方面:(1)管理方面发生的关系;(2)执行社会保险方面发生的关系;(3)处理劳动争议方面发生的关系;(4)监督劳动法执行方面发生的关系;(5)工会组织与企业、机关行政之间的关系。

(三)劳动法律关系

劳动法律关系,是指劳动者与用人单位之间,在实现劳动过程中依据劳动法律规范而形成的劳动权利与劳动义务关系。

(1)劳动法律关系的主体,是指参与劳动法律关系享有劳动权利和承担劳动义务的当事人,包括劳动者和用人单位。劳动者,是指达到法定年龄、具有劳动能力,以从事某种社会劳动获取收入为主要生活来源的自然人。我国《劳动法》将就业年龄规定为16周岁,禁止招用未满16周岁的未成年人;某些特殊职业如文艺、体育和特种工艺单位确需招用未满16周岁的人时,须报县以上劳动行政部门批准。用人单位,是指依法招用和管理劳动者,并按法律规定或合同约定向劳动者提供劳动条件、劳动保护和支付劳动报酬的劳动组织。我国现阶段的用人单位包括企业、事业单位、国家机关、社会团体和个体经济组织,其中企业和个体经济组织是劳动法律关系的主要主体。

(2)劳动法律关系的内容。包括劳动者的基本权利和用人单位的用人权。劳动者的基本权利包括:劳动者享有平等就业和选择职业的权利、取得劳动报酬的权利、休息休假的权利、获得劳动安全卫生保护的权利、接受职业技能培训的权利、享受社会保险和福利的权利、提请劳动争议处理的权利以及法律规定的其他劳动权利。

(3)劳动法律关系的客体,是指劳动法律关系中主体的劳动权利和劳动义务所共同指向的对象,具体表现为一定的劳动行为和财物。

二、劳动合同制度

(一)劳动合同的概念、种类

劳动合同是劳动者与用人单位确立劳动关系、明确双方权利和义务的协议。

劳动合同按照其表现是否为常态,可以分为一般的劳动合同和特殊的劳动合同。一般的劳动合同是指劳动者和用人单位之间在正常情况下,按照一般的劳动时间和劳动条件所达成的双方权利义务关系的协议,它是通常情形下的劳动合同。特殊劳动合同是指在非正常情况下,依照《劳动合同法》的特别规定而订立的劳动合同,它形成的条件和一般的劳动合同不同,特殊的劳动合同包括两种:劳务派遣合同和非全日制劳动合同。

(1)劳务派遣合同是指劳务派遣单位(用人单位)和派遣劳动者签订劳动合同后,将派遣劳动者派遣至劳务派遣接受单位(用工单位),在劳务派遣关系中,受派遣劳动者和劳务派遣单位签订劳动合同,劳务派遣单位和实际用工单位签订劳务派遣协议。

相关案例:

崔某于2000年9月应聘到某烟草公司工作,双方没有签订劳动合同,存在事实劳动关系。2005年1月,烟草公司与某劳务派遣公司签订《劳务派遣合同》,由劳务派遣公司向烟草公司提供劳务派遣服务。2005年1月,烟草公司在未与崔某办理解除或终止事实劳动关系的情况下,安排崔某与劳务派遣公司签订《劳动合同》,合同期限自2005年1月1日至2005年12月31日。崔某与劳务派遣公司签订劳动合同后,以劳务派遣公司员工的名义留在烟草公司继续工作。2005年1月29日,崔某在工作中发生交通事故。2005年3月14日,市劳动和社会保障局做出工伤认定结论:认定崔某为因工负伤,用工单位为烟草公司。崔某自发生交通事故后,一直处于住院治疗状态,至2005年9月,已自行垫付医疗费用33813.89元;因烟草公司及劳务派遣公司均拒绝支付医疗费用及承担工伤赔偿责任,崔某于2005年10月18日向劳动争议仲裁委员会申请劳动仲裁,要求烟草公司及劳务派遣公司支付工伤治疗费150000元、护理费5000元。2005年12月8日,劳动争议仲裁委员会裁决烟草公司支付崔某医疗费33813.89元及后续发生的医疗费用;烟草公司不服裁决,起诉至区人民法院。在烟草公司起诉时,崔某自行垫付的结算医疗费用为118768.20元、预交的医疗费用为15000元。区人民法院经审理后认为崔某的实际用工单位是烟草公司,一审判决烟草公司于判决生效后十日内支付崔某垫付的医疗费152582.09元,劳务派遣公司不承担崔某的工伤保险待遇责任。(摘自

中国人力资源开发网)

(2)非全日制劳动合同是指劳动者和用人单位签订的,以小时计酬为主,劳动者在同一用人单位一般平均每日工作时间不超过四小时,每周工作时间累计不超过二十四小时的特殊形式的劳动合同。

(二)劳动合同的订立

1. 劳动合同的形式

我国《劳动合同法》规定,建立劳动关系,应当订立书面劳动合同。已建立劳动关系,未同时订立书面劳动合同的,应当自用工之日起1个月内订立书面劳动合同。

2. 劳动合同的期限

劳动合同的期限可以分为三类:固定期限劳动合同、无固定期限劳动合同和以完成一定工作任务为期限的劳动合同。

应当订立无固定期限劳动合同的情形有:(1)劳动者在该用人单位连续工作满10年的;(2)用人单位初次实行劳动合同制度或者国有企业改制重新订立劳动合同时,劳动者在该用人单位连续工作满10年且距法定退休年龄不足10年的;(3)连续订立二次固定期限劳动合同,且劳动者没有本法第39条和第40条第1项、第2项规定的情形,续订劳动合同的。(4)用人单位自用工之日起满1年不与劳动者订立书面劳动合同的,视为用人单位与劳动者已订立无固定期限劳动合同。

3. 劳动合同试用期制度

(1)劳动合同期限3个月以上不满1年的,试用期不得超过1个月;劳动合同期限1年以上不满3年的,试用期不得超过2个月;3年以上固定期限和无固定期限的劳动合同,试用期不得超过6个月。

(2)同一用人单位与同一劳动者只能约定一次试用期。

(3)以完成一定工作任务为期限的劳动合同或者劳动合同期限不满3个月的,不得约定试用期。

(4)试用期包含在劳动合同期限内。劳动合同仅约定试用期的,试用期不成立,该期限为劳动合同期限。

(5)劳动者在试用期的工资不得低于本单位相同岗位最低档工资或者劳动合同约定工资的80%,并不得低于用人单位所在地的最低工资标准。

4. 保密条款和竞业限制法律制度

用人单位可以与劳动者约定保密条款,具体约定要考虑劳动者所从事工作内容的性质和具体情况,由用人单位和劳动者通过协商来确定。

我国法律规定的竞业禁止可以分为两种:法定的竞业禁止和约定的竞业禁止。对负有保密义务的劳动者,用人单位可以在劳动合同或者保密协议中与劳动者约定竞业限制条款,并约定在解除或者终止劳动合同后,在竞业限制期限内按月给予劳动者经济补偿。劳动者违反竞业限制约定的,应当按照约定向用人单位支付违约金。该法第24条规定,竞业限制的人员限于用人单位的高级管理人员、高级技术人员和其他负有保密义务的人员。竞业限制的范围、地域、期限由用人单位与劳动者约定,竞业限制的约定不得违反法律、法规的规定。竞业限制期限不得超过二年。

相关案例:

这是湖南省首例,也是当时全国量刑最重的一起因员工跳槽引起的商业秘密案。1985年至2000年,江钻股份斥巨资从美国得克萨斯州休斯顿工具公司独家分期引进油用三牙轮钻头设计制造技术,并按转让合同规定,将此技术作核心技术秘密。在此期间,幸发芬长期担任该种钻头新品种的研制设计、小零件国产化研究及相关技术资料的翻译、复制和汇编等工作,还先后两次被公司派往美国实地考察学习油用三牙轮钻头设计制造技术,掌握了该技术全套的设计、生产工艺和核心技术参数。2001年7月,江钻股份机构改组,人力资源部培训处被撤并,被告人幸发芬向江钻股份提出辞职。同年10月,幸发芬携带从江钻股份获取的秘密技术资料进入天津立林钻头有限公司担任技术部部长,主持该公司与江钻股份同类的油用牙轮钻头的产品设计、生产和检验工作,并很快制造出产品投放市场,使江钻股份造成重大损失。湖北省潜江市人民检察院指控幸发芬犯侵犯商业秘密罪,潜江市人民法院因本案涉及商业秘密,不公开开庭审理了本案,于2007年11月26日作出刑事判决,以幸发芬犯侵犯商业秘密罪,判处有期徒刑6年,并处罚金50000元。该案上诉后二审维持一审判决。(摘自《法制日报》)

5. 违约金制度

除《劳动合同法》第22条和第23条规定的情形外,用人单位不得与劳动者约定由劳动者承担违约金。

(1)培训服务期约定违约金。用人单位为劳动者提供专项培训费用,对其进行专业技术培训的,可以与该劳动者订立协议,约定服务期。劳动者违反服务期约定的,应当按照约定向用人单位支付违约金。违约金的数额不得超过用人单位提供的培训费用。用人单位要求劳动者支付的违约金不得超过服务期尚未履行部分所应分摊的培训费用。用人单位与劳动者约定服务期的,不影响按照正常的工资调整机制提高劳动者在服务期期间的劳动报酬。

(2)在竞业限制约定中约定违约金。用人单位与劳动者可以在劳动合同中约定保守用人单位的商业秘密和与知识产权相关的保密事项。对负有保密义务的劳动者,用人单位可以在劳动合同或者保密协议中与劳动者约定竞业限制条款,并约定在解除或者终止劳动合同后,在竞业限制期限内按月给予劳动者经济补偿。劳动者违反竞业限制约定的,应当按照约定向用人单位支付违约金。

6. 劳动合同的无效

劳动合同的无效是指劳动合同因缺乏法律规定的条件而不具备约束力。我国《劳动合同法》第26条规定,下列劳动合同无效或者部分无效:(1)以欺诈、胁迫的手段或者乘人之危,使对方在违背真实意思的情况下订立或者变更劳动合同的;(2)用人单位免除自己的法定责任、排除劳动者权利的;(3)违反法律、行政法规强制性规定的。

(三)劳动合同的解除

1. 劳动者和用人单位协商解除

我国《劳动合同法》第36条规定,用人单位与劳动者协商一致,可以解除劳动合同。立法对这种解除方式一般不规定条件,只要求解除合同的合意在内容、形式、程序上合法即可。

2. 劳动者单方面解除劳动合同

(1)劳动者提前通知解除。试用期间劳动者对劳动合同的解除,只要提前3日通知用人单位,就可以解除劳动合同。正式合同期内劳动者对劳动合同的解除提前30日以书面形式通知用人单位,可以解除劳动合同。

(2)劳动者随时解除。随时解除是指劳动者在法律规定的条件下,不提前通知用人单位就可以单方面解除劳动合同,终止劳动合同的法定约束力。用人单位有下列情形之一的,劳动者可以解除劳动合同:未按照劳动合同约定提供劳动保护或者劳动条件的;未及时足额支付劳动报酬的;未依法为劳动者缴纳社会保费的;用人单位的规章制度违反法律、法规的规定,损害劳动者权益的;因《劳动合同法》第26条第1款规定的情形致使劳动合同无效的;法律、行政法规规定劳动者可以解除劳动合同的其他情形;用人单位以暴力、威胁或者非法限制人身自由的手段强迫劳动者劳动的;用人单位违章指挥、强令冒险作业危及劳动者人身安全的,劳动者可以立即解除劳动合同,不需事先告知用人单位。

3. 用人单位单方面解除劳动合同

(1)用人单位的"过失性解除"。劳动者有下列情形之一的,用人单位可以随时解除劳动合同:在试用期间被证明不符合录用条件的;严重违反用人单位的规章制度的;严重失职,营私舞弊,给用人单位造成重大损害的;劳动者同时与其他用人单位建立劳动关系,对完成本单位的工作任务造成严重影响,或者经用人单位提出,拒不改正的;因《劳动合同法》第26条第1款第1项规定的情形致使劳动合同无效的;被依法追究刑事责任的。

(2)用人单位的"无过失性解除"。有下列情形之一的,用人单位可以解除劳动合同,但是应当提前30日以书面形式通知劳动者本人:劳动者患病或者非因工负伤,在规定的医疗期满后不能从事原工作,也不能从事由用人单位另行安排的工作的;劳动者不能胜任工作,经过培训或者调整工作岗位,仍不能胜任工作的;劳动合同订立时所依据的客观情况发生重大变化,致使劳动合同无法履行,经用人单位与劳动者协商,未能就变更劳动合同内容达成协议的。

(3)用人单位的经济性裁员。大规模的经济性裁员是指用人单位,需要裁减人员20人以上或者裁减不足20人但占企业职工总数10%以上的情况,符合这种情况的,裁员需要按照下列程序进行:用人单位提前30日向工会或者全体职工说明情况,听取工会或者职工意见;用人单位将裁减人员方案经向劳动行政部门报告,可以裁减人员。

用人单位裁减人员时,应当优先留用下列人员:①与本单位订立较长期限的固定期限劳动合同的;②与本单位订立无固定期限劳动合同的;③家庭无其他就业人员,有需要扶养的老人或者未成年人的。用人单位依照本条第1款规定裁减人员,在6个月内重新招用人员的,应当通知被裁减的人员,并在同等条件下优先招用被裁减的人员。

(4)对用人单位劳动合同解除权的法定限制。劳动者有下列情形之一的,用人单位不得进行经济性裁员和"无过失性解除":从事接触职业病危害作业的劳动者未进行离岗前职业健康检查,或者疑似职业病病人在诊断或者医学观察期间的;在本单位患职业病或者因工负伤并被确认丧失或者部分丧失劳动能力的;患病或者非因工负伤,在规定的医疗期内的;女职工在孕期、产期、哺乳期的;在本单位连续工作满15年,且距法定退休年龄不足5年的;法律、行政法规规定的其他情形。

4. 解除劳动合同的经济补偿和赔偿

有下列情形之一的,用人单位应当向劳动者支付经济补偿:

(1)劳动者依照本法第38条规定解除劳动合同的;(2)用人单位依照第36条规定向劳动者提出解除劳动合同并与劳动者协商一致解除劳动合同;(3)用人单位依照本法第40条规定解除劳动合同的;(4)用人单位依照本法第1款规定解除劳动合同的;(5)除用人单位维持或者提高劳动合同约定条件续订劳动合同,劳动者不同意续订的情形外,依照本法第44条第1项规定终止固定期限劳动合同的;(6)依照本法第44条第4项、第5项规定终止劳动合同的;(7)法律、行政法规规定的其他情形。

经济补偿按劳动者在本单位工作的年限,每满1年支付1个月工资的标准向劳动者支付。6个月以上不满1年的,按1年计算;不满6个月的,向劳动者支付半个月工资的经济补偿。劳动者月工资高于用人单位所在直辖市、设区的市级人民政府公布的本地区上年度职工月平均工资三倍的,向其支付经济补偿的标准按职工月平均工资三倍的数额支付,向其支付经济补偿的年限最高不超过12年。月工资是指劳动者在劳动合同解除或者终止前12个月的平均工资。

用人单位违反《劳动合同法》规定的条件解除或者终止劳动合同,劳动者享有选择权,可以要求用人单位继续履行劳动合同,如果用人单位能够履行的,应当继续履行;如果劳动者不要求继续履行劳动合同或者劳动合同不能继续履行的,用人单位应当依照本法第 87 条规定支付赔偿金,即应当依照本法第 47 条规定的经济补偿标准的二倍向劳动者支付赔偿金。

(四)劳动合同的终止

劳动合同终止的条件不能约定,只能法定。依照《劳动合同法》第 44 条的规定,有下列情形之一的,劳动合同终止:劳动合同期满的。劳动者开始依法享受基本养老保险待遇的。劳动者死亡,或者被人民法院宣告死亡或者宣告失踪的。用人单位被依法宣告破产的。用人单位被吊销营业执照、责令关闭、撤销或者用人单位决定提前解散的。法律、行政法规规定的其他情形。

三、工资法律制度

(一)概述

工资是用人单位支付给劳动者的劳动报酬,是劳动关系中财产属性的重要表现,是劳动者实现生存权的基本途径。

工资一般包括计时工资、计件工资、奖金、津贴和补贴、延长工作时间的工资报酬以及特殊情况下支付的工资等。工资是劳动者劳动收入的主要组成部分。劳动者的以下劳动收入不属于工资范围:(1)单位支付给劳动者个人的社会保险福利费用,如丧葬抚恤救济费、生活困难补助费、计划生育补贴等;(2)劳动保护方面的费用,如用人单位支付给劳动者的工作服、解毒剂、清凉饮料费用等;(3)按规定未列入工资总额的各种劳动报酬及其他劳动收入,如根据国家规定发放的创造发明奖、国家星火奖、自然科学奖、科学技术进步奖、合理化建议和技术改进奖、中华技能大奖等,以及稿费、讲课费、翻译费等。

(二)特殊情况下的工资种类

特殊情况下的工资是指依照法律、法规规定或劳动合同约定在特殊时间内或者特殊工作情况下支付给劳动者的工资。我国现行的特殊情况下的工资,主要有以下几种:

(1)加班加点工资。加班是指在法定节日、公休假日从事工作。加点是指在一个工作日内延长工作时间。根据《劳动法》第 44 条的规定,有下列情形之一的,用人单位应当按照下列标准支付高于劳动者正常工作时间工资的工资报酬:(1)安排劳动者延长工作时间的,支付不低于工资的 150% 的工资报酬;(2)休息日安排劳动者工作又不能安排补休的,支付不低于工资的 200% 的工资报酬;(3)法定休假日安排劳动者工作的,支付不低于工资的 300% 的工资报酬。

(2)休假期间的工资。劳动者的休假期间包括年休假、探亲假、婚丧假和事假等。其中前三项均属于带薪休假,因此,在休假期间,用人单位应按劳动合同约定的标准支付劳动者工资。劳动者请事假,一般不发给工资,但学徒工请事假的,生活费照发。劳动者旷工,停发工资,并按规定给予相应的处罚。

(3)停工、停产期间的工资。非因劳动者原因造成单位停工、停产在一个工资支付周期内的,用人单位应按劳动合同规定的标准支付劳动者工资。超过一个工资支付周期的,若劳动者提供了正常劳动,则支付给劳动者的劳动报酬不得低于当地的最低工资标准;若劳动者没有提供正常劳动,应按国家有关规定办理。

(4)依法参加社会活动期间的工资。劳动者在法定工作时间依法参加社会活动期间,用人单位应视同其提供了正常劳动而支付工资。

四、劳动争议的处理

(一)概述

劳动争议是指劳动者与用人单位之间所生之争议及用人单位或用人单位团体与工会之间围绕权利、义务以及相关利益所生的争议。

劳动争议处理机构是指受理劳动争议案件的组织机构。根据《劳动争议调解仲裁法》等的规定,有权处理劳动争议的机构包括调解组织、劳动争议仲裁委员会、人民法院、劳动行政主管部门。

发生劳动争议时,劳动者可以与用人单位协商,也可以请工会或者第三方共同与用人单位协商,达成和解协议。发生劳动争议,当事人不愿协商、协商不成或者达成和解协议后不履行的,可以向调解组织申请调解;不愿调解、调解不成或者达成调解协议后不履行的,可以向劳动争议仲裁委员会申请仲裁;对仲裁裁决不服的,除本法另有规定的外,可以向人民法院提起诉讼。本章重点介绍劳动争议仲裁与诉讼。

(二)仲裁程序

除《劳动争议调解仲裁法》另有规定的外,仲裁是法定的必经程序,劳动争议案件,必须经过仲裁委员会仲裁,否则,人民法院将不予以受理。也就是说我国处理劳动争议采取"仲裁前置"的原则。劳动争议仲裁的提起,可以分为两种情况:(1)调解组织到期未调解成功的劳动争议,在法定期内,当事人可以申请仲裁;(2)当事人可以直接向仲裁委员会申请仲裁。即劳动争议双方任何一方当事人,可以不经过调解组织的调解;也可以在劳动争议仲裁委员会调解建议下不愿调解,进入仲裁程序。

1. 申请

劳动争议仲裁委员会负责管辖本区域内发生的劳动争议。劳动争议由劳动合同履行地或者用人单位所在地的劳动争议仲裁委员会管辖。双方当事人分别向劳动合同履行地和用人单位所在地的劳动争议仲裁委员会申请仲裁的,由劳动合同履行地的劳动争议仲裁委员会管辖。

根据《劳动争议调解仲裁法》的规定,劳动争议申请仲裁的时效期间为 1 年。发生劳动争议的职工一方在 10 人以上,并有共同理由的,可以推举代表参加仲裁活动。代表人数由仲裁委员会确定。

2. 受理

劳动争议仲裁委员会收到仲裁申请之日起5日内,认为符合受理条件的,应当受理,并通知申请人;认为不符合受理条件的,应当书面通知申请人不予受理,并说明理由。对劳动争议仲裁委员会不予受理或者逾期未作出决定的,申请人可以就该劳动争议事项向人民法院提起诉讼。

3. 开庭和裁决

除《劳动争议调解仲裁法》另有规定的外,仲裁裁决为终局裁决,裁决书自作出之日起发生法律效力,劳动者对上述仲裁裁决不服的,可以自收到仲裁裁决书之日起15日内向人民法院提起诉讼。当事人对上述规定以外的其他劳动争议案件的仲裁裁决不服的,可以自收到仲裁裁决书之日起15日内向人民法院提起诉讼;期满不起诉的,裁决书发生法律效力。当事人对发生法律效力的调解书、裁决书,应当依照规定的期限履行。一方当事人逾期不履行的,另一方当事人可以依照民事诉讼法的有关规定向人民法院申请执行。受理申请的人民法院应当依法执行。

(三)诉讼程序

劳动争议处理中的诉讼程序不是必经程序,只有劳动争议当事人一方或双方均不服劳动争议仲裁委员会作出的仲裁裁决,在裁决作出15日内向人民法院提起诉讼,该程序才可能启动。除法律另有规定外,劳动争议仲裁程序是诉讼程序的前置和必经程序。

1. 劳动争议案件的受理

法院审理劳动争议案件的条件是:起诉人必须是劳动争议的当事人。当事人因故不能亲自起诉的,可以委托代理人起诉。必须是不服劳动争议仲裁委员会仲裁而向法院起诉,未经仲裁程序不得直接向法院起诉。必须有明确的被告、具体的诉讼请求和事实根据。原告、被告仍为仲裁当事人,不得将仲裁委员会作为被告向法院起诉。提起诉讼的时间,必须是在法律规定的期限内,即收到仲裁裁决书之日起15日内起诉,超过15日,人民法院不予受理。属于人民法院受理劳动争议的范围。起诉必须向有管辖权的法院提出。

2. 劳动争议案件举证责任

一般而言,劳动争议案件中举证责任的分配适用《民事诉讼法》规定。但根据劳动争议关系的特点,因用人单位作出的开除、除名、辞退、解除劳动合同、减少劳动报酬、计算劳动者工作年限等决定而发生的争议"由用人单位负担举证责任",适用举证责任倒置。但是这里仅规定了六种情况由用人单位承担举证责任,且"开除、除名、辞退、解除劳动合同"实际上是一回事。

本节知识框架图：

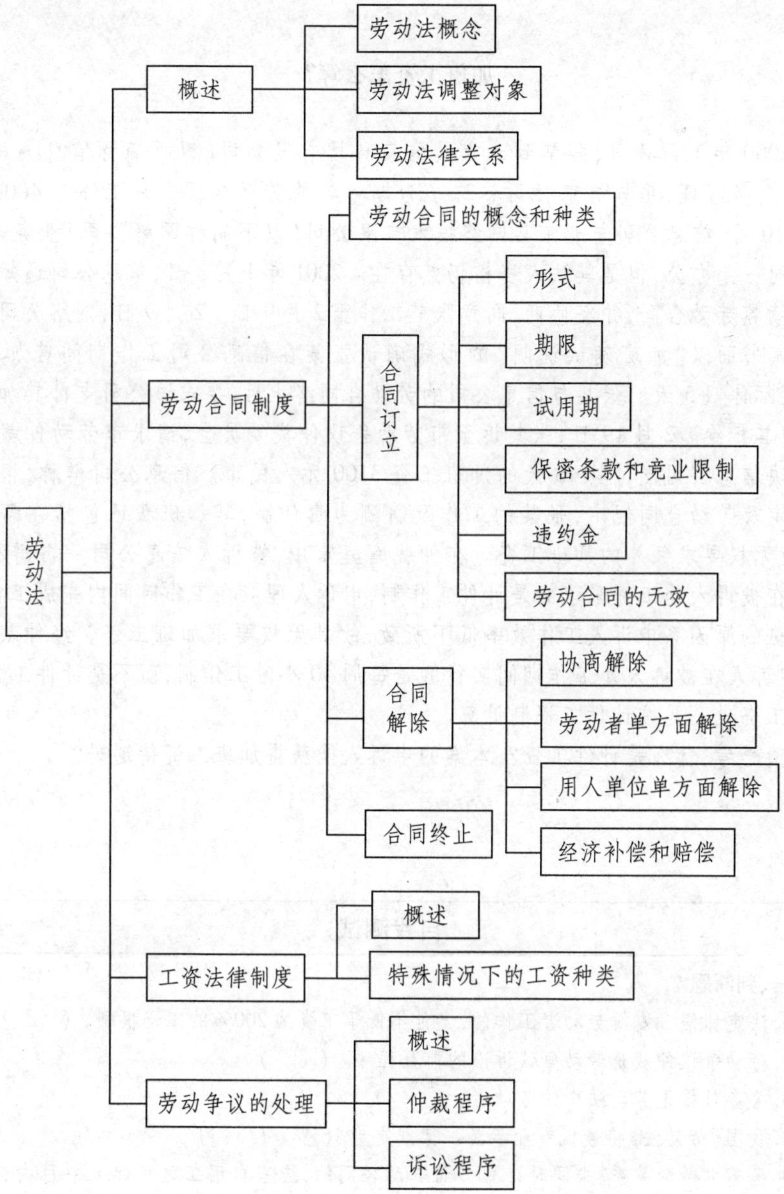
劳动法
概述
劳动法概念
劳动法调整对象
劳动法律关系
劳动合同制度
劳动合同的概念和种类
合同订立
形式
期限
试用期
保密条款和竞业限制
违约金
劳动合同的无效
合同解除
协商解除
劳动者单方面解除
用人单位单方面解除
经济补偿和赔偿
合同终止
工资法律制度
概述
特殊情况下的工资种类
劳动争议的处理
概述
仲裁程序
诉讼程序

阅读与思考:

加班工资怎么算?

2000年1月3日,张某到北京某信息科技有限公司(以下简称信息公司)工作,任财务经理,并与信息公司签订了为期一年的劳动合同。月工资为4000元。同年10月,信息公司与北京某网络技术有限公司(以下简称网络公司)业务合并,两公司一起办公,但是其法人资格仍然存在。2001年1月3日,信息公司通知张某不再续签劳动合同,并经协商,同意张某工作至2月9日。2月9日,网络公司负责人曾某书面以“加班确认说明”的形式确认张某在信息公司工作期间曾加班46天,实际休假5天。张某与信息公司的劳动合同终止后,要求该公司支付其加班工资,遭其拒绝。2月19日,张某诉至市劳动争议仲裁委员会,请求市劳动仲裁委员会裁决信息公司支付其46天的加班工资3100元人民币。信息公司辩称,根据公司规定及劳动合同规定,张某的工作及薪酬为责任制,其加班费已包括在薪酬之内,故无权要求额外的加班工资。在仲裁庭庭审中,被诉人信息公司一再辩称,申诉人在被诉人处工资采取的是计件工作制,申诉人理应在工作时间内完成工作,造成加班的原因系申诉人工作效率低下所致,故其无权要求加班工资。经仲裁庭查实,申诉人在被诉人处工作期间实行的是每周40小时工作制,而不是计件工作制,所以工资也不是按计件工资制计算。

请思考:什么是计件工资?本案的申诉人能获得加班工资待遇吗?

自我测试

一、判断题

1. 法定休假日安排劳动者工作的,支付不低于工资的200%的工资报酬。(　　)
2. 劳动争议仲裁是劳动争议诉讼的前置程序。(　　)
3. 公务员属于劳动法中的劳动者。(　　)
4. 我国《劳动法》将最低就业年龄一律规定为16岁。(　　)
5. 已建立劳动关系,未同时订立书面劳动合同的,应当自用工之日起1个月内订立书面劳动合同。(　　)

二、不定项选择题

1. 下列争议适用《劳动法》的是(　　)。

A. 李某雇用赵某照顾自己患病的母亲,李某与赵某就报酬发生争议

B. 大学生刘某利用暑假时间到某公司勤工俭学,刘某就工资问题与公司发生争议

C. 某企业工会主席与该企业就年休假问题发生争议

D. 某公司股东与该公司就年终分红问题发生争议

2. 以下哪些情形,用人单位可以与劳动者约定由劳动者承担违约金?( )

A. 培训服务期约定违约金　　B. 在竞业限制约定中约定违约金

C. 加班加点中约定违约金　　D. 在合同解除条款中约定违约金

3. 关于竞业限制的表述正确的是( )。

A. 在竞业限制期限内按月给予劳动者经济补偿。劳动者违反竞业限制约定的,应当按照约定向用人单位支付违约金

B. 竞业限制的人员限于用人单位的高级管理人员、高级技术人员和其他负有保密义务的人员

C. 竞业限制期限,不得超过一年

D. 竞业期内不可以就业

4. 关于劳动合同试用期,下列说法正确的是( )。

A. 劳动合同期限 3 个月以上不满 1 年的,试用期不得超过 1 个月

B. 同一用人单位与同一劳动者可以约定两次试用期

C. 试用期不包含在劳动合同期限内

D. 劳动者在试用期的工资不得低于本单位相同岗位最低档工资或者劳动合同约定工资的 80%,并不得低于用人单位所在地的最低工资标准

5. 以下哪些情形,劳动者可以解除劳动合同?( )

A. 未按照劳动合同约定提供劳动保护或者劳动条件的

B. 未及时足额支付劳动报酬的

C. 未依法为劳动者缴纳社会保费的

D. 用人单位以暴力、威胁或者非法限制人身自由的手段强迫劳动者劳动的

第七章 国 际 法

金融风暴席卷全球

2006年春季,美国"次贷危机"——即发生在美国,因次级抵押贷款机构破产、投资基金被迫关闭、股市剧烈震荡引起的风暴逐步显现,2007年8月席卷美国、欧盟和日本等世界主要金融市场。2008年9月15日,饱受美国次贷危机冲击的华尔街再次风云突变,美国第四大投资银行雷曼兄弟公司宣告破产。该消息迅速传遍全世界,全球投资者信心再遭重创,从东京到柏林,从伦敦到纽约,全球主要股市一片惨跌,全球金融危机爆发。货币贬值、经济增长削减、企业大量倒闭、失业率剧增,经济总量和经济规模出现较大的损失。联合国于2010年1月表示,全球经济衰退使高达9000多万人口陷入极端贫困,石油和初级商品价格飞涨以及金融危机的蔓延,没有任何国家的实体经济能够完全不受影响。有学者指出,当前国际社会最紧迫的任务是加强全球合作,坚决反对各种形式的贸易和投资保护主义,稳定金融市场,恢复经济增长。发达国家应承担稳定金融市场和恢复经济增长的主要责任,应加强宏观经济政策的协调,避免政策的负面溢出效应,切实履行对发展中国家的援助、减债等承诺,减少金融危机对发展中国家特别是最不发达国家造成的损害。同时,要加强政策的前瞻性和可持续性,确保宽松政策能及时有序地退出。

这次金融风暴席卷全球的速度之快、范围之广让我们再次认识到世界各国的关系已越来越紧密。全球普遍的经济萧条,随时可能引发国际社会动荡或国家政治层面的动荡。世界各国如何共同面对经济复苏、国际安全、气候变化等全球性问题?国际交往中,国家维护主权、谋求本国利益的最大化应该遵循哪些原则?各种国际组织在国际政治、经济、文化的发展中发挥怎样的作用?各种国际条约具有怎样的法律效力?本章将为你解读相关问题。

第一节 概 述

学习提示：

1. 什么叫国际法？
2. 国际法与国内法是什么关系？

一、国际法的概念

一般来说，国际法的概念，有广义与狭义之分。

广义的国际法，是指调整各种国际的、区际的、国家之间的或一国涉外的社会关系或社会现象的法律规范的总称。这些社会关系或社会现象包含了政治、经济、军事等国际社会生活的方方面面。在这个意义上，国际法是与国内法相对应的法律体系，包括众多的国际法部门，主要为国际公法、国际私法和国际经济法。

狭义的国际法，不包括国际私法和国际经济法，它仅指国际法法律体系当中的一个分支，即国际公法。通常意义上，我们所称的国际法，指的就是国际公法。

（一）国际公法

国际公法，是指在国家与国家交往中形成的、主要是调整国家之间关系的、有约束力的原则、规则和制度的总体。主要体现为一系列的国际条约、国际习惯、一般法律原则和司法判例。国际公法的调整对象主要是国与国之间的政治、外交、军事等关系。

（二）国际私法

国际私法，是指以直接规范和间接规范相结合来调整平等主体之间的国际民商事法律关系并且解决国际民商事法律冲突的法律部门。国际私法主要体现在各国的国内立法、国内判例、国际条约和国际惯例当中。一般认为，国际私法的调整对象就是具有涉外因素的民商事法律关系。

（三）国际经济法

国际经济法，是指调整国际经济活动和国际经济关系的法律规范的总和，也就是调整在商品、技术、资本、服务等跨国交易流通中形成的法律关系的法律规范和法律制度的总和。国际经济法的调整对象既包括国际法上的经济关系，又包括国内法上的涉外经济关系；既有公法的关系，又有私法的关系；既有横向的关系，又有纵向的关系。具体包括有关国际货物贸易、国际服务贸易、国际知识产权、国际投资、国际货币与金融、国际税收、国际经济组织等各种法律规范和制度。

二、国际法与国内法的关系

国际法和国内法的关系主要涉及两个问题:其一,国际法和国内法是属于同一法律体系,还是分属于两个不同的法律体系?其二,国际法与国内法哪个优先,或者两者并驾齐驱?自19世纪以来,西方国际法学者在国际法与国内法关系的理论上提出了三种不同主张:即国内法优先说、国际法优先说及国际与国内法平行说。

(一)国内法优先说

国内法优先说主要盛行于19世纪末,认为国际法与国内法属于同一个法律体系,国际法从属于国内法,国家的意志是绝对的、无限的,国际法的效力来自于国内法,国际法只有依靠国内法才有法律效力。

依现代国际法分析,该学说的错误主要有三:首先,理论上缺乏依据。依此学说,每个国家都可以拥有从属于本国国内法的国际法,这样,各国国家都可以有自己的国际法。此说实质上改变了国际法性质,使其成了各国的"对外公法"。其次,该学说的核心错误在于,其抹杀了国际法的作用,从根本上否定国际法存在的意义。最后,这种把国家意志绝对化,从而否定国际法效力的做法,是为了适应强国向外侵略扩张的需要,以达到把本国的意志强加于国际社会,实现统治全世界的目的。

(二)国际法优先说

国际法优先说主张,国际法与国内法是同一法律体系的两个部门,但在法律效力等级上,认为国内法从属于国际法,属于低层级规范,在效力上依靠国际法,国际法有权要求将违反国际法的国内法废除;而国际法的效力依靠于"最高规范"——"国际社会的意志必须遵守"。

从现代国际法的观点看,这一学说的错误在于:第一,其金字塔型的"法律阶梯"在法理上难以构成,国际共同意志下的"最高规范"在各国难以形成;第二,其核心错误在于"否定了国家主权";第三,该学说的目的是要否定国家意志,否定国家主权,为帝国主义的侵略扩张,制定"世界法",建立"世界政府"提供理论根据。

(三)国际法国内法平行说

国际法国内法平行说主张,国际法与国内法是两种不同的法律体系,它们调整的对象、主体、渊源、效力根据等方面都不同,两者各自独立,互不隶属。认为国内法的效力根据是一国的意志,而国际法的效力根据是多国的"共同意志",因而两者互不隶属,处于对等又对立的地位。

这种学说的不当之处主要在于:过分强调了国际法与国内法的不同,而忽略了其相互间的联系,以致造成两者的对立。

(四)我国学界通说

我国学者普遍认为,国际法与国内法是两个不同的法律体系,但由于国家是国内法的制定者,又是国际法制定的参与者,所以两者之间有着密切的联系,互相渗透,互相补充,而非互相排斥和对立。国家在制定国内立法时要考虑到国际法的规范要求,在参与制定国际条约时也要注意到其国内法的原则立场,国际法和国内法何者优先并不能一概而论。

首先,国际法与国内法是两个不同的法律体系。国内法是规范国家与个人、个人与个人的关系,而国际法主要是规范国家间的关系;国内法表现为主权国家的立法,而国际法主要表现为条约与习惯;国内法反映国内统治阶级的意志,而国际法反映的则是各国间的协议意志;国内法的适用主要依靠国内司法机关,而国际法主要依赖各国的自觉执行。

其次,国际法和国内法何者优先并不能一概而论。国际义务与国内法规范之间若产生冲突,其效力判断首先要看该国际义务本身是否公正合理,否则国家无义务遵守履行之;再看该国是否自愿承担该项义务,若为被迫,则该国亦无义务遵守履行之;最后还需要判断该国际义务的履行是否违背了国内法中关于基本人权和国家基本权利保护的相关规定,若违背了这些规定,则国家无须遵守履行之。可见,体现世界公认的基本价值的国际强行法规范具有最为优先的效力;经转化或采纳而产生国内法效力的国际法,其在国内法律体系中的效力按其规范等级规定确定。

本节知识框架图:

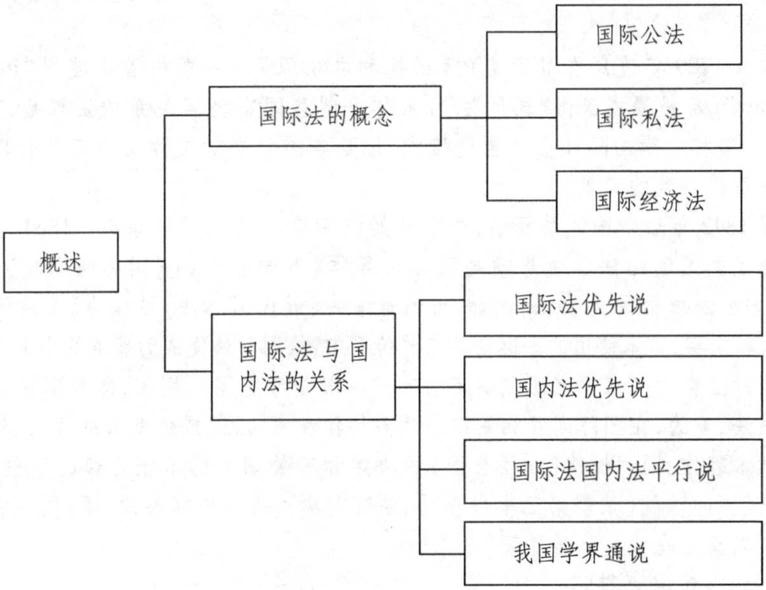

阅读与思考:

国际法的词源

国际法是现代国际社会通用的一个名词。在古代,调整国家之间关系的法律并没有使用“国际法”一词来表达。

古罗马有市民法和万民法之分。由于自身的宗教法律一般不适用于外国人,罗马人就把法律从宗教中抽离出来,称为“万民法”。万民法并不是国际法,而只是有涉外因素、即涉及外国人的罗马私法。但是,至少从西塞罗以后,万民法被理解为所有与罗马有交往关系的国家所有一致同意的正义原则,从而与以自然正义为依据的自然法相区别。

中世纪时期欧洲政局混乱,许多欧洲小国都必须接受神圣罗马帝国的皇帝和教皇的律令,所以国际法法典难以产生。到十六世纪,欧洲人把世界其他地方变成殖民地,并引入法律观念,把很多欧洲以外的国家的惯例破坏。

格劳秀斯是西方研究国际法的鼻祖,但他的著作是基于前人所发展的自然法理论。他继续维持万民法和市民法的区别,而他所称的万民法是指其拘束效力来自所有国家或许多国家的意志的法律,因而他指的是万国法,也就是国家法(英文:law of nations)。继他之后,英国国际法学者采用国家间法(jus inter gentes)的名称。

自从1789年边沁在其著名的《道德和立法原则》一书中首次使用“international law”(后被译成汉语“国际法”)来称呼调整国家之间关系的法律后,“国际法”这一名称才为国际社会所普遍接受,但是各国学者对国际法的定义长期以来并没有取得一致的意见。

在1842年后帝国体系瓦解,中国开始接受欧洲的国际法系统。1864年丁韪良翻译了美国国际法学者惠顿的国际法著作《万国公法》(《国际法原理》)。后来,万国公法被简称为公法,例如,布伦奇理的《近代国际法》被译为《公法千章》。到了清朝末年,日本使用的国际法的名称传到中国,国际法便成为普遍的中文名称。

国际法在由一班学者研究制定的时候一般先考虑国际惯例,即根据先前国际间的做法、条约,在国际间互相签订了的条约作参考、法院或仲裁人的裁决、其他学者的学术著作、国际机构(如联合国)的决定和有关国家的本土法律的一般原则。而根据《国际法院(法规第三十八条)》,法院判决一般亦依据条约、惯例、一般性法律原则以及法庭裁决及学者著作。

(摘自《维基百科》)

请思考:什么是国际法?

自我测试

一、判断题

1. 国际经济法的调整对象仅仅是关于私法上的关系,不包括公法上的关系。( )

2. 国内法优先说主张国际法从属于国内法,该学说的核心错误在于,其抹杀了国际法的作用,从根本上否定国际法存在的意义。( )

3. 国际法优先说认为国内法从属于国际法,该学说的核心错误在于其否定了国家主权。

二、不定项选择题

1. 通常意义上,我们所称的国际法,指的就是( )。

A. 国际公法　　B. 国际私法　　C. 国际经济法　　D. 国际刑法

2. 关于国际法与国内法的关系,我国通说认为( )。

A. 国际法与国内法是两个不同的法律体系,两者互相排斥和对立。

B. 国际法和国内法有着密切的联系,两者的执行都必须依靠国内或国际的司法机关。

C. 国际法和国内法何者优先并不能一概而论。

D. 保证世界公认的最为基础和重要价值的国际强行法规范具有最为优先的效力。

第二节　国际公法

学习提示:

1. 国际公法有哪些基本原则?
2. 国家由哪些要素组成? 享有哪些权利?
3. 什么是国籍? 应该给外国人什么权利?
4. 什么叫引渡和庇护?
5. 国家领土包括哪些部分?
6. 国际条约是怎么缔结、修改和终止的? 具有什么效力?
7. 什么是使馆? 什么是领馆?
8. 联合国是个怎样的组织?
9. 如何解决国际争端?

一、国际公法的基本原则

国际公法的基本原则,是指那些被各国公认和接受的、具有普遍约束力的、适用于国际法各个领域的、构成国际法基础的法律原则。根据《联合国宪章》、《国际法原则宣言》和其他有关国际法基本原则的文件,国际公法基本原则主要包括以

下各项:

1. 国家主权平等原则

国家主权,是国家的根本属性,在国际法上是指国家有独立自主地处理其内外事务的权力。根据这项原则,意味着:各国在法律上平等;每一国家享有充分主权所固有的权利;国家的人格、领土完整和政治独立受到尊重;各国在国际秩序中应善意履行其国际义务和责任;各国均有权利自由选择并发展其政治、社会、经济及文化制度。

2. 禁止以武力相威胁或使用武力原则

这项原则禁止侵略战争,而且确认不得以与联合国宗旨不符合的任何方式在国际关系中使用威胁或武力。不过,该原则有三项例外:依联合国宪章有关规定采取的集体强制措施;单独或集体的自卫;殖民地人民为争取民族独立而进行的武装斗争。

3. 和平解决国际争端原则

国际争端,不论是政治的、经济的,还是法律上的或事实上的,如果长期得不到解决,均有可能发展成为武装冲突,甚至国际战争,只有通过和平解决,才能维护国际和平与安全。

4. 不干涉内政原则

这是指国家在相互交往中不得以任何理由或任何方式,直接或间接地干涉他国主权管辖范围内的一切内外事务,同时也指国际组织不得干涉属于成员国国内管辖的事项。另外,这一原则中的"内政"具有较为广泛的内容,它不仅仅指一国的国内事务,还包括一国与其他国际法主体间的事务。

5. 善意履行国际义务原则

这是指一个国家应善意履行联合国宪章规定的、由公认的国际法原则和规则产生的、其作为缔约国参加的国际条约所承担的各项义务。

6. 国际合作原则

这是指各国不论政治、经济及社会制度有何差异,都有义务在国际关系的各个方面彼此合作。

7. 民族平等和自决原则

这是指被殖民地主义奴役和压迫的民族,有采取国际法确认的一切合法手段摆脱殖民统治,自由决定自己的命运,自由选择政治制度和社会制度,建立民族独立国家的权利。

在国际公法基本原则中,和平共处五项原则占有重要地位。和平共处五项原则是1954年由中国与印度、缅甸共同倡导的国际关系基本准则。具体内容为:互相尊重主权和领土完整、互不侵犯、互不干涉内政、平等互利、和平共处。五项原则的每一项既有其各自的含义,又互相联系,构成一个整体。

相关案例：

关于东京审判：第二次世界大战结束后，1946年1月19日，远东最高盟国统帅部根据同盟国授权，公布《远东国际军事法庭宪章》，宣布成立远东国际军事法庭。远东国际军事法庭由中国、苏联、美国、英国、法国、荷兰、加拿大、澳大利亚、新西兰、印度、菲律宾11个国家代表组成。设立于东京，主要审判日本的战争罪犯。由美国、苏联、英国、法国、荷兰、中国、澳洲、纽西兰、加拿大、印度、和菲律宾这些胜利的同盟国共同任命法官审理。审判于1946年5月3日开始，1948年11月12日结束，历时两年半。这次审判共开庭818次，出庭证人达419名，书面证人779名，受理证据在4300件以上，判决书长达1213页。判决书对日本帝国主义策划、准备和发动对中国和亚洲、太平洋战争的罪行进行了揭露，共有28个被告被审判，两个被告（永野修身、松冈洋右）于审判期间自然因素死亡。大川周明在审判期间因为神经衰弱而从判决上去除。最后宣判25名被告有罪。7个人因为战争罪和违反人道罪被判决绞刑，并于1948年12月23日在池袋的巢鸭监狱被执行。16个被判决终身监禁。3个（小矶国昭、白鸟敏夫、梅津美治郎）死于狱中，而其他的于1955年假释出狱。重光葵被判有期徒刑7年，日本前内阁外务大臣，假释后于鸠山一郎内阁服务。东乡茂德被判有期徒刑20年，日本前内阁外务大臣，死于狱中。禁止侵略战争，这是国际法的基本原则。

二、国际法上的国家

国际法主体，是指能独立从事国际交往和参加国际法律关系，直接承受国际法上的权利和义务，且能进行国际求偿以保护自己合法权益的实体。国际法上的权利和义务很多，例如缔结条约、建立外交关系、派遣使节、参加国际会议和组织、在国际法院提起诉讼等。

现代国际法的主体包括：国家、政府间的国际组织和争取独立的民族。其中，国家是国际法的基本主体，在国际法律关系中处于一种主要的、根本的地位。国际组织和争取独立的民族只具有部分的权利能力与行为能力，只是在一定条件下和一定范围内才是国际法的主体。

（一）国家的要素

国家作为国际法的基本主体，是组成现代国际社会的主要成员。国家的构成要素包括：定居的居民；确定的领土；政权组织；主权。这四个要素，是紧密联系在一起的，任何国家都必须具备以上四个要素，也只有具备了这四个要素，才能构成国家。

（二）国家的基本权利

根据一般国际实践，国家的基本权利包括：

（1）独立权，是指国家按照自己的意志处理本国对内对外事务而不受他国的控制和干涉的权利。独立权包括两个方面的含义：一是国家有权独立自主地处理其主权范围内的事务;二是国家处理这些事务不受外来的干涉。

(2)平等权,是指国家在国际法上的地位平等的权利。一切国家,不问大小强弱,不问社会、政治和经济制度的性质,也不问发展水平高低,其法律地位一律平等。由于国家的法律地位一律平等,因此享受权利也是平等的。

(3)自保权,是指国家保卫自己的生存和独立的权利。包括了两个方面的内容:一是指国家有权使用自己的一切力量,进行国防建设,防备可能来自外国的侵略;二是指当国家遭到外国的武力攻击时,有权行使单独或集体的自卫。

(4)管辖权,是指国家对其领域内的一切人(享有豁免权的除外)、物和所发生的事件,以及对在其领域外的本国人行使管辖的权利。前者称为"属地管辖权",后者称为"属人管辖权"。此外,国家管辖权还包括保护性管辖和普遍性管辖。

国家除了享有上述基本权利之外,在国际法上还享有司法豁免权。国家司法豁免权,又称国家主权豁免,是指国家根据国家主权平等的原则而享有的不受他国管辖的特权。这种豁免权起源于"平等者之间无管辖权"的罗马法格言,19 世纪在国际法理论和实践中得到普遍承认。

(三)国家及政府的承认与继承

1. 国家及政府的承认

国际法上的承认是以一定方式,对新国家或新政府的出现加以确认,以表明愿意与之建立正式外交关系的国家行为。承认作为国际法的一项制度,可以引起一定的法律效果:承认一经宣布就在承认国与被承认国之间奠定了全面交往的法律基础,而且,承认一般具有溯及力,其效力可以追溯到新国家或新政府成立时。

国家承认和政府承认的联系与区别在于:承认新国家,就是承认一个新国际法主体的产生,而承认新政府则不涉及国际法的主体问题;承认一个新国家,当然也就承认其政府,但承认一个新政府,只是承认该政府的更迭。

2. 国家和政府的继承

国际法上的继承是指由于某种具有国际法律意义的事实或情势出现,使国际法上有关的权利和义务从一个承受者转移给另一个承受者所引发的法律关系的改变。这种法律关系改变的法律效果直接影响继承者和被继承者以及第三者的权益。

(1)国家继承,是由于领土变更的事实引起一国的权利和义务转移给另一国的法律关系。新国家产生后有权继承被继承国与所涉领土有关的一切权利,包括条约的权利和国家财产、债权等方面的权利,但没有义务继承被继承国的一切义务,包括条约的义务和债务。

(2)政府继承,是因为革命或政变导致政权更迭,旧政府在国际法上的权利和义务由新政府所取代的法律关系。政府继承的基本原则为:对于一切不平等的掠夺性的条约不应继承;拒绝一切恶债;继承其他的条约权利和义务、一切财产和国际权利。

三、国际法上的个人

（一）国籍

国籍，是指一个人隶属一个国家的国民或公民的法律资格，是一个人同某一特定国家的固定的法律关系，也是国家对一个人行使外交保护的法律依据。按照国际法，国籍问题原则上属于每一个国家的主权管辖范围。一国规定其国籍的取得、丧失或者变更等问题的法律称为国籍法。

1. 国籍的取得

国籍的取得，主要有两种途径：

（1）因出生而取得一国国籍，称为原始国籍。由于各国对因出生而取得国籍所采取的立法原则不同，使得取得原始国籍的情况各异：一是依血统原则取得国籍；二是依出生地原则取得国籍；三是依血统原则和出生地原则相结合的混合原则取得国籍。

（2）因加入而取得一国国籍，称为继有国籍，又称为归化。这种情况主要有自愿申请加入，以及由于婚姻、收养、认领以及交换领土等原因入籍。

2. 国籍的丧失

国籍的丧失，是指一个人丧失某一特定国家的国民或公民身份，该人与该国之间的权利义务随即解除。国籍丧失大致可分为自愿丧失和非自愿丧失两大类。前者主要包括申请解除或退出本国国籍、声明放弃本国国籍和因选择别国国籍而放弃本国国籍等三种形式；后者可分为两种情况：一是因与外国人结婚、被外国人收养、未经本国政府许可而在外国服兵役或担任公职或者（自愿）取得外国国籍等法定事实而自动丧失本国国籍；二是由于某种原因而被剥夺国籍。

（二）外国人的待遇

所谓外国人的待遇，主要是指外国人在民事方面的待遇。国家给予外国人何种待遇，国际法上并无统一规定。在国际实践中，各国在互惠和不歧视的基础上，在不同领域分别采取国民待遇、最惠国待遇、差别待遇等原则。

（1）国民待遇，即国家在一定范围内给予外国人的待遇不低于给予本国公民的待遇。国民待遇主要限于民事权利和诉讼权利，外国人一般不享有本国公民的政治权利。

（2）最惠国待遇，它是指一国（施惠国）给予另一国（受惠国）国民的待遇，不低于现时或将来给予第三国国民的待遇。

（3）差别待遇，即国家给予外国人不同于本国公民的待遇，常见的是给予外国人的民事权利，在某些方面少于本国人。它也包括因特殊历史、地理原因而给某国人比其他外国人更优惠的待遇。但是，差别待遇的前提是不能有任何歧视。

(三)引渡和庇护

1. 引渡

引渡，通常是指一国应另一国请求，将位于本国境内而被请求国追诉或判刑的人移交请求国审判或执行刑罚的行为。引渡行为主要涉及两类国家：一类是请求国，包括引渡对象所在国以外的任何对该人有管辖权的国家；另一类是被请求国，即引渡对象所在的国家。

引渡是一种国家行为，其法律依据一般是国际条约和国内法规定，在实践中，一国如果没有制定引渡法规，也没有缔结或者参加国际引渡条约，有的国家可能会基于“国际礼让”而接受他国的引渡请求。

一般情况下，罪犯国籍所属国、犯罪行为地国、受害国及犯罪结果发生地国可以提出引渡请求。如果有数个国家为同一罪行或不同罪行提出引渡同一人时，原则上被请求国有权决定接受哪个国家的请求。

引渡的理由一般是普通刑事犯罪，而且必须是请求引渡国和被请求引渡国的法律都认为是犯罪的行为，或者是引渡条约中所规定的犯罪行为。按照国际惯例，政治犯一般不引渡。

2. 庇护

庇护，是指国家允许因政治原因受外国追诉或迫害而前来请求避难的外国人在本国入境、居留并对之加以保护的行为。

庇护的对象主要由于政治、种族、宗教等方面的原因而将要或已经受到有关国家迫害的人，包括政治犯和政治难民，所以庇护也称为政治避难。

庇护的主要依据是国内立法，许多国家在宪法中制定了庇护条款，我国《宪法》第32条规定：“中华人民共和国对于因为政治原因要求避难的外国人，可以给予庇护的权利”。

庇护通常指的是领土庇护，是从国家属地管辖权引申出来的权利，在国际实践中还有一种域外庇护，又称外交庇护，指的是给避难者在驻在国使馆、领馆、军舰和商船内的庇护，这种庇护依据是使馆和军舰在驻在国享有特权和豁免权。不过外交庇护只在拉美一些国家被承认，并没有形成普遍承认的国际法规则。

(四)人权的国际保护

在现代国际法中，人权既指个人的权利和自由，如生存权、平等权以及政治、经济、社会和文化权利等，也指集体权利和自由，如民族自决权和发展权等。

需要指出的是，国际公约中规定的各项人权和基本自由，并非是直接赋予个人的，均需要借助缔约国的国内法来加以实现。一些西方大国将人权作为政治工具，利用人权来推行自己的价值观念和意识形态，并借此干涉别国内政，这是违反国际法的。

四、国家领土

(一)国家领土的范围

国家领土是国家存在的物质基础和国家行使主权的空间,是处于国家的主权支配下的地球表面的特定部分,包括地下及上空。一个国家的领土由以下几个部分组成:

(1)领陆是国家疆界以内的全部陆地,包括大陆和岛屿。就某一个国家而言,其领陆可能单纯由大陆部分组成,也可能全部由岛屿组成。领陆是国家领土中最基本的组成部分。

(2)领水,是国家管辖下的全部水域,包括内水和领海,内水是指陆地领土内的所有水域(包括河流、湖泊和内海),以及领海基线向陆地一面的水域;领海则是领海基线向海一面的一定范围内的海域。

(3)领陆和领水的底土,是国家领陆和领水之下的部分。它们是陆地和水域不可分割的部分,当属国家领土的组成部分。

(4)领空是国家领陆和领水以上一定高度的空气空间。领空对国家安全、发展航空运输事业以及进行科学研究有着十分重要的意义,因此,领空也是国家领土的重要组成部分。领陆、领水、领陆和领水的底土、领空四个部分构成国家领土的整体。

(二)海洋地区

《联合国海洋法公约》规定,沿海国可对领海之外的某些海洋区域,如毗连区、大陆架、专属经济区行使某些事项的管辖权,但是这些海域不构成沿海国领土的一部分。

1. 毗连区

毗连区是毗连领海之外,由沿海国对海关、财政、移民和卫生等特定事项行使管辖权的一带海域。

《联合国海洋法公约》规定,毗连区从领海基线量起不超过 24 海里。国家有权在毗连区行使必要的管制,防止在其领土或领海内违反海关、财产、移民和卫生的法律和规章;惩治在其领土或领海内违反上述法律和规章的行为。

2. 大陆架

在国际法上,大陆架是指邻接一国海岸但在领海以外的一定区域的海床和底土,它是沿海国陆地领土在海底的自然延伸部分。

沿海国对大陆架的权利是专属的,任何人未经沿海国的明确同意,均不得从事勘探和开发大陆架的活动。沿海国对大陆架的权利也不取决于有效或象征性的占领或任何明文公告。沿海国有权在大陆架上建造人工岛屿、设施或其他结构,并享有专属的管辖权。

3. 专属经济区

专属经济区是《联合国海洋法公约》确立的一项新的海洋法制度,它是指领海以外并邻接领海的一个区域,其宽度从测算领海宽度的基线起,不超过200海里。

沿海国对该区域内自然资源的勘探、开发、养护和管理享有主权,并对该区域内人工岛屿、设备、结构的建造使用、海洋科学研究、海洋环境的保护等享有专属管辖权。其他国家在专属经济区内享有船舶航行、飞机飞越和铺设海底电缆、海底管道的自由,以及与这些自由有关的海洋其他国际合法用途,但应遵守沿海国制定的与国际公约不相抵触的法律和规章。

(三)南极和北极地区

南极地区是指南极洲及其附近岛屿以及南纬60度以南的海洋。北极地区是指地球北极圈以内的区域,这两个地区全年冰封,南极洲是陆地,北极则是大洋。

南极地区的国际法律地位,主要依据是《南极条约》的规定。据此,南极地区只能用于和平目的,各国在该地区自由地实行科学研究并促进为此而进行的国际合作,冻结该地区的领土主权要求,以及定期举行协商会议。而北极地区迄今尚无国际条约确定其法律地位和制度,其法律制度正在形成之中。

五、条约法

条约是国际法主体之间以国际法为准则,为建立其权利和义务而缔结的书面协议。1969年缔结的《维也纳条约法公约》是条约法的主要法律渊源,我国于1997年加入该公约,我国的有关立法是1990年的《中华人民共和国缔结条约程序法》。

(一)条约的缔结

条约的缔结包括国家间条约的缔结、国际组织间条约的缔结以及国家和国际组织间条约的缔结。从国际实践来看,条约的缔结主要涉及缔约能力和缔约权、缔约程序、保留等方面的内容。

条约的缔结一般有四个步骤:谈判和约文的议定;签字表示同意接受条约的约束;缔约国的国家权力机关批准;交换批准书或交存批准书。以上程序仅为一般程序,并非每一条约缔结的必经程序。但绝大多数条约的产生都必须经过谈判和签字。

(二)条约的效力和解释

1.条约对缔约方的效力

条约生效后,有关缔约方应遵守条约的规定。"条约必须遵守"是一项公认的国际法原则,凡有效的条约对其各成员国有约束力,各成员国必须善意履行,不存在任何可以为不履行条约的辩解。

2.条约的解释

条约的解释,是指对条约的具体规定的含义加以剖析、阐明,以明确条约中含义不清或模棱两可的地方。条约可由当事国、国际组织、国际法庭或国际法院按照其文义或参照其目的和宗旨进行善意的解释。

(三)条约的修改和终止

条约的修改是指缔约国在缔结条约后,在该条约有效期内改变条约规定的行为。删除原条约的某些条款、增加某些条款或者变更某些条款的内容都是对条约的修改。按照《条约法公约》,条约修改可分为条约的修正与条约的修改。

条约的终止是指条约由于发生了国际法所规定的某种情形因而失去效力。条约的终止可根据是否经缔约国协议分为两大类:

1. 经缔约国的协议而终止条约

包括以下情形:(1)条约到期;(2)条约的解除条件成立;(3)因退出而对退出国失效;(4)缔约各方同意终止条约;(5)条约被代替。

2. 非经缔约国协议而终止条约

包括以下情形:(1)条约主体的消灭;(2)条约不能履行;(3)一方有严重违约情事;(4)一方宣布废除不平等条约;(5)情势变迁。

六、外交和领事关系法

外交关系主要是指国家为了实现其对外政策,由外交机关通过访问、谈判、签订条约、外交文书往来、派出常驻外交代表机关、参加国际会议和国际组织等对外活动而形成的关系。外交关系法主要是调整国家之间外交关系的原则、规则和制度的总称。最主要的渊源是1961年的《维也纳外交关系公约》。领事关系是指一国根据与他国达成的协议,相互在对方一定地区设立领事馆和执行领事职务所形成的国家间的关系。领事关系法是主要调整国家间领事关系的原则、规则和制度的总称,其主要渊源是1963年的《维也纳领事关系公约》。

国家外交机关可大致分为国内外交机关和驻外的外交机关两大类。国内外交机关包括国家元首、政府、外交部门等。其中国家元首是一国对外关系的最高机关,其职权由宪法规定。驻外的外交机关又可分为两类:一类是常设外交机关;另一类是临时性的外交机关。常驻的外交机关有使馆(外交使团),临时性的外交机关有使团和参加国际会议的代表团等。

一国依据协议派遣到他国一定地区执行护侨、通商、航务等领事职务的机构,称为领事机关。国家之间领事关系的建立是以协议确定的,除另有声明外,两国间同意建立外交关系亦即同意建立领事关系,但断绝外交关系并不等于断绝领事关系。国家之间达成协议后就可以设立领馆,派遣领事以执行其职务。

为了表示对外交代表所代表国家的尊重,也为了保证外交和领事机关及其人员能够正常执行职务,《维也纳外交关系公约》和《维也纳领事关系公约》分别规定了外交和领事的一系列特权与豁免问题。

七、国际组织法

(一)国际组织的概念和特征

国际组织是指若干个国家的政府、民间团体或个人为特定的国际合作目的,通过协议而创立的常设国际机构。其中,由两个以上的国家或其政府所创立的国际组织称为政府间国际组织;由不同国家的民间团体创立的国际组织称为非政府间国际组织。

政府间国际组织一般具有以下几个特征:

(1)国际组织是根据国家间的多边条约建立的;

(2)国际组织是国家间的组织;

(3)国际组织是基于特定目的而建立的;

(4)国际组织是常设的;

(5)国际组织具有独立性。

原则上,国际组织是由其章程(一般就是建立该组织的条约)来确定其法律地位的。国际组织成立之后由成员国签署的新协定,或由组织本身与联合国主要机构、专门机构以及其他主权国家或国际组织签订的协议,通常也会载入与这一国际组织法律地位有关的条款。上述条约和协定,使国际组织具有了国际法上一定的权利能力和行为能力,具备了独立的法律人格。

(二)联合国

联合国组织是根据1945年的《联合国宪章》成立的,它是迄今最重要的全球性、普遍性的国际组织,在国际社会中发挥着不可替代的作用。同时,一批在各自领域起重要作用的专门性国际组织,通过与联合国的关系协定而成为联合国的专门机构,从而构成了联合国组织体系。

1. 联合国宗旨和原则

《联合国宪章》第1条规定了联合国的宗旨:维持国际和平与安全;发展各国间的友好关系;促进国际合作,以解决国际间属于经济、社会、文化及人类福利性质的国际问题,并促进对人权的尊重;作为协调各国行动的中心,以达到上述共同目的。

为了实现联合国的宗旨,《联合国宪章》第2条规定了联合国本身及其会员国应遵守的7项原则:(1)所有会员国主权平等;(2)善意履行宪章义务;(3)和平解决国际争端;(4)禁止武力威胁或使用武力;(5)会员国对联合国依宪章的规定而采取的行动应予协助;(6)保证非会员国遵守上述原则;(7)不干涉国家内政。

2. 联合国的主要机关

联合国为实现其宗旨和目的,设立了六个主要机关:大会、安全理事会、经济及社会理事会、托管理事会、国际法院和秘书处。

(1)大会。大会由联合国全体会员国派代表组成,每个会员国在大会的代表不得超过5人。大会享有广泛的职权,可以讨论宪章范围内有关联合国任何机关的职权的任何问题或事项,除安理会正在处理的外,它可以随时就这些问题和事项向会员国或安理会提出建议。

(2)安理会。它是联合国机关中处于首要政治地位的机关,由中、法、俄、英、美5个常任理事国和10个非常任理事国组成。安理会在维持国际和平与安全方面负有主要责任,只有安理会有权作出全体会员国都有义务接受并执行的决定。其职权主要涉及两个方面:促使争端和平解决;制止侵略行为并对侵略者施加武力的或武力以外的制裁。

(3)经济及社会理事会。经济及社会理事会简称经社理事会,是在大会权力下,协调联合国及各专门机构的经济和社会工作的机构。由54个理事国组成。

(4)托管理事会。它是联合国负责监督非战略地区托管领土行政管理的机关。自联合国成立以来,托管领土人民行使民族自决权,相继获得独立,建立独立国家或与他国合并。至1994年10月,联合国的托管协定全部终止,但托管理事会现仍未解散。

(5)国际法院。它是联合国的主要司法机关,依据《国际法院规约》进行活动。国际法院的管辖权包括诉讼管辖和咨询管辖两项。诉讼管辖是指受理当事国提出的案件。咨询管辖是指国际法院就联合国各机关和专门机构提出的法律意见提供咨询意见。国家或其他国际组织不能请求国际法院提供咨询意见。

(6)秘书处。它是联合国的行政管理机关,由秘书长1人,副秘书长、秘书长助理若干人及其他行政人员组成。秘书长是联合国的行政首长,由大会根据安理会的推荐任命,任期5年。

3.联合国的专门机构

联合国的专门机构是指根据特别协定同联合国建立关系的或者根据联合国决定而创设的对某一特定业务领域负有国际责任的政府间专门性的国际组织。联合国现有18个专门机构,比如世界气象组织、世界知识产权组织、国际货币基金组织等。

八、国际争端的解决

(一)国际争端的概念和特点

国际争端,是指国际法主体之间,主要是国际之间,由于在法律上或事实上意见不一致或政治利益的冲突所产生的争执。与国内争端相比较,国际争端有以下几个特点:

(1)国际争端是现代国际法主体,主要是国际之间的争端。双方或各方当事者在国际法上都是平等的主权国家、国际组织或政治实体。

(2)以国家为主体的争端通常关涉各主权国家的重大利益,有的争端甚至直接关涉国际和平与安全。如果国际争端不能合理、有效地解决,就可能导致严重的后果。

(3)正是由于国际争端当事者的特殊地位以及这类争端可能导致的后果的严重性,国际争端的解决方法才有其特殊性。国际法建立在平等主体之上,通过没有超主权权利而凌驾于平等主体之上的权力机关来制定法律和审理争端,并强制执行解决争端的判决。因此,必须寻求用国际法的特殊方法来解决国际争端,才能达到合理、公正和有效的目的。

(二)国际争端的外交解决方法

通过外交途径解决争端的主要方法是谈判、斡旋与调停、调查和调解等。

1. 谈判与协商

它是指两个或两个以上国际法主体为了彼此间的有关问题求得解决或获得谅解而进行国际交涉的一种方式,这是国际争端的政治解决的基本方法之一。谈判包括磋商或召开国际会议,可以由争端各方的外交代表或外交部长、政府首脑、国家元首参加。

2. 斡旋与调停

斡旋是指由第三方以各种有助于促成当事国进行直接谈判的行动,促使争端当事国开始谈判,或促使业已中断或未曾达成协议的谈判重新开始或继续进行。在斡旋过程中,斡旋者不直接参与双方的谈判,但可以为各方提出建议或转达当事国相互间的建议。

调停,又称居中调解,是指第三国为了和平解决争端而直接参与当事国之间的谈判,或提出参考性的条件和解决方案,促使各方让步,达成和解。调停和斡旋的主要区别在于调停者直接参与或主持当事国的谈判,并提出条件作为谈判的基础,调和折中当事国双方或各方的有冲突的主张和要求,缓和、平息相互间的敌对情绪,以使争端各方达成协议。

3. 调查和调解(和解)

调查主要适用于基本事实不清的争端,通过协议成立的调查委员会对有争议的事实进行调查后,应提出调查报告。和解,又称调解,是将争端提交给一个由若干人组成的委员会,并由委员会查明事实,提出报告和建议,促使当事国达成协议,解决争端。

(三)国际争端的法律解决方法

国际争端的法律解决方法包括国际仲裁和国际司法。

1. 国际仲裁

它是指当事国通过订立仲裁条约或约定,自愿把争议交由选定的仲裁机构处理,并约定接受裁决的内容。

2. 国际司法

它是指争端当事国用请求书或特别协定的方式将争端提交世界性或区域性的国际法院,由法院进行审理判决。

本节知识框架图：

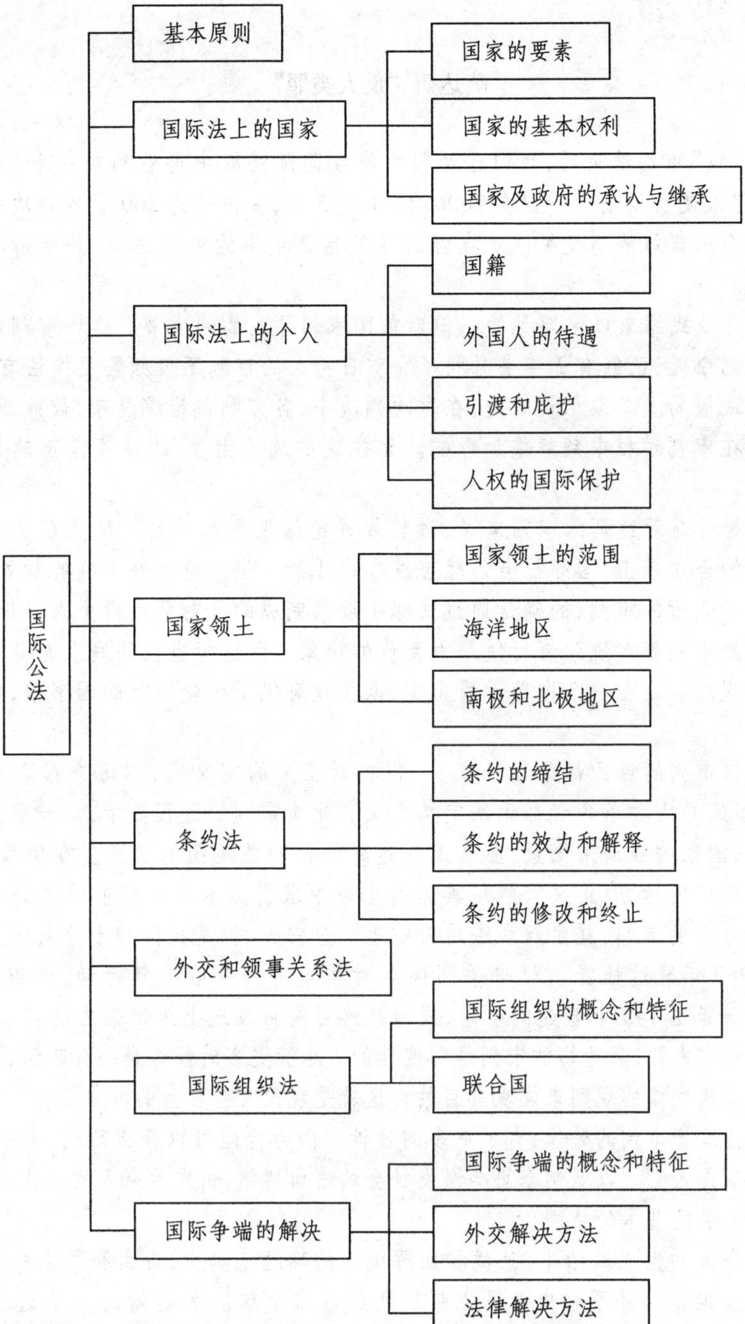
国际公法
基本原则
国际法上的国家
国家的要素
国家的基本权利
国家及政府的承认与继承
国际法上的个人
国籍
外国人的待遇
引渡和庇护
人权的国际保护
国家领土
国家领土的范围
海洋地区
南极和北极地区
条约法
条约的缔结
条约的效力和解释
条约的修改和终止
外交和领事关系法
国际组织法
国际组织的概念和特征
联合国
国际争端的解决
国际争端的概念和特征
外交解决方法
法律解决方法

阅读与思考:

萨达姆"反人类罪"

"二战"审判结束后,我们已经很少能在国际法庭中再看到对一个"反人类罪"的犯人使用绞刑了。但在2006年11月5日,一份长达200页的判决书再度引起了全球媒体的高度关注。在经过了长达2年多的审判之后,萨达姆终被判处绞刑。

这是冷战结束以来罕见的一份对前国家领导人的判决书。这场审判从第一次开庭到今天,已经有2年半时间了。旷日持久的审判不但频繁更换法官,而且屡屡上演僵局。必须承认的是,在这次判决中,各方利益错综复杂,彼此博弈,美国更是在审判过程中频频施加影响。无视这些政治因素,的确不能正确认识此次判决。

但是针对萨达姆的审判来说,过程或许比结果更加重要。虽然在发动伊拉克战争的合法性上,国际社会仍然普遍存在质疑。但无论法庭审判的背景如何,对萨达姆罪行的审判,的确是通过法律手段来完成的。对萨达姆个人来说,并不存在未经审判就对统治者行使暴力复仇的现象。萨达姆也在法庭上充分表达了自己的观点。这在一个内部矛盾重重、以往政府犯下生命罪行的国家中,值得肯定。

任何审判的目的都是弘扬正义,但在对正义的定义上,却历来存在多种标准,许多领导人和革命者都无法定义正义。此次审判的过程显示,倘若要从战争的胜败,国家的强弱来衡量,显然无法达到任何利益集团的意图。在伊拉克,或者在世界任何地方,正义只能从具体的生命中求得。本次审判虽然是对一个国家前领导人的审判,其主题和跨越时空也十分宏大,但是指控却十分具体。他被控在1982年躲过杜贾尔村暗杀图谋后对当地村民采取报复行动,杀害了143人。也正是这143个普通的生命,成为最终可能将其送上绞刑架的铺路石。

从形式来说,萨达姆的审判是制度性的。尽管更多时候这是一种政治,但是政治也会按照法律的规则来实现其目的。这就是现代文明社会的游戏规则。使得人们在看待这场审判的时候,有了更多的理性。因为枪炮可以获得政权,剥夺生命,却不能赢得人心。以暴制暴更会激发社会的嗜血情绪,引发后来人的效仿,违背今天社会发展的基本价值观。

在今天的世界政治中,独裁和血腥统治的确越来越少,自由和民主成为普世价值观。但是这并不意味着民主制度已经遍布全球。萨达姆的受审过程的确表明,一个国家可以在国际社会中以自己的方式谋求发展,可以反抗帝国主义霸权,但是不能无视人类最基本的道德与权利,更不能以国家暴力机器草菅人命。

当然,从此份判决书公布到最终获得通过和实施,其间还需要一个漫长的过程。判决将要接受上诉法院的复核,还有长达1个月的上诉期。可以预见的是,在这段时间中,这份判决书将在伊拉克国内掀起轩然大波,引发较大规模的社会震荡。反美武装有可能采取更加极端的办法来对抗驻伊美军。但是2年多的审判毕竟消磨了萨达姆作为反美精神领袖的巨大号召力。而对于美国和伊拉克新政府来说,一劳永逸地解决萨达姆,是恢复伊拉克局势的唯一可能。

这是一场具有标本意义的审判。我们必须承认大国政治利益在其中的博弈,但是法院判断被判决者有罪的理由,并非因为他得罪了某个超级大国,而是因为他无视公民个体的生命。萨达姆作为国家领导人,在尊重生命的问题上,没有豁免权。(摘自中国人民大学网站)

请思考:萨达姆的行为违反了哪些国际法的原则?

自我测试

一、判断题

1. 不干涉内政是国际法的基本原则,这一原则中的"内政"指的是一国的国内事务。(　　)

2. 国家承认也就是政府承认。(　　)

3. 按照国际惯例,政治犯一般不引渡。(　　)

4. 国际条约的产生都必须经过谈判、签字、批准、交换四个程序。(　　)

5. 一国依据协议派遣到他国一定地区执行护侨、通商、航务等职务的机构,称为外交机关。(　　)

6. 国际争端的法律解决方法包括国际仲裁和国际司法。(　　)

二、不定项选择题

1. 以下哪些情况可以使用武力或以武力相威胁?(　　)

A. 依联合国宪章有关规定采取的集体强制措施

B. 单独或集体的自卫

C. 殖民地人民为争取民族独立而进行的武装斗争

D. 因领土纷争无法协调而发起的战争

2. 国家的构成要素包括(　　)。

A. 定居的居民　　B. 确定的领土　　C. 政权组织　　D. 主权

3. 以下哪些属于国家的基本权利?(　　)

A. 独立权　　B. 平等权　　C. 自保权　　D. 管辖权

4. 以下哪些属于继有国籍的取得方式？(　　)

A. 出生　　B. 婚姻　　C. 收养　　D. 认领

5. 一般情况下,有权提出引渡请求的是(　　)。

A. 罪犯国籍所属国　　B. 犯罪行为地国　　C. 受害国　　D. 犯罪结果发生地国

6. 国家领土包括(　　)。

A. 领陆　　B. 领水　　C. 领空　　D. 领陆和领水的底土

7. 毗连区是毗连领海之外,由沿海国对海关、财政、移民和卫生等特定事项行使管辖权的一带海域,根据《联合国海洋法公约》规定,毗连区从领海基线量起不超过(　　)海里。

A. 12　　B. 24　　C. 36　　D. 200

8. 政府间国际组织一般具有以下哪些特征？(　　)

A. 国际组织是根据国家间的多边条约建立的

B. 国际组织是基于特定目的而建立的国家之间的组织

C. 国际组织是常设的

D. 国际组织具有独立性

9. 联合国机关中处于首要政治地位的机关是(　　)。

A. 秘书处　　B. 安理会　　C. 大会　　D. 国际法院

10. 国际争端的外交解决途径主要有(　　)。

A. 谈判　　B. 调停　　C. 斡旋　　D. 调解

第三节　国际私法

学习提示:

1. 国际私法有哪些基本原则？
2. 什么是冲突规范？什么是系属公式？什么是准据法？
3. 什么是反致？什么是法律规避？什么是公共秩序保留？什么是外国法的查明？
4. 我国法律关于涉外民事关系的法律适用是怎么规定的？
5. 国际民事诉讼时,如何确定管辖权？如何进行司法协助？

一、国际私法的基本原则

国际私法的基本原则是指贯穿于国际私法的各项制度,指导国际私法规范的制定,进行涉外民商事活动,解决涉外民商事争议所必须遵循的原则。

(一)国家主权原则

国家私法的调整对象是涉外民商事关系,这种涉外民商事关系表现为不同国家法人、公民之间的经济交往和民商事往来,但这种民商事往来需要得到国家的认可,其实质反映着国家之间的相互关系。所以,国家私法的首要原则是国家主权原则。国家主权独立,彼此相互尊重,是国家之间进行经济贸易往来的先决条件。国家主权原则在国家私法领域具体表现:一是国家之间应相互尊重对方国家的立法权;二是国家之间应相互尊重对方国家的司法管辖权;三是平等地运用本国法或外国法。

(二)平等互利原则

国家私法调整的是平等者之间的民商事关系,平等互利原则是国际私法的重要原则。这项原则主要有两方面的内容:一是主权国家之间的法律地位平等,即国家不分大小、强弱,其法律地位应平等。二是当事人之间的法律地位平等,即涉外民商事关系中的当事人,不论是自然人、法人还是国家其法律地位一律平等,任何一方不能享有特权,以强凌弱。

(三)遵守国际条约、参照国际惯例的原则

涉外民商事关系的法律调整涉及国际条约和国际惯例的适用,遵守国际条约、参照国际惯例原则在国际私法中占有重要地位。条约必须遵守是国际法的一项基本原则。在涉外民商事交往中,条约成员国有遵守条约的义务。在国际经济交往和涉外民商事往来过程中,如果本国缔结或者参加的国际条约以及本国国内立法对相关的民商事关系没有作出法律规定时,可以参照国际惯例。

(四)保护当事人合法利益原则

赋予涉外民商事关系主体平等的法律地位,对权利受到侵害的当事人给予法律救济,这是维护国际民商事和经济秩序稳定的重要手段,因此,保护当事人合法利益原则不可或缺。这项原则要求,在解决涉外民商事争议时,既要保护本国当事人的合法权益,又要维护外国一方当事人的正当利益,不能置外国一方当事人的正当利益于不顾,蓄意偏袒本国一方当事人,这样才能维护国际经济秩序的稳定,才能有利于国际经济交往的发展。

二、冲突规范

(一)冲突规范概述

1.冲突规范的概念

冲突规范是由国内法或国际条约规定的,指明某一涉外民商事法律关系应适用何种法律的规范。因此,它又叫法律适用规范或法律选择规范。

不同国家的法人、公民之间在进行经济往来或民事往来中,必然会发生纠纷,相关国家的法律对此争议的民商事关系所作的规定也会不同,而各国在一定程度上又承认他国法律具有域外效力,这时就会出现两个或两个以上国家的法律都要求适用或都可以适用于该民事关系而造成法律冲突的现象。解决法律冲突的重要方法之一就是冲突法调整,也就是在国内立法或国际条约中制定法律适用规范,规定在什么情况下适用内国法,什么情况下适用外国法,然后再按照冲突规范的指定的那个国家的实体法具体确定当事人的权利和义务。

2. 冲突规范的结构

冲突规范的结构由范围和系属两部分组成。范围,是指冲突规范所要调整的民商事关系,通过冲突规范的范围可以判断该规范用于解决哪一类民商事关系。系属,是指调整涉外民商事关系应适用的法律。例如,“不动产适用不动产所在地法”这条冲突规范中,“不动产”是范围,“不动产所在地法”是系属。

3. 冲突规范中的连接点

连接点,又称连接因素,是指把特定的民商事关系与某国法律连接起来的一种事实因素。连接点在冲突规范中占有重要地位,冲突规范的“系属”就是由连接点和与其所导向的法律组成。例如,在“侵权行为适用侵权行为地法”这条冲突规范中,“侵权行为地”即为连接点。传统国际私法的连接点多采用国籍、住所或居所、营业所、物之所在地、行为地、法院地、仲裁地等客观标志。现在则逐步采用当事人合意选择、最密切联系地这种主观因素或主观和客观标志相结合的标志确定连接点。另外,还在冲突规范的系属中规定两个或两个以上的连接点以提高选择性。

4. 冲突规范的类型

(1)单边冲突规范,是指直接规定某种涉外民商事关系只适用内国法或只适用外国法的冲突规范。比如,我国《合同法》第 126 条第 2 款规定:“在中华人民共和国境内履行的中外合资经营企业合同、中外合作经营企业合同、中外合作勘探开发自然资源合同,适用中华人民共和国法律。”

(2)双边冲突规范,并不直接规定某种涉外民商事关系适用内国法或外国法,它只规定一个可推定的系属,再根据此系属,结合实际情况去寻找应适用的法律。例如,“行为方式依行为地法”就是一条双边冲突规范。双边冲突规范是现代各国国际私法立法中最常用的一种规范。

(3)选择性冲突规范,是指其系属中有两个或两个以上的连接点,但只选择其中一个连接点所指引的国家的法律来处理相关涉外民商事法律关系的冲突规范。根据选择方式,选择适用准据法的冲突规范一般可分为两类:一类是无条件地选择适用准据法的冲突规范,在法律适用上无主次或先后顺序之分,另一类是有条件地选择适用准据法。例如,《涉外民事法律关系适用法》第 41 条规定:“当事人可以协议选择合同适用的法律。当事人没有选择的,适用履行义务最能体现该合同特征的一方当事人经常居所地法律或者其他与该合同有最密切联系的法律。”就是有条件选择适用准据法的冲突规范。

(4)重叠性冲突规范,是指其系属有两个或两个以上,并且同时适用于某种民商事法律关系的冲突规范。例如,1902 年订立于海牙的《离婚及分居的法律冲突与管辖权冲突公约》第2条规定:"离婚之请求,若非依夫妇之本国法及法院地法均有离婚之原因者,不得为之。"

5. 系属公式

系属公式是指把常用的双边冲突规范的系属固定化,使其成为国际上公认的或为大多数国家采用的涉外民商事关系法律适用原则。常用的系属公式有以下几种:

(1)属人法,是以涉外民商事关系当事人的国籍、住所或居所为连接点的系属公式,主要适用于解决人的身份、能力、婚姻家庭、亲属、财产继承有关的法律冲突。

(2)物之所在地法,是指作为涉外民事关系客体的物在时间上和空间上所位于的那个国家的法律,主要用来解决物的所有权与其他物权关系方面的法律冲突。

(3)行为地法,是指涉外民商事行为发生地或完成地的法律。涉外民商事行为是多种多样的,所以行为地法可以分解为若干个系属公式,如合同缔结地法、合同履行地法、侵权行为地法、婚姻缔结地法等。

(4)当事人合意选择的法律,是指双方当事人自行选择的适用于涉外民商事关系的法律,当事人这种对法律的选择又称为"意思自治",主要适用于解决涉外合同和涉外侵权的法律适用问题。

(5)法院地法,是审理涉外民商事案件的法院所在地的法律,主要用于解决涉外民事诉讼程序方面的法律冲突,在有些情况下也用来解决实体法方面的法律冲突。

(6)旗国法,就是旗帜所属国家的法律,它常用来解决船舶、航空器在运输过程中发生纠纷时的法律冲突问题。

(7)最密切联系地法,是与涉外民商事关系有密切联系的国家的法律。适用于许多不同性质的涉外民商事关系,尤其适用于涉外合同关系和涉外侵权关系。

相关案例:

巴蓓科克诉杰克逊案(1963年美国纽约州法院审理)——巴蓓科克小姐应友人杰克逊夫妇之邀于周末乘他们的汽车出游加拿大,不料车子在安大略省出了事故,致巴蓓科克负伤。回到纽约后,巴蓓科克向杰克逊先生提出损害赔偿之诉。纽约州法院于审理时发现,如依传统规则,即"侵权行为适用侵权行为地法",侵权行为地法应是安大略法律,而安大略省法律规定:凡免费乘客因车祸而受损害,车主不负赔偿责任。因此,巴蓓科克无损害赔偿请求权。但法院认为,该案除了事故偶发于安大略省外,其他所有重要因素均集中于纽约州,因此,根据最密切联系原则,适用纽约州的法律更为合理;而纽约州的法律对车主并无这种免责的规定,因而判决满足了巴蓓科克的请求。

(二)准据法

准据法是指按照冲突规范的指引而援用的确定涉外民商事关系当事人的权利义务的特定法域的实体法规范。准据法具有以下特点:

(1)准据法是经冲突规范指引所援用的实体法。准据法是经过冲突规范援引才能适用于涉外民商事关系的法律,经过冲突规范援引的实体法,可以是国内实体法,包括本国实体法和外国实体法,也可以是统一实体法,包括国际条约和国际惯例。

(2)准据法是能够确定当事人权利义务的实体法。一国法院审理涉外民商事案件,根据冲突规范指引适用某一特定法域的法律。如果适用的是其冲突法,经过反致、转致、间接反致适用了本国法或适用了另外国家的实体法,这种情况下,仅被适用了冲突法而未适用实体法的国家的法律就不能被看做准据法。

(三)识别

识别是指对涉外民事关系中的事实情况或事实构成进行定性和分类,把它纳入特定的法律范畴,从而确定应适用哪一冲突规范的过程。

关于识别的对象和识别依据的法律问题,学界有颇多争议,识别冲突也经常发生。识别冲突是指由于法院地国与有关外国法律对同一事实构成作出不同的分类,采用不同国家的法律观念进行识别就会导致适用不同的冲突规范和不同的准据法的结果。比如,关于未达一定年龄的青年结婚需要父母的同意问题,法国法把这种事实识别为婚姻能力问题,英国法则视为婚姻形式问题。适用前一识别,应援用当事人的属人法来判定其有无结婚能力,而适用后一识别,则应适用婚姻举行地法。又如,各国法律都规定“不动产依不动产所在地法”,但各国对什么是不动产,什么是动产有不同理解,如法国把蜂房看做动产,荷兰则视为不动产。正因为如此,各国法院在处理涉外案件时,有必要对冲突规范进行解释,看它适用于多大的范围,在哪些场合适用。

为了解决识别冲突问题,究竟以何种法律作为解决识别冲突的方法,学者的主张有法院地法说、准据法说、分析法学或比较法学说等。法院地法说主张以法院地国家的实体法作为识别的标准。准据法说认为,用来解决争议问题的准据法,同时也是对争议问题的性质进行识别的依据。分析法学或比较法学说则主张只能从普遍适用的共同原则中得来,而不能只适用某一国的法律观点。

在实践中,进行识别的步骤,一般是首先对事实构成按国内法观点进行分类,如果这一分类在国际私法上应用时并不十分合适,则也可参考外国法进行比较,而作出适当的识别。

三、外国法的适用

(一)反致

反致一词有狭义与广义之分。狭义的反致是指反致本身,广义的反致包括反致、转致和间接反致三种制度。

1. 反致

是指对于某一涉外民商事案件,法院按照自己的冲突规范本应适用外国法,而该外国法中的冲突规范又指引适用法院地法,于是法院最后适用了法院地国的实体法。例如,一个住所在意大利的英国公民未留遗嘱死亡,死后留有遗产在英国。按照英国冲突法规则,动产继承依被继承人的住所地法,即意大利法,但意大利的冲突规范规定动产继承依被继承人的本国法,即英国法。英国法院最终以其本国法来处理,即构成反致。

2. 转致

是指对某一涉外民商事案件,甲国法院按照自己的冲突规范本应适用乙国法,而乙国的冲突规范指定适用丙国法,甲国法院因此适用了丙国实体法审理案件,则构成转致。例如,一英国法院受理一起住所在法国的瑞士死者的动产继承案,依英国有关冲突规范指引此种情况应适用被继承人死亡时的住所地法,即法国法;而按法国的冲突规范规定此种情况应适用被继承人的本国法,即瑞士法。于是英国法院改为适用瑞士法进行审理,这就构成转致。

3. 间接反致

是指对某一涉外民商事案件,甲国法院根据本国冲突规范的指引应该适用乙国法律,而乙国的冲突规范规定应该适用丙国法律,丙国的冲突规范规定应该适用甲国法律,最后,甲国法院适用甲国的实体法为案件的准据法,这就构成间接反致。

反致、转致的发生,是因为对于同一案件,有关国家的冲突规范规定不一致,各有关国家采用不同的连接点,并且在审理涉外民商事案件时,把冲突规范指引适用的外国法理解为其实体法与冲突法,且只适用该国的冲突法,同时,法院地国家的法律与案件有关国家的法律之间存在致送关系,从而导致反致问题的产生。

相关案例:

福尔果是1801年出生于巴伐利亚的非婚生子,5岁时随母亲去了法国,并一直在法国生活,在法国有事实上的住所。按照当时的法国法律的规定,外国人在法国取得住所必须办理“住所准许”的法律手续,而福尔果在法国从未取得这种“住所准许”的法律手续。1869年,福尔果在法国去世,生前未留下遗嘱,其母亲、妻子也先于他死亡,他没有子女,现在法国留有一笔动产遗产。福尔果母亲在巴伐利亚的旁系亲属得知后,认为他们根据巴伐利亚的法律享有继承权,故向法国法院提起诉讼,要求根据巴伐利亚的法律取得福尔果的这笔遗产。而根据当时法国法律的规定,福尔果母亲在巴伐利亚的旁系亲属是没有继承权的。法国法院受理了这个案件,根据法国冲突法,动产继承应当适用被继承人的原始住所地法,因此,本案应当适用巴伐利亚法。根据巴伐利亚法,非婚生子的旁系亲属就可以继承福尔果留在法国的遗产。但是,巴伐利亚冲突法则规定,无遗嘱的动产继承应依被继承人住所地法,而且巴伐利亚法承认事实住所的法律效力。据此,福尔果的事实住所在法国,因而应反致适用法国法。法国最高法院接受了这种反致,依法国法的规定,认定福尔果作为非婚生子,其旁系亲属对其遗产没有继承权,本案遗产为无人继承的财产,最后判决收归法国国库所有。这是一个有关反致的著名案例,从福尔果案开始,反致制度才真正引起各国的关注,并在一些国家的立法中得到采用。

(二)公共秩序保留

公共秩序保留是指本国法院在审理涉外民商事案件时,依其冲突规范的指引应适用外国法为准据法,而外国法的适用与本国的公共秩序相抵触,在这种情况下以公共秩序保留为由排除外国法适用的一种保留制度。

各国在援用公共秩序保留排除外国法的适用后,一般都改为内国法的相应实体法规范作为准据法。何为公共秩序?与其说这是一个法律概念,不如说是一个政治概念,所以,目前多数学者主张,应对公共秩序保留加以适当限制,以尽可能适用本来应该适用的外国的有关实体法作出判决。

相关知识:

适用公共秩序保留有主观说和客观说两种。(1)主观说认为,只要外国法本身之规定与法院地国的公共秩序相悖,即可排除外国法的适用。它不管外国法适用的结果是否会对法院地国的公共秩序造成实质性损害,只强调外国法本身的有害性或邪恶性。(2)客观说则认为,不应仅凭外国法本身规定的内容与法院地国公共秩序相悖就排除该外国法的适用,而应视外国法适用的实际结果是否违反法院地国的公共秩序。比如,某一外国法承认一夫多妻制,现案件涉及一个丈夫的数个妻子的子女继承父亲位于法院国的财产的问题,尽管外国法中的一夫多妻制与内国的公共秩序相抵触,但在该案中,重婚并非诉争的问题,适用该外国法承认死者与其妻子婚姻为有效婚姻,反而是有利于该子女继承财产和保护无辜子女的利益的,并不会产生损害内国公共秩序的结果。所以,目前各国立法与国际公约普遍采用客观说。

(三)法律规避

法律规避是指涉外民商事关系的当事人为了规避原来应该适用的某一国法律,故意制造一些条件,利用冲突规范,使对其有利的另一国法律得以适用,或者规避各国法律中规定的连接点,使涉外民商事关系没有适当的法律进行调整,以实现规避法律的目的。构成国际私法上的法律规避,必须具备以下条件:

(1)主观上,当事人规避法律是出于主观故意。

(2)客观上,当事人实施了规避法律的行为,改变了构成连接点的具体事实,或规避了法律中规定的连接点,以实现规避法律的目的。

(3)对象上,被规避的法律必须是强行法,而非任意法。

(4)结果上,当事人规避法律的目的已经实现,即法律规避必须是既遂的。

(5)法律关系上,当事人创造条件完成规避法律的行为后,与被规避法律的国家或地区仍然存在联系。

相关案例:

鲍富莱蒙离婚案——法国王子鲍富莱蒙与一比利时女子结婚,该女子因与之结婚成为法国王妃并取得法国国籍。鲍富莱蒙的妃子为达到与当时的罗马尼亚王子比贝斯哥结婚的目的,首先与1874年在法国取得了“别居”的判决(因当时法国的法律只允许别居而不允许离婚)后,便只身移居德国并加入了德国国籍,之后便在德国法院获得与鲍富莱蒙离婚的判决(当时德国法律允许离婚),随后即在柏林与比贝斯哥王子结婚,后又以德国公民的身份回到法国。鲍富莱蒙在法国法院起诉,要求宣告其妻加入德国国籍,离婚及再婚一系列行为均属无效。根据当时法国冲突规范规定,离婚应适用当事人本国法,即该案应依德国法的规定来确认王妃在德国与鲍富莱蒙的离婚是否有效。但法国最高法院认为,王妃移居德国并取得德国国籍的目的,是规避法国关于禁止离婚的法律规定,性质上构成欺诈。“欺诈使一切归无效”,所以王妃因此获得的离婚及再婚,均属无效。

(四)外国法的查明

外国法的查明是指一国法院根据本国的冲突规范指引应适用外国法时,如何查明该外国法的存在和确定其内容。由于各国对外国法的性质认识不同,外国法的查明方法也大致分为三类:当事人举证证明;法官依职权查明;法官依职权查明,当事人亦负有协助义务。

外国法不能查明时,大多数国家以法院地法代替应适用的外国法,英美法系国家类推适用内国法,德国、美国等少数国家即驳回当事人的诉讼请求或抗辩。也有的适用一般法理,或适用与外国法相近似的法律。我国在外国法无法查明时,适用的是我国的法律。

外国法的适用发生错误应如何补救?有两种情况:一是适用冲突规范的错误,即根据冲突规范本应适用某一外国法,却错误地适用了另一国的法律;二是虽依冲突规范适用了某一外国法,但对该外国法的内容作了错误解释,并据此作了错误判决。对于这种情况,有主张允许上诉的,也有主张不允许上诉的。对于适用冲突规范的错误,各国一般认为,它直接违反了内国的冲突规范,具有错误适用内国法的性质,与错误适用内国其他法律规范的性质一样,可以由当事人依法上诉,以纠正这种错误。对于外国法内容的错误解释,是否允许当事人上诉予以纠正,各国的做法不一致,主要有允许上诉和不允许上诉两种不同的做法。

四、我国涉外民商事关系的法律适用

我国的国际私法规范主要体现在《涉外民事关系法律适用法》、《民法通则》和《民事诉讼法》及其司法解释中。我国《涉外民事关系法律适用法》第 2 条规定:"涉外民事关系适用的法律,依照本法确定。其他法律对涉外民事关系法律适用另有特别规定的,依照其规定。本法和其他法律对涉外民事关系法律适用没有规定的,适用与该涉外民事关系有最密切联系的法律。"我国具体的涉外民事关系的法律适用规范,主要体现在以下几方面:

(一)关于民事主体的权利能力和行为能力

自然人的民事权利能力和民事行为能力,适用经常居所地法律。自然人从事民事活动,依照经常居所地法律为无民事行为能力,依照行为地法律为有民事行为能力的,适用行为地法律,但涉及婚姻家庭、继承的除外。

法人及其分支机构的民事权利能力、民事行为能力、组织机构、股东权利义务等事项,适用登记地法律。

(二)关于涉外物权

不动产物权,适用不动产所在地法律。当事人可以协议选择动产物权适用的法律。当事人没有选择的,适用法律事实发生时动产所在地法律。当事人可以协议选择运输中动产物权发生变更适用的法律,当事人没有选择的,适用运输目的地法律。

有价证券,适用有价证券权利实现地法律或者其他与该有价证券有最密切联系的法律。权利质权,适用质权设立地法律。

(三)关于涉外合同

当事人可以协议选择合同适用的法律。当事人没有选择的,适用履行义务最能体现该合同特征的一方当事人经常居所地法律或者其他与该合同有最密切联系的法律。

消费者合同,适用消费者经常居所地法律;消费者选择适用商品、服务提供地法律或者经营者在消费者经常居所地没有从事相关经营活动的,适用商品、服务提供地法律。

劳动合同,适用劳动者工作地法律;难以确定劳动者工作地的,适用用人单位主营业地法律。劳务派遣,可以适用劳务派出地法律。

(四)关于涉外侵权

侵权责任,适用侵权行为地法律,但当事人有共同经常居所地的,适用共同经常居所地法律。侵权行为发生后,当事人协议选择适用法律的,按照其协议。

(五)关于涉外知识产权

知识产权的归属和内容,适用被请求保护地法律。当事人可以协议选择知识产权转让和许可使用适用的法律。当事人没有选择的,适用本法对合同的有关规定。知识产权的侵权责任,适用被请求保护地法律,当事人也可以在侵权行为发生后协议选择适用法院地法律。

(六)关于涉外婚姻

结婚条件,适用当事人共同经常居所地法律;没有共同经常居所地的,适用共同国籍国法律;没有共同国籍,在一方当事人经常居所地或者国籍国缔结婚姻的,适用婚姻缔结地法律。结婚手续,符合婚姻缔结地法律、一方当事人经常居所地法律或者国籍国法律的,均为有效。

协议离婚,当事人可以协议选择适用一方当事人经常居所地法律或者国籍国法律。当事人没有选择的,适用共同经常居所地法律;没有共同经常居所地的,适用共同国籍国法律;没有共同国籍的,适用办理离婚手续机构所在地法律。诉讼离婚,适用法院地法律。

(七)关于涉外继承

法定继承,适用被继承人死亡时经常居所地法律,但不动产法定继承,适用不动产所在地法律。遗嘱方式,符合遗嘱人立遗嘱时或者死亡时经常居所地法律、国籍国法律或者遗嘱行为地法律的,遗嘱均为成立。遗嘱效力,适用遗嘱人立遗嘱时或者死亡时经常居所地法律或者国籍国法律。遗产管理等事项,适用遗产所在地法律。无人继承遗产的归属,适用被继承人死亡时遗产所在地法律。

五、国际民事诉讼程序和国际商事仲裁程序

(一)国际民事诉讼程序

国际民事诉讼,又称涉外民事诉讼,主要是指在诉讼主体中至少有一方当事人为外国人或无国籍人,或者争议涉及位于外国的物或在外国发生的事实的民事诉讼。

国际民事诉讼程序是指法院在审理含有涉外因素的民事案件的过程中所适用的程序。一国法院在审理涉外民事案件时,会遇到一些特殊的问题,如外国人在内国的诉讼地位,该国对案件的管辖权,涉外法律文书的送达,涉外证据的调查取证,承认和执行外国法院的判决,司法协助。解决这些问题的程序和规则,构成国际民事诉讼程序的基本内容。

一国法院对涉外民事案件行使管辖权,是国家主权的要求和体现。因此,除该国缔结或者参加的国际条约另有规定者外,法院在审理涉外民事案件时,大多只适用本国的程序法。

我国《民事诉讼法》在总则和第四编对我国涉外民事诉讼程序作了专门规定。

1. 外国人的民事诉讼地位

外国人的民事诉讼地位是指外国人在内国享有民事诉讼权利,承担民事诉讼义务的状况。当代各国普遍赋予外国人与内国公民同等的民事诉讼权利,即国民待遇制度。

我国《民事诉讼法》对外国自然人和法人在我国的民事诉讼地位作了明确的规定:

外国人、无国籍人、外国企业和组织在人民法院起诉、应诉,同我国公民、法人和其他组织有同等的诉讼权利和义务,但如果有关国家对中国自然人、法人或其他组织的民事诉讼权利加以限制的,我国人民法院根据对等原则,也可限制在中国的对方自然人、法人或其他组织的民事诉讼权利。

外国人在我国应承担的民事诉讼义务包括:凡不享有司法豁免权的外国人在我国法院被诉时,有按照要求提出答辩状和出庭应诉的义务;人民法院审理的案件,只使用我国通用的语言、文字;外国人委托律师代理诉讼的,必须委托中国的律师;不在中国境内居住的外国人寄给中国律师或者中国公民的授权委托书,必须经所在国公证机关证明,并经我国驻外使领馆认证,才具有效力。

2. 国际民事诉讼的管辖权

国际民事管辖权是指一国法院依据国际条约和国内法受理与审判涉外民商事案件行使裁判权的权限。其核心问题在于一国法院依据什么原则或标准取得涉外民商事案件管辖权。

由于各国通常只依国内法来规定涉外民事案件的管辖权,因而不可避免地会出现管辖权的冲突。正确确定国际民事管辖权不仅对维护国家主权、保护本国公民、法人和国家的正当民事权益有着重要的意义,而且也是有效地行使国家司法权,使自己作出的判决能在有关国家得到承认和执行的重要条件。

根据我国《民事诉讼法》及其相关司法解释的规定,管辖权的确立主要有以下几种:

(1)普通地域管辖。依据我国《民事诉讼法》的规定,凡被告住所、居所或主事务所在我国境内的涉外民事案件,应由我国人民法院管辖。这是"原告就被告"原则在涉外案件中的适用。但对居住在香港、澳门、台湾及国外的人提起的有关身份的起诉,只要原告居住在中国大陆,我国人民法院也有管辖权。

(2)特殊地域管辖。依我国《民事诉讼法》的有关规定,凡因船舶碰撞、海损事故、海难救助、航空事故而引起的损害赔偿的涉外案件,如事故发生在我国领海、领空或受害船舶最初到达港为我国港口的,以及航空器最初降落地在我国的,我国法院享有管辖权;因涉外合同纠纷或其他财产权益向在我国无住所的人提起的诉讼,如合同缔结地或履行地或其他法律规定的连接点在我国的,我国法院也享有管辖权。

(3)专属管辖。凡涉及位于我国境内的不动产的诉讼,在我国发生的侵权行为的诉讼,在我国港口内因港口作业发生的诉讼,涉及被继承人生前住所或主要遗产在我国的继承案件,以及在中国履行的中外合资企业合同、中外合作企业合同、中外合作勘探开发自然资源合同纠纷,我国法院有专属管辖权。

(4)协议管辖。除上述法定管辖外,允许外国人之间就可能或已发生的争议,协议选择我国有管辖权的人民法院或仲裁机构审理,但此种协议必须用书面作出。

3. 司法协助

司法协助是指一国法院接受另一国法院的委托,代为履行某些诉讼行为的制度。如送达法律文书,讯问证人或当事人,鉴定文件内容,搜集或调查证据等。广义的司法协助,还包括两国法院相互委托执行各自判决的活动。我国民事诉讼法中所规定的司法协助是广义上的司法协助。

我国民事诉讼法规定,根据我国缔结或参加的国际条约,或者根据互惠原则,人民法院和外国法院可以互相委托,代为一定的诉讼行为,外国法院委托的事项同我国的主权、安全抵触的,以及委托事项不属于人民法院职权范围的,应当说明理由,退回外国法院。人民法院与外国法院互为委托的委托书及代办送达或协助执行的法律文书应有受委托国的文字译本。

关于判决的国外执行,我国民事诉讼法规定,人民法院发生效力的判决或仲裁机构的已确定的裁决,申请人要求强制执行的,如果被申请人或者他的财产不在我国领域内,可以由当事人直接向有管辖权的外国法院申请承认和执行,也可以由人民法院根据我国缔结或者参加的国际条约,或者按照互惠原则,委托外国法院协助执行。

我国人民法院对于外国法院委托执行已经确定的判决、裁决,或当事人直接向我国有管辖权的法院申请承认和执行的,应当根据我国缔结或参加的国际条约,或者按照互惠原则进行审查,认为不违反我国法律的基本准则或者我国国家主权、安全、社会利益的,裁定承认其效力,并且依照我国民诉法规定的程序执行。否则,不予承认和执行。

(二)国际商事仲裁程序

国际商事仲裁是指在国际商事活动中,当事人依据争议发生前后双方达成的仲裁协议,自愿将他们之间的争议交由常设仲裁机构或临时仲裁庭进行审理和裁决的一种争议解决方式。仲裁机构和仲裁庭所作出的裁决是终局的,对各方均具有约束力。

国际商事仲裁程序有相应的国际公约,如联合国《关于承认与执行外国仲裁裁决的公约》、《关于解决国际和其他国际国民投资争端的公约》等。我国已经参加了上述两个关于仲裁的国际公约。

本节知识框架图:

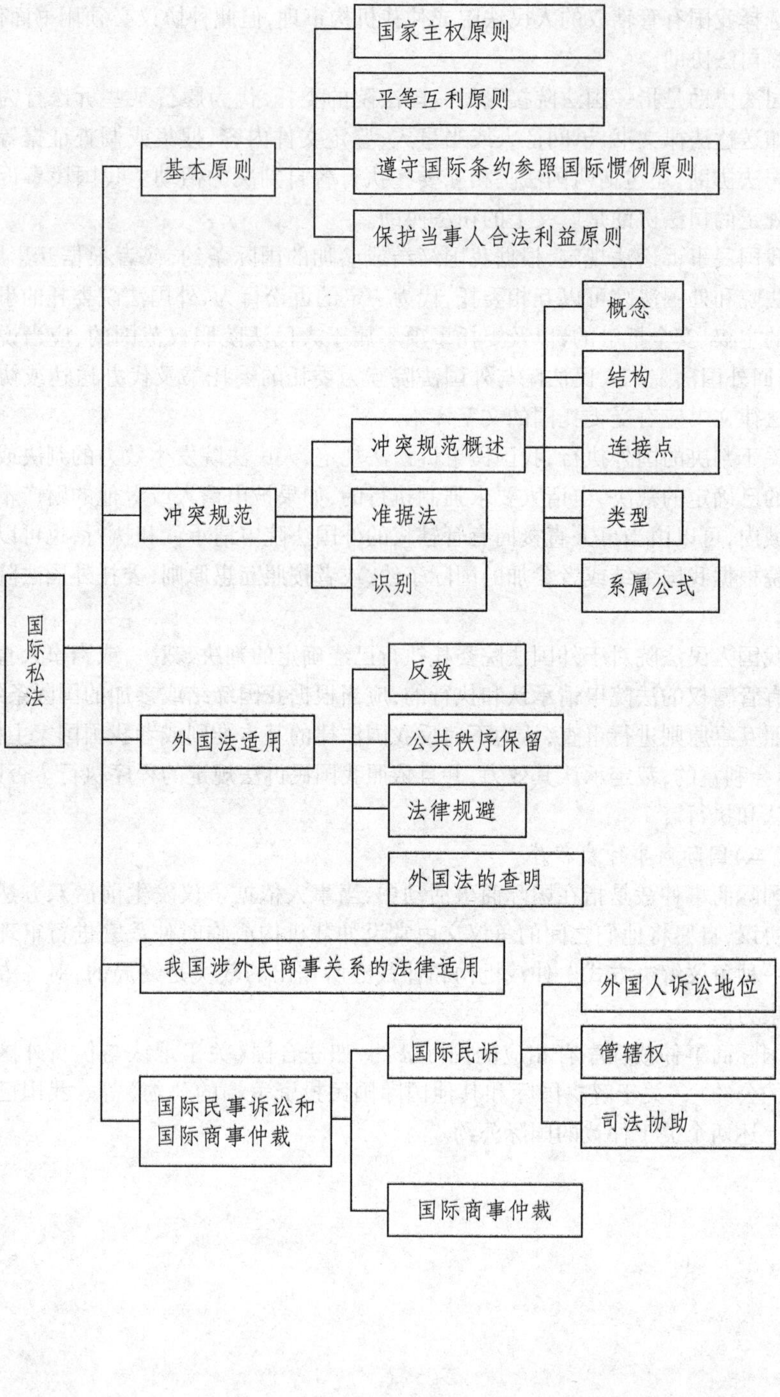
国际私法
基本原则
国家主权原则
平等互利原则
遵守国际条约参照国际惯例原则
保护当事人合法利益原则
冲突规范
冲突规范概述
概念
结构
连接点
类型
系属公式
准据法
识别
外国法适用
反致
公共秩序保留
法律规避
外国法的查明
我国涉外民商事关系的法律适用
国际民事诉讼和国际商事仲裁
国际民诉
外国人诉讼地位
管辖权
司法协助
国际商事仲裁

阅读与思考:

萨维尼的“法律关系本座说”

萨维尼是19世纪德国最著名的私法学家,柏林大学的教授,德国历史法学派的泰斗,曾任普鲁士立法大臣等要职。萨维尼的主要著作是发表于1849年的《现代罗马法体系》。该书共八卷,最后一卷专论国际私法并创立了著名的“法律关系本座说”。

萨维尼主张法律是民族精神的产物,并建立了一个开放的国际私法主义。他否定了荷兰法则区别说所持的特殊主义——国家主义立场,重新回到了巴托鲁斯以来的普遍主义——国际主义立场,认为国际私法的基础在于各国之间的相互信赖。萨维尼认为,每种法律关系按照其性质,都与一定的法域相联系,这个法域即是这种法律关系的本座。在他看来,国内外法律都是平等的,只要找出该法律关系的“本座”在哪个国家,就可以直接适用本国的法律,不必计较国内法还是外国法。

萨维尼按照这个观点,也把涉外民事关系分为“人”、“物”、“债”、“行为”、“程序”等几大类,并且指出了相应的“本座法”:

(1)住所是人的归属之处,所以人的身份能力应以住所为本座,故适用住所地法。

(2)物是可感知到的,并且必定占据一定空间,因此物的所在地应为物权关系的本座,一概适用物之所在地法,而不分动产和不动产。

(3)债系无体物,并且不占有空间,常常需要借助某种可见的外观来表现其形态,故应借此形态而定其本座。这种外观形态有两个:一个是债的发生地,另一个是债的履行地。但履行地更适合于表现债权的外观形态,因而应以履行地法作为债权的本座法,因为履行地是实现债权的场所。同样的道理,侵权行为之债应适用损害后果发生地法,而不宜适用侵权行为实施地法。

(4)行为方式则不论财产行为或身份行为,也不问其标的在什么地方,均应以行为地为本座,适用“场所支配行为”的原则,以行为地法为行为方式的本座法。

(5)程序问题的本座是在法院地,故应适用法院地法。

根据萨维尼的这种本座说,人们只要通过对各种法律关系性质的分析,就可以制定出各种双边冲突规范去指导法律的选择。因而,他的学说对制定冲突法典起了积极的推动作用。而且萨维尼的学说,确实开创了一条解决法律冲突、进行法律选择的新路子,以后许多国际私法学家虽然又相继提出了“法律关系重心说”、“连接关系聚集地说”、“最密切联系说”等种种理论,但在实际上,均未完全脱离萨维尼方法论的影响。萨维尼也因此被誉为“近代国际私法之父”。

请思考:萨维尼及其"法律关系本座说"对国际私法学的发展有什么贡献?

自我测试

一、判断题

1. 冲突规范是调整涉外民商事关系的一种直接规范。(　　)

2. 准据法就是实体法。(　　)

3. 识别是对法律性质和法律概念的定性和分类,而不是对事实的定性。(　　)

4. 法律规避制度中,被规避的法律包括强行法和任意法。(　　)

5. 根据我国法律规定,外国人在我国领域内进行民事活动,如依其本国法律为无民事行为能力,而依我国法律为有民事行为能力,应当认定为无民事行为能力。(　　)

6. 我国法律规定,涉外遗产的法定继承,适用物之所在地法律。(　　)

7. 我国人民法院在处理涉外婚姻案件认定婚姻是否有效时,应适用婚姻缔结地法;离婚适用我国法律。(　　)

8. 我国民诉中确立的普通地域管辖原则是"被告就原告"原则。(　　)

9. 在中国履行的中外合资企业合同、中外合作企业合同、中外合作勘探开发自然资源合同纠纷,我国法院有专属管辖权。(　　)

10. 当事人必须事前有仲裁协议方可申请国际商事仲裁。(　　)

二、不定项选择题

1. 以下哪些属于国际私法的基本原则?(　　)

A. 国家主权原则

B. 平等互利原则

C. 遵守国际条约、参照国际惯例的原则

D. 保护当事人合法利益原则

2. "不动产适用不动产所在地法"这条冲突规范中,(　　)是范围。

A. 不动产　B. 不动产所在地　C. 不动产所在地法　D. 适用不动产所在地法

3. "涉外合同的当事人没有选择的,适用与合同有最密切联系的国家的法律。"这是一条(　　)。

A. 单边冲突规范　B. 双边冲突规范　C. 重叠性冲突规范　D. 选择性冲突规范

4. 主要适用于解决人的身份、能力、婚姻家庭、亲属、财产继承有关的法律冲突的系属公式是(　　)。

A. 属人法　B. 物之所在地法　C. 行为地法　D. 最密切联系原则

5. 对某一涉外民商事案件,甲国法院按照自己的冲突规范本应适用乙国法,而乙国的冲突规范指定适用丙国法,甲国法院因此适用了丙国实体法审理案件,则构成(　　)。

A. 反致　B. 转致　C. 间接反致　D. 循环反致

6. 外国法无法查明时,我国一般适用( )。

A. 我国法律　　B. 一般法理

C. 与外国法相近似的法律　　D. 驳回起诉

7. 根据我国法律规定,不动产的所有权、买卖、租赁、抵押、使用等民事关系,均应适用( )。

A. 不动产所在地法律　　B. 当事人属人法

C. 当事人选择的法律　　D. 行为地法律

8. 根据我国法律规定,涉外侵权当事人有共同经常居所地的,可以适用( )。

A. 当事人共同经常居所地法　　B. 侵权行为地法

C. 当事人选择的法律　　D. 最密切联系地方的法律

9. 与被扶养人有最密切关系的法律是指( )。

A. 扶养人的国籍和住所地法律　　B. 被扶养人的国籍和住所地法律

C. 供养被扶养人的财产所在地法律　　D. 扶养人的财产所在地法律

10. 广义上的司法协助包括( )。

A. 送达法律文书　　B. 调查取证

C. 诉讼代理　　D. 外国法院判决的承认和执行

第四节 国际经济法

学习提示:

1. 国际经济法有哪些基本原则?
2. 《联合国国际货物销售合同公约》有哪些基本规定?
3. 你知道哪些国际贸易术语?
4. 什么是国际技术贸易?什么是国际服务贸易?
5. 什么是 WTO? WTO 的法律体系包括哪些?
6. WTO 规定了哪些基本法律原则?

一、国际经济法的基本原则

(一)国家对自然资源的永久主权原则

这一原则是国家主权原则的派生,国家对自然资源的永久主权是国家最基本的和不可剥夺的权利。特别是对于发展中国家而言,自然资源是其发展民族经济的物质基础,对自然资源的永久主权是其谋求自身发展的先决条件,也是其结束一切形式的新老殖民主义统治和剥削的有力武器。根据这一原则,各国具有管理外国投资的权利、管理和监督跨国公司的权利以及实行国有化或征收的权利。

(二)公平互利原则

这一原则是对平等互利原则的发展,实现这一原则也是建立新的国际经济秩序的重要步骤。公平互利原则不仅适用于发展中国家和发达国家间的经济往来,也适用于发达国家之间的经济往来。在现代科技发展条件下,所有国家的经济发展在很大程度上是互相联系、互相依靠的,只有共同发展才能实现各国的繁荣和进步;只有在公平互利原则基础上建立起新的国际经济秩序,才能摆脱贫富悬殊的现象,实现所有国家在经济上的均衡发展。

(三)国际合作以谋发展原则

联合国《各国经济权利义务宪章》规定:"国际合作以谋发展是所有国家的一致目标和共同义务,每个国家都应对发展中国家的努力给予合作,提供有利的外界条件,给予符合其发展需要和发展目标的积极协助,要严格尊重各国的主权平等,不附带任何有损它们主权的条件,以加速它们的经济和社会发展。"这一原则是对旧的国际经济秩序的重大革新,把各国的发展,特别是发展中国家的发展和国际合作密切结合起来,对于人类走上自觉发展的新阶段,具有极其深远的意义。

二、国际贸易法

国际贸易法调整国际贸易关系,具体又可因其标的不同划分为国际货物贸易法、国际技术贸易法与国际服务贸易法。在国际贸易法中还有一个特殊的领域,即自成体系的 WTO 相关法律。

(一)国际货物贸易法

1. 国际货物贸易合同

国际货物贸易是在不同国家的当事人之间的货物买卖,主要以签订和履行国际货物贸易合同的方式实现。货物贸易合同是国际货物贸易法的核心,为履行国际货物贸易而缔结的运输合同、保险合同、支付合同等是货物贸易中的辅助合同,调整这些合同的法律也构成货物贸易法的组成部分。

国际货物贸易合同特点如下:

第一,营业地标准。国际货物贸易合同的涉外性判断并非以买卖双方的国籍为标准,通行采纳的是营业地标准(该标准已由 1980 年《联合国国际货物销售合同公约》所确立),只要买卖双方营业地位于不同国家,则双方当事人缔结的合同即国际货物贸易合同。

第二,标的为有形动产。国际货物贸易的标的为货物,缔结该合同的目的在于卖方转让货物的所有权于买方,买方支付价款。该货物特指有形动产,不包括股票、债券、投资证券、票据、知识产权等权利性质财产和不动产,提供劳务为主的合同(即使以买卖为名)也不在其列。

第三,适用法律复杂。鉴于国际货物贸易合同中货物要跨国界运送,其涉及的法律就十分复杂,既包括进出口国家有关于货物贸易的法律,也包括管理货物进出口的法规,甚至涉及途经国家的法律。在法律适用方面既有国内法,又有国际条约和国际惯例,还可能涉及相关国家的冲突法规。所以,在可能的情况下,合同双方当事人一般约定合同所适用的法律,当发生争议时,即可以约定的法律解决争端。

2. 国际贸易惯例

国际贸易惯例是国家间在长期交往中自发形成的具有普遍约束力的习惯做法。主要的国际贸易惯例有国际法协会编纂的《1932 年华沙——牛津规则》、美国对外贸易会议修订的《美国对外贸易定义 1941 年修订本》和国际商会制定的《国际贸易术语解释通则》,其中,《国际贸易术语解释通则》使用最为广泛。

根据卖方义务的不同,《国际贸易术语解释通则》将其所包含的 13 种贸易术语分为 E、F、C、D 四组。这四组中 E 组术语项下卖方的义务最小,相应在其术语下买卖货物的价格最低;D 组卖方义务最大,相应价格也最高。正因为如此,贸易术语又被称为价格术语。

从具体内容看,E 组主要包括:EXW 工厂交货;F 组主要包括:FCA 货交承运人、FAS 船边交货、FOB 装运港船上交货;C 组主要包括:CFR 成本加运费、CIF 成本加保险费加运费、CPT 运费付至指定地点、CIP 运费保险费付至指定地点;D 组主要包括:DAF 边境交货、DES 目的港船上交货、DEQ 目的港码头交货、DDU 目的地未完税交货、DDP 目的地完税后交货。

3. 国际贸易公约

为使国际贸易得以在世界范围内顺利运行,联合国国际贸易法委员会历时约十年起草了《联合国国际货物销售合同公约》,该公约于 1980 年在维也纳的外交会议上通过,于 1988 年 1 月 1 日生效。该公约已成为国际贸易领域法律统一最为重要的成果。

《联合国国际货物销售合同公约》包括序言与四个部分,共 101 条。

序言阐明公约的宗旨在于减少国际贸易的法律障碍,促进国际贸易的发展。

第一部分为“适用范围与总则”,按其规定,公约适用于:第一,缔约国中营业地分处不同国家的当事人之间的货物买卖;第二,由国际私法规则导致适用某一缔约国法律;第三,列举了不适用公约的货物买卖;第四,公约仅适用合同的订立和买卖双方的权利义务,而不涉及:A. 合同的效力,或其任何条款的效力或惯例的效力;B. 合同对所有权的影响;C. 货物对人身造成的伤亡或损害的产品责任问题。

第二部分为“合同的订立”,系统规定了要约、承诺的规则。

第三部分为“货物销售”,主要规定买卖双方的权利、义务、违约及违约救济方法,以及货物风险转移的规则。

第四部分为“最后条款”。主要是签字、加入、生效、退出、保留及保管等一般性条款。

我国于 1986 年 12 月成为该公约的缔约国。我国在核准加入该公约时,对公约第 1 条第 1 款 b 项(即由国际私法规则导致适用某一缔约国法律)和第 11 条(即买卖合同无书面形式的要求)作了保留。

(二)国际技术贸易法

国际技术贸易指跨越国境的技术转移。在现实生活中,国际技术贸易包括各种形式:国际技术买卖、国际技术咨询服务、国际投资、国际工程承包、国际补偿贸易、国际合作生产与合作研究等。但在国际技术贸易中最为普遍的应用形式是国际技术许可合同。

国际技术许可合同是指技术供方以技术许可协议的方式,将自己有权处置的某项技术允许技术接受方按照合同约定的条件使用该项技术,并以此获得一定的使用费或其他报酬的一种技术转移形式。

根据国际技术许可合同可使用的地域范围及使用权限的差别,可将许可协议分为以下三类:

(1)独占许可合同,是指在许可合同规定的期限与范围内,被许可方对所许可的技术享有独占的使用权,许可方和其他第三方均无权在该约定区域内使用该技术。

(2)排他许可合同,是指在许可合同规定的期限与范围内,被许可方对所许可的技术享有使用权,许可方也保留自己在该区域内使用该技术的权利,但排除了其他第三方对该技术的使用权。

(3)普通许可合同,是指被许可方在合同约定的期限和范围内,可以取得所许可的技术的使用权,同时许可方保留自己在该区域的技术使用权,并且有权向其他第三方继续转让该技术,从而使其他第三方也拥有在该区域内的技术使用权。

三种许可合同中,在相同条件下,独占许可合同的许可使用费最高,普通许可合同的许可使用费最低。

(三)国际服务贸易法

国际服务贸易是指以服务为交易对象的活动。国际服务贸易具有以下特征:

一是标的的无形性与同步性。国际服务贸易的标的是服务,这是一种无形产品,一般来说,服务生产的过程与消费过程具有同步性。即使随着科技的进步,服务的提供者与消费者有可能不在同一时间同一地点,但同步性是主要的,无形这一特征也不会发生改变。

二是涉及法律复杂,且政策问题多于法律问题。国际服务贸易难以像货物贸易那样通过海关关税等常规手段进行管理,而在服务贸易中服务的提供者与消费者主体身份的复杂性,使得服务贸易领域法律问题复杂,而且人员自由流动与文化意识形态等更为敏感的政策性问题凸显。

WTO《服务贸易总协定》将国际服务贸易分为四种:跨境交付、境外消费、商业存在与自然人流动。《服务贸易总协定》作为世界贸易组织乌拉圭回合谈判“一揽子”协议的成果,于1995年生效。它的宗旨是在透明度和逐步自由化的前提下,建立一个有关服务贸易原则与规定的多边框架。其规定成员义务分为一般性义务和具体承诺的义务。一般性义务和原则适用于成员方的所有服务部门,具体承诺的义务仅适用于经过双边或多边谈判之后承诺开放的部门。

三、WTO法律规则

(一)WTO的产生与宗旨

世界贸易组织(以下简称WTO)成立于1995年,是关贸总协定第八轮谈判乌拉圭回合的硕果,是目前世界上影响最大的贸易管理组织,有“经济联合国”之称。其目标在于提高生活水平、保证充分就业、保证实际收入和有效需求的大幅稳定增长以及扩大货物和服务的生产及贸易。在实际运行中,WTO是一个国际贸易条约群体,是多边贸易谈判的场所,也是解决贸易纠纷的裁判场地。

(二)WTO的法律体系

《马拉喀什建立世界贸易组织协定》,简称《WTO协定》,包括序言、16条条文和四个附件。这四个附件内容极其广泛,是WTO规则的核心。

附件1A是货物贸易多边协定,包括了《1994年关税与贸易总协定》、《农业协定》、《实施卫生与植物卫生措施协定》、《纺织品与服装协定》、《技术性贸易壁垒协定》、《与贸易有关的投资措施协定》、《反倾销协定》、《海关估价协定》、《装运前检验协定》、《原产地规则协定》、《进口许可程序协定》、《补贴与反补贴措施协定》、《保障措施协定》共13个协定。附件1B是《服务贸易总协定》。附件1C是《与贸易有关的知识产权协定》。

附件2是《关于争端解决规则与程序的谅解》。附件3是《贸易政策评审机制》。附件4是四个复边贸易协定,即《政府采购协定》、《民用航空器协定》、《国际奶制品协定》、《国际牛肉协定》,其中后两个协定已于1997年12月31日终止。

附件1、附件2、附件3作为多边贸易协定,所有成员都必须接受,而附件4属于复边贸易协定,仅对签署方有约束力,成员可以自由选择参加。

(三)WTO的基本法律原则

1. 互惠原则

互惠原则是指WTO成员在国际贸易中相互给予对方以贸易上的优惠待遇,试图通过在市场准入方面提供互惠的方式来保护贸易平衡。该原则主要适用于关税减让,并在东京回合中将其扩及到了一些特殊的非关税壁垒谈判,如海关估价、补贴与反补贴等。但该原则有一个例外,即在东京回合中确立的普惠制,普惠制是指发达国家单方面对来自发展中国家的工业品或半制成品给予关税优惠的措施。

2. 最惠国待遇原则

最惠国待遇原则是指 WTO 任一成员方在货物、服务贸易和知识产权领域给予任何其他国家(无论是否 WTO 成员)的优惠待遇,应立即和无条件地给予其他各成员方。最惠国待遇原则本质上是意味着一成员平等地对待所有其他成员,在不同成员之间实施非歧视待遇。在国际贸易中,最惠国待遇的实质是保证市场竞争机会均等。GATT1947 最惠国待遇适用于缔约方之间的货物贸易,乌拉圭回合成立的世界贸易组织则将最惠国待遇原则拓展到了服务贸易和知识产权领域。

3. 国民待遇原则

国民待遇原则是指 WTO 任一成员方对其他成员方的产品、服务或服务提供者及知识产权所有者和持有者所提供的待遇,不低于本国相同产品、服务或服务提供者及知识产权所有者和持有者所享有的待遇。国民待遇原则是非歧视待遇原则的具体表现,也是最惠国待遇原则的补充。最惠国待遇强调的是"外外平等",而国民待遇强调的是"内外平等"。

相关案例:

一艘 A 国潜艇在我国钓鱼岛附近撞沉了一艘 B 国货轮。沉船的消息通知各托运人以后,所有的托运人都提出了赔偿要求,A 国海军部除中国一托运人 300 多万美元的货物不予赔偿外,对沉船及其他托运人都给予了全部的赔偿。中国托运人不服,要求 A 国海军部照赔。A 国海军部认为潜艇属于军舰,享有豁免权,仍拒不赔偿。后经多次交涉,A 国海军部给予了赔偿。本案表面上看是一个豁免问题,但实际上是一个歧视待遇问题。在本案中,除中国托运人以外,A 国对其余船货的损失都给予了赔偿,显然是歧视中国托运人。

4. 市场准入原则

市场准入原则是指 WTO 一成员方允许另一成员方的货物、服务和资本参与本国市场的程度。该原则主要体现在关税减让方面,而在削减非关税壁垒方面则体现为取消数量限制、检验和检疫的国际标准、海关估价、进口许可证程序、原产地规则、装船前检验措施等。

5. 透明度原则

透明度原则是指 WTO 成员应公布所制定和实施的贸易措施及其变化情况(如修改、增补或废除等),没有公布的措施不得实施,同时还应将这些贸易措施及其变化情况通知世贸组织。一般情况下,贸易政策都需要公布和通知,并接受评审。

6. 公平贸易原则

公平贸易原则是指 WTO 成员方应避免采取扭曲市场竞争的措施,努力纠正不公平贸易行为,在货物贸易、服务贸易和与贸易有关的知识产权领域,创造和维护公平、公开、公正的市场环境。目前,两种典型的不公平贸易行为就是出口倾销和出口补贴。

本节知识框架图:

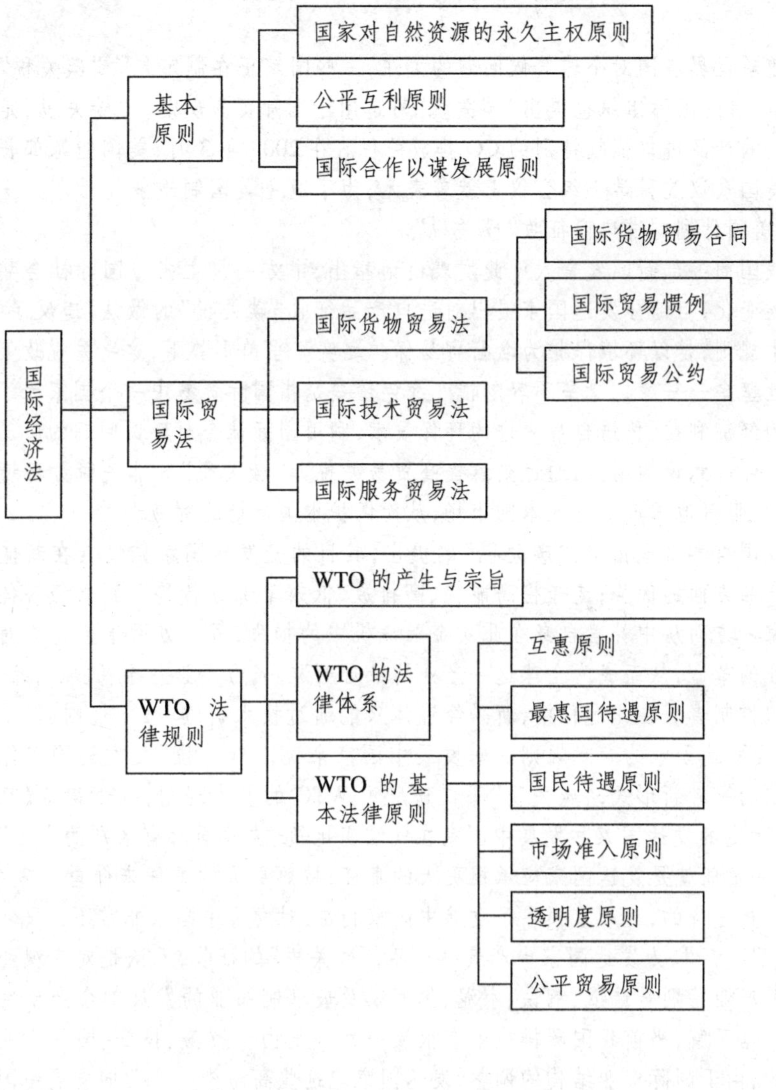

阅读与思考:

警惕绿色贸易壁垒——“碳关税”

随着世界各国对全球气候问题的关注,一些国家正在制定包含“碳关税”条款的法案,有的国际组织也提出“碳关税”可适用于国际贸易规则。“碳关税”是指对高耗能的产品进口征收特别的CO排放关税。在2009年3月,美国能源部长朱棣文在美国众议院科学小组会议上就曾表示,为了避免美国制造业处于不公平竞争状态,美国计划向进口商征收“碳关税”。

我国商务部新闻发言人就此发表谈话指出,中方一贯主张与国际社会共同应对气候变化,但部分发达国家提出对进口产品征收“碳关税”的做法,违反了WTO的基本规则,是以环境保护为名行贸易保护之实。当前形势下,这一关税政策带来的隐性壁垒——绿色壁垒不容忽视。绿色壁垒是指国际贸易中一个国家为了维护自己的经济利益,凭借自身先进的环保技术,利用国际社会对环保问题的广泛关注和人们环境意识的增强,通过刻意提高贸易关税如“碳关税”和非关税如环境标准等手段,阻碍他国产品进入本国市场,从而保护本国市场的贸易形式。

我国有学者也指出:“碳关税”的提出,其目的是发达国家凭借其在新能源技术及产品方面的优势,选择将高能耗、高排放、低效率部分转移至新兴经济体。发达国家一方面从中补偿自身在此次金融危机中的损失,另一方面借机完成对碳排放产业的革命,从而成为全球这一产业的绝对上游,成为产业主导者、规则缔造者、定价权控制者。在此过程中,新兴经济体只能通过技术引进、准入规则、低水平复制,接受发达国家的游戏规则。对发展中国家来说,“碳关税”是发达国家体现经济霸权的一种新形式,“碳关税”不仅违反了WTO的基本规则,也违背了《京都议定书》确定的发达国家和发展中国家在气候变化领域“共同而有区别的责任”的原则,这一责任就是发达国家应承担更大的责任,按照更大的责任来衡量,“碳关税”是与之相违背的,这严重损害了发展中国家利益,对发展中国家非常不公平。中国是“世界工厂”,为发达国家生产最终产品,“碳关税”的征收,无论是对宏观经济还是各个产业特别是造纸、钢铁、水泥、化肥以及玻璃制品业的发展都会产生巨大的影响。据了解,当前我国碳排放中有很大一部分是由于贸易、投资、国际产业转移引起的,由于国际产业结构的调整,发达国家把这些高污染的产业向发展中国家转移,产品最终出口到发达国家,污染却留在了发展中国家。

由此,专家学者建议我国应积极开展“环境外交”,加强同国际社会就“碳关税”等问题的沟通,积极参与包括“碳关税”在内的各项国际环境公约和国际多边协定中环境条款的讨论和谈判,将我国国情及具体问题纳入讨论和谈判范围,提出自己的建议，主动成为规则的参与者、制定者，制定利于多赢的新规则，使我国从一开始就处于更为有利的地位，为企业生存和经济发展创造良好的外部环境。（摘自《中国贸易报》，2009 年 7 月 9 日）

请思考：国际贸易和环境保护之间具有怎样的关系？

自我测试

一、判断题

1. 国际货物贸易合同的涉外性判断并非以营业地为标准，通常采用的是买卖双方的国籍标准。（ ）

2. 国际货物贸易的标的包括动产和不动产。（ ）

3.《WTO 协定》包括序言、16 条条文和四个附件。其中，16 条条文是 WTO 规则的核心。（ ）

4. 普惠制是指发达国家单方面对来自发展中国家的工业品或半制成品给予关税优惠的措施。（ ）

二、不定项选择题

1. 根据（ ），各国具有管理外国投资的权利、管理和监督跨国公司的权利以及实行国有化或征收的权利。

A. 国家对自然资源的永久主权原则　　B. 公平互利原则

C. 国际合作以谋发展原则　　D. 保护当事人合法利益原则

2.《国际贸易术语解释通则》将其所包含的 13 种贸易术语分为 E、F、C、D 四组。这四组中卖方的义务最小的是（ ）。

A. E 组　　B. F 组　　C. C 组　　D. D 组

3.《联合国国际货物销售合同公约》适用（ ）。

A. 合同的效力，或其任何条款的效力或惯例的效力

B. 合同对所有权的影响

C. 货物对人身造成的伤亡或损害的产品责任问题

D. 合同的订立和买卖双方的权利义务

4. 根据国际技术许可合同可使用的地域范围及使用权限的差别，可将许可协议分为（ ）。

A. 独占许可合同　　B. 排他许可合同　　C. 普通许可合同　　D. 相互许可合同

5.《服务贸易总协定》将国际服务贸易分为（ ）。

A. 跨境交付　　B. 境外消费　　C. 商业存在　　D. 自然人流动

6. WTO 是（ ）。

A. 国际贸易条约群体　　B. 多边贸易谈判的场所

C. 解决贸易纠纷的裁判场地　　D. 目前世界上影响最大的贸易管理组织

7. 市场准入原则在削减非关税壁垒方面体现为(　　)。

A. 取消数量限制　　B. 海关估价　　C. 原产地规则　　D. 装船前检验措施

8. 以下哪些属于典型的不公平贸易行为？(　　)

A. 出口倾销　　B. 出口补贴　　C. 海关估价　　D. 装船前检验措施

参 考 书 目

1. 孙笑侠、夏立安主编:《法理学导论》,高等教育出版社 2004 年版。
2. 卓泽渊:《法的价值论》,法律出版社 2006 年版。
3. 卓泽渊主编:《法学导论》,法律出版社 2002 年版。
4. 张建飞主编:《法学概论》,北京大学出版社 2004 年版。
5. 李建勇主编:《法学概论》,复旦大学出版社 2003 年版。
6. 张千帆主编:《宪法学》(第二版),法律出版社 2008 年版。
7. 胡建淼主编:《行政诉讼法学》,法律出版社 2004 年版。
8. 朱新力:《行政法学》,高等教育出版社 2006 年版。
9. 张明楷:《刑法学》(第四版),法律出版社 2011 年版。
10. 陈兴良:《本体刑法学》,商务印书馆 2001 年版。
11. 徐静村主编:《刑事诉讼法学》(第三版),法律出版社 2012 年版。
12. 陈光中、徐静村主编:《刑事诉讼法学》(修订版),中国政法大学出版社 2000 年版。
13. 李建伟编著:《民法 60 讲》,人民法院出版社 2007 年版。
14. 王利明:《民法》,中国人民大学出版社 2008 年版。
15. 江伟主编:《民事诉讼法学》,中国人民大学出版社 2008 年版。
16. 杨紫烜:《经济法》,北京大学出版社 2009 年版。
17. 刘文华 徐孟洲编著:《经济法》,法律出版社 2009 年版。
18. 梁淑英主编:《国际法》,中央广播电视大学出版社 2008 年版。
19. 韩德培主编:《国际私法》,高等教育出版社 2007 年版。
20. 曹建明、贺小勇:《世界贸易组织》(第三版),法律出版社 2011 年版。

图书在版编目(CIP)数据

实用法律基础/张建飞,俞丹主编. --2版. --北京:法律出版社,2013.1(2018.8重印)
21世纪法学通用教材
ISBN 978-7-5118-4519-1

Ⅰ.①实… Ⅱ.①张…②俞… Ⅲ.①法律-中国-高等学校-教材 Ⅳ.①D92

中国版本图书馆CIP数据核字(2013)第013065号

实用法律基础(第二版)
SHIYONG FALÜ JICHU (DI-ER BAN)

张建飞 俞丹 主编

策划编辑 徐 蕊
责任编辑 徐 蕊
装帧设计 李 瞻

编辑统筹 法律教育出版分社
出版 法律出版社
开本 720毫米×960毫米 1/16
总发行 中国法律图书有限公司
印张 27.75
经销 新华书店
字数 532千
印刷 天津嘉恒印务有限公司
版本 2013年1月第2版
责任印制 沙 磊
印次 2018年8月第16次印刷

法律出版社/北京市丰台区莲花池西里7号(100073)
网址/www.lawpress.com.cn
投稿邮箱/info@lawpress.com.cn
销售热线/010-63939792
举报维权邮箱/jbwq@lawpress.com.cn
咨询电话/010-63939796

中国法律图书有限公司/北京市丰台区莲花池西里7号(100073)
全国各地中法图分、子公司销售电话:
统一销售客服/400-660-6393
第一法律书店/010-63939781/9782 西安分公司/029-85330678 重庆分公司/023-67453036
上海分公司/021-62071639/1636 深圳分公司/0755-83072995

书号:ISBN 978-7-5118-4519-1 定价:55.00元
(如有缺页或倒装,中国法律图书有限公司负责退换)